金融学文献通论

微观金融卷

陈雨露 汪昌云 主编

第二版
Second Edition

中国人民大学出版社
· 北京 ·

序

    经济学家们在很早之前就已经认识到货币理论和信贷市场对经济活动的作用，但大多不以定量的方法对其进行更深入的剖析。因此，20 世纪 50 年代以前的金融理论主要局限于分析货币和信贷的功能，将其定位为经济学的一个分支。这时的金融理论基本上是抽象的和直觉性的，主要是对金融实践的总结和金融政策的解释。

    20 世纪 50 年代金融学研究发生了重大变化。金融学的研究对象开始由传统的货币和银行问题扩展至金融市场，研究方法开始转向以规范的数理和计量模型为主。研究方法的转变从 20 世纪 50 年代美国主要金融学术期刊、美国金融学会会刊——《金融杂志》（*Journal of Finance*）的学术论文类型变化中可以窥见一斑。翻阅 20 世纪 50 年代初期的《金融杂志》，很难找出几篇有数学符号的文章，到了 20 世纪 60 年代初运用简单数学模型的学术论文已经十分常见。20 世纪 50 年代是传统金融和现代金融的分水岭，标志事件是哈里·马科维茨（Harry Markowitz）于 1952 年提出的现代证券组合理论，该理论揭示风险也是最优证券组合选择的一个重要标准。之后，弗兰科·莫迪利安尼（Franco Modigliani）和默顿·米勒（Merton Miller）于 1958 年发表了苹果派理论或资本结构无关论（简称 MM 理论）。由于在各自领域的开拓性贡献，莫迪利安尼、米勒和马科维茨分别在 1985 年和 1990 年获得了诺贝尔经济学奖的殊荣。

　　早期的经济学家们除了分析和研究信贷市场外，对股票和期货等金融市场也有关注，不过他们大都对金融市场研究缺乏兴趣，这与当时的证券市场投机氛围有关。经济学家们不认为股票市场是正规的市场，而将其视为赌场的同义词，股票价格只不过是投资者的资本利得预期和反向资本利得预期作用的结果。约翰·梅纳德·凯恩斯（John Maynard Keynes）在其 1936 年发表的巨著《就业、利息和货币通论》（*The General Theory of Employment，Interest and Money*）中就将股票市场比作 20 世纪 30 年代在英国流行的选美比赛（beauty contest），其含义就是股票没有真实价值可言，因此，经济学家不屑为股票定价问题伤神。[①]

　　尽管如此，也不是没有人来模拟股票价格。最早采用现代方法对股票价格行为进行理论研究的是法国数学博士路易·巴舍利耶（Louis Bachelier）。他于 1900 年完成的博士论文《投机的数学理论》（Mathematical Theory of Speculation）直到 20 世纪 50 年代中期才无意中被芝加哥一大学教授发现，并将其翻译成英文出版。该译著对保罗·萨缪尔森（Paul Samuelson）后来研究股票价格行为和有效市场理论产生很大影响。1938 年约翰·威廉姆斯（John Williams）出版了《投资估值理论》（*The Theory of Investment Value*）一书，正式对传统经济学家关于金融市场的思维提出挑战。他的红利折现模型至今依然是西方投资学和公司财务学教材中不可或缺的股票定价模型。

　　现代金融理论研究的黄金时期是 20 世纪六七十年代。马科维茨的证券组合理论遭遇到超出计算能力而丧失其实际操作性的困难。威廉·夏普（William Sharpe）、约翰·林特纳（John Lintner）和简·莫辛（Jan Mossin）在独立研究的基础上相继于 1964 年和 1965 年成功解决了这一问题，并首次提出了数理逻辑严谨但浅显易懂的资产定价模型（S-L-M CAPM）。夏普也因此获得 1990 年诺贝尔经济学奖。1976 年，斯蒂芬·罗斯（Stephen Ross）从与 CAPM 的风险-收益权衡完全不同的全新角度提出了套利定价理论。套利定价理论的最大特点是无须资产收益分布、投资者偏好、市场摩擦等资产定价模型所做的关键假设，而是利用"天下没有免费的午餐"这一简单道理就可以确定风险资产的价格。20 世纪 70 年代初期，费雪·布莱克（Fisher Black）、迈伦·斯科尔斯（Myron Scholes）和罗伯特·默顿（Robert Merton）发表的期权定价模型（B-S-M options pricing model）也是利用类似的套利定价原理。如果要举一例有关超前金融实践并引导金融实践的经济理论，

---

　　①　如果你选择的美女是所有参赛人当中得票最多的，你就是这场选美比赛的赢家。要注意的是，成为赢家并不是因为你的鉴赏能力特别优异而选出了真正的美女，也不是因为你选择的美女是目前为止大多数人都认为是最好的。要成为最后的赢家必须能够准确地预计到所有参赛者的平均预期处于什么水平。

人们会首先想到 B-S-M 期权定价模型。毫不夸张地说，期权定价理论创造和繁荣了当今占金融产品交易量中最大份额以及金融风险管理必要工具之一的金融衍生品市场。判定 20 世纪六七十年代是金融研究的黄金时期还因为尤金·法玛（Eugene Fama）在 1965 年正式提出了有效市场理论。有效市场理论催生和推动了金融计量分析方法。20 世纪 60 年代以来西方金融学术界的研究成果中四分之三以上与有效市场理论有关。有效市场理论对金融理论和金融市场的影响可见一斑。

西方金融学研究涵盖三大主要领域：资产定价，公司财务，以及金融市场、金融中介和金融监管。

资产定价重点研究金融市场中的资产（包括金融衍生品）价格的形成过程和机制。它是证券投资、金融风险管理等学科的理论基础。市场微观结构是相对新的学科。市场微观结构主要关心的问题是金融市场参与者如何收集和处理信息，以及信息如何通过交易而反映在资产价格中。因此，市场微观结构与资产定价密切相关。

公司财务有时被译成公司理财、公司金融。公司财务研究资金筹集、资本预算、资本结构、税收、红利政策、公司并购和公司治理等问题。由此可见，公司财务的研究范围与目前国内的财务管理的范围不同。目前国内的财务管理隶属于会计学的领地，偏重财务分析和财务控制，而公司财务是西方金融学的核心领域之一。

金融市场、金融中介和金融监管的研究包括市场利率及利率机制，商业银行、投资银行、保险公司等金融中介问题，以及金融机构和金融市场的监管。

一直以来，我国学术界对金融学的定义和研究领域的界定存在一定争议。相对早期的金融研究主要集中于宏观金融问题，特别是货币银行学和国际金融两大领域。而上述的西方金融所覆盖的研究领域则被称为微观金融，这与当时我国的传统经济体制和不完善的金融市场体系有关。最近 20 多年来，中国的金融市场迅速发展，在资源分配与风险管理方面正在发挥越来越重要的作用。在这一背景下，采用宏观金融和微观金融并重的思路相对更为客观和更能反映现实的金融状况。

抛开金融学研究范围的界定不说，从金融学的研究方法论来看，西方金融学和货币经济学的研究早已实现理论系统化、数学化和计量化。概括地说，现代金融学研究的主流方法有两种：一是以数学语言和数理逻辑的方式演绎金融思想；二是运用统计计量方法研究确认重要经济金融变量之间的关联。当然，追求数学化和计量化本身不是目的，研究方法科学与否要看其是不是为金融研究的目的服务。一项金融研究之所以被称为研究，一般呈现以下特征：

第一，承续性。一项研究必须建立在前人相关研究的基础上。西方金融或经济学的研究之所以能够发展到当今的水平，承续性是其中的关键。

第二，创新性。任何一项研究必须在相关领域有某种程度的创新。创新与承续是相互关联的，承续性是创新性的必要条件，没有创新的研究是社会资源的浪费。

第三，成果的通用性和可比性。金融学作为一门科学，其研究成果应该广泛地使用于所有金融市场。当然，不同的经济体由于其自身所处发展阶段不同，发展的环境有异，金融市场有其特殊性，但这也不能成为抹杀金融研究成果通用性和可比性的理由。

身处于"百年未有之大变局"的时代，当代金融学人肩负着推动和繁荣新时期中国金融学研究的重大责任和历史使命。有比较才有进步，有意识就有行动。"金融学文献通论"系列丛书就是本着推动中国金融学研究而迈出的新的一步。"金融学文献通论"丛书按宏观和微观两大领域系统介绍和评述了自 20 世纪上半期以来西方金融学、货币银行和国际金融方面最权威、最具代表性的原创论文。

全套丛书分三卷。第一卷介绍和评述现代金融和货币经济领域中最权威的原创论文，其中含宏观金融、微观金融论文各 21 篇。第二卷综述货币银行、国际金融和金融政策等宏观金融研究领域各核心理论研究的来龙去脉、发展历程、当今所处阶段，并把脉未来研究发展方向。第三卷综述现代资产定价、公司财务、金融衍生工具和行为金融等微观金融领域各主要理论的起源、发展以及现阶段的热点问题。

本套丛书适合作为高等院校经济学或金融学专业博士生、硕士生和高年级本科生的教材或辅助教材。对金融学、经济学研究有兴趣的学界人士，从事金融和投资实际工作及金融监管工作的精英也将会从阅读本套丛书中受益颇多。

迄今为止，货币银行学、国际金融及西方金融研究已浩如烟海，各种研究方法层出不穷。系统介绍和综述这些领域的原创研究本身是一项十分艰巨和复杂的基础工程。在本套丛书再版问世之际，感谢中国人民大学财政金融学院和汉青经济与金融高级研究院的部分老师、研究生在本书撰写过程中付出的艰辛努力，以及中国人民大学出版社崔惠玲编辑为本书修订再版付出的辛劳。最后，本书由于内容的复杂性和作者知识的局限性，难免存在遗漏、观点片面甚至错误之处，希望读者不吝赐教！

陈雨露　汪昌云

前　言

　　《金融学文献通论·微观金融卷（第二版）》是"金融学经典文献通论（第二版）"丛书中的第二卷。历史表明，无论是在英美等发达国家崛起的过程中，还是在发展中国家奋起直追的过程中，金融都发挥着重要的作用。本书的目的是从经典微观金融理论的原创文献入手，希望在梳理理论发展脉络的基础上，把握金融理论的趋向，探究金融理论对经济实践的影响和启示。

　　本书按领域或专题纵向综述现代金融学研究文献。全书收录文献综述论文24篇，其中资产定价、金融衍生工具和行为金融领域文献综述文章共12篇，公司金融、公司治理领域的文献综述文章共12篇。本书收录的文献综述论文涵盖现代微观金融学各主要领域研究的重点和热点问题。本次修订对第一版的37个专题进行了大幅度整合和合并，加入了5篇近年来受到学术界广泛关注的热点问题研究，包括市场微观结构理论与实证、机构投资者行为与资产定价、公司现金持有、公司创新和家庭金融。各综述论文力求按照一定的逻辑顺序梳理和评述各研究专题或分领域的主要学术文献，其目的是为有志开展现代金融创新性研究的同行们提供一个良好的铺垫。

　　参与本书编写的同志包括汪昌云、邱志刚、高昊宇、向鸿、温慧愉、王行健、余舒嘉铭、马克良、刘晓明、王梓静、王玉琪、代玥、王庆硕、王皓琛、刘浩楠、邱凯越、周明、郝昱翔、黄梓桁、霍晓霖和薛昕安。另外，以下同志曾参与本书第一版的撰写：汪昌云、汪勇祥、郑志刚、丁冬、马铁英、马雯丽、王大啸、王宗和、王红波、王欣然、邓婷、江智慧、张帅、张晓兰、张倩、杜蕴、杨丰、陆丽红、胡博、高士成、周爱民、钱兆臻、耿琳、常旭鹏、曾路樱和谢靓。

感谢中国人民大学中国财政金融政策研究中心提供的研究资助。

文献综述对理解现代金融学的基本理论和方法、跟踪学术前沿，从而推动中国金融学的研究至关重要。但是，西方现代金融学研究浩如烟海，准确把握金融学研究的历史脉搏、研究的现状及其前沿问题是一项极具挑战性的工作。本书中的文献综述成果是在我们认识到对相关领域研究的理解存在局限性的前提下所做的一种探索和尝试，因此，遗漏和错误之处在所难免，敬请学界同行和广大读者不吝赐教。

陈雨露　汪昌云

目　录

资产定价

公司金融

资产定价

资产定价理论及其发展

内容摘要：资产定价是现代金融学的核心研究领域之一。资产定价研究的发展沿革在相当程度上标志着金融经济学的进步。本文结合学术界对"股权溢价之谜"[equity premium puzzle，详见 Mehra and Prescott（1985）]的探索，从该研究思路中整理出资产定价理论发展的一个脉络，并以此为基础进行了梳理。我们也综述了资产价格与宏观经济波动之间的关系以及经济发展过程中的资产定价问题的相关研究。

一、引言

资产定价与公司财务、金融市场与机构一道构成了现代金融学的三大核心研究领域，因此，要从根本上理清现代金融学的发展脉络、把握现代金融学发展的前沿课题，就必须对资产定价理论的发展沿革有比较透彻的把握。通俗地讲，资产定价理论就是研究如何对资产，特别是证券资产进行估价的理论。资产定价领域已有很多精彩的综述性文献，比如 Jensen（1972）、Fama（1991）、Campbell（2000）、Cochrane（2001）、Grauer（2001）、Damson 和 Mussavian（2001）等，其中，

Campbell（2000）以随机贴现因子为论述的核心，探讨了资产定价中的风险与收益问题，而 Fama（1991）则以有效市场假说为讨论的基调，围绕这一基调对资产定价理论进行了精彩的回顾。因此，为了显示出本综述的特点，我们重新安排了综述的思路，本文结合学术界对"股权溢价之谜"［equity premium puzzle，详见 Mehra and Prescott（1985）］的探索，从该研究思路中整理出资产定价理论发展的一个脉络，并以此为基础展开论述。

运用微观经济学的语言表述，资产定价理论就是旨在研究和决定具有不确定未来收益的索偿权的价值或价格的经济学理论。从研究方法看，资产定价理论既属规范经济学范畴，又含实证经济学的内容。它之所以属于规范经济学范畴是因为它力图回答金融索偿权的价值或价格应该是多少。这一问题的答案对企业或个人的金融决策有重要的意义。同时，我们也可实证性地利用资产定价理论来理解和解释某一风险资产的历史价格或收益水平。如果该资产的价格偏离理论的预测，那么就有两种可能的原因：一是为精明的投资者提供有利可图的投资机会；二是理论与实际脱节，因而需要修正理论。其中前者为机构投资者或职业投资人提供了广阔的运作空间。

对资产定价问题的规范性研究起源于 18 世纪，可追溯至伯努利（Bernoulli）于 1738 年发表的拉丁论文，距今已有近 300 年。[①] 不过对资产定价问题的描述性研究很早就开始了，具体时间无从考证。伯努利提出的边际效应递减概念为后来经济学家发展风险决策理论有一定的作用。资产定价理论发展的黄金时期在 20 世纪六七十年代。这个时期具有标志性的研究成果包括夏普（Sharpe）的资本资产定价模型（capital asset pricing model，CAPM），布莱克（Black）和斯科尔斯（Scholes）的期权定价理论。正如达菲（Duffie）所言："从 1969 年到 1979 年的十年间是动态资产定价理论的黄金时期……"（Duffie，1992）。尽管 20 世纪 80 年代之后资产定价理论缺乏突破性创新，然而，正如 Campbell（2000）指出的，从 1979 年到 1999 年的 20 年间，金融经济学家的研究已经大大推进了人们对随机贴现因子这个资产定价之核心的理解，他们已经在很大程度上一般化了随机贴现因子存在的条件，从而拓展了实证研究的范畴。因为随机贴现因子存在性约束条件的弱化，现实经济中的金融数据得以更自由地被研究人员用来检验并推进已有的理论。尽管在这个时代我们尚缺乏对随机贴现因子的经济决定因素的深刻理解，然而，已有的成果仍然值得我们进行一次尝试性的文献整理工作。

出于简化分析以及侧重强调经济学思维方法的考虑，本文尽量避免限于技术性

---

① 很可惜的是该论文到 20 世纪 50 年代才被翻译成英文，所以它对决策经济学发展的作用有限。

细节的讨论，而主要从更基本的乃至经济学直觉的层面探讨理论研究的价值以及实证结果的核心启发意义所在。本文写作思路如下：首先，我们在第二部分对理想经济状态下的资产定价理论进行了回顾，包括资本资产定价模型（CAPM）、套利定价理论（arbitrage pricing theory，APT）。① 然后，我们对股权溢价之谜进行了梳理，笔者同样认为，尽管 20 世纪 70 年代之后资产定价理论并无根本性、里程碑式的创新与进展，但是大量围绕股权溢价之谜的资产定价理论文献纷纷涌现，在一定程度上大大拓宽了我们对风险与收益关系、随机贴现因子的经济性质的认识，同时，近 30 年来经济学者对资产定价与投资者个体偏好模式、宏观经济波动之间内在关系的认识也因此而得以提高，这与早期的研究侧重微观层面的分析形成了鲜明对比。接着，我们探讨了标准资产定价模型的拓展以及这些模型对股权溢价的解释能力，这些拓展包括三个方面：对投资者偏好设定的拓展，引入交易成本、借贷约束、税收等因素，修正了完全市场②这一假定。之所以进行这三个方面的拓展，是因为标准的资本资产定价模型隐含了三个基本假设：投资者具有宏观经济学中常见的标准偏好且偏好一致，存在完全市场且不存在交易成本。③ 已有的基于代表性理性经济人假设的模型尚不能完全解释股权溢价之谜，因此，一些学者从行为经济学的角度出发，考虑投资者心理因素对资产定价的影响，我们在理论文献回顾的最后部分总结了这方面的已有研究成果。

在文章的第四部分，我们初步讨论了资产定价与宏观经济波动之间的内在联系。资产价格与宏观经济的相互作用机制一直为经济学人所关注。已有的资产价格理论尽管使用了宏观经济学常用的代表性经济人的简化方法，然而其思维方法乃至具体运用仍属于微观经济学范畴。因此，发掘这两者之间的内在作用机制将有助于我们构建起从微观到宏观的一道桥梁，初步解决经济学中微观、宏观相对分离的状态。最近这些年经济学者对资产价格泡沫与金融危机的关注、对资产价格波动与货币政策关系的理解已经初步显示了这种研究的趋势。然而，已有的研究尚未能在可控的条件下捕捉两者之间的关系，侧重资产定价的研究往往视宏观经济环境外生给定，而侧重宏观经济波动的研究又往往过分简化了对其框架内资产价格的决定的深入考察。尽管如此，这些还是为我们进一步的研究提供了有益的借鉴与参考。

---

① 布莱克-斯科尔斯的期权定价模型以及默顿对期权定价模型的一般化属于连续时间金融的范畴，这里只是简单提及，有兴趣的读者可以参阅 Sundaresan（2000）精彩、全面的综述。

② 所谓"完全市场"，我们指的是市场存在阿罗-德布鲁（Arrow-Debreu）式的相机证券，因此，投资者借助于证券市场可以在当期预先完全对冲未来的风险。

③ 我们可以将借贷约束看作一种广义的交易成本。

最后一部分总结全文，并试探性地提出值得进一步研究的问题和方向。

二、传统资产定价理论的发展沿革

（一）随机贴现因子与资产定价

资产定价的核心问题可以用一句话来表述，即金融资产的价值或价格等于其期望收益的现值。为了论述的简便起见，我们首先对随机贴现因子这个资产定价之核心进行一些必要的介绍。考虑一个一阶段模型：时间 t 决定最佳投资或消费；时间 $t+1$ 为风险资产收益的实现。某一投资者在时间 t 决定购买风险资产 Z，数量为 Q，单价为 P_t。设 Z 在时间 $t+1$ 为该投资者提供的收益为 W_{t+1}。如果不投资，他的总消费为 $C_{0,t}$。其最佳投资决策就可通过求解以下总消费约束下的期望效用方程获得：

$$\mathrm{Max} U(C_{t_Q}, C_{t+1}) = U(C_t) + E_t \delta U(C_{t+1}) \tag{1}$$

约束条件为：

$$C_t = C_{0,t} - P_t Q \tag{2}$$

$$C_{t+1} = C_{0,t+1} + W_{t+1} Q \tag{3}$$

式（1）中 U 代表效用；E_t 表示在时间 t 可获信息下的条件期望；δ 代表该投资者的主观贴现率；C 代表消费。这里我们假定投资者的效用具有时间上的可加性。

将式（2）和式（3）代入式（1），对 Q 求一阶导，并令该微分式为 0，可解出该投资者的最佳投资决策为：

$$P_t U'(C_t) = E_t[\delta U'(C_{t+1}) W_{t+1}] \tag{4}$$

式（4）左边的经济含义是：投资者由于多买一单位 Z 而造成的效用损失；右边则指由于该资产收益而增加的预期效用的现值。左右两边相等表明，要使该投资者的期望效用最大，他应该购买 Q 单位的资产 Z，使其边际效用为零，或者说，投资者的最优跨期投资决策必须使得他现在储蓄 1 美元（用于投资）的未来效用的贴现值等于在当期消费 1 美元所能获得的效用。简单整理上式可得：

$$P_t = E_t\left[\delta \frac{U'(C_{t+1})}{U'(C_t)} W_{t+1}\right] \tag{5}$$

设 $D_{t+1} = \delta \dfrac{U'(C_{t+1})}{U'(C_t)}$，式（5）可进一步简化为以下核心资产定价公式：

$$P_t = E_t[D_{t+1} W_{t+1}] \tag{6}$$

西方金融学中通常称 D_{t+1} 为随机贴现系数（stochastic discount factor）。它既

考虑不确定性或风险性，又包含延期消费的效用。如果没有风险，资产价格可用标准的现值公式表述，即 $P_t = \dfrac{1}{R_f} W_{t+1}$，其中 R_f 是无风险利率。计算风险资产的价格需要考虑风险因素。金融学上的处理方法是用风险调整贴现系数计算风险-收益的现值，这就是 $P^z t = \dfrac{1}{R^z} E_t(W^z_{t+1})$，其中 R^z 是风险调整贴现系数，P^z 是风险资产 Z 的价格。资产定价的各种理论主要是在随机贴现系数上做文章。

无风险利率是人们预先确切知道的每 1 元投资的增值能力。确切意义上的无风险利率或资产在现实世界中不存在。经济学家们通常以短期国债收益率代表无风险利率。要注意的是，视短期国债收益率为无风险利率指的是名义利率（nominal interest rate），而非实际利率（real interest rate）。如果将一无风险资产的价格标准化为 1，式（6）可写成

$$1 = E_t[D_{t+1}]R_f$$

或

$$R_f = \frac{1}{E_t(D_{t+1})} \tag{7}$$

下面看看在价格决定时怎样考虑风险因素。利用协方差分解式 $\mathrm{Cov}(D,W) = E(DW) - E(D)E(W)$，式（6）可写为：

$$P_t = E_t(D_{t+1})E(W_{t+1}) + \mathrm{Cov}(D_{t+1}, W_{t+1}) \tag{8}$$

将式（7）代入式（8），整理可得

$$P_t = \frac{E(W_{t+1})}{R_f} + \mathrm{Cov}(D_{t+1}, W_{t+1}) \tag{9}$$

式（9）的第一项便是常见的现值公式。它体现了风险中立世界（risk neutral world）的资产价格计算方法。第二项则是风险调整公式。如果某一资产的未来收益与贴现系数正相关，该资产价格应该较高；反之亦然。为进一步理解风险调整对资产价格的影响，将 $D_{t+1} = \delta \dfrac{U'(C_{t+1})}{U'(C_t)}$ 代入式（9），可得：

$$P_t = \frac{E(W_{t+1})}{R_f} + \frac{\mathrm{Cov}[\delta U'(C_{t+1}), W_{t+1}]}{U'(C_t)}$$

因为边际效用始终为正值，即 $U'(C) > 0$。上式表明，若资产的未来收益与未来边际消费正相关，其价格应该较高；若未来收益与未来边际消费负相关，则其价格应该较低。其经济含义不言而喻。正相关意味着，当未来边际效用较高时，资产的收益也较高；结合效用函数的性质，我们不难判断，当投资者未来消费水平较低时，其消费的边际效用水平较高，这时证券投资获得的较高收益对经济人而言其价值更高，因此，投资者购买该种证券实质上也可视为一种保险，该证券的购买价格

就应该较高。通俗地讲，在此种情形下（经济人未来消费水平较低、边际效用较高），高的证券收益对他而言就是雪中送炭，投资者当然愿意先前为之支付较高的购买价格。相反，当证券收益与投资者的禀赋收入（比如人力资本收入等，但不包括证券收益）同向变动时，证券收入就不能起到平滑投资者跨期消费、减少消费波动的积极作用，因此，在此情形下，投资者事前只愿为持有该证券支付较低的价格。我们可以举另外一个更明显的例子表明这一点：保险合约可使在丧失或削弱挣取收入能力时保持相当的消费水平，即降低未来消费的不稳定性，因此投资者认为，花钱买保险是值得的。

假设资产 Z 的价格是 1，其未来收益就是收益率（rate of return）R^Z。也就是，$1 = E(D_{t+1}R^Z)$。这样，式（8）可改写为

$$1 = E_t(D_{t+1})E(R^Z) + \text{Cov}(D_{t+1}, R^Z) \tag{10}$$

利用式（9）可得：

$$E(R^Z) - R_f = -R_f\text{Cov}(D_{t+1}, R^Z) \tag{11}$$

或

$$E(R^Z) - R_f = -\frac{\text{Cov}(D_{t+1}, R^Z R_f)}{E(D_{t+1})} \tag{12}$$

上式的期望收益率与无风险利率之差定义为风险溢价。因为随机贴现系数与风险溢价的相关系数必大于 -1，所以上式中的协方差一定小于风险溢价的标准差与随机贴现系数的标准差之积 $[\sigma(D_{t+1}) \times \sigma(R^Z - R_f)]$。这样

$$\frac{\sigma_t(D_{t+1})}{E(D_{t+1})} \geqslant \frac{E(R^Z R_f)}{\sigma_t(R^Z R_f)} \tag{12a}$$

这就是说，夏普比率（Sharpe ratio）[1] 界定了随机贴现系数波幅的下限。在过去的二十多年里，风险溢价激起了很多金融学家的研究兴趣。其中一项重要研究发现就是，利用实际消费数据计算的随机贴现系数波幅过小，以至难以满足式（12a），或者说，似乎夏普比率过高[2]，即存在所谓的风险溢价之谜（我们将在第三部分对此展开详细分析）。例如 Campbell（1999）发现，为了解释已有的股权与国债收益差异，随机贴现系数波幅就不得低于 50%/年，然而，美国的消费数据显示人均消费相当平滑，因此，跨期边际替代率（intertemporal marginal rate of substitution，IMRS）很难出现如此高的波幅。要全面解释这一现象，金融学家煞费苦心。

_____

① 夏普比率定义为资产的风险溢价与其标准差的比率，即 $[E(R^Z) - R_f]/\sigma(R^Z)$，其中 $\sigma(R^Z)$ 为收益率的标准差。夏普比率是广泛采用的衡量资产风险-收益状况的指标。

② 当然，在经过各种稳健性检验后，研究人员发现，夏普比率确实就是那么高，因此，问题就在于随机贴现系数波幅过小。

（二）理想经济状态下的资产定价模型——CAPM

CAPM 是基于马科维茨（Markowitz）和托宾（Tobin）资产组合理论[①]，这一理论借助于均值-方差分析以确定投资者的最优投资组合（效率组合）。尽管资产组合理论中的效率组合概念非常直观，但在存在无数风险资产的现实世界中完全运用方差-协方差模型进行投资决策超出了当时计算技术的发展水平。即便在科技取得了飞速发展的今天也是十分困难的。例如，对于有 1 000 余家上市公司的中国股市而言，马科维茨的模型需要至少计算 $2^{1\,000}$ 个方差-协方差项，100 多万项风险-收益特质，其实际可操作性的难度便可想而知。

马科维茨的学生夏普很有创见性地引入了市场组合的概念，并假定资产收益与市场组合线性相关。这样，任何风险资产的风险-收益特质都可用三个参数表示：均值、标准差以及对市场组合的敏感度，从而对马科维茨的证券组合理论进行了十分重要的简化。尽管证券组合理论指出了资产的价格并非由其总风险决定，但并未阐明究竟哪一部分风险与资产定价相关。夏普积极探索这一问题并取得了重大突破，他于 1964 年在《金融杂志》（*Journal of Finance*）上发表的论文《资本资产价格：风险状态下的市场均衡理论》（Capital Asset Prices：A Theory of Market Equilibrium under Conditions of Risk）以及随后林特纳（Lintner，1965）和莫辛（Mossin，1966）独立完成但得出相同结论的相关论文构成了著名的资本资产定价模型（CAPM）。简而言之，CAPM 的核心思想是：单个资产或证券组合的期望收益与其系统性风险线性相关。事实上，我们可以利用上面的模型推导出 CAPM 模型，因为从实质上看，CAPM 就是单因素资产定价模型的一个特例。

根据式（12），我们可以得到：

$$E(R^Z) = R_f + \left[\frac{\mathrm{Cov}(R^Z, D_{t+1})}{\mathrm{Var}(D_{t+1})}\right]\left[-\frac{\mathrm{Var}(D_{t+1})}{E(D_{t+1})}\right]$$

令 $\beta_{Z,D} = \mathrm{Cov}(R^Z, D_{t+1})/\mathrm{Var}(D_{t+1})$；$\gamma_D = -\mathrm{Var}(D_{t+1})/E(D_{t+1})$。上式可变为：

$$E(R^Z) = R_f + \beta_{Z,D}\gamma_D \tag{13}$$

式（13）便是常见的贝塔定价模型：资产的期望收益是其贝塔系数 $\beta_{Z,D}$ 的线性函数，而贝塔系数是收益率对随机贴现系数的敏感度，即风险的大小。γ_D 对所有风险资产都是相同的，通常称之为风险的价格。风险的数量与风险价格之积便是该资产的风险溢价。而夏普所推导出的 CAPM 正是该定价方程的一个特例，不过，在风险衡量和风险价格方面，夏普的模型比式（13）具有更多的约束限制。例如，

[①] 由于均值-方差资产定价模型早已在初等教科书中频频出现，因此，本文略去对它的介绍。

CAPM 中 $\beta_{Z,D} = \dfrac{\text{Cov}(R_Z, R_M)}{\sigma_M^2}$，$\gamma_D = R_M - R_f$，其中 R_M 是市场组合的收益，σ_M^2 是市场组合收益的方差。与 CAPM 的假设条件类似，式（13）同样需要以下假设：

（1）投资者属风险规避型，其边际效用大于零；

（2）投资者都是理性的，信息都是免费的并且瞬间可得；

（3）对于所有投资者来说，无风险利率相同。

与方程（13）相比，CAPM 更苛刻的假设条件包括：

（1）资产收益呈正态分布；

（2）投资者遵循均值-方差效用函数；

（3）投资者无约束地以无风险利率借贷资金。

证券组合理论及资本资产定价模型的出现对金融实践产生了巨大的影响。有了这些理论依据，任何一个证券组合都可视为一个消极组合（即市场组合）和一个积极组合（单个资产）的混合体，从而简化了投资基金的管理工作。华尔街的组合优化和风险管理手段多数以改良型的证券组合和资产定价理论为基础。

在美林的资助下，芝加哥大学的学者在 20 世纪 60 年代建立起世界上第一个大规模研究数据库——股票价格研究中心数据库（CRSP），使实证检测证券组合理论和 CAPM 成为可能。Black 等（1972）首次对 CAPM 进行了实证检验。随后对 CAPM 进行实证检验的著名的早期文献包括 Fama 和 MacBeth（1973）以及 Blume 和 Friend（1973）。这些学者的实证证据虽与夏普的资产定价模型稍有出入，但与一些改进型的资产定价模型的预测基本吻合。因此，早期实证研究的结论是：CAPM 基本有效地解释了股票预期价格的变化。

不过，可以看出，CAPM 是一个很简单的一期投资组合优化模型，这与现实经济中投资者的决策环境是截然不同的：现实的投资活动中，我们总是不断调整自身持有的资产组合，以适应不断变化的经济条件。这种跨期的投资行为是 CAPM 所不能模拟描述的，因此，一些经济学者对此模型进行了较大的拓展，比如萨缪尔森（Samuelson，1969）、默顿（Merton，1969）。在笔者看来，Merton（1969）是连续时间金融文献中的一篇可读性、经济启发性很强的论文，尽管 Merton（1973）的模型更具有划时代的创新意义，我们却更能从 1969 年发表的这一论文中学到更多的连续时间金融的思路和技巧。当然，严格意义上讲，Merton（1973）[①] 是第一个数学上易于处理、超越了传统的静态比较分析而利用连续时间模型分析投资者的

---

① 鉴于该文章高度的技术性，我们这里不再给出详细的论证过程，而是侧重分析其经济内涵和经济学思路上的创新，有兴趣的读者可参阅 Merton（1990），该书收集了默顿的重要论文，同时也介绍了学习连续时间金融所必需的金融数学知识。

动态组合决策的模型。Merton（1973）的结论表明，传统的静态 CAPM 一旦运用到动态分析，就不再适用了，只有在更加特殊的外生设定下，传统模型关于收益与风险的关系才成立。从经济设定上看，Merton（1973）考虑了投资者面临的不断变化的投资机会集合，因此，代表性经济人的效用不仅依赖于投资者的财富，而且依赖于经济的状态，因为经济的不同状态影响了投资者的机会集合，继而影响了其最优的对冲风险的决策。在动态设定下，Merton（1973）的推导表明，证券价格不仅取决于传统 CAPM 下的均值-方差，而且取决于投资者对冲可能的不利冲击的需求。这时的资产定价方程中包括了几个 β：第一个当然是系统性风险因子，而其余的则是那些影响投资者最优投资集的各种状态变量。Breeden（1979）进一步完善了 Merton（1973）的分析，他发现，Merton（1973）的模型推导出了不符合经济常识的结论：在 Merton（1973）中，当投资者财富较小，因此边际效用较高时，那些收益更多的股票的定价反而会更低，这与 CAPM 的结论是完全相反的。原因何在？Breeden（1979）认为，投资者关心的是投资者的消费，而不是投资者的总财富，尽管当边际消费较高时，1 美元的证券收益更有价值，因此，该种证券的价格应该更高，然而，当投资者的投资机会集存在不确定时，这一关系对边际财富却不再适用，因此，布里登（Breeden）用投资者的消费取代了默顿的财富，并推导出相应的资产定价方程，这一方程的结论是令人惊奇的：跨期 CAPM（intertemporal capital asset pricing model，ICAPM），或者更准确地说，是以消费为基础的 CAPM（consumption-based capital asset pricing model，CCAPM）中，只需用一个 β 衡量证券的风险，且这时 Merton（1973）的问题也迎刃而解，很显然，这一模型在形式上与静态的 CAPM 是一致的。

（三）放松约束条件下的资产定价模型——APT 模型

CAPM 的实际运用由于其严格的强假设条件而受到了很大的限制，同时，在这一模型中，市场资产组合的指向是模糊的，这导致了著名的"罗尔（Roll）的批评"。罗尔的主要论点是：CAPM 下的市场组合不只限于股票指数，还应包括一经济体中债券、房地产、人力资本等全部有形和无形的财富。这使得对 CAPM 进行准确的实证检测几乎成为不可能。也就是说，即使实证证据不支持 CAPM，我们也无法断定是 CAPM 有问题，还是因为实证检测过程中所使用的市场组合本身不是效率组合。1976 年罗尔进一步提出了多因子定价理论——套利定价理论（APT）。值得指出的是，虽然 APT 与随机贴现系数密切相关，但 APT 的基本思路与以消费为基础的资产定价理论迥异，它采用的是相对定价法，而非绝对定价法。

在随机贴现系数理论框架下，多因子资产定价模型的随机贴现系数是 K 个因子的线性组合。假设这些因子的条件均值为零且相互正交，即确保无套利机会，或一价定律（law of one price）有效。如果将随机贴现系数表述为 K 个因子的线性组合，即 $D_{t+1} = a_t \sum_{i=1}^{K} b_{it} f_{i,t+1}$，式中 a 和 b 为系数，$f_{i,t+1}$ 为第 i 个因子，那么超额收益与随机贴现系数的负协方差是：

$$\mathrm{Cov}(D_{t+1}, R^Z R_f) = \sum_{i=1}^{K} b_{it} \sigma_{Zit} = \sum_{i=1}^{K} (b_{it} \sigma_{it}^2)\left(\frac{\sigma_{ikt}}{\sigma_{kt}^2}\right) = \sum_{i=1}^{K} \gamma_{it} \beta_{Zit} \tag{14}$$

式中，σ_{Zit} 是资产 Z 的收益与第 i 个风险因子的条件协方差；σ_{it}^2 是第 i 个因子的条件方差；$\gamma_{it} = b_{it} \sigma_{it}^2$ 是第 i 个因子的风险价格；β_{Zit} 为资产 Z 对第 i 个因子的贝塔系数。式（14）的含义是，任何资产的风险溢价都可表示为该资产的所有贝塔系数与其风险价格之积的和。

APT 与 CAPM 的重要区别是，CAPM 是均衡条件下的资产定价模型，而 APT 的理论基础是"不存在无风险套利机会"，因此，相对于 CAPM，APT 成立所要求的条件更弱，当然，这种结论背后的经济假设差异是难以从资产定价方程中直接看出来的。不过，对于研究人员而言，了解不同定价模型背后经济假设的差异是十分必要的。

APT 的一个重要缺陷是：该理论没能确定影响资产价格的因子到底有多少，分别又是哪些。Chen 等（1986）用可观察的宏观经济指标作为风险因子对 APT 进行了实证检验，发现有 4 个重要经济指标在相当程度上决定了股票收益的变化，它们分别是：

（1）工业总产值变化幅度；

（2）长短期国债收益差额；

（3）评级高低债券的收益率差额；

（4）意外通胀率变化幅度。

这些宏观经济因子长期以来被看作是影响股价变化的重要风险因子。然而，像 CAPM 一样，APT 的另一缺陷是，对其进行严格意义上的实证检测也很困难（Shanken，1985）。

（四）传统资产定价理论遭遇尴尬

虽然资产定价理论的研究可追溯到 18 世纪早期，但现代资产定价理论，准确地说，系统地以数学符号表达金融思想的资产定价研究始于 20 世纪 50 年代。70 年代初的布莱克-斯科尔斯期权定价模型将资产定价研究推到一个前所未有的高潮。到 80 年代中期之前，有关资产定价的核心结论包括：

（1）CAPM 能够很好地描述风险，因此也能很好地解释为何某些个股和证券组合与其他的个股和组合相比能提供更高的收益。

（2）股票收益不可预测。股票价格近似"随机游走"，其期望收益的变化无规律性可言。由此推论，技术分析只是些不可信的表面现象或骗局。

（3）不但股票收益不可预测，股票收益的波幅同样不可捉摸。

（4）考虑到风险因子后，职业经理如基金经理人的经营结果并不比一个综合股价指数的表现好多少。

少数基金经理在个别时期表现出色，但从总体和长远看，他们超出市场平均表现情况的现象与掷硬币所得出的结果并无两样。这就是说，资本市场是信息有效市场。

自 20 世纪 80 年代中期以来的 30 多年时间里，随着计算机技术的进步和主要金融市场研究数据库的建立，金融学家们从不同角度对金融理论进行了广泛的实证检测。新的研究发现从根本上否定了传统资产定价理论的结论。主要表现在以下几方面：

（1）单个资产、资产组合、基金和投资策略的平均收益与其 β 系数不相称。CAPM 并非衡量风险的合适模型。Lewellen 和 Nagel（2003）证明，条件 CAPM 无法解释账面市值比等异象，并且由短期窗口回归表明，条件 CAPM 和无条件 CAPM 在这方面表现一样差。

（2）收益具有一定程度的可预测性。第一，股息率、短期债券收益率、长短期国债收益率差、金边垃圾债券收益率差、商业周期指标等可预测股票收益的时序变化。这一方面的代表性研究包括 Fama 和 French（1989）、Lettau 和 Ludvigson（2000）。第二，股票波幅随时间变化而变化。第三，按 CAPM 调整风险后，一些基金的表现超出大盘，尽管 Carhart（1997）的进一步研究结果表明基金的超常表现归功于机械性"特性"，而非来自基金经理的出色选股水平。第四，股票收益表现出很强的中期动量和长期回归倾向。自 Jegadeesh 和 Titman（1993）发现美国股票市场存在中期收益动量以来，一些学者对美国以外的股票市场进行了众多的样本外测试，发现中期收益动量和长期收益回归倾向广泛存在于除少数新兴市场外的所有股票市场。基于中期动量和长期回归的收益可预测性的实证较多，Kang 等（2002）研究表明，中国 A 股市场上的短期反向操作、中期动量策略可以产生显著的超额收益。Wang（2004）发现，中国 A 股市场不存在显著动量效应，相反，过去 3～24 个月收益高（低）的股票在未来 3～24 个月的收益变低（高）了。Asness 等（2008）证明，价值和动量对国内个股、不同国家股指和政府债券、货币、商品等都会产生超额收益，长期消费风险、全球衰退风险、全球流动性等因子与价值和动量相关。Fama 和 French（2012）检验发现，美国、欧洲、日本和亚太地区中，除日本外，其他地区根据不同的公司规模分组中均有收益动量存在。Moskowitz 等（2012）证明，长期反转现象与情绪理论中人们起初对新信息反应不足、后期反应过度相一致。

（3）三因子、四因子资产定价模型对股票期望收益的变化具有较强的解释能力。这一方面具有代表性的研究是 Fama 和 French（1993）。他们证明了三因子模型［市场因子（market factor）、规模因子（size factor）和价值因子（value factor）］能够解释 80％左右的美国股票收益变化。在其他市场（包括中国在内的新兴股票市场）也发现了类似的实证证据。三因子模型的明显缺陷是，它不能解释收益动量现象。在三因子基础上加上动量因子，即四因子定价模型（Carhart，1997），便能增强资产定价模型对收益变动的解释能力，购买去年股票中的"赢家"是捕捉 Jegadeesh 和 Titman（1993）中股票收益一年动量效应的可执行的策略。Hou 等（2012）提出了另一个四因子模型，考虑了市场因子、规模因子、投资因子、股权收益因子，在对部分组合进行定价时，该因子模型优于卡哈特（Carhart）四因子模型。Fama 和 French（2015）提出了五因子模型，在 Fama 和 French（1993）三因子模型的基础上增加了盈利性因子和投资因子，但是这使得在描述样本平均收益时价值因子变得多余。

尽管金融理论界普遍接受三因子、四因子模型，但在对这些因子的解释上有很大的争议性。法玛（Fama）和弗伦奇（French）认为其三因子代表的是风险因子，因此三因子模型属传统资产定价理论的延伸。但行为金融学派认为规模因子、价值因子以及动量因子反映了投资者固有的行为偏差带来的结果。这方面的争议至今尚无定论。不过有一点可以肯定：动量很难与风险因子扯上干系。

从以上讨论可以看出，传统资产定价理论面临着缺乏实证证据支持的尴尬局面。在对学科进行审视和反思的过程中，运用心理学、社会学、行为学来研究金融活动中人们决策行为的行为金融学成了学界关注的焦点。行为金融学真正迎来其发展还是在 20 世纪 80 年代以后，在主流金融学模型与实证证据不断背离的困境中，伴随着这一时期由普林斯顿大学的卡尼曼（Kahneman）和斯坦福大学的特沃斯基（Tversky）所创立的前景理论（prospect theory），金融学家们期望从行为金融学中寻找金融理论尤其是资产定价理论发展的突破口。

传统资产定价理论把行为人预设为一个完全意义上的理性人，这样的理性人不仅具备理性，而且无论在何种情境下都可以运用理性，根据成本和收益进行比较，从而做出效用最大化的决策。而行为金融学恰恰就在这一最基础的预设上与主流金融学表现出显著的不同。行为金融学并不完全肯定人类理性的普遍性。人类的决策在很多时候不是建立在理性预期、风险规避、效用最大化等的基础上。行为金融学建立在两类基本的行为假设基础上：

1）深层心理偏差（heuristic-driven bias）。包括过分自信、回避不确定性、决策保守性。

2）框架依附（frame dependence）。人们的决策受决策者的特定思维框架的影响，主要表现在规避损失、后悔等。

从包括 Shiller（1981）发现美国股票收益的超常波幅进而推论投资者非理性等的几篇早期研究开始，建立在行为假设的基础上，金融学家们对资产定价问题进行了反思，并且丰富和发展了资产定价理论。例如 Shefrin 和 Statman（1994）提出的行为资产定价模型（behavioral asset pricing model，BAPM）既有限度地接受了市场有效性，也秉承了行为金融学所奉行的有限理性。Barberis 等（1998）建立了分析投资者情绪对资产价格影响的理论模型。Daniel 等（1998）以行为偏差解释了广泛存在的中期（3～12 个月）收益动量和长期（3～5 年）收益回归现象。

投资者行为偏差不仅影响股票等有价证券的价格，而且影响衍生品的价格确定。不过，学术界在这方面的研究尚处于起步阶段。例如，研究发现，深层心理偏差可能导致期权的隐性波幅的图形出现"微笑"，即隐性波幅随期权的执行价格的增加而下降，而其理论上的隐性波幅应与执行价格无关。另外，投资者情绪也影响期权的价格或隐性波幅。例如，很多投资者相信，买权/卖权比率是衡量投资者情绪的一个很好的标准。而且，衍生品市场与股票市场类似，同样存在过度反应（overreaction）现象。Stein（1987）以实证证据表明，股指期权市场反应过度。Wang 和 Yu（2003）发现，在 24 个最为活跃的美国期货市场中普遍存在过度反应。

三、股权溢价与标准资产定价模型的拓展

梅拉-普雷斯科特（Mehra-Prescott）在他们 1985 年的开创性论文《股权溢价之谜》（The Equity Premium：A Puzzle）中正式提出了"股权溢价"这一难解之谜，对已有的资产定价理论提出了挑战，特别是对理性预期的资产定价方程提出了怀疑。尽管迄今为止仍没有一个理论可以圆满解决这一问题，然而，通过对有关"股权溢价"这一议题的大量技术性文献的回顾与整理，我们会发现，已有的资产定价理论已经在很大程度上得到了发展，人们对市场波动性、资产收益的可预测性等一系列密切相关的问题也获得了更具洞察力的认识与理解。

梅拉-普雷斯科特发现，在 1889—1978 年这 90 年内，相对无风险的短期证券

的年均实际收益仅为 0.8%，而同期标准普尔 500 综合股指的年均实际收益则高达 6.98%，因此年均股权溢价为 6.18%。这一数值是基于理性预期的标准 CCAPM 难以解释的，因为在这一时期，历史数据表明，美国的消费增长波动性很小，因此，从标准 CCAPM 进行校正就需要经济人具有高得令人难以置信的风险厌恶系数（30～40），而通常合理的相对风险厌恶系数应该小于 10，而 Hansen 和 Singleton（1983）利用美国战后的消费、股价数据推导出相对风险厌恶系数值约为 1。因此，股权溢价表明，我们已有的 CCAPM 无法解释历史数据所显示出的明显特征，而衡量经济模型的一个标准就是看模型能否很好地解释典型的事实。

股权溢价对基于理性预期的资产定价模型提出了挑战，更对理性预期的经济学思维方法提出了挑战，而理性预期对 20 世纪 80 年代后的资产定价理论发展的贡献是毋庸置疑的。自从 Lucas（1972）正式提出理性预期，它便给宏观经济学的思维范式带来了巨大革命，理性预期和动态优化方法在宏观经济学、金融理论中取得了巨大成功，而 Mehra-Prescott（1985）的论文正是 Lucas（1978）的关于交换经济中资产定价的离散时间版本：如果股权溢价不能由理性预期的资产定价方程解释，那么 Lucas（1978）的模型是否适当？理性预期是否仍然适用？股权溢价同样引发了宏观经济学家对已有消费理论的重新思考：储蓄的决定因素究竟是什么？人们的消费模式究竟如何？为何人们如此畏惧顺周期的股票收益风险？此外，从实践的角度看，股权溢价对于证券公司、互助基金等投资机构的资产组合决策，对于公司的融资投资决策，对于社保基金的运作无疑具有重要意义：如果股票给予我们的收益远远超过我们所承受的风险，为何我们不投资于股票？如果股票融资成本如此之高，为何我们还要选择股权融资？

（一）"股权溢价"：我们知道多少？[①]

我们假定经济中存在一代表性经济人，其目标是使具有时间可分、可加性的指数效用函数 $U(C_t) = \dfrac{C_t^{1-\gamma} - 1}{1-\gamma}$ 最大化，也就是说典型经济人在预算约束下最大化下面的期望效用：

$$E_0 \left\{ \sum_{t=0}^{\infty} \beta^t \frac{C_t^{1-\gamma} - 1}{1-\gamma} \right\}, \quad 0 < \beta < 1$$

这样，通过在正态设定下的对数化，我们可得到股权溢价的公式：

$$E_t \left[\gamma_{M,t+1} - \gamma_{f,t+1} \right] + \sigma_M^2 / 2 = \gamma \sigma_{MC} \tag{15}$$

---

① 本文对于股权溢价问题的讨论得益于 Kocherlakota（1996）以及 Mehra 和 Prescott（2002）的综述分析，笔者将一些新的文献引入讨论范围，侧重从经济学角度直觉地给出分析，而尽量避免技术性细节的描述。

其中，小写字母分别为各变量大写字母的对数形式，γ 为经济人的相对风险厌恶系数，β 表示经济人的时间偏好系数，σ_{MC} 表示市场组合收益与消费增长率的协方差，$\gamma_{f,t+1} \equiv \log(R_{f,t+1})$ 表示无风险资产收益的对数，$\gamma_{M,t+1} \equiv \log(R_{M,t+1})$ 表示市场组合收益的对数，$\sigma_M^2/2$ 表示因为对数化而需要进行的詹森不等式调整项。因此，式（15）的经济含义为：股权溢价等于经济人风险厌恶系数和证券收益与消费增长率的协方差的乘积。而历史数据表明，证券收益波动性很大而消费增长平稳，从而波动性较小，相应地，σ_{MC} 值很小（大约为 0.002%），因此，这必然要求风险厌恶系数 γ 很大（超过 30），以使式（15）成立。如果 γ 值限定在通常的水平上，那么我们认为，实际数据显示的收益远远超出了模型的预测，这就是"股权溢价"之谜。

我们同样可以借助于随机贴现因子（stochastic discount factor，SDF）说明这个问题。美国自战后至 20 世纪 90 年代中期，以价值加权平均的市场指数度量的年均夏普（Sharpe）比率约为 0.5，根据方程（12a），这就意味着 SDF 的标准方差至少为 0.5。考虑到 SDF 的均值上限为 1，下限为 0，因此，0.5 的标准方差值从直觉上看也是很大的。而再考虑到美国战后总消费增长的标准方差仅仅约为 1%，因此，为了使得数据匹配，就必然要求代表性经济人具有高达 50 的相对风险厌恶系数。正如上文已经分析的，这似乎是一个令人难以相信的结论。

理论上，从根本上挑战一个模型的一种方法是质疑其假定[①]（这是一种相对容易的练习），也就是说，考察模型假设的扩充或改变是否从根本上改变了模型的结论。在 Mehra-Prescott（1985）的论文中，为了保证资产收益服从弱平稳过程，他们将典型经济人的效用函数限定为 CARA 类的指数效用函数；同时，类似 Lucas（1978），他们假定完全市场的存在，也就是存在标准的阿罗-德布鲁（Arrow-De-breu）证券[②]；此外，他们隐含假定资产交易不存在交易成本等摩擦。正如 Kocherla-kota（1996）指出的，这三个假定才是梅拉-普雷斯科特最基础的假定，也就是说，其他假定的调整充其量可以增加或减少一些溢价，但是并不能消除股权溢价。

随后，Weil（1989）的一篇文章将梅拉-普雷斯科特的分析向前推进了一步，提出了"低利率之谜"：如果指数效用函数的设定使得经济人消费的跨期替代弹性等于经济人相对风险厌恶系数的倒数，因此，如果股权溢价意味着经济人高度风险

---

① 另一种更需要创新的是挑战其模型赖以存在的经济基础，或者说经济根源，比如，可能我们的效用函数的设定中缺少了某种至今未被经济学者理解的元素等等。这一挑战我们在最后将会讨论。

② 这一假设的一个好处就是，我们可以将经济中每个消费者的消费视为相同的，因此，代表性经济人的消费即为人均消费，从而便于数据校准分析；这是因为在完全市场假设下，每一个经济人都充分利用证券市场分散了所有异质性风险，这时每个人的消费流都与社会总体消费流呈现固定的比例关系，因此，我们可以将每个人视为完全相同的经济人。

厌恶，那么这一分析也表明，经济人消费的跨期替代弹性很小；低的跨期替代弹性表明经济人储蓄的意愿很小，因此无风险利率理论上应该很高，而事实上却不到1%。也就是说，标准的基于消费的资产定价模型不能解释为何无风险利率如此之低。这一问题的提出进一步加大了对"股权溢价"的解释难度：很多模型往往顾此失彼，只能尽力解释其一，却不能解释其二。而 Campbell（1999）又基于 CCAPM 提出了"股市波动性之谜[①]"：模型不能模拟出如历史数据所表现的大的收益波动性。这三个"谜"在本质上是相互关联的，也就是说，一个合理的资产定价模型至少应该在很大程度上能够解释这三者才可视为初步解决了这一问题。然而，迄今为止，据笔者所知，尚未出现这一模型。[②]

由于梅拉-普雷斯科特的分析中涉及经济计量，因此，一些学者考察了对样本期的扩展能否发掘新的问题；也就是说，检验这一谜是不是由于样本选择偏差引起的。[③] Siegel（1992）考察了 1802—1992 年间的数据，并结构性地将其划为三个子样本期，结果表明，股权溢价有上升趋势：由于真实无风险利率的下降，导致股权溢价在 1926—1992 年间上升至 8.1%，而整个样本期内的平均溢价为 5.3%。尽管这一数字比梅拉-普雷斯科特的 6.18% 低，但是这一溢价相对于 CCAPM 仍太大了。Kocherlakota（1996）也进行了类似的校准练习，发现股权溢价仍然存在。

另有学者［如 Brown-Goetzmann-Ross（简称 BGR，1995）］提出采用历史数据解释模型本身存在存活偏差（survival bias），也就是说，那些由于经济衰退等原因而表现较差的股票已经被淘汰出局，这样导致生存下来的企业都是收益较高的，如果考虑进所有的股票收益，股权溢价可能会消失。当然，BGR 并没有用剔除存活偏差的数据来审视股权溢价，只是从理论的角度说明这可能导致股权溢价在多大程度地被高估。然而，股票市场的历史发展表明，那些表现差因而退市的股票在一段时间后又可能以这样那样的方式恢复上市。此外，如果由于经济衰退等系统原因导致股票表现较差，那么这一时期的债市也受到影响，因此股票收益与名义无风险的债券收益之差应该变化不大，存活偏差并不能从根本上解决问题。

还有部分学者对梅拉-普雷斯科特假定股利增长（从而消费增长）服从两状态的马尔可夫（Markov）链产生了质疑。Rietz（1988）通过引入第三种状态——在这一状态下，由于小概率事件如金融市场大崩溃的发生而使消费增长突然降低——从而解释股权溢价。然而正如 Mehra-Prescott（1988）针对性地指出的，这一状态

---

① 最早是由 Shiller（1981，1982）、Grossman 和 Shiller（1981）提出。

② 当然，笔者并非强调经济模型必须解释所有与此相关的异象，而是强调，如果一种模型解释了股权溢价，却也导致了与历史数据不合的具有很大波动性的无风险利率，那么我们认为这一模型是有缺憾的。

③ 如 Gregory 和 Smith（1991）；Cecchetti，Lam 和 Mark（1993）等。

的引入不能从根本上解决溢价之谜，因为 Mehra-Prescott（1985）的样本期包括了
20 世纪 30 年代的大萧条；而且 Rietz（1988）假定的消费年度的最小减少为 25％，
最大为 98％，这在美国历史上是没有的。历史数据表明，美国历史上最大的消费衰
退仅为 8.8％。同时，Mehra-Prescott（1988）指出，里兹（Rietz）需要的风险厌
恶系数（10）仍然很高。对 Rietz（1998）的解释的另一种批评是，该模型蕴含了
这样的假设：极端危险事件发生的概率与利率是反向变动的。也就是说，发生大的
危机的可能性越高，这时，投资者消费发生大的波动的可能性也就越高，理性的经
济人将更多地倾向于无风险资产，从而提高了无风险资产的价格，降低了实际利
率。但是，美国的历史情况（Mehra，2003）和跨国比较（Gielen，1994；Hirose
and Tso，1995）的研究[①]都表明，这样的关系至少从历史上看并不存在。但是，笔
者认为，Rietz（1988）的分析思路是很难检验的。从实证研究的角度看，危机没有
表现出来并不意味着投资者对于这些危机没有一种预期，但是资产价格还是反映出
了这些预期，因此导致了股权溢价的出现。此外，用 100 年的期限来验证一个以不
到 1％的概率发生的事件是否真的发挥了作用，样本期似乎还是太短了些，因此，
过早地做出"极端风险不是一种理论解释"这一结论，似乎有些缺乏严谨。然而，
从另外一个角度看，Rietz（1988）在一定程度上首次将心理因素引入股权溢价问题
的分析，这一思路与 Barsky 和 De Long（1993）的分析具有一定的相似性：投资者
对于未来股利的增长可能过于悲观，因此为了平滑消费，他们对股票要求很高的风
险溢价。

　　概括地说，从计量角度去解释股权溢价并没有得到更多的理论支持。[②]　而正如
Mehra-Prescott（1988）指出的，在标准的阿罗-德布鲁框架下的 CCAPM 中引入新
的偏好结构可能有助于解释这一问题，也就是需要改变第一个基本假定。我们上文
指出，对三个基本假定的修改、扩展可能改进我们对股权溢价问题的认识。因此，
在后面，我们将分别从三个方面回顾已有文献。

（二）股权溢价的理论解释

　　如果股权溢价"确实"在三个基本假定的 CAPM 框架下存在，那么从方法论
的角度看，我们需要修改其基本假定。大量的文献从不同角度似乎已经解释了股权
溢价之谜，然而正如我们将要分别指出的，我们已经获得的证据远未令我们满意。

---

　　①　两个作者分别发现，尽管在二战结束时德国和日本的股票价格均出现了大跳水，但是，从 1926 年到 1995 年
间，投资于德国和日本股票的平均收益（复利）分别为 9.5％和 4％。
　　②　本文侧重分析理论的进展，而避开了数据等校准过程中可能存在的问题。

1. 广义预期效用（generalized expected utility，GEU）与资产定价

修改典型经济人的偏好结构如风险厌恶、时间偏好以及效用函数以期获得新的洞察理解，这在经济理论的发展中是一种常用方法。最典型的莫过于货币经济学对货币、货币需求问题的研究。在阿罗-德布鲁的世界里，在标准的效用设定下，法定货币在均衡条件下是没有价值的。然而在现实的世界里，人们为何需要"无价值"的法定货币？货币经济学家的思路是偏离阿罗-德布鲁模型，通过将货币引入经济人的效用，从而使得货币在均衡条件下有了正的价值，这就是 MIU（money-in-the-utility）模型的思路。一些金融经济学家和宏观经济学家对于股权溢价与低利率之谜的解释同样基于这一方法[①]，在具体形式上分为两类：第一类是将预期效用函数拓展至广义预期效用（GEU）函数；第二类是维持经典的预期效用函数的形式，但是将消费惯性（habit persistence）以及消费的攀比效应引入效用函数。

广义预期效用函数最初由 Kreps 和 Porteus（1978）提出，而 Epstein 和 Zin（1989，1991）将其用于解释股权溢价。[②] 由于在经典的指数效用函数设定下，经济人的相对风险厌恶系数与其消费的跨期替代弹性系数互为倒数，为了解释高的股权溢价，需要高的风险厌恶，这就导致了低利率之谜的出现。而在广义预期效用函数下，风险厌恶与替代弹性并不存在必然联系，这从各自的经济含义来看是更适合的假定：风险厌恶本质上表示经济人在经济世界的不同状态下进行消费替代的意愿；而消费的跨期弹性表示经济人在不同时间下的消费替代意愿。从模型的角度区分风险厌恶与跨期替代就可以使我们较方便地分别解释股权溢价之谜和低利率之谜。

在 GEU 设定下，t 时刻典型经济人的效用由式（16）给出：

$$U_t = \{C_t^{\frac{1-\gamma}{\theta}} + \beta\{E_t U_{t+1}^{1-\gamma}\}^{1/\theta}\}^{\theta/(1-\gamma)} \tag{16}$$

其中，$\theta \equiv \dfrac{1-\gamma}{1-1/\Psi}$，$\Psi$ 表示跨期替代弹性，γ 表示经济人相对风险厌恶系数。我们可以看出，当 $\Psi \times \gamma = 1$ 时，$\theta = 1$，则效用函数变为：

$$U_t = [C_t^{1-\gamma} + \beta(E_t U_{t+1}^{1-\gamma})]^{1/(1-\gamma)} \tag{17}$$

对式（17）运用递归方法，我们很容易得出：这时的效用即为经典预期效用下的指数效用形式。因此，GEU 是经典预期效用的拓展。由于将经济人的跨期消费

---

① 从这个角度看，不同问题的经济学研究方法是相似的，尽管其具体内容存在这样那样的差异，然而背后的经济学思维方法或者思考问题、解决问题的出发点是一致的。举个例子，比如 DD（1983）模型分析银行中介在经济中的作用，就是借鉴了 Diamond（1967）的思路：Diamond（1967）表明，在世代交叠模型［overlapping generation（OLG）model］中，市场并不能取得最优的经济效率，而政府的介入可以增进效率，这里的政府实际发挥了经济中介人的角色，DD（1983）模型中的银行中介的存在同样改善了只存在市场条件下的经济效率。

② 这一思路是值得我们借鉴的：我们可以利用他人在其他经济学领域取得的成果来解释我们需要面对的问题；特别是如果他人的成果很基础，那么可能就更有重新利用之功效。

替代弹性与其风险厌恶系数分开来了，因此，该模型能够在合理的参数条件下解释无风险利率之谜。然而，由于股权溢价之谜的根本原因在于经济学人对投资者风险厌恶程度的判断（一般不应高于 10），而不在于对跨期替代弹性与风险厌恶的有效区分，因此，该类模型同样难以解释股权溢价之谜。而在此模型下的校准分析表明，为了吻合美国的数据，经济人的风险厌恶系数同样必须远高于 10！同时，在Epstein 和 Zin（1991）中，由于一个重要变量——财富的收益——是不可观测的，因此，为了使校准得以实现，他们外生假定了投资者消费流的变动过程，并假定财富收益与作为代理变量的市场组合收益变量高度相关；这些外生的假定显然弱化了他们对股权溢价的经济解释力量。

使用 GEU 解释股权溢价的文献包括 Epstein 和 Zin（1989，1990，1991）、Weil（1989，1990）、Epstein（1988）、Kocherlakota（1990）、Kandel 和 Stambaugh（1991）、Stambaugh（1989）等。从理论的角度看，Epstein 和 Zin（1989）无疑是这一领域的开创性文献，而其他文献比如 Kandel 和 Stambaugh（1991），从理论角度看，其改进在于引入了随时间而变化（time-varying）的消费增长过程的设定。这种设定有助于作者分析资产收益波动性、不同投资期限层面的收益可预测性等问题。[1] 从这里我们也可以看出一些技术性细节在文章创新过程中所起的作用。

2. 消费惯性（habit persistence）与资产定价

经典的基于理性预期的资产定价模型中，代表性经济人的效用具有时间上的独立性和状态上的可加性。然而，Deaton（1987）以及 Hall（1989）对经济人消费函数的实证研究却拒绝了经济人理性且消费函数具有时间独立性、状态可加性的联合假设。而所谓基于消费惯性[2]的资产定价模型，指的是在投资者的效用函数中，投资者以前的消费（相对水平或者绝对水平）将对投资者以后的消费效用产生影响。其经济直觉是这样的：如果你昨天吃了一顿大餐，那么，今天再吃一顿大餐所产生的效用（刺激）已经很小了，除非今天的大餐比昨天的更丰富；相反，如果你今天没有吃大餐，尽管也吃了一顿普通的饭菜，但此时你所获得的效用就很小了，因为你已经习惯了吃大餐了。最早利用这一思路解释股权溢价的是 Constantinides（1990），康斯坦丁尼迪斯（Constantinides）利用一个新古典增长模型的变体解释

---

① 类似的这种校准分析可参阅 Campbell 和 Cochrane（1999）。

② Marshall（1920）可能是最早初步探讨消费者的消费惯性的，而 Duesenberry（1949）则第一个规范地分析了消费惯性的经济含义，Sundaresan（1989）则探讨了存在消费惯性下消费和财富的波动性问题。Kydland 和 Prescott（1982）则将经济人在闲暇时间上的状态不可分性引入经济增长模型。而 Ferson 和 Constantinides（1989）、Hansen 和 Jagannathan（1988）以及 Heaton（1988）的实证结果表明，消费存在一定的惯性。这为 Constantinides（1990）的关键假设提供了理论和实证上的有力支持。

了观察到的股权溢价。在 Constantinides（1990）的理性预期模型中，代表性经济人的效用不再具有时间上的独立性，而存在相互依赖关系，其优化问题可表示为：

$$E_0 \int_0^\infty e^{-\rho t} \gamma^{-1} \big[c(t) - x(t) \big]^\gamma \mathrm{d}t \tag{18}$$

其中，$x(t) \equiv e^{at} x_0 + b \int_0^t e^{a(s)} c(s) \mathrm{d}s$[①]，该变量量化表示了消费惯性，很明显，这一变量是过去历史上各时刻消费的指数加权均值，也就是说，过去所有的消费将影响当前消费的效用，且最近的单位消费对当前消费效用的影响最强。

投资者的预算约束为：

$$\mathrm{d}W(t) = \{[(\mu - r)\alpha(t) + r]W(t) - c(t)\}\mathrm{d}t + \sigma\alpha(t)W(t)\mathrm{d}w(t) \tag{19}$$

其中，$w(t)$ 为标准布朗运动；$W(t)$ 表示投资者的财富；$\alpha(t)$ 为投资于风险证券的比例，且风险证券的价格动态方程为：$\mathrm{d}X(t) = \mu X(t)\mathrm{d}t + \sigma X(t)\mathrm{d}w(t)$，而无风险证券的价格动态方程为：$\mathrm{d}U(t) = rU(t)\mathrm{d}t$。

康斯坦丁尼迪斯求解出动态最优的投资消费决策，并在稳态下计算出消费增长率的无条件均值与方差，以及相对风险厌恶系数的无条件均值。同时，他进一步引入生产以及企业财务杠杆效应，也考察这两个因素对股权溢价的影响。[②] Constantinides（1990）的结果似乎表明，他已经能够解释股权溢价之谜以及低利率之谜。是的，低利率之谜在这种具有时间独立性的效用设定下得到了较合理的解释，数据校准的结果证实了这一解释[③]；然而，康斯坦丁尼迪斯的消费惯性真的如他所说的解释了股权溢价之谜吗？没有！相对于如此平滑的消费流而言（在他的校准练习中，消费年均增长率的均值仅仅为 0.019），即使经济人的相对风险厌恶系数较小（约为 2.81），经济人同样必须高度厌恶消费波动的风险。[④] 从式（15）中可以直观地看到这一点：股权溢价等于经济人的风险厌恶系数乘以消费的波动（标准差），因此，风险厌恶系数越小，要求的消费波动性就必须越高。这与美国投资者的消费数据是不吻合的。因此，这个引入消费惯性的资产定价模型同样不能完美解释股权溢价问题。

---

① 这一设定引自 Ryder 和 Heal(1973)。

② 他的论证表明，这两个假设对于解释股权溢价而言，并非至关重要。

③ 从经济直觉上看，消费惯性也应该可以解释低利率之谜。低利率之谜的一种更简洁明了的表述就是：尽管无风险利率如此之低，我们也很难理解经济人为何如此大量储蓄，从而使得消费如此平滑。而消费惯性很容易从性质上解释这一点：尽管利率确实很低，然而，由于为了明天的一顿大餐所产生的效用至少与今天这一顿大餐的效用一样，经济人就必须在今天大量储蓄，这样才有更多的财富以供明天购买比今天更奢华的大餐；因此，这时的储蓄行为对利率的敏感度大大降低了。

④ 在 Mehra（2002）的一个例子中，根据 Constantinides（1990）模型的一个简单例子，经济人的有效相对风险厌恶系数为 $5(1-\gamma)$，因此，为了吻合数据，经济人的有效相对风险厌恶系数同样高达 14.05（=2.81×5），也就是说，经济人极度厌恶消费的波动。

沿着消费惯性这一思路，大量关于股权溢价的文献纷纷涌现。这类文献可分成两种类型：一种考虑内部消费惯性，即经济人自身过去的消费对今天消费效用的影响；另一种考虑他人的平均消费对自身消费效用的影响。具体到模型的设定上，这两类文献又各产生了两种方法：一种用今天消费与基准消费的差额计算效用，另外一种用今天消费与基准消费的比例计算效用。Abel（1990）和 Gali（1994）就分析了社会消费对自身消费的效用的影响，也即所谓的外部消费惯性问题，用 Abel（1990）的语言表述，即 "Catch up with the Joneses"。

在 Abel（1990）中，代表性经济人的最优化问题为最大化如下终生效用：

$$E_t \sum_{t=0}^{\infty} \beta^t \frac{(c_t/c_{t-1}^{\gamma})^{1-\alpha}}{1-\alpha} \qquad (20)$$

其中，c_{t-1} 表示过去的社会消费水平。

然而，这一模型[①]的成功之处在于它在解释股权溢价的同时却有效回避了低利率风险之谜。在标准的 CAPM 中，为了解释股权溢价，就必须要求高的风险厌恶，而高的风险厌恶则导致了低的无风险利率。但是，在 Abel（1990）中，他通过引入消费的攀比效应有效地回避了这一问题。然而，这一模型的一个重要缺陷在于：他在解释股权溢价的同时，使得无风险利率的波动性增强，这与历史数据显然并不吻合，因为历史上无风险利率的走势显得相当平滑，波动性很小。此外，此类模型都暗含了这样的结论：股权收益与消费增长高度相关，这显然与历史数据并不吻合。当然，从另外一个角度看，这一模型也可以通过适当的参数来解释高的股权溢价，然而，正如 Kocherlakota（1996）所演示的那样，这时为了解释低的无风险利率，就必须使得贴现系数 β 大于 1，这与通常的经济直觉是相违背的。

3. 不完全市场（incomplete market）、市场不完善（market imperfection）[②] 与资产定价

从微观经济学理论看，当经济人存在异质性的不可分散的风险时，由于经济人的道德风险，阿罗-德布鲁式的完全证券市场是难以存在的。[③] 从实证的角度看，

---

① Campbell-Cochrane（1999）采取类似的思路分析了外部习惯对股权溢价的解释力。在他们的模型中，一个有意思的特征是，经济人的风险厌恶系数是时变的，因此，他们的模型就较好地解释了低利率之谜，同时通过控制参数维持了无风险利率较低的波动性特征。

② 不完全市场与市场不完善是两个不同的概念，前者强调市场不能为经济人提供完全的风险分担机会（这时市场没有交易成本），而后者强调市场交易成本，比如交易税、有限的市场参与等。

③ 为理解这一点，我们可以举保险市场的例子。而阿罗-德布鲁式的完全证券市场实质上也可以看作是一个大的保险市场，经济人通过购买不同的证券，获得不同状态以及不同时期下的保险。当然，如果经济中的异质经济人均可获得完全的信息（从而没有道德风险），那么，这一经济下的均衡与代表性经济人是相同的，Constantinides（1982）证明了这一结论。

也有大量的文献考察了经济人不可观测的异质性的收入冲击对消费的影响，比如 Zelds（1989）就考察了经济人的流动性约束（借贷约束）对其消费行为的影响。因此，从直观上看，不完全的证券市场将对资产定价产生重要影响。

Telmer（1993）考察了市场不完全对资产定价的影响，继而分析了这一因素对股权溢价的解释能力。在这一模型中，不同经济人的禀赋包括了不可观察的异质性成分，因此，这些风险是不能完全加以分散化的。一旦存在不可分散的风险，这时简单的消费汇总就不再可行了，因此，常见的利用宏观数据来分析代表性经济人的资产定价模型就不再正确了。Telmer（1993）的模型表明，即使个人借贷受到约束，然而，只要存在一个无风险的贴现债券交易市场，那么经济人就可以借此分散绝大多数异质性风险。因此，市场不完全导致的 IMRS 的波动远远小于经济人个人收入中异质性成分的波动。很显然，这一结果就已经初步表明，市场不完全难以解释股权溢价之谜，因为在此情境下 IMRS 仍然很小，难以满足式（12a）的波动界限条件。Telmer（1993）的数值模拟的结果充分证实了这一直觉的预测。

与以上这些多期模型不同，Weil（1992）在一个两期模型内分析了不完全市场对无风险利率动态的影响。他的模型较好地解释了低利率之谜：由于不存在完全市场，经济人不能对自身消费流的风险进行完全保险，经济人将增加储蓄以缓冲未来消费流不确定的冲击，因此，即使利率很低，经济人仍然愿意大量储蓄。进一步地，Weil（1992）表明，在特定的经济人偏好设定下，这一模型可以解释股权溢价之谜。然而，在两期模型内分析市场的不完全性对资产定价的影响具有内生的缺陷：Duffie 和 Huang（1985）表明，经济人可以通过连续交易从而利用有限的证券实现完全市场的状态；因此，在两期内分析不完全保险具有内生的不足，为了全面考察市场不完全对资产定价的影响，必须将讨论设定在动态多期经济中。

一旦拓展到无限期的动态经济中，经济人的储蓄动机便发生了明显的变化。在无限期的经济中，经济人可以通过借贷以平滑收入流的大幅波动，这在两期经济中是不可行的，因为在两期经济中，经济人将在两期后死去，因此，经济中的个人相互提供保险的机会集缩小，导致了经济人在第一期的大量储蓄行为。由此，在无限期动态经济中，市场不完全对经济人储蓄的影响更小，因此也就更加难以解释低利率之谜。从另外一个角度看，无限期动态经济中的动态交易策略为经济人提供了更多的保险机会，经济个体更加能够对自身消费流的波动进行有效保险，因此，储蓄激励下降是很自然的结论。Huggett（1993）的数值校准分析结果表明了这一点。当然，无限期动态经济中经济人的相互借贷行为隐含了这样的经济假设：经济人所受到的收入流的负面冲击是临时的、短暂的，因此，经济体中的相互借贷得以存在，且不同经济人的收入流与社会总收入的比例也很快收敛到一起。[1]

Constantinides 和 Duffie（1996）提出了这样的疑问：如果经济人所受的不利冲击是永久性的，那么，此时不完全市场对经济人消费和储蓄行为的影响又该如何？他们对此进行了详尽的考察和分析，最终推导出的表示资产定价的欧拉方程不仅包括了人均消费增长这一因子，同时也包括了表示不同经济人的消费增长横截面差异的变量。在他们的模型中，经济中个人的收入流与社会总收入流的比率不再是一个平稳的马尔可夫过程，而被假定为非平稳的时间序列；在此设定下（尽管没有借款约束、卖空约束、交易成本或借贷成本[2]，甚至政府提供了极少的可交易国债），不同经济人收入流与总消费的比例不再快速收敛，因此，经济人相互提供保险的能力下降，即使政府愿意提供足够的外部流动性[3]（比如无风险国债）。由此，他们的模型似乎部分解释了股权溢价之谜。然而，永久性收入冲击的假设并没有得到实证研究的支持，且即使存在永久性冲击，投资者如果事前预期到这一冲击，他们同样可以采用动态交易策略通过金融市场（只要这个市场存在一种可以以零成本交易的资产）为自身提供动态保险。此外，实际经济中经济人的异质性是否确实如 Constantinides 和 Duffie（1996）为解释股权溢价而必须假设的那么大[4]，还是一个问题。

此后，Brav，Constantinides 和 Geczy（2002）；Heaton 和 Lucas（1997，2000）以及 Krebs（2000）等的研究也考察了不完全市场对股权溢价的解释能力。这些研究表明，市场不完全能够在一定程度上弱化股权溢价，却不能最终彻底解释股权溢价，除非经济人极度厌恶风险。[5] 综合已有的研究，我们发现，只考虑市场不完全这一因素是难以解释股权溢价之谜的，因为经济人仍可以在不完全的市场中通过动态交易策略降低自身的消费风险，因此，除非经济人高度厌恶风险，否则，我们很难理解为何经济人为持有具有顺周期风险的股票要求如此高的溢价。

而另外一些研究则考察市场不完善，或者说市场摩擦（比如存在交易成本、借

---

① 且收入流冲击的持久性越弱，收敛速度越快。

② 这就意味着市场是完善的（perfect）（没有交易摩擦），却不是完全的（complete）（因为经济人并不能获得完全的保险）。

③ 流动性在这个意义上就是一种为经济人提供的一个平滑消费的保险。

④ Constantinides 和 Duffie（1996）表明，为了解释股权溢价，横截面的消费增长差异的方差必须达到 0.04，这是一个较大的数值。

⑤ Brav，Constantinides 和 Geczy（2002）利用人均加权的消费数据来验证资产定价模型，他们表明，已有的证据并不能拒绝"人均加权的 IMRS 是一个正确的随机贴现因子"的假设。不过，他们却没有接受这一假设，因为不能拒绝与接受仍然存在质上的差异。

贷成本、交易税、市场分割等）对资产定价的影响，比如 Aiyagari 和 Gertler（1991）、Alvarez 和 Jermann（2000）、Basak 和 Cuoco（1998）、Constantinides 等（2002）、Danthine 等（1992）、Daniel 和 Marshall（1997）、He 和 Modest（1995）、Heaton 和 Lucas（1996）、Luttmer（1996）、McGrattan 和 Prescott（2001）以及 Storesletten 等（2001）等。限于篇幅，这里不再一一展开讨论。

与两个异质经济人的 Telmer（1993）模型不同，Aiyagari 和 Gertler（1991）的模型不仅包括更多的异质经济人[①]，同时还引入了市场的不完善性（存在交易成本）。他们的结果表明，交易成本的存在仍然难以解释股权溢价，除非股权交易成本极高，而且股权交易的成本要远远高于国债交易的成本。因此我们不难发现，交易成本解释股权溢价的能力也同样是很有限的。Heaton 和 Lucas（1996）[②] 则考察了借贷约束、卖空限制、交易成本和存在异质收入流（除了系统性收入流的不确定因素外）风险经济中的资产定价及其对股权溢价的解释能力。尽管经济人本可以通过金融市场缓冲异质收入流风险，然而，由于借贷约束、卖空限制等因素，投资者无法完全参与市场，获得完全保险。他们的研究表明，如果经济中确实有大量的经济人面临借贷约束，则此因素可以解释低利率之谜，不过，这一因素同样不能完全解释股权溢价，因为他们的结论对交易成本的构成以及可交易资产的总供给量十分敏感：一旦有更多的债券数量和更多的债券品种供给，那么，经济人的借贷约束将大大放松，这时交易成本对股权溢价的解释能力就不足了。

此外，股权溢价是两个证券的收益之差，要用借贷约束解释股权溢价，我们就必须有这样的假设条件：经济人在无风险债券市场并未受到借贷约束，而在股权市场却面临这一约束。很显然，这样的假设条件是很难成立的：如果你在股权市场难以获得信贷支持，你同样难以在债券市场获得信贷支持，尽管两个市场风险不同。因此用借贷约束这个因素来解释股权溢价遇到了与用交易成本解释股权溢价时类似的困难。其实，这两份研究都表明，即使存在交易成本或者借贷约束，通常情形下[③]，经济人都可以取得充分的、逼近完全市场经济下的消费流保险。因此，我们很难观察到解释股权溢价所需要的如此高的消费波动。这就从另外一个角度表明了这两个因素并不能很好地解释问题。

还有一类研究则考察市场分割或者说市场有限参与对资产定价的影响。所谓市

---

① 它们均匀分布在［0，1］的连续区间上。

② 从这篇经典的文献中我们可以学到模拟市场不完全和市场摩擦的多种思路，并学到校准分析的标准方法。

③ 一个例外的情形是，当经济中的净债券供给（或者说政府部门提供的债券）远小于社会总收入流时，个体获得保险的能力显著降低。遵循类似的经济学思路，Holmström 和 Tirole（1998）分析了政府流动性供给对经济福利的影响。

场分割或者说市场有限参与，指的是实体经济中并非每一个经济人都参与股权市场，因此，这时用社会人均消费对资本资产定价模型进行校准就存在方法上的问题，故股权溢价问题可能来源于市场分割。[①] 最早运用这一思路解释股权溢价的是Mankiw 和 Zelds（1991）。他们发现，仅仅 27.6% 的美国人持有（直接持有以及通过互助基金间接持有）股票，而且其持有股票与其平均劳动收入以及教育程度相关，而教育程度一方面影响其参与成本，另一方面影响其财富。Guo（2001）的研究表明，在 1998 年，最富有的 1% 的美国人当中，93% 的拥有股票；最富有的10% 的美国人当中，85% 的拥有股票和互助基金等。在这一情形下，用社会人均加权的 IMRS 来计算随机贴现因子就存在很大的问题，比如，他可能低估了那些实际上持有股票（因此影响证券价格）的群体的消费波动性。然而，Mankiw 和 Zelds（1991）的研究表明，这一因素也不能完全解释股权溢价；为了解释如此高的股权溢价，消费波动与资产收益的协方差需要更高，除非我们允许经济人的风险厌恶系数在 10 以上。

Basak 和 Cuoco（1998）则在一纯交换经济、连续时间的设定下考察有限市场参与对资产定价的影响，他们的结果表明，由于信息成本以及其他摩擦导致一部分人选择不进入市场，这使得实际利率下降而股权溢价上升。他们的模型的一个优点是，其中无风险利率是内生决定而非外生给定的。他们的模型显示，那些交易受到限制，因此只能在债券市场交易的经济人的消费增长与股权收益的协方差为零，其消费的波动性远远小于标准 CAPM 下的情形，而那些没有受到限制的经济人就不得不吸纳了整体消费的波动性风险，因此，他们的消费增长与股权收益之间的协方差就远远大于标准 CAPM 下的情形，如此高的股权溢价就可以理解了。不过，他们的模型也只是部分地解释了股权溢价。

Brav 等（2002）[②] 也考察了有限参与对股权溢价的解释力。他们通过对资产持有者加以限制，从而计算总体经济人中的一个子集（为资产持有者）的人均消费以度量随机贴现因子。尽管他们能够解释股权溢价，然而，稳健性分析表明，他们的结果对实证研究的设计高度敏感，因此，他们的模型可以说是一个特例。不过，他们的模型却提出了一个值得进一步思考的问题：抛开常用的正态分布假设，他们发现经济人横截面的消费差异不仅体现在方差上，还体现在偏度上，偏度在一定程度上解释了随机贴现因子如此高的波动性。未来的研究者可在这一方面作进一步的挖

[①] 利用有限参与解释股权溢价的文献包括 Attanasio，Banks 和 Tanner（2002）；Brav，Constantinides 和 Geczy（2002）；Brav 和 Geczy（1995）；Mankiw 和 Zelds（1991）以及 Vissing-Jorgensen（2002）等。

[②] Vissing-Jorgensen（2002）则考察了有限参与对经济人跨期消费弹性的影响，不过，他也指出，该研究并不能告诉我们有限参与能够在多大程度上解释股权溢价。

掘，以完善我们对经济人消费投资行为与资产定价动态的认识。

概括而言，不完全市场以及市场摩擦均不足以解释经济中如此高的股权溢价，因此，为了更好地理解和解释股权溢价，我们仍需要对经济现象背后的经济推动因素作更深入、更细微的考察。比如，对于交易成本问题，我们怎么才能解释股权交易成本远远高于国债交易成本这一现象？或者换一个角度，哪些因素影响了交易成本？从模型化表述的角度看，这就意味着在我们的模型中，交易成本不能再像已有的文献那样外生给定，我们必须进一步丰富模型的经济结构，以获得更有启发、更具洞察力的认识。

四、资产定价与宏观经济波动

资产价格与宏观经济的相互作用机制一直为经济学人所关注。这方面的研究一般包括以下几个方面：

(1) 研究资产价格波动与货币政策之间的关系；

(2) 研究企业投资决策与资产价格之间的关系；

(3) 研究投资者消费行为决策与资产定价之间的关系；

(4) 在动态随机一般均衡框架下研究资产价格与信贷决策之间的关系。

从实体经济运行情况看，随着20世纪80年代初期以来资本市场放松监管以及全球化趋势的不断推进，资产价格随之也出现了不断上升的趋势，同时资产价格跟随经济周期波动也出现了明显的大幅波动，而金融资产价格的大幅波动继而导致了实体经济的波动，最明显的例子可能是日本了。当然，从全球整体经济看，情形并非如此。大多数国家的消费者物价指数已经低于其二战后的平均水平，且变动幅度进一步下降，然而，证券价格的波动却进一步加剧了。因此，人们不仅要问：资产价格究竟是如何决定的？它对宏观经济有何种影响？通过何种作用机制发挥作用？我们能够从资产价格的变动中预测经济未来的变动吗？资产价格波动对宏观经济稳定性有什么样的危害？我们该采取何种措施应对这一局面？

从资本资产定价模型中，我们可以看出资产定价与宏观经济研究的密不可分性：CAPM表明了消费与资产收益之间的内在联系（数学上可用联合分布函数表示），因此，如果我们将资产收益过程固定（或者加以模拟），则我们就是在讨论投资者的消费行为（比如，永久收入假说等消费行为研究中，经济人的优化决策都是类似的，但是它给定了收益过程，因此，需要分析和预测的就是经济人消费过程）；如果我们将消费过程固定（或者加以模拟），则我们实质上是在探讨资产定价模型

（比如我们上面所综述的各种资产定价模型），其实质就是在给定（无论是外生给定还是数值模拟或参数校准）投资者消费行为的情形下，讨论资产价格的决定。这样的联系初步表明，资产定价、消费（宏观经济中用来沟通微观与宏观的基本变量）与宏观经济之间存在密切的联系。

在《宏观经济学手册》（*Handbook of Macroeconomics*）中，哈佛大学教授约翰·坎贝尔（John Campbell）的题为《资产价格、消费和经济周期》（Asset Prices，Consumption and the Business Cycle）的论文已经初步表明了这一点。他指出，绝大多数资产定价模型直接考察投资者的消费，却从来没有问消费从何处来。消费的资源显然来自企业的生产，且经济人不仅是消费者，同时也是生产者，因此，企业的生产行为也可能对消费者的消费、储蓄以及投资行为产生重要影响，这种影响反映到资产定价中，就表现为基于生产的资本资产定价模型（production-based asset pricing model）。Cochrane（1991）首先对此进行了模型化表述和正规分析，并在 1996 年发表于《政治经济学杂志》（*Journal of Political Economy*）的一篇文章中对此进行了实证检验和论证。一系列的研究表明，一些经济变量，比如期限溢价、企业债券违约溢价、证券的滞后收益、股利与价格的比率以及企业投资等宏观层次的因素，可以用来预测股票的收益，同时，股票的收益又可以用来预测投资和 GNP 的增长。基于这些已有的实证结论，科克伦（Cochrane）认为，企业的投资行为应该影响了证券的收益，继而影响证券的定价，因此，他建立起一个结构和思路上类似于标准 CAPM 的基于企业投资优化行为的资产定价模型。[1] 大量关于经济中企业投资行为的实证研究结果表明，投资极度不稳定，因此，它是经济短期波动的重要根源。而企业的投资行为又影响了股票的收益，因此，资产价格与宏观经济的短期波动之间存在内在的关联就是一个很容易理解的现象了。

Bernanke 等（1996，1998）则在一个动态一般均衡模型（dynamic general equilibrium model，DGEM）中考察了信贷市场摩擦对经济周期的影响。他们的模型表明，信贷市场摩擦的引入有效地帮助解释了很多经济波动问题，包括东南亚金融危机、拉丁美洲金融危机以及 20 世纪 30 年代美国的大萧条。在 BGG 模型中，他们由信贷市场的摩擦推导出具有强大经济解释力的"金融加速器"，并表明这一加速器放大了经济中似乎微小的冲击（比如石油价格冲击、资产价格泡沫冲击等），使得经济发生大幅波动。遵循这一思路，Carlstrom 和 Fuerst（1997）、Gomes 等

---

① 在后来由 Holmström 和 Tirole（2001）完成的一篇基于流动性的资产定价模型中，他们也采用了这种从企业对投资需求的角度进行优化分析的方法。与 Cochrane（1991）一样，在他们的模型中，通常的代表性经济人变成了代表性企业，而通常模型中所用的消费变成了企业的投资变量（对企业这个经济人而言，它从投资中获得效用，就跟经济人从消费中获得效用类似）。

（2003）分别对代理成本与经济周期波动之间的关系进行了进一步探讨。Gomes 等（2003）的研究表明，企业面临的借贷成本导致了证券投资收益的波动性，因此，在一定程度上解释了股权溢价；且外部借贷资金的溢价越高，该随机动态一般均衡模型对股权溢价的解释能力越强。这一模型的一个特征是在竞争性一般均衡下考察资产收益与经济总量波动之间的关系，不过，由于动态宏观经济建模时必需的简化要求，因此，在这一模型中，经济人作为一个典型的资产定价领域文献中的投资者的身份已经很模糊了，因此，这样的模型很难从直观上描绘出资产定价与宏观经济的相互作用机制，资产定价中的风险因子在这一模型中也难以得到充分体现。

可能关系更为直接的是从资产定价领域的发展中思考已有的宏观经济学的缺陷与不足。对于股权溢价问题的研究表明，经济人可能是高度厌恶消费波动的风险的，如果事实如此，那么已有的基于代表性经济人的宏观经济模型就需要重新考察了，因为经济学者在对这些模型进行校准分析的时候，一般默认了风险厌恶系数较小的先验判断。Lettau 和 Uhlig（1996）、Boldrin 等（2001）对于经济周期中工资变动趋势的研究已经表明了资产定价的进展对宏观经济学已有结论的影响。Boldrin 等（2001）的研究表明，如果简单地将消费习惯引入标准的经济周期模型，则形成的均衡难以解释股权溢价和低利率风险之谜。为了解释这两个问题，必须在标准的经济周期模型中引入两个重要假定：其一，经济中多个部门受到随机冲击；其二，在不同的经济部门间，存在一定程度的生产要素流动关系。通过引入这两个外生设定，Boldrin 等（2001）的模型较好地解释了资产定价领域的两个重要问题，同时，相对于其他的经济周期模型而言，他们的模型具有三个优点：首先，由于引入消费习惯以及多部门冲击，这一模型能够模拟经济中产出增长的持续性；其次，这一模型较好地体现出部门冲击如何传播和相互作用，从而促进我们对经济周期中工资、消费、劳动力供给等变量动态的理解；最后，这一模型还帮助解释了"过度敏感性之谜"：在标准设定下的工具变量回归分析表明，消费增长与收入强相关，或者说，消费变动对收入风险过于敏感，这与永久性收入假说是不一致的，根据永久性收入假说以及 Hall（1989）的理论，经济人的消费应该呈随机平滑趋势，而不会受到预期收入变动的影响。

无论如何，我们需要记住，很多宏观经济学模型与资产定价享有共同的分析问题模式：代表性经济人在无限期内进行消费与投资的动态优化决策，在此基础上，无论是资产定价领域的经济学家还是宏观经济学领域的经济学家，均推导出一系列结论以解释观察到的经济数据。一旦资产定价领域的研究表明我们事实上还没有弄清楚经济人具有何种偏好结构以及如何判断效用风险，那么，我们就需要对宏观经济学中的对应结论保持谨慎的态度，除非我们能够表明，已有的宏观经济学结论以及各种校准分析对经济人的各种偏好设定并不敏感。通俗地说，如果经济周期模型只能够解释宏观经济变量的变动与趋势，却难以解释现实经济的股权溢价，那么，这样的模型充其量只能说取得了一半的成功。

五、总结

本文回顾了资产定价理论的发展，重点放在论述其最新进展上，而视角则基于对股权溢价之谜的解释。选择这样一个视角具有重要的理论意义：无论我们将资产定价理论推进到哪一步，模型必须能够解释历史数据，解释股权溢价，这样的模型才可以被认为是成功的模型。尽管已有的进展在不同的设定下，从不同的方面解释股权溢价，然而，离最终的成功仍有距离，因为模型不仅最终要解释资产定价领域的一系列问题①，还要解释宏观经济中的一些重要变量的周期性动态。毕竟，宏观经济学与资产定价的研究有着不可分割的联系。

尽管我们对随机贴现因子的理解取得了进展，然而，资产定价模型中似乎还缺少一些应该包括进去的因素。比如，实证研究表明，公司治理影响股权价格，然而，在已有的资产定价模型中，我们看不到公司治理因素的影子；Fama 和 French（1993）的三因子模型在股票投资收益上取得了很大的成功，然而，已有的资产定价模型中同样看不到这些因素，这可能与我们的思路有关：在资产定价模型中，企业的生产决策被过于简单化了，尽管这种简化利于我们的数学分析，却有碍于我们对资产风险因素的理解。

最后一点，正如 Zingales（2000）所论述的，对企业理论的理解有助于我们推进对资产定价理论的理解。已有的企业理论尚待完善，目前还没有清晰地理解企业的边界，而股权的价格受制于企业本身的情况，因此，从直觉上看，企业边界的确定影响资产定价；同样，已有的资产定价理论中缺少企业理论的背景支持。

参考文献

[1] Abel，A. B.，1990. Asset prices under habit formation and catching up with the Joneses. The

---

① Campbell（1998）的综述提出了除"股权溢价"与"低无风险利率之谜"两个难题外的更多有待解释的问题，比如"过量波动性之谜"等。因此，资产定价模型应该扩大它的解释力范围。

American Economic Review，80，38 - 42.

［2］Aiyagari，S. R.，Gertler，M.，1991. Asset returns with transactions costs and uninsured individual risk. Journal of Monetary Economics，27，311 - 331.

［3］Alvarez，F.，Jermann，U. J.，2000. Efficiency，equilibrium，and asset pricing with risk of default. Econometrica，68，775 - 797.

［4］Arrow，K. J.，Debreu，G.，1954. Existence of an equilibrium for a competitive economy. Econometrica：Journal of the Econometric Society，265 - 290.

［5］Asness，C. S.，Moskowitz，T. J.，Pedersen，L. H.，2013. Value and momentum everywhere. Journal of Finance，68，92 - 985.

［6］Atkeson，A.，Phelan，C.，1994. Reconsidering the costs of business cycles with incomplete markets. NBER Macroeconomics Annual，9，187 - 207.

［7］Attanasio，O. P.，Banks，J.，Tanner，S.，2002. Asset holding and consumption volatility. Journal of Political Economy，110，771 - 792.

［8］Barberis，N.，Huang，M.，Santos，T.，2001. Prospect theory and asset prices. Quarterly Journal of Economics，116，1 - 53.

［9］Basak，S.，Cuoco，D.，1998. An equilibrium model with restricted stock market participation. Review of Financial Studies，11，309 - 341.

［10］Benartzi，S.，Thaler，R. H.，1995. Myopic loss aversion and the equity premium puzzle. Quarterly Journal of Economics，110，73 - 92.

［11］Bernoulli，D.，1954. Exposition of a new theory on the measurement. Econometrica，22，23 - 36.

［12］Bewley，T. F.，1993. Thoughts on Volatility Tests of the Intertemporal Asset Pricing Model. In General Equilibrium，Growth，and Trade（pp. 302 - 330）. Academic Press.

［13］Black，F.，1972. Capital market equilibrium with restricted borrowing. Journal of Business，45，444 - 455.

［14］Black，F.，Scholes，M. S.，1973. The pricing of options and corporate liabilities. Journal of Political Economy，81，637 - 654.

［15］Blume，M. E.，Friend，I.，1973. A new look at the capital asset pricing model. Journal of Finance，28，19 - 33.

［16］Boldrin，M.，Christiano，L. J.，Fisher，J. D. M.，2001. Habit persistence，asset returns，and the business cycle. The American Economic Review，91，149 - 166.

［17］Brennan，M. J.，1970. Taxes，market valuation and corporate financial policy. National Tax Journal，23，417 - 427.

［18］Brav，A.，Constantinides，G. M.，Geczy，C. C.，2002. Asset pricing with heterogeneous consumers and limited participation：empirical evidence. Journal of Political Economy，110，793 - 824.

［19］Breeden，D.，1979. An intertemporal asset pricing model with stochastic consumption and investment opportunities. Journal of Financial Economics，7，265－296.

［20］ Brown，S.，Goetzmann，W.，Ross，S.，1995. Survival. Journal of Finance，50，853－873.

［21］ Campbell，J. Y.，1999. Asset prices，consumption，and the business cycle. Handbook of
Macroeconomics，1，1231－1303.

［22］ Campbell，J. Y.，Cochrane，J. H.，1999. By force of habit：A consumption-based explana-
tion of aggregate stock market behavior. Journal of Political Economy，107，205－251.

［23］ Carthart，M. M.，1997. On persistence in mutual fund performance. Journal of Finance，52，
57－82.

［24］ Chen，N. F.，Roll，R.，Ross，S. A.，1986. Economic forces and the stock market：Tes-
ting the APT and alternative asset pricing theories. Journal of Business，59，383－403.

［25］ Cochrane，J. H.，1991. A simple test of consumption insurance. Journal of Political Econo-
my，99，957－976.

［26］ Cochrane，J. H.，2001. Asset Pricing. Princeton University Press，NJ.

［27］ Cochrane，J. H.，Hansen，L. P.，1992. Asset pricing explorations for macroeconomics.
NBER Macroeconomics Annual，7，115－165.

［28］ Constantinides，G. M.，1990. Habit formation：A resolution of the equity premium puz-
zle. Journal of Political Economy，98，519－543.

［29］ Constantinides，G. M.，Duffie，D.，1996. Asset pricing with heterogeneous consumers.
Journal of Political Economy，104，219－240.

［30］ Constantinides，G. M.，Donaldson，J. B.，Mehra，R.，2002. Junior can't borrow：A new
perspective on the equity premium puzzle. Quarterly Journal of Economics，118，269－296.

［31］ Daniel，K.，Marshall，D.，1997. The equity premium puzzle and the risk-free rate puzzle at
long horizons. Macroeconomic Dynamics，1，452－484.

［32］ Daniel，K.，Titman，S.，1997. Evidence on the characteristics of cross sectional variation in
stock returns. Journal of Finance，52，1－33.

［33］ Danthine，J. P.，Donaldson，J. B.，Mehra，R.，1992. The equity premium and the alloca-
tion of income risk. Journal of Economic Dynamics and Control，16，509－532.

［34］ Duffie，D.，2001. Dynamic Asset Pricing Theory，3rd Edition. Princeton University Press，NJ.

［35］ Epstein，L. G.，Zin，S. E.，1991. Substitution，risk aversion，and the temporal behavior
of consumption and asset returns：An empirical analysis. Journal of Political Economy，99，
263－286.

［36］ Fama，E. F.，1991. Efficient capital markets Ⅱ. Journal of Finance，46，1575－1617.

［37］ Fama，E. F.，French，K. R.，1989. Business conditions and expected returns on stocks and
bonds. Journal of Financial Economics，25，23－49.

［38］ Fama，E. F.，French，K. R.，1993. Common risk factors in the returns on bonds and stocks.
Journal of Financial Economics，33，3－56.

[39] Fama，E. F.，French，K. R.，2015. A five-factor asset pricing model. Journal of Financial Economics，116，1 – 22.

[40] Fama，E. F.，MacBeth，J. D.，1973. Risk，return and equilibrium：Empirical tests. Journal of Political Economy，81，607 – 636.

[41] Fama，E. F.，French，K. R.，2012. Size，value，and momentum in international stock returns. Journal of Financial Economics，105，457 – 472.

[42] Ferson，W. E.，Constantinides，G. M.，1991. Habit persistence and durability in aggregate consumption. Journal of Financial Economics，29，199 – 240.

[43] Gielen，G.，2013. Können Aktienkurse noch steigen?：Langfristige Trendanalyse des deutschen Aktienmarktes. Springer-Verlag.

[44] Grossman，S. J.，Shiller，R. J.，1981. The determinants of the variability of stock market prices. The American Economic Review，71，222 – 227.

[45] Hansen，L. P.，Jagannathan，R.，1991. Implications of security market data for models of dynamic economies. Journal of Political Economy，99，225 – 262.

[46] He，H.，Modest，D. M.，1995. Market frictions and consumption-based asset pricing. Journal of Political Economy，103，94 – 117.

[47] Heaton，J.，Lucas，D. J.，1996. Evaluating the effects of incomplete markets on risk sharing and asset pricing. Journal of Political Economy，104，443 – 487.

[48] Heaton，J.，Lucas，D. J.，1997. Market frictions，savings behavior and portfolio choice. Journal of Macroeconomic Dynamics，1，76 – 101.

[49] Heaton，J.，Lucas，D. J.，2000. Portfolio choice and asset prices：The importance of entrepreneurial risk. Journal of Finance，55，1163 – 1198.

[50] Hirose，H.，Tso，Y.，1995. Japanese market returns. Unpublished paper，Wharton School.

[51] Hou，K. W.，Xue，C.，Zhang，L.，2015. Digesting anomalies：An investment approach. Review of Financial Studies，28，650 – 705.

[52] Jagadeesh，N.，Titman，S.，1993. Returns to buying winners and selling losers：Implications for stock market efficiency. Journal of Finance，48，65 – 91.

[53] Jensen，M. C.（Ed.），1972. Studies in the Theory of Capital Markets. Praeger.

[54] Jensen，M. C.，Black，F.，Scholes，M. S.，1972. The capital asset pricing model：Some empirical tests. In Jensen，M. C.，Ed.，Studies in the Theory of Capital Markets，Praeger，New York，79 – 124.

[55] Kahneman，D.，Tversky，A.，2013. Prospect theory：An analysis of decision under risk. In Handbook of the Fundamentals of Financial Decision Making：Part I，99 – 127.

[56] Kandel，S.，Stambaugh，R. F.，1991. Asset returns and intertemporal preferences. Journal of Monetary Economics，27，39 – 71.

[57] Kang，J.，Liu，M. H.，Ni，S. X.，2002. Contrarian and momentum strategies in the China

stock market：1993—2000. Pacific-Basin Finance Journal，10，243 – 265.

［58］Kocherlakota，N. R.，1996. The equity premium：It's still a puzzle. Journal of Economic Literature，34，42 – 71.

［59］Kreps，D. M.，Porteus，E. L.，1978. Temporal resolution of uncertainty and dynamic choice theory. Econometrica，46，185 – 200.

［60］Krebs，T.，2000. Consumption-based asset pricing with incomplete markets. Working Paper，Brown University.

［61］Kydland，F.，Prescott，E. C.，1982. Time to build and aggregate fluctuations. Econometrica，50，1345 – 1371.

［62］Lewellen，J.，Nagel，S.，2006. The conditional CAPM does not explain asset-pricing anomalies. Journal of Financial Economics，82，289 – 314.

［63］Lintner，J.，1965. The valuation of risk assets and the selection of risky investments in stock portfolios and capital budgets. Review of Economic Statistics，13 – 37.

［64］Lucas，D. J.，1994. Asset pricing with undiversifiable risk and short sales constraints：Deepening the equity premium puzzle. Journal of Monetary Economics，34，325 – 341.

［65］Lucas Jr.，R. E.，1978. Asset prices in an exchange economy. Econometrica，46，1429 – 1445.

［66］Luttmer，E. G. J.，1996. Asset pricing in economies with frictions. Econometrica，64，1439 – 1467.

［67］Madsen，J. B.，Dzhumashev，R.，2009. The equity premium puzzle and the bias. Applied Financial Economics，19，157 – 174.

［68］Mankiw，N. G.，1986. The equity premium and the concentration of aggregate shocks. Journal of Financial Economics，17，211 – 219.

［69］Mankiw，N. G.，Zeldes，S. P.，1991. The consumption of stockholders and nonstockholders. Journal of Financial Economics，29，97 – 112.

［70］Markowitz，H. M.，1952. Portfolio selection. Journal of Finance，7，77 – 91.

［71］Mayers，D.，1972. Nonmarketable assets and capital market equilibrium under uncertainty. Studies in the Theory of Capital Markets，1，223 – 48.

［72］Mehra，R.，Prescott，E. C.，1985. The equity premium：A puzzle. Journal of Monetary Economy，15，145 – 161.

［73］Mehra，R.，Prescott，E. C.，2003. The equity premium in retrospect. Handbook of the Economics of Finance，1，889 – 938.

［74］Merton，R. C.，1969. Lifetime portfolio selection under uncertainty：The continuous time case. Review of Economics and Statistics，51，247 – 257.

［75］Merton，R. C.，1973. An intertemporal capital asset pricing model. Econometrica，41，867 – 887.

［76］ Merton，R. C.，1975. Optimum consumption and portfolio rules in a continuous-time mod-el. In Stochastic Optimization Models in Finance，621 - 661. Academic Press.

［77］ Merton，R. C.，1990. Continuous-time Finance. Oxford；NY.

［78］ McGrattan，E. R.，Prescott，E. C.，2001. Taxes，regulations，and asset prices（No. w8623）. National Bureau of Economic Research.

［79］ Moskowitz，T. J.，Ooi，Y. H.，Pedersen，L. H.，2012. Time series momentum. Journal of Financial Economics，104，228 - 250.

［80］ Mossin，J.，1966. Equilibrium in a capital asset market. Econometrica，34，768 - 783.

［81］ Rietz，T. A.，1988. The equity risk premium：A solution. Journal of Monetary Economy，22，117 - 131.

［82］ Roll，R.，1977. A critique of the asset pricing theory's tests：Part Ⅰ：On past and potential testability of the theory. Journal of Financial Economics，4，129 - 176.

［83］ Ross，S. A.，1976. The arbitrage theory of capital asset pricing. Journal of Economic Theory，13，341 - 360.

［84］ Samuelson，P. A.，1969. Lifetime portfolio selection by dynamic stochastic programming. Re-view of Economics and Statistics，51，239 - 246.

［85］ Shanken，J.，1985. Multi-beta CAPM or equilibrium APT? A reply? Journal of Finance，40，1189 - 1196.

［86］ Sharpe，W. F.，1991. Capital asset prices with and without negative holdings. Journal of Fi-nance，46，489 - 509.

［87］ Shiller，R. J.，1990. Market Volatility，MIT Press，Cambridge，MA.

［88］ Siegel，J.，1998. Stocks for the Long-run，2nd Edition. Irwin，New York.

［89］ Storesletten，K.，Telmer，C. I.，Yaron，A.，2004. Consumption and risk sharing over the life cycle. Journal of Monetary Economics，51，609 - 633.

［90］ Storesletten，K.，Telmer，C. I.，Yaron，A.，2007. Asset pricing with idiosyncratic risk and overlapping generations. Review of Economic Dynamics，10，519 - 548.

［91］ Sundaresan，S. M.，2000. Continuous-time methods in finance：A review and an assess-ment. Journal of Finance，55，1569 - 1622.

［92］ Telmer，C. I.，1993. Asset-pricing puzzles and incomplete markets. Journal of Finance，49，1803 - 1832.

［93］ Vissing-Jorgensen，A.，2002. Limited asset market participation and the elasticity of inter-temporal substitution. Journal of Political Economy，110，825 - 854.

［94］ Wang，C. Y.，2004. Relative strength strategies in China's stock market：1994—2000. Pacif-ic-Basin Finance Journal，12，157 - 177.

［95］ Wang，C. Y.，Yu，M.，2004. Trading activity and price reversals in futures markets. Journal of Banking and Finance，28，1337 - 1361.

［96］ Weil，P. ，1989. The equity premium puzzle and the risk-free rate puzzle. Journal of Monetary Economy，24，401 - 421.

［97］ Williams，J. T. ，1977. Capital asset prices with heterogeneous beliefs. Journal of Financial E-conomics，5，219 - 239.

［98］ Zeldes，S. P. ，1989. Consumption and liquidity constraints：An empirical investigation. Journal of Political Economy，97，305 - 346.

以消费为基础的资本资产定价理论

内容摘要：本文综述了关于以消费为基础的资本资产定价的理论、实证研究及其应用，其目的在于整理文献，为进一步的研究提供基础。在资本资产定价领域，以消费为基础的资本资产定价模型（CCAPM）具有重要的理论地位。CCAPM 的提出与发展是过去几十年中资本资产定价理论的主要进步之一。但 CCAPM 在实证检验方面遇到了诸多难题，尤其是它很难对股权溢价和无风险利率之谜同时做出合理的解释。与其他理论一样，对 CCAPM 的质疑与批评推动了模型的不断修正和发展，这些修正与发展在一定程度上有助于解决 CCAPM 实证难题。

一、引言

本文第二部分介绍了以消费为基础的资本资产定价模型。其中的经典论文主要包括 Lucas（1978）和 Breeden（1979）。自 CCAPM 出现以来，跨期一般均衡模型在资产定价的相关文献中已经逐渐占据越来越重要的地位。这些模型的共同特点是认为资本资产价格与投资者的消费、储蓄决策有关，即模型所预测的资本资产价格与投资者的偏好有关，尤其是与风险厌恶系数及跨期消费边际替代率密切相关。显然，与 CAPM（Sharpe，1964；Lintner，1965）相比，CCAPM 模型更为清晰地指出了决定无风险利率、风险溢价的潜在经济因素。

本文第三部分主要讨论 CCAPM 的一般性。在给定特殊的效用函数的条件下，可由 CCAPM 得出 CAPM、多因素 CAPM、股票价格的随机游走模型、利率期限结构等理论。其中我们主要论述 CCAPM 与 CAPM 之间的内在统一性。这或许有助于理解两种理论在实证检验中的不同表现。

本文第四部分介绍了以消费为基础的资本资产定价模型的早期实证检验。我们将会看到，与 CAPM 相比，CCAPM 在实证检验中遇到了很多问题，其中首当其冲的是数据问题。而更为引人注目的是模型很难对风险溢价及无风险利率的历史特征同时做出解释。尤其是在风险厌恶系数与跨期消费边际替代率之间有密切关系时，这一问题更为严重。本部分内容主要包括：

（1）消费数据问题。在 CAPM 中大多数实证研究主要放在股票市场上（尽管许多研究者认为，股票并不代表总财富，因此对实证检验的结论提出了质疑），因此有关数据精确且容易获得。相比而言，对 CCAPM 进行实证检验时所使用的消费数据是相关消费流的估计值。因此，其必然面临特殊的数据问题。

（2）股权风险溢价之谜。目前已有的 CCAPM 无法解释美国历史数据所显示出的股权溢价特征。

（3）低无风险利率之谜。目前已有的 CCAPM 无法解释美国历史数据所显示出的无风险利率特征。

（4）与 CCAPM 相比，CAPM 在实证中表现更好。即与之相比，CCAPM 缺乏实证支持。

本文第五部分介绍了对早期经典模型的修正与发展。面对上述实证问题，许多研究者都试图对此做出解释。其中一部分研究者是从实证检验中遇到的数据问题出发，期望通过对消费数据进行调整与处理，得出不同的结论。另外更为重要的一部分是以微观经济学中的消费理论为基础，试图对标准 CCAPM 进行修正。一般方法都是修正效用函数，使其更为接近消费者的现实。这方面的努力包括两个方向：

（1）非预期效用理论。主要是引入一种新的效用函数，与标准效用函数相比，其最大变化在于风险厌恶系数与跨期消费边际替代率分别由不同的参数决定，两者不再是倒数关系。

（2）非分割效用理论。主要是将效用在时间上的不可分割性引入模型，其经济含义是，当前的效用与过去的消费之间并不是相互独立的，效用不仅受当前消费的影响，也受过去消费的制约。通常的做法是通过引入消费者的消费习惯来对效用的不可分割性进行讨论。研究者在这两方面的努力取得了一定的成果，但都是从某一方面对上述实证难题给出解释，不能同时解决所有的实证问题。

（3）前景理论。主要引入符合前景理论的效用函数，利用前景理论中损失厌恶等特点，对股权溢价之谜进行解释。此外，该理论还对消费者的行为偏差、消费生命周期理论具有一定程度的解释力度。本文第六部分介绍了近年来学者对股权溢价之谜的探究。主要从有限参与、罕见灾难、长期风险、股息和股票收益的可预测性、耐用品消费和住房消费六个方面展开，这六个方面均是近年来对股权溢价之谜的一些解释，并且也都有较为成功的实证结果。

本文第七部分介绍了 CCAPM 在资产定价方面的应用。

二、以消费为基础的资本资产定价模型的提出

单期 CAPM（Sharpe，1964；Lintner，1965）是在均衡资本市场中解释和预测资产风险溢价的重要理论。该模型通过资产收益与市场平均收益的协方差来衡量需要进行收益补偿的风险。此处的市场收益是指从所有财富中获得的平均收益率。Merton（1973）在时间连续、理性人面对随机投资机会的条件下，将 CAPM 从单期扩展到多期，从而得到跨期 CAPM（ICAPM）。在 ICAPM 中，通过资产收益与投资者的边际效用之间的协方差来衡量需要进行收益补偿的风险，这里的边际效用由财富本身的变动及财富的未来期望收益决定。默顿认为，在多期中单期的 CAPM 结论不再适用。该模型中，资产风险溢价由多个 β 决定，第一个 β 代表系统性风险，其他 β 是用来描述投资机会组合特点的状态变量。由于这些状态变量并不容易确认，因此尽管 ICAPM 在理论上具有重要地位，却很难对其进行实证检验，也很难在实践中用于资产定价。

ICAPM 在实证检验及实践应用中所遇到的难题催生了 CCAPM 的出现，它的提出与发展是过去几十年中金融领域的主要进步之一。早期的经典论文如 Lucas（1978）、Breeden（1979）、Grossman 和 Shiller（1981）、Hansen 和 Singleton（1982，1983）向我们展示了消费与资产收益之间的简单关系。这类模型通过资产收益与总消费之间的协方差来衡量需要进行补偿的风险，再通过风险厌恶系数来为风险定价。

（一）CCAPM 基本定价公式的推导

1. Lucas（1978）模型

设在经济中，理性人以期望效用最大化为原则来对所持有的资产组合和各期的消费进行决策。每一期中，理性人可以选择投资两种资产：带来不确定收益的风险

资产；带来固定收益的无风险资产。

约定符号如下：

c_t——t 期消费水平；

p_t——t 期风险资产的价格；

d_t——t 期风险资产的收益（如股利）；

s——风险资产的数量；

b——第二期期末收益为 1 的无风险债券的价格，$b \equiv 1/(1+r^f)$；

r^f——无风险利率；

w——工资；

z——无风险资产的数量；

h——每天的工作时间；

$\mu(g)$——消费者的效用函数，它是当期消费及闲暇时间的函数；

β^j——时间偏好参数；

E_t——数学期望。

消费者将以期望效用最大化为原则，决定下一期持有多少风险资产（s_{t+1}）、下一期持有多少无风险资产（z_{t+1}）、当期消费量（c_t）及当期每天工作多少小时（h_t）。

消费者效用最大化原则可表示为：

$$U \equiv \mathrm{Max}_{h,s,z} E_t \beta^j u(c_{t+j}, H-h_{t+j}) \tag{1}$$

需要说明的是，设单位消费的价格为 1，其他资产价格以单位消费为定价标准，即它们的价格中不含通货膨胀因素。H 为消费者拥有的时间数量，每天为 24 小时。

消费者的预算约束为：

$$\begin{aligned} c_t &\equiv (p_t+d_t)s_t + z_t + w_t h_t - (p_t s_{t+1} + b_t z_{t+1}) \\ &\equiv \{p_t s_t + (1-r^f_{t-1})z_t\} + \{d_t s_t + r^f_{t-1}z_t + w_t h_t\} \\ &\quad - \{p_t s_{t+1} + b_t z_{t+1}\} \end{aligned} \tag{2}$$

上式的第二行中，第一部分为当期期初消费者拥有的财富，其取决于上一期的资产选择及当期的资产价格；第二部分为当期消费者的收入，包括股利、利息、劳动收入；第三部分为当期消费者做出资产投资选择后期末持有的财富价值。整个第二行表示，当期消费等于期初持有的财富加上当期收入减去当期投资。

我们可以把目标函数改写为：

$$\begin{aligned} U \equiv \mathrm{Max}_{h,s,z}[&u(c_t, H-h_t) + \beta_j E_t u(c_{t+1}, H-h_{t+1}) \\ &+ E_t \sum_{j=0}^{\infty} \beta^j u(c_{t+2+j}, H-h_{t+2+j})] \end{aligned}$$

在 $t+1$ 期的预算约束为：

$$c_{t+1} \equiv (p_{t+1} + d_{t+1})s_{t+1} + z_{t+1} + w_{t+1}h_{t+1} - (p_{t+1}s_{t+2} + b_{t+1}z_{t+2})$$

可见，当期投资决策不仅直接影响当期效用，而且通过财富积累影响下一期的效用。预算约束间接地把当期决策和未来决策联系起来了。

（1）消费者对时间 h_t 做出决策。由微观经济学原理可知，增加工作时间时，当工作收入增加所增加的效用等于闲暇时间减少所减少的效用时，消费者的工作时间达到最优。

$$\left[u_c(c_t, h_t) \frac{\partial c_t}{\partial h_t} - u_h(c_t, h_t) \right]\mathrm{d}h_t = 0$$

$$u_c(c_t, h_t)w_t = u_h(c_t, h_t) \tag{3}$$

（2）消费者对在 t 期末持有的风险资产数量 s_{t+1} 做出决策。为求最大化下的风险资产数量，对 s_{t+1} 求偏导得：

$$\left\{ u_c(c_t, h_t) \frac{\partial c_t}{\partial s_{t+1}} \beta E_t \left[u_c(c_{t+1}, h_{t+1}) \frac{\partial c_{t+1}}{\partial s_{t+1}} \right] \right\}\mathrm{d}s_{t+1} = 0$$

$$u_c(c_t, h_t)p_t = \beta E_t[u_c(c_{t+1}, h_{t+1})(p_{t+1} + d_{t+1})] \tag{4}$$

对于上式左侧，投资者在 t 期要想投资 1 单位的风险资产，必须减少 p_t 单位的消费，这使投资者在 t 期减少的边际效用为 $u_c(c_t, h_t)p_t$。这项投资在 $t+1$ 期可获得 $p_{t+1} + d_{t+1}$ 的收益，如在该期将其消费提高后投资者的期望效用为 $u_c(c_{t+1}, h_{t+1})(p_{t+1} + d_{t+1})$。在收益不确定的条件下，假设理性人将未来的效用用时间偏好参数 β 进行贴现，则该项投资所获得的当期边际效用为 $\beta E_{st}[u_c(c_{t+1}, h_{t+1})(p_{t+1} + d_{t+1})]$。因此，式（4）的含义很明确：理性人通过边际成本等于边际收益的原则来对风险资产进行投资。

设：

$$M_{t+1} = \frac{\beta u_c(c_{t+1}, h_{t+1})}{u_c(c_t, h_t)} \tag{5}$$

$$R_{t+1} = \frac{p_{t+1} + d_{t+1}}{p_t}$$

代入上式得：

$$1 = E_t M_{t+1} \left(\frac{p_{t+1} + d_{t+1}}{p_t} \right) \equiv E_t M_{t+1} R_{t+1} \tag{6}$$

式（6）表示风险资产 $t+1$ 期的总收益（$1+r$），通过贴现因子 M_{t+1} 贴现，其现值为 1。M_{t+1} 为跨期消费边际替代率。

我们知道：

$$E(x, y) = ExEy + \mathrm{Cov}(x, y)$$

因此有：

$$1 = E_t M_{t+1} E_t R_{t+1} + \mathrm{Cov}(M_{t+1}, R_{t+1}) \tag{7}$$

（3）消费者对持有无风险资产的数量 z_{t+1} 做出决策。设无风险债券下一期的收益为 1（剔除通货膨胀后），于是有：

$$u_c(c_t, h_t) b_t = \beta E_t [u_c(c_{t+1}, h_{t+1}) \times 1] \tag{8}$$

式（8）中，等式左边为消费者在 t 期投资无风险资产的边际成本，等式右边为在 $t+1$ 期的边际收益现值，上式正是边际成本与边际收益相等原则的体现。

$$b_t = \frac{1}{R_t^f} = E_t M_{t+1} \tag{9}$$

可见，无风险收益率与跨期消费边际替代率之间互为倒数。无风险资产的均衡价格反映了跨期消费边际替代率。

由此可见，CCAPM 的推导与微观经济学基础是一致的。

（4）风险溢价。将式（9）代入式（7）中，得：

$$1 = \frac{E_t R_{t+1}}{R_t^f} + \mathrm{Cov}_t(M_{t+1}, R_{t+1})$$

变形得：

$$E_t r_t - r_t^f = -R_t^f \mathrm{Cov}_t(M_{t+1}, R_{t+1}) \tag{10}$$

$$R_t^f = 1 + r_t^f$$

式（10）即为风险溢价公式。

式（10）表明，风险溢价取决于资产收益与跨期消费边际效用替代率之间的协方差及当期无风险利率。我们知道，在 CAPM 中，风险溢价与资产收益和市场组合收益率之间的协方差呈线性关系。两种定价模型之间形式上的区别就在于，CCAPM 用跨期消费边际效用替代率来取代市场组合收益率。

式（10）也给出了在 CCAPM 中系统性风险的计量方法。系统性风险为资产收益与跨期消费边际效用替代率之间的协方差，风险溢价与其成比例，比例系数为 $-R_t^f$。在这里风险资产被定义为，如资产收益与跨期消费边际效用替代率呈负相关关系，则我们说该资产为风险资产，在均衡市场中其系统性风险要求得到补偿。由此可见，在 CCAPM 中系统性风险与总消费变化密切相关。这种负相关关系意味着，当未来消费的边际效用趋于更小时（相应的消费更高），风险资产的价格趋于更低，其风险溢价趋于更高。反之亦然。

（5）均衡条件。在均衡市场下，必然会满足消费者效用最大化的条件。若不满足该条件，则市场就没有达到均衡。因为此时消费者为达到效用最大，必然要调整其持有的资产组合，这样就会改变资产市场的出清价格，直到市场达到均衡为止。

因此，若式（7）及式（9）成立，则市场达到了均衡状态。反过来，式（7）及式（9）给出了在均衡条件下的风险资产和无风险资产的定价公式。两式是市场均衡的充要条件。

2. Breeden（1979）模型

Merton（1973）在时间连续、投资者拥有随机投资机会的条件下，提出了跨期资本资产定价模型（ICAPM）。该模型可由下式表示：

$$r_n - r_f = \beta_{n,M_S} \begin{bmatrix} r_M - r_f \\ r_S - r_f \end{bmatrix} \tag{11}$$

式中，r_f——无风险利率；

r_n——资产收益率向量；

r_M——市场组合平均收益率；

r_S——假设存在与状态变量完全正相关的资产，设为 S，r_S 表示资产的收益率向量；

β_{n,M_S}——$n \times (s+1)$ 矩阵，表示资产的市场组合 β 及资产关于 S 的 β 组成的矩阵。

Long（1974）在时间离散条件下推出了 ICAPM。默顿和朗（Long）得出结论：在跨期、投资者拥有随机投资机会的条件下，单期 CAPM 的结论不再成立，即资产的风险溢价与市场组合 β 并不成正比。

由于上述模型中的状态变量并不容易确认，所以，尽管该模型从理论角度看非常重要，但很难对其进行实证检验，也很难用于实践中。

Breeden（1979）用了与默顿模型相同的连续时间分析框架，也允许有随机的投资机会。通过简化风险与风险溢价之间的关系，表明在均衡条件下默顿的多 β 资产定价模型能简化为单 β（资产关于总消费的 β）资产定价模型。由于在这里 β 是关于确定量的总消费的，而不像默顿模型中的 β 是关于不确定的状态变量的，因此更易于进行实证检验，也易于用于实践中。

在默顿模型中，个人持有的资产组合是根据间接效用函数 $J^k(W^k, s, t)$ 建立起来的。其中 W^k 代表个人 k 拥有的财富；s 代表状态变量；t 指 t 期。

布里登在分析均衡条件下的资产风险溢价时，关注的是消费的直接效用函数 $U_k(c_k, t)$。其中 c_k 代表个人 k 在 t 期的消费。通过消费的边际效用等于财富的边际效用这一最优决策条件，这两种方法可以联系起来，即

$$J_W^k = U_c^k$$

式中，J_W^k——间接效用函数对财富求偏导；

U_c^k——直接效用函数对消费求偏导。

在单一商品的世界中，布里登最终推得单 β CCAPM 定价公式：

$$r_n - r_f = \left(\frac{V_{n,\ln c}}{\sigma_{m,\ln c}}\right)(r_M - r_f) = \left(\frac{\beta_{nc}}{\beta_{Mc}}\right)(r_M - r_f) \tag{12}$$

β_{nc}、β_{Mc} 分别为资产 n 的消费 β 及资产组合 M 的消费 β。此处，资产的消费 β 定义为：

$$\beta_{jc} = \frac{\text{Cov}(r_j, \ln c)}{\text{Var}(\ln c)} \tag{13}$$

式中，$\text{Cov}(r_j, \ln c)$——资产收益与消费之间的协方差；

$\text{Var}(\ln c)$——消费变化的方差。

资产组合 M 可以是均衡条件下的市场组合，也可以是其他任何资产的组合。

式（12）表明，在均衡条件下，任何两种资产或资产组合的风险溢价之比等于它们的消费 β 之比。因此，在跨期中，需要进行补偿的系统性风险可以简化为该资产关于总消费的 β，这是在不失一般性的前提下，对默顿模型的极大简化。

若设存在一种资产，其收益与总消费变化完全正相关，$r_c - r_f$ 为该资产的风险溢价，β_c 为资产 n 关于该资产的 β，式（12）可以写作：

$$r_n - r_f = \beta_c(r_c - r_f) \tag{14}$$

我们讨论一下上述定价公式。

任何资产都可以表示为在未来时期、在各种可能的经济状态下资产所能带来的现金流。假设在未来某一特殊经济状态下，1 单位的现金收益在均衡条件下的现期价值等于发生这种状态的可能性乘以未来时期消费边际效用与现期消费边际效用之比，即：

$$r_{t_1,s_1} = p_{r_1,s_1}\left(\frac{U_c^k(c_{t_1,s_1}^k, t_1)}{U_c^k(c_t^k, t)}\right) \tag{15}$$

式中，r_{t_1,s_1}——在 s_1 状态下，t_1 期 1 单位收益的现值；

p_{r_1,s_1}——状态 s_1 出现的可能性；

c_{t_1,s_1}^k——在 s_1 状态下，t_1 期的最优消费；

c_t^k——现期消费；

U_c^k——效用函数。

如某一股票在 $t+1$ 时有红利 $d_{t+1,s}$，其价格为 $p_{t+1,s}$，则其现期价值为：

$$p_t = \sum_s (d_{t+1,s} + p_{t+1,s})r_{t+1,s} \tag{16}$$

如果式（15）包含了消费者选择投资组合时的最优行为，那么，均衡条件下资产价格仅仅取决于消费者所预测的未来各种经济状态下的消费水平。

从式（15）可知，在 t_1 期，经济状态为 s_1，个人消费越少，其边际效用越大，从而 $\dfrac{r_{t_1 \cdot s_1}}{p_{r_1 \cdot s_1}}$ 越大。个人计划消费是总体计划消费的单调增函数。这表明，若总消费水平低，其消费边际效用高，该期中资产所获得的单位收益的现值就大。可见消费流与资产收益流之间的协方差越大，则资产收益流的现值越大，均衡条件下的资产价格就越高。因此可以得出结论：资产价值与资产收益和总消费之间的协方差呈负相关关系。分析的关键是，如某期总消费水平低，则该期中资产所获现金流在现期的估价就高。在式（16）中，资产风险溢价与远期的总消费之间的协方差并没有明确地出现在定价方程中，其原因在于，它已经反映在下一期的均衡价格水平上。更直观的解释是，假设两种资产的期望收益是相等的，其中资产 A 在投资边际收益更高（也意味着消费边际效用更高、消费水平更低）的情况下能获得更高的收益，在相反的情况下则获得较低的收益，另一资产 B 与之相反。这说明资产 A 的收益分布优于资产 B，相应的，A 的未来收益在当期的现值也高。

资产收益与总消费之间的协方差是定价方程中的关键元素。从消费者的最优行为条件 $J_w^k = U_c^k$ 可以看出，总消费与投资边际收益之间完全负相关。投资机会一定时，如在某种经济状态下的财富水平较高，那么投资边际收益较低，相应的消费边际效用也较低，则该期的最优消费水平相对较高。如某经济状态下，财富水平一定，投资机会相对较好，投资边际收益较高，相应的消费边际效用也较高，则该期的最优消费水平较低。总之，当某期投资边际收益较高时，相应的，该期消费水平就低，反之亦然。但由于投资机会的不确定性，如将上述关系中的消费换为财富，上述关系并不成立。因为极有可能存在这种状态：由于存在非常好的投资机会，因此在财富水平很高的情况下，投资的边际收益也很高，相应投资水平很高、消费水平较低，消费的边际效用很高。Breeden（1979）通过下面的例子对此做了说明。

笔者认为，相对于资产收益与总财富之间的关系，资产收益与总消费之间的关系可更为精确地衡量资产的系统性风险。

考虑一个经济，期限为 3 天，有许多完全相同的个体，仅仅存在一种商品小麦，当前小麦的储量构成经济中的全部财富。每天对小麦的当天消费量及投资量做出决策。用于投资的小麦可生产更多的小麦增加未来消费。设第一天的最优消费/投资决策已经做出。由于投资存在不确定性，在第二天用于消费和投资的小麦存在两种可能性：或者 200 单位/人，或者 231 单位/人。这取决于当期的经济状态。在第二天投资的小麦（用于第三天消费），其实际生产率或者为 0 或者为 20%，这也取决于当期的经济状态。假设规模效益不变。

在第二天，每人选择消费 C_2，则投资为 $W_2 - C_2$，这导致每人在第三天的消费

为 $C_3 = (W_2 - C_2) \times (1 + r_2)$，此处 r_2 代表在第二天投资的实际生产率。设每人的效用函数为 $U(C_2, C_3) = C_2^{0.5} + C_3^{0.5}$。可以证明在第二天的最优消费为 $C_2 = W_2 / (2 + r)$。在第二天初始，经济可能存在四种状态，分别由财富和生产率的不同组合来表示。第二天的最优消费、消费的边际效用及投资的边际收益取决于经济状态。

从下表可以看出，消费边际效用与财富趋于负相关，但又不是完全负相关，如在第四种状态下的财富比第一种状态下的财富大，但在第四种状态下的边际效用比第一种状态下的边际效用高。原因在于两种状态下实际生产率的不同已经补偿了由于财富不同所导致的边际效用下降。因此，财富与资产收益之间的关系并不能反映资产收益与边际效用之间的关系。由于第二天的边际效用是第一天资产价格的决定性因素，因此，资产收益与财富之间的关系并非衡量风险的良好指标。

状态	财富	实际生产率	最优消费	边际效用
1	220	0	110	0.047 6
2	220	20％	100	0.050 0
3	231	0％	115.5	0.046 5
4	231	20％	105	0.048 8

从表中可以看出，消费与边际效用之间的关系是完全负相关的。这说明，相对于资产收益与财富之间的关系来说，其与消费之间的关系是对系统性风险的更为精确的计量。

（二）标准效用函数下的 CCAPM 定价公式

如果我们假设理性人的效用函数采取如下形式：

$$U(c) = \frac{c^{1-\gamma}}{1-\gamma} \tag{17}$$

我们称之为"标准效用函数形式"。式中，γ 为相对风险厌恶系数。

在这种效用函数下，参数 γ 同时决定了相对风险厌恶系数和跨期消费边际替代率 ρ，两者关系为 $\rho = \frac{1}{\gamma}$。从理论上说，两者之间并不存在这种严格的倒数关系。风险厌恶系数反映的是理性人在不同经济状态下，消费之间的相互替代比率。而跨期消费边际替代率反映的是理性人在不同时间里，消费之间的相互替代比率。风险厌恶的概念仅以不确定性存在为条件，与时间没有关系。而跨期消费边际替代率是在完全确定的情况下以时间不同为条件的。

在该种效用函数下，

$$M_{t+1} = \frac{\beta u_c(c_{t+1}, h_{t+1})}{u_c(c_t, h_t)} = \beta \left(\frac{c_{t+1}}{c_t} \right)^{-\gamma} \tag{18}$$

在标准效用函数下，总消费服从条件正态分布，式（9）可以写为：

$$r_{t+1}^f = \delta + \gamma E_t(\Delta c_{t+1}) - \frac{\gamma^2}{2}\mathrm{Var}_t(\Delta c_{t+1}) \tag{19}$$

式中，δ——理性人的时间偏好；

　　　$E_t(\Delta c_{t+1})$——在 t 期消费者预期 $t+1$ 期的消费变化；

　　　$\mathrm{Var}_t(\Delta c_{t+1})$——消费变化的方差。

由式（19）可知，无风险利率由三个因素决定：

（1）δ 越大，无风险利率越大。

（2）$E_t[\Delta c_{t+1}]$ 越大，无风险利率越大，同时其作用还受 γ 的影响。

（3）$\mathrm{Var}_t(\Delta c_{t+1})$ 越大，理性人的预防性储蓄越多，无风险利率越低。其作用大小还受 $\frac{\gamma^2}{2}$ 的影响。

现在我们再来看一下在标准效用函数下的风险资产收益公式。

在标准效用函数下，式（10）变形为：

$$E_t(r_{t+1}^j) - r_{t+1}^f = \gamma \cdot \mathrm{Corr}_t(\Delta c, r^j) \cdot \sigma_t(\Delta c) \cdot \sigma_t(r^j) \tag{20}$$

式中，$\sigma_t(\Delta c)$——消费增长率的标准差；

　　　$\sigma_t(r^j)$——风险资产收益的标准差；

　　　$\mathrm{Corr}_t(\Delta c, r^j)$——消费增长率与风险资产收益之间的相关系数。

式（20）表明，风险溢价取决于三个要素：

（1）消费增长率及资产收益的方差；

（2）风险厌恶系数；

（3）消费增长率与风险资产收益之间的相关系数。

如资产存在着风险溢价，则其风险溢价必与消费变化正相关。如是负相关，则风险资产将会有负的风险溢价。直观地说就是，对于理性人来说持有这样的资产是有利的，该资产在消费水平较低的时候，通过提供较高的收益来对消费者起到保护作用。

三、CCAPM 的一般性

CCAPM 具有一般性，给定特殊的效用函数，可由 CCAPM 推得 CAPM、多因素 CAPM、股票价格的随机游走模型。

（一）CCAPM 与 CAPM 的统一性

从资产定价模型的发展历程来看，似乎很容易把 CAPM 与 CCAPM 看作两种完全不同的定价模型，但 Cochrane（2001）、Campbell 和 Cochrane（2000）强调了两种模型的统一性，他们指出，CCAPM 包含 CAPM。

CAPM 给出了任何风险资产的风险溢价公式：

$$E(r_j) - r_f = \frac{\text{Cov}(r_j, r_m)}{\sigma_m^2}\big[E(r_m) - r_f\big] \tag{21}$$

式中，r_m——市场组合的平均收益率；

r_j——风险资产 j 的收益率；

r_f——无风险利率。

在 CCAPM 中，风险溢价公式为：

$$E_t(r_t) - r_t^f = -R_t^f \text{Cov}_t(M_{t+1}, R_{t+1}) \tag{22}$$

此时，风险溢价取决于资产收益与跨期消费边际替代率之间的协方差。若跨期消费边际替代率与市场组合的平均收益率之间存在着内在联系，则 CCAPM 与 CAPM 之间就具有内在统一关系。

若能找到 M_{t+1} 与 r_m 之间的函数关系：

$$M_{t+1} = \phi(r_m)$$

就能找到两种模型之间的内在关系。

我们通过特殊的效用函数可以得到两者之间的关系，从而由 CCAPM 推得 CAPM。

1. 通过两期二次效用函数推导 CAPM

设在两期中，投资者没有劳动收入，其效用函数如下：

$$U(c_t, c_{t+1}) = -\frac{1}{2}(c_t - c^*)^2 - \frac{1}{2}\beta E\big[(c_{t+1} - c^*)^2\big] \tag{23}$$

此时，

$$M_{t+1} = \beta \frac{u'(c_{t+1})}{u'(c_t)} = \beta \frac{c_{t+1} - c^*}{c_t - c^*} \tag{24}$$

在 t 期初，投资者拥有财富 W_t，无劳动收入。投资于 N 种资产，其价格为 p_t^i，收益为 d_{t+1}^i，收益率为 r_{t+1}^i，组合中的资产权重为 $w_i(i = 1 - N)$。

由于在两期中，投资者在第二期将消费掉所有的财富，预算约束为：

$$C_{t+1} = W_{t+1}, \quad W_{t+1} = r_{t+1}^w(W_t - c_t)$$
$$r_{t+1}^w = \sum_{i=1}^{N} w_i r_{t+1}^i, \quad \sum_{i=1}^{N} w_i = 1 \tag{25}$$

式中，r_w 指总财富的收益率。

通过上式，我们可以用第二期的财富 W_{t+1} 来替代第二期的消费 C_{t+1}。因此，可以得到：

$$M_{t+1} = \beta \frac{r_{t+1}^w(W_t - c_t) - c^*}{c_t - c^*} = \frac{-\beta c^*}{c_t - c^*} + \frac{\beta(W_t - c_t)}{c_t - c^*} r_{t+1}^w \tag{26}$$

设：

$$a_t = \frac{-\beta c^*}{c_t - c^*}, \quad b_t = \frac{\beta(W_t - c_t)}{c_t c^*}$$

易知，在 t 期 a_t、b_t 均为常数，因此上式可简写为：

$$M_{t+1} = a_t + b_t r_{t+1}^w \tag{27}$$

CCAPM 的风险溢价公式如下：

$$E(r_{t+1}^i) - r_{t+1}^f = -(1 + r_{t+1}^f)\text{Cov}(a_t + b_t r_{t+1}^w, r_{t+1}^i - r_{t+1}^f)$$

将 M_{t+1} 代入上式，得：

$$\begin{aligned} E(r_{t+1}^i) - r_{t+1}^f &= -(1 + r_{t+1}^f)\text{Cov}(a_t + b_t r_{t+1}^w, r_{t+1}^i - r_{t+1}^f) \\ &= -(1 + r_{t+1}^f) b_t \text{Cov}(r_{t+1}^w, r_{t+1}^i) \end{aligned} \tag{28}$$

CAPM 中，市场 $\beta_{i,w}$ 的定义式为：

$$\beta_{i,w} = \frac{\text{Cov}(r_{t+1}^i, r_{t+1}^w)}{\text{Var}(r_{t+1}^w)}$$

$$\text{Cov}(r_{t+1}^i, r_{t+1}^w) = \beta_{i,w}\text{Var}(r_{t+1}^w)$$

代入式（28）得：

$$E(r_{t+1}^i) - r_{t+1}^f = -(1 + r_{t+1}^f) b_t \text{Var}(r_{t+1}^w)\beta_{i,w} \tag{29}$$

可见，该种形式与 CAPM 是一致的，风险溢价与市场 β 之间是线性关系。

由此可见，在特殊的效用函数下，由 CCAPM 推导出了 CAPM。CAPM 是 CCAPM 的特例。

2. 通过对数效用函数推导 CAPM

对数效用函数意味着消费与财富成比例，这样我们就可以用财富数据代替消费数据。

设投资者的效用函数形式如下：

$$u(c) = \ln(c) \tag{30}$$

根据 CCAPM 定价公式可得：

$$p_t^w = E_t \sum_{j=1}^{\infty} \beta^j \frac{u'(c_{t+1})}{u'(c_t)} c_{t+j} = E_t \sum_{j=1}^{\infty} \beta^j \frac{c_t}{c_{t+j}} c_{t+j} = \frac{\beta}{1-\beta} c_t \tag{31}$$

可以看到，在对数效用函数下，投资组合的价格与当期消费成比例。

设投资组合的收益率为 R_{t+1}^w，则

$$R_{t+1}^w = \frac{p_{t+1}^w + c_{t+1}}{p_t^w} = \frac{\frac{\beta}{1-\beta} + 1}{\frac{\beta}{1-\beta}} \frac{c_{t+1}}{c_t} = \frac{1}{\beta} \frac{c_{t+1}}{c_t} = \frac{1}{\beta} \frac{u'(c_t)}{u'(c_{t+1})} \tag{32}$$

由此我们可以看到：

$$M_{t+1} = \frac{1}{R_{t+1}^w} \tag{33}$$

由此可见，可以用资产组合的平均收益率来替代消费数据。

（二）多因素 CAPM

在 CCAPM 中，由于对效用函数缺乏具有洞察力的理解，使得由此得出的贴现因子缺乏可信度，由此模型在实证检验及实际应用中受到限制。若能找出某一个或几个易于计量的因素来替代该贴现因子，无疑对模型的理解和应用有重要的意义。

即若能找到因素 f_j 满足如下关系：

$$M_{t+1} = a_0 + \sum_{j=1}^{n} a_j f_j \tag{34}$$

我们就能够用因素 f_j 来计量贴现因子，同时，也找到了 CCAPM 与因素定价模型之间联系的纽带。

直观地说，资产定价的本质在于在经济状态不好时，投资者非常期望他的投资组合能获得较好的收益。他们愿意以资产总平均收益的降低为代价来换取资产在此时的较高收益。因此，能够代表经济状态好坏的因素与资产定价之间有极为密切的关系。如果找到了这些因素，而且又可以较为容易地对其进行定量研究，我们就可以用这些因素替代效用函数来确定贴现因子 M_{t+1}。

也可以这样理解：当期消费水平由当期及未来经济状态决定。因此，决定经济状态的因素也就是决定消费水平的因素。设消费水平与这些因素之间有函数关系，即：

$$c_t = g(f_t)$$

若将这种关系代入 CCAPM 中，可以由此推出相应的因素资产定价模型。所有的因素定价模型都可以通过附加特定的假设，由 CCAPM 推导出来，即都可以看作 CCAPM 的特例。

能够描述经济状态的变量有很多，如 GDP 增长率、无风险利率、通货膨胀率、市场组合收益率、投资水平、实体投资收益率等等。这些影响经济状态的变量同时也是系统性风险的源泉。

将上式代入式（22）的 CCAPM 中，可得到多因素 CAPM：

$$E(r_j) - r_f = a_0 + \lambda_1 \text{Cov}(f_1, r) + \lambda_2 \text{Cov}(f_2, r) + \cdots \tag{35}$$

（三）股票价格的随机游走模型

风险中性是由 CCAPM 推得随机游走模型的充分条件。风险中性的消费者只关心资产收益率，不关心风险大小。他们的效用函数是线性的。

假设投资者是风险中性的，其效用函数为：

$$U = \mu_0 + \mu_1 E_t c_t \tag{36}$$

此时，贴现因子为：

$$E M_{t+1} = E_t \frac{\beta \mu_1}{\mu_1} = \beta \tag{37}$$

将上式代入式（6）中，得：

$$1 = \beta \frac{E_t(p_{t+1} + d_{t+1})}{p_t}$$

$$p_t R_t^f = E_t(p_{t+1} + d_{t+1}) \tag{38}$$

股票价格是随机游走的。在这种风险中性的前提下，股票价格的随机变动与无风险利率的随机变动一致。

在风险中性条件下，所有风险资产的收益率与无风险资产的收益率相等。设有风险资产 j，则在风险中性的条件下有：

$$E(r_{t+1}^j) - r_{t+1}^f = - R_t^f \mathrm{Cov}_t(R_{t+1}^j, M_{t+1}) = - R_t^f \mathrm{Cov}_t(R_{t+1}^j, \beta) = 0$$

$$E(r_{t+1}^j) = r_{t+1}^f \tag{39}$$

可见，风险资产的收益率等于无风险资产的收益率。即投资者若仅仅关心资产收益率，则所有资产的期望收益率必然相等。

四、CCAPM 的实证检验

（一）实证分析难题之一：消费数据问题

要想对任何资产定价模型进行有效的实证检验，就必须对模型中的相关 β 值做出精确的估计。在 CAPM 中，市场组合包括所有资产，但由于有关股票市场的数据很精确且相对容易得到，因此大多数实证研究主要放在股票市场上，对股票市场的市场组合 β 的计量也较为精确。与之相比，对于 CCAPM 来说，消费 β 的精确性取决于对现实中消费变动性计量的准确程度。在其他条件不变的情况下，对消费变动性计量得越精确，所得的消费 β 就越准确。而现实中所能获得的消费数据是相关消费流的估计值，因此对 CCAPM 的实证检验必然面临许多特殊的数据问题。

Grossman（1987）、Wheatley（1988）、Breeden 等（1989）对此有相关的论述，主要包括：

（1）数据是关于总支出而非总消费的，而支出并不等于消费，某些商品和服务虽然被消费者购买了，但并没有在当期消费；

（2）计量的总消费数据是某一段时间的总消费而非某一点的即时消费变化率；

（3）相对于股票收益数据的即时可得性，消费数据很长时间才报告一次；

（4）由于在计量消费数量时会使某些消费遗漏未计，因此所报告的总消费数据本身有统计性错误。

另外，Mankiw 和 Zeldes（1991）认为，用总消费数据对 CCAPM 进行实证检验存在数据匹配问题，主要是参与资本资产市场的投资者的消费量并不能用总消费量来代表。

针对这些问题，研究者们在实证检验中提出了很多数据处理的方法。Breeden 等（1989）、Campell 和 Cochrane（2000）对此都有详细的论述。

Breeden 等（1989）针对数据问题作了相应的调整。对"数据是关于总支出而非总消费的，而支出并不等于消费"的问题，他们采取了两个措施：

（1）采用了 Hall（1978）的做法，在整个 1929—1982 年期间，实证检验中所采用的消费数据都是基于消费者在非耐用消费品及服务方面的支出。如前面所指出的，用消费者在商品和服务上的总支出来代替消费者当期消费存在问题，问题之一就是当期支出中的一部分并没有在当期消费，显然，调整数据后可以减少这一问题对实证检验结果的影响。

（2）在实证检验中，以每季度的消费数据为基础。尽管在 1958 年以后可以获得美国每月的消费数据，但他们并没有采用每月的数据信息，笔者认为，随着样本时间跨度的缩小，在季度中是非耐用品的商品有一部分在月份中变为耐用品。使用季度数据有助于减少这一问题对实证检验结果的影响。

对于这一问题也有一些其他的处理方法，比如 Marsh（1981）假定存在一个隐性的不断变化的模型来估计 CCAPM 中的参数。Dunn 和 Singleton（1986）在处理这一问题时运用了计量经济学的方法，对理性人偏好进行了详细的阐述。

Breeden 等（1989）针对"计量的总消费是某一段时间的总消费而非某一点的即时消费变化率"的问题，进行了详细的论述。文章认为，一个季度的跨期消费变化率是整个季度中即时消费变化率的加总。如果用季度数据对 CCAPM 进行实证检验，模型把资产季度期望收益率与该收益率和从季初到季末的即时消费变化之间的协方差相联系，这就要求我们把资产收益率与即时消费变化之间的总协方差及资产收益率与跨期消费变化的总协方差之间的关系找出来。

研究得出，由于加总过程中所导致的上下波动相互抵消，使得相对于即时消费变化，跨期消费变化的方差下降。对于一个季度来说，现实中报道的跨期消费变化的总方差是该季度从季度初到季度末即时消费变化总方差的 2/3。

对于一个季度来说，资产季度收益率与跨期消费的总协方差是资产收益率与即时消费变化的总协方差的 1/2。

对于一个季度来说，资产关于跨期消费变化的 β 是资产关于即时消费变化的 β 的 3/4。

Breeden 等（1989）针对"相对于股票收益数据的即时可得性，消费数据很长时间才报告一次"的问题，作了如下处理。文章认为，与消费数据相比，资产收益数据的报道历史时间更长、报道的频率更高。因此，如果能用资产收益的数据来对 CCAPM 进行实证检验，则能为 CCAPM 的成立提供更令人信服的证据。Breeden（1979）证明，在 CCAPM 中，资产关于总消费的 β 可以用资产关于某一市场组合的 β 来替代，该组合必须与总消费增长具有最大的相关性。设该组合用最大相关组合（maximum correlation portfolio，MCP）来表示。若无风险资产存在，某资产关于 MCP 的 β 等于该资产关于总消费的 β 除以 MCP 关于总消费的 β，假设 MCP 不包含无风险资产，则 MCP 关于消费的 β 为 2.9。

因此，在不包含无风险资产的情况下，资产关于总消费的 β 与资产关于 MCP 的 β 成比例。显然这对于 CCAPM 的实证检验来说有重要意义。我们可以用资产组合 MCP 的相关数据对模型进行检验。

Breeden 等（1989）针对"报告的总消费数据本身有统计性错误"的问题也作了相应的分析。假设这些统计误差具有随机性，与其他经济变量不相关，Δc_t^* 是从 $t-1$ 期到 t 期的实际消费增长率，Δc_t 是数据统计的消费增长率，计量误差记为 ε_t，即：

$$\Delta c_t = \Delta c_t^* + \varepsilon_t \tag{40}$$

$$\mathrm{Var}(\varepsilon_t) = 0, \quad \mathrm{Cov}(\varepsilon_t, c_t^*) = 0$$

$$\mathrm{Cov}(\varepsilon_t, r_{it}) = 0, \quad i = 1, \cdots, N$$

将上式代入 CCAPM 定价公式中，有：

$$r_i - r_f = \Delta r_1^* \beta_{ci}^* = \Delta r_1^* \times \frac{\mathrm{Cov}(r_{it}, c_t - \varepsilon_t)}{\mathrm{Var}(c_t^*)}$$

$$= \Delta r_1^* \times \frac{\mathrm{Var}(c_t)\mathrm{Cov}(r_i t, c_t)}{\mathrm{Var}(c_t^*)\mathrm{Var}(c_t)} = \Delta r_1 \beta_{ci} \tag{41}$$

式中，β_{ci} 是资产关于统计消费数据的 β；β_{ci}^* 是资产关于实际消费数据的 β；Δr_1^* 是现实中的系统性风险价格；$\Delta r_1 \equiv \Delta r_1^* \times \dfrac{\mathrm{Var}(c_t)}{\mathrm{Var}(c_t^*)}$。

只要计量误差的方差是正的，则统计消费数据的方差将大于实际消费数据的方差，即 $\mathrm{Var}(c_t) > \mathrm{Var}(c_t^*)$。从上式可知，在风险溢价与统计消费数据的资产 β 之间的线性关系中，斜率 Δr_1 与风险价格 Δr_1^* 相比偏高。

除了统计误差以外，消费和投资本身具有的季节性也使问题变得更加复杂。用季度消费数据估计的消费 β，解释力度往往在第四季度更大。Jagannathan 和 Wang（2007）发现，当使用基于第四季度的消费增长以滚动窗口方式计算股票的消费 β 值时，CCAPM 能够解释股票收益的横截面以及 Fama 和 French（1993）三因子模型。当消费增长基于其他季度衡量时，CCAPM 的表现会大幅恶化。这其中的关键问题是，要让 CCAPM 在任何给定的时间点保持解释力度，投资者必须在那个时间点同时做出消费和投资决策。鉴于投资者的纳税年度往往在 12 月结束，他们在 12 月进行投资的可能性更大，所以第四季度的消费数据往往解释能力更强。

（二）实证分析难题之二：股权风险溢价之谜

Mehra 和 Prescott（1985）研究表明，从 1889 年到 1978 年这 90 年期间，无风险短期证券的年均实际收益仅为 0.8%，而同期标准普尔 500 综合股指的年均实际收益则高达 6.98%，因此年均股权溢价为 6.18%。CCAPM 很难对如此高的股权溢价做出合理的解释。因为在这一时期，历史数据表明，美国的消费增长波动性很小，如果要使模型预测的股权溢价达到 6.18%，就需要经济人具有高得令人难以置信的风险厌恶系数。而通常合理的相对风险厌恶系数应该小于 10。Hansen 和 Singleton（1983）利用美国战后的消费、股价数据推导出相对风险厌恶系数值约为 1。为更好地理解为何高的风险厌恶系数是令人难以置信的，我们举一个例子。如果你的财富面临着不确定性：一种可能是财富以 1/2 的概率翻番，另一种可能是财富以 1/2 的概率减半。如果你的相对风险厌恶系数高达 30，这就表明你愿意花费你总财富的 48% 去买一笔保险以避免不利局面的出现：这从直觉上看是不可能的。因此，已有的 CCAPM 无法解释历史数据所显示出的股权溢价的明显特征；而衡量经济模型的一个标准就是看模型能否很好地解释典型的事实。

Mehra 和 Prescott（1985）的观点也可以通过式（16）来解释，在 1889—1978 年期间，消费变化 Δc 与市场平均收益 r_m 之间的相关系数为 0.4，消费变化 Δc 的标准差为 0.036，市场平均收益 r_m 的标准差为 0.167，当平均风险溢价为 6.18% 时，根据式（16）可得 $\gamma=25$。显然 $\gamma=25$ 超出了该系数的合理范围，此时将很难解释投资者为什么对风险如此敏感。而相对于实际的股票溢价来说，当风险厌恶系数在合理的范围内时，模型所预测的风险溢价太小了。

（三）实证分析难题之三：低无风险利率之谜

Weil（1989）提出了"低无风险利率之谜"：由于标准效用函数下，理性人的跨期消费边际替代率等于其相对风险厌恶系数的倒数，如果要对股权溢价的历史水平做出解释，就意味着理性人有很高的风险厌恶系数，那么跨期消费边际替代率就很小。低的跨期消费边际替代率表明理性人储蓄的意愿很小，因此无风险利率理论上应该很高。而历史数据表明无风险利率只有 0.8%。也就是说，即使不考虑风险厌恶系数的合理范围，标准 CCAPM 也只能对低无风险利率之谜和股权溢价之谜两者其中之一做出解释。

Weil（1989）可以通过式（15）（效用函数为标准效用函数）得到说明，在1889—1978 年期间，每年平均消费增长率大约是 0.018，其方差为 0.001 3。只有风险厌恶系数非常小，也就是跨期消费边际替代率非常高时，式（14）所预测的每年平均实际利率才能与现实中的 0.8% 相一致，而此时又很难解释股权溢价。要想使模型能解释实际股权溢价，相应的风险厌恶系数就较高，而跨期消费边际替代率就较低，此时式（14）所预测的利率水平不可能与实际利率水平相一致。

另外，一些研究表明，在期初投资者根据所掌握的信息可以预测到很重要的一部分超额收益波动。Campbell（1987）、Campbell 和 Shiller（1988），以及 Fama 和 French（1988）通过实证检验得出结论：在美国短期利率的变化、长期利率的变化、D/P（股利与股价之比）的变化、长期利率与短期利率变化之间的传递能够用于预测美国未来超额收益的变动。Carmichael 和 Samson（1996）发现，同样的结论在加拿大也成立。CCAPM 能对此做出解释吗？如能做出解释，由于可预测超额收益波动，说明可预测 Δc 的标准差及 Δc 与 r_j 之间相关系数的波动。然而，实证检验并不支持这种可能性。对消费风险的评估和构建不准确也可能造成这一测量问题。实践中真正被投资者认可的风险可能是一种长期的累积风险，而非同期的消费增长。Parker 和 Julliard（2005）利用资产收益和消费增长在之后的多个季度累积的协方差来衡量风险。他们发现，虽然同期的消费风险解释不了 25 个法玛-弗伦奇（Fama-French）投资组合平均收益的变化，但在三年内对最终消费风险的测量解释了这个变化的很大一部分。

或者，只有下行风险才被投资者看重。Polkovnichenko（2006）在标准的 CCAPM 上加入了投资者对下行风险规避的考虑，并使用 GMM 估计偏好参数，对下行风险规避进行显著性检验，使模型的实证解释力度得到了增强。

（四）实证分析难题之四：CAPM 在实证中的表现优于 CCAPM

在 CAPM 实证检验中，由于数据原因，通常用股票多元化组合的平均收益率来代表财富的平均收益率。早期的实证检验（Black，Jensen，and Scholes，1972；Fama and MacBeth，1973；Gibbons，1982）结果表明：资产收益与市场 β 之间有正相关关系，但并不像 CAPM 描述得那样精确。

研究者们也对 CCAPM 进行了相应的实证检验，但遇到了诸多实证难题。大部分实证检验都不支持 CCAPM。总体来说，尽管 20 世纪 80 年代以来的实证检验并不支持 CAPM，但 CAPM 在实证检验方面的表现优于 CCAPM。也正是由于这个原因，尽管 CCAPM 经历了二十几年的发展，但在资产定价的实际应用中几乎都是使用以市场组合为基础的 CAPM。

Hansen 和 Singleton（1982，1983）推导出了一个标准的 CCAPM，其中理性人的效用在时间上具有可加性，即各期效用是彼此独立的。他们用美国的数据检验模型，发现实证结果并不支持模型。模型不能同时解释无风险利率水平和股票平均收益的历史特征。Wheatley（1988）用其他国家的数据检验该模型，实证结果也不支持 CCAPM。

Mankiw 和 Shapiro（1986）对 1959—1982 年间持续交易的 464 只 NYSE 股票的平均收益进行关于市场 β、消费 β 的回归分析，分析结果表明，市场 β 与股票平均收益的联系更为紧密。

Cochrane（1996）研究发现，传统 CAPM 优于标准 CCAPM。对于 CAPM，有每季 0.094% 的定价误差均方根，而 CCAPM 有每季 0.54% 的定价误差均方根。

但 Breeden 等（1989）得出了不同的结论，他们调整消费数据后对 CCAPM 进行实证检验，结果表明，CAPM 与 CCAPM 的表现相似。

总体来说，对 CCAPM 的实证检验结果似乎令人非常失望。但如果考虑到前文所提及的消费数据问题，这种结果可能与此相关。消费数据的选择和数据的处理方法缺乏依据可能使实证结果缺乏可信度。

另外，对 CCAPM 进行实证检验的前提是，存在某一特殊效用函数来描述消费者的消费行为，也就是说，接受检验的只是 CCAPM 的特殊形式。如果这一特殊的效用函数能恰当地描述消费者的最优选择行为，则实证检验中对 CCAPM 特殊形式的拒绝可以看作是对 CCAPM 的基本定价方程的拒绝。但由于我们尚缺乏对消费效用函数具有洞察力的理解，通过这种特殊效用函数得到的 CCAPM 贴现因子 m_{t+1}，其准确性是令人怀疑的。因此，通过这种实证检验得出 CCAPM 不成立的结论也是非常令人怀疑的。

事实上，当把 CCAPM 与 CAPM 进行比较时，往往把两者看作完全对立的两个资产定价模型。而如前所述，两者之间具有内在统一性。CAPM 仅仅是 CCAPM 的一个特例。这一方面对"CAPM 优于 CCAPM"的实证检验结论从理论基础的层面提出了质疑，另一方面也说明 CCAPM 有其强大的生命力，值得对其继续进行深入的探讨。

五、效用函数的修正与发展

　　面对这些实证难题，许多研究者试图通过对 CCAPM 进行修正，使其更为一般化，来对此做出解释。其中许多研究者认为标准效用函数并不能很好地描述消费者的行为。因此，他们以微观经济学中的消费理论为基础，通过修正效用函数来使模型更接近现实。在 CCAPM 下，消费者投资金融资产的首要目的是使其消费边际效用在长期内达到相对平稳的状态。模型原则上并没有限制当期的边际效用仅取决于当期的消费。直观地说，消费者的效用除受当期消费水平影响之外，还受过去习惯消费水平、当期闲暇时间、社会平均消费水平、经济状态好坏等其他变量的影响。如果是这样，资产的超额收益与这些变量之间的协方差也将影响资产风险溢价。这可能有助于解释 CCAPM 在实证检验中所遇到的问题。在这一领域的研究包括两个不同的方向。

（一）递归预期效用理论

　　Epstein 和 Zin（1989，1991）及 Weil（1989）将递归效用函数引入模型中。采用这种偏好模式，放松了不同经济状态下的消费边际效用之间相互独立的假设。在这种偏好模式下，消费者在经济状态好的时候，其消费边际效用也受经济状态差的时候的消费水平影响。Epstein 和 Zin（1989，1991）偏好模式的另一个重要的特征在于，风险厌恶系数与跨期消费边际替代率分别由不同的参数决定。如前所述，尽管在标准效用函数的限定下，两个参数之间互为倒数关系，但从理论上说两者之间并没有这种紧密的联系。将两者分开来有助于解释一些在标准效用函数下出现的实证问题。韦尔（Weil）也详细地研究了这些问题，并得出如下结论：在这种偏好模式下风险溢价由风险厌恶系数决定，无风险利率受跨期消费边际替代率影响。结果，非预期效用假说对解释梅拉-普雷斯科特的股权溢价之谜没有什么作用，但对无风险利率之谜给出了一个新的解释。

（二）非分割效用理论

　　非分割效用理论是将时间上效用不可分割性的概念引入模型中。这方面的文献可参考 Constantinides（1990）、Ferson 和 Constantinides（1991）及 Campbell 和 Cochrane（1995）等。这些研究者利用简单而又直观的理念，认为当前的消费效用不仅受当前消费水平的影响，也受过去消费水平的影响。一般的做法是将消费习惯引入模型中，Campbell 和 Cochrane（1995）使用了如下效用函数：

$$U(c-x) = (c-x)^{1-\eta} \tag{42}$$

式中，x 和 c 分别代表消费者的消费习惯和消费水平；η 为参数。该效用函数中将消费者的消费习惯简化为一个变量 x，它随着消费的变化而不断地调整。在这种效用函数下，随着消费接近习惯水平，消费的边际效用提高，因此，风险厌恶系数随经济周期而改变：

$$\gamma_t = \eta \frac{c_t}{c_t - x_t} \tag{43}$$

上式表明，随着消费者的消费水平逐渐接近消费习惯水平，他的风险厌恶系数将增大。在标准效用函数中风险厌恶系数与跨期消费边际替代率互为倒数关系。将消费习惯引入效用函数后，可以放松这两者之间的紧密联系。跨期消费替代率由参数 η 决定。但风险厌恶系数并不仅仅由 η 决定，从上式可以看出，即使 η 值很低，风险厌恶系数也可能很高。这样，在参数 η 取相同值时，与标准效用函数相比，该模型能预测出一个新的股权溢价水平。然而，这并没有对股权溢价给出一种新的解释。因为在这种效用函数下，要解释风险溢价的历史水平仍需要很高的风险厌恶系数，而其他模型在风险厌恶系数很高时，也能预测到现实中股权溢价的水平。但该模型对无风险利率之谜给出了一种新的解释。在标准效用函数下，如风险厌恶系数增大可以使模型预测的股权溢价更接近现实的股权溢价，但是同时也使跨期消费替代率更小，从而提高了模型所预测的无风险利率水平及其变动性。将消费习惯引入模型后，消费者保持其习惯消费水平，持有预防性储蓄，这样可以减少无风险利率向上的压力。直观地说就是消费者非常在意他们的消费习惯，这使得当目前消费向远离习惯消费水平变动时，他们更为厌恶风险。这会使他们储蓄更多来防止他们的消费水平低于习惯水平，正是由于这种预防性储蓄机制，模型能预测到一个低而稳定的实际利率水平。这就为无风险利率之谜提供了一个解释。

这种带有消费习惯的模型也为风险溢价的变动性提供了一个解释。由式（43）可知，风险厌恶系数具有逆经济周期性。在萧条时期，不断下降的消费水平使理性人对风险更为厌恶，因此，风险资产有更高的风险溢价。这使得风险溢价的变动性与经济周期的周期性密切相关。这似乎与现实中的情况一致。

Raj 和 Adam（2003）研究了购买房屋等不动产而产生的债务对投资者的投资组合和最优消费行为产生的影响。对这类债务的优先偿还使投资者更加厌恶风险。这方面对投资组合的选择和资产定价所产生的影响与消费者的消费习惯对此产生的影响相似。

总之，CCAPM 将系统性风险定义为资产收益率与跨期消费边际替代率之间的协方差。由于总消费的变动性很小，除非假设风险厌恶系数非常高，否则模型很难解释现实中较高的风险溢价水平。当采用标准效用函数时，该问题尤其突出。通过将消费习惯和非预期效用的概念引入模型，并不能从根本上解决这一问题，两个模型仅在风险厌恶系数很高时模型所预测的风险溢价水平与现实中的风险溢价水平相接近。也就是说，在合理的风险厌恶系数范围之内股权溢价之谜并没有得到解释。

但 CCAPM 的出现与发展已经帮助我们更好地理解了影响无风险利率的因素，从上面的分析可知，当我们假设效用函数中，风险厌恶系数与跨期消费边际替代率这两个概念互相分离时，无风险利率之谜可以得到合理的解释。

（三）前景理论

也有学者注意到投资者的非理性选择可能是造成实证结果脱离理论预测的一种原因。随着行为金融学的兴起，逐渐有学者开始将前景理论应用于个人的消费和储蓄行为。

1. 前景理论概述

在 Kahneman 和 Tversky（1979）提出的前景理论中，效用函数定义为价值函数和主观概率函数的乘积。价值函数只与个人的收益和损失相关，个人的收益或损失与效用之间呈现 S 形函数关系。效用函数在收益域是凹的（concave），意味着人们厌恶风险；在损失域是凸的（convex），意味着人们追求风险。

更具体地，如果 S 被定义为有限的一系列状态空间；子集 s 为事件集；X 是一系列结果；Δ 表示结果对应的损失或收益集；一个不确定的前景 $f: s \rightarrow \Delta(X)$ 是状态空间到事件集的概率映射；比如（－10 美元，1/2；20 美元，1/2）表示有 1/2 的概率损失 10 美元，有 1/2 的概率得到 20 美元。

价值函数 v 是关于前景的函数：

$$v(f) = \sum \pi(s)v(\Delta x)$$

$v(\Delta x)$ 的具体函数形式为：

$$v(\Delta x) = \begin{cases} (\Delta x)^\alpha, & \Delta x \geqslant 0 \\ -\lambda(-\Delta x)^\beta, & \Delta x < 0 \end{cases}$$

式中，α，β 为 0 到 1 以内的参数，反映风险偏好，λ 是损失厌恶的衡量，λ 越大越厌恶损失。

对于决策函数来说：

$$\pi(p) = \begin{cases} \dfrac{p^{\gamma}}{(p^{\gamma} + (1-p)^{\gamma})^{\frac{1}{\gamma}}}, & \Delta x \geqslant 0 \\[4mm] \dfrac{p^{\delta}}{(p^{\delta} + (1-p)^{\delta})^{\frac{1}{\delta}}}, & \Delta x < 0 \end{cases}$$

式中，γ 和 δ 是 0 到 1 以内的参数，γ 和 δ 越大，越远离客观概率。

2. 累积前景理论

后来在 Tversky 和 Kahneman（1992）中，该理论发展至累积前景理论，该理论主要在原先的基础上对主观概率函数的计算方式进行了改进。由于前景理论中主观概率函数很可能没有显示表达式，因此在累积前景理论中，用累积概率的差来表示主观概率函数。

$$V(f) = V(f^+) + V(f^-)$$

对于所有 $v(x_i) \geqslant 0$，有 $V(f^+) = \sum \pi_i^+ v(x_i)$，$\pi_i^+ = W(NWT(x_i)) - W(SBT(x_i))$，该表达式表示不差于 x_i 的所有选择对应的累积主观概率，减去严格好于 x_i 的所有选择对应的累积主观概率。

对于所有 $v(x_i) < 0$，有 $V(f^-) = \sum \pi_i^- v(x_i)$，$\pi_i^- = W(NBT(x_i)) - W(SWT(x_i))$，该表达式表示所有不好于 x_i 的所有选择对应的累积主观概率，减去严格差于 x_i 的所有选择对应的累积主观概率。

3. 前景理论与消费投资选择

前景理论中涉及的损失厌恶、参照点依赖以及风险态度变化是近年来被广泛应用于消费和投资选择的两个重要方面。

损失厌恶是股权溢价之谜的一种合理解释。在 Benartzi 和 Thaler（1995）的文章中，股权溢价可以被"短视损失厌恶"解释。对于投资者来说，损失厌恶或心理账户往往会导致他们具有短视性的特征，即会不断评价短期收益，而非根据长期收益进行决策。Benartzi 和 Thaler（1995）认为，由于投资者总是频繁地衡量他们持有的组合，他们很容易受到短期损失的影响。这种影响使得他们会放弃长期来看收益更高的投资，反而持有短期来看较为保险的组合。只有投资者的评估区间足够长，他们才愿意持有风险资产，股权溢价才会有所降低。他们在发表的文章中，通过研究美国的股权溢价证实了这一点。研究结果发现，在评估区间为一年时，通过数据计算所得的风险溢价为 6.5%；如果把选取的区间变为 2 年，溢价幅度降为 4.65%；而如果将评价区间再延长至 5 年、10 年、20 年时，其结果将不断下降至 3.0%、2.0% 和 1.4%。从这个角度来看，股权溢价是给那些忍不住经常评价投资组合的投资者的一种潜在补偿。

Benartzi 和 Thaler（1995）的假说被许多人视为对股权溢价之谜的合理解释，却很少有直接的实证检验。他们论文之后的工作反而集中于将原始论点形式化（例如，Barberis，Huang，and Santos，2001；Andries，2012；Pagel，2017）。然而，有一些证据支持相关观点，即损失厌恶和狭隘框架可以解释人们不愿意参与股市的现象：历史上，大多数家庭都没有参与股票市场。Dimmock 和 Kouwenberg（2010）发现，以调查为基础的损失厌恶测度能够预测截面上家庭对股票市场的参与程度。

此外，参照点依赖也能很大程度地解释投资者的消费选择问题。自 Koszegi 和 Rabin（2006，2007，2009）以后，参照点依赖也被广泛用于描述消费行为。

Koszegi 和 Rabin（2009）提出了一种将前景理论的观点纳入消费选择的动态模型的方法。该模型建立在作者早期的想法之上，即对未来的期望是一个重要的参考点。在每个时间 t，个人效用由两个部分构成：a. 消费效用（consumption utility）：在时间 t 的消费效用；b. 得益-损失效用（gain-loss utility）：当前消费与预期消费之差带来的效用。后者中包含了损失规避：个人对消费在某一点将低于预期的消息，比消费将高于预期的消息更敏感。作者还假设个体对当前消费与最近预期水平不同的消息，比对未来消费将与最近预期水平不同的消息更敏感。

这个框架有一些有趣的含义。第一，它提出了预防性储蓄的新动机：一个面临收入不确定性的个人今天会存更多的钱，以减少后来发现有必要比先前计划的消费更少所带来的预期痛苦。第二，个人有过度消费的倾向，但其原因与有关双曲贴现的文献中提到的原因截然不同。具体来说，在每个时期，这个人都有一种动机：用一点额外的消费来让自己惊讶。虽然这是用以后的低消费为代价的，但事实上，个人对关于未来消费的新闻不如对当前消费的新闻敏感，这一权衡是值得的。

Pagel（2012）在这些见解的基础上进行了更全面的展示。Koszegi 和 Rabin（2009）框架可以解释一些关于家庭消费的事实。例如，她发现，前文描述的预防性储蓄动机和过度消费动机结合在一起，在整个生命周期中产生了一个现实的驼峰型消费模式。她还发现，该框架可以揭示过度平滑的谜题，在这些谜题中，消费对收入冲击的反应不足。前景理论对此的解释是，在受到负收入冲击时，个人更愿意降低未来的消费，而不是当前的消费。毕竟，未来消费将低于预期的消息要比当前消费低于预期的消息来得轻松。此外，在未来的某个时候，当个人实际降低消费时，痛苦将是有限的，因为到那时，预期将向下调整。

Li 和 Yang（2012）利用前景理论中的敏感度递减（diminishing sensitivity）和损失厌恶构建了关于处置效应、股票价格动量和股权溢价的统一理论。他发现，敏感度递减（前景理论效用中的 α 越小）会导致处置效应更严重，股权溢价更大；

而损失厌恶却有相反的结果。

六、探究股权溢价之谜

股权溢价之谜是经济学领域的一个长期且重要的研究话题，除了效用函数的修正，之后学者们也尝试从各个不同的角度对股权溢价之谜、消费和股价之间的关系进行预测和解释。

（一）有限参与

家庭资产选择的复杂性使得许多家庭未参与股票投资，即使参与股票市场的投资者也并非持有市场中的所有股票（Mankiw and Zeldes，1991）。这也可能是造成消费数据对股价的预测能力有限及股权溢价之谜的一种解释。Malloy 等（2009）继 Vissing-Jorgensen（2002）中对消费者支出调查数据上有关有限参与的重要工作之后，研究了股票持有者与非股票持有者的消费。他们发现，股票持有者的消费增长是消费增长总量的 2.7 倍，而理论推导得到的欧拉方程只对股票持有者成立，这也提供了一种对宏观层面的消费数据难以匹配股价数据的解释。

（二）罕见灾难

罕见灾难模型从宏观经济风险的角度对股权溢价之谜进行了解释。罕见灾难的想法最早由 Rietz（1988）提出，他认为股权风险溢价的主要部分是对经济中潜在的罕见灾难风险的一种补偿。但在这种框架下，股权溢价的大小依赖于罕见事件不合理的发生概率和事件规模，这需要实际测度。之后，Barro（2006）实际测度了 20 世纪以来世界范围内的罕见事件，认为这些罕见事件以每年 1.7％的频率发生，造成年人均 GDP 下降 15％～64％不等，并根据传统的基于消费的资产定价模型给出了对股权溢价之谜的合理解释。

（三）长期风险

在原始 CCAPM 衍生的 25 年后，Bansal 和 Yaron（2004）开发了消费增长的长期风险模型。在过去 10 年，这一直是基于消费的资产定价的一个有影响力的版本，引发了大量额外的研究。他们的关键创新是考虑了（a）预期消费和股息增长率，将其看作是小而持续且长期可预测的消费组成部分，以及（b）消费增长率的变化波动性。他们使用了 Epstein 和 Zin（1989）的前瞻性偏好，这种偏好是递归的，并且在消费时表现出时间互补。

该模型致力于对消费增长率中小而持续的长期波动进行建模，Bansal 和 Yaron（2004）指出，在有限样本中区分出纯粹的独立同分布过程和小的持续成分的过程是非常困难的。尽管在计量经济学上很难区分这两种可选过程，但它们之间的资产定价含义非常重要。Bansal 和 Yaron（2004）的长期风险模型激发了大量研究，包括 Koijen 等（2010）、Constantinides 和 Ghosh（2011）、Ferson 等（2013）等。

（四）股息和股票收益的可预测性

在 2005 年，莱托（Lettau）和路德维格森（Ludvigson）发现了消费、股票股利和劳动收入（来自人力资本的股利）具有三元协整关系。在第二次世界大战后，股息收益率一直是股票收益率的有用预测指标。莱托和路德维格森认为，这种预测能力存在的部分原因是，股息增长和股票风险溢价之间存在抵消作用。在经济衰退过程中，风险增加，股价跌幅超过股息，因此股息收益率会增加，而股价大幅下跌之后的均值回复又使得下一期的期望收益增加。

（五）耐用品消费

Yogo（2006）通过加入对耐用消费品的考虑，在资产定价、风险度量和风险溢价方面发现了强有力的结果。这些发现有重要意义，因为过去许多研究人员只使用了非耐用品和服务部分的消费，并排除了耐用品，他们认为每年只有一部分耐用品被消费（美国经济分析局估计为 6%）。而约吉（Yogo）发现，耐用品消费流向非耐用品和服务的比例具有高度的前循环性：与非耐用品和服务消费相比，耐用品随着经济而波动的幅度更大。这似乎是合理的：通常，当个人的财富或收入大幅上升时，他们会购买耐用品和奢侈品，如汽车、珠宝或房产。然而，在经济衰退时期，耐用品的购买会大幅减少，家庭依靠旧的耐用品库存生活。因此，耐用品支出可能是边际效用变化的一个极好的信号。

Yogo（2006）提供了 25 个（5×5）法玛-弗伦奇规模-账面市值比投资组合中的消费 β 值第一阶段 GMM 估计。他发现，相比于非耐用消费品，股票的平均超额收益与耐用消费品 β 的相关性更强。价值股（高账面市值比）的耐用品 β 值要比成长股高得多，而非耐用品的 β 值没有太大的不同，这说明对耐用品消费的风险暴露可以潜在地解释价值异象。

最后，Yogo（2006）还证明了耐用品消费时序变化可以预测模拟的股权溢价的时间变化，这说明耐用品消费可能与股权溢价之间联系更为紧密。

（六）住房消费

Piazzesi 等（2007）研究了由住房消费和非住房消费配比造成的风险（composition risk）对资产定价的影响。他认为当个人的住房消费比例非常小时，说明他将经济衰退风险看得非常重要。这是因为，住房对于个人来说是必需品，边际效用非常高，除非情况非常糟糕，人们不会减少它。

在他们的研究中，住房消费少时，经济不确定性往往更高。而股市在严重的衰退中，收益率非常低，同时住房消费也相对较低，这使得住房消费对股票收益有预测作用。

七、CCAPM 的应用

理论上讲，在消费者是理性经济人这一假设成立的前提下，CCAPM 基本定价公式能解决几乎所有的资产定价问题，能应用于各种资产的定价中，如债券、股票、远期合约、期权等能带来不确定现金流的任何资产。为确定具体的定价公式，我们需要知道投资者的效用函数形式、具体参数值、消费的统计分布、资产未来收益的统计分布。但 CCAPM 在实践中应用得很少，最重要的原因之一可能是我们对消费者的效用函数还缺乏具有洞察力的全面理解。

有关单期无风险债券、股票的定价及实证检验已经在前面论述。下面就非单期债券、远期合约、期权等金融资产在 CCAPM 下的基本定价公式作简要介绍。

（一）非单期债券定价

假设债券在到期日可获得相当于 1 单位消费的收益。非单期债券的存在改变了理性人的预算限制。设 $b_{j,t}$ 为理性人持有的债券数量，其期限为 j，$p_{j,t}$ 为债券的现期价格，在 t 期初始理性人所面临的预算约束为：

$$c_t + \sum_{j=1}^{t} b_{j,t+1} p_{j,t+1} = y_t + \sum_{j=0}^{N} b_{j,t} p_{j,t} \tag{44}$$

式中，N 为债券市场中所提供债券的最长期限。为简单起见，上式中没有考虑股票市场。变量 y_t 表示所有的其他收入。此时理性人对资产组合的选择应满足下列方程：

$$u'(c_t) p_{j,t} = \beta E_t [u'(c_{t+1}) p_{j-1,t+1}] \tag{45}$$

在 t 期购买期限为 j 的债券，其边际效用损失为 $u'(c_t) p_{j,t}$，而在 $t+1$ 期将债券卖掉，其

提高的消费量为 $p_{j-1,t+1}$，期望在未来获得边际收益的现期效用为 $\beta E_t[u'(c_{t+1})p_{j-1,t+1}]$。因此，上式表明边际成本等于边际收益，此时理性人所持有的资产组合是最优的。

因此，在一般均衡条件下，到期日为 j 的债券的定价公式为：

$$p_{j,t} = \beta^j E_t(M_{t,t+j}) \tag{46}$$

很显然，债券的均衡价格反映了 t 期与 $t+j$ 期之间的跨期消费替代率。

标准效用函数的定价公式为：

$$p_{j,t} = \beta_j E_t\left(\frac{c_{t+j}}{c_t}\right) \tag{47}$$

上述定价公式将债券价格与消费的期望增长率相联系。当消费者在 t 期与 $t+j$ 期之间期望消费增长率较低时，期限为 j 的债券的现期价格较高。直观地说，该债券在消费水平低的时期获得的收益较高，这可以起到平抑消费的作用，理性人必须为债券的这种特征支付相对更高的价格。

设 $r_{j,t}$ 为债券的到期收益率，它完全由债券的现期价格决定：

$$p_{j,t} = \left(\frac{1}{1+r_{j,t}}\right)^j \tag{48}$$

由此我们可以看出，通过债券定价公式，我们可以预测利率期限结构。如果 CCAPM 成立，利率期限结构主要由未来期望消费的变动性所决定。

（二）远期合约定价

设某一合约约定在 $t+n$ 期时，执行到期日为 $t+k$ 的债券（$n<k$）。该合约的现期价格为 $f_{n,t}^k$。显然，投资者购买该合约所获得的收益由该债券 $t+1$ 期的现值 $p_{k-n,t+1}$ 及合约价格 $f_{n,j}^k$ 所决定。投资者的套利交易使市场直到满足下列条件时才达到均衡：

$$0 = E_t[M_{t,t+n}(p_{k-n,t+1} - f_{n,t}^k)] \tag{49}$$

由于 $f_{n,t}^k$ 在 t 期是已知的，上式可变形为：

$$f_{n,t}^k = [E_t(M_{t,t+1})]^{-1} E_t[M_{t,t+1}(p_{k-n,t+n})]$$

继续变形得：

$$f_{n,t}^k = E_t(p_{kn,t+n}) + \frac{1}{p_{n,t}}\mathrm{Cov}_t(M_{t,t+n}, p_{k-n,t+n}) \tag{50}$$

这样我们得到了 CCAPM 下的远期合约定价公式。远期合约的价格等于债券在 $t+n$ 期的现值与风险溢价之和。

当债券在 $t+n$ 期的现值与 $M_{t,t+n}$ 之间的协方差为正时，远期合约的价格要高于债券在 $t+n$ 期的现值 $p_{k-n,t+n}$，反之亦然。直观地说，当协方差为正时，投资者从长远考虑，在远期合约市场中购买合约。该合约在消费边际效用较高时（消费水平较低时），其市场价值也较高。也就是说，该合约有助于平抑未来消费。投资者为此将支付一个溢价。

（三）期权定价

期权是在给定期限内（或在到期日），其持有者拥有以某一预先确定的价格买卖资产的权利，却无买卖该资产的义务。预先确定的价格叫执行价格。美式期权是其持有者可以在到期日前任何时间执行的期权。欧式期权是其持有者只有在到期日才能执行的期权。

我们来看股票看涨期权的价格决定，设期限为 t 期，执行价格为 k。如在 $t+1$ 期，股票价格高于期权执行价格，即 $p_{t+1}^j > k$，执行期权是有利的，其获利为 $p_{t+1}^j - k$。反过来，$p_{t+1}^j < k$ 时，放弃期权是有利的。因此，在 t 期该期权的价格可表达为：

$$pA_j^q(t, t+1) = E_t[M_{t,t+1}\mathrm{Max}(0, p_{t+1}^j - k)] \tag{51}$$

显然，多期欧式期权定价公式与上式相似：

$$pE_j^q(t, t+1) = E_t[M_{t,t+n}\mathrm{Max}(0, p_{t+n}^j - k)] \tag{52}$$

式中，贴现系数为 t 期与 $t+n$ 期之间的跨期消费边际替代率。

对于超过 1 期到期的美式期权，由于其持有者可以在到期日之前随时执行期权，因此很难应用上式对其定价。然而，从上式可知，当持有期权至到期日时，很容易对期权进行定价。

设美式期权在 $t+n$ 期到期，则在 $t+n-1$ 期其价格可表达为：

$$pA_j^q(t+n-1, t+n) = E_{t+n-1}[M_{t+n-1,t+n}\mathrm{Max}(0, p_{t+n}^j - k)]$$

投资者在 $t+n-2$ 期持有期权，将面临选择：或者持有价值为 $pA_j^q(t+n-1, t+n)$ 的期权；或者执行期权，可获利 $q_{t+n-1}^j - k$，因此均衡条件下必有：

$$pA_j^q(t+n-2, t+n)$$
$$= E_{t+n-2}[M_{t+n-2,t+n-1}\mathrm{Max}(pA_j^q(t+n-1, t+n), P_{t+n-1}^j - k)]$$

同理向前推可得，均衡条件下，美式期权在 $t+n$ 期的定价方程为：

$$pA_j^q(t, t+n) = E_t[M_{t,t+1}\mathrm{Max}(pA_j^q(t+1, t+n), p_{t+n}^j - k)] \tag{53}$$

八、总结

本文回顾了以消费为基础的资本资产定价模型的理论发展和实证检验。从中我们可以看到模型的推导有坚实的微观经济学基础，其理论结果令人极为兴奋，也为资本资产定价的深入研究打开了一扇窗。在过去几十年中，以消费为基础的资本资产定价模型的不断发展和累累硕果是金融领域研究工作取得的主要进步之一。无论我们将资产定价理论推进到哪一步，模型必须能够解释历史数据和现实，这样的模型才可以被认为是成功的模型。但令人遗憾的是，CCAPM 在实证检验中表现并不好，它很难对股权溢价及无风险利率的历史特征同时做出解释。

近年来，学者们对 CCAPM 的实证问题和股权溢价之谜也有了更进一步的探索。效用函数的修正、消费风险的广泛化和微观化都能改进模型的解释力度。但是，这一方面仍然没有统一的修正观点。

此外，行为金融的快速发展，或许能为我们深入理解消费者行为提供新的视角，为 CCAPM 的发展提供新的契机。前景理论的兴起和应用，也让我们对消费和资产定价之间的联系了解得更加深入。

消费和投资选择是一个长期话题，未来我们仍然期望见到更多对 CCAPM 的学术改进和研究。

参考文献

[1] Andries，M.，2012. Consumption-based asset pricing with loss aversion. In Midwest Finance Association 2013 Annual Meeting Paper.

[2] Benartzi，S.，Thaler，R. H.，1995. Myopic loss aversion and the equity premium puzzle. Quarterly Journal of Economics，110（1），73 - 92.

[3] Barberis，N.，Huang，M.，Santos，T.，2001. Prospect theory and asset prices. Quarterly Journal of Economics，116（1），1 - 53.

[4] Barro，R. J.，2006. Rare disasters and asset markets in the twentieth century. The Quarterly Journal of Economics，121（3），823 - 66.

[5] Bansal，R.，Yaron，A.，2004. Risks for the long-run：A potential resolution of asset pricing puzzles. Journal of Finance，59（4），1481 - 509.

[6] Breeden，D.，1979. An intertemporal asset pricing model with stochastic consumption and investment opportunities，Journal of Financial Economics，7（3），265 - 296.

[7] Breeden，D. T.，Gibbons，M. R.，Litzenberger，R. H.，1989. Empirical tests of the consumption-oriented CAPM. Journal of Finance，44（2），231 - 262.

[8] Constantinides，G. M.，Ghosh，A.，2011. Asset pricing tests with long-run risks in consumption growth. Review of Financial Studies，1（1），96 - 136.

[9] Campbell，J. Y.，1999. Asset prices，consumption，and the business cycle. Handbook of

Macroeconomics，1，1231 – 1303.

［10］Campbell，J. Y.，Cochrane，J. H.，1999. By force of habit：A consumption-based explana-
tion of aggregate stock market behavior. Journal of Political Economy，107（2），205 – 251.

［11］Campbell，J. Y.，Cochrane，J. H.，2000. Explaining the poor performance of consumption-
based asset pricing models. Journal of Finance，55（6），2863 – 2878.

［12］Campbell，J. Y.，2000. Asset pricing at the millennium. Journal of Finance，55（4），1515 –
1567.

［13］Cochrane，J. H.，2009. Asset Pricing：Revised edition. Princeton University Press.

［14］Constantinides，G. M.，1989. Theory of valuation：Overview and recent developments. The-
ory of Valuation：Frontiers of Modern Financial Theory，1，1 – 23.

［15］Constantinides，G. M.，1990. Habit formation：A resolution of the equity premium puz-
zle. Journal of Political Economy，98（3），519 – 543.

［16］Dimmock，S. G.，Kouwenberg，R.，2010. Loss-aversion and household portfolio choice.
Journal of Empirical Finance，17（3），441 – 459.

［17］Epstein，L.，Zin，S.，1989. Substitution，risk aversion，and the temporal behavior of con-
sumption and asset returns：A theoretical framework. Econometrica，57（4），937 – 969.

［18］Epstein，L.，Zin，S.，1991. Substitution，risk aversion，and the temporal behavior of con-
sumption and asset returns：An empirical analysis. Journal of Political Economy，99（2），
263 – 286.

［19］Ferson，W.，Nallareddy，S.，Xie，B.，2013. The "out-of-sample" performance of long-
run risk models. Journal of Financial Economics，107（3），537 – 556.

［20］Ferson，W. E.，Constantinides，G. M.，1991. Habit persistence and durability in aggregate
consumption：Empirical tests. Journal of Financial Economics，29（2），199 – 240.

［21］Grossman，S. J.，Shiller，R. J.，1981. The determinants of the variability of stock market
prices. The American Economic Review，71（2），222 – 227.

［22］Hall，R. E.，1978. Stochastic implications of the life cycle-permanent income hypothesis：
theory and evidence. Journal of Political Economy，86（6），971 – 987.

［23］Hansen，L. P.，Singleton，K. J.，1982. Generalized instrumental variables estimation of nonlinear
rational expectations models. Econometrica，1269 – 1286.

［24］Hansen，L. P.，Singleton，K. J.，1983. Stochastic consumption，risk aversion，and the tempo-
ral behavior of asset returns. Journal of Political Economy，91（2），249 – 265.

［25］Kahneman，D.，Tversky，A.，2013. Prospect theory：An analysis of decision under risk.
Handbook of the Fundamentals of Financial Decision Making：Part Ⅰ（pp. 99 – 127）.

［26］Köszegi，B.，Rabin，M.，2006. A model of reference-dependent preferences. Quarterly Jour-
nal of Economics，121（4），1133 – 1165.

［27］Köszegi，B.，Rabin，M.，2007. Reference-dependent risk attitudes. The American Economic Review，97（4），1047 - 1073.

［28］ Köszegi，B.，Rabin，M.，2009. Reference-dependent consumption plans. The American Economic Review，99（3），909 - 36.

［29］ Koijen，R. S.，Lustig，H.，Van Nieuwerburgh，S.，Verdelhan，A.，2010. Long-run risk, the wealth-consumption ratio，and the temporal pricing of risk. The American Economic Review，100（2），552 - 56.

［30］ Lettau，M.，Ludvigson，S.，2005. Expected returns and expected dividend growth. Journal of Financial Economics，76（3）：583 - 626.

［31］ Lintner，J.，1975. The valuation of risk assets and the selection of risky investments in stock portfolios and capital budgets. Stochastic Optimization Models in Finance（pp. 131 - 155）. Academic Press.

［32］ Long Jr.，J. B.，1974. Stock prices，inflation，and the term structure of interest rates. Journal of Financial Economics，1（2），131 - 170.

［33］ Lucas Jr.，R. E.，1978. Asset prices in an exchange economy. Econometrica，46，1429 - 1445.

［34］ Mankiw，N. G.，Zeldes，S. P.，1991. The consumption of stockholders and nonstockholders. Journal of Financial Economics，29（1），97 - 112.

［35］ Malloy，C. J.，Moskowitz，T. J.，Vissing-Jørgensen，A.，2009. Long-run stockholder consumption risk and asset returns. Journal of Finance，64（6），2427 - 2479.

［36］ Mankiw，N. G.，Shapiro，M. D.，1984. Risk and return：Consumption versus market beta （No. w1399）. National Bureau of Economic Research.

［37］ Merton，R. C.，1973. An intertemporal capital asset pricing model. Econometrica，867 - 887.

［38］ Mehra，R.，Prescott，E. C.，1985. The equity premium：A puzzle. Journal of Monetary Economics，15（2），145 - 161.

［39］ Pagel，M.，2017. Expectations-based reference-dependent life-cycle consumption. Review of Economic Studies，84（2），885-934.

［40］ Piazzesi，M.，Schneider，M.，Tuzel，S.，2007. Housing，consumption and asset pricing. Journal of Financial Economics，83（3），531 - 569.

［41］ Rietz，T.，1988. The equity risk premium：A solution. Journal of Monetary Economics，22, 117 - 131.

［42］ Chetty，R.，Szeidl，A.，2004. Consumption commitments and asset prices. Harvard University.

［43］ Sharpe，W.，1964. Capital asset prices：A theory of market equilibrium under conditions of risk. Journal of Finance，19（3），425 - 442.

［44］ Tversky，A.，Kahneman，D.，1992. Advances in prospect theory：Cumulative representation of uncertainty. Journal of Risk and Uncertainty，5（4），297 - 323.

［45］ Weil，P.，1989. The equity premium puzzle and the risk-free rate puzzle. Journal of Monetary Economics，24（3），401 - 421.

［46］ Wheatley，Simon，1988. Some tests of the consumption-based asset pricing model. Journal of Monetary Economics，21，177 - 212.

［47］ Yogo，M.，2006. A consumption-based explanation of expected stock returns. Journal of Finance，61（2），539 - 580.

套利定价理论及其实证检验

内容摘要： 1976 年斯蒂芬·A. 罗斯（Stephen A. Ross）提出了套利定价理论（APT）。APT 是现代金融学的基石之一。本文对 1976 年以来经济学者论述 APT 的经典论文做一个简单的回顾与摘要，从而对 APT 的发展脉络、基本假设、实证研究和检验、与 CAPM 的关系以及有关 APT 的争论做一个小结，肯定了 APT 的进步性。本文还建模讨论了套利限制问题。最后指出 APT 存在的缺陷，以及对它的未来展望。

一、引言

经济学家哈里·马科维茨（Harry Markowitz）于 1952 年发表《证券组合选择》（Portfolio Selection），并于 1959 年出版了同名专著，现代金融（投资）理论由此开端。继马科维茨之后，经济学家威廉·夏普（William Sharpe）于 1964 年发表了《资本资产定价：风险条件下的市场均衡理论》（Capital Asset Prices：A Theory of Market Equilibrium under Condition of Risk）一文，提出了著名的资本资产定价模型（CAPM）。斯蒂芬·A. 罗斯随后于 1976 年在《经济理论杂志》

（*Journal of Economic Theory*）上发表了经典论文《资本资产定价的套利理论》（The Arbitrage Theory of Capital Asset Pricing），提出了套利定价理论（APT）。

套利定价理论以收益率形成过程的多因素模型为基础，认为证券收益率与一组影响证券收益率的基本因素线性相关。事实上，当收益率通过单一因素（市场组合）形成时，人们将会发现套利定价理论变得与资本资产定价模型十分相似。因此，套利定价理论可以被认为是一种广义的资本资产定价模型，为投资者提供了一种替代性的方法来理解市场中的风险与收益率间的均衡关系。它试图提供一种比原始 CAPM 更能解释现实问题的资产定价模型。

按照常规分类，套利定价模型属于多因素资产定价模型，在创立之初，它一直被视为 CAPM 的一种变形理论。后来，随着 APT 在理论和投资组合管理应用上的不断发展，并自成体系，人们开始习惯将其单列出来，作为一种全新的资产定价模型。20 世纪 80 年代以来，APT 受到人们的普遍欢迎，因为它具有更强的适用性，它的推导比 CAPM 更直观，对假设条件的限制也更少。套利定价理论与现代资产组合理论、资本资产定价模型以及之后产生的期权定价模型等一起构成了现代金融学的理论基础。

二、套利定价理论的产生背景及理论框架

当投资者的投资行为与现代资产组合理论一致时，在资本市场上 CAPM 解决了资产期望收益的确定、收益风险的测度以及期望收益与风险之间的函数关系问题。CAPM 已被广泛应用于资产组合中资产的选择与财务管理中计算留存收益的成本。但 CAPM 是基于许多假定的，其中的一些假定与现实不甚吻合：在检验 CAPM 时，要得到真正的市场组合是困难的，所以 CAPM 不易被检验；更重要的是，一些经验结果与 CAPM 相悖。如小公司现象：当以公司的规模为基础形成资产组合时，考虑到估计的偏差后，小公司每年的平均收益率比大公司的平均收益率高出将近 20％。这种现象用 CAPM 无法解释，新的资本市场均衡理论成为一种迫切的需要。

由于 CAPM 存在许多不足，具有开拓精神的经济学家开始了新的资本市场均衡模型的研究。罗斯于 1976 年提出了套利定价理论。APT 的假设条件大大少于 CAPM 的条件，并且 APT 的假定比 CAPM 的假定更接近现实。在特定条件下，CAPM 是 APT 的特例，在一般条件下两者也不冲突，两者的风险测度之间既存在着密切联系，又有各自的特点。APT 考虑了影响收益的多个因素，能够对 CAPM

所不能解释的一些现象做出解释；加之市场组合在 APT 的推导中不起作用，致使
APT 比 CAPM 容易检验等诸多原因，所以，APT 是一个更具普遍意义的理论。

　　APT 是一个多因素模型。假设所有证券收益率都受到 K 个共同因素 F_1，F_2，$\cdots$，
F_K 的影响，有如下方程式：

$$R_{it} = a_i + b_{i1}F_{1t} + b_{i2}F_{2t} + \cdots + b_{iK}F_{Kt} + \varepsilon_{it}$$

$$= a_i + \sum_{k=1}^{K} b_{ik}F_{kt} + \varepsilon_{it} \tag{1}$$

式中，R_{it} 表示证券 i 在 t 期的收益率；F_{1t}，F_{2t}，$\cdots$，F_{Kt} 表示对证券收益率有着普
遍影响的 K 个因素在 t 期的收益率；b_{i1}，b_{i2}，$\cdots$，b_{iK} 表示证券 i 对这 K 个因素的
敏感度；ε_{it} 表示误差；a_i 表示当 F_{1t}，F_{2t}，$\cdots$，F_{Kt} 都为零时，证券 i 的期望收益率。

　　有了上面的方程，就可以把证券 i 的期望收益率写成如下形式：

$$E(R_i) = a_i + b_{i1}E(F_1) + b_{i2}E(F_2) + \cdots + b_{iK}E(F_K)$$

$$= a_i + \sum_{k=1}^{K} b_{iK}E(F_k) \tag{2}$$

　　套利定价模型是在以下假设条件下，利用无套利原则推导出来的。

　　（1）资本市场是完全竞争和无摩擦的，证券是无限可分的。

　　（2）市场上投资者预期一致，所有投资者都是风险规避的并且具有单调递增的
效用函数。

　　（3）任何证券收益率 $\widetilde{R}_i$ 都受到 K 个共同因素 $\widetilde{R}_1$，$\widetilde{R}_2$，$\cdots$，$\widetilde{R}_K$ 的影响，且这
种影响关系是线性的。

$$\widetilde{R}_i = E(\widetilde{R}_i) + b_{i1}\widetilde{F}_1 + b_{i2}\widetilde{F}_2 + \cdots + b_{iK}\widetilde{F}_K + \widetilde{\varepsilon}_i$$

$$= E(\widetilde{R}_i) + \sum_{k=1}^{K} b_{ik}\widetilde{F}_k + \widetilde{\varepsilon}_i, \quad i = 1,2,\cdots,N \tag{3}$$

其中：

$$\text{Cov}(\widetilde{F}_k,\widetilde{F}_j) = \text{Cov}(\widetilde{F}_k,\widetilde{\varepsilon}_i) = \text{Cov}(\widetilde{\varepsilon}_i,\widetilde{\varepsilon}_j) = 0, \quad E(\widetilde{F}_k) = E(\widetilde{\varepsilon}_i) = 0$$
$$E(\widetilde{\varepsilon}_i^2) = \sigma_i^2 \leqslant \bar{\sigma}^2$$
$$E(\widetilde{F}_k^2) = 1$$

　　（4）市场上存在充分多的资产。

　　（5）证券市场上不存在渐进套利机会（asymptotic arbitrage opportunity）。其
中渐进套利机会是指：存在一个套利证券组合序列 $W^n = (W_1^n, W_2^n, \cdots, W_n^n)$，$n=1$，
2，$\cdots$，满足

$$\sum_{i=1}^{n} W_i^n = 0$$

$$\lim_{n \to \infty} E(\sum_{i=1}^{n} W_i^n \widetilde{R}_i) > 0$$

$$\lim_{n \to \infty} \mathrm{Var}(\sum_{i=1}^{n} W_i^n \widetilde{R}_i) = 0$$

APT 的缔造者——斯蒂芬·罗斯简介

斯蒂芬·罗斯是当今世界上最具影响力的金融学家之一，因其创立的套利定价理论而举世闻名。

罗斯生于 1944 年，1965 年获加州理工学院物理学学士学位，1970 年获哈佛大学经济学博士学位。罗斯曾任美国金融学会主席（1988 年）、计量经济学会会员、宾夕法尼亚大学沃顿商学院经济与金融学教授、耶鲁大学经济与金融学斯特林（Sterling）讲座教授。斯蒂芬·罗斯于 2017 年 3 月 3 日去世，享年 73 岁。

罗斯曾任罗尔-罗斯资产管理公司总裁、麻省理工学院斯隆管理学院莫迪利安尼讲座教授、美国艺术与科学学院院士、国际金融工程学会会员、加州理工学院理事，同时还担任数家知名经济与金融学刊物的编委。

罗斯研究过经济与金融领域的许多重大课题，在套利定价理论、期权定价理论、利率期限结构、代理理论等方面均做出过突出贡献，发表了近百篇经济与金融方面的论文，出版了四部教材。他提出的关于风险和套利的思想已成为许多投资公司的基本投资理念。

罗斯不仅是一流的金融思想家，而且是一个金融理论的实践者。早在 20 世纪 80 年代初，他就决定把自己的金融理论运用到实际中，看自己的理论是否经得起实践的检验。罗斯说："我花了大量的时间与投资公司谈，但没有人理会我的建议；我一旦成为资产的管理者，责任和权利的顺序就不同了。"

于是，罗斯和罗尔合作创办了罗尔-罗斯资产管理公司。这是一家基于定量分析的投资管理公司，采用 APT 作为投资理念。罗尔-罗斯资产管理公司运用它强大的软件资源来管理多样化的客户，客户的目的和技术要求所涉及的范围，从基金操作到动态投资组合项目，包括流通障碍和前景定位，内容非常多。

罗尔-罗斯资产管理公司在美国证券界享有盛名，其客户包括一些跨国公司、政府组织和信托基金。该公司除了独自经营管理的资产，还有分别与日本大和证券、荷兰福地司集团万贝分公司、沙特阿拉伯的达拉-巴拉卡集团共同管理的资产，总共约 30 亿美元。作为公司的总裁，罗斯认为，"理论与实践的互相激励和相互论证是非常重要的，两者缺一不可。"

罗斯成功地将金融理论与实践结合起来，得到学术界的高度赞扬。

麻省理工学院斯隆管理学院的金融学教授罗闻全（Andrew Lo）认为："罗斯改变了华尔街对学术界的看法，他把完美和严谨的数学论证用于发展一些不同寻常的实际应用方法。"

诺贝尔经济学奖得主、哈佛大学教授罗伯特·默顿认为，罗斯"25 年来为金融理论作出了重要贡献，发展了高级数学理论，又保持了理论与实际应用方面的敏感性"。

诺贝尔经济学奖得主莫迪利安尼（Franco Modigliani）则建议人们"认真听他所说的话，因为他说的每个字都是金子"。

由于他对于金融理论的杰出贡献，罗斯获得了许多学术荣誉，包括国际金融工程学会（IAFE）最佳金融工程师奖、金融分析师联合会葛拉汉与杜德奖（Graham and Dodd Award）、芝加哥大学商学院给最优秀学者颁发的利奥·梅内姆奖（Leo Melamed Award）、期权研究领域的 Pomerance 奖。

——节选自陈彦斌，肖争艳. 苦候诺贝尔经济学奖的大师们——

金融理论部分. 21 世纪经济导报，2002 - 09 - 29.

三、APT 与 CAPM 的关系

提到 APT，人们无法不将它与早些年出现的 CAPM 作比较。APT 从一个更广泛的角度来研究和说明风险资产的均衡定价问题。与资本资产定价模型一样，套利定价理论以完全竞争和有效资本市场为前提，分析和探讨风险资产的收益产生过程。但与资本资产定价模型的不同之处在于，套利定价理论假定收益的产生符合一个因素模型，因而，不必像资本资产定价模型那样对投资者偏好做出较强的假定（比如将投资者假定为风险规避者），也不必像资本资产定价模型那样依据期望收益率和标准差来寻找资产组合，它仅仅要求投资者是一个财富非餍足者即可，对风险资产组合的选择也仅依据收益率，即使该收益率跟风险有关，风险也不过是影响资产组合收益率的众多因素中的一个。比较而言，套利定价模型较资本资产定价模型在内涵和实用性上更具广泛意义，但在理论的严密性上却相对不足。资本资产定价模型假定，衡量风险的唯一指标是该资产的 β，唯一的风险因素是市场指数。套利定价理论则认为，资产的风险直接与它对于未预期到的经济变量（如通货膨胀、产出、风险补偿、利率期限结构的斜率）变化的敏感度有关，即使某些资产的 β 相同，它们对于上述因素的敏感度也可能不同。

Wei（1988）在论文《一个联通 CAPM 和 APT 的资产定价理论》（An Asset Theory Unifying the CAPM and APT）中，详细论述了一种能将 CAPM 和 APT 统

一起来的观点。通过 APT 的竞争均衡形式，如果非系统性风险服从罗斯的 APT 假设，则只要加入市场组合作为一个新的因素，就可以得到精确的定价模型。并且略去的因素越多，市场组合显得越重要。研究还表明，在有局限的经济状况下，残差相关的因素模型中罗斯 APT 定价的误差范围是市场组合残差的 β 绝对值的增函数。但是，在正态分布假设下，定价误差是与市场组合相关的额外成分，该情况下定价也是精确的。

Chen（1983）使用 1963—1978 年的数据，比较了 APT 和 CAPM 经验的表现。检验 APT 能否解释 CAPM 所不能解释的一部分经验"异动现象"。不论是以标准普尔 500、市值加权的证券组合还是等权重的组合作为系统性因素，APT 的表现（解释程度）都比 CAPM 好得多。因此可以认为，APT 是一个可以解释资产收益的横截面数据的比较理想的模型。

Roll 和 Ross（1984）对 APT 的发展历程作了一个简要的回顾，在《金融分析师期刊》（*Financial Analyst Journal*）上发表了《套利定价理论——投资组合策略规划》（The Arbitrage Pricing Theory—Approach to Strategic Portfolio Planning），其中用一个图很好地说明了 APT 和 CAPM 的联系，使人们得以从另一个视角理解 APT 和 CAPM 的辩证关系。

图 1 将一个两因素（产出与通货膨胀）的 APT 模型与以标准普尔 500 为市场组合的 CAPM 进行比较。

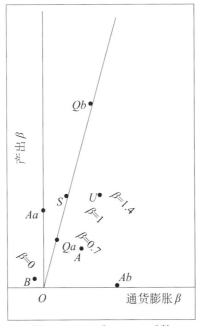

图 1　CAPM 和 APT β 系数

从原点 O 出发的射线上任一点到 O 的距离度量了该点代表的证券组合的 β 值。设定组合 S 为市场组合，其 CAPM β 为 1。组合 Qa、Qb 也在射线上，其 CAPM β 分别为 0.5 和 2。坐标平面内的任一点代表的证券组合，其横坐标是它对于通货膨胀的敏感度，而纵坐标是它对产出的敏感度。

即使两个组合在 CAPM 中 β 值相同，它们在 APT 模型中的敏感度也可能不同。对于不在射线上的证券组合，它们的 APT 模型中的因素敏感度不同，但 CAPM β 值可能相同；相同 CAPM β 值的证券组合构成一个集合。例如图中的点 A、Aa、Ab，其 CAPM β 都等于 0.7。其中 Aa 对于产出的敏感度为零，Ab 对于通货膨胀的敏感度为零。

假设 S 为 CAPM 中的市场组合，由 CAPM 推导可知，它为所有投资者都持有的最优证券组合。那么对于 β 值也为 1 但不在射线 OS 上的证券组合来说，它们与 S 有相同的长期期望收益率，但是它们对于 APT 模型中的各因素敏感程度不同，投资者对它们的喜好也不一致，因此都不是最优组合。结论是，$\beta=1$ 并不是判定市场组合的充分条件。

APT 是否真的能取代 CAPM？Robert W. Kolb（1993）在 APT 面世 15 年之际，撰文《理论的承续性，CAPM 和 APT》（Theory Succession，the CAPM，and the APT）认为，在研究领域中 CAPM 的地位是 APT 所无法取代的。CAPM 不能解释的异动现象，现在看来 APT 也无法解决，虽然人们曾经对 APT 寄予厚望，例如周一效应和市盈率效应；同时，APT 相对于 CAPM 来说，也没有什么特别大的进步性，它对收益的预测准确性也没有比 CAPM 高出多少。

四、套利定价模型实证检验

APT 是前提条件非常简单的关于资本资产均衡价格的理论。简单性既是该理论的长处，也是其短处。

可以将 APT 总结为以下方程：

$$R_{it} = a_i + \sum_{j=1}^{J} b_{ij} F_{jt} + \varepsilon_{it} \tag{4}$$

由实际数据可以得到 R_{it} 和 F_{jt}，从而得到 b_{ij} 的估计值。

$$ER_{it} = \lambda_i + \sum_{j=1}^{J} b_{ij} \lambda_j \tag{5}$$

将 b_{ij} 作为解释变量做横截面回归，得出的估计系数就是 λ_j。

（一）因素的选择和数目

APT 认为资产收益率由 k 个共同因素决定，但对于这些共同因素到底是什么、共同因素的个数是多少、如何选取合适的共同因素这一系列实际应用中最关键的问题，APT 本身似乎并未给予解答。

Shanken（1982）认为，虽然 APT 模型有严格的假设前提，但是几乎任何变量都可以作为基准因素。因此，APT 背后的统计假设自身并不能描述模型的经济含义，因为模型的基准因素的经济含义还不明确。所谓的 APT 假设只是一种数学赘述，并不是具有经济意义的限制。

Chamberlain 和 Rothschild（1983）抛开了 APT 的严格限制，仅假设收益率符合一个因素模型。在这种情况下，非系统性因素必须与基准因素不相关，但随着资产种数趋近于无穷，残差的协方差矩阵的特征值必须有界。Reisman（1992）的发现证实了上述结论。他在希尔伯特（Hilbert）和巴拿赫（Banach）空间中研究问题，他提出，跟因素相关的任何变量都能作为非精确因素定价的基准因素，只要在这些变量的多元回归中斜率系数的矩阵不可逆。Shanken（1992）随后对其作了简单证明，其中使用了因素组合的替代品。

由统计学知识可知，随着因素数目增多，其精确性会提高，但是若因素数目过多，统计检验的显著性会降低。调整后 $\overline{R}^2 = 1 - \dfrac{n-1}{n-K} \times (1-R^2)$，$K$ 为因素的个数。

下面是几组研究中采用的因素：

（1）Roll 和 Ross（1980）发现，5 个因素就足够解释证券收益率了；在第二步回归中，回归性显著的因素不超过 3 个。

（2）Sharpe（1982）利用 1931—1979 年每月收益率的数据也做了这方面的研究。他指出，期望收益率与下列因素有关：与市场指数的相关系数 β、红利收益、发行股票的公司规模、历史 α 值（即相对于市场风险溢价的超额收益）。夏普模型的进步性在于，他选取的因素并不依赖于某个特定的模型。

（3）Brown 和 Weinstein（1983）认为，3～5 个因素即足以解释股票收益行为，但是未能说明影响股票收益的 3～5 个因素到底是什么。

（4）Dhrymes 等（1984）则认为，当实证研究中的样本数目越大时，实证所得的影响股票收益的因素也会增加。因此，这些研究基本上都未能解决因素数目及明确定义这些因素的问题。研究说明显著性因素的数量是所分析的组的规模的递增函数。他们使用 15 个证券一组的样本得出的显著性因素是 3 个；而将每组证券数目扩大到 60 个时，显著性因素的数量也随之增加到 7 个。他们指出：样本分组方式可能忽视了不同组证券之间的重要的协方差来源，而且任何一组中确认的因素可能都与另一个小组中确认的不同。

（5）Chen 等（1986）提出了四个作为基准因素的宏观经济变量：通货膨胀率；利率期限结构；风险溢价；工业产出。他们对上述变量做了大量的实证研究，得出的结论是：这四个经济变量基本上可以解释市场上的均衡收益率。另外，他们还研究了其他的变量，如石油价格等。

（6）Lehman 和 Modest（1988）运用统计方法得出结论：一旦因素数目达到 5个，收益率对于新增的因素就不明显了。

（7）Fama 和 French（1993）提出了一个三因素模型，明确指出影响股票收益的因素是市场因素、规模因素（size factor）及净值市价比因素（book-to-market factor）。他们强调只要在股票定价模型中考虑这三个因素，那么以往研究所指出的定价盲点自然会消失，在 CAPM 中不能体现的股票规模及账面/市场价值比率的影响，在这个模型中得到了很好的解决。但是，法玛和弗伦奇也注意到了这个模型的缺陷：从理论的视角来看，投资者的预期在这个模型中没有得到应有的重视：如投资者一旦发现上述差别，他们很有可能对自己的投资策略进行一定的调整。这个模型很像是为了解决 CAPM 的不足而造出的模型（即由结果构造出原因，进而用该原因来解释结果，这是不严谨的）。法玛和弗伦奇认为，如果仅考虑股票，必须要有三个因素；若将债券也包含在内，则需考虑五个因素。通常来说，因素数目从三个增加到五个，回归显著性会有所提高。

（8）所罗门兄弟公司选取的五个因素是：国民生产总值；预期的和未预期的通货膨胀率；利率；石油价格变化率；国防开支增长率。

（9）除了法玛和弗伦奇的三因素外，Carhart（1997）认为 Jegadeesh 和 Titman（1993）及 Chan 等（1996）所提出的动能策略（momentum strategy）也对资产报酬有很大影响，从而形成了市场因素、规模因素、净值市价比因素及动能因素的四因素模型。

即使是对同一只证券，当所取的样本期间、样本数不同时，影响证券收益的因素可能也会有所变化，对各因素的依赖程度也会不同。此外，对风险溢价进行估计时，暗含着风险溢价稳定的假定，但这一假定与证券市场指数收益率的标准差是有很大出入的。

（二）检验方法

1. 因素分析法

一个模型重要的不是它自身的形式有多优美，而在于它的实际适用性和对现实的拟合程度。现实中，人们大都通过两种方法确定因素个数并求解具体因素。第一种方法是，人为设定一组宏观经济变量，用这些变量对证券收益率进行回归，并通过拟合程度的显著性检验确定最终的共同因素。第二种方法是，通过因素分析法求解共同因素。

在求解共同因素时，国际上处于主流地位的一直是因素分析法。与上一种方法不同，该方法并不是主观地将某些宏观经济变量预先设定为候补共同因素，并在此基础上进行筛选，而是客观地采用因素分析法求解真正相互独立的理想状态的共同因素。

因素分析确定出一组特定的 I_j 和 b_{ij}，使得残差收益（去除这些指数影响后的收益）之间的协方差尽可能地小。在因素分析的术语中，I_j 被称为因素，b_{ij} 被称为因素载荷（factor loading）。对假设因素的每一具体数目都要进行具体的因素分析。通过变换假设的因素数目重复这一分析过程，就得到在双因素、三因素及 j 个因素情况下的解。当增加下一个因素对协方差矩阵的解释在统计上显著低于某一水平时，例如 50%，就可以停止分析过程了。使用这种技术不可能保证抓取了所有的相关因素。最好的情况是可以作出类似以下的声明："需要另一个因素的可能性小于50%"。研究人员究竟何时停止选取因素，是在不需要添加因素的 50% 的情况下，还是在 10% 或者其他某一水平上，取决于研究人员的个人选择，而不是数学上的严谨性。由于缺少理论说明需要多少因素，所以从数据中选取多少因素就是主观上的决定。因素分析产生了对因素载荷（b_{ij}）和因素（I_j）的估计值。回忆因素载荷 b_{ij} 是敏感性指标，如同简单模型 CAPM 中的 β。

因素分析法的检验分两步进行：

第一，根据单个资产收益率的时间序列估计期望收益率和因素载荷，验证因素存在的可能性。

第二，用这些估计量对方程（5）进行检验，说明因素存在和模型设定的合理性。

在 APT 中，我们假定证券收益率是按式（1）生成的，因此我们的目标就是检验，在假设 H_0：存在非零常数（λ_0，λ_1，λ_2，$\cdots$，λ_k）时，$E(R_i) - \lambda_0 = \lambda_1 b_{i1} + \lambda_2 b_{i2} + \cdots + \lambda_k b_{ik}$，对所有的 R_i 成立。

在第一步中，我们采用因素分析法估计因素系数。根据多元统计知识，在进行因素分析时，因素系数（即因素载荷）可由样本协方差矩阵 V 导出：

$$V = BB' + D$$

其中，$B = \begin{bmatrix} b_{11} & b_{12} & \cdots & b_{1k} \\ b_{21} & b_{22} & \cdots & b_{2k} \\ \vdots & \vdots & & \vdots \\ b_{m1} & b_{m2} & \cdots & b_{mk} \end{bmatrix}$，$D = \begin{bmatrix} \sigma_{\varepsilon 1} & & & \\ & \sigma_{\varepsilon 2} & & \\ & & \ddots & \\ & & & \sigma_{\varepsilon m} \end{bmatrix}$

$$\sigma_{em}^2 = \frac{1}{T}\sum_{i=1}^{T}\left[e_{im}E(e_{im})\right]^2$$

这里 B 是因素载荷矩阵，D 是证券收益率自身方差的对角矩阵。就因素分析本身而言，B 并不一定是单位正交的，但为了满足 APT 模型的假定，我们可以对它进行量纲变换和坐标轴旋转，使之成为单位正交矩阵。变形后的方程与原方程只是表现形式不同，并不会使统计拒绝域发生变化，也不会影响假设检验的结论。用矩阵表示：

$$B\lambda = \frac{1}{g}(gB)\lambda = \frac{1}{g}(gBG)(G'\lambda) \tag{6}$$

式中，g 代表量纲上的变换（缩放），BG 则代表旋转之后的正交矩阵。

APT 认为，超额收益率存在于因素载荷所量度的空间中，量纲变换只能起到比例缩放的作用，正交变换也同样没有使这一空间发生改变，改变的只是基础向量，即载荷列向量的方向而已。

一旦期望收益率 $E(R_i)$ 和载荷 B 被估计出来，就可以进行 H_0 检验了。一般的过程是对形如 $E(R_i) = E_0 + \lambda_1\hat{b}_{i1} + \lambda_2\hat{b}_{ik}$ 的截面回归方程进行检验。

如果联合假设 $\lambda_0 = \lambda_1 = \lambda_2 = \cdots = \lambda_k = 0$ 被拒绝，那么就不能拒绝 APT 模型。在这里应当注意，我们可能会发现 k 因素线性模型对实际收益率的拟合程度（调整 $\overline{R}^2$）并不十分理想；这种状况是很正常的，理论本身并没有为模型对实际数据的拟合程度制定一个标准，因此，只有当零假设成立、所有的风险溢价都等于 0 时，拒绝 APT 模型才是合理的。

相对而言，因素分析方法更客观、更符合因素模型的假设，拟合程度也更高，不过它也存在许多其他方面的缺陷：

与检验简单型 CAPM 一样，我们存在同样的变量误差问题。因素负荷的估计会有误差，如同首次回归中的 β。这就意味着 λ 的显著性检验只是渐近正确。因素分析本身还有三个额外的问题：

第一，因素分析产生的因素的符号没有含义，所以 b_{ij} 和 λ_j 的符号可以颠倒。

第二，b_{ij} 和 λ_j 的比例尺是任意的。例如，所有的 b_{ij} 可以加倍使得 λ_j 减半。

第三，不能保证因素是按照一定顺序产生的，所以当对不同的样本进行分析时，一个样本产生的第一个因素可能是另一个样本产生的第三个因素。

上述是利用因素分析方法对模型进行检验的主要步骤，这种方法在 APT 检验中最早出现，使用频率也最高。

由因素分析法得出的结论如何阐释也存在一些问题：

（1）如果不能区分是 $b_{ij} > 0$，$\lambda_j < 0$ 还是 $b_{ij} < 0$，$\lambda_j > 0$，则 b_{ij} 和 λ_j 的位置可以

互换。

（2）标度问题不好解决，例如若 b_{ij} 翻倍且 λ_j 减半时，结论是否还成立？

（3）如果选取的样本不同，那么得出的因素在解释收益率方面的排序就不一定一致。

（4）APT 作出的唯一可靠的预测是，b_{ij} 和 λ_j 在统计上显著不为零。

结论是令人失望的：b_{ij} 的估计存在问题；λ_j 的显著性检验说明它勉强正确。因此，这就跟 CAPM 的检验陷入了几乎同样的尴尬境地！

Roll 和 Ross（1980）在他们对 APT 的经典检验中采用了因素分析法。他们对 30 个股票为一组的 42 组股票进行了因素分析，使用 1962 年 7 月—1972 年 12 月期间的每日数据。首次回归的结果相当令人吃惊。检验结果显示，对于超过 38% 的组，6 个因素具有解释力的可能性低于 10%；对于超过四分之三的组，5 个因素就足以解释的可能性为 50%。罗尔和罗斯也进行了一些不同的二次回归分析，但他们的主要结论是：至少有 3 个因素在解释均衡价格上有显著性，但 4 个因素具有显著性的情况不太可能。表面上看，他们找出了比标准型 CAPM 或零贝塔 CAPM 更多的显著性因素。

接下来的问题是：这样的结论是否有与 CAPM 一致的地方，还是市场中存在额外的作用因素？虽然我们不能对此做出肯定的回答，但 Cho 等（1984）的分析表明，似乎还存在额外的作用因素。他们对之后的时期重复了罗尔和罗斯的检验，比罗尔和罗斯发现了更多的显著性因素。然后他们使用零贝塔型 CAPM 模拟一组数据，令每只股票的均值和方差等于原始数据的水平。这样做就使得零贝塔组合的收益率和每一资产的贝塔随时间而变化。当对这些数据应用了罗尔和罗斯的方法时，他们发现，显著性因素的数目与零贝塔 CAPM 一致。对实际收益率进行分析时发现了更多的显著性因素，这一现象支持了罗尔和罗斯的观点：在零贝塔 CAPM 包含的因素之外还有额外的因素决定均衡价格。虽然这样的分析认为决定收益和均衡收益的重要因素不止一个或两个，但对于如何通过因素分析来实施 APT 还存在某些问题。

Dhrymes 等（1985）的研究说明显著性因素的数量是所分析的组的规模的递增函数。他们得出的结论与罗尔和罗斯的结论不一致。使用他们的样本，显著性因素的数量从 15 个证券为一组时的 3 个增加到最大 60 个证券为一组时的 7 个。他们指出，将样本划分成组可能忽视了不同组的证券之间的重要的协方差来源，而且任何小组中确认的因素可能与另一个小组中确认的不同。

Raveh（1985）对因素分析的横截面经验结果进行分析，结论独立地支持德累姆斯（Dhrymes）等的论点，认为随着提取的因素数目增加，变量数目也应增加。

2. 主成分分析方法

后来，人们又尝试用另外一种方法——主成分分析方法（principal component analysis，PCA）建立 APT 模型并进行检验。由于主成分分析方法的计算过程相对简单，使得该方法在实际中很有吸引力。支持采用 PCA 方法的人认为，在进行因素分析时，要求时期 T 的个数远远大于证券的数量 n，即 $T>n$，所以，如果样本中证券的数量很大，就必须采用更大的时期数 T。而 PCA 方法可以在样本证券数量很大时，将证券和时期在方程中的位置互换，从而在相对短的时期内完成对模型的检验。此外，PCA 还有一个优点，就是它能够直接给出因素得分，而不像因素分析那样需要分两步完成（先求敏感系数，再求因素得分）。不过，随着现代计算技术的不断发展，数据处理量的大小已经不再是判断检验方法是否适用或是更为优越的主要标准了，因素分析方法虽然复杂，但提取共同因素的备选方法较多，如主因素法、主成分法、一般的加权最小二乘法、重心法、最小残差法、极大似然法等，不同的方法可能会得出不同的结论，结论之间的差别也许会为我们的研究提供许多意想不到的启示。Shukla 和 Trzcinka（1990）的研究表明，两种方法的优势都不是绝对的，因此无法确切地指出究竟哪一种方法更合适。

3. 极大似然估计法

Lehmann 和 Modest（1988）使用极大似然估计法（MLE）对 APT 进行了检验，结论是：APT 不能解释公司规模不同的市场组合的期望收益的差异现象，但可以解释经过了风险调整后的 CAPM 仍不能解释的、组合期望收益受红利收益和自身方差影响的现象。他们对 APT 的几种形式作了比较，认为复制因素的基准组合能够涵盖各种资产的均值-方差前沿的假设不成立。

Roll 和 Ross（1980）主要利用极大似然因素分析方法进行 APT 检验。

（三）经济学家对于 APT 的其他研究

1. APT 的可检验性

传统观点（Roll，1977）认为 CAPM 不可检验，因为不可能找到包含了所有资产的市场组合（实践中常用标准普尔 500 的收益率作为市场组合收益率），而这是 CAPM 成立的一个严格假设前提。而 APT 通常被认为是 CAPM 的可检验的替代品，因为它假设仅需要考虑有限种风险资产就足够了。

传统观点认为，如果一个资产序列的收益率服从某个因素模型，则期望收益率向量可以等同于单位向量和因素敏感度的线性组合。用数学公式表示，即将 $\widetilde{R}_i =$

$E(\widetilde{R}_i) + \sum_{k=1}^{K} b_{ik}\widetilde{F}_k + \widetilde{\varepsilon}_i$, $i=1$, 2，…写成矩阵形式：

$$R = E + B\delta + \varepsilon$$

式中，R，E，ε 都是 $N\times1$ 的矩阵；B 是 $N\times K$ 的矩阵；δ 是 $N\times1$ 的矩阵。

由上式可得：

$$E = \gamma_0 1_N + B\gamma_1$$

式中，γ_0 为常数；γ_1 为 K 维向量。

Connor（1982）的博士论文《因子经济下的资产定价》（Asset Pricing in Factor Economies）中，以罗斯的研究成果为基础，不使用通常的套利技巧，而是利用竞争机制下的均衡得出了加总的经济结构下的较精确的定价关系。关键点在于市场组合在模型中的作用。在特定的因素模型下，市场组合中的非系统性风险可以完全分散化。能否将资产组合的风险完全分散化是 APT 因素分析法的基础。如果没有观察市场组合，则风险完全分散化就不大可能实现。这也使 APT 回到了 CAPM 实证检验中的难题：无法对市场组合进行精确定位！

极端情况是，对于两两不相关的资产组合建立一个零因素模型。系统性风险不存在，因此所有风险都是非系统性风险。如果把这些非系统性风险全部分散化，则系统性风险也就是市场组合的风险为零。不管市场组合的替代品是什么，都不可能满足这个模型。这个例子可以说明任意建立的 APT 模型都可能与实际不符。

时隔不久，Shaken（1982）所得出的结论与康纳（Connor）的观点基本一致。他也认为，通常情况下人们更多的是刻意地建立 APT 因素模型，而不是真正以套利思想为基础去构造。在这种情况下，随机选择的因素都可以作为模型的基础。因此，因素分析在确定资产收益率的随机成分时，就显得不太合适了。

Gilles 和 LeRoy（1991）否定了大多数学者赞同的 CAPM 是单因素 APT 形式的观点，这跟罗思柴尔德（Rothchild）在 1986 年提出的观点是一致的，即：若假设资产的收益率为正态分布，则所有风险中性的投资者都会选择均值-方差最有效的投资组合，CAPM 成立。

2. APT 的准确性

相比 CAPM 的诸多假设，APT 的假设简单明了：

（1）市场上无套利机会；

（2）资产的收益率遵循因素模型。

通常在实证研究中为了简化，设不存在非系统性风险，则由无套利假设可以得出，期望收益率与系统性风险因素呈线性关系。

市场投资组合是一个包含所有资产在内的极度分散化的投资组合，其本身可能并不具有太多的特质风险，因此，它只能成为 APT 众多备选因素中的普通一员，很难在理论上证明它具有某种绝对优势。事实上，任何一个完全分散化的投资组合都可以提供相同的作用。我们总能找到 k 个完全分散化的投资组合来近似替代 k 个因素，并最大限度地保持因素的特质，其结果总是好于单一的市场指数。

LeRoy 和 Gilles（1991）在《关于套利定价理论》（On the Arbitrage Pricing Theory）中用到了希尔伯特（Hilbert）空间的概念。他们认为，选取的系列因素（设为证券组合序列）对应一个特定的希尔伯特子空间。实际上，任意选取的原始证券序列的收益都可以对应一个子空间。

下面简要证明空间 M 的任意子空间 F 可由基准证券序列的收益率 y_1，y_2，… 生成，也可由另一证券序列的收益率 x_1，x_2，…生成。

证明：

$$y_1 = \sum_{j=1}^{k}\beta_{1j}f_j + \lambda_1 e_1，其中 e_1 \in F^\perp，令 x_1 = y_1$$

接下来定义 e_2 为 y_2 在 F 和 e_1 生成空间上的投影的残差：

$$y_2 = \sum_{j=1}^{k}\beta_{2j}f_j + \lambda_1 e_1 + e_2$$

对于这些残差，至少一个为零。如果 $y_1 \in F$，则 $e_1 = 0$；如果 y_2 属于由 F 和 e_1 生成的子空间，则 $e_2 = 0$。现在定义：

$$x_2 = y_2\lambda_1 e_1 = \sum_{j=1}^{k}\beta_{2j}f_i + e_2$$

继续此过程，则新创造出的序列 x_1，x_2，…能够与序列 y_1，y_2，…生成相同的空间。如果 x 序列中没有证券组合价格为零，则可将 x 转化为单位价格序列。

在除去非系统性风险的情况下，这种对应关系不是唯一的。由无套利原则（没有非系统性风险）任意得到的子空间都能作为因素空间。因此，因素模型构成的空间作为可得到的任意子空间中特定的一个，不能作为资产定价的基准。很自然就可以想到，这是一种"不公平待遇"；或者说对于所指的特定"因素空间"不能够给予特殊照顾，因为还有许多跟它同样性质的、完全可以替代它的子空间。在特定的因素空间下可以对资产精确定价，仅是因为该因素子空间与任意可得到的子空间巧合罢了。

为了捍卫 APT 的准确性，必须证明因素子空间是唯一的、不能被任意可得到的子空间所替代的，这样才能说明人们选取的因素是有效的。但是，仅仅从一个简单的事实就可以驳斥这个观点。金融市场上存在大量的冗余证券（redundant securities），如期权和共同基金。从这些冗余证券中选取若干作为 APT 基本风险因素；而尚肯（Shanken）和勒罗伊（LeRoy）都认为套利组合的选取是因素模型成功的关键所在。勒罗伊由此推论说，对于冗余证券区别对待，是主观上为了迎合 APT 而造成的。

3. 风险溢价与 APT

Person 和 Harvey（1991）着重研究风险溢价的方差，分为债券和股票两类。论文中对普通股票和债券分别展开对于它们收益率中可预测部分的分析，得出的结论很不相同：股票市场的风险补偿对于把握股票组合的可预测方差十分重要，而利率风险对于预测债券组合的收益率更为重要。可预测性多半是与一个合理的资产定价模型中因素对于经济变量的敏感度有关。同时，β 风险溢价的时间变动比 β 自身的改变更为重要。

对于收益率中的可预测部分，它到底是由什么来决定的呢？有人将其归因于市场有效性不足，还有人认为这是要求收益率变动的结果。论文以组合的月收益率作为样本，对这两种解释的相对重要性作出评论：强调风险的合理的定价模型能够解释大部分的可预测性。

一般来说，β 系数度量收益率对于因素的敏感度。可预测的收益率受 β 变动和 β 价格变动的影响。论文研究经济风险溢价随着时间推移的表现。作横截面回归、分解组合收益率的可预测部分以检验能被模型解释的部分，评价时间变动和时间变动下的风险溢价的相对重要性。论文也将可预测收益率的方差作分解，评价经济风险变量的相对重要性。

Burmeister 等（1988）分析表明，1 月效应对于期望收益率有相当的决定作用，1 月效应不能被使用的因素组合所解释。

4. 市场投资组合在 APT 中的作用

APT 的支持者认为，APT 优于 CAPM 的很重要的一点就是，在 CAPM 中，不论是在理论上还是在模型的检验上，有一点都很重要，即包含所有资产在内的市场投资组合起绝对重要的作用，而在 APT 中，市场投资组合的作用不再那么至关重要，也不再是建模所必需的条件之一。

市场投资组合是一个包含所有资产在内的极度分散化的投资组合，其本身可能并不具有太多的特质风险，因此，它只能成为 APT 众多备选因素中的普通一员，很难在理论上证明它具有某种绝对优势。事实上，任何一个完全分散化的投资组合都可以提供相同的作用。我们总能找到 k 个完全分散化的投资组合来近似替代 k 个因素，并最大限度地保持因素的特质，其结果总是好于单一的市场指数。

另外，也可以利用 $k+1$ 个样本证券收益率时间序列求解 k 个共同因素，并用前 $k+1$ 种资产构成的投资组合完全代替市场上所有其他的资产。所以，在 APT

中，市场投资组合并没有起到什么特殊作用，原则上，对 APT 的检验可以通过所有证券收益率的子集进行。

5. 因素分析法中横截面大小的问题

通常的因素分析法中使用的都是相对小规模的横截面。Lehmann 和 Modest（1988）认为，小规模横截面容易给 APT 的检验带来两种负面效应：普通因素的不精确估计，因为小规模横截面估计的可靠性很低；选取的证券数目不足，根本就无法分析证券市场中的异动现象（异动是 CAPM 解释不了的）。这样的缺陷使得 APT 检验无法得出一个精确的结论。

论文使用了更复杂的检验方法，试图得出一个较准确的结论。以纽约股票交易所和美国股票交易所的数据为样本做研究，他们否定了基准组合能够涵盖各种资产的均值-方差前沿的假设；同时，样本也证实了通常 CAPM 市场组合替代品不能解释的与组合期望收益和组合方差相关的异象。

论文中运用较大规模的横截面估计来构造基准因素组合，模拟普通因素的实现。组成公司规模、红利收益和自身方式排序的证券组合，将这些组合对于基准组合的收益率和一个常数作回归。如果 F 检验证明每个组合的截距都显著不为零，则这便是精确因素定价。Lehmann 和 Modest（1988）依次对 5 个、10 个和 20 个分类组合做了这样的检验。

五、套利限制

套利定价理论是基于无套利原则提出的，然而现实中人们总能观察到套利的存在，套利机会在很多情况下不能被完全消除，即存在套利限制问题。金融中对套利的定义是在两个市场以不同的价格同时买卖相同或者基本相似的资产，这种套利不要求资本，也不会使套利者面临风险。但是在实际交易中，套利者即使套利成功也需要资本用于缴纳保证金等，并承担短期无法获利的风险，更何况还有价格变化与预期不同、套利失败的可能性，所以实际上套利要求资本并且是有风险的。然而，如果假设市场上有非常多的套利者，每个套利者的头寸都无限小，那么此时套利者面临的资本限制就可以忽略，并且套利者对每一次交易均满足风险中性，但是套利者集体的行为可以使价格靠近基本面价值，这就是有效市场理论、CAPM、APT 模型中明确的套利模型。但是实际上套利是由相对少数的专业投资者进行的，持仓规模一般也较大。这种套利的典型特征是投资决策者与资金相分离，两者之间有代理关系。当套利者使用有代理问题的外部资金时行为会较为保守，因为资金的提供者无法了解套利者的策略，但是可以观察到套利者在亏损，因而拒绝继续向套利者提供资金，即投资者按套利者过去的表现来分配资金，而使用自有资金的套利者则可以基于交易的期望收益来分配资金，因此使用外来资金的套利者可能因资本限制而在错误定价发生时错过一些好机会，并降低市场有效性。在资产价格显著不合理和套利者完全不使用自有资金的极端情况下，套利者甚至会逃离市场，使套利情况受到更大的限制。当然除了上述资本来源限制，还有其他套利限制因素，主要包括跨资产、跨期套利，非基本面风险（噪声交易者风险等），卖空成本，杠杆限制等。下面将介绍两个经典的套利限制理论：Shleifer 和 Vishny（1997）的套利限制代理模型和 Baker 等（2011）的机构投资者基准产生的套利限制。

（一）源于委托-代理关系的套利限制

这一部分将介绍 Shleifer 和 Vishny（1997）的套利限制模型。假设某一个资产的市场有三种参与者：噪声交易者、套利者、自己不进行交易的套利基金投资者。套利者只在这一个市场上交易，套利基金投资者在这个和其他很多市场之间分配资金。套利者知道资产的基本面价值 V，但是套利基金投资者不知道。三个时期中，在 $t=3$ 时，噪声交易者和套利基金投资者也会知道资产的基本面价值 V，因此 $t=3$ 时资产价格等于资产价值，即没有长期的基本面风险。$t=1$，2 时资产价格记为 p_t，只考虑悲观的噪声交易者，在 $t=1$，2 时噪声交易者会经历悲观的冲击 S_t，因此噪声交易者对资产的总需求为

$$QN(t) = [V - S_t]/p_t \tag{7}$$

在 $t=1$ 时，套利者是知道 S_1 的，但是 $t=2$ 时的噪声交易者冲击是不确定的，很可能有 $S_2 > S_1$，即在 $t=3$ 价格被纠正之前定价错误加剧。

套利者和套利基金投资者都是完全理性的，风险中性的套利者的建仓方向会与由噪声交易者所导致的定价错误方向相反。每一期套利者管理的资源记为 F_t，假设 F_1 是外生的。在 $t=2$ 时，套利者确定资产价格会在下一期回归基本面价值，因此会将所有资源用于投资，套利者需求为 $QA(2) = F_2/p_2$，套利者与噪声交易者持仓方向相反，显然有 $QA(2) = QN(2)$，解得

$$p_2 = V - S_2 + F_2 \tag{8}$$

假设 $S_2 > F_2$，即套利者在 $t=2$ 时投入的资源不足以使价格回归基本面价值。在 $t=1$ 时，套利者会保留部分资金，以防 $t=2$ 资产价格变得更加远离基本面价值时进行投资。记 D_1 为套利者在 $t=1$ 时对资产的投资，套利者需求为 $QA(1) = D_1/p_1$，则 $QA(1) = QN(1)$，解得

$$p_1 = V - S_1 + D_1 \tag{9}$$

类似地，仍假设 $S_1 > F_1$。

假设对套利者而言，每一个细分市场代表一种套利策略，每一种套利策略下都有很多套利者，因此单独一个套利者不会影响细分市场的价格。假设有 T 个各持有 1 元钱用于投资的套利基金投资者，$F_2 \ll T$。假设套利者对其提供的服务收费，所有套利者对投资的每一元钱产生相同的常数边际成本，这是由于假设每一个套利者都有一个可以完全替代它的竞争者，从而发生伯特兰（Bertrand）博弈竞争，使佣金价格降至边际成本。T 个套利基金投资者从最大化消费者剩余的角度进行资金分配，这些投资者遵循贝叶斯（Bayes）原理，对每个套利者有先验的期望收益率估计，由于套利者收取的佣金相同，所以套利基金投资者会将资金投向其认为有最高期望收益率的套利者，不过他们每个人对套利者的看法可能不相同。另外，平均来看，套利者的收益远高于指数，这使得套利基金投资者不会将资金投向指数基金。

一个关键问题在于，投资者如何更新对于套利者未来期望收益的看法？假设套利基金投资者并不知道未来的价格变化和套利者策略，所以他们只能最简单地基于先验估计和对套利者过去表现的观察形成对套利者未来收益的后验估计。由于同一个细分市场的套利者持仓相同，因此在收益表现不好时套利者会同时失去市场份额。投资者在 $t=2$ 时对基金的供给函数 G 是一个关于套利者在 $t=1$ 和 $t=2$ 之间收益的增函数［基于表现的套利（performance-based arbitrage，PBA）］。资产在 $t=2$ 时实际收益为 $p_2 p_1$，套利者在 $t=2$ 时面临的供给函数为

$$F_2 = F_1 \times G[(D_1/F_1) \times (p_2/p_1) + (F_1 - D_1/F_1)] \qquad (10)$$

假设存在一个基准收益水平，无论市场中可得的套利机会有多少，只要套利者表现不如/超过基准，其资金就会减少/增加。导致套利者表现较差的原因包括随机误差项、噪声交易者情绪加剧（运气不好）、套利者能力差，如果套利者表现不佳是噪声交易者的情绪加剧导致的，那么恰好在套利者期望收益最大的时候，将资金从套利者手中夺走看似是不正当的行为，但这也是套利基金投资者基于过去的收益率试图推断套利者（无法观察到）的能力和未来机会而导致的理性行为。

由于结果不依赖函数 G 的凹性，关注一个线性的 G 函数

$$G(x) = ax + 1 - a，其中 a \geqslant 1 \qquad (11)$$

式中，x 是套利者的总收益，此时式（10）变为

$$F_2 = a[D_1 \times (p_1/p_2) + (F_1 - D)] + (1-a)F_1 = F_1 - aD_1(1 - p_2/p_1)$$
$$= F_1 + aD_1[(p_2 - p_1)/p_1] \qquad (12)$$

如果 $p_1 = p_2$，即套利者的净收益为零，则套利者管理的资金不会增减。a 越大，套利者管理的资金对过去的表现越敏感，$a=1$ 时套利者管理的资金不会增减。

其实，由于能力有限和风险厌恶，套利者在定价错误加剧时，会倾向于管理较原来更少的资金，保证投资者可以避免损失；在缺乏自信时，套利者也不愿意冒险尝试看似美好的机会。因此在一般均衡的情况下，没有必要假设其他套利者发出信号融得资金的情况，式（12）的模型是现实的。

下面建立套利者优化问题。假设套利者最大化 $t=3$ 时的期望收益，等价于最大化 $t=3$ 时套利者管理的资金。假设有 q 的概率噪声交易者的错误观念加深，即 $S_2 = S > S_1$；有 $1-q$ 的概率噪声交易者在 $t=2$ 时意识到资产的真实价值，即 $S_2 = 0$，$p_2 = V$，这种情况下套利者在 $t=2$ 时清算仓位获得收益并持有现金至 $t=3$，套利者在 $t=3$ 时持有的现金为

$$W = a(D_1 \times V/p_1 + F_1 - D) + (1-a)F_1$$

相反地，$S_2 = S > S_1$ 时套利者在 $t=3$ 时所持有的资金为

$$W = (V/p_2) \times [a(D_1 \times p_2/p_1 + F_1 - D) + (1-a)F_1]$$

套利者最大化的目标函数（自变量为 D_1）为

$$\begin{aligned} E(W) = (1-q)&\left[a\left(\frac{D_1 V}{p_1} + F_1 - D_1\right) + (1-a)F_1\right] \\ &+ q\left(\frac{V}{p_2}\right)\left[a\left(\frac{D_1 p_2}{p_1} + F_1 - D_1\right) + (1-a)F_1\right] \end{aligned} \tag{13}$$

有效市场的情况下套利者可以迅速获得他们需要的任何资本，噪声交易者冲击因此可以被立即吸收，即 $p_1 = p_2 = V$。另一种基准是，套利者资源有限但是 PBA 不起作用，即套利者不论盈亏始终可以获得 V 的资金，$p_1 = V - S_1 + F_1$，$p_2 = V - S + F_1$。最后一种有趣的基准是 $a=1$，套利者不能补充他们所失去的资金，但是也不会因亏损而遭资金撤出。

套利者优化问题的一阶条件为

$$(1-q)\left(\frac{V}{p_1} - 1\right) + q\left(\frac{p_2}{p_1} - 1\right)\frac{V}{p_2} \geqslant 0 \tag{14}$$

当且仅当 $D_1 = F_1$ 时不等号成立，$D_1 < F_1$ 时等号成立。式（14）第一项表示市场在 $t=2$ 价格回归基本面价值时每增加一元钱时收益的增量，第二项表示价格在 $t=2$ 时继续下降并在 $t=3$ 价格回归基本面价值时每增加一元钱时损失的增量。如果噪声交易者的错误观念加深的概率 q 较小，初始冲击 S_1 较大，p_1 相对于 V 较小，S 相对于 S_1 不大，即在 $t=2$ 时价格不会继续下降太多，预期价格会回归基本面价值，那么套利者很可能会在 $t=1$ 时就投入全部资金，即 $D_1 = F_1$，这是一种"极端情况"。

显然基于过去表现的专业套利并不一定会导致市场有效，即使资产价格回归基本面价值，尤其是在极端情况下。专业的套利者会避免波动性强的套利持仓，即使

这可能导致较高的平均收益，但是也会导致套利者面临较大的损失风险，以及在套利基金投资者压力下清算所持有的资产。套利者避免波动性的行为提供了一种理解长期超额收益率的新思路，尤其是在理解高异质性波动率相关的异象方面，为传统的模型提供了补充。

（二）源于基准的套利限制

低波动性异象指的是低收益波动率和低 CAPMβ 的股票期望收益率高于高收益波动率以及高 CAPMβ 的股票期望收益率，这一现象因与传统的资产定价理论相悖而受到学术界和业界广泛的关注。Baker 等（2011）则通过机构投资者的基准产生的套利限制来解释低波动性异象。

既然低波动性股票收益高于高波动性股票，那么为什么机构投资者不会利用这种低风险、高收益的异象呢？我们可以将该现象分为两个问题。一个问题是，为什么机构投资者不卖空前五分之一的表现最差且波动率最高的股票？其简单的解释是，波动率最高的股票一般是小规模公司的股票，交易成本尤其卖空成本高。第二个更有趣的问题是，为什么机构投资者不会至少对波动率后五分之一的股票加仓？其答案涉及投资收益的基准。投资者将收益与知名的基准（如标准普尔 500 指数）进行比较，以理解投资经理的技能和所承担的风险，每位基金经理至少会大致遵守基准进而有助于投资者跟踪其总体风险。就是这种基准使得机构投资管理者不愿意挖掘低波动性异象。下面将通过高 α/低 β 和低 α/高 β 的股票对比来具体阐述逻辑。

首先假设一个以市场组合为基准的机构投资者投资于一个低 β（即低波动性）的股票。根据低波动性异象，该股票还有一个正的 CAPMα。对该股票加仓 1%，则期望收益增加 $0.1\%[\alpha-(1-\beta)E(R_m-R_f)]$，投资组合额外的跟踪误差增加 $\sqrt{0.1\%^2[\sigma_m^2(1-\beta)^2]}$，$R_m$ 和 R_f 分别是市场组合收益率和无风险收益率，而 σ_m 是市场组合的收益波动率。显然，在 β 较小时，投资者需要在 α 足够大时才会对该股票加仓，否则甚至应该减仓。这里关键的假设是，机构投资者不使用杠杆，如果使用杠杆就可以解决投资组合跟踪误差的问题，杠杆限制导致了更平坦的风险-收益关系。实际上，杠杆限制是广泛存在的，即使明确的合同允许灵活借贷，投资经理也不会对低风险股票加仓，一种解释是，机构投资者根据对股票的配置而不是 β 来隐式评估基金。接下来再考虑高 β/低 α 的股票，在 β 较大时，显然投资者需要在 α 足够小时才会对该股票减仓，否则甚至加仓。这种由 α、β 大小导致的权重调整关系就会导致低风险异象，低风险相对于高风险更容易被低估。

以上例子说明了有固定基准和杠杆限制的投资者需求使风险与收益之间的关系变得平坦，无论用 β 还是收益波动率衡量，高风险股票都没有获得相应的收益，低风险股则表现出色。实证结果表明，长期风险收益率关系不仅变得平坦，甚至已经倒置。但是机构投资者相比于主动收益最大化更在意基准跟踪误差，因此只要基金经理持有的市场份额保持较高水平甚至有所增加，这种异象就很可能会持续下去。

（三）套利限制实证分析

一些实证研究分析了套利限制的形成因素以及套利限制对子母公司股票问题等定价错误的影响。Mitchell 等（2002）主要研究了公司交叉持股导致的定价错误，检验了 82 种母公司价值低于其在子公司中所持有股份的价值的情况，假设了一种不允许套利者马上使资产价格逼近基本面价值、有套利机会存在的情景。他们发现，对套利阻碍最大的摩擦是不完全信息，套利者常常没有足够的信息检验是否投资于自有价值为负的资产，而仅由已知的投资机会可能会产生很大的期望收益。另外，不完全信息和交易成本会使套利者更加专业化，进而限制分散化的有效性。最后，上述定价错误在一定程度上是噪声投资者抬高公开交易的子公司股票价格导致的，套利者的交易使子公司股票价格回归基本面价值。Lamont 和 Thaler（2003）研究了 Palm-3Com 等 6 个子母公司股票价格异常使母公司剩余资产价值为负的案例，这篇论文认为，这种公然的定价错误可能是套利时所面对的卖空限制导致的。卖空成本是与卖空相关的持有成本，仅当需求冲击为正时存在，足够大的卖空成本可以阻碍套利。除了不能对定价错误进行套利的情况，还有套利者因为基本面风险或噪声交易者风险而不愿意建仓的情况。如果套利者认为仅仅在市场狂热期存在定价错误，进而只有少数套利者进行交易，那么定价错误也难以被消除。

De Jong 等（2009）研究了 12 家双重上市公司的收益-风险套利问题。双重上市公司套利的特征是高异质性波动率和高发的负收益率，这很可能会阻碍套利。而与之前研究有很大不同的是，本文检验发现，基本面风险、交易成本、卖空限制等并不是导致套利限制的主要原因。Gagnon 和 Karolyi（2010）研究了 35 个国家 506 家在不同交易所多重上市的公司股票数据，发现平均偏离平价程度为 4.9% 左右，但是偏离的极端值非常大。实证证明持有成本阻碍了套利，解释了横截面上和时间序列上 20% 以上的偏离平价的程度的变化，其中异质性风险是持有成本最重要的代理指标。

Rosch（2020）基于美国存托凭证市场研究了套利对流动性的影响，认为套利能否为市场增加流动性取决于套利机会产生的原因，套利通过与市场净需求反向交易来提供流动性。鼓励套利活动的一种方法是引入投资组合保证金，即将美国国内市场股票与相关美国存托凭证市场之间相互抵消的头寸纳入保证金要求中。

六、总结

以上我们通过参考一些著名经济学家关于套利定价理论的经典论文，对其发展历程、基本假设、实证研究和检验、进步性和缺陷作了一个简单的回顾。近几十年来，金融理论的发展有了很大的突破和飞跃，其中对于套利定价理论的研究也是百花齐放。APT 不仅被运用于股票和债券市场，还被推广运用到外汇市场以及期货市场上的资产定价。借鉴前人的研究方法和成果使后来的研究者从多视角来理解APT，但同时我们也不应当被前人的观点所束缚，应当以严谨的研究精神来看待APT。不可否认，APT 的创立是金融学历史上一个伟大的里程碑。不管它背后存在多少争议和批评，它的进步意义十分巨大。

在看到套利定价理论几十年来迅速发展的同时，我们也应该正确地认识该理论所存在的局限性，这样才能对这一理论进一步的发展有所帮助。APT 尚存在以下几方面的局限：

（1）套利定价理论本身没有指明影响证券收益的是什么因素，哪些是主要的因素，以及因素的数目。一般而言，诸如国民生产总值增长率、通货膨胀率、利率、公司资信、付息等均属影响证券收益的基本因素，但重要因素大致在 10 个左右。然而，这一问题还有待理论与实务界的进一步探索。

（2）风险分散方式的局限。在现代证券投资组合理论的风险观指导下，套利定价理论提出，可以通过各种不相关证券的组合来对风险进行分散，以实现规避风险的目的。实际上，这种风险分散方式隐含着一个前提：风险既无法改变也不能消灭，只能通过分散的方式解决，这种风险分散方式具有静态和被动的特征。实际中很多风险可以通过人们的主观努力得到一定改进。套利定价理论得出的风险最小化的最优结果仅仅是由投资数量结构调整所产生的，并非由改进风险的收益和成本所决定，因而风险分散方式的最优结果缺少经济学的内涵和必不可少的经济动力。

（3）理论假定的局限。仅就套利定价理论本身所赖以依存的假定而言，也存在着很大的局限性。虽然 APT 的假定不如 CAPM 那么多，但很多假定难以进行科学和客观的实证检验。

（4）实际操作中的局限。包括套利定价理论在内的现代证券投资组合理论运用的条件要求非常高，不仅需要精通理论的专业人员和现代化的计算设备，而且更重要的是必须对瞬息万变的证券市场的各种变化做出及时而准确的反应，这在现有条件下几乎是无法做到的；即使能够勉强做到，其效果也会大打折扣。因而，从本质上讲，套利定价理论运用的局限性是由该理论运用过程中的成本所决定的。发达国家证券市场上的投资实践活动已对此做出了很多颇具说服力的证明。

参考文献

[1] Baker，M.，Bradley，B.，Wurgler，J.，2011. Benchmarks as limits to arbitrage：Understanding the low-volatility anomaly. Financial Analysts Journal，67，40－54.

[2] Burmeister，E.，McElroy，M. B.，Brown，S. J.，1988. Joint estimation of factor sensitivities and risk premia for the arbitrage pricing theory. Journal of Finance，43，721－733.

[3] Chamberlain，G.，1983. Funds，factors，and diversification in arbitrage pricing models. Econometrica，51，1281－1304.

[4] Chen，N. F.，Roll，R.，Ross，S. A.，1986. Economic forces and the stock market：Testing the APT and alternative asset pricing theories. Journal of Business，59，383－403.

[5] Chen，N. F.，1983. Some empirical tests of the theory of arbitrate pricing. Journal of Finance，38，1393－1414.

[6] Cho，D. C.，Elton，E. J.，Gruber，M. J.，1984. On the robustness of the Roll and Ross arbitrage pricing theory. Journal of Financial and Quantitative Analysis，19，1－10.

[7] Connor，G.，Korajczyk，R. A.，1995. The arbitrage pricing theory and multifactor models of asset returns. Handbooks in Operations Research and Management Science，9，87－144.

[8] Connor，G.，1982. Asset pricing in factor economics. Doctoral dissertion，Yale University.

[9] De Jong，A.，Rosenthal，L.，Van Dijk，M. A.，2009. The risk and return of arbitrage in dual-listed companies. Review of Finance，13，495－520.

[10] Fama，E. F.，French，K. R.，1993. Common risk factors in the returns on stocks and bonds. Journal of Financial Economics，33，3－56.

[11] Ferson，W. E.，Harvey，C. R.，1991. The variation of economic risk premiums. Journal of Political Economy，99，385－415.

[12] Gagnon，L.，Karolyi，G. A.，2010. Multi-market trading and arbitrage. Journal of Financial Economics，97，53－80.

[13] Gilles，C.，LeRoy，S. F.，1991. On the arbitrage pricing theory. Economic Theory，1，213－229.

[14] Huberman，G.，1981. A simple approach to arbitrage pricing theory. Journal of Economic Theory，28，183－191.

[15] Lamont，O. A.，Thaler R. H.，2003. Can the market add and subtract? Mispricing in tech stock carve-outs. Journal of Political Economy，111，227－268.

［16］ Lehmann，B. N. ，Modest，D. M. ，1988. The empirical foundations of the arbitrage pricing theory. Journal of Financial Economics，21，213 – 254.

［17］ Mitchell，M. ，Pulvino T. ，Stafford E. ，2002. Limited arbitrage in equity markets. Journal of Finance，57，551 – 584.

［18］ Raveh，A. ，1985. A note on factor analysis and arbitrage pricing theory. Journal of Banking and Finance，9，317 – 321.

［19］ Reisman，H. ，1992. Reference variables，factor structure，and the approximate multibeta representation. Journal of Finance，47，1303 – 1314.

［20］ Roll，R. ，Ross，S. A. ，1980. An empirical investigation of the arbitrage pricing theory. Journal of Finance，35，1073 – 1103.

［21］ Roll，R. ，Ross，S. A. ，1984. The arbitrage pricing theory approach to strategic portfolio planning. Financial Analysts Journal，40，14 – 26.

［22］ Ross，S. A. ，1978. A simple approach to the valuation of risky streams. Journal of Business，51，453 – 475.

［23］ Ross，S. A. ，1976. The arbitrage theory of capital asset pricing. Journal of Economic Theory，13，341 – 360.

［24］ Ross，S. A. ，1973. Return，risk and arbitrage. Rodney L. White Center for Financial Research，The Wharton School，University of Pennsylvania.

［25］ Rösch，D. ，2017. The impact of arbitrage on market liquidity. In Paris December 2014 Finance Meeting EUROFIDAI-AFFI Paper.

［26］ Shanken，J. ，1981. The arbitrage pricing theory：Is it testable? Journal of Finance，37，1129 – 1140.

［27］ Shanken，J. ，1992. The current state of the arbitrage pricing theory. Journal of Finance，47，1569 – 1574.

［28］ Shleifer A. ，Vishny R. W. ，1997. The limits of arbitrage. Journal of Finance，52，35 – 55.

［29］ Shukla，R. ，Trzcinka，C. ，1990. Sequential tests of the arbitrage pricing theory：A comparison of principal components and maximum likelihood factors. Journal of Finance，45，1541 – 1564.

［30］ Kolb，R. W. ，1993. Theory succession，the CAPM，and the APT. Managerial Finance，19，1.

［31］ Wei，K. C. J. ，1988. An asset-pricing theory unifying the CAPM and APT. Journal of Finance，43，881 – 891.

有效市场假说

　　内容摘要： 本文综述了近几十年来有效市场假说方面的经典文献，论述并评述了有效市场假说的定义、相关理论和实证证据。本文首先从经典的弱式有效市场、半强式有效市场和强式有效市场三个角度展开综述，随后简述了中国股票市场实证研究的发展脉络和得到的主要结论。在近几十年的资产定价研究中，学者们发现了上百种时间序列、横截面上的股票收益可预测规律，这些发现亦被称作市场异象或因子。本文接下来总结性地回顾了关于股票收益可预测性的文献，并讨论了行为金融学理论及其相对于有效市场假说的优点和缺点。

一、引言

　　金融市场的主要功能在于资源配置，而投资者交易金融资产主要凭借其掌握的信息，因此价格对信息的反应很关键。价格效率在金融学的中心地位决定了有效市场假说（efficient market hypothesis，EMH）在现代金融学理论中的中心地位。它是一个简洁的基准，甚至看似过于简单（deceptively simple）[①]，告诉我们在理想情况（如理性投资者、信息传递迅速等）下，市场应该是信息有效的。因此，它就如MM定理、科斯定理、货币中性论等无关性定理一样成为现实世界的参照系。正如罗默（Romer）所说，我们拥有一个最复杂的模型——这个世界本身，但它太复杂，以至于无法分析，因此我们要从中抽取一些基本的模型来避免过多的干扰，从而把注意力集中于一些关键问题上。而且一些学者认识到EMH和经济学中的均衡有着某种关系。LeRoy（1989）说道，从EMH的最广义层面来说，它正是竞争性均衡在金融市场中的应用。Courtault等（2000）指出，我们有理由认为，EMH是帕累托效率的必要条件。

和其他理论不同的是，EMH得到了前所未有的广泛检验。各国学者纷纷用不同的数据和方法来对其进行检验并提出各自的解释。在其推出60余年后，我们发现EMH仍然是基本成立的，且尚未出现一个足以匹敌的、新的市场假说来取代它。

不过EMH的缺点仍然是明显的，正如其名称所指出的，它只是一个假说，而并不是定理或模型。它源于实证研究和归纳性推理，并且其证明并不如其他的经济学模型那样严谨。或许，我们必须要借助其他的经济学模型来具体考察为什么会出现违反EMH的情况。本文第二部分将回顾EMH的历史及其几种定义。第三部分是本文的主要内容，这部分将回顾对EMH的实证研究结论、市场异象及其解释以及对中国证券市场有效性的实证研究。第四部分概述行为金融学的理论框架及其相互之间的关系。

二、有效市场假说的提出及其含义

Bachelier（1900）最先从随机过程角度研究了布朗运动以及股价变化的随机性，并且他认识到市场在信息方面的有效性：过去、现在的事件，甚至将来事件的贴现值反映在市场价格中，但价格的变化并无明显关联。他提出的"基本原则"是：股价遵循平赌（fair game）模型。不过其工作在半个多世纪后才被发现。

在他之后的几十年内，除了1930—1940年间的沃金（Working）、考尔斯（Cowles）和琼斯（Jones）的研究外，没有什么针对股价行为的检验出现。随着电脑的使用，Kendall（1953）研究英国和美国的商品和证券价格，惊奇地发现了股

[①] 见Lo（2004）。

价变化的随机性。后来，Roberts（1959）展示了一个从随机数列产生的序列和美国的股价是无法区分的。Osborne（1959）发现，股价行为和流体中粒子的行为差不多，并用物理学家的方法来研究股价行为。Coonter（1964）的论文集收录了大量对随机游走模型的检验，但其中一些论文在解释随机游走时却通常是在暗示股价服从平赌过程。不难看出，因为早期学者是从实证结论出发而缺乏一个研究股价行为的理论框架，所以当他们从观察中发现股价遵循随机游走时，他们便把市场有效性和股价的随机游走性等同起来。（而正如我们在下文将看到的，随机游走性强于市场弱式有效。）这就导致了早期的市场有效性理论是用随机游走模型描述的，而这些理论的本意是要描述一个更宽泛的平赌模型。

Samuelson（1965）、Mandelbrot（1966）通过数学证明澄清了平赌和随机游走的关系，从理论上论述了有效市场和平赌模型之间的对应关系，还为有效市场假说做了理论上的铺垫。

在前人的理论和实证的基础上，借助 Samuelson（1965）的分析方法和 Roberts（1967）提出的三种有效形式，Fama（1970）提出了有效市场假说（EMH）。之后，金融学家们对 EMH 进行了广泛的检验，当时的结论基本支持 EMH。Malkiel（1973）形象地描述：一只被蒙着眼睛的黑猩猩朝《华尔街日报》（*Wall Street Journal*）投飞镖所选出的证券组合和专家选出的一样好，并把 EMH 介绍给广大投资者。不过从 20 世纪 70 年代末开始，越来越多的金融学家发现很多市场异常现象是存在的，并试图用行为金融学理论来解释，而另一些支持 EMH 的金融学家则不断指出他们在论证方面的问题。Fama（1991）对他在 1970 年提出的定义作了修改，提出应根据扣除交易成本后的净收益或经济利润来考察有效性，并指出对 EMH 的检验时常涉及资本定价的联合检验：只有在定价模型正确且市场的确存在超额利润的条件下，市场才是无效的。这样，随着 EMH 定义的修改和有效性条件的弱化，大部分市场异常并不能证明市场是无效的。Malkiel（2003）提出的定义中并没有明确区分市场的三种有效形式，而是直接把市场有效定义为：不能靠信息持续获得超额利润。

时至今日，金融学家们仍然在不断检验并解释各种市场现象，并特别研究了新兴市场的有效性。在中国，不少学者致力于研究中国证券市场的有效性及异常。

按照 Fama（1970）对 EMH 的定义，一个市场是有效的是指证券价格能反映全部可用信息。而按"可用信息"集定义的不同，市场有效性被划分为三种形式：

弱式有效形式：可用信息只有历史价格信息。

半强式有效形式：可用信息包括历史价格信息和其他公共信息。

强式有效形式：可用信息包括历史价格信息、其他公共信息和私人信息。

这三种形式的有效性暗示了三种投资策略的无效性（无法获得超额利润）：在弱式有效市场上，技术分析是无效的；在半强式有效市场上，基本面分析是无效的；强式有效市场上，内幕交易是无效的。

Fama（1991）对定义作了一些修改，把弱式有效市场的内涵从用过去的收益率预测将来收益率扩展到收益率的可预测性（例如用股利或利率等因素来预测股价）；并且把半强式有效形式和强式有效形式的名称改为事件研究和对私人信息的检验。他还明确区分了 EMH 强版本（strong version）和弱版本（weak version），在强版本中，交易成本和信息成本被假定是 0，不过在现实中交易成本和信息成本都是正的。Grossman 和 Stiglitz（1980）论述了在信息成本为正但价格可以完全反映信息的情况下，人们不会有动力去搜集信息；而按 Jensen（1978）的定义，在弱版本中，如果信息带来的边际收益不超过搜集信息的边际成本，则市场有效。

Malkiel（2003）的综述对 EMH 的定义也有所放宽。他没有强调三种有效形式，而只是把有效性定义为即使金融市场有很多异常表现，但只要没有基于信息的持续套利就是有效。需要注意的是，这个定义认为，即使人们能察觉到套利机会但是无法实施（例如流通股数量太少，无法实施套利策略），也能算市场有效。这个定义避免了格罗斯曼-斯蒂格利茨（Grossman-Stiglitz）悖论。[①] 为了给人们寻找获得超额利润机会的动力且保持市场的有效性，我们应该允许勤勉的投资者能获得额外的毛收益来弥补信息成本。也就是说，如果地上有 100 元钱，它很快就会被一些细心的人捡起。

三、有效市场假说的经典实证研究

相对于其他经济学的标准模型而言，EMH 的理论基础较少，其重点部分在于其实证研究。本文将主要关注这部分内容。

（一）弱式有效市场检验

按照有效市场的定义，证券的价格应该服从平赌过程，$E(\tilde{R}_{j,t+1}|\Phi_t) = [1 + E(\tilde{r}_{j,t+1}|\Phi_t)]p_{jt}$（下标 j 表示第 j 只股票，Φ_t 表示信息集）过程保证了股价已充分反映了所有信息。作为其派生出的两个更具体的过程，鞅对收益率作了恒等于零的

---

① 这个悖论是指，如果大家相信 EMH 并消极地执行购买并持有策略，那么没有人会发现并利用套利机会，市场也就不会有效。

规定，使得 $E(\tilde{R}_{j,t+1} \mid \Phi_t) = p_{jt}$；随机游走过程对扰动项（新生量）作了独立同正态分布的规定。

弱式有效市场检验主要是检验过去的价格（或收益率）走势能否预测将来的价格（或收益率）。在这方面的早期检验大部分是针对随机游走的，它们实际上是在检验随机游走假设（random walk hypothesis，RWH），而这是强于 EMH 的。除此之外，还有对收益率的游程检验和过滤检验。

1. 随机游走的检验

为了检验一个序列是否遵循随机游走过程，我们通常有两种检验方法：相关系数检验和游程检验。下文将综述使用两种检验方法——相关系数检验和游程检验——得出的市场有效性问题上的结论及其解释。

相关系数检验是把样本数据视为某个时间序列所产生的，并由此使用随机过程的方法来检验随机变量和其滞后值之间的相关系数的方法。本方法在计量经济学中应用广泛，是检验相关性的一种标准方法。

Bachelier（1900）、Working（1934）、Kendall（1953）、Osborne（1959）、Roberts（1959）、Moore（1962）的研究都是支持随机游走的。Osborne（1959）指出，股票的对数价格的波动和布朗运动相似。Working（1960）、Alexander（1961）发现，一些早期研究观察到的序列相关性是由时间平均的数据处理方式产生的，而并不是因为数据本身有自相关性。Granger 和 Morgenstern（1963）运用更强有力的谱分析仍然没有发现收益率的相关性。

不过，有些实证检验并不支持 RWH。Osborne（1962）、Fama（1965）、Alexander（1961，1964）发现了一个偏离 RWH 假设的独立同分布扰动项的现象——波动性聚集：大的波动倾向于跟着大的波动。近年来 ARIMA-GARCH 模型的广泛应用及检验也证明了随机游走是一个限制条件过强的模型。不过这些实证检验并不能反驳弱式有效假设。[①] 因为波动性聚集并不影响收益率的鞅性质。Merton（1980）证明了股价的计算方差可以从之前的方差推算出来，但是这并不影响收益率的可预测性。

游程检验是一种定性检验，它只通过时间序列的正负号出现的规律来判断此序列是否有自相关性。一个游程被定义成价格变化保持相同符号的序列。对于游程统计量分布的文献请参见 Mood（1940）。

Fama（1965）使用游程检验计算了数十家上市公司的价格变动游程的总量、

---

① 但波动性聚集可能反映了股价无法一次调整到位，而是过度调整或调整不足。这在下文对半强式有效的检验中会提及。

符号和长度，结论是支持弱式有效的。Niederhoffer 和 Osborne（1966）记录了两个股价变化偏离随机游走的现象。第一，相邻股价出现反向变动的可能性是同向变动的 2～3 倍。第二，同向变动之后出现同向变动的频率高于反向变动之后出现同向变动的频率。不过尼德霍弗（Niederhoffer）和奥斯本（Osborne）基于市场交易方式解释了这个现象可能是由于交易指令的规定形式而不是因为市场无效。但是他们的分析的确指出了专家经纪人通过垄断信息而获利的可能性。这属于强式有效的范畴，将在下文讨论。

从计量经济学的角度来讲，游程检验是一个检验效果不强的定性检验，其推断能力在相关系数检验之下。因此，在 Fama（1970）之后很少有人使用游程检验来推断弱式有效性。

2. 过滤检验

法玛注意到，非线性的相依性并不会导致非零协方差，但是使得交易策略能盈利，因此有必要直接检验交易策略的获利性。交易规则是指一套机械的交易策略，当外界环境呈现出某种形势时，投资者实行预定好的交易策略。

交易规则方面的第一个主要证据是 Alexander（1961，1964）对 $y\%$ 过滤法则的检验。$y\%$ 过滤法则是指当股价上升至少 $y\%$ 时，购买并持有之；如果股价下跌至少 $y\%$，则卖掉股票并卖空，直到股价至少上升 $y\%$。Alexander（1961）发现，交易规则相对于购买并持有策略而言是有利润的。但 Mandelbrot（1963）指出，他实际上是假设总能在期望的价位买到股票，而股价是存在不连续变化的[①]，因此买入和卖出的价格可能是对投资者更不利的。在消除了这个问题后，Alexander（1964）重新考察了过滤法则并发现可获利性明显下降。进一步的证据来自 Fama 和 Blume（1966），他们使用 1955—1962 年的数据，发现在考虑交易费用之前，y 值很小（0.5～1.5）的过滤规则获得的利润比购买并持有策略少，如果考虑交易费用，则过滤法则不会带来净收益。因此，虽然说过滤法则提供了对市场有效性的偏离的证据，但是利润如此之小，以至于无法认为市场是无效的。但是 Sweeney（1988）认为，有些投资者的交易成本小，他发现散户的过滤法则可以获得费后利润，不过这个结论仍然没有考虑联合检验。

Lo 和 Wang（2000）认为技术分析并没有受到学术上的严肃对待，这篇文章概述了大量支持技术分析的文献并提供了支持技术分析的实证结果。

一般来说，交易规则都是基于股价和收益率的变动情况的，不过，在 Hirshle-

[①] 虽然说曼德尔布罗特（Mandelbrot）在他的一系列文章中不断提及价格的不连续变化并推荐使用稳态分布，但主流金融学家至今仍没有完全接受他的观点。

ifer 等 （2004） 和 Taffler 等 （2004） 中，他们把交易规则推进到基于资产负债表的交易策略。这些交易规则在不考虑此交易成本的情况下获利能达 15％～30％。[①] 他们用行为金融学理论来解释这个异象。不过 Basu（2004）认为，实施这个交易策略的成本是巨大的。最后，他的结论是：美国和英国的股市不是理性的，而是最小理性的。[②]

（二）半强式有效市场检验

1. 事件研究法概述

Ball 和 Brown（1968）首次公开发表了事件研究的方法，但是事件研究这个名称由 Fama 等 （FFJR，1969）确定下来。事件研究法首先用于分析股价对新信息的反应速度，因此能直接检验市场的半强式有效性。基于日股价数据的事件研究不涉及联合假设检验问题，因为事件研究只关注很短时间内的数据，而在这么短时间内因为新信息的到来股价会出现极大的波动，因此由股票定价模型的参数变化导致的公允价格变化足以忽略不计，这样我们只需要直接关注股价的变化，而不需要确定超额收益。

2. 研究发现与结论

事件研究通常得出的典型结论就是：股票价格在事件宣布当天就会调整到其所在的新价位。调整的速度快慢是与市场有效性的程度相联系的，而且大部分实证检验都证实公司股价对于某些具体的公司信息的调整是有效的。事件研究只用计算残差而不用涉及资产定价，但弱式有效需要考虑资产定价模型是否正确，必须"先"要确保定价模型正确，"然后"数据中按模型存在异常才说明市场无效。

一般来说，事件研究法研究的事件通常是一些主要的公共信息。早期的事件研究基本上是支持半强式有效形式的结论的。Ball 和 Brown（1968）采用上述方法研究了发表年报的事件影响。他们的结论是：只有 10％～15％ 的年报信息没有被市场预测。Fama 等（1969）发现拆股后的股价反常行为会反映在当月的累积回归残差中，故认为市场是有效的。不过，由于法玛使用的是月度数据，涉及近 30 个月的价格变化，因此是依赖于定价模型的，也受到联合假设检验难题的影响。Scholes（1969）研究了股价对配股消息的影响，配股后股价的下跌是合理的，没有出现抛售压力。此外，他发现发行者的身份会影响价格行为。Waud（1970）研究了联邦贴现率改变的效应，但是他发现在贴现率改变前一天市场上有非随机游走的行为。

---

① 他们发现的异象是这个交易策略亏损巨大，但如果我们实行反向的策略就能获利。

② 对市场的理性水平的分类由 Rubinstein（2000，p.5 - 6）提供。

此外，市场对会计法则变化的调整是迅速的。

Charest（1978）、Ahrony 和 Swary（1980）、Asquith 和 Mullins（1983）给出了关于事件研究的一个有趣的结论：股利的非预期变动与股票价格的变动有着同样的方向，这些是与 MM 定理和该定理考虑了税盾后的调整结论相违背的。Bernard 和 Thomas（1990）发现，股价对本季度股利的反应可以从前几个季度的股利情况预测出来。这个异常现象对小公司尤为明显。

Stickel（1985）对价值线（Value Line）的公司排名改变这一信息进行研究，发现市场对排名改变最多要花费 3 天时间进行调整，且调整是永久的。还有一些学者对《华尔街日报》的"Heard on the Street"专栏披露的信息进行调查，结论是符合半强式有效形式。库萨蒂斯（Cusatis）等、德塞（Desai）和贾因（Jain）、艾肯贝里（Ikenberry）等、阿斯奎思（Asquith）、阿格拉沃尔（Agrawal）等在 20 世纪 90 年代发现股票市场对公司的并购等信息存在反应滞后，但这些异常都可以被解释。

对于一些不支持半强式有效形式的结论，Fama（1991）做了解释：公告之后的漂移（滞后反应，post-announcement drift）是在研究股票价格对公司公布收益的反应的异常现象。法玛解释道：当一部分价格走势表现出对事件反应十分缓慢时，这时对于 EMH 的检验必须考虑联合检验的影响。Malkiel（2003）的综述概括了一些针对半强式有效的反例。例如在 Palm Pilot 公司分离出母公司 3Com 并开始交易时，Palm Pilot 的股价如此之高，以至于使得母公司的净资产为负，这是对股价的明显误判。Rasches（2001）研究对公司名称的混淆，名为 MCIC 的公司和 MCI 封闭基金的价格存在明显的联动。Cooper 等（2001）发现，公司名称加上 com 对股价有正面影响。他认为这些的确是对半强式有效的反驳。

在上面的对弱式有效的检验中已经提及股价行为存在动能效应，这里主要讨论对于有新信息时股价的反应过度或不足的问题。行为金融学家对动能效应的第二种解释是，投资者对信息的反应并不是迅速的，而是在一段时间内慢慢实现的。法玛承认，的确存在反应不足和反应过度的现象，不过，法玛发现，反应过度和反应不足发生的频率基本相等，这意味着投资者也许并没有系统性的反应错误，而只是股票波动性变大，并且人们不能从这个异象中获利，因此市场仍然是有效的。

Lu 和 Ma（2004）发现在 1 月的后半月也有 1 月效应，而且这和税收因素无关。并且他们发现后半月的 1 月效应对大公司比较强[①]，同时 1 月份的年报通常表

[①] 这也就解释了上文所述的 1 月效应和公司规模无关性问题。因为小公司的上半月 1 月效应强，而大公司的下半月 1 月效应强（而且两者的机理是不同的）。

达正收益的信息，因此1月效应应该还和公司的年度报告出台这个事件有关（收入假说）。因此，后半月1月效应仍然不表明市场无效，而正相反，它表明了市场对新信息的有效性。

（三）强式有效市场检验

为检验强式有效市场，我们需要了解有内幕信息的投资者能否获得超额收益。一般来说，有内幕信息的投资者集中于公司经理、专家经纪人和投资基金管理人。因此，下面将以三类人为对象来考察市场的有效性。

1. 内幕交易

Scholes（1969）和Scholes（1972）发现，企业的高级员工拥有不对外公开的企业信息。Jaffe（1974）也发现了企业内部人员能获取超额收益。而且，公众对内部交易的反应不够迅速，聪明的普通投资者可以从内幕交易显露出的公开信息中持续获利。Seyhun（1986）对上述公众从内幕交易的信息中获利的问题提供了一个解释，认为异象的产生是因为CAPM不能解释的规模效应。Fama（1991）指出，在检验强式有效时应慎用CAPM，因为它很有可能是错的。此外，有证据表明，价值线旗下的基金的收益率非常之高，这暗示了私人信息能获利。

2. 基金投资业绩

Sharpe（1965，1966）、Treynor（1965）以及Jensen（1968，1969）对（共同）基金的业绩作了研究。如果基金经理比普通投资者更能获利，这可能是因为他们拥有内部信息，但另一方面也有可能是因为他们更加敏锐，能从公共信息中察觉出一些特殊信息。这样，其实严格来讲仅从基金业绩并不能判断市场是不是强式有效。Malkiel（1995）用新的数据证实了詹森的结论。并且，即使在一些业绩不好的基金被其他基金吸收而忽略这些业绩不佳的基金的数据情况下，基金业总体仍无法战胜市场。

判断基金收益的难点在于确定基金的风险以及承担这些风险应得的风险溢价。詹森使用CAPM，通过考察100余只基金在十年中的表现，认为在不考虑各种费用时，基金并不总能战胜市场，而在考虑投资者获得的费后收入时，115只基金中的89只低于市场表现。因此，詹森总结道：基金所获得的额外收益并不能弥补投资者的研究和交易等费用。

不过，后来Henriksson（1984）以及Chang和Lewellen（1984）通过对大量基金的长期检验，发现基金经理人能获得足够的私人信息使得基金可获得用于支付信息成本的超额收益。Brinson等（1986）对养老基金和捐赠基金的检验表明，它们的表现比被动投资还要差。Beebower 和 Bergstrom（1977）、Munnell（1983）、Ippolito 和 Turner（1987）、Berkowitz 等（1988）都发现，养老基金和捐赠基金的业绩差于市场表现。

Ippolito（1989）作了更广泛的检验，他发现基金费后的收益率是基本符合 CAPM 的（比证券市场线略高）。且他并不认为这个差别是由于管理费用和其他开支造成的，并支持理性噪声预期模型（noisy rational expectations model）。

值得注意的是，得出上述矛盾观点的论文所用的定价模型和计量方法是不同的，而 Grinblatt 和 Titman（1989）认为结果对方法是很敏感的。Elton 等（1991）认为，基金所投资的证券不仅仅是标准普尔 500 指数之内的证券，他们还采用一个特定的三因素模型对 Ippolito（1989）所用的数据重新进行检验，得出的结论是：基金业绩差于市场表现。

Lakonishok 等（1992）发现了 20 世纪 80 年代以来的养老基金在扣除管理费用的平均收益后均比标准普尔 500 指数少 1.5%～2.5%。但是研究者发现，即使一些基金经理的运作是成功的，他们仍然不能改变基金业表现普遍差于市场的事实。也有其他的研究结果显示，少数的基金确实能够持续地获得超过市场的平均收益率（Chevalier and Ellison，1996；Brown and Goetzmann，1995；Kahn and Rudd，1995）。

（四）中国证券市场有效性实证研究

从 20 世纪 90 年代开始，我国不少学者开始检验我国股票市场的有效性。到目前为止，这方面的文献已经蔚为壮观，而且所用方法并不仅限于上述经典方法。早期的研究通常认为我国股票市场不具有弱式有效性，但是 1998 年以后的一些实证检验表明，中国股票市场已经开始从无效向弱式有效市场过渡。表 1 是一个对我国股市有效性方面文献的总结分析。

表 1　　　　　　　　　　我国股市有效性实证研究文献的归纳整理表

序号	时间	作者	样本	检验模型	结论
1	1993.5	吴世农	选择 5 家上市公司为样本	相关性检验模型，简单线性和相关性检验模型	深圳股市尚未通过弱式检验
2	1994.8	吴世农	1992 年 6 月—1993 年 12 月，以 112 种股票及股价综合指数为样本	自相关模型	上海股市不具有"弱型效率"

续表

序号	时间	作者	样本	检验模型	结论
3	1994.9	俞乔	1990 年 12 月 19 日—1994 年 4 月 28 日（沪市综合指数） 1991 年 4 月 3 日—1994 年 4 月 28 日（深市综合指数）	误差项序列相关检验，游程检验，非参检验	—
4	1995.5.7	邓学文	—	自相关检验，过渡法则检验	中国股市尚未达到弱式有效
5	1995.4	宋颂兴和金伟根	1993 年 1 月—1994 年 10 月，29 种股票的周平均收益率	游程、序列相关检验	沪市已达到弱式有效
6	1995.12	王锦功和徐尧	1992 年 12 月—1994 年 8 月，164 只股票分成 22 类，取 18 类	因子分析	我国股市变化不是宏观经济变化的晴雨表
7	1996.1	沈艺峰	1993 年 9 月 8 日—11 月 4 日，延中股价 1993 年 10 月 14 日—12 月 9 日，中华股价及上海证交所综合指数	1993 年 10 月 1 日的宝延事件 1993 年 11 月 11 日的万申事件（事件研究法）	我国股市不具有半强式有效性
8	1996.4	吴世农	1992 年 6 月—1993 年 12 月，20 种股票（深市 8 种，沪市 12 种）的日收益率	自相关分析	我国股市是否达到弱式有效还很难说
9	1996.4	高鸿桢	1990 年 12 月 19 日—1994 年 12 月 19 日，上证综合指数	序列相关检验，延续性检验，反应速度检验	沪市由无效向弱式有效过渡
10	1997.1	杨朝军等	1990 年 12 月—1995 年 12 月，上证综合指数、100 家公司收益率	柯莫哥洛夫检验，序列自相关检验，单指数模型	沪市 1991 年、1992 年为非有效市场，1993 年以来已趋近于弱式有效；对公开信息具有较快的反应速度，但不是完全的半强式有效市场
11	1997.1	赵小平等	1990 年 12 月—1995 年 12 月，182 种股票每周的原始价	线性关联检验，过渡法则检验	沪市是一个非强式有效市场
12	1997.1	张丕一	1992 年 1 月 2 日—1995 年 11 月 1 日，上证指数	相关性检验，游程检验，正态性检验	现阶段沪市是非有效的，但正向着有效性发展

续表

序号	时间	作者	样本	检验模型	结论
13	1997.3	孙铮	1993年6月—1993年8月，深圳上市公司中期报告 1993年9月—1993年10月，宝延事件	案例分析和已有的实证分析	我国股市尚未达到弱式有效
14	1997.4	吴世农和黄志功	1996年1月2日—1996年5月31日，上海证交所上市的30家公司	夏普模型	上海股市尚未达到半强式有效
15	1997.4	林小明和王美今	1993年5月21日—1996年5月31日	混沌检验模式	我国股市具有弱式有效性
16	1997.9	陈小悦等	1991年—1996年11月，每日收盘价，52种股票，20种股票指数	随机游走模型，迪基-富勒（Dickey-Fuller，DF）检验	深市已达到弱式有效，沪市1993年前未达到，1993年后达到，中国股市总体已达到弱式有效
17	1998.1	胡朝俊	以1994年1月—1996年11月，每日股价收盘综合指数	随机游走模型，自相关模型，Wilcoxon符合检验	中国股市现阶段已达到弱式有效状态
18	1998.3	范龙振和张子刚	对吴世农（1993）文章的探讨	DF检验	深市已显示出弱式有效性
19	2003.1	张兵和李晓明	1991—2001年，388只沪市上市公司股票	时变系数的AR（2）自回归模型	1997年之前市场无效，1997年之后市场呈现出弱式有效
20	2005.8	吴东辉和薛祖云	2001年中报与年报，深沪交易所上市A股公司	盈利预测的投资价值	未达到Fama（1970）意义上的半强式有效
21	2004.3	肖军和徐信忠	1992年12月—2001年12月，上海证券交易所和深圳证券交易所上市的A股	实证结果分析	中国深沪A股市场不支持半强式有效
22	2007.2	吴振翔和陈敏	2000年1月4日—2004年1月2日，沪深股市所有挂牌交易的A股股票和上证180指数	反证法，若存在统计套利，则市场无效	我国股票市场的弱式有效性是不成立的

续表

序号	时间	作者	样本	检验模型	结论
23	2000.1	靳云汇和李学	1997—1998 年，沪深股市 94 例买壳上市公司	事件研究法，市场模型和不变收益率模型	中国证券市场不是半强式有效的
24	2006.3	祁斌等	2001 年 1 月—2004 年 12 月，上海证券交易所 451 只股票（2001 年 1 月前上市的）	实证分析，若惯性和反转现象明显，则市场无效	中国股票市场的有效性还处在较低的水平
25	2008.4	廖理等	2006 年 6 月—2007 年 4 月，限售股获得上市资格的 475 只股票（样本期内发生且仅发生过一次解禁事件）	实证结果分析	解禁股收益能够反映公司基本面的时序变化和个体差异，从而验证了中国资本市场的有效性
26	2004.11	胡昌生和刘宏	1992 年 5 月—2003 年 9 月，上证综合指数和深证综合指数	AR-GARCH-M 模型	沪、深股市在早期都明显不具备弱式有效特征，但随市场的发展效率有所提高
27	2000.2	胡畏和范龙振	1995 年 2 月—1999 年 11 月，上证综合指数（SSEC），上证 A 股指数（SSEA）和选取的一些股票	单位根检验（随机游走模型）	指数和大多数股票价格行为服从单位根过程，显示出一定程度的弱式市场有效性特征
28	2001.1	邓子来和胡健	1998 年 7—8 月，上证 30 指数的成份股，深成指 30	随机游走模型，股价自回归检验，事件研究法	我国股票市场目前正处于弱式有效市场层次，但并不具有半强式有效市场的特点
29	2005.11	戴晓凤等	1990 年 12 月—2004 年 6 月，上证和深证综合指数、A 股指数、B 股指数	单位根检验，游程检验	除上海综合指数外，其他指数都通过了检验，呈现出弱式有效
30	2001.3	叶中行和曹奕剑	2000 年 6 月 12—23 日，10 个交易日的沪市指数	赫斯特（Hurst）指数，随机游走模型	该证券市场不是有效的
31	2003.4	陈灯塔和洪永淼	1990 年 12 月—2002 年 10 月，上证和深证综合指数、A 股指数、B 股指数，以及上证 180 指数和深证成份指数	广义谱导数检验	沪市和深市都尚未达到弱式有效，有效程度随着时间的推移有所改善，A 股市场比 B 股市场有效性相对更高

续表

序号	时间	作者	样本	检验模型	结论
32	2006.7	王征等	2004 年 3 月—2005 年 6 月，中国股市券商研究员给出的 19 310 次股票投资评级数据	实证结果分析	中国股票市场尚未达到充分有效
33	2013.1	朱孔来和李静静	2000 年 1 月—2011 年 4 月，上证综指（000001）和深证综指（399106）	对数动态自回归模型，游程检验，单位根检验，约翰森（Johansen）协整检验，格兰杰（Granger）因果关系检验	沪深两市基本达到弱式有效、联合的弱式有效

　　邱宜干（2001）还对表中所列早期论文作了评论，认为不少论文都有数据、方法或推理上的问题。

　　目前对于新兴资本市场有效性的检验方兴未艾。不过中国的股票市场是难以检验的，因为数据过少，且存在强烈的政策干预。不少文献认为中国的证券市场基本能达到弱式有效，但是由于中国股市存在时间过短，且有的文献甚至只检验了几只股票的时间序列，因此，我们目前尚不能得出稳健的结论。不过大部分文献都注意到了我国股市在 1993 年左右出现的结构性变化。

四、股票收益的预测性

　　本节将分为三个小节展开。首先，我们总结了一些经典的时间序列上的股票收益预测文献。接下来，我们总结了在样本外区间依然显著的横截面上股票收益可预测性的现象（市场异象），并介绍了一些对于大量市场异象进行总结性分析的文章。最后，本节单独介绍了成交量与股票收益预测性这一经典研究话题。

（一）时间序列上的股票收益预测

　　首先，在收益率的可预测性方面，Ang 和 Bekaert（2007）全面地重新审视了关于总市场收益可预测性的传统观点。传统观念将股息收益率的大部分变化归因于对期望收益的预测的变化，安格（Ang）和贝克特（Bekaert）使用美国、英国、德国、法国的长短数据集，发现股息收益率仅能在短期内和短期利率一起预测超额收益，并无长期预测能力，在短期内，短期利率可以预测收益，并与其负相关，贴现率和短期利率变动在解释股息收益率的变化上有重要作用，收益率能显著地预测未来现金流。

已知如果收益不可预测，为产生可观测的收益率变化，那么股息增长一定可预测。对于这句话的逆否命题，Cochrane（2008）发现了股息增长的不可预测性，股价-股息比率的变化与预期超额收益率、风险溢价的变化一致，而与未来股息增长没有关联。

对于学界中的观点"收益率不随时间变化，股价-股息比率的变化来自预期现金流量的变化"，Cochrane（2011）提出了质疑，他认为所有的股价-股息变化更可能来自贴现率的变化。科克伦展示了贴现率如何随时间、因资产而变化的情况，抛出了包括"贴现率为何变化如此大"在内的一系列问题，认为贴现率是值得研究的。

在肯定了收益率的可预测性之后，一个常见的思路就是寻找预测变量，然而Goyal 和 Welch（2006）认为其历史平均数据比其他预测变量更可靠，他们在 2008年的研究中提出了相应的实证结果，他们对以往研究中提出的预测模型进行了复刻，全面地重新审视以往文献中提到的预测变量在预测股票溢价方面的表现，总体而言发现这些模型在为期 30 年的样本内、外预测方面表现都很不好，模型中许多经济变量不能提供与历史均值预测一致的结果，许多模型的显著性仅限于 1973—1975 年石油危机前的年份。

在预测方面，历史平均数据真的是所向无敌吗？对此，Campbell 和 Thompson（2008）却持相反意见，他们发现，在预测未来的股票超额收益率方面，一旦对系数的符号和收益预测施加了弱约束，包含预测变量的回归模型比历史平均数据更优，虽然样本外解释力不大，但对均值-方差投资者来说仍有经济学意义。施加稳态估值模型的约束后，预测效果更好，从而不再需要从波动性股票收益的短期样本中估算平均值。

对于上述 Goyal 和 Welch（2008）在实证研究中发现的预测变量的失败，Rapach 等（2010）则认为是方法问题，单一预测回归模型的预测能力的确欠佳，因此应将各单一预测联合起来。他们发现，联合预测可以在统计学和经济学意义上显著，并提供与历史平均一致的样本外收益预测结果。联合预测优点的实证解释有：联合预测包含了来自众多经济变量的信息，同时大幅降低了预测波动性；联合预测与实体经济相关。

除联合预测之外，在预测方法创新方面，Van Binsbergen 和 Koijen（2010）在现值模型中使用潜变量方法来预测股票市场的预期收益率和预期股息增长率。他们提出，这种方法可以汇总整个价格股息率和股息增长率历史中包含的信息，结果显示，收益率和股息增长率都是可预测的。此外还发现，预期收益率和预期股息增长率都含有持续性成分，前者更持久。

机器学习是一门新兴的多领域交叉学科，专门研究计算机怎样模拟或实现人类的学习行为，以获取新的知识或技能，重新组织已有的知识结构，使之不断改善自身的性能。关于机器学习方法在股票预测上的应用，尤其是解决衡量资产风险溢价这一经典资产定价问题方面，Gu 等（2020）做了比较分析，发现机器学习预测对投资者来说具有很大的经济学意义，与文献中的一些基于回归的预测策略相比，机器学习方法将预测性能提高了一倍。

除了预测方法的创新，一些新的因子和指标也被提出。

Ludvigson 和 Ng（2007）利用动态因子分析法对大型数据集进行分析，探求风险与收益的关系，通过几个估计因子概括大量经济信息，还发现了新因子，包括两个财务因子和一个宏观经济因子："波动性""溢价""真实（产出）"，它们包含了通常预测因子无法涵盖的信息——关于未来一季度的超额收益和波动性，模型能够预测 16%～20% 的未来一季度的超额股票市场收益率的变化，并且样本外预测能力稳健。他们还发现，条件夏普比具有显著的反周期特征。

Pástor 等（2008）使用收益预测计算出的隐含资本成本（implied cost of capital，ICC），可用于捕捉股票期望收益的时间变化，此外还推导了 ICC 的预测能力。

Neely 等（2014）则聚焦技术性指标的预测能力。流行的技术性指标包括移动平均值和动量信号，这些信号通常与交易量结合起来使用。技术性指标试图识别市场价格趋势，这被解释为未来价格走势的信号。他们发现，技术性指标在统计学和经济学意义上都有显著的样本外预测能力，并且可以与宏观经济变量一样有用；技术性指标和宏观经济变量在样本外的预测都与商业周期紧密相关，并且是以互补的方式——技术性指标可检测出股票风险溢价在周期性峰值附近的典型下降，而宏观经济变量更易捕捉典型上升；进一步地，相较于单独使用宏观经济变量或技术性指标，综合二者中所包含的信息将大大增加样本外预测能力。

近年来行为金融学逐渐兴起，成为一个研究热点，Huang 等（2015）就从行为金融学角度出发，提出了一个新的整合后的情绪指数，它包含了六个情绪代理变量（封闭式基金贴现率、股份周转率、IPO 数量、IPO 首日收益率、股息溢价、新发行股票所占市场份额），在消除了这些代理变量中的常见噪声成分后，该指数在样本内外都有很好的对股票市场的预测能力，它的表现优于公认的宏观经济变量，还可以预测按行业、规模、价值和动量排序的横截面股票收益率。他们分析，这种预测能力的驱动力似乎源于投资者对未来现金流的有偏见的信念。

通过研究月度股票收益率在国家之间的领先-滞后关系，Rapach 等（2013）发现了美国的领先、主导地位因子，它并非新的预测因子，但形式上是类似的。结果表明，在美国产生的收益冲击只完全反映在美国以外的具有滞后性的股票价格中，这与美国收益滞后预测能力的逐步信息扩散解释是一致的。

对于风险-收益关系，长期以来，金融学家们一直致力于探寻股票市场超额收益的条件均值和条件波动率之间的实证关系，即风险-收益关系。Ludvigson 和 Ng（2007）提出，要理解实证风险-收益关系，在研究股票收益的条件均值和条件波动中，区分条件相关性和无条件相关性是至关重要的。

Pástor 等（2008）不仅推导了隐含资本成本的预测能力，还通过模拟发现，即使收益预测效果不佳，ICC 对观测跨期风险-收益关系也有帮助。最后在实证分析中构建了 7 国的 ICC 时间序列，发现无论在国家层面还是在世界层面，股票收益的条件均值和方差都存在正相关。

（二）横截面上的股票收益预测

1. 数百种市场异象在样本外的表现

在过去几十年的资产定价研究中发现了数百种不同的市场异象。Hou 等（2020）整理了以往研究中发现的可以显著预测股票收益率的变量。他们将以往文献中提到的市场异象分成了动量类、价值类、投资类、盈利类、无形指标类、交易摩擦类六个大类来总结，复刻了这些市场异象并基于最新的样本区间重新检验了它们的显著性，结果发现 452 个异象中有 65% 的异象不再显著，在交易摩擦类异象中更是有 95% 之多的异象没有通过 t 检验。即使是在统计意义上显著的市场异象中，复刻出来的异象收益率也远小于原始文章中所报告的收益率。这些结果整体表明学术界发掘出来的因子动物园（factor zoo）在样本外表现的可靠性远低于预期。这也说明市场可能比我们的传统认知更加有效。

2. 关于异象的系统性分析

通过上述总结我们看到，即使是去除了样本外表现不显著的市场异象，市场上仍然有数十种显著的异象。近些年来学者们对于这些大量的异象进行了许多系统性的分析，下面总结了三个重要的研究角度：（1）这些异象到底是系统性风险、错误定价还是数据挖掘的产物？一些学者基于大量的异象样本为它们的成因给出了统一的回答。（2）随着学术研究对异象的挖掘，我们发现了越来越多的无法由经典的法玛-弗伦奇三因子模型所解释的异象。因此，学者们开始尝试提出新的因子模型来应对这些异象的挑战。（3）异象通常都是以可交易的投资策略的形式展现出来的，那么这些异象到底是不是可投资的呢？学者们也开始了交易成本对于异象收益率的系统性研究。

（1）区分异象的成因。

在过去几十年的资产定价研究中已经发现了上百种市场异象或者因子（后面统称为因子），但是这些因子为什么能够获得超额收益率依然是一个尚未盖棺定论的问题。主流的观点提供了三类解释：第一类解释认为这些因子的收益率是对于所承担的系统性风险的补偿；第二类解释认为这些因子的收益率是由于投资者行为偏差、市场摩擦等原因而产生的错误定价；第三类解释认为这些因子是由学术界和业界多年以来对于股票收益预测的数据挖掘而产生的。近些年来，一些学者开始对于已有的因子进行系统性分析，试图为这些因子的成因寻求统一的回答。

McLean 和 Pontiff（2016）通过对金融、经济、会计期刊上发表的与股票收益率预测相关的文章进行整理，找出了学术界发掘出来的 97 个在横截面上可以预测股票收益率的变量并且相应地构造了多空组合（因子）。他们研究了这 97 个变量的多空组合收益率在三个时间区间内的差异：（1）原文章里的样本区间，（2）原文章样本末尾至原文章正式发表见刊的时间区间，（3）原文章发表见刊以后的时间区间。

首先，如何判断由数据挖掘产生的因子收益率呢？由数据挖掘产生的因子收益率不应该在原文章样本区间外存在，因此，因子在时间区间 2 和 1 之间的差异可以理解为由数据挖掘而产生的收益率。接下来，如何区分系统性风险补偿和错误定价产生的因子收益率呢？一个假设是，系统性风险补偿产生的收益率不应该受到学术文章发表的影响，而由错误定价产生的因子收益率会在学术文章发表之后被投资者认识到并用于套利交易，因此会把错误定价通过交易给消灭掉。基于此逻辑，多空组合在时间区间 3 和 2 之间的差异可以理解为错误定价可以产生的因子收益率。作者研究发现，因子收益率在原样本外区间内下滑了 26％，而在学术文章发表之后区间内下滑了 58％。此外，作者还发现了样本内区间越高的因子在学术文章发表后收益率下滑越大，而因子投资组合内股票异质性风险更高或流动性更差的因子在学术文章发表后的收益率下滑更少。这些实证证据表明错误定价是因子收益率最重要的解释。

Engleberg 等（2018）同样试图区分上述三种因子收益率的解释。他们的实证设计是比较因子收益率在有和没有公司层面信息发布的交易日内（例如，公司盈利发布日）的收益率。具体而言，如果因子收益率是源于系统性风险补偿，那么在公司层面信息发布日系统性风险不会有太大的变化，也就不会使得因子收益率发生较大的变化。而在错误定价的解释下，公司层面信息的发布会使得错误定价得到纠正，那么因子收益率会在公司层面信息发布日内具有较高的收益率。他们基于

McLean 和 Pontiff（2018）中使用的 97 个因子研究发现，因子收益率在有公司层面信息发布的日期内要比其他日期高出 50%，而在公司盈利发布日内会比其他日期高出 6 倍。这说明了错误定价是产生因子收益率的主要原因。

（2）新的因子模型。

2015 年，法玛和弗伦奇在他们的三因子模型中加入了盈利因子和投资因子，提出了五因子模型：

$$R_i - R_f = \beta^i_{MKT}(R_M - R_f) + \beta^i_{SMB}\,\mathrm{SMB} + \beta^i_{HML}\,\mathrm{HML} + \beta^i_{RMW}\,\mathrm{RMW} + \beta^i_{CMA}\,\mathrm{CMA} + \varepsilon_i$$

RMW 和 CMA 分别是盈利因子和投资因子的收益率，β^i_{RMW} 和 β^i_{CMA} 分别是股票 i 在相应因子的暴露系数，对于新加入的盈利因子和投资因子，构造方法与价值因子相同：以 ROE 和过去一年总资产变化率的 30% 和 70% 分位数为界，从高到低划分得到 R（robust）、N（neutral）、W（weak）、A（aggressive）、N（neutral）和 C（conservative）。用计算价值因子的方法计算 RMW（robust-minus-weak）和 AMC（aggressive-minus-conservative）。

另外，对于三因子模型中已有的规模因子，五因子模型改良了其构造方法（因为加入了新的因子）。

Hou 等（2015）从实体投资经济学理论出发提出了 q 因子模型，它在法玛-弗伦奇三因子模型的基础上，摒弃了价值因子，加入了投资和盈利因子：

$$R_i - R_f = \beta^i_{MKT}(R_M - R_f) + \beta^i_{MB}\,\mathrm{MB} + \beta^i_{I/A}\,\mathrm{I/A} + \beta^i_{ROE}\,\mathrm{ROE} + \varepsilon_i$$

MB、I/A 和 ROE 分别是规模、投资和盈利因子的收益率。I/A（investment-to-assets）是基于总资产的年度变化除以滞后一年的总资产得到的。构造方式不再是双重排序，而是市值、单季度 ROE 和总资产变化率的 $2\times3\times3$ 独立三重排序。

下面两个新模型都将从行为金融学的角度出发。

首先是 Stambaugh 和 Yuan（2017）提出的错误定价四因子模型，与 q 因子模型相同，它也摒弃了法玛-弗伦奇三因子模型中的价值因子；与 q 因子模型不同的是，它在市场和规模因子的基础上新添加的因子是管理因子和表现因子：

$$R_i - R_f = \beta^i_{MKT}(R_M - R_f) + \beta^i_{SMB}\,\mathrm{SMB} + \beta^i_{MGMT}\,\mathrm{MGMT} + \beta^i_{PERF}\,\mathrm{PERF} + \varepsilon_i$$

MGMT 和 PERF 分别是管理因子和表现因子的收益率。新加入的管理因子和表现因子的提出，是从 11 个法玛-弗伦奇三因子模型不能解释的异象出发的，将此 11 个异象按它们之间的相关性分成两组，其中 6 个与公司的管理决策有关，5 个与公司的表现有关，所以分别称为管理因子和表现因子，它们都源自错误定价。

行为金融学运用于资产定价的另一尝试是 Daniel 等（2020）提出的 DHS 复合三因子模型。股票收益率间的联动通常有两个原因：一是股票错误定价上的共性，二是投资者对于股票基本面新息的错误反映上的共性，因此错误定价可以用来预测股票收益率，从而行为因子可以构建资产定价模型。丹尼尔（Daniel）等在市场因子的基础上，为捕捉过度自信和有限关注导致的错误定价，新加入了长期和短期的行为因子。

非理性投资者往往因过度自信而对增发回购行为反应不足，融资成本也使得股价不会在短期得到修正，因此融资因子（financing factor，FIN）可用来反映长期定价误差；投资者的有限注意力使得他们对最新的盈余信息反应不足，因此盈余公告漂移（postearnings-announcement drift，PEAD）因子用于反映短期定价误差。具体地，融资因子（FIN）的构建使用了过去一年的股票净发行（net-share-issuance，NSI，出自 Pontiff and Woodgate，2008）和过去五年的股票综合发行（composite-share-issuance，CSI，出自 Daniel and Titman，2006），计算方法类似上述因子，按照 low-minus-high 的规则；盈余公告偏移因子是以一个财报披露日期为基点，披露之前两个交易日到披露后的一个交易日相对于市场的累积超额收益率，计算方法同 FIN，按照 high-minus-low 的规则。

（3）考虑交易成本对因子的影响。

Novy-Marx 和 Velikov（2016）按高、中、低周转率对异象和投资策略进行分类，测试了考虑交易成本前后异象的显著性，计算了每种策略的交易成本，量化了每种策略让边际投资者无利可图之前对新资本的吸引能力。另外，他们还研究了几种降低交易成本的技术。结果表明，考虑交易成本后不再显著的异象有应计盈余（accruals）（Sloan，1996）、行业动量（industry momentum）（Moskowitz and Grinblatt，1999）、high-frequency Combo[①] 等，仍然显著的异象有价值（value）（Fama and French，1993）、净股票发行量（net stock issuance）（Fama and French，2008）、短期收益回归（short-run reversals）（Jegadeesh and Titman，1993）等；虽然交易成本大大降低了异象（尤其是高周转率异象）的获利能力，但可以通过设计策略来降低交易成本从而提高获利；小型股票的异象价差通常较高，但同时交易成本也明显更高。Novy-Marx 和 Velikov（2016）认为，等权重投资组合的策略在交易成本高昂的小股票中占据过多的头寸，因此等权重策略通常会导致净绩效下降，使得其表现劣于市值加权策略，然而等权重策略在学术研究中却更受欢迎，这是有误导性的，对此应该持怀疑态度。

---

① high frequency Combo 是基于行业相对收益反转和行业相对动能相结合的收益异象，详见 Novy-Marx，Robert，and Mihail Velikov，2016，A taxonomy of anomalies and their trading costs，Review of Financial Studies 29，104 – 147.

（三）成交量与股票收益预测

已有的研究结论表明，成交量与股票期望收益之间存在着显著的关系。在金融研究中，成交量通常作为流动性的一个代理变量，一个资产的成交量越大，其流动性越高，因而，其未来收益越低，反之亦然。这一结论与传统资产定价理论中的流动性溢价理论相符。近期的相关研究表明，成交量还是投资者情绪的指示器。这为开展行为金融学的相关实证研究提供了方便。

1. 成交量及其度量

目前学术界尚无有关成交量的统一定义。成交量通常有几种不同的定义和衡量方法。这些方法都在不同的金融学研究文献中出现过，但究竟哪一种成交量能更好地描述资产流动性则不得而知。下面将金融学家们常用的成交量衡量指标的计算方法列示如下。

设某一股票市场拥有 I 个投资者（$i=1, 2, \cdots, I$），J 只股票（$j=1, 2, \cdots, J$）。以 N_{jt} 表示时间 t 股票 j 的总数，D_{jt} 代表该股票支付的股息，P_{jt} 为该时点的除息价格，S_{jt}^i 为该时点上投资者 i 持有的股票数量，我们可以从表2中较清晰地了解各种成交量的定义及其区别。

表2　　　　　　　　　　　　成交量的定义及其度量

成交量	定义
成交次数	平均每日、每月等某一股票成交的次数
成交金额*	$\dfrac{1}{2}\sum\limits_{i=1}^{I}\left|S_{jt}P_{jt}\right|$
成交股数	X_{jt}
成交金额*	$P_{jt}X_{jt}$
相对成交金额	$P_{jt}X_{jt}\Big/\sum\limits_{j}P_{jt}X_{jt}$
换手率（$I_j t$）	$\dfrac{P_{jt}X_{jt}}{D_{jt}N_{jt}}$
成交股票数量加权换手率	$\dfrac{\dfrac{N_j}{J}I_{jt}}{\sum\limits_{j=1}^{J}N_j}$
平均换手率	$\dfrac{\sum\limits_{j=1}^{J}I_{jt}}{\sum\limits_{j=1}^{J}N_j}$
价格加权换手率	$\sum\limits_{j=1}^{J}\dfrac{P_{jt}N_{jt}}{\sum\limits_{j=1}^{J}P_{jt}N_{jt}}\times\dfrac{X_{jt}}{N_{jt}}$

* 表中两个成交金额所采用的测度方法不同。

2. 成交量与短期股票期望收益

Conrad 等（1994）用股票每周交易次数来衡量成交量并发现美国股票市场中成交量大的股票出现了收益反转（return reversals）现象，而成交量低的股票则呈现收益动能。Brennan 等（1998）与 Datar 等（1998）分别以成交金额和换手率作为成交量的衡量指标来研究成交量与股票期望收益的关系并得出了与上述类似的结论。本节主要梳理有关成交量与短期（一个月之内）股票期望收益之间的关系。

（1）成交量与股票期望收益序列相关。

假设一个人观察到了股票价格的下跌，那么可能是因为公共信息导致所有的投资人对股市的估价降低了，但也可能是因为非信息型交易者所带来的外生交易压力。如何区分这两种情况呢？Campbell 等（1993）认为可以通过成交量的不同来辨别。如果当公告公共信息时，没有任何理由证明会出现一个异常高的成交量，而证券外生售出或买入压力必然导致异常成交量。因此，在这种情况下，通过观察不寻常的成交量就可以发现哪些是由于非信息型交易者的交易所致。坎贝尔（Campbell）等主要关注日成交量与个股以及市场指数的一阶自相关系数，在分析纽约股票交易所和美国股票交易所 1962—1988 年间的数据后，所得结果表明，在高成交量的日子里，日收益自相关系数总体上虽为正值，但并非如 Conrad 和 Kaul（1988）以及 Lo 和 MacKinlay（1988）中所发现的那样显著，而且成交量与未来收益之间存在显著的负相关关系。

（2）股票收益与成交量交叉自相关。

Lo 和 MacKinlay（1990）证明，投资组合的正向自相关是由单独的有价证券收益的正向自相关引起的。而且，他们发现，大公司的滞后收益和小公司当前收益之间的关联度大于小公司的滞后收益和大公司当前收益之间的关联度。

对于交叉自相关的解释，主要有三类。第一类观点认为，股票收益的交叉自相关是因为期望收益随着时间的变化而变化（Conrad and Kaul，1988），该观点的另外一种类似的形式是：交叉自相关仅仅是投资组合自相关与同步相关的复述（Hameed，1997；Boudoukh et al.，1993）。第二类观点则认为（Boudoukh et al.，1993），投资组合自相关和交叉自相关是市场微结构偏差（如小成交量）所造成的。第三类观点认为，这些是由领先-滞后效应即通常所说的板块效应所致。因为在一个股票市场中，一些股票调整的速度比其他股票要慢（Lo and MacKinlay，1990；Brennan et al.，1993）。对于为什么这些股票没有被人用于套利，Mech（1993）给出的回答是因为高昂的交易成本。

Chordia 和 Swaminathan（2000）在以上这些研究的基础上，用换手率作为成交量的度量单位，重点实证分析了成交量对于股票收益的交叉自相关的决定作用，支持了上述第三类观点。他们的结果表明，成交量是决定股票收益领先-滞后的交叉自相关关系的一个重要因素。而且，高成交量股票投资组合的收益显著领先于低成交量股票投资组合的收益。这一现象是由于低成交量股票价格对市场信息反应迟钝所致。同时他们指出，这个结论展示了一个以成交量为主导，并且价格随着信息的调整而调整的市场，进而引发人们去思考，如何能够让股票的价格更有效率地随着信息的变化而变化？

（3）流动性与成交量。

自 Amihud 和 Mendelson（1986）发现高流动性股票的未来收益平均来说比低流动性股票的要低（即存在流动性溢价）以来，有关资产流动性的研究如雨后春笋般涌现。但时至今日，似乎没有一个规范的关于流动性的定义。通常来说，如果一种资产比另外一种资产更容易以接近于市价的价格迅速地进行交易，那么，这种资产相对于另外一种资产更具流动性（Keynes，1930）。

买卖价差和成交量是度量流动性的常见代理变量。因为买卖价差不易为人们观察，以成交量来度量流动性广为业界和学术界所接受。Datar 等（1998）以换手率作为流动性度量指标来系统检验流动性溢价理论，围绕流动性溢价来研究成交量与股票期望收益的关系。他们实证分析了 1962—1991 年间纽约股票交易所交易的所有非金融类上市公司的月数据，结果显示，股票换手率越高，股票的流动性越高，该股票的期望收益应该较低。达塔（Datar）等的研究发现与传统的流动性溢价理论（如 Amihud and Mendelson，1986）相符。

不仅成交量的高低与证券期望收益密切相关，后续的金融研究还发现，成交量的变化的不确定性（即流动性风险）对证券收益也会产生影响。Chordia 等（2001）分析了纽约股票交易所和美国股票交易所交易的个股数据，发现流动性的波动性（以成交量度量流动性）与股票期望收益之间存在正相关关系。

Acharya 和 Pedersen（2003）建立了一个理论模型，证明流动性风险即流动性的波动性对资产定价产生的影响。他们的结论表明，证券的期望收益依赖于它的收益与市场非流动性（market illiquidity）的协方差，这一协方差越大，期望收益越低；同时也依赖于该证券本身的非流动性与市场收益的协方差，且这一协方差越大，期望收益越低。此外，该证券的期望收益还取决于该证券本身的非流动性与市场整体非流动性的协方差，且该协方差越大，证券的期望收益越高。该结论与 Chordia 等（2000）及 Pastor 和 Stambaugh（2001）发现的证据相吻合。不过，该理论的可靠性尚有待其他市场证据的支持。

3. 价量关系与中期股票期望收益

虽然股票价格和成交量由相同的市场变量共同决定，并且，价量关系长期以来是技术分析派所依赖的基础，但现有金融理论却无法有效解释历史股票价格和成交量之间的互动关系（即价量关系）对未来股价变动的预测能力。

西方金融学术界对价量关系进行系统性实证研究的也不多。Lee 和 Swaminathan（2000）对美国股票市场的价量关系与中期（3～12 个月）预期股票收益关系的系统研究填补了该领域的研究不足。他们使用美国市场上过去 3～12 个月股票的收益表现与成交量（以换手率度量）的互动预测未来 3～12 个月股票的收益，沿用与 Jagadeesh 和 Titman（1993）类似的研究方法，通过研究不同的价量组合投资策略来检验个股平均收益的可预测性。投资组合的构建是基于历史价量关系（历史收益和历史换手率的互动关系）。主要发现包括：（1）高换手率股票的中期未来收益相对于高换手率的股票低；（2）高换手率股票的收益动能远远大于低换手率股票，并且历史成交量能够较准确地预测未来较长时期收益动能的大小和稳定性。这些结果说明成交量与收益的互动即价量关系对未来股票收益具有较强的预测能力。

4. 中国市场上的价量关系研究

Wang 和 Chin（2004）实证分析了中国股票市场 1994—2000 年期间上海证券交易所和深圳证券交易所上市的所有个股价量关系与未来中期股票收益的关系。他们结合中国股票市场的特殊性，以流通换手率衡量成交量，沿用与 Jagadeesh 和 Titman（1993）以及 Lee 和 Swaminathan（2000）类似的研究方法，发现：（1）在历史收益相同的情况下，低换手率股票的平均收益比高换手率股票的高。这与 Datar 等（1998）、Lee 和 Swaminathan（2000）的研究结果以及 Amihud 和 Mendelson（1986）的流动性溢价假设相吻合。（2）强势股的流动性溢价比弱势股的高，且对于大部分 J/K 投资策略都很显著。这表明低换手率股票存在显著的收益动能。（3）高换手率强势股呈现很强的收益回归倾向。排除了风险因素的影响后，上述结果更加显著。

对于与 Lee 和 Swaminathan（2000）的研究结果的差异，Wang 和 Chin 归因于中国股市严禁卖空和以散户投资者为主导的市场特性，他们的研究发现与行为金融理论特别是 Baker 和 Stein（2002）对资产定价的解释相吻合。贝克（Baker）和斯坦（Stein）证明了换手率还可以在存在卖空限制的市场中作为非理性投资者情绪的指示器。高换手率强势股表明非理性投资者主导市场，驱动股票价格超过其价值并将在未来一定时期内回落。但是，由于卖空限制，高换手率弱势股不大可能是由非理性投资者交易所致，因此其收益回归的概率较小。

此外，郑方镳等（2007）以 1996—2003 年沪、深股市 255 只股票为样本，研究了股票成交量与股票收益率序列相关性的关系，以及股票的信息不对称程度对这种关系的影响。结果表明：无论市场热度如何，高成交量交易日的股票收益率在随后交易日中都将表现出反转；牛市和熊市中，在高成交量的交易日之后，信息不对称程度较高的股票，其收益率与信息不对称程度较低的股票相比，更倾向于表现出反转。该实证结果难以用主流理论完全解释，郑方镳等结合中国实际情况后分析得出，其根源在于中国投资者的资产配置交易和过度投机交易行为。

五、有效市场假说与行为金融学

行为金融学有两个主要的理论支柱：有限套利和认知心理学（cognitive psychology）。EMH 并不要求所有投资者都是理性的经济人，但它至少要求理性投资者占主导作用，使得即使定价错误出现，价格也能被带回理论公允值。由于套利组合是理性投资者愿意持有的最大量，因此金融学家们一直相信只要市场上有理性投资者，价格就能保持正确。行为金融学家们却认为套利交易者的作用是有限的，因为在执行套利策略的过程中理性投资者仍然面临基本面风险①（fundamental risk），而更重要的是他们还面临噪声交易者风险（noise trader risk）。非理性的噪声交易者很可能会通过噪声交易使得股价进一步偏离理论公允值，并迫使套利交易者提前平仓②，因此无法完成套利策略，价格也就无法回复到理论公允值。此外，交易成本也不容忽视，它使得套利交易者因无利可图而放弃一些套利交易。

而投资者为什么会是非理性的呢？行为金融学进一步指出了投资者的一些非理性的形式——错误的信仰和非经典的偏好。错误的信仰包括：过度自信（overconfidence）、乐观主义和如意算盘（optimism and wishful thinking）、代表性（representativeness）、保守主义（conservatism）、信仰固执（belief perseverance）、锚定（anchoring）、可获得性偏见（availability biases）。这些错误信仰使得投资者成为糟糕的贝叶斯分析者，并导致他们对股价的估计有误。③

非经典偏好包括期望理论（prospect theory）和模糊厌恶（ambiguity aversion）。虽然从理论上来讲，冯·诺伊曼-摩根斯坦（VNM）效用函数和期望效用理

---

① 因为定价错误的证券很可能没有完美的替代证券，并且替代证券的定价也可能是错的。

② 引用 Shleifer 和 Vishny（1997）的比喻，专业投资者是智力和资本分离（separation of brains and capital）的。专业基金管理人通常是运作他人的资金，因此当非专业投资者看到基金管理人短期业绩不好时倾向于撤资，或者加紧借贷约束。这将使套利交易者蒙受损失且无法完成套利交易。一个关于借贷约束导致股市崩溃的近期模型是 Kathy（2005）。在这个模型中，股价下跌导致受借贷约束的知情交易者必须卖出以保证流动性，而不知情交易者也跟着卖出导致价格继续下降，最终市场崩溃。

③ 例如，BSV 模型（Barberis，Shleifer，and Vishny，1998）假定投资者是保守的，他们坚持要从随机游走的股利行为中判断股利到底是均值回归的还是有趋势的，而这导致了定价错误。

论可以被证明是正确的，但是在现实中，实证结果并不支持这些理论。Kahneman 和 Tversky（1979）从实证出发建立了期望理论，把价值定义于收益之上，且收益-价值曲线是凹于收益、凸于损失的，这反映了损失厌恶，并且加权函数是凸的。

为避免客观概率通常是未知的问题，Savage（1961）发展了主观期望效用分析框架。不过，Ellsberg（1961）的实验指出了人们普遍不喜欢概率分布未知（即模糊）的赌博，这就是模糊厌恶。

学者们基于行为金融学模型便可以解释一些市场异常的市场微观结构的基础。例如 BSV 模型（Barberi et al.，1998）展现了反应不足和反应过度。此外，当我们综合考虑非理性行为和其他一些市场不完备条件如信息不对称或借贷约束时，我们能得到其他一些有启发的结论。例如 Hong 和 Stein（1997）的 HS 模型基于信息缓慢传播的假设，提供了一个可以展现反应过度和反应不足及动能交易的统一模型。

虽然行为金融学在短时间内取得了巨大的成功，但它离成为金融市场理论还差得很远。因为行为金融学虽然能解释一些异常现象，但是这些解释并不系统且依赖于各自特异的假定。仅仅用模糊的市场无效来否认市场有效是不够的，需要有一个如 EMH、CAPM、APT、B-S 公式、MM 定理一样的一整套完整体系。我们期待行为金融学能够通过模型化的语言深入、系统地阐释为什么市场会出现无效（或有效）性。

六、总结

在 EMH 提出后的几十年里，我们发现在经历了无数次实证检验之后，EMH 仍然能基本成立并且市场越来越有效，不少记录下的异常已经消失。Jensen（1978）认为没有其他替代理论比 EMH 具有更坚实的实证基础。

虽然 EMH 只是基于实证结果的归纳而不是模型和推理，但是从重复博弈的角度来看，EMH 的直觉是正确的，如果一个策略是可获得额外利润的，则人们都会按这个策略交易使之失效，因此 EMH 暗示了市场不断演化的特点。但是在解释每一个具体的市场异常现象上，我们不能一味地怀疑数据和方法问题，而是要借助于行为金融学理论和信息经济学模型来考察市场为什么可能出现无效性。

引用马尔基尔（Malkiel）在《新帕尔格雷夫经济学大辞典》里对 EMH 词条的解释："无规则的定价确实可能存在，甚至持续一段时间，市场也会经常为一时的浪潮所左右，然而，任何市场股价的过度波动都将得到校正。毫无疑问，随着时间的流逝以及我们在资料基础的经验方法精度上的提高，我们将会进一步证实效率上的偏差，并充分地理解它们的成因。不过，我猜想，最终的结果将不会是放弃以下的职业信念：在利用信息方面，股票市场显然是有效率的。"①

参考文献

[1] Acharya，V. V.，Pedersen，L. H.，2005. Asset pricing with liquidity risk. Journal of Financial Economics，77，375 - 410.

[2] Agrawal，A.，Jaffe，J. F.，Mandelker，G. N.，1991. The post-merger performance of acquiring firms：A reexamination of an anomaly. Journal of Finance，47，1605 - 1621.

[3] Aharony，J.，Swary，I.，1980. Quarterly dividend and earnings announcements and stockholders' returns：An empirical analysis. Journal of Finance，35，1 - 12.

[4] Alexander，S. S.，1961. Price movements in speculative markets：Trends or random walks. Industrial Management Review，（pre-1986）2，7.

[5] Amihud，Y.，Mendelson，H.，1980. Dealership market：Market making with inventory. Journal of Financial Economics，8，31 - 53.

[6] Amihud，Y.，Mendelson，H.，1986. Asset pricing and the bid-ask spread. Journal of Financial Economics，17，223 - 249.

[7] Ang，A.，Bekaert，G.，2007. Stock return predictability：Is it there? The Review of Financial Studies，20，651 - 707.

[8] Ariel，Robert A.，1987. A monthly effect in stock returns. Journal of Financial Economics，18，161 - 174.

[9] Ariel，Robert A.，1990. High stock returns before holidays：Existence and evidence on possible causes. Journal of Finance，45，1611 - 1626.

[10] Baker，M.，Stein，J. C.，2004. Market liquidity as a sentiment indicator. Journal of Financial Markets，7，271 - 299.

[11] Ball，R.，Brown，P.，1968. An empirical evaluation of accounting income numbers. Journal of Accounting Research，159 - 178.

[12] Banz，R. W.，1981. The relationship between return and market value of common stocks. Journal of Financial Economics，9，3 - 18.

[13] Barberis，N.，Huang，M.，Santos，T.，2001. Prospect theory and asset prices. Quarterly Journal of Economics，116，1 - 53.

---

① Malkiel（1989）.

［14］ Barberis，N.，Shleifer，A.，Vishny，R.，1998. A model of investor sentiment. Journal of Financial Economics，49，307 - 343.

［15］ Barberis，N.，Thaler，R.，2003. A survey of behavioral finance. Handbook of the Economics of Finance，1，1053 - 1128.

［16］ Basu，S.，1977. Investment performance of common stocks in relation to their price-earnings ratios：A test of the efficient market hypothesis. Journal of Finance，32，663 - 681.

［17］ Basu，S.，1983. The relationship between earnings yield，market value，and return for NYSE common stocks：Further evidence. Journal of Financial Economics，12，129 - 156.

［18］ Benartzi，S.，Thaler，R. H.，1995. Myopic loss aversion and the equity premium puzzle. Quarterly Journal of Economics，110，73 - 92.

［19］ Black，F.，1986. Noise. Journal of Finance，41，529 - 543.

［20］ Bodie，Z.，1976. Common stocks as a hedge against inflation. Journal of Finance，31，459 - 470.

［21］ Bremer，M.，Sweeney，R. J.，1991. The reversal of large stock-price decreases. Journal of Finance，46，747 - 754.

［22］ Brennan，M. J.，Chordia，T.，Subrahmanyam，A.，1998. Alternative factor specifications，security characteristics，and the cross-section of expected stock returns. Journal of Financial Economics，49，345 - 373.

［23］ Brennan，M.，Subrahmanyam，A.，1996. Market microstructure and asset pricing：On the compensation for illiquidity in stock returns. Journal of Financial Economics，41，441 - 464.

［24］ Brown，S. J.，Goetzmann，W. N.，Ross，S. A.，1995. Survival. Journal of Finance，50，853 - 873.

［25］ Campbell，J. Y.，Grossman，S. J.，Wang，J.，1993. Trading volume and serial correlation in stock returns. Quarterly Journal of Economics，108，905 - 939.

［26］ Campbell，J. Y.，Shiller，R. J.，1988. Stock prices，earnings，and expected dividends. Journal of Finance，43，661 - 676.

［27］ Campbell，J. Y.，Shiller，R. J.，1988. The dividend-price ratio and expectations of future dividends and discount factors. Review of Financial Studies，1，195 - 228.

［28］ Campbell，J. Y.，Thompson，S. B.，2008. Predicting excess stock returns out of sample：Can anything beat the historical average? Review of Financial Studies，21，1509 - 1531.

［29］ Campbell，John Y.，1987. Stock returns and the term structure. Journal of Financial Economics，18，373 - 399.

［30］ Chan，K. C.，1986. Can tax-loss selling explain the January seasonal in stock returns? Journal of Finance，41，1115 - 1128.

［31］ Chan，K. C.，Chen，N. F.，1991. Structural and return characteristics of small and large firms. Journal of Finance，46，1467 - 1484.

[32] Chen, N. F. , Zhang, F. , 1998. Risk and return of value stocks. Journal of Business, 71, 501 – 535.

[33] Chopra, N. , Lakonishok, J. , Ritter, J. R. , 1992. Measuring abnormal performance: Do stock overreact? Journal of Financial Economics, 235 – 268.

[34] Chordia, T. , Roll, R. , Subrahmanyam, A. , 2000. Commonality in liquidity. Journal of Financial Economics, 56, 3 – 28.

[35] Chordia, T. , Swaminathan, B. , 2000. Trading volume and cross-autocorrelations in stock returns. Journal of Finance, 55, 913 – 936.

[36] Cochrane, John H. , 2008. The dog that did not bark: A defense of return predictability. Review of Financial Studies, 21, 1533 – 1575.

[37] Cochrane, John H. , 2011. Presidential address: Discount rates. Journal of Finance, 66, 1047 – 1108.

[38] Connolly, R. A. , 1989. An examination of the robustness of the weekend effect. Journal of Financial and Quantitative Analysis, 24, 133 – 169.

[39] Conrad, J. S. , Hameed, A. , Niden, C. , 1994. Volume and autocovariances in short horizon individual security returns. Journal of Finance, 49, 1305 – 1329.

[40] Conrad, J. , Kaul, G. , 1988. Time-variation in expected returns. Journal of Business, 409 – 425.

[41] Constantinides, G. M. , 1990. Habit formation: A resolution of the equity premium puzzle. Journal of Political Economy, 98, 519 – 543.

[42] Daniel, K. D. , Hirshleifer, D. A. , Subrahmanyam, A. , 1997. A theory of overconfidence, self-attribution, and security market under-and over-reactions. Self-Attribution, and Security Market Under-and Over-Reactions, February 19.

[43] Daniel, K. , Grinblatt, M. , Titman, S. , Wermers, R. , 1997. Measuring mutual fund performance with characteristic-based benchmarks. Journal of Finance, 52, 1035 – 1058.

[44] Daniel, K. , Hirshleifer, D. , Subrahmanyam, A. , 1998. Investor psychology and security market under-and over-reactions. Journal of Finance, 53, 1839 – 1885.

[45] Daniel, K. , Hirshleifer, D. , Sun, L. , 2020. Short-and long-horizon behavioral factors. Review of Financial Studies, 33, 1673 – 1736.

[46] Datar, V. T. , Naik, N. Y. , Radcliffe, R. , 1998. Liquidity and asset returns: An alternative test. Journal of Financial Markets, 1, 203 – 220.

[47] De Bondt, W. F. , Thaler, R. H. , 1987. Further evidence on investor overreaction and stock market seasonality. Journal of Finance, 42, 557 – 581.

[48] De Bondt, W. F. , Thaler, R. , 1985. Does the stock market overreact. Journal of Finance, 40, 793 – 805.

[49] De Long, J. B. , Shleifer, A. , Summers, L. H. , Waldmann, R. J. , 1990. Noise trader

risk in financial markets. Journal of Political Economy，98，703 - 738.

[50] Dimson，E.，Mussavian，M.，1998. A brief history of market efficiency. European Financial Management，4，91 - 193.

[51] Duffee，G. R.，1992. Trading volume and return reversals. Finance and Economics Discussion Series No. 192，Board of Governors of the Federal Reserve System.

[52] Engelberg，J.，McLean，R. D.，Pontiff，J.，2018. Anomalies and news. Journal of Finance，73，1971 - 2001.

[53] Epstein，Larry，Zin，S.，1989. Substitution，risk aversion，and the temporal behavior of consumption and asset returns：A theoretical framework. Econometrica，57，937 - 968.

[54] Fama，E. F.，1965. The behavior of stock market prices. Journal of Business，38，34 - 105.

[55] Fama，E. F.，1970. Efficient capital markets：A review of theory and empirical work. Journal of Finance，25，383 - 417.

[56] Fama，E. F.，Blume，M. E.，1966. Filter rules and stock market trading profits. Journal of Business，39，226 - 241.

[57] Fama，E. F.，Fisher，L.，Jensen，M. C.，Roll，R.，1969. The adjustment of stock prices to new information. International Economic Review，10，1 - 21.

[58] Fama，E. F.，French，K. R.，1988. Dividend yields and expected stock returns. Journal of Financial Economics，22，3 - 25.

[59] Fama，E. F.，French，K. R.，1988. Permanent and temporary components of stock prices. Journal of Political Economy，96，246 - 273.

[60] Fama，E. F.，French，K. R.，1992. The cross-section of expected stock returns. Journal of Finance，47，427 - 465.

[61] Fama，E. F.，French，K. R.，1993. Common risk factors in the returns on stocks and bonds. Journal of Financial Economics，33，3 - 56.

[62] Fama，E. F.，French，K. R.，1995. Size and book-to-market factors in earnings and returns. Journal of Finance，50，131 - 155.

[63] Fama，E. F.，French，K. R.，1996. Multifactor explanations of asset pricing anomalies. Journal of Finance，51，55 - 84.

[64] Fama，E. F.，French，K. R.，1996. The CAPM is wanted，dead or alive. Journal of Finance，51，1947 - 1958.

[65] Fama，E. F.，French，K. R.，1998. Value versus growth：The international evidence. Journal of Finance，53，1975 - 1999.

[66] Fama，E. F.，French，K. R.，2015. A five-factor asset pricing model. Journal of Financial Economics，116，1 - 22.

[67] Fama，E. F.，MacBeth，J. D.，1973. Risk，return，and equilibrium：Empirical tests. Journal of Political Economy，81，607 - 636.

[68] Fama，E. F.，Schwert，G. W.，1977. Asset returns and inflation. Journal of Financial Economics，5，115 - 146.

[69] Ferson，W. E.，Harvey，C. R.，1991. The variation of economic risk premiums. Journal of Political Economy，99，385 - 415.

[70] Fisher，L.，1966. Some new stock-market indexes. Journal of Business，39，191 - 225.

[71] Fluck，Z.，Malkiel，B. G.，Quandt，R. E.，1997. The predictability of stock returns：a cross-sectional simulation. Review of Economics and Statistics，79，176 - 183.

[72] French，K.，Roll，R.，1986. Stock return variances：The arrival of information and the reaction of traders. Journal of Financial Economics，17，5 - 26.

[73] Gibbons，M. R.，Hess，P.，1981. Day of the week effects and asset returns. Journal of Business，54，579 - 596.

[74] Goetzmann，W. N.，Jorion，P.，1993. Testing the predictive power of dividend yields. Journal of Finance，48，663 - 679.

[75] Green，J.，Hand，J. R.，Zhang，X. F.，2017. The characteristics that provide independent information about average us monthly stock returns. Review of Financial Studies，30，4389 - 4436.

[76] Grossman，S. J.，Shiller，R. J.，1981. The determinants of the variability of stock market prices. The American Economic Review，71，222 - 227.

[77] Grossman，S. J.，Stiglitz，J. E.，1980. On the impossibility of informationally efficient markets. The American Economic Review，70，393 - 408.

[78] Gu，A. Y.，2003. The declining January effect：Evidences from the US equity markets. Quarterly Review of Economics and Finance，43，395 - 404.

[79] Gu，S.，Kelly，B.，Xiu，D.，2020. Empirical asset pricing via machine learning. Review of Financial Studies，33，2223 - 2273.

[80] Harris，L.，1987. Transactions data tests of the mixture of distributions hypothesis. Journal of Financial and Quantitative Analysis，XⅫ，127 - 141.

[81] Harry V. R.，1959. Stock-market patterns and financial analysis：Methodological suggestions. Journal of Finance，14，1 - 10.

[82] Hasbrouck，J.，Seppi，D. J.，2001. Common factors in prices，order flows，and liquidity. Journal of Financial Economics，59，383 - 411.

[83] Hellström，T.，1998. A random walk through the stock market (Doctoral dissertation，University).

[84] Hirshleifer，D.，Hou，K.，Teoh，S. H.，Zhang，Y.，2004. Do investors overvalue firms with bloated balance sheets? Journal of Accounting and Economics，38，297 - 331.

[85] Hodrick，R. J.，1992. Dividend yields and expected stock returns：Alternative procedures for inference and measurement. Review of Financial Studies，5，357 - 386.

［86］ Hong，H.，Stein，J. C.，1999. A unified theory of underreaction，momentum trading，and overreaction in asset markets. Journal of Finance，54，2143 – 2184.

［87］ Hou，K.，Xue，C.，Zhang，L.，2015. Digesting anomalies：An investment approach. The Review of Financial Studies，28，650 – 705.

［88］ Hou，K.，Xue，C.，Zhang，L.，2020. Replicating anomalies. Review of Financial Studies，33，2019 – 2133.

［89］ Huang，D.，Jiang，F.，Tu，J.，Zhou，G.，2015. Investor sentiment aligned：A powerful predictor of stock returns. The Review of Financial Studies，28，791 – 837.

［90］ Huberty，C. J.，2002. A history of effect size indices. Educational and Psychological Measurement，62，227 – 240.

［91］ Imrohoroglu，S.，2003. A Note on the McGrattan and Prescott（2003）adjustments and the equity premium puzzle. University of Southern California mimeo.

［92］ Jaffe，J. F.，1974. Special information and insider trading. Journal of Business，47，410 – 428.

［93］ Jaffe，J. F.，Mandelker，G.，1976. The "Fisher effect" for risky assets：An empirical investigation. Journal of Finance，31，447 – 458.

［94］ Jain，P. C.，Joh，G. H.，1988. The dependence between hourly prices and trading volume. Journal of Financial and Quantitative Analysis，XXIII，269 – 283.

［95］ Jegadeesh，N.，1990. Evidence of predictable behavior of security returns. Journal of Finance，45，881 – 898.

［96］ Jegadeesh，N.，1991. Seasonality in stock price mean reversion：Evidence from the U. S. and the U. K. Journal of Finance，46，1427 – 1444.

［97］ Jegadeesh，N.，1992. Does market risk really explain the size effect？ Journal of Financial and Quantitative Analysis，27，337 – 351.

［98］ Jegadeesh，N.，Titman，S.，1993. Returns to buying winners and selling losers：Implications for stock market efficiency. Journal of Finance，48，65 – 91.

［99］ Jensen，M. C.，1968. The performance of mutual funds in the period 1945 – 1964. Journal of Finance，23，389 – 416.

［100］ Jensen，M. C.，1969. Risk，the pricing of capital assets，and the evaluation of investment portfolios. Journal of Business，42，167 – 247.

［101］ Jensen，M. C.，1972. Capital markets：theory and evidence. Bell Journal of Economics and Management Science，3，357 – 398.

［102］ Jensen，M. C.，1978. Some anomalous evidence regarding market efficiency. Journal of Financial Economics，6，95 – 101.

［103］ Jones，C.，Kaul，G.，and Lipson，M.，1994. Transactions，volume，and volatility. Review of Financial Studies，7，631 – 651.

[104] Kahneman, D., Tversky, A., 2013. Prospect theory: An analysis of decision under risk. In Handbook of the Fundamentals of Financial Decision Making: Part I, 99 – 127.

[105] Karpoff, J. M., 1979. The relation between price changes and trading volume: A survey. Journal of Financial and Quantitative Analysts, XIV, 109 – 126.

[106] Keim, D. B., 1983. Size-related anomalies and stock return seasonality. Journal of Financial Economics, 12, 13 – 31.

[107] Kleidon A. W., 1986. Anomalies in financial economics: Blueprint for change? Journal of Business, 59, Part 2: The Behavioral Foundations of Economic Theory, S469 – S499.

[108] Kocherlakota, N. R., 1996. The equity premium: It's still a puzzle. Journal of Economic Literature, 34, 42 – 71.

[109] Kramer, C., 1994. Macroeconomic seasonality and the January effect. Journal of Finance, 49, 1883 – 1891.

[110] Kyle, A., 1985. Continuous auctions and insider trading. Econometrica, 53, 1315 – 1335.

[111] Lakonishok, J., Levi, M., 1982. Weekend effects on stock returns: A note. Journal of Finance, 37, 883 – 889.

[112] Lakonishok, J., Maberly, E., 1990. The weekend effect: Trading patterns of individual and institutional investors. Journal of Finance, 45, 231 – 243.

[113] Lakonishok, J., Shleifer, A., Thaler, R., Vishny, R., 1991. Window dressing by pension fund managers. The American Economic Review, 81, 227 – 231.

[114] Lakonishok, J., Shleifer, A., Vishny, R. W., 1992. The impact of institutional trading on stock prices. Journal of Financial Economics, 82, 23 – 43.

[115] Lakonishok, J., Smidt, S., 1988. Are seasonal anomalies real? A ninety year perspective. Review of Financial Studies, 1, 435 – 455.

[116] Lee, C., Mucklow, B., Ready, M., 1993. Spreads, depths, and the impact of earnings information: An intraday analysis. Review of Financial Studies, 6, 345 – 374.

[117] Lee, C., Swaminathan, B., 2000. Price momentum and trading volume. Journal of Finance, 55, 2017 – 2070.

[118] Lehmann, B. N., 1990. Fads, martingales, and market efficiency. Quarterly Journal of Economics, 105, 1 – 28.

[119] LeRoy, S. F., 1989. Efficient capital markets and martingales. Journal of Economic Literature, 27, 1583 – 1621.

[120] LeRoy, S. F., Porter, R. D., 1981. The present-value relation: Tests based on implied variance bounds. Econometrica, 49, 555 – 574.

[121] Linnainmaa, J. T., Roberts, M. R., 2018. The history of the cross-section of stock returns. Review of Financial Studies, 31, 2606 – 2649.

[122] Lo, A. W., MacKinlay, A. C., 1988. Stock market prices do not follow random walks:

Evidence from a simple specification test. Review of Financial Studies，1，41 – 66.

［123］ Lo，A. W.，MacKinlay，A. C.，1990. Data-snooping biases in tests of financial asset pricing models. Review of Financial Studies，3，431 – 467.

［124］ Lo，A. W.，Mamaysky，H.，Wang，J.，2000. Foundations of technical analysis：Computational algorithms，statistical inference，and empirical implementation. Journal of Finance，55，1705 – 1765.

［125］ Lu，H.，Ma，Q.，2003. Do earnings explain the January effect? American Accounting Association Research Paper（Financial Accounting and Reporting）.

［126］ Lucas，Jr.，R. E.，1978. Asset prices in an exchange economy. Econometrica：Journal of the Econometric Society，1429 – 1445.

［127］ Ludvigson，S. C.，Ng，S.，2007. The empirical risk-return relation：A factor analysis approach. Journal of Financial Economics，83，171 – 222.

［128］ Malkiel，B. G.，1989. Is the stock market efficient? Science New Series，243，1313 – 1318.

［129］ Malkiel，B. G.，2003. The efficient market hypothesis and its critics. CEPS Working Paper，2003.

［130］ Mandelbrot，B. B.，1963. The variation of certain speculative prices. Journal of Business，36，394 – 419.

［131］ Mandelbrot，B. B.，1966. Forecasts of future prices，unbiased markets，and martingale models. Journal of Business，39，242 – 255.

［132］ Mandelbrot，B. B.，2005. The inescapable need for fractal tools in finance. Annals of Finance，1，193 – 195.

［133］ Mandelbrot，B. B.，2005. Parallel cartoons of fractal models of finance. Annals of Finance，1，179 – 192.

［134］ McGrattan，E. R.，Prescott，E. C.，2003. Average debt and equity returns：Puzzling? The American Economic Review，93，392 – 397.

［135］ McLean，R. D.，Pontiff，J.，2016. Does academic research destroy stock return predictability? Journal of Finance，71（1），5 – 32.

［136］ Mehra，R.，Prescott，E. C.，1985. The equity premium：A puzzle. Journal of Monetary Economics，15，145 – 161.

［137］ Mehra，R.，Prescott，E. C.，1988. The equity premium：A solution? Journal of Monetary Economics，22，133 – 136.

［138］ Mood，A. M.，1940. The distribution theory of runs. The Annals of Mathematical Statistics，11，367 – 391.

［139］ Neely，C. J.，Rapach，D. E.，Tu，J.，Zhou，G.，2014. Forecasting the equity risk premium：The role of technical indicators. Management Science，60，1772 – 1791.

［140］ Nelson C. R. , 1976. Inflation and rates of return on common stocks. Journal of Finance，31，471 - 483.

［141］ Niederhoffer，V. , Osborne，M. F. M. , 1966. Market making and reversal on the stock exchange. Journal of the American Statistical Association，61，897 - 916.

［142］ Novy-Marx，R. , Velikov，M. , 2016. A taxonomy of anomalies and their trading costs. Review of Financial Studies，29，104 - 147.

［143］ Osborne，M. F. , 1959. Brownian motion in the stock market. Operations Research，7，145 - 173.

［144］ Osborne，M. F. , 1962. Periodic structure in the Brownian motion of stock prices. Operations Research，10，345 - 379.

［145］ Pástor，L'. , Sinha，M. , Swaminathan，B. , 2008. Estimating the intertemporal risk-return tradeoff using the implied cost of capital. Journal of Finance，63，2859 - 2897.

［146］ Poterba，J. M. , Summers，L. H. , 1988. Mean reversion in stock prices：Evidence and implications. Journal of Financial Economics，22，27 - 59.

［147］ Rabin，M. , 2002. A perspective on psychology and economics. European Economic Review，46，657 - 685.

［148］ Rapach，D. E. , Strauss，J. K. , Zhou，G. , 2010. Out-of-sample equity premium prediction：combination forecasts and links to the real economy. Review of Financial Studies，23，821 - 862.

［149］ Rapach，D. E. , Strauss，J. K. , Zhou，G. , 2013. International stock return predictability：What is the role of the United States? Journal of Finance，68，1633 - 1662.

［150］ Reinganum，M. R. , 1981. Misspecification of capital asset pricing：empirical anomalies based on earnings yields and market values. Journal of Financial Economics，12，89 - 104.

［151］ Reinganum，M. R. , Shapiro，A. C. , 1987. Taxes and stock return seasonality：Evidence from the London Stock Exchange. Journal of Business，60，281 - 295.

［152］ Ritter，J. R. , 1988. The buying and selling behavior of individual investors at the turn of the year. Journal of Finance，43，701 - 717.

［153］ Ritter，J. R. , 2003. Behavioral finance. Pacific-Basin Finance Journal，11，429 - 437.

［154］ Ritter，J. R. , Chopra，N. , 1989. Portfolio rebalancing and the turn-of-the-year effect. Journal of Finance，44，149 - 166.

［155］ Roll，R. , 1984. A simple implicit measure of the bid/ask spread in an efficient market. Journal of Finance，39，1127 - 1139.

［156］ Samuelson，P. A. , 1965. Proof that properly anticipated prices fluctuate randomly. Industrial Management Review，6，41 - 49.

［157］ Savage，L. J. , 1961. The foundations of statistics reconsidered. In Proceedings of the Fourth Berkeley Symposium on Mathematical Statistics and Probability，Volume 1：Contributions to the Theory of Statistics. The Regents of the University of California.

［158］Scholes，M.，1972. The market for securities：Substitution versus price pressure and the effects of information on share prices. Journal of Business，45，179－211d.

［159］Schultz，P.，1985. Personal income taxes and the January effect：Small firm stock returns before the War Revenue Act of 1917：A note. Journal of Finance，40，333－343.

［160］Schwert，G. W.，2001. Anomalies and market efficiency. NBER Working Paper 9277.

［161］Shefrin，H.，Statman，M.，2000. Behavioral portfolio theory. Journal of Financial and Quantitative Analysis，35，127－151.

［162］Shiller，R. J.，1981. Do stock prices move too much to be justified by subsequent changes in dividends? The American Economic Review，71，421－436.

［163］Shiller，R. J.，1984. Stock prices and social dynamic. Cowles Foundation Working Paper ＃ 616，Brookings Papers on Economic Activity.

［164］Shiller，R. J.，1999. Human behavior and the efficiency of the financial system. Handbook of Macroeconomics，1，1305－1340.

［165］Siegel，J. J.，Thaler，R. H.，1997. Anomalies：The equity premium puzzle. Journal of Economic Perspectives，11，191－200.

［166］Simon，H.，1955. A behavioral model of rational choice. Quarterly Journal of Economics，69，99－118.

［167］Slovic，P.，1972. Psychological study of human judgment：Implications for investment decision making. Journal of Finance，27，779－799.

［168］Stambaugh，R. F.，Yuan，Y.，2017. Mispricing factors. Review of Financial Studies，30，1270－1315.

［169］Starks，L. T.，Yong，L.，Zheng，L.，2004. Tax-loss selling and the January effect：evidence from municipal bond closed-end funds. AFA 2005 Philadelphia Meetings.

［170］Summers，L. H.，1985. On economics and finance. Journal of Finance，40，633－635.

［171］Summers，L. H.，1986. Does the stock market rationally reflect fundamental values? Journal of Finance，41，591－601.

［172］Sweeney，R. J.，1988. Some new filter rule tests：Methods and results. Journal of Financial and Quantitative Analysis，23，285－300.

［173］Thaler，R.，1987. Anomalies：Seasonal movements in security prices：Weekend，holiday，turn of the month，and intraday effects. Journal of Economic Perspectives，1，169－177.

［174］Thaler，R.，1999. The end of behavioral finance. Financial Analysts Journal，55，12－17.

［175］Treynor，J. L.，Ferguson，R.，1985. In defense of technical analysis. Journal of Finance，40，757－773.

［176］Van Binsbergen，J. H.，Koijen，R. S.，2010. Predictive regressions：A present-value approach. Journal of Finance，65，1439－1471.

[177] Wang，J.，1993. A model of intertemporal asset prices under asymmetric information. Review of Economic Studies，LX，249‐182.

[178] Wang，C.，Chin，S.，2004. Profitability of return and volume based investment strategies in China's stock market. Pacific-Basin Finance Journal，12，541‐564.

[179] Welch，I.，Goyal，A.，2008. A comprehensive look at the empirical performance of equity premium prediction. Review of Financial Studies，21，1455‐1508.

[180] Zarowin，P.，1989. Does the stock market overreact to corporate earnings information? Journal of Finance，44，1385‐1399.

[181] 陈灯塔，洪永淼. 中国股市是弱式有效的吗——基于一种新方法的实证研究. 经济学（季刊），2003（4）.

[182] 邓子来，胡健. 市场有效理论及我国股票市场有效性的实证检验. 金融论坛，2001（10）.

[183] 戴晓凤，杨军，张清海. 中国股票市场的弱式有效性检验：基于单位根方法. 系统工程，2005（11）.

[184] 胡昌生，刘宏. 中国股票市场有效性实证研究. 统计与决策，2004（11）.

[185] 胡畏，范龙振. 上海股票市场有效性实证检验. 预测，2000（2）.

[186] 靳云汇，李学. 中国证券市场半强态有效性检验——买壳上市分析. 金融研究，2000（1）.

[187] 廖理，刘碧波，郦金梁. 道德风险、信息发现与市场有效性——来自于股权分置改革的证据. 金融研究，2008（4）.

[188] 祁斌，黄明，陈卓思. 机构投资者与市场有效性. 金融研究，2006（3）.

[189] 邱宜干. 我国股市是否达到弱式有效. 东南学术，2001（1）.

[190] 王征，张峥，刘力. 分析师的建议是否有投资价值——来自中国市场的经验数据. 财经问题研究，2006（7）.

[191] 吴东辉，薛祖云. 财务分析师盈利预测的投资价值：来自深沪 A 股市场的证据. 会计研究，2005（8）.

[192] 吴振翔，陈敏. 中国股票市场弱有效性的统计套利检验. 系统工程理论与实践，2007（2）.

[193] 肖军，徐信忠. 中国股市价值反转投资策略有效性实证研究. 经济研究，2004（3）.

[194] 叶中行，曹奕剑. Hurst 指数在股票市场有效性分析中的应用. 系统工程，2001（3）.

[195] 张兵，李晓明. 中国股票市场的渐进有效性研究. 经济研究，2003（1）.

[196] 郑方镳，吴超鹏，吴世农. 股票成交量与收益率序列相关性研究——来自中国股市的实证证据. 金融研究，2007（3）.

[197] 朱孔来，李静静. 中国股票市场有效性的复合评价. 数理统计与管理，2013，32（1）.

收益动能

内容摘要：本文主要对收益动能相关文献进行梳理。关于发达国家资本市场实证研究中广泛出现的收益动能现象引起了学界的普遍兴趣，收益动能是指在以往表现较好（较差）的股票倾向于将这种态势在中期（3~12个月）内保持下去，因而在总体上呈现一种惯性特征。对于利用这样的惯性特征而产生的动能投资策略所产生的超额收益，目前也有许多不同的解释。传统金融理论包括 CAPM 和后来发展起来的三因子模型对收益动能现象不能提供完全的解释。近期大量的研究则主要集中于行为金融学领域，放松人的完全理性假设，从人的心理学层面寻求对价格发现机制新的认识和对收益动能现象进行解释。然而，很多发展中国家股票市场并未发现显著的中期收益动能现象。

一、引言

资产定价理论已经成为当今金融学发展中一个越来越令人兴奋的领域，所以该领域也更加受到学术界的重视。收益动能现象是在人们对于资产理论的发展进行研究时所出现的一个实证现象。由于该收益惯性现象的特殊性和它对资产定价理论的重大冲击，吸引了很多学者在这方面作了很多有益的探索。他们在力图对动能现象作出有效合理解释的同时，也极大地丰富和发展了传统的资产定价理论，并对有效市场假说提出了一些实证和理论方面新的挑战。新情况的不断出现和不同思想、不同角度解释方法的激烈碰撞必定也会为以后资产理论的新发展提供许多新的思路。本综述就是想对前人有关收益动能现象的解释进行回顾，以期对后来的研究提供某些帮助。本综述按照不同解释对于理性的不同假设行文，分别介绍了传统的资产定价理论的解释和行为金融学的解释，最后的动能生命周期模型则更多地考察动能现象与交易量的实证相关性。

在 20 世纪 90 年代之前，人们更多地关注收益反转性的研究，对于在短期和长期中出现的收益反转现象给予了更多的重视。De Bondt 和 Thaler（1985，1987）发现，在过去 3～5 年内表现良好的股票在接下来的同样时期后则不再延续这种良好的发展势头，出现了反转性特征。Jegadeesh 和 Lehmann（1990）的研究又在短期内发现了收益的反转性现象。随后，从 Jegadeesh 和 Titman（1993）发现在美国股票市场上存在显著收益动能现象开始，人们对收益的动能特征表现出了更多的兴趣。Rouwenhorst（1998）关于欧洲 12 个国家的数据实证研究丰富了收益惯性的实证证据，说明收益惯性的出现并非偶然。因此，短期和长期的收益反转性与中期收益的惯性并存。收益的惯性或反转性特征都是反映股票的收益随着时间的推移而表现出不同的连续性特征。

收益动能是指在过去表现良好（较差）的股票会将这种趋势保持下去，在以后的一定时间内（3～12 个月）继续表现较好（较差）。为了有效地侦查这种收益的惯性，学者们通常采用统计学方法。Jegadeesh 和 Titman（1993）所采用的研究方法广为学界接受，后来的 Rouwenhorst（1998，1999）、Wang（2004）等关于收益动能的相关研究都沿用了这种方法。Jegadeesh 和 Titman（1993）的方法如下：在时期 t，根据股票在过去 J 个时间段（$J=3$，6，9，12 个月）的收益状况进行排序，买进在以往 J 个时间段内表现最好的一定比例的股票，同时卖出在同样时间段内表现不佳的股票，将该证券组合持有 K 个时间段（$K=3$，6，9，12 个月），并计算这些零成本投资组合的平均收益。这种研究方法在任何一个时点上都产生了 16 个动能策略。

Jegadeesh 和 Titman（1993）对美国股票交易所（AMEX）和纽约股票交易所（NYSE）1969—1985 年数据的检验、Jegadeesh 等（1996）关于 AMEX 和 NYSE 1977—1993 年的样本检验，以及 Rouwenhorst（1998）对欧洲 12 个发达国家 1978—1995 年的数据检验，都发现股票收益在中期内表现出了显著的惯性特征，即历史上表现良好（较差）的股票在接下来的 3～12 个月内仍然具有较高（较差）

的收益，并且这种收益的动能特征对于小公司的影响更为显著。但是，利用同样的数据分析和处理方法，Rouwenhorst（1999）对于 20 个新兴市场国家 1975—1997 年 1 700 个公司的样本的检验，却发现这种收益的动能特征只在 6 个样本国家中有所体现，而在其余国家中却并未表现出这种显著的惯性特征；Wang（2004）关于中国深圳证券交易所和上海证券交易所 1994 年 7 月—2000 年 12 月收益数据的分析表明，在考察的 6～24 个月的时期内，过去表现较好（差）的公司在未来的 6～24 个月中的收益表现较差（好）。收益在发达国家和发展中国家所表现出的不同特征，尤其是在发展中国家的不显著特征更值得我们去关注，因为这对发展中国家资本市场的完善和健全的价格发现体制的形成具有重要的意义。

金融学家们试图对收益动能现象进行解释。传统的资产定价理论无论是 CAPM 还是 Fama 和 French（1993，1996）的三因子模型，都不能对此进行完整解释。这为行为金融学的发展提供了一个良好契机。行为金融学从心理学和社会学已有的研究成果出发放松对人的理性的假定，但是反应不足和反应过度的心理层面解释又采取了不同的视角，保守主义的模型强调人的保守主义倾向，过分自信模型关注人的自以为是的心理特征，而投资者两类型模型则强调不同群体个体之间的相互影响，最终在一定程度上将两种反应行为结合起来解释了收益的惯性和反转性。也有学者提出了生命周期模型，从交易量的角度入手为考察收益的动能特征提供了一个新的研究思路，但是由于交易量和价格所反映信息的一致性，所以交易量与收益的相关性更多的是一种实证上的相关性，而不能为收益的动能特征从基础上提供某些更深层的逻辑解释。文章的最后一部分总结正文，并且试探性地提出一些需要解决的问题和研究方向。

二、传统资产定价模型对于收益动能现象的解释

经典的资产定价理论十分重视风险因素和收益之间的对应关系，对于收益在中期出现的惯性现象，也力图利用风险分解的方法找到该收益可以投射的风险因素，从而实现对现有资产定价理论的良好补充。Fama 和 French（1993，1996）以及 Jegadeesh 和 Titman（1993）都从这一角度进行了解释和实证检验。虽然两者的方法在细节的处理上有些差别，但总体的思想都是试图将共同的市场风险因素引入模型中。但是，实证的结果却对这种传统的风险溢价解释方法提出了质疑，经过市场共同风险因素调整的收益总不能完整地解释这部分收益的来源，这为后来的解释理论提供了很好的展示机会和发展空间。下面将介绍几种模型。

（一）Fama 和 French（1993，1996）的三因子定价模型

$$E(R_i) - R_f = b_i[E(R_m) - R_f] + s_iE(\text{SMB}) + h_iE(\text{HML}) \tag{1}$$

该模型把资产组合的期望收益值分解为三个方面的因子：

（1）$E(R_m - R_f)$ 代表的是市场带来的那部分收益；

（2）$E(\text{SMB})$ 代表的是小公司股票和大公司股票的期望收益差额（small minus big），反映了公司规模对期望收益所带来的影响；

（3）$E(\text{HML})$ 代表的是高账面市场价值比的股票和低账面市场价值比的股票的期望收益差额，反映了压力因子可能对公司股票带来的溢价。

这三个方面的因子属于市场共同风险，组成了可以被市场解释的三部分溢价因子，概括起来讲，就是市场总体表现溢价、规模溢价和压力因子溢价。每个独立股票与这些因子的不同作用程度，即用斜率 b_i，s_i，h_i 表示对上述因子不同的敏感程度，说明了市场共同因子对个别股票的作用大小。

该模型依据传统的风险定价理论和风险溢价思想，在有效市场假说的基础之上，认为市场上出现的收益都可以从市场本身及公司的公开信息中找到答案，收益是可以解释的，也是可以正确预期的。法玛和弗伦奇将超额收益分别对应于三个因子进行了分解（三因子分别指市场的正常收益、公司规模性差异造成的风险溢价以及公司账面市场价值比的不同造成的风险溢价），如果三因子的贡献完全解释了超额收益的形成，那么由于这些信息是易于获得的，所以这种超额收益就是可以估计的。基于这样的假设，利用该模型的风险分解模式，Rouwenhorst（1998）对欧洲12 个国家 1978—1995 年的 2 190 个公司样本数据以及 Wang（2004）对中国上海证券交易所和深圳证券交易所 1994—2000 年的样本数据分别进行了实证检验，结果表明，在进行这三方面的风险调整之后，还存在着统计上显著的超额收益部分无法解释，建立在传统资产定价模型基础上的三因子模型产生了解释上的困难。

（二）Jegadeesh 和 Titman（1993）的单因子模型

Jegadeesh 和 Titman（1993）对于市场共同风险因子在细节上采取了不同的处理方式，他们用下面的公式给出个别股票的收益：

$$r_{it} = \mu_i + b_if_t + e_{it} \tag{2}$$

式中，μ_i 代表无条件的期望收益，f_t 代表 t 期的无条件且未预期到的收益部分，e_{it} 则表示公司的个别因子对收益造成的异常变动。进一步的限定如下，f_t 和 e_{it} 服从数学期望为 0 的分布，两者不相关，且不同公司上一期的个别风险因子 e_{jt1} 对 e_{it} 没有任何影响。

该模型对把收益在中期出现的惯性进一步抽象如下：

$$E\{(r_{it}-\bar{r}_{it})(r_{it1}-\bar{r}_{it1})\}>0 \tag{3}$$

在前一期表现超过平均水平的股票在下一期也会表现出一贯性，而上一期的失败者也仍然不会有超过市场平均水平的收益。式（3）的左边表达的正是该期与上一期收益的相关系数 $\mathrm{Cov}(r_{it},r_{it1})$，这一相关系数可以近似地表示为我们所讨论的动能策略[①]的收益。下一步便利用式（2）将各种风险因子引入动能策略的收益，分析各部分对它的贡献：

$$E\{(r_{it}-\bar{r}_{it})(r_{it}-\bar{r}_{it})\}=\sigma_u^2+\sigma_b^2\mathrm{Cov}(f_t,f_{t1})+\overline{\mathrm{Cov}(e_{it},e_{it1})} \tag{4}$$

σ_u^2 和 σ_b^2 分别表示期望收益和敏感系数的方差。由式（4）的右半部分我们对动能策略收益的组成部分有了进一步的认识。第一项期望收益的方差和第二项未预期到的收益部分的协方差是市场风险在股票收益中的溢价，是可以用市场风险解释的部分，而第三项是由个别公司的特定风险唯一决定的。如果动能组合的收益可以由前两项完全解释，我们便可以认为该项收益不是反常的，而是风险的正常溢价，从而符合传统资产定价模型；但是如果前两项不能或只能部分解释组合的动能收益，换言之，个别风险在收益中也有溢价的体现，那么传统的关于市场可以有效地平滑个别风险，而收益只能反映系统性风险这样的市场有效基础假设便将受到质疑。

Jegadeesh 和 Titman（1993）对于纽约股票交易所和美国股票交易所 1965—1989 年公司样本数据的检验，同样否定了单因子模型对于超额收益的解释能力，经典的资产定价理论在收益动能的解释上再次遇到了困难。

（三）领先-滞后模型

该理论首先放松了人的完全理性假定，而是假定人理性的有限性，进而假定人不可能总是正确地处理市场所提供的信息，而在很多情况下都会产生反应的偏差乃至反应的错误。该理论是从传统资产定价模型到行为金融学模型的一个过渡。在这里，反应偏差被抽象为两种形式：反应不足和反应过度。由于人们的行为对市场股票的供求所产生的现实影响，所以当人的理性被这样放松进而导致的处理信息行为的偏差将在股票的价格和收益之中有所反映。反过来想，也就是说，股票的价格在人的有限理性之下不能完全反映所有可以获得的信息。在这个领先滞后模型中，我们首先引入的是市场共同信息[②]的概念。当市场的共同信息由于受到信息的处理中

[①]　Jegadeesh 和 Titman（1993）指出，这一相关系数 $\mathrm{Cov}(r_{it},r_{it1})$ 等价于由 Lehmann 和 MacKinlay（1990）所提出的方向交易策略产生的收益，而实证数据又揭示了这一收益与我们讨论的动能策略的高度相关性允许我们做这样的近似代替来简化实证分析。

[②]　市场共同信息是区别于公司个别信息的。

介——人的非完全理性的影响，使价格对风险产生了失真反应时，市场风险因素也就不能完全解释期望收益的全部组成，这对传统的理性资产定价模型对动能收益解释的失败是一个良好的补充，另外，它对有效市场假说也产生了很大的负面冲击。

理论框架如下：

$$r_{it} = u_i + b_{1i}f_t + b_{2i}f_{t1} + e_{it} \tag{5}$$

式中，u_i 仍指无条件的期望收益，而 f_t，f_{t1} 分别表示现期和上一期的未预期到的无条件收益，即市场信息的异常变动在个别收益中产生的影响，系数 b_{1i}，b_{2i} 则是用来衡量这种异常变动对于个别股票的作用程度。与上述传统的资产定价模型相比，增加的部分 $(b_{2i}f_{t1})$ 反映了人们对于上一期异常变动信息的处理，若 $b_{2i}>0$，说明上一期人们过于保守，对信息反应不足，而使上一期的部分影响在现期仍有残留作用；若 $b_{2i}<0$，则表明人们对于上一期的异常变动反应过于猛烈，而使现期要做某些回复性的调整。

Jegadeesh 和 Titman（1993）利用上述模型对实证数据进行了动能策略所产生的超额收益的检验，经过细节性的处理，他们发现这种市场共同信息在个人行为中的偏差反应并不能解释这部分异常收益。进而推测，可能该模型在信息的选择上不大合适，公司的个别信息可能更能反映动能策略的收益来源，从而为以后这方面的研究工作提供了具有先见性的指导。

三、行为金融学的解释

行为金融学模型在经典的资产定价理论出现困难时挺身而出，极大地丰富了资产定价理论的内容。传统的资产定价理论认为市场是有效的，人是完全理性的，市场上的行为都是经过深思熟虑的。但行为金融学强调从人的心理层面入手，进而对人的行为进行分析，认为人总是有这样或那样行为上的惯性以及弱点，人的决策在很多情况下是自以为是的，而实际很可能是错误的。在这样的考虑下，他们对于之前经济理论中有关个人完全理性的假设进行了放松，或认为个人不能完全地获得所有公开信息，或者认为即使获得了完全的信息也不能总是正确地加以处理。对于人的行为分析的不同角度，产生了各自对动能现象的解释框架。

（一）保守主义（conservatism）行为金融学模型

保守主义模型力图从人的心理学层面考察人的行为在资产选择时所表现出的保守主义特质出发，来对动能策略中出现的反常收益进行解释。这里的个人仍然遵循有限理性的框架，人不可能总是能正确地预期将来。该模型的特点正如其名称所体现的那样，强调人的保守主义倾向，认为一旦由于先验的或者先前的某种理论或事实促成了人们对于事物本质某种抽象的认识，进而归纳总结为自己的个别经验，那么在个体面临新的决策时，由于保守主义倾向产生的惯性思维，而习惯将先前归纳的知识不加区别地加以利用，而不管新情况与先前事实有何差别。而实质上，由于人们之前用于抽象归纳的基础样本不过是庞大总体中的很小部分，所以从有限的信息中归纳出的自以为是的总体特征很可能是片面的，甚至与事物的本质是毫不相关的。简单来讲，该理论认为人们自以为正确的东西其实与实际是不符的，而人又不太喜欢纠正自己的错误。

Barberis 等（1998）认为，实证研究中出现的中期的收益惯性和长期的收益反转性与上述的有限理性和保守主义倾向是密切相关的。他们在这样的心理学分析基础之上建立了自己的模型。假设只有一个代表性的风险中性的投资者，只对一种金融资产进行投资。尽管考虑到实证分析中出现了惯性和反转性现象，但是作为一种分析的基准，我们假设收益满足随机游走假定①，由于他们是有限理性的，这个代表性的投资者对于收益的随机性特征是全然不知的。对于在 t 期出现的个别收益信息 z_t（G 代表好的信息，B 代表差的信息），人们会产生两种反应：反应不足和反应过度。反应不足是指 t 期的信息对资产收益的影响在当期并没有能够完全体现，在下一期会继续调整来释放信息的所有影响，可以用方程抽象表示如下：

$$E(r_{t+1} \mid z_t = G) > E(r_{t+1} \mid z_t = B) \tag{6}$$

而反应过度则正好与上面的情况相反，它是指由于人们的过分举动夸大了信息对价格的影响，进而需要资产在下一期作一些回复性的反应，这种情况一般出现在当人们面临一系列相同性质信息的时候，比如一连串的好信息会使人们过分乐观，而连续的坏消息又会使之陷入过分悲观的境地，用方程可以抽象地表示如下：

$$E(r_{t+1} \mid z_t = G, z_{t1} = G, \cdots, z_{tj} = G)$$
$$< E(r_{t+1} \mid z_t = B, z_{t1} = B, \cdots, z_{tj} = B) \tag{7}$$

在做出这样的情形假定之下，分析认为人们只会在上述式（6）、式（7）的指引下做出决策，并且继续假设整个模型满足马尔可夫随机过程（Markov process），即本期的决策取决于上一期人们的决策，如果上一期个体选择了模型（6），那么在本期他也会惯性地选择模型（6）作为本期的模型指导决策，保守主义倾向在这里得到了反映。比如在接收到一系列好消息之后，个人会利用先前的经验选用模型（7）来作出预测；如果接收到相反的信息，则又会选用模型（6）来作出预测。随

---

① 即 $y_t = y_{t1} + \varepsilon_t$，其中 y_t，y_{t1} 分别代表第 t 和 $t-1$ 期的收益，ε_t 代表扰动项。

着时间的推移，人们观察的样本区间将会越来越多，但是即使这样，由于保守主义的假设，人们也不太愿意调整前两个模型，而构造一个与事实相符的随机游走模型，这也再次反映了人理性的有限性。这一模型认为，在中期，人们更愿意选择模型（6），进而在一定程度上解释了收益的惯性，而在长期当中，由于信息的数量增多，连续同质信息出现的可能性增加，人们更倾向于选用模型（7）而作出过度反应，从而使收益出现反转性。

（二）过分自信套利模型 （overconfidence arbitrage model）

作为行为金融学的一个发展，Daniel 等（1998，2001）的过分自信模型延续了人的行为的分析，来为资本市场中出现的很多超额收益寻求新的理论解释。与上面的保守倾向模型类似，对于人的行为的分析，这个模型也充分利用了心理学以及其他社会学知识，在这些学科对人的行为习惯研究的基础上，将他们移植到资本市场的投资者研究当中。

上述第一个行为金融学的模型强调的是人的保守主义倾向，而过分自信的模型建立的心理学基础则是人的过分自信假设和夸大个人贡献假设：

（1）过分自信是指人们会过于相信自己的能力，有时这种自信是过于夸大的。大量的实证表明①，在没有客观的路径依赖而需要主观判断，并且这种决策的反馈需要一定时滞的领域，这种过分自信的倾向更为明显。在资本市场上，专业分析师和专家们会比缺乏专业技术分析知识的普通投资者表现出更强的自信，他们更相信并依赖自己的判断。需要说明的是，这里的过分自信倾向于限定在对于个人搜集到的个别信息，而不是可以广泛获得的公共信息。

（2）夸大个人贡献是指人们会有选择地接受那些与自己事先的主观判断相符的信息，而忽视与判断出现偏差的信息。这是在过分自信假设基础上的一个延伸：人过于相信自己的能力，也比较倾向于接受能佐证自己决策能力的信息，而对事实的发展与自己出现冲突的地方会采取比较冷漠的态度，把自己的错误预测归结为外界环境的反常变化。

另外，我们这里仍然延续上一个保守模型中有关人们有限理性的假设。模型假设有两种类型的投资者：一种是风险中性的信息优势方；一种是风险厌恶型的信息劣势投资者。

作出了这些假设之后，便可以做如下分析：在基期两个投资者被赋予了一定的资源禀赋，但是由于信息优势方搜集信息的优势，他们预先可以得到某些未被公开

---

① 详细的细节可参见 Griffin 和 Tversky（1990）、Einhorn（1980）的相关心理学文献。

的私人信息，随着时间的推移，这些私人信息也会慢慢地被市场发掘，而逐渐地释放出来，当开始市场信息的释放在一定程度上符合这些优势方的预期时，他们过分自信的本能便显露得越来越明显，他们更加确信自己对个人信息的搜集和决策能力，过分的乐观情绪不可避免地导致了行为的反应过度，他们通过与处于信息劣势方的交易，在开始的时候便实现了超额收益，这对于解释收益的连续性提供了一个崭新的思路。但是，在市场释放这些个别信息之前，信息优势者的个人信息已经随着交易的进行在价格中得到了体现，但过分的反应则在一定程度上夸大了其在价格中应有的影响，当市场逐渐直至最终完全公布这部分信息时，便会对先前的泡沫进行修正，使之回归正常的收益水平，从而使收益在长期中出现反转性。①

（三）投资者两类型模型

Hong 和 Stein（1999）的投资者两类型模型与上述两种行为金融学模型的目的相同，也是为了对于收益的中期惯性和长期反转性进行解释，但不同的是，他们的分析采用了不同的基础假设和分析框架。保守主义和过分自信模型对于一个代表性的投资者做了某些行为准则方面的假设，而投资者两类型模型则放松了心理学层面如此强的一个假设，而强调两类型投资者之间的相互影响。但是关于代表性个体有限理性的假设是一贯的，这也是行为金融学的一个基本出发点。

Hong 和 Stein（1999）的模型将投资者分为两种不同的类型：信息窥探者和动能交易者。两者都是有限理性的，对于所有可获得的公开信息，只能获得其中的一部分。在这样划分的基础上，对各自的特点和信息的释放做出了进一步的假设：

（1）信息窥探者只以个人搜集到的信息作为决策的唯一依据，而忽视现期和以前各期价格中所包含的信息。

（2）动能交易者只依靠过去价格及其变动中包含的信息进行决策，而且决策也只是在过去信息基础上的一个简单预测。

（3）有关信息运动状态的假设限定私人信息在投资者中是逐渐释放的，而不是爆发性的。

模型的分析框架如下：在 t 期，积极的信息窥探者们搜集到了有关资产 i 的某条公司的利好信息 ε_t，ε_t 满足均值为 0 的独立同分布，进而将信息窥探者和信息 ε_t 划分为 z 等份，每个等份的信息量分别为 ε_t^1，ε_t^2，$\cdots$，ε_t^z，在人的有限理性和信息的逐渐释放前提下，我们做出这样的抽象，即每个等份的信息窥探者在每个时期只能获得 $\varepsilon_t^j(1 < j < z)$，这样经过一定的时间后，每个组才能获得所有的信息。所

---

① 关于详细的数学推导过程可以参见 Daniel 等（1998，2001）论文的附录部分。

以，每次获得信息的有限形式的投资者在开始时表现出了反应不足的特征，而随着时间的推移，信息逐渐增多，才促进价格不断地自我调整，这也就解释了收益的惯性特征。接下来，我们将动能交易者引进模型，为了分析方便，我们进一步认为，动能交易者的分析手段是极其简单的，他们仅依靠 $t-1$ 期和 $t-2$ 期的价格变化特征来推测 t 期价格的可能变化。当他们看到由于信息窥探者们的反应不足而导致前期的价格出现增加的时候，他们也就迫不及待地参与到这项盈利的交易中来。而他们的加入不可避免地加速了价格的自我调整过程，使总体上的价格可能在一定时期呈现出一种由于集体投资者的反应过度而高估的情况，但当信息被完全释放出来之后，市场又会向下做出调整，使信息在价格中恰当地得到反映，这时收益的反转性现象便出现了。这样，由于两类型不同特点的投资者的存在，将反应不足和反应过度统一在信息释放的不同阶段，进而解释了收益在中期和长期出现的不同特征。

从模型的分析中我们不难看出，信息在不同组的信息窥探者中传播的速度决定了不同时期的不同收益特征。公司规模对于信息的扩散速度是不可忽略的因素，小公司的信息更不容易被人们发现，所以更易表现出收益的惯性，这个预测与实证数据也得到了很好的吻合。

通过上面三个从行为金融学角度对动能现象的解释，我们发现他们都对人的交易行为和交易决策形成的分析给予了足够的关注，各自又分别从不同的视角进行分析。保守主义模型强调人的谨慎习惯，而过分自信主义模型更加强调人的自我认同意识和偏执倾向，投资者两类型模型将人的反应不足和反应过度与行为及信息的传播方式结合起来考虑又显得更加全面。但是，这些分析缺乏一种可以将各个方面、各个视角的考虑综合起来的统一的逻辑框架，以便能将它们联系起来，形成一套不仅适用于实证数据的解释框架，而且能够适用于实证样本之外可能出现的其他收益动能现象的解释。

四、收益动能的其他解释

在上述的解释收益动能的经典理论之外，学术界近些年还为收益动能提供了多种多样的新解释。下面将介绍一些比较有影响力的解释。

（一）动能生命周期模型（momentum life cycle model）

当市场均衡时，交易的数量和价格同时被决定下来。也就是说，共同的市场信息决定了稳定时的交易量和交易价格。Lee 和 Swaminathan（2000）基于这样的考虑，将交易数量的参数引入对收益惯性和长期收益反转的解释当中，对 Campbell 等（1993）和 Blume 等（1994）关于交易量反映信息的研究基础提出了质疑和假设，认为交易量可能包含的是关于人们反应不足或反应过度的信息，并对这一猜想做出了实证检验，进而将中期的收益惯性和长期的收益反转性归结为以交易量为特征划分的不同性质的股票在不同发展阶段所出现的现象。

　　Lee 和 Swaminathan（2000）的模型从交易量的角度出发（这里的交易量用每日交易的股票数量与发行在外未清偿股票的数量的比率来表示①），进而认为这样的交易量信息不仅能够反映收益惯性的强度，而且能反映这种惯性持续的时间。Campbell 等（1993）和 Blume 等（1999）对于交易量也作了大量的研究，他们认为交易量更多地是反映股票的流动性特征，将它作为股票流动性大小的一个信号。但是，Lee 和 Swaminathan 通过对 1965—1995 年纽约和美国股票交易所的实证研究，发现交易量信息和股票的流动性存在很小的相关性。进一步研究发现，股票的交易量和股票收益的动能特征具有某种微妙的联系：低交易量的盈利型股票和高交易量的亏损型股票在中期会表现出很强的收益惯性；而高交易量的盈利型股票和低交易量的亏损型股票正好相反，在长期表现出很强的反转性。在否定了交易量和股票流动性具有密切相关性的基础上，Lee 和 Swanminathan（2000）认为，交易量中反映了有关公司过去的绩效，现在人们对它的价值评估以及分析者们对其预测可能产生的错误等相关信息都与人们可能产生的反应过度或反应不足现象密切相关，所以通过交易量可以很好地预测股票收益动能出现的强度和持续的时间。在对交易量的重要性加以认识的基础上，他们建立了根据交易量特征来判断股票所处的发展阶段的动能生命周期模型，按交易量及过去的绩效表现将股票组合②划分为四种类型：低交易量的盈利型（low volume winners）、高交易量的盈利型（high volume winners）、低交易量的亏损型（low volume losers）、高交易量的亏损型（high volume losers）。股票会在这样四种状态中按照一定的路径发展，从而形成一种周期性（如图 1 所示）。

　　比如一个组合是高交易量的亏损型股票，由于其过去较差的绩效表现，会使人们失去对它的兴趣从而导致交易量下降，成为低交易量的亏损型，长久的市场忽视会造成人们对该组合信息的漠不关心，这种不足的反应导致了该组合市场价值的低估。当市场少数先知先觉的人们发现了这一点并加以利用时，他们就会从中盈利；

---

①　我们认为这样的代替是合理的，因为他们包含的信息是等价的。
②　该模型只适用于证券组合（portfolio）的状态推测，而不适用于单只股票。

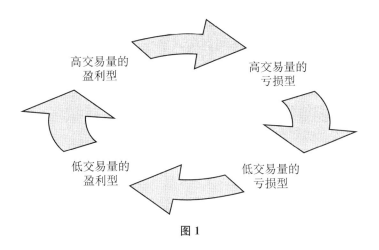

图1

随着市场的进一步觉醒，当更多的人在套利动机的驱使下加入该组合的交易中，由于利润空间的有限性和人们盲动的羊群效应，又使股票在短期内无利可图，再次沦为具有高交易量而亏损的股票。这样，该组合结束了一个周期的循环而进入下一个周期的变化当中。在整个周期的变化中我们发现，当其连续处于亏损状态（从高交易量到低交易量）和盈利状态（从低交易量到高交易量）两个时期，便表现出了收益的惯性，而隔期的状态则又对收益的反转回归现象进行了验证。

动能生命周期模型从交易量的角度对收益动能现象进行了分析，并根据交易量信息将证券组合的运动划分为不同的阶段，建立了一个将人们对组合的反应不足和反应过度结合起来的周期性模型，从而对于我们理解收益中期的惯性现象和长期的反转现象提供了一个新的视角，对于交易量所包含的信息也增加了关注。但是，动能生命周期模型所利用的交易量信息和与证券收益密切相关的价格信息是由市场均衡状态同时决定的，所以其内部包含的信息和价格是在同一层面上的，而没有能够从价格中发掘出内部更多的逻辑基础，即收益为什么会表现出惯性和反转性，以及为什么是中期时表现为惯性而长期却表现出反转性，所以交易量和收益之间的这一模型更多的是一种实证方面的经验，换句话说，两者的高度相关性使我们在过分关注收益的时候提供了一个很好的替代，这对于以后关于收益动能现象的进一步理论解释提供了很好的研究思路。另外，我们也发现，该模型的循环机制的实现不可避免地利用到了行为金融学中关于人的行为习惯的模型，即强调了人的有限理性所造成的反应不足和反应过度，这对于行为金融学的解释也是一个很大的支持。

（二）基于处置效应的解释

Grinblatt 和 Han（2005）基于投资者行为的处置效应对收益动能提供了一个

解释。处置效应是金融市场上投资者普遍存在的一种行为：投资者倾向于过于长期地持有账面亏损的股票而过快地卖出账面盈利的股票。Shefrin 和 Statman（1985）将这一投资者行为命名为"处置效应"。此后的学术研究中，学者们在股票、期货、期权、房地产市场以及各个国家的资本市场上都发现了投资者的处置效应。

那么处置效应如何导致收益动能的产生呢？收益动能指的是在横截面上，过去3～12个月收益率相对较高的股票未来几个月仍然会高于过去3～12个月收益率相对较低的股票。首先考虑好消息使得股票过去收益率一直较高的情况。投资者在过去收益率较高的股票上通常会处于"账面浮盈"的状态，在处置效应的作用下，他们会更倾向于卖出这些过去高收益率的股票。因此，这些受处置效应影响的投资者会对过去高收益率的股票产生较大的卖出压力。在理性的投资者（例如，套利者）对股票的需求并不具有完全弹性的情况下，来自受处置效应影响的投资者的卖出压力会使得当下的股票价格对于好消息反应不足，进而产生了未来股票价格继续上涨的趋势。反之，当一个坏消息使得过去股票收益率一直较低时，受处置效应影响的投资者会倾向于持有这些处于"账面浮亏"状态的股票，使得当下的股票价格对坏消息的反应不足，进而产生了未来股票价格继续下跌的趋势。这也就解释了为什么过去高收益率（低收益率）的股票未来仍然会上涨（下跌）。

如何实证检验投资者处置效应对于收益动能的影响呢？实证检验处置效应的核心在于构建一个变量来衡量市场上投资者对于某只股票的平均购入价格。Grinblatt 和 Han（2005）提供了一个简洁而有效的方法来构造这一变量：

$$R_t = \sum_{n=1}^{\infty} \left[V_{t-n} \prod_{t=1}^{n-1}(1 - V_{t-n+\pi}) \right] P_{t-n}$$

式中，V_t 和 P_t 分别代表某只给定股票在 t 周内的换手率和收盘价格。中括号中的项代表了一只股票从 $t-n$ 周被买入后截至目前没有被再次交易的概率。R_t 这一指标反映了 t 周时，市场投资者心理账户上对于某只股票的平均"参考价格"。接下来，作者进一步定义了给定 t 周里的市场投资者在某只股票上的账面浮盈：$g_{t-1} = (P_{t-2} - R_{t-1})/P_{t-2}$。

有了这一指标，作者将美国 NYSE 和 AMEX 交易所内所有股票进行了有顺序的双重分组：首先按照它们过去 52 周的累积收益率排序分成了 5 组，接下来在每一组内又按照这些股票过去 52 周累积的账面浮盈排序进一步分成了 5 组，形成了 5×5 的投资组合。在这种做法下，我们可以在控制每一组股票过去收益率相似的情况下，研究股票期望收益率与市场账面浮盈（g）之间的关系。作者发现，在控制了股票过去收益率的情况下，股票期望收益率随着市场账面浮盈单调递增。随后作者进行了相反顺序的双重分组：首先按照每只股票过去 52 周累积的账面浮盈分出 5 组，接下来在每一组内又按照股票过去收益率进一步分出 5 组。在这种做法下，我们可以在控制每一组股票过去市场账面浮盈相似的情况下，研究股票期望收益率与过去累积收益率的关系。作者发现，在控制了股票的市场账面浮盈以后，股票期望收益率与过去累积收益率之间并没有统计意义上的显著关系。这一结果说明了股票期望收益率与过去累积收益率之间的关系，即收益动能，可以由股票之间市场账面浮盈的差异来解释。这就代表处置效应可以解释收益动能的产生。

（三）基于盈余公告漂移的解释

市场上存在着两种经典的动能现象：收益动能（return momentum）和盈余公告漂移，其中盈余公告漂移指的是公司年报或季报发布时有正向盈余惊喜的股票在未来股价会持续上涨，而有负向盈余惊喜的股票在未来股价会持续下跌。这看似不同的两种现象是否相关呢？Chordia 和 Shivakumar（2006）对此进行了研究并发现收益动能可以由盈余公告漂移解释。

在实证检验中，作者基于一个买入高盈余惊喜股票同时卖出低盈余惊喜股票的多空组合构建了一个盈余公告漂移因子（PMN）。此外，作者也构建了一个代表收益动能的因子（WML）。作者通过收益动能因子对盈余公告漂移因子外加法玛-弗伦奇三因子的时间序列回归发现，在控制了盈余公告漂移因子后收益动能因子没有了正向显著的 α。反之，在盈余公告漂移因子对收益动能因子以及法玛-弗伦奇三因子的时间序列回归中，盈余公告漂移因子依然能够有正向显著的 α。这说明了收益动能因子的收益完全可以由其在盈余公告漂移因子上的风险暴露所解释，即代表会计上的盈余惊喜产生的股价动能完全能够解释传统的收益动能。

（四）其他新的解释

自 Jegadeesh 和 Titman（1993）的经典文章开始，近些年来涌现了许多关于动能收益的解释。除了上述具有代表性的解释以外，还有许多颇有影响力的文章。下面将进行简短的介绍。

Chui 等（2010）一文使用国际数据研究了不同国家文化差异如何导致这些国家股票市场上收益动能收益率的差异。他们具体使用了 Hofstede（2001）中的个人主义指数，这一指数反映了一个国家国民的过度自信与自我归因的程度。在经典的行为金融学理论中（例如，Daniel et al.，1998），过度自信和自我归因这两种投资者行为偏差可以产生股票价格的反应不足和过度反应，进而产生了收益动能现象。Chui 等（2010）发现了收益动能交易策略在个人主义越强的国家中收益率越高，这与行为金融学的经典理论一致。

Lou（2012）一文则基于基金投资流解释了收益动能。这一解释源于市场上得到广泛证实的两个现象：其一，基金投资者倾向于在过去表现好的基金中进行更多的投资，而会对表现不好的基金进行更多的赎回；其二，基金收到投资者新的申购资金后会将其投资于已经持有的股票，进而对这些股票产生正向的价格冲击。而基金面临投资者的赎回需求时会卖出持有的股票，进而对这些股票产生负向的价格冲击。因此，当一只股票过去收益率高的时候，持有这只股票的基金更可能有良好的表现，因而会得到更多的投资现金流，进而继续买入这只股票并对其产生正向价格冲击使得其未来产生高收益率。反之，当一只股票过去收益率低时，持有这只股票的基金表现更差，在面临投资者赎回需求时大量卖出这只股票产生的负向价格冲击使得其未来收益率低。Lou（2012）基于美国市场的数据实证检验发现收益动能能部分被基金投资流所解释。

Da 等（2014）对收益动能提供了一个基于"温水煮青蛙"的投资者行为偏差的解释。收益动能现象可以理解为市场上对于信息的反应不足。过去有好/坏消息（过去高/低收益率）的股票的价格未能及时对这一消息作出反应，导致了未来价格继续上涨/下跌。那么，为什么市场会对信息反应不足呢？Da 等（2014）认为，投资者可能对于"连续"的信息反应不足，而对于"离散"的信息反应充分。类比于温水煮青蛙的例子，如果水温缓慢上升，锅中的青蛙将无法及时反应过来。反之，如果水温急剧上升，锅中的青蛙则会迅速反应。Da 等（2014）则提供了一个衡量信息离散程度的实证设计：给定过去的收益率时间序列，可以将其划分为代表了离散或者连续的信息。他们研究发现，只有当过去的收益率对连续的信息作出了反应时才能产生收益动能，而离散的信息无法产生收益动能。

Sadka（2006）对收益动能提出了一个基于流动性风险的解释。具体而言，更早期的文献发现了收益动能策略的实施会产生极高的交易成本，并且其收益率在流动性较差的股票上更高。作者因此猜想收益动能策略的收益率可能是对于系统性的流动性风险的补偿。在实证检验中，作者将市场流动性分解为一个固定的成分和一个未预期的变动成分，并进一步发现，未预期的流动性变动被定价于收益动能的投资组合中。因而说明了收益动能策略的收益率是对于流动性风险的补偿。

五、无处不在的收益动能？

（一）国际股票市场上的收益动能

收益动能最早是在美国股票市场上发现的，早期的研究也集中于美国市场。那么收益动能这一现象在其他国家的股票市场是否存在呢？后续一系列文章进行了研究。

Rouwenhorst（1998）基于 12 个欧洲国家在 1978—1995 年间的股票数据发现了收益动能普遍存在于这些国家当中，并且这些国家的收益动能策略收益率与美国市场收益动能收益率存在着正相关性，这表示收益动能可能受到某些全球共有的风险因子的影响。Rouwenhorst（1999）进一步通过对 20 个新兴市场国家 1975—1997 年 1 700 个公司样本的检验，发现其中只有 6 个国家（智利、哥伦比亚、约旦、希腊、葡萄牙、印度）表现出了一定程度的连续性特征，而其余国家则无发达国家资本市场的动能特征。

Griffin 等（2003）则基于全球 39 个发达和新兴国家在 1975—2000 年的股票数据检验了收益动能的存在性。他们发现了收益动能整体而言广泛地存在于各个国家市场内。收益动能策略收益率在欧洲国家的股票市场上最大，而在新兴国家市场上较小。Chui 等（2010）基于全球 41 个国家或地区的股票在 1984—2003 年间的数据发现，其中 36 个国家或地区的市场中存在着收益动能现象。他们进一步研究发现，一个国家或地区股票市场里的收益动能策略收益率和该国家或地区的个人主义程度正相关。

Fama 和 French（2012）基于全球的股票在 1990—2011 年间的数据构建了收益动能策略，发现全球市场上也存在着收益动能。他们进一步把全球股票按照所在区域划分成了北美、欧洲、日本和其他亚太区域四组。他们发现，除了日本市场以外的其他区域都存在着显著的收益动能现象。

一些学者也对于中国股票市场上是否存在收益动能进行了研究。Kang 等（2002）基于 A 股在 1993—2000 年间的数据发现，A 股市场上存在较强的短期反转效应，但是只有某些特定持有期和形成期的中期收益动能策略才有正向显著的收益。Wang（2004）关于中国深圳证券交易所和上海证券交易所 1994 年 7 月—2000 年 12 月收益数据的分析发现，中国的股市不仅没有表现出收益的惯性，相反，在过去绩效较差的股票却在中期表现出超过绩效好的股票的现象，从而呈现出反转性的特征。鲁臻和邹恒甫（2007）也证实了中国股市只存在短期的反转效应而不存在显著的中期收益动能。尽管基于中期收益率（3～12 个月累积收益率）的研究发现，中国市场上并没有收益动能的存在，但是 Yang 等（2019）基于 A 股市场日内交易数据发现，A 股市场存在着统计与经济意义上显著的高频率收益动能。

（二）货币、债券及其他市场上的收益动能

学术界对于收益动能的研究主要集中在股票市场上。但是随着业界对于收益动能策略的需求日益增大，越来越多的人也开始关注收益动能是否存在于股票以外的

其他资产类别上。

在商品期货市场上，Miffre 和 Rallis（2007）基于美国市场上 31 个商品期货品种在 1979—2004 年间的数据发现，商品期货市场上存在着收益动能。

在外汇市场上，Menkhoff 等（2012）基于 48 个国家 1976—2010 年间外汇市场数据发现，国际外汇市场上的外汇收益动能策略每年可以产生高达 10% 的收益率。

在债券市场上，Gebhardt 等（2005）发现，美国投资级债券并不存在收益动能。Jostova 等（2013）基于美国市场公司债券 1973—2011 年间的数据发现，公司债券也存在着收益动能，并且收益动能策略的收益率主要集中在垃圾债券上。

Asness 等（2013）则对 8 个具有代表性的资产种类（美国、英国、欧洲大陆和日本的个股；全球 18 个国家的股票期货指数；10 个发达国家的政府债券；10 个发达国家的外汇；美国的商品期货）进行研究并发现了收益动能存在于每一个资产种类上。

六、总结

本文回顾了收益动能理论的发展，重点强调了行为金融学对于收益中期的惯性和长期的反转性的认识。随着心理学关于人的心理和行为认识的不断深入，以及资产定价理论对于心理学知识的进一步运用，对于人的理性将会有更进一步的认识，这对从本质上揭示收益动能现象背后的内在逻辑是大有帮助的。现有的行为金融学模型虽然各自都能在一定程度上对收益动能现象进行解释，但是可能由于对某些更深层原因认识的缺乏而无法将行为金融学的模型统一起来。另外，正如 Hong 和 Stein（1999）提到的那样，我们在构建解释的模型时，不仅要重视其对现有的实证数据的解释性，也要关注其对很多未知情况做出合理预期的正确性。

参考文献

[1] Asness，Clifford S.，Tobias J. Moskowitz，and Lasse Heje Pedersen，2013. Value and momentum everywhere. Journal of Finance，68，929 - 985.

[2] Barberis，Nicholas，Andrei Shleifer，and Robert Vishny，1998. A model of investor sentiment. Journal of Financial Economics，49，307 - 343.

[3] Bernstein，Richard，1993. The earnings expectations life cycle. Financial Analysts Journal，49，90 - 93.

［4］ Blume，Lawrenc，David Easley，and Maureen O'Hara，1994. Market statistics and technical analysis：The role of volume. Journal of Finance，49，153 - 181.

［5］ Campbell，John Y. ，Sanford J. Grossman，and Jiang Wang，1993. Trading volume and serial correlation in stock returns. Quarterly Journal of Economics，107，905 - 939.

［6］ Chordia，Tarun，and Lakshmanan Shivakumar，2006. Earnings and price momentum. Journal of Financial Economics，80，627 - 656.

［7］ Chui，Andy C. W. ，Sheridan Titman，and K. C. John Wei，2010. Individualism and momentum around the world. Journal of Finance，65，361 - 392.

［8］ Da，Zhi，Umit G. Gurun，and Mitch Warachka，2014. Frog in the pan：Continuous information and momentum. Review of Financial Studies，27，2171 - 2218.

［9］ Daniel Kent，David Hirshleifer，and Avanidhar Subrahmanyam，1998. Investor psychology and security market under-and-overreactions，Journal of Finance，1839 - 1936.

［10］ Daniel Kent，David Hirshleifer，and Avanidhar Subrahmanyam，2001. Overconfidence，arbitrage，and equilibrium asset pricing. Journal of Finance，921 - 965.

［11］ Datar，Vinary，Narayan Naik，and Robert Radcliffe，1998. Liquidity and asset returns：An alternative test. Journal of Finance，53，1839 - 1886.

［12］ De Bondt，Werner. F. M and Richard Thaler，1985. Does the stock market overreact? Journal of Finance，40，793 - 805.

［13］ De Bondt，Werner. F. M and Richard Thaler，1987. Further evidence of investor overreaction and stock market seasonality. Journal of Finance，42，557 - 581.

［14］ Einhorn，Hillel J. ，1980. Overconfidence in judgment. New Directions for Methodology of Social and Behavior Science，4，1 - 16.

［15］ Fama，Eugene F. ，1991. Efficient capital markets：Ⅱ. Journal of Finance，5，1575 - 1617.

［16］ Fama，Eugene F. and Kenneth R. French，1996. Multifactor explanations of asset pricing anomalies. Journal of Finance，51，153 - 193.

［17］ Fama，Eugene F. ，and Kenneth R. French，2012. Size，value，and momentum in international stock returns. Journal of Financial Economics，105，457 - 472.

［18］ Gebhardt，William R. ，Soeren Hvidkjaer，and Bhaskaran Swaminathan，2005. Stock and bond market interaction：Does momentum spill over? Journal of Financial Economics，75，651 - 690.

［19］ Grinblatt，Mark，and Bing Han，2005. Prospect theory，mental accounting，and momentum. Journal of Financial Economics，78，311 - 339.

［20］ Griffin，Dale，and Amos Tversky，1992. The weighing of evidence and the determinants of overconfidence. Cognitive Psychology，24，411 - 435.

［21］ Griffin，John M. ，Xiuqing Ji，and J. Spencer Martin，2003. Momentum investing and business cycle risk：Evidence from pole to pole. Journal of Finance，58，2515 - 2547.

［22］ Hong，H. and Stein，J.，1999. A unified theory of underreaction，momentum trading，and overreaction in asset markets. Journal of Finance，2143 - 2185.

［23］ Jegadeesh，Narasimhan，1990. Evidence of predictable behavior of security returns. Journal of Finance，45，881 - 898.

［24］ Jegadeesh，Narasimhan，1992. Does market risk really explain the size effect？ Journal of Financial and Quantitative Analysis，10，337 - 351.

［25］ Jegadeesh，Narasimhan，1993. Returns to buying winners and selling losers：Implications for stock market efficiency. Journal of Finance，48，65 - 91.

［26］ Jostova，Gergana，Stanislava Nikolova，Alexander Philipov，and Christof W. Stahel，2013. Momentum in corporate bond returns. Review of Financial Studies，26，1649 - 1693.

［27］ Kang，Joseph，Ming-Hua Liu，and Sophie Xiaoyan Ni，2002. Contrarian and momentum strategies in the China stock market：1993—2000. Pacific-Basin Finance Journal，10，243 - 265.

［28］ Lee，C. M. and B. Swaminathan，2000. Price momentum and trading volume. Journal of Finance，55，2017 - 2069.

［29］ Lou，Dong，2012. A flow-based explanation for return predictability. Review of Financial Studies，25，3457-3489.

［30］ Lehmann，Bruce N.，1990. Fads，martingales，and market efficiency. Quarterly Journal of Economics，60，1 - 28.

［31］ Louis K. C. Chan，Narasimhan Jegadeesh，and Josef Lakonishok，1996. Momentum strategies. Journal of Finance，51，1681 - 1713.

［31］ Miffre，Joëlle，and Georgios Rallis，2007. Momentum strategies in commodity futures markets. Journal of Banking and Finance，31，1863 - 1886.

［32］ Menkhoff，Lukas，Lucio Sarno，Maik Schmeling，and Andreas Schrimpf，2012. Currency momentum strategies. Journal of Financial Economics，106，660 - 684.

［33］ Rouwenhorst，G. K.，1998. International momentum strategies. Journal of Finance，53，267 - 284.

［34］ Rouwenhorst，G. K.，1999. Local return factors and turnover in emerging stock markets. Journal of Finance，54，1439 - 1464.

［35］ Sadka，Ronnie，2006. Momentum and post-earnings-announcement drift anomalies：The role of liquidity risk. Journal of Financial Economics，80，309 - 349.

［36］ Wang，C.，2004. Relative strength strategies in China's stock market：1994—2000. Pacific-Basin Finance Journal，12，159 - 177.

［37］ Wang，C.，Chin，S.，2004. Profitability of return and volume-based investment strategies in China's stock market. Pacific-Basin Finance Journal，12，541 - 564.

［38］ 鲁臻，邹恒甫. 中国股市的惯性与反转效应研究. 经济研究，2007（9）.

媒体与金融市场

内容摘要： 本文综述了媒体与金融市场之间关系的相关研究。该领域的研究使用了一系列新颖的数据，例如报纸文章、互联网搜索和社交网络发帖，并采用了创新的实证方法（特别是文本分析）来量化现代金融市场中的信息环境。这些数据和方法可以对相关理论进行有力的检验，并尝试解释长期以来在金融市场中存在的一系列异常现象，例如金融市场中资产价格和交易量的剧烈波动。

一、引言

媒体对金融市场的关注正变得越来越广泛，并表现出多种形式。媒体可能是已有信息的公开者，可能是公司丑闻的揭露者，可能是金融市场变化的预测者，可能是重大事件的新闻调查者，或是某种观点的大肆渲染者。媒体关注公众的兴趣，也关乎公众的利益。

现有媒体与金融的讨论主要集中在两方面：一方面，讨论媒体对资产价格的影响；另一方面，研究媒体作为"第四权利"，在公司治理中所扮演的角色，强调媒体在公司治理中起到的外部舆论监督作用。

本文回顾了金融领域对媒体的实证研究，关注了资产定价以及公司金融中的多种现象（例如新闻和非新闻报道与市场反应、投资者的投资组合选择、并购活动和高管薪酬等之间的联系）。资产定价领域的主要发现之一是：信息发布与股价变动之间的联系并不强。市场价格对信息性媒体内容的反应不足以及对非信息性内容的反应过度部分解释了这一现象。研究结果显示，操纵媒体内容会影响资产价格，从而扭曲了对信息提供者的激励。还有证据表明，随着投资者的关注度增加，对内容的过度反应（反应不足）会增加（减少）。关注度的增加与资产价格的上涨相关，但之后会出现股价收益的反转。因此，对关注度的操纵也会影响资产价格。最后，除了对资产价格的影响之外，新闻报道还可以导致交易量的显著增加。尽管有关媒体与公司金融的文献仍在发展，但已经有了两个关键发现。首先，媒体报道可以通过吸引投资者或降低监督成本来提高公司绩效。其次，媒体报道，尤其是正面新闻，可以通过提高投资者关注度和乐观度来帮助企业筹集资金。

二、理论：媒体对金融市场的影响

（一）理性预期

理性预期模型假设投资者都是理性的，并将媒体理解为公开信息发布的渠道。媒体中的信息反映并塑造了金融市场中公司投资者和管理层的预期（信念），这些预期（信念）会影响公司股票的供求以及公司的财务政策。

投资者对公司价值的预期是资本市场中资产价格和交易量的主要决定因素。如果诸如市场价格之类的公共信息能够充分反映交易者的信念，那么理性投资者将不会产生关于公司价值的分歧（Aumann，1976）。而 Milgrom 和 Stokey（1982）进一步得出的推论表明，这种逻辑意味着单纯追逐货币收益的投机性交易（specula-tion）在理性主体所占据的市场中是不存在的。Grossman 和 Stiglitz（1980）认为，只有当价格不能完全揭示交易者的信念时，理性主体才会收集信息。这意味着此时必须有"纯信息"以外的因素影响资产价格，因为现实中时刻发生着大量交易，并且许多交易者在实践中收集信息。因此，上述结论表明，除了纯信息之外，其他因素对于解释观察到的市场活动也很重要。

而在金融市场中，媒体报道中对股市的分析和预测通常基于对原始信息的加工，往往包含着一些"额外"信息。媒体信息的发布一方面会增加市场中的公共信息，导致一些投资者的信念趋同；同时媒体中的"额外"信息也导致另一些投资者出于理性或非理性的原因而产生分歧。几种模型强调了投资者信念分歧对于理解资产价格和交易量的重要性。He 和 Wang（1995）以及 Tetlock（2010）等基于理性分歧的模型预测显示，只有在信息不对称的情况下，公共信息的发布才会导致交易的发生并导致交易者信念趋同。

另一种观点认为，投资者持有不同的先验信念并以不同的方式理解信息。基于"观点分歧"的早期模型包括 Miller（1977）、Harris 和 Raviv（1993）、Kim 和 Verrecchia（1994）以及 Kandel 和 Pearson（1995）。Kandel 和 Pearson（1995）认为，这类模型解释了在公开信息发布前后股票分析师预期、资产价格和交易量的变化，对应现实中分析师的盈余预测经常会围绕盈余公告而出现分歧和变化。Miller（1977）的静态模型、Scheinkman 和 Xiong（2003）以及 Banerjee 和 Kremer（2010）的动态模型都反映了"观点分歧"模型背后的现实经济直觉：

（1）投资者交易头寸的差异反映了投资者的分歧程度；

（2）交易量反映了投资者分歧的变化；

（3）资产价格代表投资者对估值的平均信念；

（4）在卖空限制下，资产价格往往大于等于乐观投资者的信念对应的价格。

（二）行为金融

大多数上述模型并未区别投资者分歧的来源，并且假设投资者的信念是正确的。而行为金融学的模型假设投资者的信念由于受到各种因素的影响，往往偏离真实情况，并试图解释媒体带来的特定信念偏差对资产价格和交易量的影响。

Mullainathan 和 Shleifer（2005a，2005b）认为，如果媒体内容反映或影响这些偏差，那么媒体内容（信念偏差）应与市场活动表现出相似的运行模式。De Long 等（1990）用随机信念偏差（即由投资者情绪驱动的噪声交易）和套利限制模型来描述均衡。他们的结果表明，情绪会影响资产收益，而绝对情绪会影响噪声交易者与理性投资者之间的交易量。实证研究中通常把媒体内容看作投资者情绪的代理变量来检验此类模型。

媒体也可以通过吸引投资者的注意力来影响市场活动。Merton（1987）构建了一个不完全信息模型，其中某些投资者会忽略一部分资产并且不考虑将这部分资产作为构建其投资组合的潜在选项。模型表明，投资者基数较少（关注较低）的公司会表现出相对低的股价和较高的期望收益。根据这个理论，媒体曝光度可以增加公司的投资者基数，从而增加公司的市场价值并降低其期望收益。Merton（1987）的静态模型没有明确预测当股票的投资者关注度提高从而导致需求突然增加时，股票价格如何反应。而在 Duffie（2010）提出的资本缓慢流动的动态模型中，投资者关注度提高时股价会急剧上涨，随后会在较长时期内随着需求的正向冲击而反转。超调的程度和持续时间取决于交易中的阻碍，例如短期搜索摩擦和资本约束。

Hirshleifer 和 Teoh（2003）以及 Peng 和 Xiong（2006）的研究将投资者的有限注意力对信息反应的影响模型化。在他们的设定下，投资者会倾向于关注被凸显以及可以被大众获得的一般信息，而忽略了那些需要花费大量成本进行处理的详情信息。例如，投资者主要关注摘要统计信息（例如公司的总收入），而不关注特定的组成部分（例如现金流量和应计费用）。这导致资产价格对一般信息反应过度、对详情信息反应不足。

（三）扩展

还有几种模型考虑了发布信息的时间先后会如何影响市场活动。Hirshleifer 等（1994）和 Brunnermeier（2005）研究了发布信息的时间先后对交易量和信息效率的影响。两项研究都表明，知晓内幕的投资者可以在公共信息到达之前和之后利用信息。这种交错的信息发布可能会对信息效率产生不利影响。Tetlock（2011）提出，投资者可能没有意识到其他人已经在给定新闻故事中进行信息交易的程度，从而使他们无法区分刚发生的新闻和过时的新闻。在有限套利模型中，这种偏差会导致资产价格一开始反应不足，最终对不断释放的相同信息反应过度。

最近的一些模型关注了投资者在社交网络中所接收信息的相似性。Colla 和 Mele（2010）以及 Ozsoylev 和 Walden（2011）的研究表明，交易者之间的信息联系通过增加竞争和减少交易者之间的信息不对称导致了交易量的增加。网络中彼此接近的交易者呈现正相关的交易，而彼此远离的交易者呈现负相关的交易。在 Han 和 Hirshleifer（2012）的模型中，投资者传递观点的方式会影响投资者信念和市场活动。他们认为，投资者喜欢讨论他们成功的投资，而其他人则没有考虑这种倾向。这种沟通上的选择性偏误增加了主动投资策略的受欢迎程度，例如频繁交易具有高波动性和偏度的股票。

三、实证：媒体与金融市场的联系

（一）媒体关注的市场反应

早期的经验研究建立了有关媒体发布信息与资本市场活动之间关系的基本事实。大多数研究使用报纸文章来衡量信息的发布，而使用股票市场指标来衡量市场活动。

Roll（1988）在美国金融协会（American Finance Association）的主席演讲中，首次尝试将股票价格的变化与可识别的公开信息联系起来。他利用有关特定公司的新闻报道来衡量这一信息。Roll（1988）指出，从1982年到1986年，系统的经济影响（例如市场和其他因素）仅占公司收益每日波动的21%。从理论上讲，市场对公司特定的公共新闻的反应可以解释其余79%的波动中的很大一部分。为检验这一结论，Roll（1988）分析了该时期美国的两大主流财经媒体道琼斯通讯社（Dow Jones News Service）或《华尔街日报》报道的96家大型公司的所有新闻。在排除了占比约24%的公司的公共新闻后，系统性影响对公司股票收益的影响的解释力（R2）仅增加了2%（从21%增至23%）。这从侧面说明了私人信息、情绪驱动的交易或风险溢价的频繁变化在解释股票收益方面的重要性。

Cutler等（1989）研究了头条新闻是否与整个市场范围内的股票价格变动有关。他们着眼于1941—1987年间股价波动最为剧烈的50天和最重要的世界事件发生的49天。他们分析了被《纽约时报》（*New York Times*）报道过的重大历史事件对股票价格的影响。他们发现，这些新闻并不能完全解释股市的整体波动，理由是大部分剧烈的波动并没有伴随重大事件的发生。Cornell（2013）扩展了Cutler等（1989）的发现，对主要股价变动的分析涵盖了1988—2012年，并得出了相似的结论。

Mitchell和Mulherin（1994）以及Berry和Howe（1994）将股票市场的交易量和波动率与企业和经济相关的新闻联系起来。Mitchell和Mulherin（1994）计算了道琼斯通讯社或《华尔街日报》每日报道的数量，而Berry和Howe（1994）则关注来自路透社的每小时新闻。两项研究都发现，市场波动与新闻数量之间的相关性小于0.12。新闻报道的数量与交易量之间的相关性要高得多。新闻报道没有带来市场价格波动，这说明新闻中的信息并未反映在股价中，而交易量的增多说明了与新闻相关的非信息交易的存在。

许多学者发现新闻报道加强了股票收益的动量效应并减弱了收益的反转效应。Chan（2003）研究了股价对个股新闻和非新闻事件的长期市场反应是否有效。他将"新闻"哑变量定义为一个公司出现在1980—2000年道琼斯通讯社新闻数据标题中的月份。Chan（2003）通过基于公司月度收益构建多空投资组合来分别研究有新闻组和无新闻组中公司的月度股价动量，例如，"新闻"动量组合由被新闻报道过的月收益较高（较低）公司的多头（空头）头寸组成。结果表明，"新闻"动量组合在之后的一年内相比无"新闻"动量组合大幅度提高了5%。具体而言，在"新闻"月份低收益的公司不会出现股价反转，而非"新闻"月份低收益的公司却经历了较大的股价反转。这种新闻报道之后导致的反转效应减弱，表明投资者对新闻中的公共信息反应不足、对私人信息反应过度。

Tetlock（2010）和 Griffin 等（2011）的研究分别在美国和全球数据中每天发现了类似的结果。新闻报道对反转效应的减弱在流动性差的小型企业中更强，这些企业的信息不对称相对较高。这些发现表明在新闻报道后发生了大量的非信息性交易，导致股价没有及时反映新闻中的公共信息。股价对新闻的"缓慢"反映说明公共新闻解决了信息不对称问题，从而导致了长期持续的流动性冲击（Tetlock，2010）。并且，在公司盈余公告被新闻报道期间，股票的买价与卖价价差更小、流动性增加，体现出了更大的市场深度（Bushee et al.，2010），这与不对称信息减少的解释相符。

在近期的研究中，Frank 和 Sanati（2018）分析了正面新闻和负面新闻对股价影响的非对称性，正面新闻冲击往往会引起反应过度，而负面新闻往往会导致反应不足。他们用散户和机构投资者的行为差异来解释该结果：发生利好消息时，散户的交易活动占比增多，导致了股价的过度反应。

新闻报道与动量效应之间的关系也可以用有限关注模型来解释，即投资者没有充分关注个股新闻的发布。尽管很少有研究能够直接衡量对新闻的关注程度，但是一些研究表明，市场对信息事件的反应会随着新闻的发布而增强。Klibanoff 等（1998）研究了《纽约时报》的头条新闻版面大小所带来的信息突显（对特定国家的报道）对于该国封闭式国家基金的影响。他们发现，在头条新闻发布的几周内，基金价格走势与基本面的关系变得更加密切，这说明新闻事件导致投资者对信息的反应变得更加迅速。

此外，来自盈余惯性的证据也表明了媒体对股票市场的影响。盈余惯性的存在说明新的信息并没有立即反映在股价中，而是随着时间变化与最初的冲击同向漂移。Peress（2008）发现，《华尔街日报》对公司事件的报道会减轻市场对公司盈余公告反应不足的现象，这为有限关注理论提供了进一步的支持。然而，并不是所有结果都支持有限关注理论，Vega（2006）使用特定公司在盈余公告前被新闻报道的天数来测度媒体对该公司信息的披露。他发现，在公布财报前的 40 天内获得更多媒体报道的公司会有更严重的股价漂移现象，这表明投资者的有限关注并不能完全解释盈余公告的漂移现象，投资者的信念可能也受到了媒体中信息的影响。

新闻带来的投资者关注除了可以增强市场有效性，也会直接影响市场价值。根据 Merton（1987）的理论模型，投资者关注可以通过减轻信息摩擦来直接增加市场估值，而信息摩擦会阻碍投资者持有那些不被关注的资产。Barber 和 Odean（2008）的模型则认为，由于有限关注和卖空限制，经验不足的投资者更倾向于购买那些被突显的股票。这两种理论都预测在投资者关注度上升后，市场估值将会提高，从而导致更低的未来期望收益。而短期内价格波动的幅度和持续时间则取决于交易摩擦的大小（Duffie，2010）。

Fang 和 Peress（2009）使用美国主流财经对个股的媒体报道来衡量投资者关注度，从而检验投资者对股票的关注是否会提高其估值。他们选取了 1993—2002 年《纽约时报》、《今日美国》（*USA Today*）、《华尔街日报》和《华盛顿邮报》（*The Washington Post*）上关于 NYSE 和 NASDAQ 上市公司的新闻报道数据。他们发现，之前一个月没有媒体报道的股票的年化收益率比具有平均水平媒体报道的股票高 3％。而在低市值、低分析师覆盖、个人投资者占比较高、特质波动高的股票中，收益差异高达 812％。Zou 等（2019）发现，中国股票市场上媒体关注和公司未来股票收益率之间也存在类似的关系。Hillert 等（2014）使用 1989—2010 年 45 家美国报纸约 220 万条新闻数据研究了媒体关注与股票市场动量效应的关系，他们发现，受关注度更高的公司的收益率可预测性更强，因此他们认为媒体关注会导致更严重的投资者偏差。这些结果与 Merton（1987）的理论相符，媒体报道可使投资者关注那些平日里被忽视的股票，这些股票提供了更高的期望收益。

Da 等（2011）基于互联网搜索股票信息的分析提供了补充证据。他们利用对股票代码的谷歌（Google）搜索量（search volume index）来衡量投资者对股票的关注程度，例如，"AMZN"的搜索量反映了投资者对亚马逊股票的关注。他们使用 2004—2008 年的美国股票样本，发现谷歌搜索量正向预测了未来股票的新闻报道量、交易量和股票收益的绝对值。结果表明，谷歌搜索量的增加预示着未来两周股价的上涨，并在一年之内出现收益率的反转。宋双杰等（2011）使用中国 A 股 825 家上市公司的名称作为关键词，从谷歌趋势上获取这些公司的每周搜索量数据，并参照 Da 等（2011）用周度异常搜索量来度量投资者关注，他们发现，投资者关注可解释中国市场的 IPO 异象。俞庆进和张兵（2012）则使用百度搜索来构建 196 家创业板公司的个体投资者关注度，他们发现，中国创业板市场也存在投资者有限关注现象。张谊浩等（2014）同样采用百度搜索指数研究了投资者网络搜索行为与收益率之间的关系，在关注度和短长期收益率以及交易量的关系方面，得到了与 Da 等（2011）一致的结论。

基于 Merton（1987）的假设，一些研究使用电视内容来检验对投资者关注的冲击是否会预测股价的上涨。由于在这些电视内容中通常并不包含任何新的信息，因此在实证研究中就可以检验不包含新信息的媒体报道是否以及如何对公司股价产生影响。Fehle 等（2005）研究了出现在超级碗（Super Bowl）广告中的公司，Meschke 和 Kim（2011）分析了首席执行官（CEO）接受美国全国广播公司财经频道（CNBC）采访的公司，Engelberg 等（2012）研究了在 CNBC 受欢迎的"疯狂的钱"（Mad Money）节目中推荐的研究类股票。这三项研究的结果均支持了投资者关注提高股价的理论。这些研究都使用了直接的关注度指标，例如 Meschke 和 Kim（2011）使用尼尔森（Nielsen）电视收视率，发现 CEO 访谈引起了投资者对公司的关注，点燃了投资者的投资热情，造成了显著的买入压力。Meschke 和 Kim（2011）、Engelberg 等（2012）的研究发现，节目推荐股票后造成的股价拉升会在长期反转，这与 Duffie（2010）的资本缓慢流动理论相一致。

媒体报道也可能通过影响投资者的信念而影响市场估值。Tumarkin 和 Whitelaw（2001）、Dewally（2003）和 Bhattacharya 等（2009）的研究表明，在 20 世纪 90 年代后期的美股市场繁荣时期，媒体对互联网股票的吹捧推动了投资者情绪，但实际对股票价格的影响却很小，市场在泡沫期间似乎淡化了媒体情绪。多项研究检查了股票相关的垃圾电子邮件与股票市场活动之间的关系。股票相关的垃圾电子邮件大多是自动发送的荐股邮件，这些邮件可以发送到 100 万个电子邮件账户，而发送成本仅为数百美元（Böhme and Holz，2006）。Böhme 和 Holz（2006）、Frieder 和 Zittrain（2007）、Hanke 和 Hauser（2008）、Hu 等（2010）的研究发现，2004—2006 年期间有数百种垃圾邮件推荐收件人购买在美国粉单市场（pink sheets）上交易的小型股票。这些研究表明，这些邮件导致每日交易量急剧增加了 50%，股票价格上涨了 2%。并且股票价格的上涨是暂时的，这与投资者对无关信息的过度反应和有限套利假说相符。

（二）量化媒体中的文本内容

多项研究尝试定量研究媒体报道中所包含的"额外"信息，以定量研究市场对新闻所包含信息的反应。在金融市场中，媒体报道中对股市的分析和预测通常基于对原始信息的加工，我们并不清楚报道内容是否已经完全反映在股价中。而媒体在报道中所使用的正面或负面语调作为媒体信息加工后的产物，为检验媒体报道中是否包含着未反映在市场中的"额外"信息提供了一条可行的路径。

1. 市场层面

Niederhoffer（1971）对新闻和股票价格的分析首次引入了相关研究的重要方法。他将 1950—1966 年的 432 则《纽约时报》头版标题的宽度超过五栏的新闻定义为世界事件。读者可以将这些头条新闻分为 19 组，例如美国战争的进展、美国的发现、政治选举和外国领导层的变化，并对每个头条新闻的语调人工打分。Niederhoffer（1971）发现这类事件对于股票价格有着很显著的影响，重大事件往往伴随着股价的极端走势。如果新闻发布当天股价剧烈波动，那么之后会表现出很强的趋势。并且，在 34 场"极度糟糕"的世界事件之后的 2~5 天，股票累计收益率为 1.14%。这种价格反转表明投资者对坏消息反应过度。

Tetlock（2007）是最早使用文本分析法从媒体的新闻报道中构建定量文本语调评分系统的研究。他假设文本内容反映了投资者情绪，从而可以对行为金融理论（例如 De Long et al.，1990）进行直接检验。Tetlock（2007）基于美国主流财经媒体《华尔街日报》中的"市场动态"（Abreast of Market）专栏，通过主成分分析法提炼得到了媒体因子这一指标。"市场动态"主要介绍前一日的市场事件和其他重要的市场数据，也会有一些对于今日市场的预判。并且，《华尔街日报》在当时是美国发行量最大的财经类刊物，受到众多投资者的关注。因此，"市场动态"可以在一定程度反映并影响市场中的投资者情绪。

Tetlock（2007）收集了 1984—1999 年 16 年的"市场动态"专栏的文章内容，并在文本分析程序 General Inquirer 中选择哈佛 Ⅳ-4 社会心理词典（Harvard Ⅳ-4 psychosocial dictionary）对这些文本进行词汇分类并统计不同类别词汇出现的频率。哈佛 Ⅳ-4 社会心理词典将心理学和社会学常涉及的词汇分为 77 类。这 77 类词汇分别体现了不同的情感倾向，其中包括"否定"（negative）、"强烈"（strong）、"消极"（passive）、"高兴"（pleasure）、"激动"（arousal）、"经济"（economic）等各种程度的语调分类。如果某一天的专栏中属于否定或者悲观词类的词汇较多，就会在文本分析中体现为负向的语调。Tetlock（2007）将重点放在代表负面情绪的词汇上，例如"缺陷"（flaw）和"破坏"（ruin）。负面词汇比正面词汇更重要的观点与心理学文献一致。Baumeister 等（2001）以及 Rozin 和 Royzman（2001）认为，在许多情况下，负面信息比正面信息具有更大的影响力。之后的许多研究都采用了与 Tetlock（2007）类似的基于字典法的文本分析过程。

一方面，如果"市场动态"专栏中的负面词汇代表投资者的情绪，则它们的频繁出现应该伴随着暂时的股票价格低迷，当有足够的套利资本或噪声交易者意识到他们的错误时，股票价格才会反弹。另一方面，如果"市场动态"专栏中的负面词汇构成了关于企业价值的真实不利信息，则股价应下跌并且下跌趋势不应扭转。第三种可能性是，如果"市场动态"专栏中仅包含市场参与者已经知道的信息，那么股价可能不会对负面词汇作出反应。根据实证结果，Tetlock（2007）证明，"市场动态"专栏中的负面词汇与较低的当日股票收益率相关，并可以预测第二天的较低收益率。此外，在"市场动态"专栏呈高度负面语调后的一周内，股价会完全恢复到当天的初始水平。这些结果与以下解释一致："市场动态"专栏中的负面语调代表着投资者的悲观情绪，如 De Long 等（1990）所述，这只会暂时影响股价。

Tetlock（2007）的分析中只考虑了负面词汇，没有研究正面词汇对股票价格的影响。Garcia（2013）和 Zhang 等（2016）研究了正面和负面语调作用的非对称性。其中，Garcia（2013）发现，正负面语调均能预测大盘收益率，而 Zhang 等（2016）则发现，公司相关新闻中，正面和负面词语比例对股票市场变量（收益率、波动率、交易量）间的影响存在非对称性，因此建议实证研究应同时考虑文本中的正负语调。这是对泰特洛克（Tetlock）相关研究的进一步拓展。

和国外文献类似，国内文献近年来也开始使用国内主流财经媒体报刊数据来度量媒体情绪。游家兴和吴静（2012）选取了 2004—2010 年国内 8 家主流财经报纸上的新闻，通过人工阅读新闻报道态度倾向的方法来衡量媒体情绪，研究媒体情绪对沪深 A 股上市公司资产错误定价的影响；汪昌云和武佳薇（2015）使用 6 家主流财经媒体的新闻数据，结合自定义的财经媒体情绪词典统计了新闻中的正负面词语数量并构建了媒体正、负面语气指数，研究了 IPO 抑价率的变化。

最近有研究开始尝试提取社交平台中的文本信息来度量投资者情绪。Bollen 等（2011）和 Karabulut（2013）分别基于社交网络平台推特和脸书上发布的内容提出了衡量投资者情绪的度量。Bollen 等（2011）认为，从推特提取的公众情绪的"平静"（calm）和"幸福"（happiness）维度对 2008 年道琼斯指数每周收益具有强大的预测力。Karabulut（2013）的结果表明，脸书根据用户状态更新所构建的幸福指数对第二天的股市收益有正向预测作用，并会在之后反转。这些结果反映出基于社交网络数据的情绪代理指标的重要性。Renault（2017）根据 2012—2016 年美国社交媒体平台 Stock Twits 上带有标签（看涨和看跌）的约 6 000 万条帖子，统计词语在这两类文档中出现的频率，为不同词语正负情感的强弱程度作加权。她发现第一个半小时投资者情绪变化能预测标准普尔 500 指数 ETF 最后半小时的收益率，但下一个交易日会反转。国内文献方面，杨晓兰等（2016）使用东方财富股吧上与创业板股票相关的约一年时间的 90 多万条帖子构建了投资者情绪指数，并研究情绪指数与收益率、交易量等市场变量间的同期关系。段江娇等（2017）使用东方财富网 2011—2012 年上证 A 股约 466 万条帖子构建了日度频率的投资者情绪指数，他们也发现论坛情绪与公司股票收益率存在同期相关性，但并不能预测未来股票收益率。

此外，媒体文本的提取方法也在不断进步。基于词典法的文本分析仅仅是根据拆分后的文本统计了不同类别词语出现的频率，并没有结合上下文或完整的句子考虑其所处的整体语境。为了提高文本情绪的分类准确性，近年来开始有学者采用支持向量机（support vector machine，SVM）等机器学习经典方法和深度学习方法来进行媒体文本分析。例如，Manela 和 Moreira（2017）使用独热表示法，将 1890—2009 年间《华尔街日报》头版新闻向量化，再使用支持向量回归法提取新闻隐含波动率指数。

进一步地，由于 SVM 等分类器是线性分类器，对非线性的处理能力有限，往往只能将输入数据切分为非常简单的区域，并且容易导致过度拟合等问题（Gentzkow et al.，2019）。而深度学习通过使用多重非线性变换构成的多个处理层对数据进行高层抽象，能更好地实现分类等目标。例如，Li 等（2019）首次采用卷积神经网络（convolutional neural network，CNN）来计算中国散户投资者情绪，使用 2008—2018 年中国股吧论坛的数据，结合词典法和机器学习方法构建了投资者隔夜情绪，并比较了词典法、CNN 与 SVM 等方法的预测效果。他们的研究发现，在采用 4 万条帖子的训练数据集时，训练出的 CNN 模型的预测准确性与 SVM 大致相当；随着训练数据集的增大，CNN 的优势可能会进一步显现。

2. 个股层面

随着数据可得性的增加，不断有研究基于个股的媒体信息进行文本分析。

Busse 和 Green（2002）分析了 322 份由电视报道的分析师报告内容，这些报告涉及 2000 年 6 月—2000 年 10 月在 CNBC 受欢迎的早间资讯（Morning Call）和午间资讯（Midday Call）时段播出的个股。作者将每份报告的语调主观评为积极（280 例）或消极（42 例）。他们发现，在股票被 CNBC 正面提及后的 1 分钟内，股票就出现了异常正收益，这些超额收益大部分在 5 分钟内消失。大部分 CNBC 负面报告包含的信息在 15 分钟内就被纳入了股价，这反映出市场对电视报道的反应相当有效。

Antweiler 和 Frank（2004）研究了 2000 年 45 只美国公司在雅虎财经论坛和 Raging Bull 上的股票留言板发布的频率和语调。他们的主要发现是，留言板发布频率可以正向预测股票收益的波动和交易量。作者使用一种称为朴素贝叶斯（naïve Bayes）的算法，根据单词出现的方式将帖子分类为看涨、中性或看跌，发现发帖的语调和市场活动之间存在弱相关关系。

Tetlock 等（2008）使用 1980—2004 年《华尔街日报》和道琼斯新闻社上与标准普尔 500 公司相关的约 35 万条新闻数据，发现新闻中负面词语比例越高的公司，在下一个交易日股票收益率和下一个季度公司盈利都更低。这表明负面词汇包含了关于公司收益的负面信息，并且超过负面词汇中 80% 的信息会立刻反映在股价中，同时在之后一天继续对股价产生显著影响。市场价格对信息的反应略有延迟，这与投资者有限关注模型（例如，Hirshleifer and Teoh，2003；Peng and Xiong，2006）相一致。

与 Tetlock 等（2008）类似，Engelberg（2008）研究了在盈余公告后股价的漂移。他计算了公司发布盈余公告后当天有关该公司新闻中负面词汇的比例。他发现负面词汇这类定性收益信息具有比超预期的定量收益更强的对未来收益的预测能力，并且定性收益信息在长期有很强的预测力。这说明投资者会受到定性信息的干扰。

Behrendt 和 Schmidt（2018）使用 2015—2017 年推特道琼斯指数成份股情绪数据（1 分钟频率）作为个股投资者情绪的度量，该度量基于彭博社使用的未公开算法，每分钟都会统计所有股票之前 30 分钟相关推文的正负语调，从而得出个股的推特情绪。他们发现情绪与日内波动率存在反馈效应，但经济意义不显著。

Boudoukh 等（2019）使用媒体新闻数据，结合 SVM 方法来识别新闻是否与公司特定事件相关联。他们根据新闻关联程度将样本分类为没有新闻、不相关新闻、相关新闻等信息时期，研究比较了股票收益率的波动率在不同信息时期以及交易和非交易时间的差别。这是从媒体文本数据中提取其他维度信息的研究。

对于认知能力有限的投资者来说，另一个挑战是将新信息与旧信息区分开。有关股票的新闻报道通常结合了真正的新信息和旧有事实。市场价格应该已经反映了这些较早的事实，因此只能对新信息作出反应。但是，注意力有限的投资者可能不会认识到哪些信息是旧有的，以及其他市场参与者已经利用之前发布过的信息进行交易的程度。这会导致投资者对旧有的信息反应过度。

Tetlock（2011）使用 1996—2008 年的道琼斯通讯社数据来检验以下假设：投资者对金融新闻的过度反应会随着信息的陈旧程度增大而增加。他将新闻报道的陈旧性定义为其与以前有关同一公司的报道在文本上的相似性。两种文本之间的相似性是定义在 ［0，1］ 上的度量，最初由 Jaccard（1901）提出：两种文本的交集中存在的单词数除以两者的并集中存在的单词数。该度量可以识别新闻报道中的文字信息与以前已知新闻的重叠程度。市场过度反应的衡量标准是股票价格反转的程度，它是由公司在新闻事件前后的初始日收益率得出的，可以负向预测事件发生后一周的收益。Tetlock（2011）的主要发现是：在新闻陈旧时，市场对新闻的反应与未来的回报负相关。他的解释是：有限关注的投资者对新闻陈旧的信息反应过度，导致公司股价出现暂时性波动。

（三）剔除信息的媒体

尽管上述许多研究对媒体内容与市场活动之间的关系作了格兰杰因果检验，但很少有研究将市场对媒体报道本身的反应与对报道事件的所包含的信息的反应区分开来。比如，媒体对一个公司公告进行报道的决定可能取决于公告的性质，例如，更有可能报道意料之外的突发事件或者重大利好。本节回顾了几项巧妙的研究设计，这些研究排除了媒体报道中可能存在的内生性问题，以便我们进一步理解媒体在金融市场中的作用。

1. 特定事件研究

Huberman 和 Regev（2001）发表了一个案例研究，这个研究有力地说明媒体的报道外生影响了股票的价格。在他们的案例中，EntreMed 公司是一家在纳斯达克上市的小型制药公司。1979 年 12 月，《自然》（*Nature*）杂志报道了该公司的一项研究突破，该公司的研究团队声称研究出了一种治疗癌症的新药。这个消息披露后，公司股价有了小幅上涨。然而几个月后，《纽约时报》在 1998 年 5 月 3 日星期日的报纸中，对这则信息进行了重新报道。在报纸发行后，该公司的股价急剧上涨，上星期五收市时仅为 12.063 美元，而在下星期一收市时已经上涨到 25 美元。此后几个月，这家公司的股价也一直维持在较高的水平。该事件耐人寻味，《纽约时报》的报道并没有包含任何新的信息，但为什么 EntreMed 公司的股价却急剧上涨呢？这表明如果公司股票的价格依赖市场对未来现金流的预期，这种预期不仅受到来自基本面的真实信息的影响，而不包含真实信息的消息也会影响投资者预期，进而影响股票价格。这些结果与默顿（Merton，1987）的假说是一致的：媒体报道增加了投资者的关注度，并暗示了媒体引起的关注程度可能是巨大的。实际上这个案例还体现了另一层意思，《自然》杂志与《纽约时报》都报道了同一事实，为什么结果却有极大的反差？这似乎说明媒体的类型、受众对象、报道的风格可能也会影响投资者的判断和选择，而这才是这个案例的关键。

但是，很难将媒体对非理性情绪的影响与对注意力的影响区分开。Carvalho 等（2011）和 Marshall 等（2014）研究了另一个案例。他们强调了媒体报道对投资者信念的影响。在 2008 年，一则 6 年之前的关于美国联合航空 2002 年破产的报道作为新闻错误地出现在了几个网站上。在这则消息出现在彭博新闻上的几分钟之内，联合航空的股价下跌了 76%。此后不久，曼联否认了这则传闻，尽管该公司的股价有所反弹，但在交易结束时仍下跌了 11%。这一事件表明，媒体不仅影响了投资者关注，还会影响投资者信念。

2. 对交易量和波动性的影响

尽管上述案例有助于我们理解媒体在金融市场中的角色，但不能体现统计意义上媒体对金融市场的重要性。而在现实中也难以找到准自然实验，使得媒体报道由于外在原因而发生变化。并且，如上所述，我们还需要确保新闻报道与其内容无关，即不存在选择性报道。

Engelberg 和 Parsons（2011）比较了在同一信息事件（即公司盈余公告）被报

道时，距当地媒体不同距离的投资者交易行为。当地报纸对盈余公告的报道使附近地区中个人投资者的日常交易活动增加了 48%。Peress（2014）研究了不同国家报社罢工导致媒体报道减少的影响。报社罢工使一个国家的股票市场的每日交易量减少了 14%，收益波动率减少了 9%。罢工对个人投资者占比高的小股票影响最大。两项研究均表明，新闻报道导致交易活动显著增加。但是，两项研究都没有将媒体对投资者关注的影响与对投资者信念的影响区分开。

3. 对股票价格的影响

一些研究通过考察媒体对股票价格的影响来区分投资者关注和投资者信念两种渠道。

Dyck 和 Zingales（2003）通过 600 个随机样本研究发现，媒体对会计盈余（GAAP earnings）和备考盈余（street earnings）的报道，显著地影响了市场的盈利预测。特别是如果媒体只报道备考盈余，那么备考盈余每增加一个标准差，盈利预测会增加 15 个百分点。股票价格对盈余报道作出的反应更大，这表明报纸报道会影响人们的信念。

分离媒体对信念的影响的另一种方法是利用媒体对所报道内容的激励差异。Reuter 和 Zitzewitz（2006）发现，财经出版物更倾向于积极向读者推荐那些购买出版物广告的公司所开设的共同基金。这会导致被推荐基金的资金净流入与资金流入有关，说明投资者的信念受到了出版物推荐的影响。Solomon（2012）检验了股价对新闻的反应是否取决于公司雇用了投资者关系公司。投资者关系公司可以通过发布有倾向性的媒体报道改善客户的舆论环境，但不能直接影响客户公司的经济事件。这样就可以将媒体报道的作用与基本新闻分开来进行研究。雇用了投资者关系公司的股票在非盈余公告事件后享有较高的收益，但在盈余公告后却表现出较低的收益，这也许是因为盈余公告新闻是难以杜撰的事实。这说明投资者关系公司对投资者的信念产生了暂时的影响。

Dougal 等（2012）则着眼于《华尔街日报》"市场动态"专栏不同写作风格记者的外生轮换。他们发现，记者固定效应对第二天的股票市场收益具有显著的预测能力，加入记者固定效应将预测回归的 R^2 从 2.8% 提高到 3.8%。正（负）固定影响估计值表示记者对股票价格产生了看涨（看跌）影响。虽然报纸专栏记者写作风格的影响相对较小，但确实会对第二天的股票市场产生统计意义上的影响，而这种影响是通过投资者的信念起作用的。

Schmidt（2013）的研究表明，投资者的关注渠道也很重要。他使用谷歌上对国际体育赛事的搜索量来检验 Peng 和 Xiong（2006）的理论，即有限关注的投资者将优先关注市场新闻，其次才关注个股新闻。因此当投资者将注意力从股票市场转移到其他活动（例如观看体育比赛）时，股价的运动会更加同步。他们的结果表明，投资者对体育赛事的关注（对股票的关注减少）减少了公司股价运动的离散度。此外，投资者对体育赛事的关注使市场波动减少了 8%、交易活动减少了 4%。尽管这些结果支持了投资者关注机制，但实际上投资者关注是媒体内容影响信念的前提。

四、媒体与公司金融

上述研究表明，媒体报道与资产价格之间具有很强的相关性和因果关系。考虑到资本市场对管理决策的重要性，很自然地要检查媒体报道是否与企业行为和实体经济相关联。本节回顾了使用媒体数据分析公司财务与信息环境之间关系的研究。

（一）媒体与企业绩效

媒体报道可以通过两种方式提高公司业绩。首先，媒体报道可以用作广告，以提高消费者对公司的认识并改善消费者对公司产品的态度，从而增加公司的收入和利润。因此，一些影响媒体报道的公司政策（例如信息披露或融资政策）可能会影响绩效。例如，Demers 和 Lewellen（2003）认为，首次公开发行（IPO）事件和IPO折价吸引了媒体的注意，并为上市公司带来了有价值的宣传。作者证明，IPO股票的上市首日收益能积极预测互联网公司的网站访问量增长和非互联网公司的媒体报道量，从而增强了公司的营销优势。

第二，媒体报道可以通过降低监视腐败或无效管理行为的成本来提高公司绩效。Dyck 等（2008）分析了俄罗斯公司在 1999—2002 年间公司治理违规的媒体报道。他们发现，国际媒体报道增加了公司纠正公司治理违规行为的可能性，这可能是由于外部社会和股东压力所致。Kuhnen 和 Niessen（2012）研究了美国媒体对CEO薪酬的报道，发现负面新闻报道预测了股票期权授予的减少。Enikolopov 等（2014）研究了有关俄罗斯国有控股公司腐败的博客文章的影响，发现这些文章可以正面预测管理人员的人事变更率。李培功和沈艺峰（2010）以国内上市公司为样本研究发现，媒体曝光次数的增加有利于公司改正其违规行为。周开国等（2016）在中国市场上研究了媒体监督与上市公司违规频率之间的关系，也发现媒体关注度的提高会延长公司的违规间隔、降低违规频率。总的来说，这些结果与媒体扮演重要监督角色的理论是一致的。

（二）媒体与资本成本

如果媒体报道影响了公司筹集或购买资本的价格，那么管理人员就有激励采取影响报道的行动。可以改善舆论环境的措施包括发布更多新闻稿，雇用投资者关系公司或增加广告支出。Bushee 和 Miller（2012）发现，雇用投资者关系公司可以增加媒体报道、分析师关注度和机构投资者持股。Gurun 和 Butler（2012）发现，公司在当地媒体上的广告支出可以正向预测当地有关公司新闻的语调。

媒体报道，尤其是正面报道，可以通过增加投资者关注或推动投资者情绪来帮助企业筹集资金。Cook 等（2006）和 Liu 等（2014）在对个股 IPO 之前媒体报道的分析中对该观点进行了检验。Cook 等（2006）发现，一家公司在 IPO 前的宣传可以正向预测其 IPO 当天的股票收益和 IPO 当天的散户投资者交易。Liu 等（2014）的结果表明，IPO 前的媒体报道能正向预测股票的长期估值、流动性、分析师覆盖和机构所有权。两项研究均认为媒体报道可降低企业的资本成本。

媒体报道也可能影响购买资本的成本。Ahern 和 Sosyura（2013）研究了企业通过使用股票作为支付对另一家企业发起的并购。他们发现，股票并购中的发起方在并购谈判期间发布了更多的新闻稿，而新闻报道导致的发起并购方股票价格暂时上涨降低了收购目标公司股票的有效成本。

对于共同基金而言，投资者提供资本的意愿至关重要。Solomon 等（2014）在对共同基金披露的股票持仓量的分析中，发现只有当过去高收益率的基金持有股票在近期出现在主流媒体上时，资金才会持续流入。投资者的此类投资组合选择行为使基金经理有激励去持有被新闻报道的热门股票。与此激励一致，Falkenstein（1996）也发现，共同基金倾向于持有新闻中出现的股票。Fang 等（2014）的研究表明，购买具有较高媒体覆盖率股票的基金经理每年收益表现低于基准水平 2%，这表明这种基金经理的行为是低效的。

五、总结

越来越多的金融领域内有关媒体的文献研究了各种信息传递机制、受关注的信息事件以及基于文本内容的信息度量。现有的两组发现为进一步研究打下了基础。

首先，案例研究表明，媒体对资产价格的影响可能是巨大的，单篇文章的发表导致价格上涨 3~6 倍或下跌到原有价格的 $\frac{1}{6}$～$\frac{1}{3}$。但是，使用统计方法对媒体报道中外生变化的研究表明，其影响存在但要小一个数量级。案例研究可能夸大了平均意义上的媒体影响，但确实反映了媒体的重要性。未来的研究应确定这些解释的优点。

其次，文献中一个特别重要的发现是，信息发布与价格变动之间的联系并不紧密。一种解释是，市场价格对信息反应不足，而对非信息反应过度。一种补充解释是，风险溢价的迅速变化会影响价格和交易量。然而，Lewellen 和 Nagel（2006）指出，公司层面的风险和市场收益的特征使人们对这种基于风险的解释在数量级上的重要性产生了怀疑。正如 French 和 Roll（1986）提出的那样，私人信息对于解释市场活动可能至关重要。或者，当前对公共信息的度量可能存在缺陷。

现代社会中大量的公共数据为检验这些竞争性理论提供了机会，但同时也使识别和分析市场活动的具体含义充满了挑战性。大量基于文本分析的研究方兴未艾，来自投资者社交网络的数据（例如互联网上的评论与互动聊天）也渐渐被广泛使用。鉴于准公共信息潜在的重要性，相关领域值得分配更多资源来收集和分析此类数据。

上述数据以及有关媒体收视率和搜索活动的数据可以帮助研究人员了解投资者关注和主动信息收集在金融市场中的作用。例如，通过估计有多少潜在投资者在特定时间查看特定内容，我们可以分析跨投资者的信息传播如何影响交易行为和资产价格。并且，研究人员可以检验投资者网络中不断增长的信息传播理论。数据和计算能力的持续创新可能会在未来几年推动这一领域的研究。

最后，值得指出的是，对于当前的中国金融市场来说，理解媒体对投资者行为的影响还具有特殊的意义。这些研究有助于教育投资者理性地看待媒体的信息报道；有助于增强金融媒体自身的社会责任感；有助于监管当局关注媒体的舆论导向和信息操控，避免舆论引发的异常波动。

参考文献

[1] Ahern，K.，Sosyura，D.，2013. Who writes the news? Corporate press releases during merger negotiations. Journal of Finance，69，241-291.

[2] Antweiler，W.，Frank，M. Z.，2004. Is all that talk just noise? The information content of internet stock message boards. Journal of Finance，59，1259-1294.

[3] Aumann，R. J.，1976. Agreeing to disagree. Annals of Statistics，4，1236-1239.

［4］Banerjee，S.，Kremer，I.，2010. Disagreement and learning：Dynamic patterns of trade. Journal of Finance，65，1269 - 1302.

［5］Barber，B. M.，Odean，T.，2008. All that glitters：The effect of attention and news on the buying behavior of individual and institutional investors. Review of Financial Studies，21，785 - 818.

［6］Baumeister，R. F.，Bratslavsky，E.，Finkenauer，C.，Vohs，K. D.，2001. Bad is stronger than good. Review of General Psychology，5，323 - 370.

［7］Berry，T. D.，Howe，K. M.，1994. Public information arrival. Journal of Finance，49，1331 - 1346.

［8］Bhattacharya，U.，Galpin，N.，Ray，R.，Yu，X.，2009. The role of the media in the Internet IPO bubble. Journal of Financial and Quantitative Analysis，44，657 - 682.

［9］Böhme，R.，Holz，T.，2006. The effect of stock spam on financial markets. Working Paper，Dresden University of Technology.

［10］Bollen，J.，Mao，H.，Zeng，X.，2011. Twitter mood predicts the stock market. Journal of Computational Science，2，1 - 8.

［11］Boudoukh，J.，Feldman，R.，Kogan，S.，Richardson，M.，2019. Information，trading，and volatility：Evidence from firm-specific news. Review of Financial Studies，32（3），992 - 1033.

［12］Brunnermeier，M. K.，2005. Information leakage and market efficiency. Review of Financial Studies，18，417 - 457.

［13］Bushee，B. J.，Miller，G. S.，2012. Investor relations，firm visibility，and investor following. Accounting Review，87，867 - 897.

［14］Bushee，B. J.，Core，J. E.，Guay，W.，Hamm，S. J. W.，2010. The role of the business press as an information intermediary. Journal of Accounting Research，48，1 - 19.

［15］Busse，J. A.，Green，T. C.，2002. Market efficiency in real time. Journal of Financial Economics，65，415 - 437.

［16］Carvalho，C.，Klagge，N.，Moench，E.，2011. The persistent effects of a false news shock. Journal of Empirical Finance，18，597 - 615.

［17］Chan，W. S.，2003. Stock price reaction to news and no-news：Drift and reversal after headlines. Journal of Financial Economics，70，223 - 260.

［18］Colla，P.，A. Mele. 2010. Information linkages and correlated trading. Review of Financial Studies，23，203 - 246.

［19］Cook，D. O.，Kieschnick，R.，Van Ness，R. A.，2006. On the marketing of IPOs. Journal of Financial Economics，82，35 - 61.

［20］Cornell，B.，2013. What moves stock prices：Another look. Journal of Portfolio Management，39，32 - 38.

[21] Cutler，D. M.，Poterba，J. M.，Summers，L. H.，1989. What moves stock prices? Journal of Portfolio Management，15，4－12.

[22] Da，Z.，Engelberg，J.，Gao，P.，2011. In search of attention. Journal of Finance，66，1461－1499.

[23] De Long，J. B.，Shleifer，A.，Summers，L. H.，Waldmann，R. J.，1990. Noise trader risk in financial markets. Journal of Political Economy，98，703－738.

[24] Demers，E.，Lewellen，K.，2003. The marketing role of IPOs：Evidence from internet stocks. Journal of Financial Economics，68，413－437.

[25] Dewally，M.，2003. Internet investment advice：Investing with a rock of salt. Financial Analysts Journal，59，65－77.

[26] Dougal，C.，Engelberg，J.，Garcia，D.，Parsons，C. A.，2012. Journalists and the stock market. Review of Financial Studies，25，639－679.

[27] Duffie，D.，2010. Asset price dynamics with slow-moving capital. Journal of Finance，65，1237－1267.

[28] Dyck，A.，Zingales，L.，2003. The media and asset prices. Working Paper，Harvard Business School.

[29] Dyck，A.，Volchkova，N.，Zingales，L.，2008. The corporate governance role of the media：Evidence from Russia. Journal of Finance，63，1093－1135.

[30] Engelberg，J.，2008. Costly information processing：Evidence from earnings announcements. Working Paper，Northwestern University.

[31] Engelberg，J.，Parsons，C. A.，2011. The causal impact of media in financial markets. Journal of Finance，66，67－97.

[32] Engelberg，J.，Sasseville，C.，Williams，J.，2012. Market madness? The case of mad money. Management Science，58，351－364.

[33] Enikolopov，R.，M. Petrova，K. Sonin. 2014. Social media and corruption. Working Paper，New Economic School.

[34] Falkenstein，E. G.，1996. Preferences for stock characteristics as revealed by mutual fund portfolio holdings. Journal of Finance，51，111－135.

[35] Fang，L. H.，Peress，J.，2009. Media coverage and the cross-section of stock returns. Journal of Finance，64，2023－2052.

[36] Fang，L. H.，Peress，J.，Zheng，L.，2014. Does media coverage of stocks affect mutual funds' trading and performance? Review of Financial Studies，27，3441－3466.

[37] Fehle，F.，Tsyplakov，S.，Zdorovtsov，V.，2005. Can companies influence investor behaviour through advertising? Super Bowl commercials and stock returns. European Financial Management，11，625－647.

[38] French，K. R.，Roll，R.，1986. Stock return variances：The arrival of information and the

reaction of traders. Journal of Financial Economics，17，5 - 26.

[39] Frieder，L.，Zittrain，J.，2007. Spam works：Evidence from stock touts and corresponding market activity. Hastings Communications and Entertainment Law Journal，30，479 - 520.

[40] García，D.，2013. Sentiment during recessions. Journal of Finance，68，1267 - 1300.

[41] Griffin，J. M.，Hirschey，N. H.，Kelly，P. J.，2011. How important is the financial media in global markets? Review of Financial Studies，24，3941 - 3992.

[42] Grossman，S. J.，Stiglitz，J. E.，1980. On the impossibility of informationally efficient markets. The American Economic Review，70，393 - 408.

[43] Gurun，U. G.，Butler，A. W.，2012. Don't believe the hype：Local media slant，local advertising，and firm value. Journal of Finance，67，561 - 597.

[44] Han，B.，Hirshleifer，D.，2012. Self-enhancing transmission bias and active investing. Working Paper，UC Irvine.

[45] Hanke，M.，Hauser，F.，2008. On the effects of stock spam e-mails. Journal of Financial Markets，11，57 - 83.

[46] Harris，M.，Raviv，A.，1993. Differences of opinion make a horse race. Review of Financial Studies，6，473 - 506.

[47] He，H.，Wang，J.，1995. Differential information and dynamic behavior of stock trading volume. Review of Financial Studies，8，919 - 972.

[48] Hirshleifer，D.，Teoh，S. H.，2003. Limited attention，information disclosure，and financial reporting. Journal of Accounting and Economics，36，337 - 386.

[49] Hirshleifer，D.，Subrahmanyam，A.，Titman，S.，1994. Security analysis and trading patterns when some investors receive information before others. Journal of Finance，49，1665 - 1698.

[50] Hu，B.，McInish，T.，Zeng，L.，2010. Gambling in penny stocks：The case of stock spam e-mails. International Journal of Cyber Criminology，4，610 - 629.

[51] Huberman，G.，Regev，T.，2001. Contagious speculation and a cure for cancer：A nonevent that made stock prices soar. Journal of Finance，56，387 - 396.

[52] Jaccard，P.，1901. Étude comparative de la distribution florale dans une portion des Alpes et des Jura. Bulletin de la Société vaudoise des Sciences Naturelles，37，547 - 579.

[53] Kandel，E.，Pearson，N. D.，1995. Differential interpretation of public signals and trade in speculative markets. Journal of Political Economy，103，831 - 872.

[54] Karabulut，Y.，2013. Can facebook predict stock market activity? Working Paper，Goethe University.

[55] Kim，O.，Verrecchia，R. E.，1994. Market liquidity and volume around earnings announcements. Journal of Accounting and Economics，17，41 - 67.

[56] Klibanoff，P.，Lamont，O.，Wizman，T. A.，1998. Investor reaction to salient news in

closed-end country funds. Journal of Finance，53，673 – 699.

[57] Kuhnen，C. M.，Niessen，A.，2012. Public opinion and executive compensation. Management Science，58，1249 – 1272.

[58] Lewellen，J.，Nagel，S.，2006. The conditional CAPM does not explain asset-pricing anomalies. Journal of Financial Economics，82，289 – 314.

[59] Li，J.，Chen，Y.，Shen，Y.，Wang，J.，Huang，Z.，2019. Measuring China's stock market sentiment，Available at SSRN 3377684.

[60] Liu，L. X.，Sherman，A. E.，Zhang，Y.，2014. The long-run role of the media：Evidence from initial public offerings. Management Science，60，1945 – 1964.

[61] Marshall，B. R.，Visaltanachoti，N.，Cooper，G.，2014. Sell the rumour，buy the fact? Accounting and Finance，54，237 – 249.

[62] Merton，R. C.，1987. A simple model of capital market equilibrium with incomplete information. Journal of Finance，42，483 – 510.

[63] Meschke，F.，Kim，Y. H.，2011. CEO interviews on CNBC. Working Paper，University of Kansas.

[64] Milgrom，P.，Stokey，N.，1982. Information，trade，and common knowledge. Journal of Economic Theory，26，17 – 27.

[65] Miller，E.，1977. Risk，uncertainty，and divergence of opinion. Journal of Finance，32，1151 – 1168.

[66] Mitchell，M. L.，Mulherin，J. H.，1994. The impact of public information on the stock market. Journal of Finance，49，923 – 950.

[67] Mullainathan，S.，Shleifer，A.，2005a. The market for news. The American Economic Review，95，1031 – 1053.

[68] Mullainathan，S.，Shleifer，A.，2005b. Persuasion in finance. Working Paper，Harvard University.

[69] Niederhoffer，V.，1971. The analysis of world events and stock prices. Journal of Business，44，193 – 219.

[70] Ozsoylev，H. N.，Walden，J.，2011. Asset pricing in large information networks. Journal of Economic Theory，146，2252 – 2280.

[71] Peng，L.，Xiong，W.，2006. Investor attention，overconfidence and category learning. Journal of Financial Economics，80，563 – 602.

[72] Peress，J.，2008. Media coverage and investors' attention to earnings announcements. Working Paper，INSEAD.

[73] Peress，J.，2014. The media and the diffusion of information in financial markets：Evidence from newspaper strikes. Journal of Finance，69，2007 – 2043.

[74] Reuter，J.，Zitzewitz，E.，2006. Do ads influence editors? Advertising and bias in the finan-

cial media. Quarterly Journal of Economics，121，197－227.

[75] Rogers，J. L.，Skinner，D. J.，Zechman，S. L. C.，2013. The role of media in dissemina-ting insider trading news. Working Paper，University of Chicago.

[76] Roll，R.，1988. R-squared. Journal of Finance，43，541－566.

[77] Rozin，P.，Royzman，E.，2001. Negativity bias，negativity dominance，and contagion. Per-sonality and Social Psychology Review，5，296－320.

[78] Scheinkman，J. A.，Xiong，W.，2003. Overconfidence and speculative bubbles. Journal of Political Economy，111，1183－1219.

[79] Schmidt，D.，2013. Investors' attention and stock covariation：Evidence from Google sport searches. Working Paper，INSEAD.

[80] Solomon，D. H.，2012. Selective publicity and stock prices. Journal of Finance，67，599－637.

[81] Solomon，D. H.，Soltes，E. F.，Sosyura，D.，2014. Winners in the spotlight：Media cov-erage of fund holdings as a driver of flows. Journal of Financial Economics，113，53－72.

[82] Tetlock，P. C.，2007. Giving content to investor sentiment：The role of media in the stock market. Journal of Finance，62，1139－1168.

[83] Tetlock，P. C.，2010. Does public news resolve asymmetric information? Review of Financial Studies，23，3520－3557.

[84] Tetlock，P. C.，2011. All the news that's fit to reprint：Do investors react to stale informa-tion? Review of Financial Studies，24，1481－1512.

[85] Tetlock，P. C.，2014. Information transmission in finance. Annual Review of Financial Eco-nomics，6，365－384.

[86] Tetlock，P. C.，Saar-Tsechansky，M.，Macskassy，S.，2008. More than words：Quanti-fying language to measure firms' fundamentals. Journal of Finance，63，1437－1467.

[87] Tumarkin，R.，Whitelaw，R. F.，2001. News or noise? Internet message board activity and stock prices. Financial Analysts Journal，57，41－51.

[88] Vega，C.，2006. Stock price reaction to public and private information. Journal of Financial Economics，82，103－133.

[89] 段江娇，刘红忠，曾剑平. 中国股票网络论坛的信息含量分析. 金融研究，2017（10）.

[90] 李培功，沈艺峰. 媒体的公司治理作用：中国的经验证据. 经济研究，2010（4）.

[91] 宋双杰，曹晖，杨坤. 投资者关注与IPO异象——来自网络搜索量的经验证据. 经济研究，2011（1）.

[92] 汪昌云，武佳薇. 媒体语气、投资者情绪与IPO定价. 金融研究，2015（9）.

[93] 杨晓兰，沈翰彬，祝宇. 本地偏好、投资者情绪与股票收益率：来自网络论坛的经验证据. 金融研究，2016（12）.

[94] 游家兴，吴静. 沉默的螺旋：媒体情绪与资产误定价. 经济研究，2012（7）.

[95] 俞庆进，张兵. 投资者有限关注与股票收益——以百度指数作为关注度的一项实证研究. 金融研究，2012（8）.

[96] 张谊浩，李元，苏中锋，张泽林. 网络搜索能预测股票市场吗? 金融研究，2014（2）.

[97] 周开国，应千伟，钟畅. 媒体监督能够起到外部治理的作用吗?——来自中国上市公司违规的证据. 金融研究，2016（6）.

资产流动性与流动性溢价

内容摘要： 本文综述了公司金融、资产定价和证券市场微观结构三个领域的关于流动性和流动性溢价的理论和实证研究，其目的在于整理文献，为进一步的研究提供基础。本文还重点梳理了广泛的流动性定价的实证研究。流动性与交易机制、信息、资产定价效率、公司治理乃至货币政策这些问题紧密联系在一起，因此，流动性研究将会与这些领域的研究交叉融合。此外，对货币政策理论领域的流动性与市场微观结构领域流动性之间内在关系的研究仍将具有重要的学术价值和政策含义。

一、引言

流动性是一个很具迷惑性的、模糊的经济学术语。理论工作者对流动性的认识可能远没有业界人士的感受那样强烈和鲜明：1987 年的美国股市大崩盘和 1998 年长期资本管理公司的破产倒闭让实际工作者体会到了流动性对证券市场的重要性；而对于中国的理论界和业界而言，国有股、法人股对资本市场发展的负面影响则更凸显出流动性的经济影响。本文综述了对流动性问题的系列研究，其目的一方面在于整理文献，为进一步的研究提供基础，另一方面，也寄希望于已有的研究思路能够有助于我们对国有股、法人股问题的深刻理解，并期望从中获得解决问题的思路和有益启发。

对流动性问题的研究最早可能要追溯到凯恩斯的描述性定义：如果一种资产比另外一种资产更容易进行交易，那么，这种资产更具流动性。当然，凯恩斯还在后来被称为凯恩斯宏观经济学的体系中论述了"流动性陷阱"这个关于流动性的问题，尽管在经济学本质上它们有相通之处，但这种货币经济学领域的"流动性"并非本文所关注的重点。本文从公司金融、资产定价与市场微观结构理论的角度分别考察了流动性，并探索了三个领域流动性的内在联系。

值得着重指出的是，尽管资产定价与市场微观结构两个领域本身具有很大的交叉性，但是，市场微观结构领域的文献侧重用买卖价差（bid-ask spread）作为流动性的测度，而资产定价领域的流动性则指向更广义的交易成本（买卖价差仅仅构成了交易成本的一部分）以及资产的可交易性，因而这两个领域对流动性的论述也具有各自不同的特点和经济内涵。这样，本文相对独立地考察了这两个领域的流动性及其定价。此外，尽管笔者竭尽所能试图回顾所有关于流动性的重要文献，但是由于学识所限，不免有所遗漏；同时，出于本文结构安排的需要，对一些问题只是简要提及并给出重要参考文献，而没有详尽论述。

本文剩余部分的安排如下：第二部分从三个不同的领域回顾综述了对流动性的重要理论研究；第三部分借助于考察三个问题回顾了有关流动性的实证研究，包括对流动性与证券收益关系的实证研究、对市场微观交易机制与流动性关系的实证研究以及关于市场整体流动性的实证研究；最后一部分是全文的总结概括。

二、关于流动性的理论研究

（一）公司财务文献中的流动性

尽管流动性是市场微观结构与资产定价理论的重要问题，一些研究公司财务的学者也关注流动性问题，但他们主要是从公司清算价值的角度探讨资本结构问题或者企业理论中的资产专用性问题时会涉及资产流动性。这类文献并不关注流动性定价问题，而是探讨资产流动性对他们所关注的变量的经济影响。一个例外是Holmström 和 Tirole（2001），他们从公司财务的视角建立数学模型对流动性溢价进行分析，不过，他们对流动性的定义却不同于笔者所要侧重解释的流动性。他们所讨论的流动性是指一种资产的总价值，企业可以利用这种资产进行跨期财富的配置，从而以最优方式应付未来可能出现的支付。从他们研究的思路看，这与他们先前进行的一系列研究是一脉相传的：在 Holmström 和 Tirole（1996，1998）中，他们探讨了流动性的私人供给与公共供给问题。他们从企业长期投资所受的资金约束这一视角出发，分析了作为微观经济主体的企业对流动性的需求。在他们的模型设定下，企业通过储备必要的流动性，以应对第二期投资时可能面临的流动性冲击。他们的结论表明：当企业所受的流动性冲击相互独立时，企业之间可以通过发行私人流动性（比如企业债券）进行流动性调剂；而当微观经济主体面临系统性流动性冲击时，政府部门需要调节公共流动性（比如政府债券）以满足社会生产过程中的流动性需求。它们这种基于企业投资需求的流动性模型具有强大的解释力和拓展运用的空间：在 Tirole（2000）关于国际金融危机的专著中，他运用这一思路解释东南亚金融危机；在 Holmström 和 Tirole（2001）中，他们也运用类似的模型设定衡量流动性溢价，并以此解释股权溢价、收益曲线以及资产价格的相机波动性（state-contingent volatility）。

从一定程度上讲，这种关于流动性的定义与 Diamond 和 Dybvig（1983）的流动性定义具有内在的一致性。正如霍姆斯特龙（Holmström）和梯若尔（Tirole）所定义的那样，戴蒙德（Diamond）和迪布维格（Dybvig）的流动性实际上也代表着一种价值的储藏。他们的区别仅在于：戴蒙德和迪布维格是从经济人的消费角度来解释流动性的需求问题，并以此解释银行存款。在这个意义上，他们在写这篇文章时对流动性的理解还是不够深入——从题目《银行挤兑、存款保险与流动性》（Bank Runs，Deposit Insurance，and Liquidity）中就可以看出，他们可能并没有完全把握住自己所写文章的经济内涵——他们的这篇文章其实只需取名为《流动性与银行》（Liquidity and Banking）就足够清晰了。因此，银行在戴蒙德和迪布维格中只是外在的道具，而非内在的经济本质：内在的经济本质就是流动性！换言之，戴蒙德和迪布维格从流动性的角度内生推导出"银行"的本质属性，从而回答了"什么是银行"这个基本的经济学问题。

霍姆斯特龙和梯若尔应该看出了这一点，因此，他们又从公司流动性需求的角度重新解释和运用了流动性，这样，Diamond 和 Dybvig（1983）中经济人由于消费引发的流动性冲击相应转换为 Holmström 和 Tirole（2001）中企业由于二期投资引发的流动性冲击。很明显，这样的转换在本质上是一致的，可能唯一值得强调的是：戴蒙德和迪布维格模型由于其特定的双重均衡结构而成为经济学中常用的一种基本模型，而霍姆斯特龙和梯若尔则显得有点古怪，因此在别人看来他们的模型缺乏通用性，不过他们自己却很乐意将这种思路彻底运用一回。

（二）证券市场微观结构文献中的流动性

1. 流动性的度量

（1）用买卖价差衡量流动性。流动性在市场微观结构领域则具有另一层表面上截然不同的含义，这一领域的学者通常用市场做市商的买卖报价的相对或者绝对差值来度量流动性。

据笔者所知，证券市场微观结构理论的研究最早可追溯到 Bagehot（1971）的一篇通俗易懂的文章。而后 Garman（1976）、Stoll（1978）、Ho 和 Stoll（1983）、Amihud 和 Mendelson（1980）探讨了买卖价差中做市商的存货成本问题，而 Copeland 和 Galai（1983）、Glosten 和 Milgrom（1985）、Easley 和 O'hara（1987）则分析了买卖价差中的不对称信息成本问题。不过，从理论和实证的角度正式分析流动性溢价问题的则是 Amihud 和 Mendelson（1986）。

阿米哈德（Amihud）和门德尔森（Mendelson）用买卖价差即证券交易的成本来衡量市场流动性。在使用做市商制度的证券市场中，投资者的买卖证券交易均通过做市商实现：某种证券的做市商不断在市场中提供买卖报价，投资者按照这些价格发出交易指令。根据有关市场微观结构理论文献，这种买卖价差是做市商为了弥补存货成本、信息不对称导致的交易成本以及指令处理成本而做出的决策。做市商通过收取这些价差来弥补成本，从而使得自身在市场中生存下来。做市商制度的存在改进了市场流动性，尤其是对于那些交易不活跃、流动性不足的股票而言，做市商的存在使得投资者在通常情况下总是可以实现交易需求。这种价差对投资者而言就是一种交易成本，这种成本越大，意味着市场流动性越低，也即投资者必须支付较高的交易成本才能完成自己想要进行的交易。

为了表明流动性（买卖价差）与期望收益以及最优持有期的关系，阿米哈德和门德尔森建立了一个一般均衡模型。这个模型至少有几点是值得注意的：首先，该模型假定投资者是异质的，具有不同的投资期限和初始财富；其次，存在多种异质的证券，同时交易成本各不相同；最后，这是一个一般均衡模型，在模型中，投资者的决策最优化，且市场均衡，只有做市商的决策是外生给定的。这三个特征是很多资产定价模型所不具备的，从这个意义上说，这一文献也是资产定价理论中的一篇重要文献。大多数资产定价模型难以通过简单的模型在异质投资者和多种证券的设定下分析问题，而阿米哈德和门德尔森的该项研究则有效地处理了这一问题，同时避免了复杂的数学模型。

这种以买卖价差衡量流动性的方法后来广为理论界和业界所运用。在这一设定下，流动性指的是证券交易得以实现所需要的成本大小。这与上文提及的戴蒙德和迪布维格模型、霍姆斯特龙和梯若尔模型中的流动性有何区别和联系呢？这就需要我们再次考察戴蒙德和迪布维格模型以及霍姆斯特龙和梯若尔模型。在戴蒙德和迪布维格模型中，银行存款被视为一种流动性，我们的问题是：为何它被称为流动性？为什么我们认为银行给经济人提供了平滑跨期消费所需的最优流动性？依笔者看来，这又回到了凯恩斯对流动性的描述性定义，是因为银行存款具有高的资产转换能力。如果用微观结构中买卖价差这个概念重新表述银行存款，我们就可以说，银行存款这种证券的交易的买卖价差更小，因此，它具备了作为戴蒙德和迪布维格模型所定义的一种流动性所需要的条件。而在霍姆斯特龙和梯若尔模型中，他们将流动性定义为一种可以进行财富的多期优化配置，从而满足未来投资需求的金融工具的总价值，很显然，他们的流动性也是指向金融工具这个层次。然而，结合他们的详细论述，我们可以看出，这种金融工具既然能够在不确定的未来提供投资所需的资金，也就意味着这种资产具有阿米哈德和门德尔森意义上的高的流动性，即较低的交易成本——比如他们所强调的政府债券。我们可以这样表述这几个似乎不相关的流动性的内在联系：能够优化财富的多期配置的金融工具，由于具有阿米哈德和门德尔森意义上的高流动性（较低的交易成本，比如国家收入的核实审计成本等等），因此，也可视为戴蒙德和迪布维格以及霍姆斯特龙和梯若尔意义上的流动性。但是，这些不同的流动性最终都需要通过快速、低成本的交易来实现。

需要着重指出的一点是，买卖价差仅仅是实际证券交易过程中投资者必须承担的总成本的一部分，其他成本比如交易税、印花税等成本也构成了影响实际投资收益的重要因素。因此，另有一些文献在不同的设定下考察了整体交易成本（流动性）对资产定价的影响。传统的资产定价模型存在严格的假定，一般不考虑资产本身的交易成本、市场不完善、套利限制等因素对资产价格的影响；而现实金融市场中出现的一系列问题，比如股权溢价之谜、小企业股票收益之谜等，又使得经济学者开始将这些难以处理的因素考虑进资产定价模型。从流动性角度看，更高的交易成本意味着更低的证券流动性，因此，通过适当的比较，经济学家就可以在包含交易成本的资产定价模型中分析流动性对资产价格的影响。

Constantinides（1986）以及 Grossman 和 Laroque（1990）是这一领域的代表文献，他们分别考察了交易成本对资产定价的影响，从而从一个侧面反映了流动性对经济的影响。为了模型处理的方便，他们一般假定存在一个无风险的资产和一个存在交易成本的资产，在此设定下，这类文献一般将资产价格视为外生给定的变量。因此，其焦点并不在于交易成本对资产定价的影响，而在于交易成本对经济人的最优资产组合策略的影响。

而另一些文献，包括 Amihud 和 Mendelson（1986）的经典文章，以及 Aiyagari 和 Gertler（1991）、Huang（2003）、Vayanos 和 Vila（1998）等则将交易成本引入资产价格的决定中。但是由于模型可控性的限制，他们往往假定这些资产除了交易成本，其余各方面均完全相同。这些存在异质证券（交易成本不同）的资产定价模型，由于其假设过于严格，并未能给我们提供更有洞察力的关于资产价格决定的经济解释。

很显然，这类文献所关注的流动性实际上指向交易成本，当然，这种交易成本远远超出了狭义的买卖价差本身。与微观结构的文献关注的焦点不同，此类文献并不在意买卖价差的组成以及其组成的时变情况，而重点关注交易成本对资产的交易价格以及投资者组合策略的影响。

（2）用交易量对价格的冲击衡量流动性。另外一类研究市场流动性的文献，比如 Kyle（1984，1985，1989）、Admati 和 Pfleiderer（1988）、Pagano（1989），其关注的焦点并不在于微观层面的证券买卖价差，而在于宏观层面的市场整体流动性。他们所定义的流动性指的是市场对交易的缓冲能力：如果一笔大的交易并没有引起证券价格的大幅变动，那么他们认为这个市场具有高的流动性（深度）。凯尔（Kyle）的模型通过引入噪声交易者，构造并求解出噪声理性预期均衡，从而动态地分析了证券市场中有价值的信息是如何逐步通过知情交易者的交易融入证券价格之中的。他们的分析表明，如果市场中噪声交易者的指令流的方差越大，那么，知情交易者就越容易伪装成噪声交易者，从而顺利实现基于信息的交易，获得超额收益，以弥补收集信息的成本；而噪声交易者，或者说流动性交易者，则为市场提供了流动性。我们可以举一个极端的例子来说明其中的经济含义。如果市场中缺乏流动性交易者（噪声交易者），相应地，市场缺乏一定的流动性，那么根据这一模型，市场做市商将能够辨认出那些获得超额信息的知情交易者。原因很简单：如果没有随机的流动性交易者，则市场中只剩下知情交易者；而知情交易者愿意参与交易，则说明他们获得了更有利的信息。因此，做市商将要求更高的买卖价差，从而使得知情交易者因为高昂的价差而退出交易。这样，交易将无法实现。而一旦市场中具有大量的噪声交易者，那么，做市商将无法判断出价格的变动是由于噪音需求的变动引致的，还是由于信息的变动引致的，这时交易将得以实现。同时，这个模型还为后来的学者量化测算信息不对称（或者证券流动性）提供了理论基础。模型表明，噪声理性预期均衡下的定价规则满足方程 $P(x+\mu) = p_0 + \lambda(x+\mu)$，其中变量 λ 就反映了做市商是如何根据对指令流所包含的信息成分的判断来调整买卖报价的。其经济含义即是：交易中信息不对称程度的高低反映了市场流动性的大小。其值越大，市场中信息不对称程度越严重，流动性就越低。从直观的角度看，这一参数实质上也反映了交易量对证券价格的冲击，因此，从这个角度看，它也是衡量市场流动性的一个有用的指标：其值越大，交易引起的价格调整越大，市场流动性越低，这与从信息的角度分析该变量的含义是一致的。

而 Pagano（1989）从 Kyle（1985）用价格冲击衡量流动性的经济视角出发，考察了投资者内生的市场参与决策问题。他认为，如果市场中具有足够多的交易者，那么，由于更多的交易者意味着相对更小的流动性需求冲击，因此，更多的投资者使得价格的波动性降低，即市场流动性得以增强；同时，更多的交易者使得市场缓冲需求冲击的能力增强。这使得价格对交易量的弹性降低，也意味着市场流动性的提高。

既然如此，那么，投资者参与市场的决策是如何形成的呢？Pagano（1989）重点分析了这一关键性问题，从而推导出两种福利效应截然不同的均衡状态。一种是恶性循环：市场流动性越低，投资者越不愿意进入该市场，市场流动性进一步降低。一种是良性循环：市场流动性越高，投资者越愿意进入该市场交易，因此市场流动性进一步得以提高。与 Kyle（1985）不同，他没有采用噪声理性预期均衡的分析方法，而是借助经典的 OLG 设定，内生化投资者的最优决策问题（技术上是通过假定投资者参与市场成本的存在以及投资者未来收入流的随机性来构造双重均衡）。这一模型令人感兴趣的地方在于其一般均衡的分析，从而可以方便地比较不同均衡下的福利效应，这种基于一般均衡分析的比较为其结论提供了稳健的基础。在这一模型下，企业的投资决策、证券市场容量的大小也是通过求解均衡得出的。尽管技术上显得有些复杂，但从模型的优美程度看，这应该是一篇经典论文。此外，Amihud（2002）指标也是类似的思路。

（3）用价格反转衡量流动性。也有研究认为短期价格反转是非流动性的一种体现。在 Campbell 等（1993）的研究中，由非知情交易者造成的需求冲击一旦被做市商吸收，就会导致后续价格反转。这种非知情交易往往着伴随着较高的交易量，而知情交易则伴随着较低的交易量。价格变化伴随着高（低）交易量应该（不应该）反转。因此，这种价格反转和交易量的联系也使价格反转成为流动性的一种衡量指标。但是根据 Vayanos 和 Wang（2012），价格反转和（2）中由凯尔的 lambda 提出的价格冲击存在本质区别，凯尔的 lambda 主要衡量单笔交易的影响，而价格反转是由于整个市场的交易行为所导致的。当然，微观结构研究领域还存在其他一些衡量证券流动性的方法，比如计算证券的换手率等等，但这些问题一般在实证文献中被采用。我们将在实证部分提及这些不同的测度。

2. 市场微观结构与流动性

Grossman 和 Miller（1988）分析了市场微观结构与流动性之间的关系，该模型在本质上是一个多期存货模型（multiperiod inventory model）。没有信息不对称问题，做市商并不提供买卖报价，而只是通过持有存货（因而承受一定的风险以实施投机）以满足市场中另一类投资者（格罗斯曼和米勒称之为外部交易者）的流动性需求。在这个三期模型中，外部交易者在第二期和第三期受到流动性冲击，且这两种冲击完全可以相互抵消，也就是说，如果外部交易者愿意等待，而不是立即执行交易，那么实质上他们在投资期内受到的整体冲击为零。这样的设定抓住了他们所定义的流动性的经济本质：流动性即是交易的可立即执行性，或者说是等待的成本。由此，理论上我们就可以通过计算两期价格的变动以度量流动性，这种变动越小，意味着市场流动性越高。

与 Pagano（1989）类似，这一模型中提供流动性的做市商的数量由其参与成本和期望收益内生决定，且受制于其风险厌恶程度以及价格的波动性和自身禀赋。这种均衡关系可以从以下分析直观判断出来：当价格波动性增加时，做市商所能获得的收益增加，因此，其数量增加，这种数量的增加又转而为市场提供了更好的流动性，这样就必然存在一个稳定的均衡。

Pagano（1989）可能就受此启发，在 OLG 框架下分析了流动性的内生决定问题，不过与格罗斯曼和米勒不同，他的市场结构为横截面的，而非 Grossman 和 Miller（1988）中的跨期市场。帕加诺（Pagano）的模型表明，投资者总会选择流动性更高的市场进行交易，因此，根据他们的理论预测，现实中不应该存在跨市交易行为，除非没有交易成本，这与现实世界显然有出入。笔者猜测这可能与他的模型设定有关：与格罗斯曼和米勒一样，他的模型中没有信息不对称因素。

另一个似乎更现实、更直观的模型是 Biais（1993），他将流动的供给与需求视作一种博弈行为，从而对分散式市场与集中型交易市场的价格形成机制以及相应的流动性状况进行了比较，并利用逆向归纳法求解出子博弈完美均衡。

在 Biais（1993）的模型中，风险厌恶的经济人提供流动性以满足市场指令的需求。在集中化的市场，这些经济人是做市商或者是那些提交限价指令（limit order）的交易者。在分散的市场，他们则是交易经纪人或经纪商。

模型的分析表明，在分散化的市场中，交易商（其他交易商观察不到他的头寸）基于已有的信息进行优化决策，通过与其他交易商的竞争来获得剩余。结论表明，随着交易商数量的增加，交易商所获剩余减少，这是竞争增强的一个结果。而最优市场指令则随着流动性冲击和交易商竞争强度的增加而增加。在子博弈完美均衡下，市场中交易商的数量随着交易频率和资产波动性的增加而增加。

而在集中化的市场交易系统下（所有交易的价与量都是公开的信息），尽管其平均买卖价差与分散的市场相同，然而，在其他条件相同的情形下，这一市场的买卖价差的波动性更大。这就为分散化市场与集中式市场并存的现象提供了一种理论解释：尽管集中式市场由于其交易更加便捷而降低了投资者的参与成本，然而，相对于分散化的市场而言，其流动性波动更大，因此，两者各有优势，不至于一方完全优于另一方。我们需要注意的是，当 Pagano（1989）讨论市场的趋同性时，他的假设是两个市场交易机制相同；当市场交易机制存在差别时，两个市场可以共存，因此，这与 Pagano（1989）的结论并不矛盾。

Pagano 和 Roell（2006）则比较了拍卖交易市场与做市商交易市场的透明度与流动性之间的关系。所谓透明度，指的是市场做市商（提供流动性）所能观察到当前指令流的大小和方向的程度；而流动性则指普通投资者面临的信息不对称程度，信息不对称程度越高，市场流动性越低，这与 Kyle（1985）的流动性定义是一致的。他们的研究表明，透明度越高，对不知情的普通投资者而言，平均交易成本越低；当然，对于某笔交易而言，可能会有不同的结果。整体而言，他们认为，从增强市场流动性的角度考虑，拍卖市场应该优于做市商交易市场，然而，这与现实似乎有点矛盾，因为做市商制度在西方发达市场中仍然较普遍。他们对此的解释是：或者因为交易者不仅关注交易成本，而且关注交易的执行风险；或者因为在做市商交易市场，做市商能够从指令流中区分出谁是知情交易者，谁是噪声交易者。

李志辉和王近等（2018）基于收盘价操纵后股票价格的变动特征，构建了收盘价操纵行为的识别方法——尾市价格偏离模型，并利用中国股票市场的分时高频交易数据实现了可疑收盘价操纵行为的监测。研究发现，收盘价操纵会导致股票交易成本上升和流动性下降，这种影响往往在股票市场处于震荡和下跌阶段时更为显著；同时，投资者报价策略趋于保守化是收盘价操纵对市场流动性产生影响的关键因素，而引发投资者调整报价策略的原因可能是股价波动加剧后订单非执行风险的降低。

3. 高频交易者作为新的做市商

Easley 和 O'hara（2011）认为高频交易公司能在短时间内提供大量的买卖限价订单，起到了和做市商一样的作用。Brogaard（2010）对 26 家高频交易公司交易单进行分析，发现高频交易者需求的流动性占总交易的 50.4%，而他们提供的流动性占总交易的 51.4%。因此，他认为高频交易者是一种新型做市商，能够提升市场质量。Hanson（2011）通过仿真实验模拟连续竞价中的一种高频交易策略，他发现随着高频交易者的参与，市场流动性和定价效率提高。高频交易者的存在也降低了交易成本。

但也有研究认为，高频交易者的出现加剧了逆向选择，从而损害了市场流动性，Yang 和 Zhu（2020）的模型认为，高频交易者能够对到达的订单流进行分析，推测知情交易者拥有的信息，并与其开展同向交易，成为流动性的需求者。此外，高频交易者因为能瞬间挂单、撤单，也会导致对普通交易者的利益造成损害，从而使其退出市场，损害流动性。

（三）资产定价领域的流动性

1. 流动性风险与资产定价

流动性风险与流动性是两个有显著差异但容易混淆的经济学概念，在本节，我们则关注流动性的波动性对资产定价的影响。Acharya 和 Pedersen（2005）建立了LA-CAPM，分析流动性风险即流动性的波动性对资产定价的影响。他们的结论表明，证券的期望收益依赖于它的收益与市场非流动性（market illiquidity）的协方差，这一协方差越大，期望收益越低；同时也依赖于该证券本身的非流动性与市场收益的协方差，且这一协方差越大，期望收益越低；此外，该证券的期望收益还取决于该证券本身的非流动性与市场整体非流动性的协方差，且该协方差越大，证券期望收益越高。

因此，该模型预测，当市场整体流动性较高时，如果某一证券流动性仍较低，那么，投资者将为持有该证券要求更高的收益，当市场流动性较低时，如果该证券流动性仍然较高，那么，投资者将愿意接受更低的收益。该流动性资产定价模型的结论与 Chordia，Roll 和 Subrahmanyam（2000）及 Pastor 和 Stambaugh（2001）发现的证据相吻合。此外，根据这一理论模型，当市场下跌时，如果该证券流动性仍然较高，那么，投资者将愿意支付更高的价格。最后一个有意思的结论是：投资者可以根据流动性情况对证券收益进行预测。不过，该模型仍未具备更强的经济解释力：正如下文我们将要指出的，它并未能捕捉企业规模、动能效应等解释证券收益的因素。

2. 市场流动性与资产定价效率

自 Kyle（1984，1985）开始，大量理论文献关注市场流动性与资产定价效率之间的理论联系。从直观的角度看，更好的流动性有利于那些普通的、没有获得额外信息的交易者：因为更好的流动性意味着市场中的信息不对称程度较轻，知情交易者的数目较少。Chowdhry 和 Nanda（1991）利用一个与 Kyle（1985）类似的噪声理性预期模型（noise rational expectation model，NREM）分析了交易信息的公开对市场流动性的影响。在他们的模型中，存在多个共存的市场（这与 Pagano（1989）是不同的），并存在三类投资者：一类投资者为知情交易者，他们最优化配置在每一个市场中的交易数量；第二类为大的噪声交易者，他们优化分配在各个市场的交易指令流；第三类为小的噪声交易者，他们只能在某一个市场交易。通过求解这一设定下的理性预期均衡，他们发现，每一个市场中的交易价格都部分揭示了知情交易者所拥有的私有信息，也就是说各个市场中的指令流与资产的真实信息存在一定的相关性，因此，如果所有交易者都能获得这些交易指令流的信息，他们通过贝叶斯式的学习，能够更新对资产价值的判断，从而减少信息的方差（波动性）。这一模型得出的一个有趣的结论是：当市场数目趋向无穷大时，所有的私人信息都将通过交易指令流反映出来。而当信息方差减少时，市场中信息不对称自然减少，因此，市场流动性提高，同时，证券交易的价格更加体现了其内在的价值。

Holmström 和 Tirole（1993）也借助 Kyle（1985）的模型分析了市场流动性与资产定价效率之间的理论关系。他们的研究表明，当市场流动性增加时，正如 Kyle（1985）所证明的那样，知情交易者能够更好地伪装成流动性交易者，从而通过交易获利，以弥补信息收集成本；而知情者的交易将更多的信息引入证券市场，从而提高资产定价的效率。这一模型由于考察了信息的获取问题，因此，相对于 Chowdhry 和 Nanda（1991）而言，似乎更有说服力：根据乔德赫里（Chowdhry）和南达（Nanda）的模型，当市场信息披露充分时，流动性提高，因此，定价效率提高；然而，Grossman（1976）的信息悖论又出现了。

一些模型通过设定知情交易者为风险厌恶型投资者，从而在竞争性的大经济中建立噪声理性预期模型解释了这个悖论，比如 Grossman 和 Stiglitz（1980）、Diamond 和 Verrecchia（1981）以及 Verrecchia（1982）。在这些模型中，风险厌恶的设定使得价格不能完全揭示资产价值，从而知情交易者存在获利空间。而 Kyle（1984，1985）通过引入不完全竞争，在知情者为风险中性的设定下求解了噪声理性预期均衡，从而从一个角度解释了 Grossman（1976）的信息有效悖论。其后，Subrahmanyam（1991）将风险厌恶引入 Kyle（1984）的一期简化模型，再次考察了风险厌恶、市场流动性与定价效率之间的内在理论联系。

正如 Subrahmanyam（1991）所指出的，Kyle（1984）的风险中性假设意味着，当流动性交易的波动性增加时（即噪声增加时），资产定价的效率并没有发生变化，知情交易者仅仅利用这种波动性相应增加其交易量。而 Kyle（1984）模型的另一个隐含经济学意义是，当知情交易者观察到强的相关信号时，知情交易者数目的增加导致了市场流动性的增强，因为此时他们之间的竞争增强了。

然而，如果知情交易者为风险厌恶型投资者呢？噪声交易波动性的增加会引起市场流动性发生怎样的变化？相应地，资产定价的效率依然会保持不变吗？Subrahmanyam（1991）回答了这两个重要的理论问题。他发现，并非知情交易者的数目越多（竞争程度越高），市场流动性就越高，在市场流动性与知情交易者的数目、风险厌恶程度、信息的精确性之间，并不存在单调线性关系；同时，噪声交易量的增加导致定价效率的降低。更有意思的结论是：当模型内生化知情交易者获得信息的决策时，噪声交易波动性与市场流动性之间同样不存在单调线性关系。

Holden 和 Subrahmanyam（1996）出于对投资者短期近视性投资行为以及由此引发的公司信息披露等问题的关注，在噪声理性预期均衡的设定下分析了另一个类似的问题，即什么因素使得经济人更愿意收集短期信息而不是长期信息。因此，在这个模型中，信息的价值体现在两个不同的时点：短期或者长期。模型结论表明，如果经济人的风险厌恶高到一定程度，那么，经济人将内生选择收集短期信息，而非证券的长期信息（更接近其内在价值的信息）；同时，当流动性交易的波动性增加时，市场深度得以提高，然而这却导致知情交易者更多地关注短期信息，从而导致长期信息的效率降低。这一模型的一个政策含义是，政府应该对市场流动性进行区分，对短期的流动性加以适当限制，从而引导投资者关注证券价格的长期效率，而非其短期行为。这一模型将人们对信息效率关注的范围拓展到更广的视野之下，从而丰富了已有的理论文献。

还有部分学者着重于研究流动性对市场稳定性和福利的影响。Chang 和 Chen（2016）发现，股票流动性增强了股票价格下跌的风险。为了确定因果关系，我们将股票交易的十进制化作为影响流动性的外来冲击。这一影响使得短期投资者和中小股东持有更多的公司股权。流动性强的公司未来披露经营不善信息的可能性更高，伴随而来的是短期投资者而不是大股东的剧烈抛售。他们的结果表明：流动性诱使公司管理层隐瞒坏消息。最终，累积的坏消息在某一时刻全部释放，从而导致市场崩溃。Huang 和 Wang（2010）则构建了一个均衡模型用于衡量流动性的需求和供给及其对资产价格和福利的影响。当持续存在的市场成本很高时，纯粹的特质冲击会导致内源性流动性需求以及与基本面的较大价格偏差。此外，市场力量未能产生有效的流动性供给，这要求采取潜在的政策干预措施。他们还证明了不同的政策工具会产生截然不同的结果。例如，降低流动性的供给成本（例如，通过直接注入流动性或放宽事后保证金约束）会减少福利，而强迫市场提供更多的流动性供给（例如，通过与市场参与者的协调）可以改善福利。

Vayanos 和 Wang（2012）则从另一个因果关系的角度分析了信息不对称和不完全竞争是如何影响流动性和资产价格的。我们的模型包含三个时期：在第一个时期，代理人是相同的；在第二个时期，代理人是异质的并且相互进行交易；在第三个时期，消耗资产的收益。他们的研究表明：与所有内幕消息都公开和未公开的情况相比，第二个时期的信息不对称性会提高在第一个时期事前预期的资产收益。不完全竞争反而会降低期望收益。每种缺陷都会使流动性不足的常见衡量指标朝相反的方向发展。

　　另一个重要研究方向则是探索证券交易受限性对资产定价的影响。一些证券[①]由于特定的政治、经济原因，其流通性（可交易性）受到一定的限制。经济学者和实业界人士关注的问题是：这类证券的内在价值有多大？如果投资者因为某些原因而持有这类证券，那么，这类证券对其最优组合决策有何种影响？

　　据笔者所知，最早研究这类问题的文章是 Mayers（1972，1973）。Mayers（1973）认为，人力资本收入或者信托收入从经济学角度看，也可视为一种要求权证券，但很显然，这类证券不可交易，那么，在这种更现实（相对于标准的资本资产定价模型）的假定下，投资者如何进行最优资产组合呢？Mayers（1973）的研究表明，在存在不可交易的资产的情形下，异质的投资者将持有不同的可交易资产组合，这与传统的 CAPM 的结论是不同的：传统的 CAPM 的结论表明，所有投资者都应该持有相同的风险证券组合，即市场组合。不过，Mayers（1973）并没有明确地对流动性进行定价。

　　Longstaff（1995，2001）以及 Kahl 等（2003）考察了受限股票的流动性溢价以及存在受限股票下的最优组合决策问题。Longstaff（1995）的思路如下：设有一理性投资者，他具有完好的市场判断能力；他拥有一份在 T 年内不能自由流通的风险资产。若不存在流通性限制，该投资者可在该资产的价格上升到顶峰时将其卖出。这样，流通性的价值就等于该资产 T 年内预期达到最高价格所带来的额外收益的现值。朗斯塔夫（Longstaff）的这种给流动性定价的方法被称为流动性互换定价（liquidity swap pricing）。按照这一思路，朗斯塔夫利用套利的基本原理和期权定价理论推导出流动性资产的价格上限。研究结论表明，存在流通限制的资产价值的上限是同类全流通股当前股价的一个比值。该比值大小与资产收益的方差正相关，与受流通限制的时间长短负相关，即受流通限制的时间越短，具有流通性限制的资产价格越接近全流通资产的价格。

　　Longstaff（2001）通过假定投资者在实际投资时面临着流动性约束（一个与现实更接近的假设），从而在连续时间框架内分析了存在流动性限制下的资产组合决策，并利用效用等价原理求解了非流动性的影子成本（流动性隐含价值）。不过，在这一模型中，他所设定的流动性则是从实际出发，指投资者买卖证券的能力受到限制的情形。具体而言，这种意义上的流动性缺乏指的是，即使你愿意以更低的价格卖出证券，也没有人愿意买入；或者即使你愿意以更高的价格买入证券，也没有

　　[①] 比如，在美国股票市场中有一种未向证券交易委员会登记注册的存信股票（letter stock），这种股票在其发行后的一段时期内不能够在二级市场上交易。由于这类股票是美国《证券交易法》第144条款下定义的股票，因此通常将这类股票简称为 R144 股票。

人愿意卖出。在这种极端的情形下，市场流动性消失了，金融市场处于没有交易的状态。美国 1987 年股市的大崩盘就是这样一个典型的例子。

Longstaff（2001）引用了《华尔街日报》和美国《新闻周刊》（*Newsweek*）上的一些文章表述了他所定义的流动性："当计算机程序为我们发现了一个盈利丰厚的对冲机会时，其隐含的假设是：当交易进行交割时总存在一个买方。然而，俄罗斯和亚洲的金融危机使得市场投资者失去了信心，结果是市场中买方仿佛消失得无影无踪了。"从本质上看，这种对流动性的定义与受限股票文献中的流动性定义是一致的：当 Longstaff（2001）所定义的流动性消失时，也就意味着投资者持有了大量暂时不可交易的证券。当理性的投资者在最优投资决策中考虑这种流动性限制时，均衡下的资产价格就反映出流动性的隐含价值。

而 Kahl 等（2003）则运用 Longstaff（2001）的思路分析了经理人持股的内在价值问题，其经济学方法与 Longstaff（2001）是类似的，这里不再给出详细解释。

研究受限证券定价问题有助于我们分析和理解国有股相关的系列问题，比如国有股的定价问题等。吴卫星和汪勇祥（2004）受此思路的启发，拓展了 Kahl 等（2003）的问题，为国有股下存在的投资者最优组合策略问题和国有股流动性定价问题提供了一些新的观点和解释。当然，我们需要注意，此种情形下的流通性与微观结构中资产的流动性还是存在一定差异的：在后者的设定下，证券可以自由交易，仅仅是需要投资者支付交易成本；而在存在受限证券的情形下，证券目前不可交易（然而在未来某一确定或者随机时刻可以交易），因此，投资者因为持有这部分证券而部分丧失了灵活调整资产组合的能力。

三、关于流动性的实证研究

（一）流动性与证券收益

与流动性的理论研究不同，对流动性问题的实证研究远没有那么多的定义上的差异。而且，实证类文献大都集中于同一个问题之上：流动性与收益（期望收益）之间的关系。这个问题之所以成为实证研究的焦点，其深层次的原因在于，已有的资产定价理论受到了实证结果的挑战。一系列实证结果表明，传统的资本资产定价模型难以解释现实金融市场中资产收益的横截面差异。为此，一些著名的学者，比如芝加哥大学的金融学领袖人物法玛教授，不断从数据中发掘出新的影响资产价格的因素；而关注流动性问题的学者则努力发掘出流动性风险影响证券的价格（收益）的实证证据。

比较经典的一篇文献是 Amihud 和 Mendelson（1986）的研究，他们的实证研究表明，买卖价差与未来一年的月平均超额收益差的相关系数（均为正相关）虽然随样本区间变化而稍有变化，但与阿米哈德和门德尔森理论模型的预测基本一致。同时，股票买卖价差每增加 1%，股票月均超额收益上升 0.21% 左右。也就是说，股票流动性每下降 1%，投资者要求该股票增加 2.5% 的年收益，以对流动性的恶化作出补偿。

阿米哈德和门德尔森的流动性溢价理论的发表立即引起了金融界的广泛关注，很多经济学家也以不同市场、不同样本区间数据对阿米哈德和门德尔森的理论进行了广泛的实证检验。研究的结果大致支持阿米哈德和门德尔森的流动性溢价理论。这一方面的研究可参阅 Keim 和 Madhavan（1996）等。而 Brennan 和 Subrahmanyam（1996）则从另外一个角度为流动性溢价与期望收益之间的关系提供了辅助证据。他们采用 Glosten 和 Harris（1988）、Kyle（1985）、Hasbrouck（1991）以及 Foster 和 Viswanathan（1993）的方法测定证券流动性。这种方法使用的指标是推动一个单位价格（例如人民币 1 分）变化所需指令流的大小。它度量了信息非对称情况下投资者的逆向选择对证券期望收益和交易成本产生的影响。推动一个单位价格（例如人民币 1 分）变化所需的指令流越小，该证券的流动性则越差。Brennan 和 Subrahmanyam（1996）在运用 Fama 和 French（1992）三因子模型控制证券风险的基础上检验了这些流动性测度与股票月收益之间的关系，发现市场对股票流动性进行了合理的定价。

当然，也有学者对这一结论的稳健性表示怀疑。Eleswarapu 和 Reinganum（1993）的研究表明，流动性溢价存在季节性效应：只在 1 月份才有正的流动性溢价；而在其他月份流动性溢价在统计上并不显著异于零。他们进一步发现，在控制了买卖价差这个变量后，企业规模效应显著。不过，正如 Lee（1993）的研究所表明的，用买卖价差作为非流动性测度存在一定的问题。Lee（1993）表明，很多大宗交易的交易价格落在买价与卖价这个区间之外，小笔交易则发生在这个区间之内。因此，买卖价差不能作为稳健的流动性测度。因此，Eleswarapu 和 Reinganum（1993）的结论有待商榷。

Datar 等（1998）以比较容易观察和计算的换手率（即一定时期内某一股票交易成交量除以该公司股票总量）来衡量流动性，并实证分析了 1962—1991 年间纽约股票交易所交易的所有非金融类上市公司的月数据。换手率越高，股票的流动性越高，按照阿米哈德和门德尔森的流动性溢价理论，该股票的期望收益应该较低。达塔等的研究发现与传统的流动性溢价理论相符：股票换手率每下降 1%，其年期望收益平均增加 0.54%。并且，这种换手率与股票期望收益的负相关关系在统计上十分显著。Wang 和 Chin（2004）分析了上交所和深交所交易的所有个股的月换手率和收益数据，发现在控制其他风险因素后换手率和中期（3～12 个月）股票期望收益之间存在显著的负相关。

不仅流动性的高低与证券期望收益密切相关，近期的金融研究还发现，流动性风险即流动性的不确定性对证券收益也会产生影响。例如，Chordia 等（2001）分析了纽约股票交易所和美国股票交易所交易的个股数据，发现流动性的波动性（以成交量度量流动性）与股票期望收益之间存在正相关关系。

关于流动性溢价的研究对已有的资产定价模型提出了挑战。标准的 CAPM 或者 CCAPM 框架并没有考虑流动性这一风险因子，尽管 APT 表明，股票价格（或者说股票收益）由多种因子决定，然而，它并没有强调流动性这一因子。Fama 和 French（1993）对股票和债券收益进行了实证分析，并找出了三个共同的收益决定因子模型，但是他们同样没有对流动性因子进行分析〔当然，他们也没有考虑动能效应（momentum effect）〕。这一方面的研究最近取得了一定的进展。例如，Acharya 和 Pedersen（2003）提出了包括流动性风险因素的均衡资产定价模型，但该模型没有能够将近年来发现的其他资产定价因子如规模、净资产市价比（book-to-market ratio）、动能效应等包括在内。因此，资产定价理论尚待进一步完善。

另有部分实证研究关注受限证券的流动性问题。Silber（1991）实证分析了美国股票市场上有限制出售条款的股票相对于除流通限制以外、其他方面完全相同的股票的价值。他分析了 1981—1988 年间 310 个 R144 股票样本数据，发现 R144 股票的价值平均为同类全流通股票的 65%，即 R144 股票的非流动性折扣约为 35%。因此，西尔伯（Silber）的研究表明，即使在较短时间内，股票定价也在相当程度上受到流动性限制（流动性溢价）的影响。而 Bajaj 等（2001）研究了 1991—1995 年间美国所有私募股票的价格折扣。定向私募股票由于受到流通性限制，其价格比相应的流通股票低。因此，其定价受到流通性限制的影响与存信股票的情况类似。Bajaj 等发现，私募股票的非流动性折扣平均为 22.2%，但其中未登记注册的私募股票非流动性折扣高达 28.1%。

还有一类重要的研究则关注国债流动性与收益问题，比如 Amihud 和 Mendelson（1991）、Daves 和 Ehrhardt（1993）。Amihud 和 Mendelson（1991）的问题是：如果流动性影响了股票（没有成熟期）的收益，正如他们 1986 年的模型所标明的那样，那么，这一规则是否也适用于国债（有一定的成熟期）？为此，他们对短期国债与中期国债的收益进行分析（控制了成熟期因素，且中期债券的成熟期限定不得超过 6 个月的时间），实证结果证实了他们 1986 年的研究结论的一般性（至少也适用于国债收益的差异）。

Daves 和 Ehrhardt（1993）对两种美国零息票剥离债券的定价差异进行分析。他们发现，在其他变量（如成熟期等决定债券收益的重要因素）相同的情形下，前者的交易价格高于后者。实证结果表明，两种剥离债券重构难度的差异造成了这一现象。尽管单变量的检验表明，流动性与债券价格之间存在正相关关系，然而，多变量的回归结果却使得这一结论有点模糊了。不过，他们指出，多变量下没有发现流动性与价格之间的关系可能与模型函数的设定有关。整体上看，这一研究为分析流动性与证券价格之间的关系提供了明显证据。

近年来，众多国内学者以我国市场交易数据为基础研究流动性与证券价格之间的关系。张峥和刘力（2006）考察了中国股票市场股票换手率与横截面股票收益之间负相关关系的原因，他们研究发现，这种关系不能由流动性溢价理论完全解释。由于换手率可以作为投资者异质性信念波动程度的代理变量，在市场卖空约束和投资者异质性信念同时存在的条件下，可能出现的投机性交易所造成的股价高估（投机性泡沫）是更为合适的解释。

黄峰和杨朝军（2007）构建了基于流动性风险调整的资产定价模型，实证显示，我国股票定价中包含显著的流动性风险溢价，而且这种风险补偿更为显著地出现在流动性较差或者说价格冲击弹性较高的股票上。而经典 CAPM 的价格风险敏感度 β 却对我国股票收益率没有解释力。这说明流动性风险比单纯的市场价格风险在我国股票定价中起着更为重要的影响，在评估股票投资风险和风险溢价时仅考虑价格风险是远远不够的。另外，我国股市和国外一样存在对非流动性水平的收益补偿和"飞向流动性"（flight to liquidity）现象。

（二）市场交易机制对证券流动性影响的实证研究

Cumming，Johan 和 Li（2011）研究了遍及全球 42 个证券交易所的股票交易规则，以了解市场操纵、内幕交易以及经纪人与代理机构之间的冲突。一些证券交易所有非常详细的规则，明确禁止特定的市场操纵行为，但是其他证券交易所则使用了不太精确以及过于宽泛的交易规定。他们根据每个证券交易所的交易规则中的特定规定，为市场操纵、内幕交易以及经纪人与代理机构之间的冲突创建了新的衡量指数。研究发现，交易所交易规则的差异会显著影响流动性。

这一方面的研究相对较少，其原因我们前面已经强调了：跨交易机制的比较需要对制度变量进行适当调整，这在技术上并不是一件容易的事情。因此，这一方面的研究侧重于楼上大宗交易与楼下交易的流动性比较，借此分析大宗交易的制度安排问题。Madhavan 和 Cheng（1997）分析了不同市场交易机制为大宗交易提供流动性的能力，他们对列入道琼斯指数的股票的大宗交易（共 21 077 宗）进行分析，结果表明，纽约股票交易所的楼下市场（downstairs market）为交易提供了显著的流动性，尽管对于大宗交易而言，信息不对称程度较低的楼上市场（upstairs market）相对于楼下市场而言，能够更好地执行交易，然而这种差异在经济意义上并不显著。

Hendershott（2011）则着重研究了近年来发展迅速的算法交易对流动性的影响。纽约股票交易所于 2003 年引进了自动化报价系统，其利用市场结构的这种变化来作为衡量算法交易对流动性的因果关系的外生工具。特别是对于大型股票，算法交易缩小了价差，减少了逆向选择，并减少了与贸易有关的价格发现。研究结果表明，算法交易提高了流动性并增强了报价的信息量。

廖士光和杨朝军（2005）则着重研究了卖空机制对流动性造成的影响。他利用中国香港股票市场上的数据来实证研究卖空交易机制与市场波动性、流动性间的内在联系，研究结果表明，对于整个股票市场而言，卖空机制推出后，市场波动性加大、流动性先减弱后增强。卖空机制对整个市场的影响是一个复杂的过程，最终的影响方向（加剧市场波动或平抑市场波动）还要取决于市场中卖空交易者的类型、操作策略及交易信息的公开程度。

陈辉和顾乃康（2017）研究了我国新三板挂牌公司的股票转让方式由协议转让变更为做市转让对股票流动性的影响。研究发现，实施了做市转让方式的处理组公司的股票流动性更高并且交易机制变更的个股的股票流动性变化与做市商数量正相关，控制样本选择偏差后的结论基本不变。这一结果表明，做市商制度对股票流动性和证券价值有正面影响，不能因新三板市场整体换手率的波动而否定做市商制度的作用。

（三）市场整体流动性与资产期望收益

上面论述中关于流动性的实证研究侧重于证券流动性的横截面数据分析，因此，这些文献的重点在于考察单个证券的流动性及其影响因素或者对资产定价的影响；而对于市场整体的流动性的研究则相对较少。Chordia，Roll 和 Subrahmanyam（2000，2001）；Pastor 和 Stambaugh（2003）等的研究引发了经济学者对市场整体流动性研究的关注。前者的两篇文章讨论了决定市场流动性的共同因素，并探讨了市场流动性与交易量、市场整体指令不平衡程度之间的实证关系；后者则探讨了预期股票收益与市场流动性之间的关系。

已有的研究表明，证券的波动性、交易量以及价格等因素影响了该证券的流动性，当然，这些因素都是证券特定的异质性因素。Chordia，Roll 和 Subrahmanyam

（2000）的问题是：是否有共同的因素决定着不同证券的流动性？从已有的理论研究看，一些研究，比如 Glosten 和 Milgrom（1985）、Kyle（1985）和 Subrahmanyam（1991）等的结果已经隐含表明，决定证券流动性的因素，比如存货成本、信息不对称等可能有着横截面的共同运动趋势。举一个简单的例子可以清楚地说明这一点：在某些情形下，证券 A 的存货可能影响证券 B 的存货，因此，证券 A 的流动性变动与证券 B 的流动性变动之间就会存在一定的相关性，这种相关性就体现了不同证券的流动性之间的共性关系。

Chordia，Roll 和 Subrahmanyam（2000）的实证研究表明，不同证券的买卖价差、报价深度以及有效买卖价差与市场整体流动性、行业整体流动性具有共同的运动趋势。这就初步表明，应该有一些共同的因素影响着证券的流动性。为此，他们进行了相关检验：在控制了影响个股流动性的因素如波动性、交易量以及价格因素等变量后，他们发现，仍然有潜在的因素影响了这些证券的流动性，而且这种因素的影响较大。

一旦意识到决定流动性的共同因素的存在，我们将能够理解不同证券流动性在时间序列上的协同运动关系：存货风险和不对称信息推动了这种协同运动。

Chordia，Roll 和 Subrahmanyam（2001）对市场总指令不平衡与市场流动性以及市场收益三者之间的关系进行了实证研究，其选取的样本期长达 10 年，样本为在纽约股票交易所交易的股票。他们发现，指令的不平衡程度与流动性的日际改变显著相关；并且，在控制了交易积极性水平因素之后，整体指令的不平衡程度与当前收益相关，这表明，指令的不平衡程度也影响了整体市场收益。

进一步的计量回归结果表明，投资者可以利用已有的市场流动性数值预测当前流动性水平，也可以利用过去的市场收益数值预测当前流动性水平。这样的结果就表明，价格波动性的增加使得市场流动性降低，其背后深层次的原因在于价格波动引发的做市商存货风险的增加。

尽管可以利用已有的相关数据对当前市场流动性进行预测，然而，Chordia，Roll 和 Subrahmanyam（2001）指出，没有证据表明，流动性以及指令不平衡对市场收益的影响会超过 1 天，也就是说，前天的流动性以及指令不平衡程度并不一定能够对当天的市场收益产生影响。

与 Chordia 等（2000，2001）不同，Pastor 和 Stambaugh（2003）从资产定价的角度考察了市场整体流动性风险与证券收益之间的经验联系。他们利用单只证券每天的买卖报价数据测定月度市场整体流动性，并检验了证券期望收益与收益对市场流动性波动程度的敏感性之间的关系。其检验的理论依据是：当市场整体流动性更低时，指令流将导致证券投资收益的更大程度的逆转。他们发现，在 1966—1999

年这 34 年的时间内，经过必要的因素调整后，那些对流动性更敏感的证券的投资收益远远高于那些对流动性不太敏感的证券，其年度收益差距高达 7.5%。此外，与一些高频数据研究的结果类似，他们发现，不同股票的月流动性测度之间存在着共同的决定因素。

针对流动性共同运动的来源，近年来，学者也从资本约束、经济周期和不确定性三方面提出新的见解。

Hameed 等（2010）将视角转移到了市场整体走势与流动性的关系上。其研究结论与最近的理论模型一致，即资本约束导致流动性突然枯竭。他们发现负向的市场收益降低了股票流动性，尤其是在市场紧缩时期。总资产价值变化对流动性和流动性共性的不对称影响不能通过流动性需求变化或波动性影响得到充分解释。他们记录了行业间流动性的溢出效应，并指出这很可能是由于做市商的资本约束引起的。

Næs 等（2011）指出，在最近的金融危机中，我们看到股票市场的流动性枯竭是实体经济危机的先兆。他们研究发现这一影响并不是最近才产生的。实际上，股票市场的流动性与商业周期之间存在密切的关系。他们还指出，投资者的投资组合构成随商业周期而变化，并且投资者的参与程度与市场流动性有关。这表明在经济低迷时期，系统的流动性变化与流动性转移有关。总体而言，我们的结果为观察到的流动性共性提供了新的解释。

Chung 和 Chuwonganant（2014）研究指出，市场不确定性〔由芝加哥期权交易所市场波动率指数（VIX）衡量〕对整个市场的流动性产生了很大的影响，从而引起了个人资产流动性的共同变动。VIX 对股票流动性的影响要大于股票流动性的所有其他常见决定因素的综合影响。他们发现，流动性的不确定性弹性（UEL，即在 VIX 发生 1% 的变化下流动性的百分比变化）在美国市场监管变化的条件下增加了，这改变了公共交易者在流动性供应中的作用，降低了最低允许价格波动幅度，削弱了纳斯达克交易商的肯定义务，并废除了纽约股票交易所的专业制度。

实证方面，近年来学者们也在投资组合层面对流动性因子进行了实证更新和检验。Amihud（2014）根据流动性将股票进行分类，并构建了多空投资组合。通过对多个国家的投资组合价格进行实证分析，他发现 illiquid-minus-liquid 组合具有正的风险溢价，并且该投资组合能够代表流动性风险，成为一种定价因子。Li 等（2017）以及 Pontiff 和 Singla（2019）对 Pastor 和 Stambaugh（2003）的结果进行了复制。这两项研究都成功地复制了市场流动性因子，对流动性风险溢价得出了相似的估计值。并且，他们发现流动性因子的溢价在 2008 年金融危机期间急剧下降。但是，他们认为流动性因子对动量因子的解释力度很大程度上来源于预测的流动性

β的构建，由于其构建过程中潜在地使用了动量类指标，如过去收益，因此导致了它对动量因子具有解释力度。但是，这些批判并不影响流动性因子的定价能力，流动性仍然是一种显著影响定价的重要风险。

耶鲁大学的藤本（Fujimoto）则认为，科迪亚（Chordia）等人的研究只是关注证券间的微观的共同因素，而没有考察宏观经济因素对市场流动性的影响，因此，可能忽略了证券市场宏观流动性的真正来源。从直觉的角度看，货币政策无疑将对证券市场流动性产生重要影响，但由于已有的微观结构理论研究与宏观经济学尤其是货币政策理论的研究处于相对隔离状态，因此，很少有研究将货币政策变量与证券市场流动性联系起来。Fujimoto（2003）的研究部分弥补了这一空白。她的实证研究结论表明，宏观经济因素如非借入储备水平、联邦利率与通货膨胀率等因素通过直接和间接方式影响市场流动性。事实上，根据我们在前面的分析，由于各个领域的流动性在经济本质上具有一定的共同点，因此，货币政策与证券市场流动性之间存在内在联系是顺理成章的事情，不过，目前尚未出现很有说服力的理论模型构建起两者之间的桥梁。但是，笔者相信，未来对流动性研究的一个有前景的方向将是进一步考察不同领域流动性之间的内在理论联系，并从实证的角度证实这些关系，以期发掘出证券市场流动性和单个证券流动性的真正决定因素以及这些因素之间的相互关系。

总而言之，这些研究进一步表明了市场流动性在资产定价理论中的重要性：已有的经典资产定价理论模型没有考虑到流动性因素，而实证研究却不断显示出流动性因素对资产收益的影响，这就意味着我们需要进一步探索市场流动性的决定因素以及市场流动性对资产收益的作用过程。

四、总结

尽管笔者在上面的概述中提及了大量关于流动性的问题，并且，在自己的能力范围内对其进行适当的分类，然而，从流动性理论发展的逻辑上看，这些分类是否合适尚待进一步分析。据笔者所知，国外尚未出现对流动性研究的综述，这可能与这一领域还需要进一步发展有关。但是可以比较肯定地说，流动性仍将是值得我们深入研究的一个重要问题。这种判断是基于以下分析：微观结构理论还需要发展，而流动性是这个领域中的关键主题词；流动性由于与交易机制、信息、资产定价效率、公司治理这些问题紧密联系在一起，因此，一些新的研究将可能在这些相互交叉的领域展开。对流动性在时间序列上的变动的研究和流动性、交易量、证券收益之间关系的研究以及对流动性与资产定价理论关系的研究仍然具有学术价值，此外，对货币政策理论领域的流动性与市场微观结构领域流动性之间内在关系的研究仍将是未来研究的重点。同时，有鉴于行为金融学在解释经济异象上取得的成果，行为金融学的进一步完善和发展将促进对流动性的深入研究。毕竟，流动性由交易产生，而交易取决于经济人的决策；如果能够更好地理解影响经济人决策的因素，显然，我们将因此而能够更深入地理解证券市场的流动性。

参考文献

[1] Acharya，V. V.，Pedersen，L. H.，2005. Asset pricing with liquidity risk. Journal of Financial Economics，77，375 - 410.

[2] Admati，A. R.，Pfleiderer，P.，1988. A theory of intraday patterns：Volume and price variability. Review of Financial Studies，1，3 - 40.

[3] Aiyagari，S. R.，Gertler，M.，1991. Asset returns with transactions costs and uninsured individual risk. Journal of Monetary Economics，27，311 - 331.

[4] Amihud，Y.，2014. The pricing of the illiquidity factor's systematic risk. Available at SSRN 2411856.

[5] Amihud，Y.，Mendelson，H.，1980. Dealership market：Market-making with inventory. Journal of Financial Economics，8，31 - 53.

[6] Amihud，Y.，Mendelson，H.，1986. Asset pricing and the bid-ask spread. Journal of Financial Economics，17，223 - 249.

[7] Amihud，Y.，Mendelson，H.，1991. Liquidity，asset prices and financial policy. Financial Analysts Journal，47，56 - 66.

[8] Bagehot，W.，1971. The only game in town. Financial Analysts Journal，27，12 - 14.

[9] Bajaj，M.，Denis，D. J.，Ferris，S. P.，Sarin，A.，2001. Firm value and marketability discounts. Journal of Corporation Law，27，89 - 115.

[10] Biais，B.，1993. Price formation and equilibrium liquidity in fragmented and centralized markets. Journal of Finance，48，157 - 185.

[11] Brennan，M. J.，Subrahmanyam，A.，1996. Market microstructure and asset pricing：On the compensation for illiquidity in stock returns. Journal of Financial Economics，41，441 - 464.

[12] Brito，N. O.，1977. Marketability restrictions and the valuation of capital assets under uncertainty. Journal of Finance，32，1109 - 1123.

[13] Brogaard，J.，2010. High frequency trading and its impact on market quality. Northwestern University Kellogg School of Management Working Paper，66.

［14］Burdett，K.，O'hara，M.，1987. Building blocks：An introduction to block trading. Journal of Banking Finance，11，193 - 212.

［15］Campbell，J. Y.，Grossman，S. J.，Wang，J.，1993. Trading volume and serial correlation in stock returns. Quarterly Journal of Economics，108，905 - 939.

［16］Chalmers，J. M.，Kadlec，G. B.，1998. An empirical examination of the amortized spread. Journal of Financial Economics，48，159 - 188.

［17］Chan，L. K.，Lakonishok，J.，1993. Institutional trades and intraday stock price behavior. Journal of Financial Economics，33，173 - 199.

［18］Chan，L. K.，Lakonishok，J.，1995. The behavior of stock prices around institutional trades. Journal of Finance，50，1147 - 1174.

［19］Chang，X.，Chen，Y.，Zolotoy，L.，2017. Stock liquidity and stock price crash risk. Journal of Financial and Quantitative Analysis，52，1605 - 1637.

［20］Chordia，T.，Subrahmanyam，A.，2004. Order imbalance and individual stock returns：Theory and evidence. Journal of Financial Economics，72，485 - 518.

［21］Chordia，T.，Roll，R.，Subrahmanyam，A.，2000. Commonality in liquidity. Journal of Financial Economics，56，3 - 28.

［22］Chordia，T.，Subrahmanyam，A.，Anshuman，V. R.，2001. Trading activity and expected stock returns. Journal of Financial Economics，59，3 - 32.

［23］Chowdhry，B.，Nanda，V.，1991. Multimarket trading and market liquidity. Review of Financial Studies，4，483 - 511.

［24］Chung，K. H.，Chuwonganant，C.，2014. Uncertainty，market structure，and liquidity. Journal of Financial Economics，113，476 - 499.

［25］Constantinides，G. M.，1986. Capital market equilibrium with transaction costs. Journal of Political Economy，94，842 - 862.

［26］Constantinides，G. M.，Harris，M.，Stulz，R. M.，2003. Handbook of the Economics of Finance：Corporate Finance. Elsevier.

［27］Copeland，T. E.，Galai，D.，1983. Information effects on the bid-ask spread. Journal of Finance，38，1457 - 1469.

［28］Cumming，D.，Johan，S.，Li，D.，2011. Exchange trading rules and stock market liquidity. Journal of Financial Economics，99，651 - 671.

［29］Datar，V. T.，Naik，N. Y.，Radcliffe，R.，1998. Liquidity and stock returns：An alternative test. Journal of Financial Markets，1，203 - 219.

［30］Daves，P. R.，Ehrhardt，M. C.，1993. Liquidity，reconstitution，and the value of US Treasury strips. Journal of Finance，48，315 - 329.

［31］Davis，M. H.，Norman，A. R.，1990. Portfolio selection with transaction costs. Mathematics of Operations Research，15，676 - 713.

［32］ Demsetz，H.，1968. The cost of transacting. Quarterly Journal of Economics，82，33 – 53.

［33］ Diamond，D. W.，Dybvig，P. H.，1983. Bank runs，deposit insurance，and liquidity. Journal of Political Economy，91，401 – 419.

［34］ Diamond，D. W.，Verrecchia，R. E.，1981. Information aggregation in a noisy rational expectations economy. Journal of Financial Economics，9，221 – 235.

［35］ Duffie，D.，Sun，T. S.，1990. Transactions costs and portfolio choice in a discrete-continuous-time setting. Journal of Economic Dynamics and Control，14，35 – 51.

［36］ Dumas，B.，Luciano，E.，1991. An exact solution to a dynamic portfolio choice problem under transactions costs. Journal of Finance，46，577 – 595.

［37］ Easley，D.，O'hara，M.，1987. Price，trade size，and information in securities markets. Journal of Financial Economics，19，69 – 90.

［38］ Easley，D.，De Prado，M. M. L.，O'Hara，M.，2011. The microstructure of the "flash crash"：Flow toxicity，liquidity crashes，and the probability of informed trading. Journal of Portfolio Management，37，118 – 128.

［39］ Eisfeldt，A. L.，2004. Endogenous liquidity in asset markets. Journal of Finance，59，1 – 30.

［40］ Eleswarapu，V. R.，Reinganum，M. R.，1993. The seasonal behavior of the liquidity premium in asset pricing. Journal of Financial Economics，34，373 – 386.

［41］ Fama，E. F.，French，K. R.，1992. The cross-section of expected stock returns. Journal of Finance，47，427 – 465.

［42］ Fleming，W. H.，1991. Optimal portfolio rebalancing with transaction costs. International Financial Services Research Center，Sloan School of Management，Massachusetts Institute of Technology.

［43］ Fujimoto，A.，2003. Macroeconomic sources of systematic liquidity. Unpublished Working Paper. Yale University.

［44］ Garman，M. B.，1976. Market microstructure. Journal of Financial Economics，3，257 – 275.

［45］ Glosten，L. R.，Milgrom，P. R.，1985. Bid，ask and transaction prices in a specialist market with heterogeneously informed traders. Journal of Financial Economics，14，71 – 100.

［46］ Grossman，S.，1976. On the efficiency of competitive stock markets where trades have diverse information. Journal of Finance，31，573 – 585.

［47］ Grossman，S. J.，Laroque，G.，1990. Asset pricing and optimal portfolio choice in the presence of illiquid durable consumption goods. Econometrica，58，25 – 51.

［48］ Grossman，S. J.，Miller，M. H.，1988. Liquidity and market structure. Journal of Finance，43，617 – 633.

［49］ Grossman，S. J.，Stiglitz，J. E.，1980. On the impossibility of informationally efficient markets. The American Economic Review，70，393 – 408.

［50］ Grundy，B. D.，McNichols，M.，1989. Trade and the revelation of information through prices and direct disclosure. Review of Financial Studies，2，495 - 526.

［51］ Hameed，A.，Kang，W.，Viswanathan，S.，2010. Stock market declines and liquidity. Journal of Finance，65，257 - 293.

［52］ Hasbrouck，J.，Seppi，D. J.，2001. Common factors in prices，order flows，and liquidity. Journal of Financial Economics，59，383 - 411.

［53］ Hasbrouck，J.，Sofianos，G.，1993. The trades of market makers：An empirical analysis of NYSE specialists. Journal of Finance，48，1565 - 1593.

［54］ Hendershott，A.，2011. Status envy：The politics of Catholic higher education. Transaction Publishers.

［55］ Hendershott，T.，Jones，C. M.，Menkveld，A. J.，2011. Does algorithmic trading improve liquidity? Journal of Finance，66，1 - 33.

［56］ Hirshleifer，J.，1968. Liquidity，uncertainty，and the accumulation of assets. CORE Discus. Paper，6810.

［57］ Ho，T. S.，Stoll，H. R.，1983. The dynamics of dealer markets under competition. Journal of Finance，38，1053 - 1074.

［58］ Ho，T.，Stoll，H. R.，1981. Optimal dealer pricing under transactions and return uncertainty. Journal of Financial Economics，9，47 - 73.

［59］ Holden，C. W.，Subrahmanyam，A.，1994. Risk aversion，imperfect competition，and long-lived information. Economics Letters，44，181 - 190.

［60］ Holmström，B.，Tirole，J.，1993. Market liquidity and performance monitoring. Journal of Political Economy，101，678 - 709.

［61］ Holmström，B.，Tirole，J.，1996. Modeling aggregate liquidity. The American Economic Review，86，187 - 191.

［62］ Holmström，B.，Tirole，J.，1998. Private and public supply of liquidity. Journal of Political Economy，106，1 - 40.

［63］ Holmström，B.，Tirole，J.，2001. LAPM：A liquidity-based asset pricing model. Journal of Finance，56，1837 - 1867.

［64］ Holthausen，R. W.，Leftwich，R. W.，Mayers，D.，1987. The effect of large block transactions on security prices：A cross-sectional analysis. Journal of Financial Economics，19，237 - 267.

［65］ Holthausen，R. W.，Leftwich，R. W.，Mayers，D.，1990. Large-block transactions，the speed of response，and temporary and permanent stock-price effects. Journal of Financial Economics，26，71 - 95.

［66］ Houthakker，H. S.，1957. Can speculators forecast prices? Review of Economics and Statistics，143 - 151.

[67] Huang, J., Wang, J., 2010. Market liquidity, asset prices, and welfare. Journal of Financial Economics, 95, 107 – 127.

[68] Huang, M., 2003. Liquidity shocks and equilibrium liquidity premia. Journal of Economic Theory, 109, 104 – 129.

[69] Huberman, G., Halka, D., 2001. Systematic liquidity. Journal of Financial Research, 24, 161 – 178.

[70] Kahl, M., Liu, J., Longstaff, F. A., 2003. Paper millionaires: How valuable is stock to a stockholder who is restricted from selling it? Journal of Financial Economics, 67, 385 – 410.

[71] Keim, D. B., Madhavan, A., 1996. The upstairs market for large-block transactions: Analysis and measurement of price effects. Review of Financial Studies, 9, 1 – 36.

[72] Kraus, A., Stoll, H. R., 1972. Price impacts of block trading on the New York Stock Exchange. Journal of Finance, 27, 569 – 588.

[73] Kumar, P., Seppi, D. J., 1994. Information and index arbitrage. Journal of Business, 481 – 509.

[74] Kyle, A. S., 1984. Market structure, information, futures markets, and price formation. In International Agricultural trade: Advanced Readings in Price Formation, Market Structure, and Price Instability, 45 – 64.

[75] Kyle, A. S., 1985. Continuous auctions and insider trading. Econometrica, 53 (6), 1315 – 1335.

[76] Kyle, A. S., 1989. Informed speculation with imperfect competition. Review of Economic Studies, 56, 317 – 355.

[77] Lee, C. M., 1993. Market integration and price execution for NYSE-listed securities. Journal of Finance, 48, 1009 – 1038.

[78] Lee, C. M., Ready, M. J., 1991. Inferring trade direction from intraday data. Journal of Finance, 46, 733 – 746.

[79] Lippman, S. A., McCall, J. J., 1986. An operational measure of liquidity. The American Economic Review, 76, 43 – 55.

[80] Lo, A. W., Wang, J., 2000. Trading volume: Definitions, data analysis, and implications of portfolio theory. Review of Financial Studies, 13, 257 – 300.

[81] Longstaff, F. A., 1995. How much can marketability affect security values? Journal of Finance, 50, 1767 – 1774.

[82] Longstaff, F. A., 2001. Optimal portfolio choice and the valuation of illiquid securities. Review of Financial Studies, 14, 407 – 431.

[83] Madhavan, A., Cheng, M., 1997. In search of liquidity: Block trades in the upstairs and downstairs markets. Review of Financial Studies, 10, 175 – 203.

[84] Marschak, J., 1949. Role of liquidity under complete and incomplete information. The American Economic Review, 39, 182 – 195.

［85］Mayers，D.，1972. Nonmarketable assets and capital market equilibrium under uncertainty. Studies in the Theory of Capital Markets，1，223 - 248.

［86］Mayers，D.，1973. Nonmarketable assets and the determination of capital asset prices in the absence of a riskless asset. Journal of Business，46，258 - 267.

［87］Næs，R.，Skjeltorp，J. A.，Ødegaard，B. A.，2011. Stock market liquidity and the business cycle. Journal of Finance，66，139 - 176.

［88］O'Hara，M.，1997. Market Microstructure Theory. Wiley.

［89］Pagano，M.，1989. Endogenous market thinness and stock price volatility. Review of Economic Studies，56，269 - 287.

［90］Pagano，M.，1989. Trading volume and asset liquidity. Quarterly Journal of Economics，104，255 - 274.

［91］Pagano，M.，Ellul，A.，2006. IPO underpricing and after market liquidity. Review of Financial Studies，19，381 - 421.

［92］Pagano，M.，Röell，A.，1996. Transparency and liquidity：A comparison of auction and dealer markets with informed trading. Journal of Finance，51，579 - 611.

［93］Pastor，L.，Stambaugh，R. F.，2019. Liquidity risk after 20 years. National Bureau of Economic Research.

［94］Scholes，M. S.，1972. The market for securities：Substitution versus price pressure and the effects of information on share prices. Journal of Business，45，179 - 211.

［95］Seppi，D. J.，1990. Equilibrium block trading and asymmetric information. Journal of Finance，45，73 - 94.

［96］Seppi，D. J.，1992. Block trading and information revelation around quarterly earnings announcements. Review of Financial Studies，5，281 - 305.

［97］Shleifer，A.，Vishny，R. W.，1986. Large shareholders and corporate control. Journal of Political Economy，94，461 - 488.

［98］Shreve，S. E.，Soner，H. M.，1994. Optimal investment and consumption with transaction costs. Annals of Applied Probability，609 - 692.

［99］Silber，W. L.，1991. Discounts on restricted stock：The impact of illiquidity on stock prices. Financial Analysts Journal，47，60 - 64.

［100］Stambaugh，R. F.，Pástor，L.，2003. Liquidity risk and expected stock returns. Journal of Political Economy，111，642 - 685.

［101］Stoll，H. R.，1978. The supply of dealer services in securities markets. Journal of Finance，33，1133 - 1151.

［102］Subrahmanyam，A.，1991. A theory of trading in stock index futures. Review of Financial Studies，4，17 - 51.

［103］Tirole，J.，2002. Financial Crises，Liquidity，and the International Monetary System. Princeton University Press.

[104] Vayanos，D.，1998. Transaction costs and asset prices：A dynamic equilibrium model. Review of Financial Studies，11，1 - 58.

[105] Vayanos，D.，Vila，J. L.，1999. Equilibrium interest rate and liquidity premium with transaction costs. Economic Theory，13，509 - 539.

[106] Vayanos，D.，Wang，J.，2012. Liquidity and asset returns under asymmetric information and imperfect competition. Review of Financial Studies，25，1339 - 1365.

[107] Verrecchia，R. E.，1982. Information acquisition in a noisy rational expectations economy. Econometrica，50，1415 - 1430.

[108] Wang，C.，Chin，S.，2004. Profitability of return and volume-based investment strategies in China's stock market. Pacific-Basin Finance Journal，12，541 - 564.

[109] Wang，J.，1994. A model of competitive stock trading volume. Journal of Political Economy，102，127 - 168.

[110] Williamson，O. E.，1985. The Economic Institutions of Capitalism. New York：Free Press.

[111] Yang，L.，Zhu，H.，2020. Back-running：Seeking and hiding fundamental information in order flows. Review of Financial Studies，33，1484 - 1533.

[112] 陈辉，顾乃康. 新三板做市商制度、股票流动性与证券价值. 金融研究，2017 (4).

[113] 黄峰，杨朝军. 流动性风险与股票定价：来自我国股市的经验证据. 管理世界，2007 (5).

[114] 李志辉，王近，李梦雨. 中国股票市场操纵对市场流动性的影响研究——基于收盘价操纵行为的识别与监测. 金融研究，2018 (2).

[115] 廖士光，杨朝军. 卖空交易机制、波动性和流动性——一个基于香港股市的经验研究. 管理世界，2005 (12).

[116] 张峥，刘力. 换手率与股票收益：流动性溢价还是投机性泡沫？经济学 (季刊)，2006 (2).

市场微观结构理论与实证

内容摘要： 本文回顾了过去几十年来学术界关于金融市场微观结构理论的主要研究成果。几十年来，众多学者积极运用经济学研究的各种新方法，以价格形成为中心，从多个层面对金融市场微观结构进行研究，并已广泛运用到证券、外汇等金融市场的分析中，得出了很多不同于传统金融理论的新发现；同时，金融市场微观结构理论也成为金融学中发展最快的一个分支，并同其他金融学科融合形成新的理论成果。因此，对金融市场微观结构理论进行梳理显得尤为必要。

一、引言

金融市场微观结构理论是一个新兴的经济学分支，发展几十年来，它的研究内容已经从最初的研究金融资产买卖价差（Demsetz，1968）逐渐扩展到广泛地研究"既定规则下的资产交易过程及结果"（O'Hara，1995）和"投资者的潜在需求最终转换为价格和交易量的过程"（Madhavan，2000）；其研究方法也从单纯考察做市商提供"即时性"的成本扩展到考察知情交易者、非知情交易者等交易商和做市商之间的信息博弈分析；所考察的金融市场微观结构从单个做市商和多名交易者结构扩展到不同数量的做市商和交易者结构；相应地，研究模型也从最初较为简单的交易成本分析模型扩展到综合运用博弈论和理性预期等分析方法的复杂模型。随着高频交易技术的出现和发展，从交易者的交易模式到金融市场的组织形式，再到流动性和价格发现的方式，金融市场的种种基本要素都和低频世界有所不同（O'Hara，2015），为金融市场微观结构的理论和实证研究提供了新视角和新素材。

当然，也正是因为这些研究文章浩如烟海，本文不可能对所有研究文献进行详尽论述，只能从中选择有代表性的研究模型进行介绍。为此，我们将在第二部分介绍金融市场微观结构理论研究的存货模型范式及其实证；然后在第三部分选取有代表性的理论研究成果对信息模型范式及其实证进行介绍；在第四部分简单介绍关于大型投资者和高频交易者这两个特殊的投资者角色的相关研究；在第五部分对金融市场微观结构理论的其他研究范畴进行简单介绍；最后，在第六部分对本文进行总结。

二、金融市场微观结构理论研究的存货模型范式

（一）存货模型的简单范式

金融市场微观结构理论研究的核心是价格形成过程。在金融市场微观结构理论出现之前，经济学关于价格决定的研究主要有两种观点：一种是只考虑金融市场均衡价格确定，并不考虑均衡价格的形成过程；另一种是通过虚构一个瓦尔拉斯拍卖者汇总供给和需求来确定市场出清价格。但是，即使是后一种观点，也与实际的金融市场均衡价格形成过程存在较大差异，例如，尽管有些金融市场存在某些类似瓦尔拉斯拍卖市场的特征，但很多市场的基本特征与瓦尔拉斯拍卖市场相去甚远，市场参与者发挥了更为积极的角色，他们可能会通过贝叶斯规则进行学习，也可能在交易中采取某些策略等等。所有这些问题并非原有的经济学理论所能解决，因此，它们激发了经济学家对金融市场价格决定的进一步研究。

Demsetz（1968）首次对证券市场价格决定进行研究，他提出了一个买卖价差模型，并具体分析了供给和需求在时间上的不一致性对市场价格的影响。他认为，以前关于市场均衡价格的决定忽略了"即时性"问题。"即时性"是一种稀缺物品，它的供给者需要承担因为满足那些需求者的即时交易服务而产生的成本，因为在市场中一般的买入和卖出指令并不是同时到达的，需要有人对随时提交的买入和卖出指令进行相应的卖出和买入。而交易物品的买卖价差正是用于补偿提供"即时性"

的成本。具体如图 1 所示。

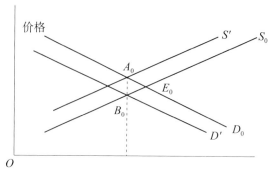

图 1　买卖价差

在图 1 中，S_0、D_0 和 E_0 分别代表不考虑"即时性"交易成本时的供给曲线、需求曲线和供求均衡价格；S' 和 D' 分别表示存在"即时性"交易成本时的供给曲线和需求曲线，因为交易成本的存在，在市场达到均衡时，"即时性"的提供者要求较高的供给价格 A_0 和较低的需求价格 B_0，也就是说，出现了买卖价差。

实际上，德姆塞茨（Demsetz）模型也可简单地用数学公式表示如下：

假定市场上存在 N 个风险中性的做市商，每个做市商交易等量的资产（Q/N），同时，假定交易成本 C 是交易量的二次函数，即：$C = \frac{c}{2}Q^2$（其中，C 为交易成本，c 为交易的边际成本，Q 为交易量）。假定资产的最终价值 v 的期望值为 π，则每个做市商的买卖报价（P_a 和 P_b）分别为

$$P_a = \pi + c\left(\frac{Q}{N}\right) \tag{1}$$

$$P_b = \pi - c\left(\frac{Q}{N}\right) \tag{2}$$

相应地，买卖价差为 $2c(Q/N)$。

Demsetz（1968）关于"即时性"等交易成本对资产买卖价差的影响的考察引起了人们对金融市场微观基础的关注，启发人们从金融市场交易者效用最大化出发来考虑经济人的行为和市场机制对价格形成的影响。金融市场微观结构理论的存货模型正是在这种启发下，着重考察由于做市商面临交易指令不确定性必须持有的存货对资产价格确定产生的影响。

现在考察风险厌恶的 N 个做市商，假定他们具有常数绝对风险厌恶（constant absolute risk aversion）程度的效用函数，分别用 ρ 和 σ^2 表示做市商的风险厌恶指数和资产最终价值随机变量 v 的方差；同时假定每个做市商持有的存货头寸为 I_i。则竞争性做市商对资产的买卖报价分别为：

$$P_a = \pi + c\left(\frac{Q}{N}\right) + \left(\frac{Q}{N} - I\right)(\rho\sigma^2) \tag{3}$$

$$P_b = \pi - c\left(\frac{Q}{N}\right) - \left(\frac{Q}{N} + I\right)(\rho\sigma^2) \tag{4}$$

式中，I 为 N 个做市商存货头寸 I_i 的算术平均数，即 $I = \sum I_i / N$。

从式（3）和式（4）可以看出，做市商买卖报价会随着他们持有的存货量的变化而发生变化，也就是说，为了弥补做市商持有存货的成本，产生了金融资产交易的买卖价差，因而，这种方法被称为存货范式。但是，在这个简单模型中，买卖价差却与存货量无关。

交易制度介绍

要理解市场的微观结构理论，首先必须对市场上存在的交易制度有所了解。

价格形成方式是区分交易制度的主要依据。一般地，依据价格形成方式的不同，交易制度被分成竞价制度和做市商制度两种。竞价制度，也称指令（委托）驱动交易制度、双向拍卖制度，主要特点是严格遵循价格优先、时间优先的原则。竞价制度又分为连续竞价制度和集合竞价制度，前者适用于日内连续交易，对市场流动性的要求最高；后者适用于确定开盘、收盘价格等，对市场流动性的要求相对较低。我国证券市场目前正是采用了这两种制度。做市商制度又称报价驱动交易制度，主要特点是存在拥有优先地位的做市商，在交易系统中存在做市商的报价。做市商制度分为垄断做市商制度和竞争性做市商制度两类。在垄断做市商制度下，一个证券只有一个做市商（也称专家经纪人、专家、庄家），典型的如纽约股票交易所中的专家（specialist，也译成庄家）；在竞争性做市商制度下，一个证券至少有两名以上（含两名）做市商，典型的如 NASDAQ 中的做市商。

总体上看，这四种交易制度具有如下特点：

交易制度		对流动性的要求	交易成本
竞价制度	连续竞价制度	最高	最低
	集合竞价制度	高	低
做市商制度	竞争性做市商制度	低	高
	垄断做市商制度	最低	最高

世界各主要证券市场所采用的证券交易制度的基本情况是：欧美成熟市场以做市商制度（竞争性或者垄断性）为主，亚洲等新兴市场以竞价制度为主。自 20 世纪 80 年代开始，随着计算机技术在证券市场中的广泛运用，交易制度也发生了一些重要的变化，基本趋势有两个：一个趋势是原先采用做市商制度的市场逐渐引入

竞价交易制度。标志性事件：NASDAQ 于 1997 年实行"限价委托显示规则"和"报价规则"；伦敦股票交易所（LSE）于 1997 年 10 月份推出 SETS 全自动委托簿竞价系统（Securities Electronic Trading System），将部分流动性较好的股票改为竞价交易。第二个趋势是在原先采用竞价制度的市场引入做市商制度，具体有两种方式：一是对不同的股票实行不同的方式，如日本 JASDAQ 市场；另一种是同时对一个股票实行两种方式，如香港交易所。

——选自吴林祥.我国证券市场引入做市商制度的思考.

证券市场导报，2005（1）.

（二）几个经典存货模型

存货模型大致分为三类：第一类主要考察交易商的最优化问题，我们称之为"单个交易商模式"；第二类主要研究交易指令在资产价格决定中的作用，我们称之为"指令流模式"；第三类主要分析多个流动性提供者对价格决定的影响，我们称之为"竞争性市场交易模式"。下面，我们分别进行简单介绍。由于篇幅有限，我们略去模型的推导和证明过程。

1. 单个交易商模式

德姆塞茨等人较早地发现了市场中存在的交易成本对资产价格确定和市场组织结构等产生的影响，而 Stoll（1978）较早地从交易商投资最大化的角度提出了存货对价格决定的模型。其基本分析思路如下：

交易商首先作为一个投资者，根据自己的偏好和机会集选择期望证券组合（称为"投资账户"），其次，作为"即时性"的提供者，他必须偏离上述期望组合以适应投资者买卖证券的需要，为此，他要选择与自己偏好不一致的风险和收益。具体如图 2 所示。图中，曲线 R_fE 是交易商的效率边界（E 点为交易商的有效风险资产组合），它代表了交易商的风险资产 E 和无风险资产的所有可能的有效组合；在最初无差异曲线为 U_0 的条件下，交易商的最初期望投资头寸为 N 点，但是，由于承担了提供"即时性"服务的义务，他的无差异曲线下移至 U_1，这时，他由于不能在有效的风险资产组合 E 点进行交易，因而偏离了效率边界。交易商因提供"即时性"服务而获得的证券组合定义为"交易账户"，曲线 ANB 反映了因交易账户头寸的变化而产生的新证券组合（包括投资账户和交易账户）。

交易商因提供"即时性"而承担的成本可用两条无差异曲线之间的距离来间接反映（如图 2 的 g 和 g_1 所示），随着交易从 A 点变化到 A_1 点，交易商的成本将为负数（g_1-g），表明他为了从 A 点移向 A_1 点而愿意向顾客支付费用。

此外，Stoll（1978）还考察了多期情况下的成本函数，得出的基本结论为：

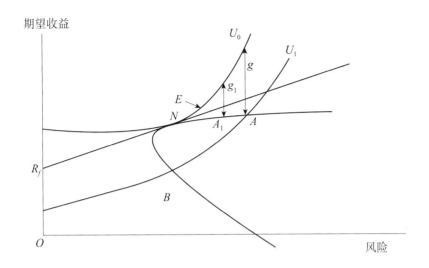

期望收益

图 2　提供"即时性"对交易商证券组合的影响

（1）多期情况与单期情况的成本函数基本相同；（2）由于存货持有成本是交易量的增函数，订单成本是交易量的减函数，因此，总体成本函数呈 U 形，即：存在最优的交易规模。该模型的一个明显缺点是它关于交易最终被清算的假定。实际上，市场中的指令流可能是随机的，交易商持有存货的期间也很难确定。因此，这在很大程度上限制了模型的应用。为此，Ho 和 Stoll（1981）以及 O'Hara 和 Oldfield（1986）分别对这一模型进行了扩展。

在多期和指令为随机过程的条件下，霍（Ho）和斯托尔（Stoll）采用有限期间的连续动态规划方法考察了交易商的最优定价策略，主要结论为：（1）买卖价差与时期长短有关；（2）买卖价差中的风险调整部分与交易商的风险厌恶系数、交易规模、证券风险等有关（与斯托尔的单期模型得出的结论相同）；（3）价差与存货量无关。

O'Hara 和 Oldfield（1986）在同时考虑市场指令和限价指令的条件下，采用离散动态规划方法，在附加一些较严格的假定条件下，他们得出了买卖价差确实与存货量相关的结论。

2. 指令流模式

Garman（1976）的主要分析思路为：面临着随机买卖指令（假定服从泊松（Poisson）过程[①]）的单个垄断交易商（做市商），在避免"确定性破产"的情况

下，力求使单位时间内的期望收益最大化。该模型表明，交易商"破产"的概率总是大于0，即无论他如何设定价格，总是无法保证不"破产"，但避免确定性破产的要求是明确的，即买入价要低于卖出价。

但是，从模型来看，尽管存货保证了交易的进行，但它本身在交易商的定价决策中并没有发挥作用，这主要是由于交易商在交易开始就要确定买卖报价的假定。这一假定同样限制了该模型对价格不断变化的解释。Amihud 和 Mendelson（1980）正是从这方面对加曼（Garman）模型进行了改进，他们使用了与加曼同样的分析框架，但是假定交易商的头寸变化服从准马尔可夫过程，并把存货视作状态变量、把买卖价格视作决策变量，得出了交易商买卖价格随存货头寸单调递减的结论；同时，他们还得出了交易商存在最优存货头寸和正的买卖价差的结论。后来，Hasbrouck 和 Sofianos（1993）也对交易商的最优存货头寸进行了研究。

3. 竞争性市场交易模式

上述两种分析模式都假定市场上存在主要的流动性提供商或做市商、交易商，市场上存在的所有买卖指令都为市价指令。实际上，现实的市场上可能存在很多能够提供流动性交易的交易商，也同时存在市价指令和限价指令。Cohen 等（1981）从这一实际出发，着重分析了市价指令和限价指令对金融资产交易价格产生的影响，得出了以下几点结论：

（1）买卖价差存在的原因主要是交易的不连续性。由于交易成本的存在，阻碍了交易的连续进行，交易者只能做出离散的交易决定，并在这些外生的决策点做出提交市价指令还是限价指令的决定。

（2）买卖价差的范围主要取决于限价指令和市价指令的相互作用，如果市价指令交易的买卖价差较大，则交易者可以通过提交限价指令来降低交易成本；如果买卖价差较小，交易者将倾向于选择能够保证即时交易的市价指令，而不是选择不能确保交易的限价指令。

另外，在这个模型中，存货变量在确定买卖价差中并未发挥显性作用。但它确实可能潜在地影响价格确定，因为无论如何，存货至少将会影响交易者的买卖意愿。Ho 和 Stoll（1983）考察了这一问题，并在竞争性市场条件下得出了买卖费用取决于存货头寸的结论。

通过上述三类存货模型的分析，我们可以看出，尽管它们分析的角度不同，但都认为买卖价差主要来源于交易成本或交易的不确定性。同时，存货模型大都假设交易商或做市商面临着交易指令的不确定性，做市商的功能就是努力平衡这些买卖交易指令流的随机波动，而这些交易的随机波动尽管可能会影响金融资产价格的短期波动，但与其长期价值并无太大关系，据此，Hasbrouck（1998，1991a，1991b）

把价格波动的原因划分成短期的存货影响和长期的信息影响。当然，他们都认为，作为一种缓冲交易不确定性的手段，存货会直接或间接地对金融资产买卖价差产生影响。总之，所有这些见解都为理解金融资产在市场交易中的买卖价差提供了一定程度的解释。但是，存货模型也存在明显的不足：一方面，它们一般都是从交易成本等外生变量来对价差进行解释；另一方面，它们很难对金融资产的价格调整过程进行解释。金融市场微观结构理论的信息模型正好弥补了这两方面的缺陷，从内生的信息不对称来解释价差产生的原因，同时，利用贝叶斯等学习过程考察了价格如何通过逐渐包含信息来进行调整，从而达到市场效率。

（三）存货模型的重要实证研究

学者们对金融市场微观结构理论的存货模型范式提出了很多种检验方法，可大致分为直接检验法和间接检验法。

1. 直接检验法

这种方法直接考察了做市商的证券存货水平对其报价的影响。例如，Ho 和 Macris（1984）就较早地通过对 AMEX 交易所期权交易做市商交易数据的考察，发现买卖价差的百分比与资产风险和存货影响显著正相关。

2. 间接检验法

这种方法通过考察存货模型范式的含义来间接考察存货对证券价格的影响。具体来说，这种检验方法主要从存货模型范式关于做市商具有一个最优存货水平的含义来考察。这一含义的一个重要推论就是：存货对证券价格的影响应具有均值回归的特性，即：当实际存货水平超过这一最优存货水平时，做市商选择卖出，反之则选择买入。Madhavan 和 Smidt（1991）、Manaster 和 Mann（1992）、Lyon（1995）等就据此分别通过股权市场、期权市场、外汇市场对存货模型进行了实证，得出了不同的结论：在莱昂（Lyon）在外汇市场上发现存货影响的同时，马德哈文（Madhavan）和斯密迪特（Smidt）以及马纳斯特（Manaster）和曼（Mann）却没有在股权市场、期权市场上发现存货影响。

当然，学者们也意识到这种均值回归的特性并不一定符合实际，例如，如果允许做市商对证券进行投机，他们的实际存货水平就可能在相当长的时间内偏离其偏好的最优存货水平。Madhavan 和 Smidt（1991，1993）、Hasbrouck 和 Sofianos（1993）等对此进行了研究，结果发现，做市商确实存在偏好的存货头寸，但他们也愿意在长时间内偏离这些偏好的存货头寸。

三、金融市场微观结构理论研究的信息模型范式

为对金融资产价格确定过程进行更为合理的解释，几乎在存货模型迅速发展的同时，另一类学者开始从金融市场中存在的信息不对称角度进行探索，形成了所谓的信息模型范式。金融市场微观结构理论的信息模型一般认为是从白芝浩（Bagehot）于 1971 年发表的论文①开始的，白芝浩的模型不依靠交易成本的存在，而主要考虑金融市场交易中的信息不对称对资产交易价格确定的影响。白芝浩区分了市场收益和交易收益，认为前者是由于市场一般价格水平的上升带来的收益，后者是部分交易者由于拥有更多的信息而从交易中获得的收益。正是由于知情交易者的存在，做市商必须为交易设定买卖价差，以补偿因知情交易而产生的损失。

（一）信息模型范式的简单描述

由于信息模型的研究范围非常广泛，我们很难采用一个统一的模型来涵盖其主要研究成果，因此，为了简单地说明信息在金融资产价格决定中的作用，同时考虑到理性预期在信息模型中的重要作用，我们以 1980 年格罗斯曼和斯蒂格利茨提出的两资产理性预期模型为例，对金融市场微观结构理论的信息模型范式进行一个简单的描述。假定：

（1）存在 X 和 Y 两种金融资产，其中，Y 是价格为 1 的无风险资产，X 是价格为 P 的风险资产，资产的最终价值是具有均值为 π、方差为 σ_v^2 的正态分布随机变量。

（2）存在两个交易者，其中一个为知情交易者，能够获得关于资产最终价值的信息（S），S 是具有均值为 v、方差为 σ_s^2 的正态分布随机变量，而不知情者仅知道知情者的交易会影响价格。

（3）每个交易者的初始禀赋为 $(M，X^i)$，其中，X^i 是具有均值为 0、方差为 σ_x^2 的正态分布随机变量，并且 $X=X^1+X^2$。

（4）每个交易者都力求最终财富价值的效用最大化，并具有负指数效用函数，即：$U(W)=-\exp(-W^i)$。

（5）非知情交易者猜测定价规则具有线性形式：$p=\alpha\pi+\beta S-\gamma X$，也就是说，

---

① 在文中，白芝浩分析了知情交易者对金融资产交易的影响，并认为正是由于金融市场上的信息不完全导致了交易价差的存在。

价格取决于资产的先验期望值、信息价值和风险资产的禀赋总量，其中，α、β、γ 为待定系数。

在上述假定条件下，运用贝叶斯学习规则 $g(y \mid x) = \dfrac{g(y)f(x \mid y)}{\int f(x \mid y)g(y)\mathrm{d}y}$，可得到知情者关于 v 的后验分布为：

$$N\left(\frac{\pi/\sigma^2 + s/\sigma^2}{1/\sigma_v^2 + 1/\sigma_s^2}, \frac{1}{1/\sigma_v^2 + 1/\sigma_s^2}\right) \tag{5}$$

假定非知情交易者使用观测到的价格来更新他对资产价值 v 的先验判断，具体使用下述观测变量 $\theta = (p - \alpha\pi)/\beta = S - (\gamma/\beta)X$，从等式右边可得 θ 的分布[1]，令 θ 的方差 $\sigma_\theta^2 = \sigma_s^2 + (\gamma/\beta)^2\sigma_x^2$，再次使用贝叶斯规则，可得非知情交易者的后验分布为：

$$N\left(\frac{\pi/\sigma^2 + \theta/\sigma^2}{1/\sigma_v^2 + 1/\sigma_s^2}, \frac{1}{1/\sigma_v^2 + 1/\sigma_s^2}\right) \tag{6}$$

求解最大化问题可得知情交易者和非知情交易者的需求函数 D^I 和 D^U 分别为：

$$D^I = \frac{E[V \mid S] - P}{\mathrm{Var}[V \mid S]} \tag{7}$$

$$D^U = \frac{E[V \mid P,\ P(\cdot)] - P}{\mathrm{Var}[V \mid P,\ P(\cdot)]} \tag{8}$$

将后验分布代入式（7）和式（8），可得

$$D^I = \frac{(\pi/\sigma_v^2 + S/\sigma_s^2)/(1/\sigma_v^2 + 1/\sigma_s^2) - P}{1/(1/\sigma_v^2 + 1/\sigma_s^2)}$$

$$= \pi/\sigma_v^2 + S/\sigma_s^2 - P(1/\sigma_v^2 + 1/\sigma_s^2) \tag{9}$$

$$D^U = \pi/\sigma_v^2 + \theta/\sigma_\theta^2 - P(1/\sigma_v^2 + 1/\sigma_\theta^2) \tag{10}$$

令市场需求（$D^I + D^U$）等于市场供给 X，可得到均衡价格 P 为：

$$P = \frac{2\pi/\sigma_v^2 + S[1/\sigma_s^2 + 1/\sigma_\theta^2] - X[1 + (\gamma/\beta)/\sigma_\theta^2]}{2/\sigma_v^2 + 1/\sigma_s^2 + 1/\sigma_\theta^2} \tag{11}$$

因此，可求得 α、β、γ 分别为：

$$\alpha = \frac{2/\sigma_v^2}{2/\sigma_v^2 + 1/\sigma_s^2 + 1/\sigma_\theta^2} \tag{12}$$

$$\beta = \frac{1/\sigma_s^2 + 1/\sigma_\theta^2}{2/\sigma_v^2 + 1/\sigma_s^2 + 1/\sigma_\theta^2} \tag{13}$$

$$\gamma = \frac{1 + (\gamma/\beta)/\sigma_\theta^2}{2/\sigma_v^2 + 1/\sigma_s^2 + 1/\sigma_\theta^2} \tag{14}$$

---

① 假定 S 和 X 是独立的正态分布随机变量。

式中，

$$\sigma_\theta^2 = \frac{1}{1/\sigma_s^2 + (\gamma/\beta)/\sigma_x^2} \tag{15}$$

由式（11）可知，金融市场均衡价格是资产最终价值、信息和总供给的函数。并且，比较信息模型与存货模型，我们可知，信息模型主要反映了信息在价格决定中的作用。

（二）主要信息模型

根据是否考虑知情交易者、做市商和非知情交易者相互之间的博弈行为，我们将信息模型大致划分为非策略交易模型和策略交易模型。

1. 非策略交易模型

为了论证信息成本的作用，Copeland 和 Galai（1983）[①] 研究了一个存在知情交易者情况下的单期的做市商定价模型。

模型的基本假设有五个：

第一，市场上仅有一个追求期望利润最大化的风险中性做市商。

第二，市场上同时存在大量的知情交易者和非知情交易者，两者的区别在于，前者知道股票的实际价值。

第三，做市商按既定的外生概率同交易者交易，同知情交易者进行交易的概率为 π_I，同非知情交易者进行交易的概率为 $1-\pi_I$。

第四，一旦不知情者进行交易，他们选择买入的概率为 π_{BL}，选择卖出的概率为 π_{SL}，不进行交易的概率为 π_{NL}。

第五，股票价格 P 服从外生的密度函数为 $f(P)$ 的连续分布。

其基本结论是：即使是风险中性并面临着竞争，做市商仍要低买高卖，并且，只要存在非知情交易者，买卖价差就不会消失。尽管该模型从理论方面对白芝浩提出的信息含义进行了论证，但由于模型设定过于简单，它并未考虑交易本身所包含的信息内容，这正是 Glosten 和 Milgrom（1985）、Easley 和 O'Hara（1987）等模型所要解决的问题。

下面我们以 Glosten 和 Milgrom（简称 G-M，1985）模型为例，简单介绍序贯交易模型的基本特征：

第一，市场上存在多个风险中性的做市商，因此，竞争的结果是每个做市商将

[①] 尽管 Copeland 和 Galai（1983）模型采用了两种方法来分析买卖价差，但本文仅介绍做市商利润最大化方法。

价格确定为既定交易模式发生时资产价值的条件期望①，因而，其期望利润为 0。

第二，交易序贯地进行，每个交易者每次按一定概率被抽取进行 1 单位交易，然后等待下一次被抽取进行交易。②

在上述假定条件下，Glosten 和 Milgrom（1985）模型认为，做市商首先根据交易模式（买入还是卖出）来对资产进行买卖报价，然后，随着交易的发生，利用贝叶斯规则逐步修正买卖报价，进而形成价格波动的过程。

G-M 模型得出了以下几个重要结论：（1）即使在没有外生存货等成本假定条件下，做市商仍要根据买入还是卖出来分别确定其报价，并进一步指出了影响买卖价差的潜在因素，如交易信息、知情交易者的数量和交易弹性等；（2）交易价格变动服从一个鞅过程，也就是说，当前价格是未来价格最好的预测值，这一点对分析市场效率具有重要的理论含义，因为即使资产价格最终能够达到其真实价值、进而意味着价格强式有效，但是，鞅过程却表明，资产价格调整到其真实价值之前的过程只能说明价格是半强式有效的，因为它只反映了做市商能够获得的信息。当然，G-M 模型也存在很多缺点，例如，它关于交易者一次只能交易 1 个单位的假设就限制了该模型对交易量影响的考察，Easley 和 O'Hara（1992）就从这方面进行了考察；另外，它也没有考虑非知情交易者、知情交易者和做市商之间的博弈过程，而这正是下面即将介绍的策略交易模型的研究范畴。

2. 策略交易模型

策略交易模型根据非知情交易者是否进行博弈可分为两种模型：一种是非知情交易者不参与博弈过程，我们称之为"不参与博弈"模型；另一种是非知情交易者参与博弈过程，我们称之为"参与博弈"模型。

（1）"不参与博弈"模型。

根据上述分类，这类模型主要考察知情交易者与做市商之间的博弈过程，同时，根据知情交易者数量的多少，又可细分为垄断知情交易者模型和竞争知情交易者模型。下面我们重点介绍垄断知情交易者模型。

Kyle（1985）分析了由一个知情交易者、多个非知情交易者和做市商构成的市场结构，重点考察了知情交易者的策略行动对金融市场资产价格确定的影响。为了

---

① 做市商的买入报价就是当交易者卖出交易发生时资产价值的条件期望；同样地，卖出报价就是交易者买入交易发生时资产价值的条件期望。

② 这一假设具有非常重要的意义，首先，它只允许交易者进行 1 个单位的交易，避免了允许知情交易者根据自己具有的优势信息进行无限量交易，进而迅速向做市商揭示交易信息的困难；其次，它规定每个交易者每次被抽取进行交易的概率相同，这样，就允许做市商计算每次同知情交易者进行交易的概率。

简化，该模型假定风险中性做市商的作用仅仅是汇总交易指令并确定能够使市场"出清"的价格，因此，该模型又被称为批量交易模型（batch-trading model）。[①]

在该模型中，凯尔分别考察了单期拍卖情况和多期拍卖情况。

首先，$\tilde{v}$ 表示风险资产的事后清算价值，服从均值为 P_0、方差为 $\sum_0$ 的正态分布；$\tilde{u}$ 表示噪音交易者的交易量，服从均值为 0、方差为 σ_u^2 的正态分布变量，并且与 $\tilde{v}$ 独立；$\tilde{x}$ 为知情交易量；价格为 $\tilde{p}$。

其次，假定每一期的拍卖过程分两步，第一步是知情交易者和非知情交易者同时选择他们想交易的数量，但是，与非知情交易者不同的是，由于交易者知道 $\tilde{v}$（但不知道 $\tilde{u}$），他选择基于 $\tilde{v}$ 的策略 [即 $\tilde{x}=X(\tilde{v})$]；第二步是做市商根据观测到的交易净额（$\tilde{u}+\tilde{x}$）来选择定价策略 [即 $\tilde{p}=P(\tilde{u}+\tilde{x})$] 使市场出清。

在上述条件下，市场均衡将满足知情交易者的利润最大化条件和市场效率条件。凯尔证明此时存在唯一的线性策略均衡。单期拍卖均衡的结果显示，第一，线性策略 X 和 P 分别取决于外生参数 $\sum_0$ 和 σ_u^2；第二，在假定做市商猜测知情交易者采取线性策略，并根据观测到的净订单流（$x+u$）进行贝叶斯规则修正定价时，做市商的定价策略会反映知情交易者的部分而非全部信息，也就是说，交易商的最优交易策略将会使其信息的一半被市场价格反映；第三，市场"深度"[②] 与噪声交易量的方差呈正向关系，与资产价值方差呈反向关系。

要注意的是，上述结论是建立在单期拍卖基础上的，知情交易者只需考虑其交易对当期价格的影响即可，因而是一种较为简单的分析。多期拍卖的均衡并不一定如此，因为在多次交易中，知情交易者需要考虑其交易的长期影响。

在考察了单期拍卖均衡后，Kyle（1985）继续分析了序贯拍卖均衡（多期交易均衡）。

他首先将一个交易日分为从 0 期开始到 1 期结束的 N 次拍卖，每次拍卖序贯进行，交易仍分两步进行，但信息集包含了以前的拍卖信息。其次假定非知情交易者在时刻 t 的交易量 $\tilde{u}(t)$ 服从布朗运动过程，因此，$\Delta\tilde{u}(t_n)-\tilde{u}(t_{n-1})$ 服从均值为 0、方差为 $\sigma_u^2\Delta t_n$ 的分布。同时 $\tilde{x}_n$ 表示知情交易者第 n 次拍卖后的总头寸，因此，$\Delta\tilde{x}_n=\tilde{x}_n-\tilde{x}_{n-1}$ 则表示他在第 n 次拍卖中的交易量，并且，他在第 n 次交易后的头寸将为 $\tilde{x}_n=X_n(\tilde{p}_1,\cdots,\tilde{p}_{n-1},\tilde{v})$。最后，假定做市商的策略为：$\tilde{p}_n=(\tilde{x}_1+\tilde{u}_1,\cdots,\tilde{x}_n+\tilde{u}_n,\tilde{v})$。

---

① 尽管 Kyle（1985）分别考察了单期拍卖过程和多期拍卖过程，但具有一些序贯均衡的风格。
② 也就是使价格变化 1 元所需要的交易量，用 $1/\lambda$ 表示。

在上述条件下，均衡将同样满足知情交易者的利润最大化条件和市场效率条件。序贯拍卖均衡比单期拍卖均衡更为复杂。但基本的均衡信息表明：首先，第 n 次拍卖后价格的误差方差是一个单调递减函数，反映了信息被逐渐吸收的过程；其次，噪声交易将会增加市场深度、增加知情交易者的利润，但与价格的信息性无关。

此外，Kyle（1985）和 Back（1992）还分别考察了连续市场的交易。

当然，为简化起见，上述模型只考虑单个知情交易者的情况，Kyle（1984）、Foster 和 Viswanathan（1993）以及 Holden 和 Subrahmanyam（1992）等弥补了这一不足。此外，它们也未考虑非知情交易者进行策略交易的情况，这正是下面模型要介绍的内容。

（2）"参与博弈"模型。

从上面的介绍可以看出，"不参与博弈"模型大都让非知情交易者被动承担了"交易损失"的角色。然而，如果价格包含信息，则非知情交易者仍可以基于价格变动采取一定的交易策略。而非知情交易者的策略行动又会对知情交易者的策略行动产生影响，一个经典的例子是 Admati-Pfleiderer（简称 A-P，1988）提出的模型。

在 A-P 模型中，将非知情交易者分为两类：一种是随机交易者（nondiscretionary liquidity traders），他们在既定的时间进行一定量的交易，类似于噪音交易者；另一种是相机交易的非知情交易者（或"相机交易者"，discretionary liquidity traders），他们能够相机安排自己的交易时机。市场上存在多个互相竞争的风险中性做市商，他们只是汇总交易指令并根据资产的期望价值确定市场的出清价格。具体交易假定如下：

第一，资产在时期 T 的价值为：

$$\tilde{v} = \overline{V} + \sum_{t=1}^{T} \tilde{\sigma_t} \qquad (16)$$

式中，$\tilde{\sigma_t}$ 是一个表示在每期期初成为公共信息的独立同分布零均值随机变量。

第二，在时期 t，存在 n_t 个能够观测到私人信号 $\tilde{\sigma}_{t+1} + \varepsilon_t$ 的知情交易者。其中，ε_t 的方差为 φ_t。他们的总交易量为：

$$\tilde{X}_t = \sum_{t=1}^{n} \tilde{x}_t^i \qquad (17)$$

第三，每个相机交易者能够选择交易时机，但不能分割交易量 Y_j。他们的总交易量为：

$$\sum_{j=1}^{m} \gamma_t^j \qquad (18)$$

式中，γ^j 等于 Y_j（如果第 j 个相机交易者在 t 期进行交易）；否则为 0。

第四，随机交易者在 t 时期的总交易量为 $\tilde{z}_t$。

模型提供了三个重要信息：第一，知情交易者的最优交易量取决于知情交易者数量、非知情交易者交易量的方差和私人信号的方差；第二，λ_t 与非知情交易者交易量的总方差呈反向关系，也就是说，非知情交易者交易量的波动性越大，市场的深度就越大；第三，λ_t 与知情交易者数量呈反向关系，主要是因为知情交易者之间存在竞争关系。

此外，Foster 和 Viswanathan（1990）考察了长期信息下的非知情交易者的策略交易模型。

（三）信息模型的实证研究

与存货模型的实证检验方法不同，由于信息不对称难以通过一个具体指标来衡量，信息模型的检验主要通过间接方法进行，主要通过考察证券收益方差、交易规模及交易集中程度等来分析。

最早对知情交易进行区分的实证方法有基于 EKOP 模型的 PIN 指标，PIN 指标需要基于一段时间内（通常是 60 天）股票的买单数量（B）和卖单数量（S）来建立似然函数，并采用极大似然估计得到各个参数的估计值。EKOP 模型假设每天新信息到达的概率为 α，其中有 $1-\delta$ 的概率为好消息，δ 的概率为坏消息。非知情交易者以 ε 的概率出现，知情交易者以 μ 的概率出现。每天的 PIN $=\dfrac{\alpha\mu}{\alpha\mu+2\varepsilon}$，该指标表示出现一个交易单后，它是知情交易者的概率。根据模型推导，买卖价差与知情交易概率具有表达式上的联系。第 t 期的买卖价差

$$\sum(t) = \frac{\mu P_g(t)}{\varepsilon + \mu P_g(t)}(\overline{V}_i - E[V_i \mid t]) + \frac{\mu P_b(t)}{\varepsilon + \mu P_b(t)}(E[V_i \mid t] - \underline{V}_i) \quad (19)$$

假设 $1-\delta$ 和 δ 相同后，

$$\sum(0) = \frac{\alpha\mu}{\alpha\mu+2\varepsilon}[\overline{V}_i - \underline{V}_i] \quad (20)$$

该价差中天然包含 PIN 值。

如果假设买单和卖单的出现事件服从泊松分布，那么每天有 B 个买单和 S 个卖单到达的联合概率为：

$$L((B,S) \mid \theta) = (1-\alpha) \times e^{-\varepsilon T}\frac{(\varepsilon T)^B}{B!}e^{-\varepsilon T}\frac{(\varepsilon T)^S}{S!}$$
$$+ \alpha\delta \times e^{-\varepsilon T}\frac{(\varepsilon T)^B}{B!}e^{-(\mu+\varepsilon)T}\frac{[(\mu+\varepsilon)T]^S}{S!}$$

$$+ \alpha(1-\delta) \times e^{-(\mu+\varepsilon)T} \frac{[(\mu+\varepsilon)T]^B}{B!} e^{-\varepsilon T} \frac{(\varepsilon T)^S}{S!} \tag{21}$$

只需要使用极大似然估计法，估计出参数 $\theta = (\alpha, \delta, \varepsilon, \mu)$，即可代入 PIN 值公式计算出 PIN 值。

PIN 值的计算方式存在一定的缺陷。首先，利用 EKOP 模型估计参数存在误差。参数的估计高度依赖于股票买单和卖单的样本数量，如果样本数量太少，则无法得到有效的估计值；而样本数量太多，又会出现数据溢出问题。其次，EKOP 模型只能静态刻画证券市场上的信息非对称程度，往往是一天之内的知情交易概率。最后，PIN 代表的信息范围广阔，可能与基础资产基本面有关，也可能反映与整个市场交易性质相关的因素，或特定区间内流动性需求的具体情况。

Easley 等（2012）对知情交易指标进行了二代改进，后续出现了被称为交易量同步的知情交易概率（volume synchronized probability of informed trading, VPIN）的测量方式。该指标将每日的交易划分为若干个交易量相同的时间段（交易量桶），并基于交易量时间而非物理时间提出了知情交易概率的非参数估计方法。

$$\text{VPIN} = \frac{\alpha\mu}{\alpha\mu + 2\varepsilon} \approx \frac{E[|V_i^S - V_i^B|]}{V} = \frac{\sum_{i=1}^{n} |V_i^S - V_i^B|}{nV} \tag{22}$$

式中，V_i^S 和 V_i^B 分别表示第 i 个交易量桶中的卖方交易量和买方交易量，V 是每个交易量桶的交易量。

对于 E-mini 标准普尔 500 期货和欧元/美元期货数据，需要平均一天大概 9 个桶，比如 E-mini 标准普尔 500 期货以 20 000 成交量为 1 个交易桶，欧元/美元期货以 2 000 成交量为 1 个交易桶。

对于第 τ 个桶，买卖方向的识别方法如下：

$$V_\tau^B = \sum_{i=t(\tau-1)+1}^{t(\tau)} V_i \Phi\left(\frac{P_i - P_{i-1}}{\sigma \Delta P}\right) \tag{23}$$

$$V_\tau^S = \sum_{i=t(\tau-1)+1}^{t(\tau)} V_i \left[1 - \Phi\left(\frac{P_i - P_{i-1}}{\sigma \Delta P}\right)\right] = V - V_\tau^B \tag{24}$$

这种指标的好处是不再依赖于买单和卖单样本量的个数，不用估计中间参数，而是通过计算每一个交易量时间内交易量的不平衡程度来测度知情交易概率；同时，用交易量时间可以减少短时间拆单带来的影响。

此外，对信息不对称的衡量方式还有证券收益方差、交易规模和买卖不平衡等。

French 和 Roll（1986）较早地通过对证券在交易期和非交易期收益方差的比较，考察了信息交易对证券价格形成的影响，他们发现，从开盘到收盘的股票收益方差要比从收盘到开盘的收益方差大 5 倍左右，据此，他们认为交易期收益方差较高的主要原因有三方面：一是交易期的公共信息能够更加频繁地传导；二是私人信息能够通过知情者交易传导给市场，这会增加波动性；三是交易过程本身也可能是波动性的来源。Glosten 和 Harris（1988）采用极大似然法估计发现，证券买卖价差的逆向选择部分与交易规模正相关。大量相关研究中使用与信息相关的异常买卖不平衡来衡量知情交易（如 Bernile et al.，2016；Brennan et al.，2018）。

（四）对存货模型和信息模型的比较检验

实际上，无论是从理论方面还是从实证方面，学者们都不能用存货模型和信息模型中的一种范式取代另一种范式，因此，很多经济学家试图在承认存货和信息不对称对价格形成的影响的同时，对两种影响程度进行区分，一种方法就是从存货和信息影响价格的时间长短来考虑。这些学者们认为，存货模型的一个重要的共同特征就是做市商（专家）必须匹配现金和证券的流入和流出，以弱化证券和现金流对最优水平的随机偏离，根据假定，尽管这些偏离会对做市商的短期定价行为产生影响，但与证券的基本价值无关。因此，从理论上看，做市商对证券价格的影响应是短期的，证券价格最终应反映证券资产的真实价值水平。而信息对价格的影响将会长期存在。Hasbrouck（1988，1991a，1991b）就据此分析通过向量自回归方法把证券价格影响因素区分为短期的存货影响和长期的信息影响。

四、特殊的投资者角色

（一）大型投资者

大型投资者是指那些所持资产头寸和资产交易量占整个资产总价值、总交易量比例较大的投资者。在完全竞争市场下，单个市场参与者所持资产头寸和资产交易量占整个资产总价值、总交易量很小的一部分，他们的交易行为对资产的价格不产生任何影响，只能被动地接受市场价格。然而，完全竞争的市场环境毕竟太过理想化，在现实中，即使是在发达的美国金融市场上，市场不完美的现象依然比比皆是，其原因既有资产的供给有限——并不可能像完美市场理论假设所言供给弹性无限大，也有交易成本的摩擦限制，如信息不对称、门槛限制等，还有大型市场参与者如垄断性厂商利用对资源的垄断来左右供求。

目前世界上相当一部分国家在加强市场有效性方面不断出台各项政策，典型的有降低入市门槛、降低交易费用、增加透明度等，但是由于以银行、保险公司、基金、投资公司等机构投资者为代表的大型投资者相比小型投资者具有积聚风险、化解风险、有效运用复杂金融工具以及节省代理成本等优势，还具有强大的财务实力，金融资产向大型投资者手中聚集的比例在不断增加，相应地，它们所掌握的金融资源也在不断增加，从而能够影响资产价格、操纵市场、放大冲击的传播范围，大型投资者反而成为改善市场有效性过程中的阻碍。

随着我国金融体制和产权制度的改革，机构投资者的队伍将越来越壮大，它们的实力将越来越强，了解和分析大型投资者对我国金融市场的发展有重要的现实意义。

1. 大型投资者的存在性

金融中介一般都是大型投资者，因此，金融中介理论为大型投资者的存在提供了解释。金融中介，如保险公司、银行、养老基金、共同基金等，向小型投资者发行债务，然后购买资产，从中获得收益并从收益中拿出一部分来偿还债务。对小型投资者和大型投资者之间发生合同关系的传统解释主要是大型投资者可以积聚违约风险（如保险公司）、积聚流动性风险（如银行、共同基金）、节省监督债务人成本（如银行）。正是因为大型投资者有这些作用，它们的规模才变得越来越大，市场深度也由此增加，金融产品也更加复杂。金融机构规模的日益扩大、金融产品的日益复杂这样的趋势使金融中介在市场中的地位和作用越来越强，并形成了一个上升的螺旋，小型投资者则相反，地位和作用变得越来越弱。毕竟，大型投资者是唯一能够支付得起与复杂金融产品定价和交易相联系的高昂信息成本的投资者（Allen and Gale，1999）。

2. 大型投资者与价格冲击

大型交易者的交易行为往往会带来较大的价格冲击。由于大型交易者想要交易的资产规模占整个资产价值总额相当一部分比例，如果要在短时间内迅速完成资产的买卖交易，不可能不对整个市场的供求产生影响，也就不可能不对交易价格产生较大的影响。大型交易者往往会选择流动性较强的资产以减少买卖价差过大造成的资本损失，反过来，他们对流动性资产的需求也会反映在资产的均衡价格中。

上述观察说明大型投资者与市场流动性是相互联系的，流动性风险是否被市场定价可能取决于大型投资者的交易行为。Pritsker（2002）研究了在一个有很多大型投资者和小型投资者、有多种风险资产进行交易的环境里，投资者的交易行为和资产的流动性问题。

3. 不完美市场下的资产定价

对大型投资者的研究往往建立在市场不完美的框架下，市场不完美时大型投资者会带来更大的价格冲击，因为它们往往有更宽裕的预算约束、掌握更多的私人信息，以及对投资者带来相应的代理成本，这些都会对定价机制产生影响。

投资者预算约束是市场不完美的一种典型特征，在这种市场结构下，定价机制将受到影响，大型投资者的交易行为本身将会使价格发生偏移。

Lindenberg（1979）指出，对于静态单时期资产定价模型，大型交易者的存在能够影响均衡价格。特别是他表明当市场上同时存在均值-方差效用函数的大小型投资者时，资产收益由多因素模型决定，其中的一个因子是市场组合，其他因子是大型投资者的财富状况。相反，如果不存在大型投资者，所有的投资者之间完全是相互竞争的关系，那么资产收益满足 CAPM。

在多时期模型中，由于跨期交易相互存在竞争性，大型投资者的财富对价格的影响能够被减弱。这一直觉认识建立在 Coase（1972）的研究基础上，他认为一个垄断者今天出售某种耐用品并不能保证在明天不会以更低的价格出售，又因为耐用品具有经久耐用性，所以，垄断者今天的卖价和明天的卖价就会发生竞争，促使价格下降。此外，在具有多个大型交易者时，大型投资者的影响将进一步减弱。Kihlsteom（2001）认为如果市场上存在许多大型投资者，那么可以预计此时价格竞争将会比只有一个大型投资者时更加激烈，因为此时既有前后两个交易时期的竞争，又有大型投资者之间的竞争。

信息不对称也是大型投资者影响市场价格的一种典型机制。自 Kyle（1985）以来，有大量的文献研究了掌握有私人信息即非公共信息的大型投资者在市场上的表现。在凯尔的模型里，仅有一个大型投资者，它很了解风险资产的清算价值（liquidation value），噪声交易者进行交易的原因与资产的基本面价值无关，竞争性的做市商从交易者的指令流中获取资产价值的信息，并将价格设定为资产的期望清算价值。凯尔表明，大型投资者并没有将所掌握的信息体现在资产价格中（即买价低于资产清算价值，卖价高于清算价值，价格与价值不相等），即使是两个交易间隔期缩短，信息也只是非常缓慢地体现在价格里面，速度要比前述多时期里的慢得多。这说明，当还有其他原因，如信息不对称导致市场不完美时，科斯效应在资产定价中并不占据主导地位。

Vayanos（1999）也设计了一个考虑了另一种形式的信息不对称的多期模型，不过，大型投资者的财务状况容易受到冲击，而这一点只有它们自己清楚。在模型里有多个大型投资者，它们的需求曲线是线性的，买卖的均衡价格是使市场出清的价格。维亚诺斯（Vayanos）表明，即使两个交易间隔期缩短至零，频繁的交易也不能促使价格竞争，即大型投资者自始至终都在隐瞒信息。同时维亚诺斯也表明，如果这类信息公开即成为公共信息，科斯效应也会在定价过程中发挥作用，价格变得有竞争性。Vayanos（2001）又考虑了另一种不同的模型，在模型里，只有一个大型投资者以及一些竞争性的做市商和噪声交易者。大型投资者依然容易受到财务冲击，并尽力保守此项信息不为人知。在每一期，大型投资者都会受到一次冲击，做市商也会形成大型投资者的最佳需求曲线。大型投资者将此需求曲线当作既定的予以接受，并据此决定资产购买量。大型投资者的指令流和噪声交易者的需求同时提交给市场，最后的均衡交易价格使市场得以出清，如此循环往复。与 Vayanos（1999）不同的是，在该模型里大型投资者所掌握的非公开信息会很快公开并为市场所知，资产价格迅速变得有竞争性。只是目前还不清楚信息为什么会在 Vayanos（2001）中传播得很快，而在 Kyle（1985）和 Vayanos（1999）中传播得很慢。

代理成本也是不完美的一种典型特征。代理问题主要是因为公司的管理层不能受到股东的有效监管，从而做出增加自己福利而减少或不能更有效增加股东收益的行为，如高工资、高福利、扩大公司规模却不能相应增加收益等。如果投资者奉行高度分散化的投资策略，每种资产仅占总资产很小的一部分，那么他就很少有动力去监管公司管理层的行为，因为如果监督的话，他所付出的成本将是巨大的，而由此所得的收益将是较小的，而且，投资者普遍存在"搭便车"倾向，即他们相信其他投资者会监督管理层，自己只需坐享其成便可。相反，如果是大型投资者，因为其所持股票头寸较大，能不能对投资对象所在公司管理层进行有效监管直接涉及自身的福祉，因此他们监管的动力是巨大的，"搭便车"问题在一定程度上有所减轻。另一方面，大型投资者为了减少监督成本，有可能在投资对象上分散化不足，即大型投资者在分散化投资和减少监督管理层上存在权衡取舍。

在继续往下进行之前，有必要对大型投资者和资产定价问题作一总结。一方面，如果两个交易间隔时间较长，或存在其他如信息不对称、代理问题等使市场不完美的原因或现象，大型投资者的存在就会缓滞市场其他参与者调整所持资产头寸以达到最佳风险共担的速度。结果，资产的市场价格将会偏离最佳风险共担时的价格。另一方面，即使存在市场不完美，资产价格也有可能会非常接近于充分竞争条件下的价格。另外，由于大型投资者模型不太容易处理，一般的做法是假设大型投资者是风险中性的或者有 CARA 效用函数，这样的假设虽然使模型容易处理，却失去了一般性。总之，大型投资者是否影响均衡收益依然未得到很好的解决。

4. 大型投资者与市场稳定性

大型投资者之所以受到很多关注，原因之一是它们经常被斥责为市场稳定的破坏者，批评它们操纵市场，进行货币投机，导致钉住汇率制度崩溃。而且，一些实证研究表明，大型投资者存在羊群效应或采用正向反馈投资策略，这些行为也严重地破坏了市场的稳定。

前述所及的研究成果也似乎表明大型投资者有操纵市场的能力和嫌疑。Vayanos（2001）认为，大型投资者向做市商出售的资产数量远远超过达到竞争性风险共担机制下所应该有的数量，而且在卖出之后又买回，他认为这种典型的卖高买低的行为就是大型投资者操纵市场的表现，并将此价格变动视为信息不对称的结果。Pritsker（2002）证明，即使所有的信息都是公开的，即不存在信息不对称的问题，大型投资者也有能力影响资产的价格变动。

另外一个重要问题是，大型投资者在金融市场的出现是否有助于对某种货币的投机性攻击起到协同作用？Corsetti 等（2001）对这一话题进行了讨论。他们发现，当市场上新增加一个大型投资者时，其他投资者对某种货币的投机性攻击会变得更加疯狂，不过，这一行为的净效应比较小。然而，如果大型投资者能够在小型投资者买卖之前让它们知道自己的头寸状况或交易方向，那么其他投资者会以大型投资者的买卖为依据解决它们投机性行为中的协同困难，从而对某种货币的投机性攻击的前景或结果将会变得对投机者更为明朗、有利。

（二）高频交易者（HFT）

高频交易（high frequency trading，HFT）是近期最受关注的技术冲击的产物之一。根据美国商品期货交易委员会（the US Commodity Futures Trading Commission，CFTC）的定义，高频交易是指一种高速度、高频次的交易方式，通过预设的计算机算法实现，指令间隔通常小于 5 毫秒（甚至可达微秒、纳秒级）。这样一种交易方式还有低隔夜持仓、高报撤单频率、高建仓平仓频率、高换手率等特点。同时，为了能够以最快的速度从交易所获得市场信息并发出指令，高频交易者通常会与交易所就近连接，甚至直接进行主机托管。高频交易被许多股票投资者（尤其是以对冲基金为代表的机构投资者）所接受和采用，根据 BCG 的数据，早在2009 年美国市场高频交易占总交易量的比例就已经突破了 50％，并逐年上涨。

按照策略实现方式分类，高频交易策略主要分为三种：

一是做市（market making），即根据市场的交易情况进行一系列多空头报单以赚取稳定价差，通过大额交易量将单笔微小价差进行累积、放大，从而获取稳定收益，其收益来源是交易量。

二是所谓"报价纸带"（ticker tape）策略，即利用数据传输速度优势，通过获取和分析市场上的一系列交易信息流和价格信息流，识别出尚未被市场认知和被股价反映的新信息，以准确刻画出市场结构，从而更早一步进行对应交易，其收益来源是速度和时间差。

三是套利（arbitrage），即通过识别同一时点上不同市场的价格差进行套利交易，其收益来源是市场分割（market fragmentation）。

甚至在证券市场之外，这一交易方式也同样在外汇市场、期货市场等其他金融市场中得到了广泛应用。

1. 高频交易者与市场流动性

高频交易者对市场流动性的影响是一个充满争议的话题。一方面，高频交易者在某种程度上扮演了做市商角色，为市场提供了流动性。Hendershott 等（2011）指出，高频交易使买卖双方同时创造了很大的报单量和成交量，有利于市场上的交易者迅速匹配，减少买卖价差，最终降低转换成本。其他学者也得到了类似的结论（Menkveld，2013；Brogaard et al.，2014）。

另一方面，高频世界中不同类型交易者之间的信息不对称加剧，使逆向选择风险升高，削弱了市场流动性。由于市场上存在大量普通交易者，或称低频交易者（low frequency traders，LFT），高频交易带来的信息优势实质上向普通交易者强加了一层信息不对称，继而带来逆向选择问题，普通交易者会减少交易直至退出市场，这反而降低了流动性和市场质量，最终，高频交易的获利实质上来源于索取流动性而非提供流动性（Brogaard et al.，2017；Menkveld，2014；Budish et al.，2015）。

2. 高频交易者与市场稳定性

2010 年 5 月 6 日发生"闪崩"（flash crash）事件之后，人们开始关注高频交易对市场稳定性的影响，高频交易者的存在很可能造成价格短时间内的急剧变化，极大程度地增加价格波动，带来新的风险。

3. 极端市场条件下的高频交易者行为

高频交易者的行为可能会因市场状态而异。Brogaard 等（2018）选取了2008—2009 年间美国纳斯达克市场中的股价发生极端变动（extreme price movement，EPM）的情况作为事件研究样本，发现高频交易在偶发的、短暂的 EPM 中以及在任何情况下的个股层面上都是流动性的净提供者，EPM 的全过程中反向交易策略创造了超额收益，从而可以提供流动性。在证券市场整体层面，如果发生了大范围、长时间的 EPM，则高频交易就会转而成为流动性的净索取者。

（三）高频交易者和大型投资者的策略性互动

如果高频交易者是潜在的流动性提供者，大型投资者因其交易常常带来较大的价格冲击，是流动性需求者，那么高频交易者的出现是否为大型投资者带来了收益？答案可能是否定的，大量研究发现，高频交易者往往增加了大型交易者的交易成本。

理论上，做市的高频交易可能通过三种主要机制增加大型机构交易的交易成本。（1）迅速修改限价单。高频交易者会利用速度优势评估到达的订单信息，并迅速修改限价订单（Ait-Sahalia and Saglam，2017a，2017b）。这种行为有时被称为"幽灵流动性"，即在速度较慢的交易员能够完成交易之前修改限价指令。（2）推测大型交易者的交易策略，并抢先执行。这与 Yang 和 Zhu（2017）的"尾随"模型有关，在该模型中，高频交易试图从机构订单流中推断知情交易者信息，并与机构订单进行同向竞争。（3）库存管理。根据做市商库存管理的经典微观结构模型（Stoll，1978；Ho and Stoll，1981；Amihud and Mendelson，1980），大额机构订单将给高频交易者的库存带来反向压力。如果高频交易商需要管理库存风险，而机构交易仍在进行，那么它们实际是在与机构交易展开竞争。

五、金融市场结构及其设计

在前四部分中，我们着重从价差或价格确定角度考察了几个经典的金融市场微观结构模型，但是，金融市场微观结构理论的研究范围决不局限于此。学者们还对金融市场结构及交易机制的比较等方面进行了实证检验。例如，Kumar Venkataraman（2001）就比较了基于自动撮合交易的金融市场结构和基于交易商报价的金融市场结构的差别，并得出了前者并不能取代后者的结论；Harris（1991，1998）和Werner（1998）等研究了最低报价点对市场流动性的影响；Christie 和 Schultz（1994）以及 Christie（1994）等以 NYSE 和 NASDAQ 为例比较了不同报价方式对价差的影响。下面，我们分别从混合市场与市场分割、交易限制，以及信息披露和透明度等方面简单考察金融市场结构及其设计的话题。

（一）混合市场与市场分割

尽管统一的大市场会带来交易量扩大，从而降低交易成本，但并不能解决不同时间交易等问题，因此，仍然会存在分割的市场。Chowdhry 和 Nanda（1991）考察了同一公司的证券在不同市场交易的情形，在这一情形下，小型投资者只能在一个市场中交易，尽管它们可以选择成本最低的市场；大型投资者则可以通过将订单在不同的市场中进行分配来降低成本。他们发现，由大型投资者发起的流动性交易在市场中的比例越大，不同市场交易量之间的相关性就越强，价格的信息含量就越小。而做市商可以通过自愿公开价格信息和"打击"内幕交易阻止知情交易。

Hendershott 和 Mendelson（2000）对交易商市场和交叉网络（crossing net-work）之间的相互关系进行了考察，发现买卖双方不直接进行交易这种交易模式会对交易商市场在流动性方面产生正的外部性，但同时也会造成"拥挤"效应（crowding effect），因为这种模式下低流动性偏好和高流动性偏好的交易在市场同一端竞争。存在交叉网络时，将交易商市场视为"最后担保人"（market of last re-sort）的交易者会驱使交易商扩大价差，提高后续价格的有效性，而只使用交易盘网络的交易者会减小交易商的逆向选择和存货成本。

2006 年纽约股票交易所引入了混合市场机制，将订单指令的执行时间从 10 秒减少到不足 1 秒，Hendershott 和 Moulton（2015）认为这一变化加剧了流动性需求者的逆向选择，从而提高了即时性成本，同时增强了流动性提供者的竞争，减少了价格中的噪声，从而提高了价格的有效性。另外，由于混合市场的引入提高了场外交易者的匿名性，而匿名性和快速交易便于大型投资者将其订单拆分并隐蔽它们的行动，相比限价指令交易者，场内交易者不再具有信息优势。

近来，相关产品的非同步交易条件下信息传导的机制及其对市场效率的影响也受到学者们的关注。Hamao（1990）通过对重合交易时间的研究发现，美国和英国的股票市场对日本股票市场存在单向信息传导。Lin 等（1994）研究了无重合交易时间条件下的东京和纽约市场，发现开盘时的非同步交易行为导致了双向的信息传导模式。程展兴和剡亮亮（2013）对沪深股指期货延伸交易时段的研究则表明，这一时段市场价格发现能力较强，具有较高的信息效率，非同步交易对市场效率产生了积极作用。

（二）交易限制

卖空往往被视为对金融市场稳定的一种威胁（Bhojrag et al.，2009；Altken et al.，1998；Chang et al.，2007），很多国家在金融危机期间禁止卖空，而很长一段时间内，我国股票市场不允许信用交易和卖空机制。也有学者认为，卖空交易和价格波动之间存在复杂的关系，可能取决于一系列其他因素，也可能无法用线性模型刻画（Figlewski and Webb，1993；廖士光和杨朝军，2005）。但最近的研究表明，卖空机制也可能对市场效率产生正面影响。Massa 等（2015）使用 2002—2009 年期间收集的 33 个国家的公司卖空数据进行研究，指出卖空可以作为规制管理者的外部治理机制而存在。在存在卖空机制的市场中，盈余操纵被发现的可能性更高、速度更快，因此公司管理者进行盈余操纵的动机会被大幅削弱。李志生等（2015）利用 A 股融资融券市场数据的研究则表明，融资融券交易可以通过抑制异质性波动和异常跳跃风险而降低股票价格的波动性。

此外，无论在哪一个市场，监管都是不可忽视的因素，监管有效性是考察金融市场设计的重要方面。Christensen 等（2016）对欧盟旨在降低逆向选择的市场滥用指令（market abuse directive，MAD）和透明度指令（transparency directive，TPD）的影响进行了研究，发现尽管它们显著增加了市场流动性，但这一效应在不同国家之间具有差异，在执行更严格、传统上证券监管更严格的国家，这两项指令对市场的影响更强。汪天都和孙谦（2018）发现，中国交易税、杠杆限制、卖空限制、涨跌停板、T+1 交易和 IPO 限制这六种金融市场传统监管措施并未如监管者所愿有效地抑制价格过度波动，而且在大多数情况下降低了市场流动性。

（三）信息披露和透明度

还有许多学者对透明度、非匿名交易等市场规章制度进行了研究。

Admati 和 Pfleiderer（1991）提供了一个"阳光交易"模型。"阳光交易"是指流动性交易员提前宣布他们的订单规模，这种做法可能从信息不对称和流动性协调两方面对市场均衡产生影响。如果进行"阳光交易"的交易者没有私人信息，尽管"阳光交易"会导致其他交易者的预期交易成本增加，但流动性交易者预期交易成本的总额会减少。此外，"阳光交易"可以协调其他流动性提供者进入市场，从而降低交易成本。

事件研究是关于信息披露和透明度的实证研究中的常见思路。纽约股票交易所的 OpenBook 服务为交易所场内的交易者提供限价指令信息。Boehmer 等（2005）研究了引入 OpenBook 服务这一事件的影响，发现交易前透明度的增加可以改善市场流动性和信息效率，交易商和市价指令的价格影响减小，增加透明度促成了一种双赢的局面。然而，流动性增加和价格影响减小导致对流动性供应者的补偿减少，损害了限价指令提供者和专家的利益。Hendershott 和 Jones（2005）则基于岛上电子通信网络［Island electronic communications network（ECN）］停止在它几个交易量最高的 ETF 中显示其限价指令簿的事件进行了研究，结果也表明透明度下降会导致价格发现的效率降低，且交易集中度也对市场质量具有显著影响。谭松涛等（2016）使用双重差分的方法，发现基于互联网的上市公司-投资者关系互动平台可以增强公司和投资者信息沟通的准确性和及时性，进而提高市场的信息效率。

Bessembinder 等（2006）发现，在更透明的市场中，大型投资者的交易成本降低，这和做市商在更透明的环境中做市成本更低的推理一致。但同时他们也指出，透明度的提高可能会改变市场的信息效率，因为它会影响到人们花费资源了解影响价格的非公开信息的动机，而且，市场流动性和透明度之间的关系很可能不是线性的，透明度的进一步提高不一定能够进一步改善流动性。

六、总结

本文对金融市场微观结构理论的提出和主要理论研究进行了回顾，重点介绍了几个经典的理论模型。理论方面的研究主要是从考察金融资产买卖价差开始，其中不同的学者分别从做市商存货成本和交易者信息不对称两大方面对金融资产买卖价差进行了解释。其中，信息模型又分别从交易者之间是否存在策略行动等方面对金融资产价格确定进行了更为详尽的分析。不同的模型认为价格或价差的决定因素不同：存货模型认为，价差的存在主要是做市商为解决交易不确定性而必须持有一定数量的存货，而正是持有这些存货的成本使金融资产买卖产生了价差；信息模型则认为，由于金融市场中存在着知情交易者和非知情交易者，买卖价差正是对拥有私人信息的补偿。

尽管两种范式在解释金融资产价差产生的原因以及采用的方法等方面存在很大差异，但是，与传统的经济学理论不同的是，它们都试图从微观角度而非宏观角度来解释价格形成和发现的机制，并取得了一些积极的研究成果。并且，在力图揭示金融资产价格确定的同时，金融市场微观结构理论还对金融资产价格调整过程、金融市场机构设计等方面进行了研究，这些研究成果不仅为理论工作者提供了连接宏观经济学和微观经济学的基石，而且为政策制定者提供了一定的决策依据。

从结果来看，无论是从理论方面还是从实证方面，金融市场微观结构理论都没有形成一种公认的权威理论模型，在存货模型范式和信息模型范式之间还存在一定的分析差异。这在说明了金融市场微观结构理论研究复杂性的同时，也为我们继续进行后续研究提供了广泛空间。

参考文献

[1] Admati, A., Pfleiderer, P., 1988. A theory of intraday patterns: Volume and price variability. Review of Financial Studies, 1, 3 - 40.

[2] Admati, A., Pfleiderer, P., 1991. Sunshine trading and financial market equilibrium. Review of Financial Studies, 4, 443 - 481.

[3] Aitken, M., Frino, A., McCorry, M., Swan, P., 1998. Short sales are almost instantaneously bad news: Evidence from the Australian stock exchange. Journal of Finance, 53, 2205 -

2223.

[4] Ait-Sahalia，Y.，Saglam，M.，2017a. High frequency market making：Implications for liquidity. Princeton University. Working Paper.

[5] Ait-Sahalia，Y.，Saglam，M.，2017b. High frequency market making：Optimal quoting. Princeton University. Working Paper.

[6] Allen，F.，Gale，D.，1999. Innovations in financial services，relationships，and risk sharing. Management Science，45，1239－1253.

[7] Amihud，Y.，Mendelson，H.，1980. Dealership market：Market making with inventory. Journal of Financial Economics，8，31－53.

[8] Back，K.，1992. Insider trading in continuous time. Review of Financial Studies，5，387－409.

[9] Bagehot，W.，1971. The only game in town. Financial Analysts Journal，27，12－22.

[10] Bernile，G.，Hu，J.，Tang，Y.，2016. Can information be locked up? Informed trading ahead of macro-news announcements. Journal of Financial Economics，121，496－520.

[11] Bessembinder，H.，Maxwell，W.，Venkataraman，K.，2006. Market transparency，liquidity externalities，and institutional trading costs in corporate bonds. Journal of Financial Economics，82，251－288.

[12] Bhojraj，S.，Bloomfield，R.，Tayler，W.，2009. Margin trading，overpricing，and synchronization risk. Review of Financial Studies，22，2059－2085.

[13] Biais，B.，1993. Price formation and equilibrium liquidity in fragmented and centralized markets. Journal of Finance，48，157－185.

[14] Boehmer，E.，Saar，G.，Yu，L.，2005. Lifting the veil：An analysis of pre-trade transparency at the NYSE. Journal of Finance，60，783－815.

[15] Brennan，M. J.，Huh，S. W.，Subrahmanyam，A.，2018. High-frequency measures of informed trading and corporate announcements. Review of Financial Studies，31，2326－2376.

[16] Brogaard，J.，Carrion，A.，Moyaert，T.，Riordan，R.，Shkilko，A.，Sokolov，K.，2018. High frequency trading and extreme price movements. Journal of Financial Economics，128，253－265.

[17] Brogaard，J.，Hendershott，T.，Riordan，R.，2014. High-frequency trading and price discovery. Review of Financial Studies，27，2267－2306.

[18] Budish，E.，Cramton，P.，Shim，J.，2015. The high-frequency trading arms race：Frequent batch auctions as a market design response. Quarterly Journal of Economics，130，1547－1622.

[19] Chang，E.，Cheng，J.，Yu，Y.，2007. Short-sales constraints and price discovery：Evidence from the Hong Kong market. Journal of Finance，62，2097－2121.

[20] Chowdhry，B.，Nanda，V.，1991. Multimarket trading and market liquidity. Review of Fi-

nancial Studies，4，483 - 511.

[21] Christensen，H.，Hail，L.，Leuz，C.，2016. Capital-market effects of securities regula-
tion: Prior conditions，implementation，and enforcement. Review of Financial Studies，29，
2885 - 2924.

[22] Christie，W.，Harris，J.，Schultz，P.，1994. Why did NASDAQ market makers stop a-
voiding odd-eighth quotes? Journal of Finance，49，1841 - 1860.

[23] Christie，W.，Schultz，P.，1994. Why do NASDAQ market makers avoid odd-eighth quotes?
Journal of Finance，49，1813 - 1840.

[24] Coase，R.，1972. Durability and monopoly. Journal of Law and Economics，15，143 - 149.

[25] Cohen，K.，Maier，S.，Schwartz，R.，Whitcomb，D.，1981. Transaction costs，order
placement strategy，and existence of the bid-ask spread. Journal of Political Economy，89，
287 - 305.

[26] Copeland，T.，Galai，D.，1983. Information effects on the bid-ask spread. Journal of Fi-
nance，38，1457 - 1469.

[27] Demsetz，H.，1968. The cost of transacting. Quarterly Journal of Economics，82，33 - 53.

[28] Easley，D.，De Prado，M.，O'Hara，M.，2012. Flow toxicity and liquidity in a high-fre-
quency world. Review of Financial Studies，25，1457 - 1493.

[29] Easley，D.，Kiefer，N.，O'Hara，M.，Paperman，J.，1996. Liquidity，information，and
infrequently traded stocks. Journal of Finance，51，1405 - 1436.

[30] Easley，D.，O'Hara，M.，1987. Price，trade size，and information in securities markets.
Journal of Financial Economics，19，69 - 90.

[31] Easley，D.，O'Hara，M.，1992. Adverse selection and large trade volume: The implica-
tions for market efficiency. Journal of Financial and Quantitative Analysis，27，185 - 208.

[32] Figlewski，S.，Webb，G.，1993. Options，short sales，and market completeness. Journal
of Finance，48，761 - 777.

[33] Foster，F.，Viswanathan，S.，1990. A theory of the interday variations in volume，vari-
ance，and trading costs in securities markets. Review of Financial Studies，3，593 - 624.

[34] Foster，F.，Viswanathan，S.，1993. Variations in trading volume，return volatility and
trading costs: Evidence on recent price formation model. Journal of Finance，48，187 - 211.

[35] French，K.，Roll，R.，1986. Stock return variances: The arrival of information and reac-
tion of traders. Journal of Financial Economics，17，5 - 26.

[36] Garman，M.，1976. Market microstructure. Journal of Financial Economics，3，257 - 275.

[37] Glosten，L.，Harris，L.，1988. Estimating the components of the bid/ask spread. Journal
of Financial Economics，21，21 - 142.

[38] Glosten，L.，Milgrom，P.，1985. Bid，ask，and transaction prices in a specialist market
with heterogeneously informed traders. Journal of Financial Economics，14，71 - 100.

［39］Grossman，S.，Stiglitz，J.，1980. On the impossibility of informationally efficient markets. The American Economic Review，70，393 - 408.

［40］Hamao，Y.，Masulis，R.，Ng，V.，1990. Correlations in price changes and volatility across international stock markets. Review of Financial Studies，3，281 - 307.

［41］Harris，L.，1991. Stock price clustering and discreteness. Review of Financial Studies，4，389 - 415.

［42］Harris，L.，1998. Does a large minimum price variation encourage order exposure? University of Southern California. Working Paper.

［43］Hasbrouck，J.，1988. Trades，quotes，inventories and information. Journal of Financial Economics，22，229 - 252.

［44］Hasbrouck，J.，1991a. Measuring the information content of stock trades. Journal of Finance，46，179 - 207.

［45］Hasbrouck，J.，1991b. The summary informativeness of stock trades：An econometric analysis. Review of Financial Studies，4，571 - 595.

［46］Hasbrouck，J.，Sofianos，G.，1993. The trades of market makers：An empirical analysis of NYSE specialists. Journal of Finance，48，1565 - 1593.

［47］Hendershott，T.，Jones，C.，2005. Island goes dark：Transparency，fragmentation，and regulation. Review of Financial Studies，18（3），743 - 793.

［48］Hendershott，T.，Jones，C.，Menkveld，A.，2011. Does algorithmic trading improve liquidity? Journal of Finance，66，1 - 33.

［49］Hendershott，T.，Mendelson，H.，2000. Crossing networks and dealer market：Competition and performance. Journal of Finance，55，2071 - 2115.

［50］Hendershott，T.，Moulton，P. C.，2011. Automation，speed，and stock market quality：The NYSE's hybrid. Journal of Financial Markets，14，568 - 604.

［51］Ho，T.，Macris，R.，1984. Dealer bid-ask quotes and transaction prices：An empirical study of some AMEX options. Journal of Finance，39，23 - 45.

［52］Ho，T.，Stoll，H.，1981. Optimal dealer pricing under transactions and return uncertainty. Journal of Financial Economics，9，47 - 73.

［53］Ho，T.，Stoll，H.，1983. The dynamics of dealer markets under competition. Journal of Finance，38，1053 - 1074.

［54］Hoffmann，P.，2014. A dynamic limit order market with fast and slow traders. Journal of Financial Economics，113，156 - 169.

［55］Holden，C.，Subrahmanyam，A.，1992. Long-lived private information and imperfect competition. Journal of Finance，47，247 - 270.

［56］Jeria，D.，Sofianos，G.，2008. Passive orders and natural adverse selection. Street Smart，33.

[57] Kihlstrom，R.，2001. Monopoly power in dynamic securities markets. The Wharton School，University of Pennsylvania，Working Paper.

[58] Kyle，A.，1985. Continuous auctions and insider trading. Econometrica，53，1315－1335.

[59] Kyle，A. S.，1984. Market structure，information，futures markets，and price formation. In G. G. Storey et al.（eds.），International Agriculture Trade：Advanced Readings in Price Formation，Market Structure，and Price Instability（pp. 45－64）. Westview Press，Boulder and London.

[60] Lin. W.，Engle，R.，Ito，T.，1994. Do bulls and bears move across borders? International transmission of stock returns and volatility. Review of Financial Studies，7，507－538.

[61] Lindenberg，E.，1979. Capital market equilibrium with price affecting institutional investors. In E. J. Elton，M. J. Gruber（eds.），Portfolio Theory 25 Years Later（pp. 109－124）. North Holland，Amsterdam.

[62] Lyon，R.，1995. Tests of microstructural hypotheses in the foreign exchange market. Journal of Financial Economics，39，321－351.

[63] Madhavan，A.，2000. Market microstructure：A survey. Journal of Financial Markets，3，205－258.

[64] Madhavan，A.，Smidt，S.，1991. A Bayesian model of intraday specialist pricing. Journal of Financial Economics，30，99－134.

[65] Madhavan，A.，Smidt，S.，1993. An analysis of changes in specialist inventories and quotations. Journal of Finance，48，1595－1628.

[66] Manaster，S.，Mann，S.，1996. Life in the pits：Competitive market making and inventory control. Review of Financial Studies，9，953－975.

[67] Massa，M.，Zhang，B.，Zhang，H.，2015. The invisible hand of short selling：Does short selling discipline earnings management? Review of Financial Studies，28，1701－1736.

[68] Menkveld，A. J.，2013. High frequency trading and the new market makers. Journal of Financial Markets，16，712－740.

[69] O'Hara，M.，1995. Market Microstructure Theory. Blackwell Publishers Ltd.，Cambridge，MA.

[70] Pritsker，M.，2005. Large investors：Implications for equilibrium asset returns，shock absorption，and liquidity. In FRB Working Paper No. 2005－36.

[71] Stoll，H.，1978. The supply of dealer services in securities markets. Journal of Finance，33，1133－1151.

[72] Vayanos，D.，1999. Strategic trading and welfare in a dynamic market. Review of Economic Studies，66，219－254.

[73] Vayanos，D.，2001. Strategic trading in a dynamic noisy market. Journal of Finance，56，131－171.

［74］　Venkataraman，K.，2001. Automated versus floor trading：An analysis of execution costs on the Paris and New York Exchanges. Journal of Finance，56，1445 - 1485.

［75］　Werner，I.，1998. Who gains from steenths? Ohio State University. Working Paper.

［76］　Yang，L.，Zhu H.，2020. Back-running：Seeking and hiding fundamental information in order flows. Review of Financial Studies，33，1484 - 1533.

［77］　程展兴，剿亮亮. 非同步交易、信息传导与市场效率——基于我国股指期货与现货的研究. 金融研究，2013（11）.

［78］　李志生，杜爽，林秉旋. 卖空交易与股票价格稳定性——来自中国融资融券市场的自然实验. 金融研究，2015（6）.

［79］　廖士光，杨朝军. 卖空交易机制对股价的影响——来自台湾股市的经验证据. 金融研究，2005（10）.

［80］　谭松涛，阚铄，崔小勇. 互联网沟通能够改善市场信息效率吗? ——基于深交所"互动易"网络平台的研究. 金融研究，2016（3）.

［81］　汪天都，孙谦. 传统监管措施能够限制金融市场的波动吗? 金融研究，2018（9）.

机构投资者行为与资产定价

内容摘要： 随着资本市场的发展，基金等机构投资者参与金融产品交易的程度越来越高，机构对资产定价的影响不可忽视，金融中介部门也将成为金融与经济动态均衡的重要变量。在过去的几十年中，国内外有大量关于基金业绩的研究文献，而关于金融中介与资产定价关系的研究在近十年也取得了重要成果。本文首先试图从基金应该采取怎样的评价模型、基金的整体业绩能否战胜市场、基金经理是否具有选股能力和择时能力及基金业绩是否具有持续性四个方面对基金业绩的研究进行一番系统的梳理，并涉及基金业绩差异及持续性的原因分析及国内基金业绩研究方面的重要实证结果；然后从理论探索和实证两方面介绍金融中介资产定价的主流研究。

一、引言

基金自问世以来，已经成为当今资本市场中与股票和债券并列的三大投资工具之一。其特点是集合公众资金、交由专家管理、分散投资、共享收益与共担风险。美国是世界上证券投资基金业最发达的国家，它最早的一只基金是 1924 年在波士顿成立的。基金业的发展最初非常缓慢，到 1970 年，只有 360 只基金管理着大约 500 亿美元的资产。但之后，由于金融环境的变化催生了货币市场基金，使得整个基金业呈现出快速发展的势头。特别是到了 20 世纪 90 年代，美国的基金业经历了最为蓬勃的发展。据美国投资公司协会的统计，截至 2020 年 12 月，美国共同基金净资产规模高达 23.896 万亿美元，其中股票型基金规模为 12.728 万亿美元，货币市场基金规模为 4.333 万亿美元。庞大的基金资产规模对美国的资本市场发挥着举足轻重的影响，它不仅推动了资本市场向更广、更深的方向发展，更重要的是，它还促使金融文化和投资理念渗透到了社会的方方面面，极大地提升了一个社会的金融发达程度，资本市场的稳定性也越来越依赖于基金等金融中介的行为。与繁荣兴盛的基金业相伴而行的是基金业绩评价体系的建立与完善。在美国等资本市场发达的国家，完善的基金评价体系一般包括三个方面：基金业绩评价方法、基金业绩评价基准和独立的基金评级机构。其中评价方法是对基金业绩进行评价的核心部分，评价基准是关键尺度，此外，基金业绩的评价还需要有专业的评级机构，而且这个机构必须独立于基金管理人。自共同基金问世以来，它们的绩效表现一直是很多学者关注的焦点，所以有关基金业绩的研究也非常丰富，而且得出的结论往往和有效市场假说密切相关。总结起来，基金绩效评估研究所关注的主要问题有：

（1）应该采用什么模型对基金业绩进行评估；

（2）基金的整体业绩能否战胜市场；

（3）基金经理是否具有选股能力和择时能力；

（4）基金业绩是否具有持续性和可预测性。

基金等机构投资者通常具有与个人投资者不一样的特征，主要表现为管理资金规模大、杠杆率高与资本率低、最大化的目标函数不同、风险偏好不同等，因此不能简单地将机构投资者等同于一般投资者研究它们与资产定价的关系。2008 年次贷危机中资本市场的种种现象使得金融中介与资产定价又进入学者的视野中，金融中介与资产定价关系的研究主要涉及机构投资者行为、融资约束、契约与代理问题等话题。本文将对这些研究成果进行综述，结构安排是：第二部分是基金业绩评价模型；第三部分是关于基金业绩评价的实证证据；第四部分是基金经理择时与选股能力分析；第五部分是关于基金业绩持续性的研究；第六部分是我国基金业的发展状况及国内实证研究介绍；第七部分是金融中介与资产定价关系的理论框架；第八部分是关于金融中介资产定价理论的实证证据。

二、基金业绩评价模型

（一）共同基金发展的理论基础

Markowitz（1952，1958）提出的现代资产组合理论对促进共同基金业的发展起了非常重要的作用。该理论的突出贡献在于首次确立了证券组合期望收益和风险的计算方法和有效边界理论，建立了资产优化配置的均值-方差模型，从而为投资者提供了投资组合决策的基本依据。该模型的表达函数为：

$$\sigma_p = \sum \sum X_i X_j \mathrm{Cov}(R_i, R_j) \quad R_p = \sum X_i R_i$$

限制条件：$I = \sum X_i$（允许卖空）或 $I = \sum X_i$ 且 $X_i \geqslant 0$（不允许卖空）。

R_p 为投资组合的期望收益率，R_i 为第 i 只股票的期望收益，X_i 和 X_j 为股票 i 和股票 j 的投资比例，σ_p 为投资组合方差（组合总风险），$\mathrm{Cov}(R_i, R_j)$ 为两只股票之间的协方差。该模型是现代证券组合投资理论的基石，它为基金进行资产配置提供了重要的理论支持，同时也是对基金业绩进行评价的基本依据。之后发展的各种基金业绩评价模型都是以此为基础的，下面我们将对基金业绩的评价模型进行综述。

（二）基金整体业绩的单因子评估模型

1. 特雷诺（Treynor）指数

特雷诺指数是以投资组合单位系统性风险所获取的收益作为基金绩效的评估指标，Treynor（1965）提出并利用该指标对美国 1953—1962 年间 57 只基金的年收益率资料进行了绩效评估的实证研究，其计算公式为：

$$T_i = (R_i - R_f)/\beta_P$$

式中，R_i 为投资组合的收益率；R_f 为样本期内的平均无风险收益率；β_P 为投资组合的系统性风险；T 值越大表明绩效越好。该指标的缺陷在于当基金组合的非系统性风险没有完全被分散时，就不能正确评估基金的业绩。

2. 夏普（Sharpe）指数

夏普指数是对总风险进行调整的绩效评估方法。Sharpe（1966）采用这一指数对美国 1954—1963 年 34 只开放式基金的年收益率资料进行实证研究，其计算公式为：

$$S_i = \frac{R_i - R_f}{\sigma_P}$$

式中，σ_P 为投资组合所承担的总风险。该指数是对基金历史业绩进行评价的一个较好指标。与特雷诺指数不同的是，夏普指数同时考虑了系统性风险和非系统性风险，在非系统性风险没有被充分分散的情况下应该使用该指数。当基金组合的风险有效分散化时，这两个指标的评价结果是一致的。Sharpe（1966）同时运用这两个指标对基金的业绩进行了分析，发现相比而言，特雷诺指数能更好地预测基金未来的表现，并且这两个指标的对比能够反映出基金经理分散和降低非系统性风险的能力。

3. 詹森（Jensen）指数

Jensen（1968）提出并利用该指标对 1945—1964 年间 115 只基金的年收益率数据和 S&P500 指数收益率数据进行了实证研究。他认为夏普指数和特雷诺指数仅能够对基金作相对绩效优劣的比较，而不是评估绩效的绝对指标，他在 CAPM 证券市场线的基础上导出绝对的绩效衡量指标 α，α 可通过下列回归方程得到：

$$r_i - r_f = \alpha_i + \beta(r_m - r_f) + \varepsilon_i$$

式中，r_i 为基金组合的实际收益率，r_m 为市场投资组合的收益率，r_f 为无风险收益率。詹森指数表示基金投资组合的实际收益与相同系统性风险水平的市场组合的收益的差值，若 α_i 经检验显著大于 0，说明基金业绩要优于有同样系统性风险水平的市场组合的业绩，若小于 0，则说明基金业绩要次于市场组合的业绩。詹森指数模型奠定了基金绩效评估的理论基础，也是至今为止使用最广泛的模型之一。但是用詹森指数评估基金整体绩效时也包含了非系统性风险已被彻底分散的假设，如果没有完全消除非系统性风险，则詹森指数可能给出错误信息。

4. 估计比率

Goodwin（1998）[①] 研究了估计比率（appraise ratio），用以测算每单位非系统性风险所带来的超额收益。其计算公式为：

$$AR = \frac{\alpha_i}{\sigma(\varepsilon_i)}$$

式中，α_i 为詹森指数，$\sigma(\varepsilon_i)$ 为资产组合残差的标准差，即非系统性风险测度。该比率在詹森指数的基础上，对非系统性风险进行了调整。由于这一测度易于进行显著性检验，因此该指标适用于非系统性风险没有完全分散的情况。

以上模型均是基于 CAPM 对基金组合的收益进行风险调整后得到的指标，由于风险调整的方法有所不同，使用时要注意考察比较的基金组合是否充分分散了风险。在夏普指数和特雷诺指数这两种模型的选择上，要看所评估的基金是否充分分

---

① Goodwin，T. H.，1998. The information ratio. Financial Analysis Journal，54，34 - 43.

散了投资，如果非系统性风险已被完全分散化，则特雷诺指数是较好的选择。夏普指数与特雷诺指数均为相对绩效度量方法，而詹森指数是一种在风险调整基础上的绝对绩效度量方法，表示在风险完全分散的情况下，基金获取超过无风险收益率的能力。此外，特雷诺指数和詹森指数在对基金绩效进行评估时均以 β 系数来测定风险，忽略了基金投资组合中证券的分散程度，因此在操作模型的选择上，夏普指数模型对基金绩效的评估更全面、更客观，而詹森指数模型用来衡量基金实际收益与期望收益的差异时是较好的指标。

但这些单因素模型都存在一定的局限性，具体表现在以下几个方面：

（1）现实生活中，CAPM 的诸多假设前提是难以满足的。

（2）不能反映基金经理的选股能力和择时能力。基金的超额收益可能来自基金经理的选股能力或者择时能力，以上传统指标都没有对基金的超额收益的来源进行进一步的分析，无法反映基金的业绩有多少可以归功于基金经理的投资管理能力。

（3）传统模型对基金收益的度量只是基于单一市场风险因素，没有对影响收益的其他因子如规模、账面市值比、红利率、投资目标等基金本身的特征进行分析。

（三）多因子模型

由于单因子模型存在局限性，学者们又提出多因子模型以期对基金绩效进行全面的评估。多因子模型实际上是对单因子詹森模型的拓展。其中最具有代表性的是 Lehmann 和 Modest（1987）的十因子模型、Fama 和 French（1993，1996）的三因子模型、Carhart（1995a）的四因子模型、Fung 和 Hsieh（2004）的七因子模型。

按照套利定价理论推导的多因子模型的数学表达式如下：
$$R_i = a_i + b_{i1}I_1 + b_{i2}I_2 + b_{i3}I_3 + \cdots + b_{ij}I_j + \varepsilon_i$$
式中，I_1，I_2，$\cdots$，I_j 分别代表影响 i 证券收益的各因子值；b_{i1}，b_{i2}，$\cdots$，b_{ij} 分别代表各因子对证券收益变化的敏感程度；a_i 代表证券收益率中独立于各因子变化的部分。模型假设：

（1）任意两种证券的残余收益 ε_i、ε_j 之间均不相关；

（2）任意两个因子 I_i、I_j 之间及任意因子 I_i 和残差收益 ε_i 之间均不相关。

在对股票定价的研究中，Lehmann 和 Modest（1987）认为影响证券收益的因子有市场平均指数收益、股票规模、公司的账面市值比（P/B 值）、市盈率（P/E）、公司的销售增长率等。Fama 和 French（1993，1996）在 CAPM 的基础上推出影响证券收益的主要因子应该包括普通股市场组合的收益溢价、小盘股与大盘股的收益之差（SMB）、高 P/B 值与低 P/B 值股票的收益之差（HML）。Carhart（1995）在法玛和弗伦奇三因子模型与 Jegadeesh 和 Titman（1993）提出的动能因子的基础上发展了四因子模型，动能即前一年度收益最高和收益最低的股票或组合的收益之差。

其构建如下：

$$R_{jt} = \alpha_i + b_i \text{RMRF} + s_i \text{SMB} + h_i \text{HML} + p_i \text{PR1YR} + \varepsilon_{jt}$$

式中，PR1YR 为 1 年期的股票收益动能因子；RMRF 为普通股市场组合的收益溢价；R_{jt} 为基金相对 1 年期国债利率的收益溢价。

Carhart（1995a）论证发现：同 CAPM 相比，三因子模型能更精确地解释基金收益差异，不过其结论和含义与 CAPM 没有明显的差别，但是引入动能因子后的四因子模型则有了明显的差别，能更好地解释基金横截面上的收益差异。

对于债券的定价，Fama 和 French（1993）发现债券市场的期限溢价因子和违约风险溢价因子能够与 RMRF、SMB、HML 共同解释股票和债券的收益。Elton 等（1995）则发现了债券指数因子和机会因子，机会因子即债券指数组合收益减去同期限国债收益，最初使用的是雷曼兄弟 GNMA 指数与相同久期中期国债的收益之差。

2000 年互联网泡沫破裂后，随着对冲基金的兴起，Fung 和 Hsieh（2004）认为这些新兴基金具有与传统基金不同的特征，它们的投资风格不仅多样而且会根据市场进行动态调整，系统性风险特征也与传统基金存在区别，使得传统的多因子模型在评价中产生了局限性，并提出了对冲基金的七因子模型，分为股权风险因子、利率风险因子、趋势因子三类。

模型构建如下：

$$R_t = \alpha + \beta \text{SPRF}_t + s \text{SMB}_t + g \text{TREAS10TR}_t + c \text{CREDIT}_t$$
$$+ b \text{BONDPTFS}_t + d \text{CURRPTFS}_t + o \text{COMMPTFS}_t + \varepsilon_t$$

式中，SPRF 是标准普尔 500 超额收益率；TREAS10TR 是 10 年期国债的到期收益率变动；CREDIT 是穆迪 Baa 级公司债券以 10 年期国债收益率为基准的利差变动；BONDPTFS 是债券回望期权收益率；CURRPTFS 是外汇回望期权收益率；COM-MPTFS 是大宗商品回望期权收益率。

多因子模型部分解决了单因子模型存在的问题，对基金业绩的解释能力也有所增强，但在实证研究中，多因子模型要求能识别所有的相关因素，而因子的选择也会受到主观影响。实证研究表明，多因子模型仍然无法解释资产收益的实质性差别，正是由于上述原因，我们无法对单因子模型和多因子模型孰优孰劣做出定论。

（四）特征模型

多因子模型和单因子模型都是基于回归方程的模型，这种模型在实证领域中广泛应用，但是部分学者认为回归模型不能很好地测度基金的超额收益，也不能准确地解释基金收益的横截面差异，因此，他们发展了基于特征的模型。Daniel 等（1997）引入新的绩效衡量方法，他们选择与构成基金组合的股票的特征相同的组合作为调整基准。其具体做法是：将在纽约股票交易所和美国股票交易所上市的股票按照公司规模、账面市值比和前一年度收益三个特征分别划分为五组，从而可以得到 $5\times5\times5=125$ 个消极组合，每个组合的收益按价值加权平均计算。这样，对于基金组合中的每一个股票，根据其规模、P/B 值和动能特征可以找到与其匹配的消极组合，股票的超额收益是股票的收益与该消极组合收益的差额，因而基金组合经特征基准调整的收益可以用下式表示：

$$CS_t = \sum_{j=1}^{n} \overline{w}_{j,t-1}(\overline{R}_{j,t} - \overline{R}_t^{bj,t-1})$$

式中，$\overline{w}_{j,t-1}$ 为 $t-1$ 月股票 j 在基金组合中的权重，$\overline{R}_{j,t}$ 为 t 月的股票收益率，$\overline{R}_t^{bj,t-1}$ 为与股票在 $t-1$ 月相对应的特征消极组合在 t 月的收益率，CS_t 为特征选股指标。

他们认为，特征模型还可以用来衡量基金经理的择时能力。所谓择时能力是指基金经理能否依据自身对市场的判断适时调整组合结构以改变组合在规模、P/B 值、动能等方面的特征并获取超额收益的能力，也就是基金经理适时调整基金投资风格的能力。择时能力指标用 CT_t 表示：

$$CT_t = \sum_{j=1}^{n} (\overline{w}_{j,t-1}\overline{R}_t^{bj,t-1} - \overline{w}_{j,t-13}\overline{R}_t^{bj,t-13})$$

式中，$\overline{w}_{j,t-1}$ 为股票 j 在 $t-1$ 月在基金组合中的权重，$\overline{R}_t^{bj,t-1}$ 为与股票对应的特征基准组合的收益，$\overline{w}_{j,t-13}$ 为 13 个月前股票 j 在组合中的权重，$\overline{R}_t^{bj,t-13}$ 为与股票对应的特征基准组合在 $t-13$ 月的收益率。[1]

特征模型与基于回归的模型相比有四点优势：

（1）实证分析表明，特征模型能更好地预测未来收益的横截面差异。

（2）特征模型的预测更能接近未来实际收益，在测度超额收益时特征模型比回归模型的统计显著性要强。

（3）特征模型将基金收益分解为平均风格收益（average style，AS）[2]、特征选股能力（characteristic selectivity，CS）和特征择时能力（characteristic timing，CT）三部分，因而能更清楚地表明基金的收益是如何产生的，并评价经理的选股

---

① Daniel，Grinblatt，Titman 和 Wermers（1997）。

② 平均风格收益 $AS_t = \sum_{j=1}^{n} \overline{w}_{j,t-k-1}\overline{R}_t^{bj,t-k-1}$。

能力和择时能力。

（4）基于特征的模型对基金收益的衡量更加直接。

（五）其他业绩衡量模型

1. 组合变动模型

Grinblatt 和 Titman（1993）提出了一种组合变动绩效衡量指标（portfolio change measure），该种方法不需要引入比较基准，而是依据组合中持有资产的变动比率计算当期与前 n 个期间资产收益的差异，考察基金是否存在超额收益。该指标的公式是：

$$P = \sum \sum \frac{R_{jt}(w_{jt} - w_{j,t-k})}{T}$$

式中，R_{jt} 是指证券 j 在 t 期的收益率；w_{jt} 是指 t 期基金组合中证券 j 的比重；$w_{j,t-k}$ 指 $t-k$ 期基金组合中证券 j 的比重；P 即组合变动衡量指标，代表基金增减持股比例行为所产生的全部加权平均超额收益。如果基金管理人具有较强的预测能力，则持股变动后的加权平均超额收益应该大于 0，即 P 值大于 0，因此通过构造假设检验，如果 P 显著大于 0，则表明基金经理掌握了可靠的私人信息，可以据此对投资组合中个股的比重进行适时调整以获取超额收益。该方法突破了以往需要选择基准组合的研究方法的局限性，其结果不会因为基准选择的差异而发生偏差。

2. M_2 测度

针对夏普比率的缺陷，利尔·莫迪利安尼和他的祖父弗兰科·莫迪利安尼（Leah Modigliani and Franco Modigliani，1997）对其进行改进，提出了 M_2 测度。该指标也对总风险进行了调整，它反映同市场组合具有同样风险水平的混合资产组合的收益（即风险资产与无风险资产的组合）高出市场收益的大小。同夏普比率相比，其经济解释更加直观。M_2 测度的具体方法是：

（1）计算基金的收益率和标准差；

（2）计算市场指数的收益率和标准差；

（3）把一定的国债（无风险资产）头寸和基金混合，使得混合资产的风险与市场指数相同；

（4）计算混合资产的收益率；

（5）计算 M_2 测度：

$$M_2 = r'_p - r_m$$

r'_p 为混合资产的收益率，r_m 为市场指数的收益率。

3. 跟踪误差（tracking error）

跟踪误差是一个在基金业中被广泛应用的非回归业绩评价指标，包括跟踪误差收益（tracking-error gain）和跟踪误差标准差（tracking-error standard deviation），当我们讨论跟踪误差时往往指的是它的标准差。根据定义：

(1) 跟踪误差收益 $=\bar{r}_p - \bar{r}_b$。

(2) 跟踪误差标准差 $= \mathrm{std}(r_{p,t} - r_{b,t})$。

$r_{p,t}$ 是基金在 t 时期的收益率，$r_{b,t}$ 是跟踪基准在 t 时期的收益率。由于跟踪误差能够反映基金相对于被跟踪的基准或指数的波动性，它能够评价基金在跟踪指数上的效果和经理人在跟踪指数时的主动性程度，并常被用于评价被动性基金和指数基金的绩效，但是 Cremers 和 Petajisto（2009）指出，跟踪误差无法区分经理人的选股能力和择时能力。

4. 晨星基金评价体系

晨星公司将基金分为四类：国内股票基金、国际债券基金、应税债券基金和市政债券基金。不同类别的基金应分别进行评价。晨星基金评级是目前最受投资者信赖的评级指标。其具体的计算步骤是：

一是计算晨星收益系数：

(1) 计算基金净值的名义收益率，r_i；

(2) 计算基金净值的实际收益率，$r_i' = r_i - fee$，fee 为基金的各项费用，包括申购费、管理费、赎回费等；

(3) 计算基金的超额收益率，$\tilde{r}_i = r_i' - r_f$，r_f 为当期的无风险收益率；

(4) 计算基金的晨星收益系数 R_i：

$$R_i = \frac{\tilde{r}_i'}{\mathrm{Max}\left(\dfrac{1}{n}\sum_{i=1}^{n}\tilde{r}_i', r_f\right)}$$

分母为同类基金平均超额收益与市场无风险收益率的较大者。

在计算晨星收益时分母中之所以采用同类基金收益率与无风险收益率中的较大者，是为了避免因基金超额收益率较低甚至为负可能引起的基金评级结果的扭曲。

二是统计基金的亏损频率 p_i：

$$p_i = \frac{\tilde{N}_{i,i'\leqslant 0}}{N}$$

N 为基金 i 的收益样本量。

三是计算基金的晨星风险系数 L_i：

$$L_i = \frac{p_i}{\frac{1}{n}\sum_{i=1}^{n} p_i}$$

n 为同类基金的个数。

基金晨星风险系数表示基金相对于同类基金的风险状况。

四是计算基金的综合评价得分，将基金的晨星风险系数和晨星收益系数相减即可得基金的综合评价得分。公式为：

$$S_i = R_i - L_i$$

式中，R_i 为基金的晨星收益系数，L_i 为基金的晨星风险系数。

最后是对基金的星级进行评定。将经上述方法计算的基金晨星综合评价得分按照高低顺序排列，前 10％ 的评为五星级；前 10％ ～ 32.5％ 之间的为四星级；32.5％～67.5％ 的为三星级；67.5％～90％ 的为二星级；最后的 10％ 为一星级。处于分界点的划入高星级。

基金业是一个竞争非常激烈的行业，基金业绩是投资者进行投资决策的重要指标，因此基金业绩的评价具有很强的实际指导意义。这就对评价指标的实用性、可操作性提出了一定的要求。晨星公司的评价指标体系容易为普通投资者所接受，所以在投资者中享有盛誉。此外，学者们又不断对原来基于严格假设条件的一些理论模型进行改善，使之更具实用性，由于篇幅所限，本文不再详细叙述。

三、基金业绩评价的实证证据

（一）基金业绩的实证证据

基金业绩的评价研究与资产定价理论及有效市场理论的发展密切相关。20 世纪 70 年代早期，有效市场理论假设在学术领域已经被广泛接受。其核心思想是：股票的历史价格不能用来预测未来的价格运动。证券价格本身已经有效包含了现在已有的一切信息，即使是毫不知情的投资者也可以获得与投资专家一样的收益。简而言之，就是市场是完全有效的，任何市场证券的价格都是对价值的真实反映。

然而，到了 20 世纪 80 年代早期，有效市场理论遇到了严峻的挑战。大量的实证研究表明，不同时期的股票收益不是完全独立的，而是在短期内表现出正相关性，在长期内具有负相关性。而且有一些变量如股利收益率、资本化规模、市盈率、账面市值比等与股票的收益具有密切关系，通过对这些变量进行预测也可以预测股票的未来收益水平。收益的可预测性并不能证明市场是无效的，但是这至少表明有效市场理论模型存在缺陷。

伴随着对有效市场理论的检验，对基金业绩的研究也经历了同样一个过程。基金作为一种分散化的资产组合，其收益直接取决于构成组合的资产的收益。如果说有效市场理论成立，投资于单个股票无法获得长期的超额收益，那么作为股票组合的基金也不可能长期取得超出市场平均水平的收益。因此许多关于基金的研究文章就对基金能否取得超过市场的平均业绩进行了实证检验。

在一篇经典文献中，Jensen（1968）对 1945—1964 年间的 115 只开放式基金的业绩运用詹森 α 指标进行了研究，发现在扣除所有费用（管理费用、交易佣金、经营费用）后，所有基金的年度平均 α 值为 -0.011，其中 76 只基金的值小于零，39 只基金的值大于零，平均来说，基金无法获得与其系统性风险相配比的收益，这说明基金的收益不足以弥补其研究费用、管理费用和佣金。詹森又采用基金的毛收益率进行研究，发现各基金的年度平均 α 值为 -0.004，这进一步表明基金经理不具有可带来超额收益的私人信息。

Sharpe（1966）运用夏普指标对 34 只共同基金和道琼斯股票指数在 1954—1963 年间的收益率进行了比较，发现只有 11 只基金的表现要好于指数，而其他 23 只基金的表现都要比指数差。夏普也运用总收益率指标进行了同样的比较分析，发现就总收益率而言，基金的总体表现并不比指数差，其中 19 只基金的业绩要好于指数，只有 15 只基金的业绩比指数差。

Chang 和 Lewellen（1984）对 1971—1979 年间 67 只基金的选股能力和择时能力进行了实证分析，发现没有证据支持基金具有择时能力和选股能力，基金在整体上的表现无法超过普通的消极投资组合。

然而，正如有效市场理论在实务界备受抵制一样，关于基金业绩的这一论证也很不受欢迎，因为这意味着基金经理们只是在浪费资源。他们所谓的积极管理甚至比不上让一只蒙着眼睛的黑猩猩向《华尔街日报》上的股票行情板投掷所选出的投资组合的业绩。他们的努力只不过是在白费力气。这显然为以指数基金为代表的消极管理型基金的发展开辟了巨大的空间。

进入 20 世纪 80 年代，学者们得出了一些不同的结论。Henriksson（1984）发现在 70 年代，基金投资者获取的没有扣除申购赎回费用之前的净收益分布在证券市场线上方。这项研究表明，基金经理能够获得非公开信息以补偿其各项费用。Ippolito（1989）通过对 1965—1984 年间基金业绩的研究，发现没有扣除前后端费用前的基金净收益率略微落在 CAPM 证券市场线上方。Grinblatt 和 Titman（1989a）对 1975—1984 年间的基金实际收益和假设收益（即没有扣除交易成本、管理费用和运营费用的总收益）进行了比较分析。他们采用了四种基准计算詹森值，其中包括所有 CRSP（指纽约股票交易所和美国股票交易所的所有股票）股票的等权重组合指数（EW）、CRSP 价值加权指数（VW）、Lehmann-Modest（1987）的十因素基准（F10）及 Grinblatt 和 Titman（1988）的八组合基准（P8），他们发现，无论是采用哪种基准，运用基金实际收益计算的平均詹森值都没有显著大于零的，运用总收益指标计算则得出了不同的结论。当采用 P8 和 VW 作为基准时，基金的平均詹森值略微大于零（分别为 0.001 6 和 0.000 9），不过 P8 得到的值不显著，而 VW 得到的值在 5% 的水平下显著。此外，他们按投资目标、基金净值规模的不同对基金业绩进行了分类考察。他们发现，运用 P8 基准时，积极增长型基金的总收益具有显著为正的超额表现（每年 3%），净值规模最小的那类基金也具有显著为正的超额收益（每年 2.5%）。但是从净收益来看，任何一类基金都不存在正的超额收益。

Grinblatt 和 Titman（1993）运用其组合变动衡量指标对 1975—1984 年间 155 只共同基金的绩效进行了考察，其运用的数据与 Grinblatt 和 Titman（1989a）相同。他们分别计算了样本基金整体及按投资目标分类的子样本一个季度和一年的组合变动值，发现一年的组合变动值的结果与 Grinblatt 和 Titman（1989a）得出的结论基本一致，所有基金的年平均超额业绩为 2%，积极增长型基金更是高达 3.4%。

Burton（1995）对 1971—1991 年间基金投资的业绩采用 CAPM 调整的 α 值进行研究，计算出样本期间存活的所有基金的 α 的均值为 -0.06，但是统计不显著，因此从总体上来看，基金的业绩至少是不能超出市场基准的。从单个基金来看，α 显著为正的基金有 23 个，显著为负的有 26 个，这说明有些基金能够取得弥补其费用的业绩。他们还单独对 1982—1991 年间的基金业绩进行了分析，发现当采用 S&P 500 作为基准时，无论是用总收益率还是净收益率计算，所得到的 α 值都显著为负。

（二）业绩研究所要注意的问题

关于基金业绩的研究非常多，但由于篇幅所限，本文不能一一罗列，必须强调的一点是，这些关于基金业绩的实证研究的结论大多是针对研究样本整体（一般是指所有的股票型基金）而言的，也有按投资目标和规模的不同对一些子样本进行单独考察的，其结论和整体的结论是不同的。纵观这些研究，我们可以看到，几乎所有的实证研究都是基于本文前面所介绍的那些业绩评价模型，只是在研究对象、研究期间的选择和具体的处理方法上有所不同，从而得出了不同的结论。对于基金能否战胜市场，这一问题至今仍然没有定论，但是已有的大部分研究都表明，基金业在整体上不能取得超出市场组合的收益，这无疑为有效市场理论的正确性提供了新的证据。从经济学的角度来看，这一点也是合乎情理的。因为如果基金经理们都具有突出的投资才能，那么他们必然会据此要求更高的报酬，由此导致的费用上升将会完全抵消基金的超额收益。关于基金业绩的研究，我们需要注意以下几个方面：

（1）运用詹森 α 值衡量基金业绩时，结论与所选择的比较基准具有很大关系。选取的基准应该要具有可比性，能够很好地模拟基金组合资产的基本特征，如风险水平、规模、成长性、收益能力等。Roll（1978）指出，在运用基于证券市场线的模型来评价基金业绩时存在较多的模糊，因为结论会受到基准选择及风险时变性的影响（因为在运用市场模型时一般假定 β 是不变的）。他认为作为基准的投资组合应该是满足均值-方差条件的有效组合，作为一种消极的投资策略，它的超额收益应该是零，如果基金经理较一般投资者有优势，那么其应该获取大于零的超额收益。然而在实际中，大多数研究采取的基准组合通常是某类市场指数，比如 Jensen（1968）选取的是标准普尔 500 指数，Grinblatt 和 Titman（1989b）选取了 CRSP 的等权重指数和价值加权指数，Burton（1995）选取的是标准普尔 500 指数和威尔逊（Wilshire）5000 指数。Roll（1978）认为很难区分这些研究的结论到底是基金本身的表现造成的还是基准选择不当造成的。因此有一些学者提出采用新的基准来进行基金业绩的评估。最具有代表性的是 Grinblatt 和 Titman（1988）的八个组合（P8）。按照构成基金组合的股票在规模、红利率、历史收益率、收益率对等权重 CRSP 指数收益率的偏离度、利率敏感性及 CAPM 中的 β 值这六个特征把所有股票分为 12 等，这样一共可以得到 72 个股票组合。P8 包括四个基于规模分类的组合、三个基于红利收益率的组合和一个基于历史收益率的组合。四个基于规模的组合是这样构建的：按照从小到大的顺序，规模最小的股票组合为一组，排在第二位和第三位的股票组合为一组，排在第四位到第九位的股票组合为一组，剩下的三个规模最大的组合作为一组。基于红利率的组合的构成是：按照从小到大的顺序，红利率最低的两类作为一组，排在第五位和第六位的作为一组，然后是排在第十位和第十一位的归为一组，最后基于历史收益率的组合选取的就是过去收益率最低的那一组。Grinblatt 和 Titman（1988）对基准组合的适用性进行了比较分析，论证其 P8 基准最适合作为比较基准。Grinblatt 和 Titman（1989b）又进一步运用四类基准对基金业绩进行了比较（具体见上文），他们发现，利用 EW 和 F10 衡量的结果误差比较大，P8 的结果则比较接近实际，是最合适的基准。

（2）研究结果与采用的收益率指标密切相关。这里所说的收益率指标是指传统的未经风险调整的收益率，这包括基金的总收益率与净收益率，后者是对前者进行各项费用扣除后所得的收益率。基金的费用主要包括管理费用、运营费用、交易成本、申购和赎回费用，一般来说前三种费用是直接从净值中扣除的，所以采用基金净值及红利数据可以直接计算出基金的净收益率，不过这种收益率并未做申购和赎回费用的扣除。基金的总收益率是由基金净值加上扣除的管理费用、运营费用、交易成本及红利来计算的。有的文章只采用基金的净收益率进行研究，而有的文章则同时采用净收益率和总收益率指标进行比较分析，这能够帮助我们获得对基金所取得的业绩更全面的认识。

（3）存活偏差问题。这是指在所选择的样本期中，部分基金会因为投资失败而破产，如果只对那些在整个样本期都存活下来的基金进行考察，就会高估基金整体业绩，因为存活下来的基金一般会具有相对好的业绩。那么存活偏差到底有多大呢？它的存在会影响基金整体业绩与市场比较的结论吗？Grinblatt 和 Titman（1989a）的研究认为，存活偏差非常小，每年大概为 0.1%～0.4%，因比较基准的不同而异，所以它们对结论的影响也很小。不过，Burton（1995）对 1982—1991 年间基金的存活偏差进行估计，却发现年偏差高达 1.4%。所以他们认为存活偏差有时会很大，甚至会导致不同的结论。

（4）基金中的运气问题。在评价基金绩效时，区分其中的运气成分很重要，以往是通过检验基金绩效的持续性来分辨基金绩效中的运气成分。但是 Fama 和 French（2010）认为，由于检验一只基金是赢家还是输家本身会受到大量噪声影响，持续性检验的结果往往并不可靠，如果使用多段短期的绩效进行检验，即使是一只优秀的基金也很可能会在赢家和输家之间反复变动。法玛和弗伦奇采取的方法是比较实际的基金 α 分布与假设均值为零的再抽样 α 分布，发现虽然扣除费用之前一些基金确实存在显著的 α，但只有极少数能够覆盖基金费用。Barras 等（BSW，2010）也提出了一种区分基金绩效中运气成分的方法，由于第一类错误的存在，在一个大样本中人们通过统计推断总是能"错误地发现"一些 α 显著非零的基金，因此 BSW 提出要对第一类错误进行调整，从而得到更精确的总体基金绩效分类情况，具体方法为：

①优质基金的期望比例：

$$\pi^+ \equiv E(T_\gamma^+) = E(S_\gamma^+) - \pi_0 \cdot \gamma/2$$

②劣质基金的期望比例：

$$\pi^- \equiv E(T_\gamma^-) = E(S_\gamma^-) - \pi_0 \cdot \gamma/2$$

$E(S_\gamma^+)$，$E(S_\gamma^-)$ 分别为调整前好基金和坏基金的比例，π_0 为零 α 基金的比例，γ 为显著性水平。通过这个方法，不仅能准确地估计好基金和坏基金在总体中的比例，还能分别估计它们在截面 α 分布左右尾的位置。而准确估计 π_0 是运用上述方法的关键，BSW 采用了 Storey（2002）的"错误发现率"（false discovery rate）方法，其基本思想是：零 α 基金并不会拒绝原假设（$H_{0,i}: \alpha_i = 0$），可以认为这些基金

α 的 t 检验 p 值符合 $[0,1]$ 上的均匀分布，因此在所有样本 p 值的分布中可找到服从均匀分布的比例，即零 α 基金的比例。具体步骤为：

①对所有基金的 α 进行 t 检验，获得 p 值样本及其概率分布；

②确定均匀分布的 p 值下限，λ^*；

③估计 π_0：

$$\hat{\pi}_0(\lambda^*) = \frac{\hat{W}(\lambda^*)}{M} \cdot \frac{1}{1-\lambda^*}$$

式中，$\hat{W}(\lambda^*)$ 是 p 值大于 λ^* 的基金数量，M 是基金总体数量。

在确定 λ^* 时，Storey（2002）采用的是再抽样最小化 $\hat{\pi}_0(\lambda)$ 均方误差（MSE）的方法，BSW（2010）则发现，$\hat{\pi}_0(\lambda^*)$ 对 λ^* 的选择并不敏感，因此也可以选择一个适中的 λ^*，如 0.5 或 0.6。BSW 证实，控制错误发现率能够更好地识别极少数具有业绩持续性的基金。

（三）基金业绩的相关因子分析

上述对基金业绩的研究还涉及对影响基金业绩的主要因子的分析，核心因子是基金经理的能力，而经理能力可以通过增量价值、行业集中度、季度间收益差异等体现，其次还有基金规模、地理位置、社会关系、ESG 等其他因子。

（1）增量价值。Berk 和 Green（2004）提出了一个基于理性人假设的框架研究基金收益与基金净流量的关系。过往的研究发现理性投资者会追逐业绩好的基金，他们认为正是投资者的理性行为和基金收益规模递减，导致基金的期望超额收益达到竞争性均衡，也就是说，好的业绩消失了。基于上述框架，Berk 和 van Binsbergen（2015）认为，单纯的 α 指标用来测量基金业绩忽略了规模的影响，并提出将"增量价值"（value added）指标纳入基金规模的因素，具体为：

$$\text{value added}_{it} = \text{AUM}_{i,t-1}(R^g_{it} - R^B_{it})$$

式中，AUM 是基金规模，R^g_{it} 是基金在 t 时期的总收益率，R^B_{it} 是基金在 t 时期的收益率。好的基金经理能够在一定规模下获得相比于同等规模基金更高的超额收益，而投资者资金的流入与基金规模的增加会给经理人带来高的薪资，研究发现，基金规模能够有效解释经理人能力，而且经理人当前的薪资水平也能够很好地预测未来的基金业绩。

（2）行业集中度。Kacperczyk 等（2005）在控制风险与投资风格后，发现投资组合的行业集中度对基金业绩有积极的影响，集中投资于某些行业的基金经理往往在特定行业表现出更强的投资能力，而这些基金比起多样化配置的基金也具有更好的业绩表现。

（3）季度间收益差异。共同基金往往每季度披露一次权重股，Kacperczyk 等（2008）认为，实际上基金经理在披露周期内的很多行为是无法观测的，比如调整持仓、交易成本、选股能力、代理问题，他们提出了"回报差异"（return gap）的概念来衡量这种不可观测行为对基金业绩的影响，即基金实际收益与最新披露组合收益之间的差异，研究发现，不可观测行为既有正向也有负向影响，而且对基金业绩的影响具有持续性，因此收益差异能够预测未来的基金业绩。

（4）主动性因子。Cremers 和 Petajisto（2009）提出用主动性因子（active share）衡量基金业绩，即基金与基准持仓份额的差异比例，具体为：

$$\text{active share} = \frac{1}{2} \sum_{i=1}^{N} |w_{fund,i} - w_{index,i}|$$

式中，$w_{fund,i}$ 是基金资产 i 的配置权重，$w_{index,i}$ 是该资产在基准指数中的权重。他们发现主动性因子与基金业绩正相关，即那些与基准持仓差异较大的基金业绩显著优于基准，且具有很强的业绩持续性。主动性因子具有两个主要优势：①提供了关于基金潜力的一些信息。它帮助研究者识别多样化选股、集中型选股、因子对赌、基准跟踪等主动型管理策略。②对传统指标"跟踪误差"进行了补充。跟踪误差测量基金回报相对于基准的波动性，而主动性因子测量基金与基准持仓的差异，主动性因子相对于跟踪误差能够更好地预测基金业绩和持续性。

（5）风格选择。Kacperczyk 等（2014）分别研究了经理人在牛市和熊市中的能力和基金业绩表现，发现优秀的经理人会根据经济周期改变投资策略，在牛市中表现出更优秀的选股能力，而在熊市中则表现出更优秀的择时能力。基于这个发现，他们提出测量经理人能力需要根据不同的经济环境赋予选股或择时能力更高的权重。进一步地，他们发现，只有那些最优秀的经理人才会根据经济周期改变自己的投资策略，基金的超常业绩来源于经理人的价值分析能力，一方面是在经济扩张环境中对个股的分析，另一方面是在经济衰退环境中对经济整体的分析。

除了对基金经理能力的研究，学者还试图发现其他影响基金业绩的因素。如 Chen 等（2004）最早证实基金规模会侵蚀基金的业绩，Pástor 等（2015）则发现，不仅在基金层面而且在整个基金行业层面业绩都是规模递减的；Evans（2010）发现，孵化期基金的卓越业绩在开放交易后就消失了，并提出了"孵化期偏差"（incubation bias）现象，而这种现象与经理受到的激励有关，Guercio 和 Reuter（2014）也发现，当经理人预期更大的现金流-业绩弹性时才可能会消耗更多资源去创造 α；Coval 和 Moskowitz（2001）、Cohen 等（2008）则发现，基金业绩与基金经理和被投公司的社交网络有关。Hartzmark 和 Sussman（2019）则发现，基金的可持续性（ESG），尤其是环境可持续性能正向预测基金业绩，Pástor 和 Vorsatz

（2020）发现，Covid-19 流行期间高可持续评级的基金具有更好的业绩。

四、基金经理的选股能力和择时能力模型

基金获取的超额收益是否归于基金经理人的投资管理能力呢？对于这个问题的研究主要集中在考察基金经理是否具有选股能力和择时能力上。选股能力是指买进价格被市场低估的股票，卖出价格被市场高估的股票以获得超过市场平均水平的能力。择时能力是指通过预测市场走势来调整基金组合的资产结构，即在市场上升时期通过增加股票持有份额提高总体的系统性风险水平以获取高额收益，在市场下降时期增加现金持有份额降低总体的系统性风险水平以规避损失。

Jensen（1968）认为，基金组合的业绩至少来源于两个方面：一是基金经理成功预测未来证券价格的能力；二是基金经理进行有效组合使组合风险最小化的能力。他在这篇文章中引入了詹森 α 值作为对基金经理价格预测能力的衡量[①]，如果基金经理具有预测价格的能力，则 α 值应该大于零。詹森认为，基金经理的预测能力包括两方面：预测单个证券价格变化的能力，预测整体价格走势的能力（即市场因素 π）。后者实际上也就是我们所说的择时能力。在计算詹森 α 值的模型中，β_j 隐含了基金组合的风险在整个评价期不变的假设，而实际上基金经理可以通过重新配置资产轻易地改变其组合的风险水平。考虑到风险的时变性，基金组合的系统性风险就要用 $\widetilde{\beta}_{jt} = \beta_j + \widetilde{\varepsilon}_{jt}$ 来表示，其中 $\widetilde{\varepsilon}_{jt}$ 是一个正态分布随机变量，是基金经理利用其对未来市场进行预测的工具，其值依据市场因素 π 的变动而改变，所以包含择时能力的业绩评价模型就调整为：

$$\widetilde{R}_{jt} - R_{Ft} = \alpha_j + (\beta_j + \widetilde{\varepsilon}_{jt})[\widetilde{R}_{Mt} - R_{Ft}] + \widetilde{u}_{jt}$$

Fama（1972）也将基金的收益按来源分解为选股能力和择时能力。他指出，若基金经理想通过选股的优势来获取超额收益，就要舍弃分散化的好处，在某些被市场低估的股票上增大权重，这意味着基金组合要面临较多的非系统性风险。基金组合的总风险用 σ 来测度，系统性风险用 β 来测度，按照 CAPM 可以得到：

$$R_i = R_f + \beta(R_m - R_f)$$

如果 $\beta(R_m - R_f)$ 为基金投资组合承受系统性风险的超额收益，那么

总超额收益率＝选股收益率＋市场风险溢价

---

① 詹森强调其文中的"业绩"仅指基金经理的预测能力。

即：
$$R_p - R_f = (R_p - R_\beta) + (R_m - R_f)$$

式中，R_p 为基金组合的实际收益率；R_β 为与 β 相对应的基金组合的期望收益率；R_m 为市场基准收益率；R_f 为无风险收益率。

如果基金组合的实际收益率正好落在证券市场线上，说明基金组合的市场风险都得到了补偿；若落在证券市场线的下方，则说明基金收益率不足以弥补市场风险，其业绩要逊于同样风险的市场组合；若落在证券市场线的上方，则说明基金取得了超额收益，这部分收益可能是由基金经理的选股能力带来的。将这部分超额收益进一步分解，由资本市场线可知：

$$R_{\sigma p} = R_f + (R_m - R_f) \cdot \frac{\sigma_p}{\sigma_m}$$

式中，$R_{\sigma p}$ 为基金投资组合与总风险相匹配的收益率，R_m 是与系统性风险相匹配的收益率。所以：

$$R_p - R_\beta = (R_p - R_{\sigma p}) + (R_{\sigma p} - R_\beta)$$

于是，$(R_p - R_{\sigma p})$ 就表示选股能力带来的净收益率。如果这个值大于 0，说明基金经理具有正的选股能力，反之亦然。

对基金经理选股能力和择时能力进行评价的模型还有以下几种。

1. T-M 二次项模型

如果基金经理具有市场择时能力，它会主动地改变组合的风险以适应市场的变化并谋求高额收益。因此，Treynor 和 Mazuy（1966）在证券市场回归模型中，加入了一个二次项来评估证券投资基金经理的择时能力，他们认为，具备择时能力的基金经理应能准确预测市场走势，在市场即将出现多头时会通过提高投资组合的风险水平来获得较高的收益；在市场即将出现空头时则会降低组合的风险以减少损失，所以基金组合的 β 值就具有时变性，证券市场特征线不再是固定斜率的直线，而是一条斜率会随市场状况改变的曲线，该模型的形式是：

$$r_i - r_f = \alpha_i + \beta_1(r_m - r_f) + \beta_2(r_m - r_f)^2 + \varepsilon_i$$

式中，r_i，r_m，r_f 分别表示基金的实际收益、市场收益和无风险收益；α_i 为选股能力指标，α_i 显著大于 0，表明基金经理具备选股能力；β_2 为择时能力指标，当 β_2 显著大于 0 时，表明基金经理具有择时能力。

Treynor 和 Mazuy（1966）对 1953—1962 年间 57 只基金的择时能力进行了研究，不过当时还没有成熟的 T-M 模型，他们采用的方法是检验基金业绩的特征线是否为曲线，他们发现，57 只基金中只有 1 只基金的特征线具有显著的曲度，这表明基金在整体上不具有择时能力。

2. H-M 二项式模型

H-M 二项式模型是由 Henriksson 和 Merton（1981，1984）共同发展的一个双 β 值市场模型，他们将择时能力定义为基金经理预测市场收益与无风险收益之间的差异，并根据这种差异将资金有效地分配在不同资产上的能力。如果基金经理具备择时能力，一旦预测市场上升，基金经理就会立即增加风险资产的比重，这时 β 就会取较大值；当预测市场下降时，基金经理则会相应减少风险资产的比重，这时 β 就会取较小值。这样基金投资组合的证券市场线就不再是一条直线，而是呈折线状。为此，他们在原来的市场模型中引入了一个虚拟变量来反映这一特征，该模型为：

$$r_i - r_f = \alpha_i + \beta_1 (r_m - r_f) + \beta_2 (r_m - r_f) D + \varepsilon_i$$

式中，r_i，r_m，r_f 分别表示基金的实际收益、市场收益和无风险收益，D 是一个虚拟变量，当 $r_m - r_f > 0$ 时 D 取 1，否则，D 取 0。

β_2 为择时能力指标，当市场行情上升时，基金组合的 $\beta = \beta_1 + \beta_2$，当市场行情下降时 $\beta = \beta_1$，因此，当 $\beta_2 > 0$ 时，表明基金经理能够预测到市场走势的变动，具有把握市场时机的能力。亨里克森（Henriksson）与默顿对 1968—1980 年间 116 只开放式基金的收益进行考察，发现只有 59 只基金的 $\beta_2 > 0$，其中经检验显著大于零的只有 11 只基金。

3. C-L 二项式模型

Chang 和 Lewellen（1984）提出了 C-L 二项式模型。该模型是对 H-M 模型的改进，形式为：

$$r_i - r_f = \alpha_i + \beta_1 \text{Min}(0, r_m - r_f) + \beta_2 \text{Max}(0, r_m - r_f) + \varepsilon_i$$

$\text{Min}(0, r_m - r_f)$ 表示选取 0 和 $r_m - r_f$ 中的最小值，$\text{Max}(0, r_m - r_f)$ 表示选取 $r_m - r_f$ 和 0 中的最大值。当市场处于上升时期时，基金的 β 值为 β_2，在下降时期为 β_1，当 $\beta_2 > \beta_1$ 时，可以判断该基金经理具有择时能力。Chang 和 Lewellen（1984）对 1971—1979 年间 67 只基金的业绩的选股能力和择时能力进行了实证分析，发现 67 只基金中仅有 2 只具有统计显著的选股能力，没有基金表现出统计显著的择时能力，相反，有 3 只基金还具有显著的负择时能力，所以总的来说，没有证据支持基金具有择时能力和选股能力。

上述三种方法是人们在对基金选股能力和择时能力进行评价时最常用的方法。此外，Grinblatt 和 Titman（1993）的组合变动业绩模型及 Daniel 等（1997）的特征模型也可用于衡量基金的选股择时能力。

五、基金业绩的持续性

（一）基金业绩持续性的含义与一般检验方法

基金业绩是否具有持续性决定着基金业绩评价是否有用，因为如果基金的业绩不具有持续性，那么对基金历史业绩的评价就不能作为对其未来业绩进行预测的依据。对基金业绩的持续性研究对有效市场理论具有重大意义，按照有效市场理论，在对风险及其他定价因素进行调整后，金融资产的历史业绩不包含其未来表现的信息。任何超额收益的获取都是源于偶然的幸运而不是投资技能。所以，即使是最擅长技术分析的经理也无法依据历史信息在未来战胜市场。如果市场是完全有效的，任何投资都不可能持续地获得高于市场平均水平的超额收益。因此，如果基金业绩真的存在持续性，那么市场有效性假设及其经济内涵将可能会彻底动摇。

持续性有短期和长期之分，检验基金业绩持续性是否存在的一般方法有以下几种。

1. 短期持续性的检验

基金业绩的短期持续性是指基金业绩在相邻的样本期点上是否具有连续性。

短期持续性检验比较常用的方法是自相关检验。这是通过检验基金超额收益序列的自相关是否显著来对基金业绩的持续性进行检验。

序列的 K 阶自相关系数指序列自身同其滞后 K 期序列间的相关系数，表明原序列同滞后序列间相关程度的大小。计算公式为：

$$r_k = \frac{\sum_{i=1}^{n-k}(x_i - \overline{x})(x_{i+k} - \overline{x})}{\sum_{i=1}^{n}(x_i - \overline{x})^2}$$

式中，n 为样本数据的个数，K 为滞后期，$\overline{x}$ 为样本数据的平均值。

当 n 趋向 ∞ 时，随机序列自相关系数的分布近似于以 0 为均值、$\frac{1}{\sqrt{n}}$ 为标准差的正态分布。于是可以构造 χ^2 检验：

H_0：序列不存在自相关。H_1：序列存在自相关。

检验统计量：

$$Q_m = \sum_{k=1}^{m}(\sqrt{n}r_k)^2 = n\sum_{i=1}^{m}r_k^2$$

在原假设下，Q_m 检验统计量服从自由度为 m 的 χ^2 分布。因而可进行单尾检验，当 Q_m 大于临界值时，则拒绝原假设，即认为基金收益序列存在自相关关系，再由各阶自相关系数的符号来判断基金的业绩是否具有持续性。当各阶自相关系数都为正时，可以认为基金的业绩具有短期持续性，而当有负的自相关出现时，则不能认为基金业绩具有短期持续性。

2. 长期持续性的检验——交叉积比率检验（CPR）

交叉积比率检验是一种对基金整体业绩的长期持续性进行检验的方法。

该种方法的主要思想是：把评价样本期分为前后两个阶段，分别计算单个基金前后两段时期的净值增长率，并将其同某一基准收益的均值进行比较，这样基金的表现可分为盈利和亏损两种状态。按照前后两个评价期的状态可以把基金分为 WW、WL、LL、LW 四种：WW 表示前一时期盈利，后一时期仍然盈利；LL 表示前一时期亏损，后一时期仍然亏损；LW 表示前一时期亏损，后一时期盈利；WL 表示前一时期盈利，后一时期亏损。如果基金业绩具有持续性，那么 WW 和 LL 出现的概率应该要比 LW 和 WL 出现的概率大。

由此可知，交叉积比率检验是对基金同某种基准组合相比的超额盈亏是否具有长期持续性进行的检验。用 WW、WL、LW、LL 分别表示四个状态变化的基金个数，可以得到统计量 CPR：

$$\text{CPR} = (WW \times LL)/(WL \times LW)$$

CPR 的取值范围是（0，$+\infty$）。在业绩没有持续性的假设下，CPR 统计量将趋近于 0；CPR 越趋近于 0，说明持续性越不明显；当 CPR 趋近于正无穷时，则说明持续性很强。构造 Z 检验：

H_0：基金业绩整体上不具有长期持续性。H_1：基金业绩整体上具有长期持续性。

检验统计量为：

$$Z = \frac{\ln(\text{CPR})}{\sigma_{m(\text{CPR})}}, \quad \sigma_{m(\text{CPR})} = \sqrt{\frac{1}{WW} + \frac{1}{LL} + \frac{1}{WL} + \frac{1}{LW}}$$

在原假设下，Z 统计量渐进服从标准正态分布。在一定的显著性水平下进行单尾检验，当 Z 大于临界值时，拒绝零假设，即认为基金业绩在整体上具有持续性；否则认为基金业绩在整体上不具有持续性。

（二）基金业绩持续性的实证证据

对持续性的研究早期不是单独进行的，而是作为基金业绩研究的一部分，如 Jensen（1969）、Lehmann 和 Modest（1987）、Grinblatt 和 Titman（1989）、Elton

等（1993）；另外还有些文章专门对持续性进行研究，如 Grinblatt 和 Titman（1992）、Hendricks 等（1993）、Brown 和 Goetzmann（1995）、Malkiel（1995）、Elton 等（1996）、Carhart（1997）等。持续性研究主要探讨的问题有以下几个：

（1）持续性是不是存在？

（2）如果持续性存在，是短期现象还是长期现象？

（3）如果持续性存在，是否具有经济上的意义，即是否可以用来作为投资决策的依据？

（4）导致持续性存在的原因是什么？

有许多研究认为基金业绩不具有持续性，如 Jensen（1969）对基金业绩的研究就得出结论认为基金业绩不存在持续性，利用其他样本期进行研究得出同样结论的有 Chang 和 Lewellen（1984）、Henriksson（1984）、Robson（1986）、Ippolito（1989）、Elton 等（1990）等。不过更多的研究是认为基金业绩具有一定时期的持续性，如 Carlson（1970）、Lehmman 和 Modest（1987）、Grinblatt 和 Titman（1992）、Hendricks 等（1993）、Goetzmann 和 Ibbotson（1994）、Brown 和 Goetzmann（1995）、Grinblatt 等（1995）、Elton 等（1996）等。在这些研究当中有的认为持续性只是一种短期现象，如 Hendricks 等（1993）、Goetzmann 和 Ibbotson（1994）、Brown 和 Goetzmann（1995）、Carhart（1997），而有的则认为持续性是一种长期现象，如 Grinblatt 和 Titman（1992）、Elton 等（1996）等。

Hendricks 等（1993）对 1984—1988 年间增长型股权基金的业绩（扣除管理费用的收益）进行了研究。他们通过对这一段时期基金季度收益数据的实证分析，发现该类基金的相对业绩在短期内具有显著的持续性，即最近表现好的基金在其后也持续走好，最近表现差的基金组合在其后的表现也要差于基准组合（尤其是在不超过四个季度的情况下），他们把前一种现象称为"热手"（hot hands），把后者称为"冷手"（icy hands）。他们认为不存在表明基金具有持久的超常表现的证据，不过倒是存在一些持久表现很差的基金。

Goetzmann 和 Ibbotson（1994）对 1976—1988 年间 728 只基金一个月、一年和两年的净收益对未来收益的预测性进行了研究，发现无论是基于一个月、一年还是两年的净收益率指标或是经风险调整的 α 值，均能持续地取得超出其他基金的业绩。

Brown 和 Goetzmann（1995）采用了基于相关表的非参数方法对 1976—1988 年间一年期基金业绩的持续性进行了逐年的研究。他们发现，无论是采用净收益率指标还是经风险调整的收益率指标（詹森 α 值和估计比率）来衡量基金业绩，绝大多数年份基金的一年期业绩都具有显著的持续性，尤其是在 20 世纪 70 年代后期和

80 年代前期持续性似乎是一种普遍现象，只有少数年份（如 1987 年）出现了突然的逆转。但他们发现基金整体业绩的持续性主要是因为一些基金持续表现差，一旦把这些差的基金排除，基金的持续性就不再显著了。

Carhart（1997）运用长达 32 年（1962—1993 年）的数据对 1～5 年的基金业绩的持续性进行了比较全面的研究。他选取了 CAPM 和卡哈特四因子模型对基金业绩进行衡量。他按照业绩排名将基金等分为十组，发现前一年度净收益率排名前 10% 的基金的组合在其后一年内表现仍然是最好的，但一年之后这种业绩就不再持续了。他还对基金 2～5 年期净收益率的持续性进行了比较，发现过去较长时期内的净收益并不能更好地预测基金未来的期望收益。当采用四因素模型 α 值进行持续性考察时，结论则略有不同，过去有着高 α 值的基金组合在其后较长时期内仍然可以取得超出平均水平的净收益，不过以 α 值衡量的基金业绩只具有短期持续性。

有的研究考察了基金在较长时期中的持续性，如 Grinblatt 和 Titman（1992）、Elton 等（1993，1996）。Grinblatt 和 Titman（1992）采用 Grinblatt 和 Titman（1989a）的 P8 基准对 1974—1984 年间 279 只基金业绩的持续性进行研究，把样本期分为两个五年，计算前后两个五年间各基金的超额收益，并计算它们的相关系数，发现相关系数在 1% 的水平上显著为正（+0.028 1），这说明前五年评价期内具有 1% 的超额收益的基金在后五年内通常能带来约 0.28% 的超额收益。他们还论证了基金业绩的持续性不是来自基准的偏差，而是与费用和交易成本的持续性有关。

Elton 等（1996）对 1977—1993 年间 188 只股票型基金经风险调整的收益率指标的可预测性进行了研究，证实了亨德里克斯（Hendricks）等的"热手"现象。同时他们还对基金过去一年和过去三年的风险调整收益指标（α 值）和总收益指标对未来业绩的预测性进行了比较，发现总收益排名与基金未来一年的 α 值高度相关，与未来三年的 α 值的相关性则大大降低；但是基于风险调整的收益指标的排名与未来一年和三年的 α 值之间都表现出较强的相关性。研究表明，过去三年业绩排在前 10% 的基金构成的等权重组合在未来三年的平均月超额收益为 0.009%，而表现最差的 10% 的基金组合的平均超额收益为 -0.437%。与此同时，他们用一年期的排名对未来三年的业绩进行了预测，发现与基于过去三年业绩的预测相比，结果有所改善，排在前 10% 的基金组合的月超额收益上升至 0.015%，排在后 10% 的基金组合负的月超额收益上升为 -0.397%，所以基于过去风险调整的收益率的排名不仅能预测未来的短期收益，还能预测较长时期的收益。他们还证明了利用现代资产组合理论和基金的历史业绩可以构建一个能持续战胜市场指数的最佳组合。

还有的研究认为持续性是否存在与考察的样本期相关。Malkiel（1995）对 1971—1991 年间基金的业绩进行考察时发现：基金业绩在 20 世纪 70 年代表现出显著的持续性，在 80 年代则不具有持续性。Brown 和 Goetzmann（1995）的研究也认为业绩持续性存在与否与研究的样本期相关。Choi 和 Zhao（2020）在重复 Carhart（1997）对基金业绩的持续性研究时发现，虽然基金业绩在 1963—1993 年具有持续性，但 1979 年后却不断衰弱，而当研究窗口为 1994—2018 年时，基金业绩的持续性已经不再显著，业绩最好和业绩最差的两组基金在下一年的业绩也并没有显著的差异。

（三）持续性研究要注意的问题

关于持续性的研究必须注意几个问题。第一个是存活偏差问题，我们在前面已经介绍了存活偏差的含义，存活偏差的存在对持续性具有很大影响，因为存活下来的基金的业绩一般都是相对较好的，这本身会造成基金业绩呈现出一定的持续性。Brown 等（1992）指出，存活偏差可能会导致持续性的出现，即使原本不存在这种持续性。Carhart（1997）通过研究当时可得到的最完整的基金数据库发现，存活偏差的效果独立于研究期间的长度而存在。在一年的评估期中，偏差可能达到 0.10%。因此，如果不进行相应的调整，可能会使研究结果出现偏差，比如 Lehmann 和 Modest（1987）、Grinblatt 和 Titman（1989a）及 Elton 等（1993）等的研究中就没有考虑存活偏差问题。所以在研究基金业绩时，应该尽量减少和避免存活偏差的存在，对策就是把在样本期间消失的基金都纳入考察范围。

第二个是基金业绩衡量方法的选择问题。正如前面基金业绩的研究那样，选择总收益率指标还是净收益率指标会产生不同的结果，特别是在费用本身也可能解释一部分持续性的情况下。此外，使用风险调整的业绩指标与未经风险调整的业绩指标进行研究也会有不同的结论。[①] 不过，即使是选用风险调整的业绩指标来考察持续性，比较基准及模型选择的不同也会造成结论的差异。比如，有的选择某一市场指数作为基准，有的则选择 P8，有的选择基于 CAPM 的单因子模型，有的选择三因子模型，有的选择四因子模型，还有的会把其他风险因子纳入调整范围，因而在分析时，要慎重考虑使用什么模型和什么比较基准，并最好对它们进行一致性分析。

（四）持续性的策略意义

持续性效应可被加以利用获取超额收益吗？持续性之所以成为基金业研究的热

---

① 可参考前文对 Elton 等（1996）的介绍。

点就在于：如果持续性存在，那么投资者通过识别前期表现较好的且具有业绩持续性的基金进行投资，持有一定的时期就可以获取超过平均水平的超额收益。同样，如果投资者能够识别前期业绩较差的且连续较差的基金，就可以避免投资于这些基金，防止风险。所以说持续性存在就意味着可以对基金将来的收益进行预测，从而可以依此构建具有超额收益的投资组合。但是，这种良好的愿望在实际中是否真的能实现呢？这方面也有很多学者进行了验证。

Hendricks 等（1993）发现，依据最近的表现选择那些有超额业绩的基金构成组合进行投资时，每年能够获得超出基准 3%~4% 的超额收益。为了证明这一结论是强有力的，他们还使用了多种组合作为基准来验证，结果都证明这种策略是有用的。

Burton（1995）、Brown 和 Goetzmann（1995）、Elton 等（1996）、Wermers（1997）、Carhart（1997）的研究也都支持了通过买入赢者基金从而获得超额收益的投资策略是有效的。不过 Burton（1995）发现，尽管这一策略在 20 世纪 70 年代是有效的，到了 80 年代就不管用了。

（五）关于持续性的原因探讨

以上关于持续性的研究中也涉及对持续性原因的探讨。他们认为，持续性存在的可能解释因素有基金经理的选股能力（Elton et al.，1996）；存活偏差（Brown et al.，1992）；费率（Grinblatt and Titman，1992；Carhart，1992，1997）；基金经理所采取的动能投资策略（持续买入过去有超额业绩的股票）（Hendricks et al.，1993；Carhart，1997）；基金经理间的羊群行为（Brown and Goetzmann，1995）。Brown 和 Goetzmann（1995）指出，未来对持续性的研究应该集中于寻找那些基金经理们普遍采取的资产管理策略，他们认为，基金经理们的这种趋同策略（比如动态平衡策略、趋势追随策略、组合保险策略等）使得持续性成为一种群体现象，同时也是导致持续性发生逆转的原因。Carhart（1997）用四因子模型对基金持续性的原因进行分析，发现基金业绩具有正的持续性并不是因为基金经理的投资能力，而是源于决定股票收益的基本因素，特别是资本规模和收益动能已经能解释大部分的基金收益差距及持续性，此外，导致持续性的重要因素还有费用和交易成本等。Volkman 和 Wohar（1995）着重考察基金业绩的持续性与基金净资产规模、基金投资目标、申赎费用、管理费用的关系。他们的实证研究表明，基金的投资目标和基金业绩的持续性具有很显著的相关性，那些以价差收入最大化为目标的基金的收益有正的持续性，而以红利收入为目标的基金的业绩却呈现出负的持续性。低管理费用的基金的业绩表现趋向于具有正的持续性，高管理费用的基金更容易表现出负的持续性。而基金的净值规模和基金业绩的持续性之间不存在一致的关系。Lou（2012）

基于基金资金流机制研究了资金流与基金业绩可预测性的关系，其机制为，基金过去的业绩首先会导致投资者申赎基金份额，资金流会引致基金经理调整持股市值，进而影响个股和基金的短期收益。他将基金的调仓交易分为"信息驱动的交易"和"基金净流量引致的交易"（flow-induced trading，FIT），研究发现，FIT 与股票和基金收益率在短期内正相关，但在长期内负相关，这一发现不仅能够解释基金业绩在一段时期内的持续性，还能解释投资者"聪明的钱"效应和动量的部分原因。

六、国内关于基金绩效的实证研究

伴随着基金业的蓬勃发展和我国金融市场的不断深化，关于国内共同基金的研究也成了理论界的一个热点。我国理论界很早就开始了对基金的研究，这些研究为基金的成功诞生起了重要的推动作用，在基金真正成为中国金融市场的事实存在之后，理论界和实务界又开始致力于对基金绩效进行评价。他们关心的问题主要包括基金经理投资风格和能力与基金绩效的关系、基金绩效的主要影响因素、基金投资者行为、基金绩效的持续性等。

我国学者对经理人能力和投资风格进行了丰富的研究。蒋晓全和丁秀英（2007）将基金的资产配置策略分为战略性和战术性两类，战略性资产配置策略注重长期投资目标和长期回报，而战术性资产配置策略则关注市场的短期变化和价值机会。基金经理的投资风格会影响基金的资产配置策略，进而影响基金绩效，如经理的选股风格会影响战略性资产配置，而择时风格则会影响战术性资产配置，他们发现，我国战略性资产配置对基金绩效贡献达到 81.29%，却没有发现显著的择时效应。徐琼和赵旭（2008）发现，绩效排名靠前的经理在风险控制、择时能力和投资心态上均具有竞争优势，说明我国基金经理能力优劣确实与基金绩效存在联系。林乐芬等（2009）在对"封转开"基金的绩效研究中，发现尽管封闭式基金与开放式基金具有不同的投资风格，但封闭式基金在综合收益和风险控制能力上并没有明显优势，"封转开"并不会显著提高基金的绩效。刘莎莎等（2013）研究了经理人风险调整行为对基金业绩的影响，发现经理人选股择时能力和信息优势引致的风险调整行为能够显著提升基金绩效。投资风格在影响绩效的同时，绩效也会影响投资风格的持续性。王敬和刘阳（2007）发现不同的投资风格持续性因受到绩效影响而具有差别，市值和成长因子投资风格持续性强，动量因子投资风格则不具有持续性。肖继辉等（2016）、李祥文和吴文锋（2018）则发现，基金绩效会通过投资者申赎、行业竞赛、解雇压力等机制改变基金经理的投资风格和风险偏好。

国内学者还对其他影响基金绩效的因素进行了丰富的研究，其中信息是一个重要话题。韩燕和李平（2011）以能否预测公司未来并购事件作为判断基金信息优势的标准，发现具备信息优势的基金绩效突出且具有持续性，这种信息优势可能来源于经理人较强的信息搜集与分析能力。路磊和吴博（2012）发现，虽然投资者保护良好的上市公司会受到大部分基金青睐，但是有能力的基金却会投资于投资者保护较差的上市公司并借助信息优势获得超额业绩。申宇等（2013）在对隐形交易的研究中，发现私人信息会促使经理人进行隐形交易，从而提高基金业绩，而基金经理的职业忧虑、净资金流、薪酬激励等均是隐形交易背后的重要动因。申宇等（2016）在对社交网络的研究中，发现"小圈子"内的校友关系具有显著的信息共享效应，经理人能够通过校友关系获得更多私人信息，从而提高基金绩效，但实证表明，好消息的共享效应更强，坏消息却不存在显著的共享效应。罗荣华等（2020a，2020b）对基金网络中的信息流动进行了研究，发现信息共享程度在同风格与异风格基金之间具有显著差异，信息在同风格基金之间的流动存在明显的竞争阻隔；他们还发现，对共享信息使用少的基金业绩更好，使用程度越低说明经理人可能拥有更多的私人信息。总的来说，学者们提出了各种方式测量基金的信息优势，发现信息优势可以显著提高基金绩效。此外，规模效应和动量效应（朱波等，2010）、基金公司股权性质（江萍和田澍，2011）、主动性能力（罗荣华等，2011）、重仓股资金流（刘京军和苏楚林，2016）在中国对基金绩效都有显著影响和预测作用。

国内有学者对基金家族的绩效进行了研究。陆蓉和李良松（2008）发现，中国基金家族共同持股现象严重，在一定范围内家族共同持股行为能够提升公司业绩，同时增加了公司风险，超过一定程度后还会对公司业绩产生负效应。林树等（2009）发现，明星基金具有家族内吸引资金的溢出效应，一些公司会通过集中资源制造明星基金从而扩大公司管理规模，但这类公司并不能产生持续性业绩，真正的明星家族旗下基金绩效往往差距不大。郭春松等（2015）通过共同技能和共同噪声效应解释了基金家族旗下基金的业绩联系和溢出效应，家族的资源与能力会强化双效应在业绩关联中的作用。

国内还有许多学者针对我国基金投资者行为做了研究，总体来看，他们的行为具有较强的非对称性。赎回异象是指基金业绩越好，投资者资金净流出越大，它产生于投资者的反向选择。肖峻和石劲（2011）在对我国赎回异象的研究中发现，基金历史业绩对投资者资金净流入具有显著的正向效应，从而否定了中国的赎回异象。彭惠等（2012）印证了肖峻和石劲（2011）的结论，不过基金的当期业绩具有显著的赎回异象，且仅在老基金中显著，说明赎回异象可能与投资者更青睐年轻基金有关。冯旭南和李心愉（2013）发现，降低基金的信息获取成本能够提高投资者资金净流量对基金绩效的敏感性，肖峻（2013）则发现，投资者在牛市中更关注基金的绩效，而在熊市中则倾向于忽视，值得注意的是，张宗新和缪婧倩（2012）发现，基金的投资风格和资产组合会受到基金净流量和投资人行为的影响，投资者行为的非对称性会给基金经理带来非对称的业绩激励。莫泰山和朱启兵（2013）在探究基金投资人回报低于基金行业平均回报的原因时，将"聪明的钱"效应分为选基效应和择时效应，研究发现，我国投资者选基效应明显，而择时效应只有在市场下行时影响显著。李志冰和刘晓宇（2019）发现，普通投资者相对于机构投资者在衡量基金经理能力、进行投资决策时采用的业绩评估方法较为简单，他们更关注原始 α，而原始 α 只有在市场波动性弱、投资者情绪高的时期能够发挥较好的作用。

七、金融中介与资产定价关系的理论框架

在资产定价领域，近期的研究关注机构投资者的行为如何影响资产的价格，并形成了金融中介与资产定价的理论分析框架。我们用以下几篇文章对该框架进行阐述。

（一）He 和 Krishnamurthy（2012）：个人投资者-基金经理契约模型

1. 模型基本假设

何治国（He）和克里希纳穆斯（Krishnamurthy）是金融中介资产定价理论领域的代表性学者，1998 年对冲基金危机和 2008 年次贷危机中，资本市场表现出相似的特征，如风险溢价快速上升、利率下滑、资产价格波动性上升、资产价格同步性上升等，为了解释这些现象，He 和 Krishnamurthy（2012，2013）将金融中介引入了资产定价模型，并模拟和分析了金融危机中风险溢价、价格波动性的动态变化，以及货币政策在金融危机中的作用。

他们假设市场中存在两类投资者，一是金融中介机构或投资经理（M），二是家庭或个人投资者（H）。两类投资者均具有 CARA 偏好，家庭可以投资于无风险资产，但是只能通过机构间接投资于风险资产，机构的目标是最大化两类投资者在下一期的效用：

$$u_i(W_1^i) = -\exp\left(-\frac{W_1^i}{\rho_i}\right), \quad i \in \{H, M\}$$

市场上只存在一类风险资产，其总供给为 θ，利率 r 为外生变量；风险资产价格服从几何布朗运动，收益率服从正态分布 $N(\mu,\sigma^2)$；机构和个人投资者的绝对风险容忍系数分别为 ρ_M 和 ρ_H。

2. 代理问题和资本约束

根据假设，委托投资关系存在于个人投资者与机构之间，其中不可避免地会存在道德风险问题，具体来说，机构经理会减少自己在尽职调查、信息搜集与分析、投资组合管理等方面付出的努力，并从投资收益的下降 Δ 中获得私人利益 b，从而选择偷懒。为避免道德风险，个人投资者与机构会签订一项激励契约，契约中既包含与基金收益无关的固定薪酬 K，也含有基于收益率的额外奖金 ϕ，即经理人在投资收益或投资组合中享有的比例。激励使得经理人受到契约约束，只要激励大于道德风险利益，那么经理人就不会偷懒。因此资本约束为：

$$\phi \geqslant \frac{b}{\Delta} = \frac{1}{1+m}$$

其中，

$$m \equiv \frac{1-b/\Delta}{b/\Delta} = \frac{\Delta}{b} - 1$$

即基金投资者份额与经理人份额之比代表当经理人在基金中投资一单位财富时个人投资者愿意投资的最大金额。m 与经理人激励有以下关系：m 越大，意味着私人利益 b 越小，即代理摩擦越小，当 Δ 一定时 ϕ 也越小，因此当 m 较大时仅需要较小的 ϕ 便能有效约束经理人，此时经理人在投资收益中的边际利益较小。

3. 均衡的资产价格

为避免道德风险，经理人应享有的最小投资份额为：

$$\phi^* = \frac{\rho_M}{\rho_M + \rho_H}$$

资本约束（＊）可表示为：

$$m \geqslant \frac{\rho_H}{\rho_M}$$

m 越大则 ϕ^* 越小，当 $\phi > \phi^*$ 时资产价格不受道德风险的影响，而当 $\phi < \phi^*$ 时经理人就会选择偷懒，此时资产价格受到道德风险影响。在有道德风险和无道德风险情况下均衡资产价格可分别求解为：

$$p = \begin{cases} \dfrac{\mu}{1+r} - \dfrac{\theta\sigma^2}{(1+r)(1+m)\rho_M}, & m = \dfrac{\Delta}{b} - 1 \leqslant \dfrac{\rho_H}{\rho_M} \\[3mm] \dfrac{\mu}{1+r} - \dfrac{\theta\sigma^2}{(1+r)(\rho_M+\rho_H)} \end{cases}$$

定价公式的第一项是资产的期望价值，第二项是风险价值贴现（risk discount）。

当存在道德风险时，资产价格与 m 和经理人的风险容忍水平有关，但与个人投资者的风险容忍水平无关；而当契约激励有效避免道德风险时，资产价格与经理人和个人投资者的风险容忍水平有关，而与 m 无关。

4. 对模型的拓展

（1）资本冲击。机构或基金的资本可能会因为损失、投资者赎回等原因减少，尤其是在金融危机中，投资经理将面临相对较大的不确定性，此时 b 上升，m 下降，经理人的道德风险恶化。通过均衡的资产价格我们知道，m 对资产价格的影响具有非对称性，当 m 足够大时，道德风险被抑制，m 的变化并不会对资产价格产生影响；但是当 m 低于一定水平后，m 的下降会导致资产价格下跌。

（2）法定资本金。法定资本金的存在给模型增加了约束，新约束为：

$$k_x p x_F + k_L x_L \leqslant E_F \leqslant W_M(1+m)$$

式中，E_F 表示基金的总资本，W_M 表示经理人在投资组合中的财富，x 表示购买的风险资产或商业债权数量，k 表示风险资产或债权的资本费用（capital charge）。第一个不等式代表法定资本约束，第二个不等式代表一般资本约束，只有当基金的融资约束紧时法定资本金才会影响资产价格，而且法定资本约束会随资本的损失而增加，意味着资本冲击对资产价格的影响是非线性的，强资本冲击会产生更强的约束效应。

（3）多种资产和资深个人投资者（sophisticated investors）。假设市场上存在不相关的两种风险资产，一般的家庭必须通过机构投资第一类资产，但是可以直接投资第二类资产；市场上还存在第三类投资者，即资深个人投资者，他们可以用自己的财富投资于所有资产，但不能进行融资。

假设 $m_1 < \rho_H / \rho_M$，可以得到资产的均衡价格：

$$p_1 = \frac{\mu_1}{1+r} - \frac{\theta_1 \sigma_1^2}{(1+r)[(1+m_1)\rho_M + \rho_S]}$$

$$p_2 = \frac{\mu_2}{1+r} - \frac{\theta_2 \sigma_2^2}{(1+r)(\rho_S + \rho_H + \rho_M)}$$

式中，ρ_S 是第三类投资者的绝对风险容忍系数。

（4）机构化程度。假设市场上存在 $S=1$ 单位数量的资深个人投资者，资产的风险溢价表示为：

$$\Pi_1(m_1, \theta_1, S) = \mu_1 - (1+r)p_1 = \frac{\theta_1 \sigma_1^2}{(1+m_1)\rho_M + S\rho_S}$$

根据风险溢价函数，m_1 上升会降低风险溢价，同时 S 的增加（减少），即机构化程度的下降（增加）会抑制（放大）这一效应。

（二）Huang 等（简称 HQY，2020）：基金公司-基金经理契约模型

Huang 等（2020）关注投资者机构化与资产定价的关系，与何治国和克里希纳穆斯不同的是，他们假设市场中存在三类角色：基金公司、基金经理、个人投资者，道德风险存在于基金公司与基金经理之间，因此公司需要设计一个均衡的激励契约降低经理人的道德风险，即从基金管理费中支付一部分给经理，该比例代表均衡契约中包含的激励因子。HQY 提出，投资者的机构化会对市场产生两种相反的效应，由于投资机构往往具有更多的信息，机构化首先会直接导致资产价格中信息含量的增加（informed capital effect，信息资本效应）；但是随着市场信息变得有效，不具有信息优势的个人投资者所面临的收益不确定性会降低，具有信息优势的投资经理利用信息交易的激励反而减少，从而增加了经理人的道德风险，即不再努力去获取信息和积极管理，为了避免道德风险，基金公司会进一步提高激励因子，这又使经理人的边际收益增加，经理人的风险厌恶水平提高，这种激励扭曲最终导致经理人的信息交易行为更为保守，机构投资者利用信息交易的总体程度下降，导致资产价格中的信息含量减少（contracting effect，契约效应）。

基于上述框架，HQY 讨论了这两种效应对学者较为关注的五个市场变量（分别为资产价格信息含量、资金成本、收益波动性、价格波动性、市场流动性）的影响，发现资产价格信息含量总是由信息资本效应主导；其他变量则具有条件性，当市场高度机构化且总体信息高度有效时，资本成本、波动性等其他变量由契约效应主导，从而与代理问题有较大关联，当市场机构化程度较低或信息有效性不足时，信息资本效应则会主导这些变量的变化。

八、金融中介资产定价理论的实证证据

在何治国和克里希纳穆斯提出中介资产定价理论后，Adrian 等（2014）首次对这一理论在权益市场和债券市场进行实证研究，他们认为，相较于消费者，金融中介的边际财富价值在现代资产定价中的地位更为重要，因而提出了金融中介随机贴现因子（financial intermediary SDF）的概念。在实证中，他们采用券商等金融中介的杠杆率作为边际财富价值的代理变量，并对按市值、成长性、动量、期限等因子排序构造的资产组合收益进行检验，结论证实了基于金融中介资产定价模型的有效性。He 等（2016）则将中介资产定价理论的实证研究拓展到七类金融资产中，

对作为央行初级交易对手方的金融中介权益资本比率（equity capital ratio）[1] 进行了资产定价检验（见表1），七类资产包括：

（1）股票（FF25）：Fama 和 French（1993）的 25 种股票组合；

（2）国债信用债（US bonds）：美国政府债和公司债；

（3）主权债（Sov. Bonds）：Borri 和 Verdelhan（2012）的 6 种主权债务组合；

（4）期权（Options）：基于 Constantinides 等（2013）的 54 种期权组合构造的 18 种等权组合；

（5）信用违约互换（CDS）；

（6）大宗商品期货（Commod.）；

（7）外汇（FX）：Lettau 等（2014）的 6 种外汇组合和 Menkhoff 等（2012）的 6 种外汇组合。

表1　　　　　　　　　　　各资产横截面资产定价检验结果

	FF25	US bonds	Sov. Bonds	Options	CDS	Commod.	FX	All
Capital[1]	6.88	7.56	7.04	22.41	11.08	7.31	19.37	9.35
	(2.16)	(2.58)	(1.66)	(2.02)	(3.44)	(1.90)	(3.12)	(2.52)
Market[2]	1.19	1.42	1.24	2.82	1.11	−0.55	10.14	1.49
	(0.78)	(0.82)	(0.32)	(0.67)	(0.41)	(−0.25)	(2.17)	(0.80)
Intercept	0.48	0.41	0.34	−1.11	−0.39	1.15	−0.94	−0.00
	(0.36)	(1.44)	(0.33)	(−0.31)	(−2.77)	(0.83)	(−0.83)	(−0.00)
R-Squared	0.53	0.84	0.81	0.99	0.67	0.25	0.53	0.71
MAPE[3] , %	0.34	0.13	0.32	0.14	0.18	1.15	0.44	0.63
MAPE-R[4] , %	0.40	0.26	0.45	0.68	0.39	1.40	0.62	0.63
RRA[5]	2.71	3.09	2.52	8.90	3.61	2.88	8.26	3.69
Assets	25	20	6	18	20	23	12	124
Quarters	172	148	65	103	47	105	135	172

①权益比率因子（η^a）：权益比率的异常波动。$\eta^a = u_t/\eta_{t-1}$，其中 u_t 是权益比率的 AR（1）残差项。
②市场因子。
③平均绝对定价误差（mean absolute pricing error）。
④有风险价格约束的平均绝对定价误差，约束为该资产风险价格等于所有资产的风险价格。
⑤金融中介的相对风险厌恶水平（relative risk aversion）。
注：括号内为 t 值。

结果显示，权益比率能够较好地解释各类资产收益的波动率以及横截面收益差异。何治国等还对非金融企业和非央行初级交易对手方的权益比率进行了资产定价检验，发现它们对资产价格无法产生显著的解释力，表明各类资产的边际投资者在

———————————

① 总资本市值与总资产市值的比值。

很大程度上是作为央行初级交易对手方的金融中介机构，而且这些机构的偏好和行为对资产定价具有重要影响，他们认为这些机构的边际财富价值很可能可以作为一个有效的金融中介定价核（intermediary pricing kernel）。这一结论还为两个重要的经济现象提供了解释：（1）金融中介杠杆率具有逆周期性，经济向好时它们的资本率高，而杠杆率较低；（2）不同资产价格受到金融中介资本率及其风险的影响具有高度的同质性。

九、总结

在上文中，我们回顾了基金业绩评价和金融中介资产定价的主要理论模型，这些模型是伴随着资产定价理论的不断完善而成熟的。在介绍理论的基础上，我们还罗列了众多关于基金业绩和金融中介资产定价的实证证据。已有充分的证据表明，金融中介行为和风险已经对资产定价产生了不可忽视的影响。基金业绩的问题可以简单地归结为基金的业绩能否战胜市场、基金经理是否具有选股能力和择时能力、基金业绩是否具有持续性。这三个问题与有效市场理论是密切相关的。如果有效市场理论成立，则基金整体不可能持续取得优于市场的业绩，基金经理也不能通过对市场及单个资产价格变动的预测来获得超额收益。从我们回顾的一系列研究中可以看到，总体而言，西方学者这么多年来的实证分析基本上是支持有效市场理论的，虽然单只基金或某一类型的基金在某一段时期能够持续取得较好的业绩，但是在对各项费用进行扣除后，基金业在整体上并不能取得超出市场平均水平的收益。随着学者们采用更新的数据以及改进的资产定价模型对基金业绩进行更多的研究，这一结论的正确性将得到进一步的检验。

参考文献

[1] Adrian，T.，Etula，E.，Muir，T.，2014. Financial intermediaries and the cross-section of asset returns. Journal of Finance，69，2557 - 2596.

[2] Allen，F.，Gale，D.，2004. Financial intermediaries and markets. Econometrica，72，1023 - 1061.

[3] Barras，L.，Scaillet，O.，Wermers，R.，2010. False discoveries in mutual fund performance：Measuring luck in estimated alphas. Journal of Finance，65，179 - 216.

［4］ Berk，J. B. ， Green，R. C. ， 2004. Mutual fund flows and performance in rational markets. Journal of Political Economy，112，1269 - 1295.

［5］ Berk，J. B. ， van Binsbergen，J. H. ， 2015. Measuring skill in the mutual fund industry. Journal of Financial Economics，118，1 - 20.

［6］ Borri，N. ， Verdelhan，A. ， 2011. Sovereign risk premia. Unpublished Working Paper. Luiss University and MIT，Massachusetts.

［7］ Brown，S. J. ， Goetzmann，W. N. ， 1995. Performance persistence. Journal of Finance，50，679 - 698.

［8］ Brown，S. J. ， Goetzmann，W. N. ， Ibbotson，R. G. ， Ross，S. A. ， 1992. Survivorship bias in performance studies. Review of Financial Studies，5，553 - 580.

［9］ Carhart，M. M. ， 1995. Survivor bias and persistence in mutual fund performance. Unpublished PH. D dissertation. Graduate School of Business，University of Chicago，Chicago.

［10］ Carhart，M. M. ， 1997. On persistence in mutual fund performance. Journal of Finance，52，57 - 82.

［11］ Carlson，R. S. ， 1970. Aggregate performance of mutual funds. Journal of Financial and Quantitative Analysis，5，1 - 32.

［12］ Chang，E. C. ， Lewellen，W. G. ， 1984. Market timing and mutual fund investment performance. Journal of Business，57，57 - 72.

［13］ Chen，J. ， Hong，H. G. ， Huang，M. ， Kubik，J. D. ， 2004. Does fund size erode mutual fund performance? The role of liquidity and organization. The American Economic Review，94，1276 - 1302.

［14］ Choi，J. J. ， Zhao，K. ， 2020. Did mutual fund return persistence persist? NBER Working Papers，No. 26707.

［15］ Cohen，L. ， Frazzini，A. ， Malloy，C. ， 2008. The small world of investing：Board connections and mutual fund returns. Journal of Political Economy，116，951 - 979.

［16］ Constantinides，G. M. ， Jackwerth，J. C. ， Savov，A. ， 2013. The puzzle of index option returns. Review of Asset Pricing Studies，3，229 - 257.

［17］ Coval，J. D. ， Moskowitz，T. J. ， 2001. The geography of investment：Informed trading and asset prices. Journal of Political Economy，109，811 - 841.

［18］ Cremers，K. J. M. ， Petajisto，A. ， 2009. How active is your fund manager? A new measure that predicts performance. Review of Financial Studies，22，3329 - 3365.

［19］ Daniel，K. ， Grinblatt，M. ， Titman，S. ， Wermers，R. ， 1997. Measuring mutual fund performance with characteristic-based benchmarks. Journal of Finance，52，1035 - 1058.

［20］ Elton，E. J. ， Gruber，M. J. ， Blake，C. R. ， 1995. The persistence of risk-adjusted mutual fund performance. Journal of Business，69，133 - 157.

［21］ Elton，E. J. ， Gruber，M. J. ， Blake，C. R. ， 1996. Survivorship bias and mutual fund performance. Review of Financial Studies，9，1097 - 1120.

[22] Elton，E. J.，Gruber，M. J.，Das，S.，Hlavka，M.，1993. Efficiency with costly information: A reinterpretation of evidence from managed portfolios. Review of Financial Studies，6，1 - 22.

[23] Evans，R. B.，2010. Mutual fund incubation. Journal of Finance，65，1581 - 1611.

[24] Fama，E. F.，1972. Components of investment performance. Journal of Finance，27，551 - 567.

[25] Fama，E. F.，French，K. R.，1993. Common risk factors in the returns on bonds and stocks. Journal of Financial Economics，33，3 - 56.

[26] Fama，E. F.，French，K. R.，1996. Multifactor explanations of asset pricing anomalies. Journal of Finance，51，55 - 84.

[27] Fama，E. F.，French，K. R.，2010. Luck versus skill in the cross-section of mutual fund returns. Journal of Finance，65，1915 - 1947.

[28] Fischer，B. R.，Wermers，R.，2012. Performance Evaluation and Attribution of Security Portfolios. Academic Press，Oxford.

[29] Goetzmann，W. N.，Ibbotson，R. G.，1994. Do winners repeat? Journal of Portfolio Management，20，9 - 18.

[30] Goodwin，T. H.，1998. The information ratio. Financial Analysis Journal，54，34 - 43.

[31] Grinblatt，M.，Titman，S.，1988. The evaluation of mutual fund performance: An analysis of monthly return. Unpublished Working Paper. University of California，Los Angeles.

[32] Grinblatt，M.，Titman，S.，1989a. Mutual fund performance: An analysis of quarterly portfolio holdings. Journal of Business，62，393 - 416.

[33] Grinblatt，M.，Titman，S.，1989b. Portfolio performance evaluation: Old issues and new insights. Review of Financial Studies，2，393 - 421.

[34] Grinblatt，M.，Titman，S.，1992. The persistence of mutual fund performance. Journal of Finance，47，1977 - 1984.

[35] Grinblatt，M.，Titman，S.，1993. Performance measurement without benchmarks: An examination of mutual fund returns. Journal of Business，66，47 - 68.

[36] Grinblatt，M.，Titman，S.，1994. A study of monthly mutual fund returns and performance evaluation techniques. Journal of Financial and Quantitative Analysis，29，419 - 444.

[37] Grinblatt，M.，Titman，S.，Wermers，R.，1995. Momentum investment strategies，portfolio performance，and herding: A study of mutual fund behavior. The American Economic Review，85，1088 - 1105.

[38] Guercio，D. D.，Reuter，J.，2014. Mutual fund performance and the incentive to generate alpha. Journal of Finance，69，1673 - 1704.

[39] Hartzmark，S. M.，Sussman，A. B.，2019. Do investors value sustainability? A natural experiment examining ranking and fund flows. Journal of Finance，74，2789 - 2837.

［40］ He，Z.，Kelly，B.，Manela，A.，2017. Intermediary asset pricing：New evidence from many asset classes. Journal of Financial Economics，126，1－35.

［41］ He，Z.，Krishnamurthy，A.，2012. A model of capital and crises. Review of Economic Studies，79，735－777.

［42］ He，Z.，Krishnamurthy，A.，2013. Intermediary asset pricing. The American Economic Review，103，732－770.

［43］ He，Z.，Krishnamurthy，A.，2018. Intermediary asset pricing and the financial crisis. Annual Review of Financial Economics，10，173－197.

［44］ Hendricks，D.，Patel，J.，Zeckhauser，R.，1993. Hot hands in mutual funds：Short-run persistence of performance，1974—1988. Journal of Finance，48，93－130.

［45］ Henriksson，R. D.，1984. Marketing timing and mutual fund performance：An empirical investigation. Journal of Business，57，73－96.

［46］ Henriksson，R. D.，Merton，R. C.，1981. On market timing and investment performance. Ⅱ. Statistical procedures for evaluating forecast skills. Journal of Business，54，513－33.

［47］ Holmström，B.，Tirole，J.，1997. Financial intermediation，loanable funds，and the real sector. Quarterly Journal of Economics，112，663－691.

［48］ Huang，S.，Qiu，Z.，Yang，L.，2020. Institutionalization，delegation，and asset prices. Journal of Economic Theory，186，104－977.

［49］ Investment Company Institute. Trends in mutual fund investing January 2021. https：//www. iciglobal. org/research/stats/trends/ci. trends_01_21. global. Last accessed at 2021/3/22.

［50］ Jegadeesh，N.，Titman，S.，1993. Returns to buying winners and selling losers：Implication for stock markets efficiency. Journal of Finance，48，65－91.

［51］ Jensen，M. C.，1968. The performance of mutual funds in the period 1945—1964. Journal of Finance，23，389－416.

［52］ Jensen，M. C.，1969. Risk，the pricing of capital assets and evaluation of investment portfolios. Journal of Business，42，167－247.

［53］ Kacperczyk，M.，Nieuwerburgh，S. V.，Veldkamp，L.，2014. Time-varying fund manager skill. Journal of Finance，69，1455－1484.

［54］ Kacperczyk，M.，Sialm，C.，Zheng，L.，2005. On the industry concentration of actively managed equity mutual funds. Journal of Finance，60，1983－2011.

［55］ Kacperczyk，M.，Sialm，C.，Zheng，L.，2008. Unobserved actions of mutual funds. Review of Financial Studies，21，2379－2416.

［56］ Lehmann，B. N.，Modest，D. M.，1987. Mutual fund performance evaluation：A comparison of benchmarks and benchmark comparisons. Journal of Finance，42，233－265.

［57］ Lettau，M.，Maggiori，M.，Weber，M.，2014. Conditional risk premia in currency markets and other asset classes. Journal of Financial Economics，114，197－225.

［58］ Lou，D.，2012. A flow-based explanation for return predictability. Review of Financial Studies，25，3457 - 3489.

［59］ Malkiel，B. G.，1995. Returns from investing in equity mutual funds 1971 to 1991. Journal of Finance，50，549 - 572.

［60］ Menkhoff，L.，Sarno，L.，Schmeling，M.，Schrimpf，A.，2012. Carry trades and global foreign exchange volatility. Journal of Finance，67，681 - 718.

［61］ Merton，R. C.，1981. On market timing and investment performance：An equilibrium theory of value for market forecast. Journal of Business，54，363 - 406.

［62］ Modigliani F.，Modigliani L.，1997. Risk-adjusted performance. Journal of Portfolio Management，23，45 - 54.

［63］ Pástor，L′.，Stambaugh，R. F.，Taylor，L. A.，2015. Scale and skill in active management. Journal of Financial Economics，116，23 - 45.

［64］ Pástor，L′.，Vorsatz，M. B.，2020. Mutual fund performance and flows during the Covid-19 crisis. Review of Asset Pricing Studies，10，791 - 833.

［65］ Roll，R.，1978. Ambiguity when performance is measured by the securities market line. Journal of Finance，33，1051 - 1069.

［66］ Saunders，A.，Cornett，M. M.，1994. Financial institution management：A risk management approach. McGraw-Hill College，New York.

［67］ Sharpe，W. F.，1966. Mutual fund performance. Journal of Business，39，119 - 138.

［68］ Storey，J. D.，2002. A direct approach to false discovery rates. Journal of the Royal Statistical Society，64，479 - 498.

［69］ Treynor，J. L.，1965. How to rate management：Investment funds. Harvard Business Review，43，63 - 75.

［70］ Treynor，J. L.，Mazuy，K.，1966. Can mutual funds outguess the market? Harvard Business Review，44，131 - 136.

［71］ Volkman，D. A.，Wohar，M. E.，1995. Determinants of persistence in relative performance of mutual funds. Journal of Financial Research，18，415 - 430.

［72］ Wermers，R.，1997. Momentum investment strategies，performance persistence and survivorship bias. Unpublished Working Paper，Graduate School of Business and Administration University of Colorado at Boulder，Boulder.

［73］冯旭南，李心愉. 参与成本、基金业绩与投资者选择. 管理世界，2013（4）.

［74］郭春松，蔡庆丰，汤旸旸. 基金家族的业绩关联与溢出效应——基于共同技能效应与共同噪声效应的实证研究. 金融研究，2015（5）.

［75］韩燕，李平，崔鑫. 哪些基金有超群的分析能力？管理世界，2011（2）.

［76］江萍，田澍，Cheung Yan-Leung. 基金管理公司股权结构与基金绩效研究. 金融研究，2011（6）.

[77] 蒋晓全，丁秀英. 我国证券投资基金资产配置效率研究. 金融研究，2007（2）.

[78] 李祥文，吴文锋. 基金业绩排名与期末业绩拉升. 管理世界，2018，34（9）.

[79] 李志冰，刘晓宇. 基金业绩归因与投资者行为. 金融研究，2019（2）.

[80] 林乐芬，黄钏. "封转开"基金绩效比较研究. 金融研究，2009（7）.

[81] 林树，李翔，杨雄胜，Onkit Tam. 他们真的是明星吗？——来自中国证券基金市场的经验证据. 金融研究，2009（5）.

[82] 刘京军，苏楚林. 传染的资金：基于网络结构的基金资金流量及业绩影响研究. 管理世界，2016（1）.

[83] 刘莎莎，刘玉珍，唐涯. 信息优势、风险调整与基金业绩. 管理世界，2013（8）.

[84] 陆蓉，李良松. 家族共同持股对基金管理公司业绩与风险的影响研究. 金融研究，2008（2）.

[85] 路磊，吴博. 投资者保护和基金投资业绩. 金融研究，2012（6）.

[86] 罗荣华，兰伟，杨云红. 基金的主动性管理提升了业绩吗？金融研究，2011（10）.

[87] 罗荣华，田正磊，方红艳. "和而不群"还是"卓尔不群"？——基于基金网络信息使用的视角. 金融研究，2020（8）.

[88] 罗荣华，田正磊. 基金网络、竞争阻隔与股票信息环境. 中国工业经济，2020（3）.

[89] 莫泰山，朱启兵. 为什么基金投资人的投资回报低于基金行业的平均回报——基于"聪明的钱"效应实证检验的解释. 金融研究，2013（11）.

[90] 彭惠，江小林，吴洪. 偏股型开放式基金"赎回悖论"的动态特征及申购异象. 管理世界，2012（6）.

[91] 申宇，赵静梅，何欣. 基金未公开的信息：隐形交易与投资业绩. 管理世界，2013（8）.

[92] 申宇，赵静梅，何欣. 校友关系网络、基金投资业绩与"小圈子"效应. 经济学（季刊），2016，15（1）.

[93] 王敬，刘阳. 证券投资基金投资风格：保持还是改变？金融研究，2007（8）.

[94] 肖继辉，彭文平，许佳，王琦. 业绩排名与预期风险调整——考虑报酬激励与解职风险交互影响的新证据. 经济学（季刊），2016，15（3）.

[95] 肖峻，石劲. 基金业绩与资金流量：我国基金市场存在"赎回异象"吗？经济研究，2011，46（1）.

[96] 肖峻. 股市周期与基金投资者的选择. 经济学（季刊），2013，12（4）.

[97] 徐琼，赵旭. 我国基金经理投资行为实证研究. 金融研究，2008（8）.

[98] 余寿喜，韩立岩，等. 证券投资基金业绩评价体系研究. 见：中国证券市场发展前沿问题研究. 北京：中国金融出版社，2002.

[99] 袁吉伟. 美国公募基金行业发展的经验与启示. 中国外汇，2020（20）.

[100] 张宗新，缪婧倩. 基金流量与基金投资行为——基于动态面板数据模型的实证研究. 金融研究，2012（4）.

[101] 朱波，文兴易，匡荣彪. 中国开放式基金经理投资行为评价研究. 管理世界，2010（3）.

期权定价理论与波动性微笑

内容摘要： 本文对期权定价理论和模型以及波动性微笑理论和实证研究进行了综述，包括对早期的期权定价模型、B-S 模型以及隐含波动性的概念和波动性微笑的具体形式等。早期的期权定价理论有巴舍利耶模型、斯普伦克尔（Sprenkle）模型和萨缪尔森（Samuelson）模型等。由于 B-S 模型在金融学的发展中的重要地位，所以本文重点介绍 B-S 模型，并介绍了 B-S 模型的一些应用。由于 B-S 模型在实证检验中遭到一定的质疑，所以就有其他的期权定价模型出现，本文介绍了常弹性波动率模型、复合期权模型、二项式定价模型、跳跃模型、随机波动率模型和期权定价中的 GARCH 模型等。在最后一部分，本文详细介绍了波动性微笑的概念以及相关的实证结果。

一、引言

自 20 世纪初始，金融学已经成为一门独立的学科，但是在很长的一段时间里，金融学家们主要致力于对制度性和法律性的理论建设。直到 1952 年，马科维茨在《金融杂志》上发表他的著名论文《投资组合选择》（Portfolio Selection），提出资产组合理论，现代金融理论才真正开始形成。在此之后的 50 多年里，现代金融理论成为经济学科中最为活跃的领域。从资产组合理论到资本资产定价模型、MM 定理、有效市场理论和期权定价模型等一系列理论的提出，以及围绕这些理论的争论、检验和修正，形成了比较系统的金融学理论体系。

本文主要综述期权定价理论。说到期权定价模型，大多数人立刻想到的是布莱克-斯科尔斯（Black-Scholes）模型。其实在这之前已经有很多学者对期权定价进行了探讨和研究，最早可以追溯到 1900 年。当时，法国的天才数学家路易·巴舍利耶在爱因斯坦和维纳之前就已经认识到了布朗运动的一些重要性质，并将其运用于对期权的定价。在他的博士论文《投机的理论》（The Theory of Speculation）中首次给出了欧式看涨期权的定价公式。但是由于他的模型的假设明显违背了经验事实，使得他的研究在很长时间内没有被人所重视。但是他的模型还是为后人的研究提供了很好的方法。

在巴舍利耶以后的半个多世纪里，期权定价理论进展甚微，直到 20 世纪 60 年代才有一些新的进展。1961 年，斯普伦克尔在其论文《作为预期指标的权证价格》（Warrant Prices as Indicators of Expectations）中假设股票价格服从对数正态分布，有固定的均值和方差，并肯定了股价发生随机漂移的可能性，在此基础上提出了新的期权定价公式，比巴舍利耶的公式有所改进。之后萨缪尔森、萨缪尔森和默顿在他们论文所作的假设下都推出了不同的期权定价公式，但是在 1973 年布莱克和斯科尔斯提出布莱克-斯科尔斯模型（下面简称 B-S 模型）之前，这些模型几乎都不具备使用价值，因为它们或多或少包括一些主观的参数，如投资者的风险偏好、市场均衡价格等。但是这些模型还是为 B-S 模型的产生奠定了坚实的基础。

期权定价的最经典的文献发表于 1973 年，这一年布莱克和斯科尔斯在《政治经济学杂志》上发表了他们的论文《期权和公司债务定价》（The Pricing of Options and Corporate Liabilities），提出了著名的布莱克-斯科尔斯期权定价公式。同年，默顿发表了《理性期权定价理论》（Theory of Rational Option Pricing），在若干方面作了重要推广，使期权定价理论取得了突破性的进展。B-S 模型运用无套利定价的方法，构造了一个标的股票和无风险债券的适当组合，使得这个组合的收益与期权在到期日的收益相同。这一组合也称合成期权或人造期权。既然合成期权的收益与原期权的收益相同，那么根据无套利定价原则，两者的价格就应该相同，从而我们就只需对此合成期权进行定价。

在 B-S 模型的一系列假设下，可以推导出期权价格变化的随机微分方程，即期权价值方程（又称 B-S 方程）。由于它与物理学中热传导过程的微分方程的形式类似，而后者的解已由物理学家给出。因此，布莱克和斯科尔斯很快就找到了上述方程的显式解，即为著名的 B-S 模型。

除布莱克和斯科尔斯之外，默顿也进行了许多重要的研究。他几乎与布莱克和斯科尔斯同时得出了期权定价模型，并作了一些重要的扩展。他作出的扩展主要有三个方面：首先是支付已知红利的股票期权的定价公式；其次是随机利率期权定价模型；最后就是股票价格服从跳跃扩散过程的期权定价模型。正是由于默顿在期权定价理论中所作出的贡献，有代表性的期权定价模型也被称为 B-S-M 模型。

在 B-S 模型提出以后，许多经济学家对这一模型进行了大量的实证检验。但是检验的结果却并不完全支持 B-S 模型。著名的"波动性微笑"（volatility smile）就是在对 B-S 模型进行实证检验时得出的结果。即将同一标的资产同一期限的不同执行价格的期权的市场价值代入 B-S 模型，求出标的资产的隐含波动性，得出的数值并不相同（在 B-S 模型的假设下，得出的波动性应该相同）。

由于实证检验并不完全支持 B-S 模型，这就促使金融学者提出了各种其他的模型，希望能更好地与现实的股票和期权价格的运动相符。主要的模型有下面几类：首先是修正的扩散模型，这类模型的假设与 B-S 模型大体相同，但是放松了 B-S 模型关于股票价格服从几何布朗运动的假设。主要包括四类：第一类是考克斯（Cox）和鲁宾斯坦（Rubinstein）的常弹性波动率模型（constant elasticity of variance model）、格斯克（Geske）的复合期权定价模型（compound option pricing model）；第二类是二项式定价模型（binomial pricing model）和跳跃模型（jump model）、跳跃-扩散模型（jump-diffusion model）等；第三类是随机波动率模型（stochastic volatility model），即假设股票价格的波动性随时间的变化而变化；第四类是随机利率模型（stochastic interest rate model），这类模型假设短期利率随时间的变化而变化。赫斯顿（Heston）和南迪（Nandi）提出了期权定价领域中的 GARCH 模型（generalized autoregressive conditional heteroskedasticity），这类模型更多地采用计量经济学方法来测度标的资产的波动性；还有一类模型跳出了传统的套利定价模型的框架，尝试研究多种变量对期权价格的影响。由于现在许多论文所建立的模型可能是上述几类模型复合而成的，所以这几类模型的界限已经不太清晰了。

本文将对上述提及的期权定价模型进行大致的总结。首先简略地介绍 B-S 模型之前的期权定价模型，然后详细阐述 B-S 模型的整个分析过程以及 B-S 模型的推广和应用，如用于对美式期权、权益、认股权证等金融资产进行定价。随后对 B-S 范式外的多种模型进行简单的介绍，最后介绍了波动性微笑的相关概念和实证结果。

二、期权定价理论与模型

期权是期权购买方支付一定的期权费后所获得的在将来允许的时间以事先确定的价格购买或出售一定数量的标的资产（underlying assets）的选择权。事先确定的购买价格被称为执行价（exercise price）或协定价（strike price）。期权可以分为看涨期权和看跌期权，其中看涨期权赋予期权购买者在将来允许的时间购买一定数量的标的商品的选择权，也称买入期权；看跌期权赋予期权购买者在将来允许的时间出售一定数量的标的商品的选择权，也称卖出期权。对期权的另一种划分方法是将其分为欧式期权和美式期权。其中欧式期权只能在期权到期日才能选择是否执行，而美式期权则可以在到期日之前的任何一天执行。

对欧式期权的定价要比对美式期权的定价简单得多，再者，欧式看涨和看跌期权（标的资产、执行价以及到期时间相同）存在如下的平价关系：

$$C + Xe^{-r(T-t)} = P + S_0$$

式中，C 表示欧式看涨期权的价格，P 表示欧式看跌期权的价格，X 表示执行价格，S_0 表示标的资产的现行价格（股票不发行股利），T 表示到期日，t 表示现在的日期，r 表示无风险利率。上述公式的含义是：投资者购入一份欧式看涨期权，并借入现金 $Xe^{-r(T-t)}$，他所获得的收益与购入一份对应的欧式看跌期权和一单位股票的收益相同，因此两个投资组合的当前价值相等。

由上述关系可知，只要能确定欧式看涨期权的价格，对应的欧式看跌期权的价格可以很容易地得到，因此大多数期权定价模型主要是对欧式看涨期权进行定价。

（一）早期的期权定价理论

最早的期权定价模型是由法国数学家路易·巴舍利耶提出的。1900 年，他发表了博士论文《投机的理论》，文中假设股票价格过程服从布朗运动，其单位时间方差为 σ^2，且没有漂移，从而得出欧式看涨期权的价格是：

$$C = S_0 \Phi\left(\frac{S_0 - X}{\sigma\sqrt{T-t}}\right) - X\Phi\left(\frac{S_0 - X}{\sigma\sqrt{T-t}}\right) + \sigma\sqrt{T-t}\,\varphi\left(\frac{S_0 - X}{\sigma\sqrt{T-t}}\right)$$

式中，C 表示欧式看涨期权的价格，X 表示执行价格，S_0 表示标的资产的现行价格，T 表示到期日，t 表示现在的日期，$\Phi(\cdot)$ 是标准正态分布函数，$\varphi(\cdot)$ 是标准正态密度函数。

巴舍利耶的研究有很大的缺陷：第一，该模型假设股票价格服从一般的布朗运动，这就允许股票价格为负，这显然不符合实际；第二，认为在离到期日足够远的时候，欧式期权的价值可以大于标的股票的价值，这显然也是不可能的；第三，忽略了货币的时间价值；第四，假定股票的期望收益为零，这也不符合实际情况。

在巴舍利耶之后的半个世纪里，有关期权定价的理论一直就没有引起人们的重视，直到 20 世纪 60 年代才有所进展。

Sprenkle（1964）在其《作为预期信号的权证价格》一文中提出了"股票价格服从对数正态分布"的假设，并肯定了股票价格发生漂移的可能性。他得出的看涨期权定价公式是：

$$C = kS_0\Phi(d_1) - k^* X\Phi(d_2)$$

$$d_1 = \frac{\ln\left(\frac{kS_0}{X}\right) + \frac{1}{2}\sigma^2(T-t)}{\sigma\sqrt{T-t}}$$

$$d_2 = \frac{\ln\left(\frac{kS_0}{X}\right) - \frac{1}{2}\sigma^2(T-t)}{\sigma\sqrt{T-t}}$$

式中，k 表示期权到期日的股票价格与现在的股票价格的比值，k^* 是取决于股票风险的一个参数贴现因子，σ 是股票收益的波动性。上述公式中 k 与 k^* 是两个未知的参数。斯普伦克尔在他的文章中试图从经验数据中对这两个参数进行估计，但是最终发现很难得到确定的估计值。

1965 年，萨缪尔森在《权证定价的预期理论》（Rational Theory of Warrant Pricing）一文中提出了一个欧式看涨期权的定价模型，该模型在斯普伦克尔模型的假设基础上，考虑了期权和股票的期望收益率因风险特性的差异而不一致，并认为期权有一个更高的期望收益率。该模型的欧式期权价格为：

$$C = e^{(\alpha-\beta)(T-t)}S_0\Phi(d_1) - e^{-\beta(T-t)}X\Phi(d_2)$$

$$d_1 = \frac{\ln\left(\frac{S_0}{X}\right) + \left(\alpha + \frac{1}{2}\sigma^2\right)(T-t)}{\sigma\sqrt{T-t}}$$

$$d_2 = \frac{\ln\left(\frac{S_0}{X}\right) + \left(\alpha - \frac{1}{2}\sigma^2\right)(T-t)}{\sigma\sqrt{T-t}}$$

式中，α 是股票的期望收益率，β 是期权的期望收益率，但很可惜的是，上述两个参数也很难进行估计。

在此基础上，Samuelson 和 Merton（1969）认识到上述模型不可行，于是对模型进行改进，将期权价格看作股票价格的函数。但是他们最后得出的定价公式却依赖于他们所假定的投资者的效用函数。

由于上述模型都存在着或多或少的缺陷，其定价公式中都包括一些无法确定的参数，这使得这些模型的应用大大受到限制，也正体现出下面要重点介绍的 B-S 模型的优越性。

（二）B-S 期权定价模型

1. B-S 期权定价模型的假设

B-S 期权定价模型是通过无套利原则推导出来的。要符合无套利原则的要求，就需要对模型作出一些必要的假设，比如说可以在任何时候购买任何数量的标的资产（即完全流动性）等假设。Black 和 Scholes（1973）为其模型所作的具体假设如下：

（1）股票价格服从连续时间的随机游走过程，且方差同股票价格的平方成正比。在数学上，将这类随机过程称为几何布朗运动，且单位时间漂移和方差分别为 μ 和 σ^2。

（2）无风险利率为 r，r 是一个常数，不随期限的变化而变化。

（3）在期权的有效期内，股票不支付股利。

（4）期权是欧式的，即只能在期权到期日才可以执行。

（5）不存在交易成本和税收。

（6）所有的证券都无限可分。

（7）可以进行卖空交易，且没有保证金，即证券交易者可以借入一定数量的证券并将其出售，只要他在将来购买相同数量的证券归还即可。而且卖空者可以全额使用出售证券的所得，而无须交纳一定比例的保证金。

（8）市场中不存在套利的机会。

在上述假设的基础上，Black 和 Scholes（1973）认为，期权的价值取决于股票的价值、到期期限以及上述给出的一些常量。他们构造了一个由标的资产的一定数量的多头和期权的一定数量的空头组成的证券组合。要求这个组合的收益是确定的，不依赖于股票的价格，即是无风险的。由于无风险资产的收益率为 r，所以根据无套利原则就可以计算出这个组合的价值，从而推导出期权的定价公式。

B-S 公式与上面提到的期权定价公式相比最大的优点就是，它与股票的期望收益率无关，也就是说，期权的合理价格与人们对风险的不同态度无关，而且 B-S 公式仅依赖于一些可观测的变量：股票的现价、执行价格、到期期限、无风险利率和股票价格的波动率（波动率可根据历史数据近似估计），这使得 B-S 公式使用起来非常方便。

B-S 模型是迄今为止最具实用价值的经济模型之一。该模型在理论及实践中都几乎立即得到广泛的接受和应用，这在金融学中可以算是一个奇迹。模型也为其他金融衍生证券的定价奠定了基础，为其他领域的经济估算铺平了道路。

2. B-S 模型的推导

（1）股票价格的分布。根据 Black 和 Scholes（1973）的假设，可知股票价格满足几何布朗运动，即：

$$dS(t) = S(t)\mu dt + \sigma S(t) dW(t) \tag{1}$$

或者是：

$$dS(t)/S(t) = \mu dt + \sigma dW(t) \tag{2}$$

式中，$W(t)$ 表示标准布朗运动（或标准维纳过程）。式（2）表示股票的收益率，dS/S 是漂移为 μ、方差为 σ^2 的布朗运动，即：

$$E(dW) = 0, \quad E(dW^2) = dt$$

$$E(dS/S) = \mu dt, \quad \text{Var}(dS/S) = \sigma^2 dt$$

从式（1）可知，在任何时点，股票价格都服从对数正态分布，这就避免了股票价格为负的情况。而这正是巴舍利耶期权定价模型的一个致命缺陷。

（2）期权价格的扩散方程。Black 和 Scholes（1973）在模型中假设期权价格是股票价格 S 与时间 t 的函数，将其表示为 $C(S,t)$，那么根据伊藤（Ito）公式，我们有：

$$dC = C_1 dS + C_2 dt + \frac{1}{2} C_{11} \sigma^2 S^2 dt$$

式中

$$C_1 = \frac{\partial C}{\partial S}, \quad C_2 = \frac{\partial C}{\partial t}, \quad C_{11} = \frac{\partial^2 C}{\partial S^2}$$

再代入式（1），可得到：

$$dC = \left(C_1 S\mu + C_2 + \frac{1}{2} C_{11} \sigma^2 S^2 \right) dt + C_1 \sigma S dW \tag{3}$$

而且 $C(S,t)$ 要满足终值条件：

$$C(S,T) = \begin{cases} S - X, & S \geqslant X \\ 0, & S < X \end{cases} \tag{4}$$

式中，T 是期权的到期日，X 是期权的执行价格。

（3）构建无风险组合。从数学意义上讲，只要能构建一个证券组合，其收益中不含 dW，那么这一证券组合就是无风险资产。Black 和 Scholes（1973）采用的证券组合是买入一单位的标的资产，同时卖空 $1/C_1$ 单位的期权，用 P 来表示这一证券组合，就可以有：

$$P = S - C/C_1 \tag{5}$$

在 dt 时间后，证券组合价值的变化（即收益）为：

$$dP = dS - dC/C_1$$

代入式（1）与式（3）后，可以得到：

$$dP = -\left(C_2 + \frac{1}{2}C_{11}\sigma^2 S^2\right)dt/C_1 \tag{6}$$

（4）无套利定价原则。由于上面构造的证券组合的收益中不包含随机项，我们可以将其认为是无风险的，那么根据无套利原则，该组合的收益率应该等于无风险利率 r，于是可以有：

$$dP = rPdt \tag{7}$$

我们将式（5）和式（6）代入式（7），就可以得到：

$$-\left(C_2 + \frac{1}{2}C_{11}\sigma^2 S^2\right)dt/C_1 = r(S - C/C_1)dt$$

化简后，可以得到：

$$C_2 = rC - rSC_1 - \frac{1}{2}C_{11}\sigma^2 S^2 \tag{8}$$

再加上终值条件（4）：

$$C(S,T) = \begin{cases} S - X, & S \geqslant X \\ 0, & S < X \end{cases}$$

我们可以知道，满足微分方程（8）和终值条件（4）的函数 $C(S,t)$ 即为我们要求的期权定价公式。其中式（8）一般被称为 B-S 方程，也称期权价值方程。

（5）期权定价公式。Black 和 Scholes（1973）在推导上述方程的显式解的时候使用了物理学上的热传导效应方程以及它的解，最后得到的欧式看涨期权的定价公式如下：

$$C(S(t),t) = S_0\Phi(d_1) - Xe^{-r(T-t)}\Phi(d_2) \tag{9}$$

$$d_1 = \frac{\ln\left(\dfrac{S_0}{X}\right) + \left(r + \dfrac{1}{2}\sigma^2\right)(T-t)}{\sigma\sqrt{T-t}}$$

$$d_2 = \frac{\ln\left(\dfrac{S_0}{X}\right) + \left(r - \dfrac{1}{2}\sigma^2\right)(T-t)}{\sigma\sqrt{T-t}} = d_1 - \sigma\sqrt{T-t}$$

注意在上面的式（9）中并没有出现股票的期望收益率，这说明期权的价格作为股票价格的函数时与股票的期望收益率无关。而股票的期望收益率只会影响期权的期望收益率，很显然，股票价格上升得越快，期权的价格上升得也越快。

（6）B-S 期权定价公式的性质。Merton（1973）证明了由式（9）给出的期权

价格是 T、r、σ^2 的连续函数，且上述任意一个变量的增加都会使得期权的价格上升。当任意一个变量趋于无穷大时，期权的价值无限趋近于股票的价值。

举个例子，当 $\sigma \to \infty$ 时，通过求极限可以得到：$d_1 \to \infty$，$d_2 \to \infty$，从而得出 $\Phi(d_1) \to 1$，$\Phi(d_2) \to 0$，于是就可以得到期权价格的极限 $C \to S$。其经济含义就是：当股票价格波动极为不确定时，如果要获得股票的购买权，必须付出与股票价格几乎相同的成本。

另外，当 $S \to \infty$ 时，可得 $d_1 \to \infty$，$d_2 \to \infty$，从而 $\Phi(d_1) \to 1$，$\Phi(d_2) \to 1$，于是可以得到 $C \to S - Xe^{-r(T-t)}$。这表明当 $S \to \infty$ 时，期权的执行价 X 显然会以概率 1 小于 S，那么这个时候期权执行的概率趋于 1，显然以执行价 X 在时刻 T 购买一单位股票的期权价格应该就等于 $S - Xe^{-r(T-t)}$。在 $X \to 0$ 时，也会出现上述情况，因为 X 无限趋于零的时候，执行股票期权的概率就趋于 1。

在期权定价公式推导中涉及的偏导数 C_1 比较令人关注，因为它是构造无风险套利组合 P 所用到的重要参数，对公式（9）求偏导，就可以发现：

$$C_1 = \Phi(d_1) \tag{10}$$

式中，d_1 与式（9）中相同。

由式（9）和式（10），可以得到 $SC_1/C > 1$，这就说明期权比股票的波动性更高。

3. 欧式看跌期权的定价公式

使用与 B-S 模型相同的无套利定价方法，可以同样地得到欧式看跌期权的定价公式，以 $U(S,T)$ 表示卖出期权的价值函数。通过构造无风险套利组合，得到欧式看跌期权的价值方程（与看涨期权相同）：

$$U_2 = rU - rSU_1 - \frac{1}{2}U_{11}\sigma^2 S^2$$

但是看跌期权的终值条件与看涨期权不同：

$$U(S,T) = \begin{cases} 0, & S \geqslant X \\ X - S, & S < X \end{cases} \tag{11}$$

利用同样的方法，可以解出：

$$U(S,t) = -S_0\Phi(-d_1) + Xe^{-r(T-t)}\Phi(-d_2) \tag{12}$$

式中，d_1，d_2 与式（9）中相同。

通过式（9）和式（12），就可以验证前面提到过的平价公式：

$$C + Xe^{-r(T-t)} = P + S_0 \tag{13}$$

其实，在已知平价公式（13）和欧式看涨期权定价公式（9）的前提下，无须再通过构造无风险组合的方法去对欧式看跌期权进行定价，只要将式（9）代入式

（13）就可以得到欧式看跌期权的定价公式（12）。这也是期权定价模型一般只对欧式看涨期权进行定价的原因。

4. 支付股利情况下的期权定价

虽然 B-S 期权定价模型具有很多优点，但是由于其苛刻的假设条件，使得原始的 B-S 定价公式在实际中的运用大受限制。于是就有许多金融学者在 B-S 的基础上进行推广和改善，使得 B-S 期权定价公式适用于更为广泛的期权定价。其中默顿就将原始的 B-S 定价公式推广到了支付股利的股票期权定价公式。

Merton（1973）假设股利的支付是连续的而且股利支付率已知，用 q 来表示股利支付率。他将支付股利的股票与类似的不支付股利的股票进行比较，如果一只股票现在的价格是 S_0，以支付率 q 支付股利，到时间 T 价格是 S_T，那么如果考虑相同的但是不支付股利的情况，到时间 T 股票的价格应该是 $e^{q(T-t)}S_T$（支付股利使价格以速度 q 下降）。

很显然，对于一只不支付股利的股票，如果要求其在时间 T 价格是 S_T，那么就要求其在期初的价格是 $e^{-q(T-t)}S_0$。于是一份标的资产是股利支付率为 q、期初价格为 S_0 的期权，就相当于一份标的资产是不支付股利且期初价格是 $e^{-q(T-t)}S_0$ 的期权，于是在 B-S 定价公式中用 $e^{-q(T-t)}S_0$ 代替 S_0，我们就得到支付已知红利股票的欧式看涨期权定价公式：

$$C(S,t) = S_0 e^{-q(T-t)}\varPhi(d_1) - Xe^{-r(T-t)}\varPhi(d_2) \tag{14}$$

又由于

$$\ln\left(\frac{S_0 e^{-q(T-t)}}{X}\right) = \ln\left(\frac{S_0}{X}\right) - q(T-t)$$

所以，

$$d_1 = \frac{\ln\left(\dfrac{S_0}{X}\right) + \left(r - q + \dfrac{1}{2}\sigma^2\right)(T-t)}{\sigma\sqrt{T-t}}$$

$$d_2 = \frac{\ln\left(\dfrac{S_0}{X}\right) + \left(r - q - \dfrac{1}{2}\sigma^2\right)(T-t)}{\sigma\sqrt{T-t}} = d_1 - \sigma\sqrt{T-t}$$

如果股票的股利支付率发生变化，那么可以求出近似的平均的股利支付率，再进行计算。有关支付已知股利率的期权定价同股票指数、期货价格、汇率的情形非常相似，因此上述推导也同样适用于股指期权、期货期权、外汇期权的定价。正是由于默顿作出的这一推广，使得 B-S 期权定价公式可以适用的范围大大增加，因此我们也将这类期权定价公式称为 B-S-M 期权定价公式（也称 B-S-M 范式下的期权定价公式）。

值得注意的是，在支付股利的前提下，上面所说的平价公式（13）也有所不同，其具体形式变为：

$$C + Xe^{-r(T-t)} = P + S_0 e^{-q(T-t)} \tag{15}$$

同时我们知道，支付已知红利股票的欧式看跌期权定价公式为：

$$U(S,t) = -S_0 e^{-q(T-t)} \varPhi(-d_1) + Xe^{-r(T-t)} \varPhi(-d_2) \tag{16}$$

式中，d_1、d_2 与式（14）中的相同。

5. 美式期权定价

美式期权与欧式期权最大的区别是它给予期权的持有者在期权到期前的任意时刻执行期权的权利。这使得美式期权的定价十分复杂。但是由于在实际中存在大量的美式期权交易，所以对美式期权进行定价是很重要的课题。

我们先定性地将美式期权与对应的欧式期权进行一下比较。由于美式期权给予期权持有者的权利多于欧式期权，即提前执行权（early exercise），因此，美式期权的价值必然要高于对应的欧式期权，即：

$$C_A \geqslant C, \quad U_A \geqslant U$$

我们分别用 C_A、U_A 表示美式看涨和看跌期权的价格。要计算美式期权的价值，就要考虑期权的持有者在什么样的情况下会执行提前执行权。

（1）在标的资产不支付股利的情况下。Merton（1973）认为美式看涨期权不会选择执行提前执行权。因为若期权在有效期内处于平值或虚值状态，期权的持有者肯定不会提前执行，因为提前执行就意味着亏损成为事实，而继续等待的话，股票价格还可能会上升到实值状态。若期权在有效期内处于实值状态，期权买方似乎应该立即执行该期权，并在股票市场上抛出股票，即可实现收益 $(S-X)$。事实并非如此。Merton（1973）证明，在这种情况下提前执行得到的是 $(S-X)$，但是却失去了时间价值，即丧失了因股价上升而使期权增值的机会。Merton（1973）得出结论认为，买方应继续维持多头头寸，以期望获取更高的收益。若买方预期股价被高估，期权将要向两平或虚值状态发展，这时买方也不应执行期权，而应售出期权，以便同时获得内含价值和时间价值。综上所述，美式看涨期权在任何情况下都不具备提前执行的条件。因此，在这种情况下，美式期权的价格与欧式看涨期权相同，即：

$$C_A = C$$

考虑欧式看跌期权的时候，情况就有所不同。在一些特定的情况下，提前执行会给期权的持有者带来更高的收益。由于现实中股票价格不可能低于零，所以当 S 无限趋于零，即看跌期权处于深度实值状态时，此时执行期权，得到的收益是 $(X-S)$，而且由于 S 再下降的概率趋于零，这就使得 $(X-S)$ 是期权所能获得的最高收益，如果再等待下去，S 上升的概率很大，会使得期权的收益反而下降，所以在这种情形下，应该执行期权。根据以上分析，当股票价格下降到某一临界点以下时，应该选择执行期权，但是如果股票价格仍然在临界点之上，就应该继续持有期权。

（2）在标的资产支付股利的情况下，美式看涨期权就存在提前执行的可能性。当看涨期权处于深度实值状态，即 $S > X$ 时，欧式期权的价值趋近于 $S - De^{-r(t_1-t)} - Xe^{-r(T-t)}$（$t_1$ 表示股利的发放日）。此时如果 D 的值足够大，就会使得 $S - De^{-r(t_1-t)} - Xe^{-r(T-t)} < S - X$，这种情形下就会使得看涨期权在股票的除权日前一天执行的收益高于继续持有的收益，期权的所有者执行期权，获得股票价格和执行价格之间的差额。而欧式期权的持有者只有等到到期日才能执行期权，对于在持有期间内的除权则无能为力，这就相当于损失了一大笔股利。虽然美式期权的提前执行会损失一定的现金价值，但这相对于所获得的股利就微不足道了。

美式看跌期权在发放股利的情形下提前执行的可能性比较大，这类期权是否提前执行主要看所发放股利的大小。一般来讲，深度实值的美式看跌期权应该在发放股利之前执行。然而，当股利足够大的时候，就应该在除权日之后再执行期权。这些情形都使得美式看跌期权的价值高于对应的欧式看跌期权。

（3）虚拟-美式期权定价（Pseudo-American option pricing）。美式期权的定价虽然比较复杂，但是到现在为止已经有很多金融学者为美式期权定价作出了许多努力，并且已经提供了多种方法和模型对其进行定价。下面介绍 Black（1975）的虚拟-美式期权定价法。

Black（1975）对美式期权的定价主要是在 B-S 期权定价模型的基础上进行的。具体计算方法按下面的步骤进行：第一步，利用 B-S 期权定价公式对与美式期权相对应的欧式期权进行定价。第二步，要求确定所有的股利发放日期和股利的大小，并且在每一个股利发放日调整股票价格，即将股票价格减去在这个股利发放日之后的所有应发股利（在期权的存续期内）的现值，从而得到调整之后的股票价格。第三步，利用调整以后的股票价格以及相对应的股利发放日（因为发放股利可能导致期权的提前执行）和到期日，计算欧式看涨期权的价值。计算出来的结果中最大的一个就被认为是美式期权的价值。

虚拟-美式期权定价将一个以支付股利的资产作为标的物的美式看涨期权看成是一系列可能发生的欧式看涨期权的组合。而且由于提前执行只会发生于除权日的前一天，因此，这一系列欧式期权的数量刚好等于期权存续期内发放股利的次数。

虚拟-美式期权定价在实证中的检验却并不太令人满意，大多数实证检验表明，这种定价方法与期权的实际市场价格差距较大。因此在这之后，又有很多学者进行了大量的研究。其中就有考克斯（Cox）和罗斯（Ross）的二项式定价法，以及 Adesi 和 Whaley（1987）的二次近似定价法。

（4）二次近似定价法（quadratic approximation option pricing method）。二次近似定价法主要是用于对股票指数期权以及股票指数期货期权进行定价。我们在前面提到，美式期权的价值肯定会比欧式期权高，Adesi 和 Whaley（1987）将美式看涨和看跌期权的价值分别表示为：

$$C_A(S,t) = C(S,t) + \varepsilon_C(S,t) \tag{17}$$

和

$$U_A(S,t) = U(S,t) + \varepsilon_U(S,t) \tag{18}$$

式中，$\varepsilon_C(S,t)$ 与 $\varepsilon_U(S,t)$ 就表示美式期权的提前执行权的价值。

二次近似定价法考虑股利支付率恒定为 q 的股票指数期权或股票指数期货期权。在存在股利支付的情况下，如果美式期权处于深度实值状态，就会导致提前执行。Adesi 和 Whaley（1987）假设对于美式看涨期权，存在临界值 S^*，当 $S \geqslant S^*$ 时期权应该提前执行。对于美式看跌期权，存在临界值 S^{**}，当 $S \leqslant S^*$ 时期权应该提前执行。具体的二次近似定价公式如下：

$$C_A(S,t) = \begin{cases} C(S,t) + A_2(S/S^*), & S < S^* \\ S - X, & S \geqslant S^* \end{cases} \tag{19}$$

式中

$$A_2 = \frac{S^*(1 - e^{-q(T-t)}\Phi(d_1(S^*)))}{Q_2}$$

$$Q_2 = \frac{1 - n + \sqrt{(n-1)^2 + 4k}}{2}$$

$$n = \frac{2(r-q)}{\sigma^2}$$

$$k = \frac{2r}{\sigma^2(1 - e^{-rT})}$$

$C(S,t)$ 是欧式期权定价公式，d_1、d_2 的含义同式（14）。

S^* 是美式看涨期权执行的临界点，它是下面方程的解：

$$S^* - X = C(S^*,t) - S^*[1 - e^{-q(T-t)}\Phi(d_1(S^*))]Q_2 \tag{20}$$

对于美式看跌期权，其二次近似定价公式为：

$$U_A(S,t) = \begin{cases} U(S,t) + A_1(S/S^{**}), & S > S^{**} \\ S - X, & S \leqslant S^{**} \end{cases} \tag{21}$$

式中

$$A_1 = \frac{S^{**}(1 - e^{-q(T-t)}\Phi(-d_1(S^{**})))}{Q_1}$$

$$Q_1 = \frac{1 - n + \sqrt{(n-1)^2 + 4k}}{2}$$

S^{**} 是看跌期权执行的临界点，它是下面方程的解：

$$S^{**} - X = C(S^{**}, t) - S^{**}[1 - e^{-q(T-t)}\Phi(-d_1(S^{**}))]/Q_1$$

这里要特别提到的是，对于欧式期权，存在平价公式：

$$C + Xe^{-r(T-t)} = P + S_0 e^{-q(T-t)}$$

即

$$C - P = S_0 e^{-q(T-t)} - Xe^{-r(T-t)}$$

但是对于美式期权，则有：

$$S_0 e^{-q(T-t)} - X \leqslant C_A - P_A \leqslant S_0 e^{(r-q)(T-t)} - Xe^{-r(T-t)} \tag{22}$$

6. B-S 期权定价公式对公司证券的定价

在 Black 和 Scholes（1973）以及 Merton（1973）中，都提到了公司发行的证券定价与期权定价的关系。由于公司的股票收益曲线与看涨期权的收益曲线类似，所以期权定价的公式同样也可以运用于对股票的定价。另外还有认股权证（warrant）、可提前赎回的债券、可提前偿还的债券等公司都可以用期权定价的方法进行定价。

（1）把股票看作一种期权。这种观点最先是由默顿提出的，并迅速为理论界所接受。现在这种方法已经成为确定股票价格的一种重要方法，而且在风险管理等方面有很重要的运用。

大多数有关期权方面的经典教材都会阐述上述理论，比如说在考克斯和鲁宾斯坦所著的《期权市场》（*Option Market*）一书中，构建了一个简单的模型：

假设某一公司发行 n 股股票和面值为 K 的零息票债券，债券期限是 T，由于公司是有限责任的，所以如果债券到期时公司的价值 V 大于 K，那么可以偿还债务，公司股票的价值是 $V - K$；但是如果债券到期时公司的价值 V 小于 K，那么由于公司是有限责任的，债券持有者只能获得公司的清算价值 V，而公司股票的价值是 0。如表 1 所示（S 表示股票的价值，B 表示债券的价值）：

表 1 公司股票与债券的价值

	$V \leqslant K$	$V > K$
债券价值（B）	V	K
股票价值（nS）	0	$V - K$

从表 1 中可以看出，公司股票在债券到期时的价值是 $\mathrm{Max}(0, V - K)$，其收益

曲线与欧式看涨期权十分相似。如果假设公司的价值服从几何布朗运动（方差是 σ^2），且无风险利率是 r，那么使用 B-S 期权定价公式，我们可以得到公司股票及债券的定价公式：

$$nS = V\Phi(d_1) - Ke^{-rT}\Phi(d_2)$$
$$B = V\Phi(-d_1) - Ke^{-rT}\Phi(-d_2)$$

(23)

式中，

$$d_1 = \frac{\ln\left(\dfrac{V}{K}\right) + \left(r + \dfrac{1}{2}\sigma^2\right)T}{\sigma\sqrt{T}}$$

$$d_2 = \frac{\ln\left(\dfrac{V}{K}\right) + \left(r - \dfrac{1}{2}\sigma^2\right)T}{\sigma\sqrt{T}} = d_1 - \sigma\sqrt{T}$$

当然，上述模型只是比较简单的模型，更为复杂的模型，读者可以参阅考克斯和鲁宾斯坦所著的《期权市场》。

（2）对认股权证的定价。公司的认股权证就相当于看涨期权，它赋予持有者以一定的价格购买一定公司股票的权利。认股权证与看涨期权有一个重要的区别：由于认股权证是由公司发行的，如果持有者执行期权，购入公司股票时，会使得公司股票数量增加，从而降低股票的价值。这个区别对认股权证价值的影响很大。对于认股权证的定价，Black 和 Scholes（1973）在其论文中提供了一个简便的方法，即构建模型。

假设某公司发行 a 股股票（以 S 表示）与 b 份欧式认股权证（以 W 表示），每份认股权证赋予持有者在到期日以执行价格 X 购入一份公司股票的权利。假设在到期日 T，执行认股权证时，持有者的收益是（V 表示公司的价值）：

$$(V + bX)/(a + b) - X = (V - aX)/(a + b)$$

因此，只要公司的价值大于 aX，就应该执行认股权证，从而就可以得到认股权证的收益（见表 2）。

表 2　　　　　　　　　　　　　认股权证的收益

	$V \leqslant aX$	$V > aX$
股票（aS）	V	$(V + bX)a/(a + b)$
认股权证（bW）	0	$(V - aX)b/(a + b)$

我们以 S^N 表示公司不发行认股权证时，在 T 时刻的股票价格。那么如果我们执行认股权证，每股股票的价格应该是：

$$S^* = (aS^N + bX)/(a + b)$$

那么认股权证在时刻 T 的收益应该是：

$$\text{Max}(S^* - X, 0) = \text{Max}(a(S^N - X)/(a+b), 0)$$

$$= \frac{a}{a+b}\text{Max}(S^N - X, 0)$$

因此，如果我们构造一份欧式期权 C，使得其收益是 $\text{Max}(S^N - X, 0)$，那么我们可以很容易地通过 B-S 期权定计公式来计算 C 的价值，从而得到认股权证的价值：

$$W = \frac{a}{a+b}C \tag{24}$$

利用 B-S 模型还可以对其他的一些嵌有期权的公司证券，比如可转换债券、可提前偿还的债券以及可提前赎回的债券进行定价。

（三）其他的期权定价模型

B-S 期权定价模型自提出之后，经过布莱克和斯科尔斯自己的进一步发展和默顿等经济学者的不断研究，发展成为期权定价的主流模型，被称为期权定价的 B-S-M 范式。

任何理论都要通过实证去检验，自 B-S 模型提出之后，经济学者作了大量有关 B-S 模型的实证检验，但是实证检验的结果却并不支持 B-S 模型，这里面就有我们前面提到的"波动性微笑"和厚尾现象。

正因为如此，许多学者不断寻找 B-S 模型存在的问题，是什么原因造成了这样的结果呢？既然模型的推导不存在问题，那么最大的可能性就是 B-S 模型所设定的苛刻的假设条件不符合现实。至今为止，B-S 模型的假设当中争议最大的是假设 a，即有关股票价格分布的假设。于是就有大量的文献放松假设 a，建立新的模型，求出新的期权定价公式，以期能够更好地反映经验数据。另外一个争议比较大的就是假设 b，即有关无风险利率恒定不变的假设，我们也会涉及放松假设 b 后建立的期权定价模型。

1. 常弹性波动率模型（constant elasticity of variance model）

由"波动性微笑"反映出股票的波动性并非常数，而且会随着股票价格的上升而下降。于是 Black 和 Cox（1976）提出了常弹性波动率模型（以下简称 CEV 模型），模型中假设股票价格仍然服从几何布朗运动，但是单位时间的波动率随股票价格的变化而变化。具体的扩散方程为：

$$\text{d}S = \mu S\text{d}t + \sigma(S,t)S\text{d}W = \mu S\text{d}t + \sigma^* S^\rho\text{d}W \tag{25}$$

式中，σ^* 为常数，$\rho<1$。

这类扩散过程被称为常弹性波动率，是因为其波动率对股票价格的弹性是常数，即：

$$[\partial\sigma(S,t)/\partial S]/[\sigma(S,t)/S] = \rho - 1 < 0$$

正是由于 $\rho < 1$，使得 $\sigma^2(S,t)$ 与股票价格的运动方向相反，这也正符合"波动性微笑"的特征。

利用上述扩散方程，可得到与 B-S 类似的期权价值方程：

$$C_2 = rC - rSC_1 - \frac{1}{2}C_{11}\sigma^{*2}S^{2\rho}$$

最后解出期权的定价公式是：

$$C = S\sum_{n=1}^{\infty}g(n,x)G(n+\lambda,y) - Xe^{-r(T-t)}\sum_{n=1}^{\infty}g(n+\lambda,x)G(n,y) \quad (26)$$

式中

$$g(n,z) = \frac{e^{-z}z^{n-1}}{(n-1)!}$$

$$\lambda = \frac{1}{2(\rho-1)}$$

$$x = \frac{2\lambda r}{\sigma^{*2}(e^{r(T-t)/\lambda}-1)}S^{1/\lambda}e^{r(T-t)/\lambda}$$

$$x = \frac{2\lambda r}{\sigma^{*2}(e^{r(T-t)/\lambda}-1)}X^{1/\lambda}$$

$$G(n,w) = \int_{w}^{\infty}g(n,z)\mathrm{d}z$$

在 Cox 和 Ross（1976）中给出了 $\rho = 0.5$（平方根过程）和 $\rho = 0$ 两种特殊情况下比较简单的期权定价公式。读者可以自行参阅。

2. 复合期权模型（compound option model）

复合期权模型由 Geske（1979）提出，在 Geske（1979）中，他将企业股票看做标的资产是企业价值的期权，且企业价值服从平稳的随机游走过程。然后假设由 B-S 期权定价公式可以给出企业股票与公司价值的关系。这就意味着，股票价格服从非平稳的随机游走过程，并且方差随股票价格的上升而上升。这样，我们就可以将标的资产是股票的买入期权看成是标的资产为期权的期权，即为复合期权（compound option）。通过复杂的推导，Geske（1979）给出了期权的定价公式，具体形式如下：

$$nC = V\Phi_2\left(d_1,d_1';\sqrt{\frac{t}{T}}\right) - Xe^{-rT}\Phi_2\left(d_2,d_2';\sqrt{\frac{t}{T}}\right) - nxe^{-rt}\Phi(d_2) \quad (27)$$

式中

$$d_1 = \frac{\ln\left(\dfrac{V}{\widetilde{V}}\right) + \left(r + \dfrac{1}{2}\sigma^2\right)t}{\sigma\sqrt{t}}, \quad d_2 = \frac{\ln\left(\dfrac{V}{\widetilde{V}}\right) + \left(r - \dfrac{1}{2}\sigma^2\right)t}{\sigma\sqrt{t}} = d_1 - \sigma\sqrt{t}$$

$$d_1' = \frac{\ln\left(\dfrac{V}{X}\right) + \left(r + \dfrac{1}{2}\sigma^2\right)T}{\sigma\sqrt{T}}, \quad d_2' = \frac{\ln\left(\dfrac{V}{X}\right) + \left(r - \dfrac{1}{2}\sigma^2\right)T}{\sigma\sqrt{T}} = d_1' - \sigma\sqrt{T}$$

$\widetilde{V}$ 满足：

$$\widetilde{V}\Phi(d_1'') - Xe^{-r(T-t)}\Phi(d_2'') - nx = 0$$

$$d_1'' = \frac{\ln\left(\dfrac{\widetilde{V}}{X}\right) + \left(r + \dfrac{1}{2}\sigma^2\right)(T-t)}{\sigma\sqrt{T-t}}$$

$$d_2'' = \frac{\ln\left(\dfrac{\widetilde{V}}{X}\right) + \left(r - \dfrac{1}{2}\sigma^2\right)(T-t)}{\sigma\sqrt{T-t}} = d_1'' - \sigma\sqrt{T-t}$$

上述公式中，V 表示企业价值，X 表示债券的票面价值，x 表示看涨期权的执行价格，T 表示债券的到期期限，t 表示期权的到期期限，σ 表示公司价值的波动性，r 是无风险利率，n 表示企业的股票数量。$\Phi_2(z_1, z_2; \rho)$ 表示的是二维标准正态分布函数且两个随机变量的相关系数为 ρ。

3. 随机利率模型

随机利率模型由 Merton（1976）提出，模型中假设无风险利率为随机变量，并对 B-S 期权定价公式进行了修正。

Merton（1976）定义 B 为与期权同时到期且到期支付给持有人 1 美元的贴现债券的价值，文中假设 B 遵循下面的扩散方程：

$$\mathrm{d}B = B\mu_B\mathrm{d}t + \sigma_B B\,\mathrm{d}W_B \tag{28}$$

或者是

$$\mathrm{d}B/B = \mu_B\mathrm{d}t + \sigma_B\mathrm{d}W_B \tag{29}$$

其他有关假设与 B-S 模型相同。但是 $\mathrm{d}W$（股票扩散方程中的维纳过程）与 $\mathrm{d}W_B$ 之间的相关系数是 ρ。

通过推导，Merton（1976）得出期权的价值方程为：

$$\frac{1}{2}(\sigma^2 S^2 C_{11} + 2\rho\sigma\sigma_B SB C_{12} + \sigma_B^2 B^2 C_{22}) - C_2 = 0 \tag{30}$$

并给出了显式解：

$$C = S\Phi(d_1) - XB\Phi(d_2) \tag{31}$$

式中

$$d_1 = \frac{\ln\left(\frac{S}{X}\right) - \ln B + \frac{1}{2}(\sigma^2 + \sigma_B^2 - 2\rho\sigma\sigma_B)(T-t)}{\sqrt{(\sigma^2 + \sigma_B^2 - 2\rho\sigma\sigma_B)(T-t)}}$$

$$d_2 = d_1 - \sqrt{(\sigma^2 + \sigma_B^2 - 2\rho\sigma\sigma_B)(T-t)}$$

4. 二项式定价模型（binomial option pricing model）

二项式期权定价模型由 Cox 和 Rubinstein（1979）提出，文中对股票价格分布的假设与 B-S 模型有很大的不同。

Cox 和 Rubinstein（1979）假设在一个多期的证券市场中，股票价格的分布是离散的，如图 1 所示：

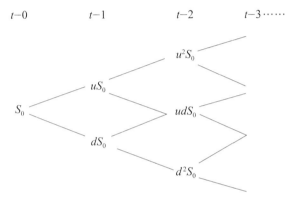

图 1 股票价格的二项式过程

股票在期权的存续期间内不支付股利。$t=0$ 时，股票的价格是 S_0，到 $t=1$ 时，股票的价格以 q 的概率上升到 uS_0，以 $(1-q)$ 的概率下降到 dS_0，依此类推，如图 1 所示（注意 $u>1$，$d<1$）。无风险利率是 r（令 $R=1+r$）。

假如欧式看涨期权的期限是一期，期权在期初的价格是 S_0，期末的价格是 uS_0 和 dS_0，我们可以构造一个由期权和股票所构成的无风险证券组合，再利用无套利定价原理，这个证券组合的收益率应该是 r，这样就可以知道该证券组合在期初的价值，从而就可以将期权价值表示成已知参数与股票价格的函数。

由于期权在一期后的价值如下所示：

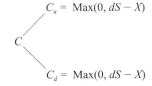

构造证券组合 P，买入 Δ 份股票，卖空一份欧式看涨期权。要使其成为无风险组合，就有：

$$\Delta uS - C_u = \Delta dS - C_d$$

于是可以有：

$$\Delta = \frac{C_u C_d}{(u-d)S}$$

而且期权的价值应该满足：

$$\Delta S - C = (\Delta uS - C_u)/R = (\Delta dS - C_d)/R$$

化简后可以得到：

$$C = \left[\left(\frac{R-d}{u-d}\right)C_u + \left(\frac{u-R}{u-d}\right)C_d\right]/R \tag{32}$$

令

$$p = \frac{R-d}{u-d} \tag{33}$$

就可以得到：

$$C = (pC_d + (1-p)C_d)/R \tag{34}$$

式（34）中的 p 被称为风险中性概率（risk-neutral probability）。

对于多期的情况，我们可以从最后一期开始，以上述简单期权的定价方法来对前一期的各个节点进行定价，不断进行下去，最终就可以得到期权的价值。

Cox 和 Rubinstein（1979）给出了 n 期下，欧式看涨期权的价值公式：

$$C = \sum_{j=0}^{n} \frac{n!}{j!(nj)} \tag{35}$$

化简后可以得到：

$$C = SB[\alpha;n,p'] - XR^{-n}B[\alpha;n,p] \tag{36}$$

式中，

$$p = \frac{R-d}{u-d}, \quad p' = (u/R)p$$

$B[\alpha;n,p]$ 是互补二项式分布函数；a 是大于 $\ln(X/Sd^n)/\ln(u/d)$ 的最小整数（如果 $\alpha > n$，则 $C=0$）。

上述期权定价公式（36）就是 Cox 和 Rubinstein（1979）给出的二项式期权定价公式。而且 Cox 和 Rubinstein（1979）也证明，给定期权的到期时间 T，不断增加二项式模型的时期数 n，使得 t/n 趋于零，如果令 $u = e^{\sigma t/n}$，$d = e^{-\sigma t/n}$，利用中心极限定理，可以证明式（36）的极限就是 B-S 期权定价公式。

二项式期权定价也可以运用于对美式期权定价。在上述计算 n 期欧式看涨期权的定价模型中，在计算每个节点的价值时，对期权执行与不执行同时计算价值，取价值高者作为此节点的价值，再继续前一期节点的定价，最后就可以计算出美式期权的价值。

5. 跳跃模型（jump models）

股票的价格在某些重大信息来临的时刻会出现跳跃的现象，即股票价格的分布在现实中并不一定是连续的。这就与 B-S 模型中股票价格服从几何布朗运动的假设相抵触，于是就出现了反映股票价格这种跳跃现象的模型——跳跃模型。

（1）纯生跳跃定价模型。Cox 和 Ross（1975）假设股票价格服从的是有漂移的生灭过程（birth and death process），其具体的微分方程由下式给出：

$$dS = \mu S dt + dq \tag{37}$$

式中

$$dq = \begin{cases} k-1, & 概率是\ \lambda S dt \\ 0, & 概率是\ 1-\lambda S dt \end{cases}$$

Cox 和 Ross（1976）通过推导得出了股票价格服从生灭过程下期权的价值方程：

$$\mu C_1 + \left[\frac{\mu - rS}{1-k}\right] C(S+k-1, t) + \left[\frac{r(k-1+S)}{1-k}\right] C(s,t) + C_2 = 0 \tag{38}$$

式中，μ，k 均是 S，t 的函数。

注意，上述价值方程与生灭过程的跳跃频率 λ 无关，这是因为构造无风险组合时，套利的头寸只与跳跃的高度相关，而同 λ 无关。Cox 和 Ross（1975）中给出了不存在漂移的纯生过程的显式解，但是，式（38）在大多数情况下并不存在显示解。

（2）跳跃-扩散定价模型（jump-diffusion model）。跳跃-扩散定价模型首先由 Merton（1976）提出，它在假设股票价格遵循几何布朗运动的基础上加入了跳跃过程，具体的扩散方程是：

$$dS/S = (\mu - \lambda k) dt + \sigma dW + dq \tag{39}$$

式中，k 为平均跳跃幅度占股票价格上升幅度的比率，λ 是跳跃频率，且 $\text{Cov}(dW, dq) = 0$。假定跳跃幅度的比例从模型的概率分布中抽取，由跳跃带来的平均增长率为 λk，因此几何布朗运动提供的预期增长率为 $\mu - \lambda k$。

Merton（1976）所做出的关键假设是，股票收益的跳跃成分代表了非系统性风险，这意味着布莱克-斯科尔斯形式的证券组合消除了几何布朗运动带来的不确定性后，应获得无风险利率，当按比例跳跃幅度的对数值是正态分布时，可获得最简单形式的默顿跳跃-扩散模型：

$$C = \sum_{i=0}^{\infty} \frac{e^{-\lambda' t}}{i!} C_i(S, X, t, \sqrt{\sigma^2 + \delta^2(i/t)}, r) \tag{40}$$

式中，$\lambda' = \lambda(1+k)$，C_i 表示的是 B-S 期权定价公式，δ 是无跳跃发生时股票价格的波动率。

6. 随机波动率模型（stochastic volatility model）

随机波动率模型仍然假设股票价格服从几何布朗运动，但是同时又假设波动率 σ^2 也服从几何布朗运动。Hull 和 White（1987）、Scott（1987）和 Wiggins（1987）分别对 σ^2 的扩散方程作出了不同的假设，并得出了类似的定价公式。这里只介绍一下简化 Hull 和 White（1987）的定价公式，另外的模型只是在假设上与 Hull 和 White（1987）有一些细微的差别，最后的定价公式也比较类似。

Hull 和 White（1987）对股票价格运动作出的假设是（$V=\sigma^2$）：

$$dS = \phi S dt + \sigma S dW$$

$$dV = \mu V dt + \xi V dz$$

式中，dW 与 dz 的相关系数为 ρ。

通过推导得出的期权价值方程是：

$$\frac{\partial C}{\partial t} + \frac{1}{2}\left[\sigma^2 S^2 \frac{\partial^2 C}{\partial S^2} + 2\rho\sigma^3\xi S \frac{\partial^2 C}{\partial S \partial V} + \xi^2 V^2 \frac{\partial^2 C}{\partial V^2}\right] - rC$$

$$=-rS \frac{\partial C}{\partial S} - \mu\sigma^2 \frac{\partial C}{\partial V}$$

Hull 和 White（1987）通过期权有效期内的平均波动率给出了期权的定价公式：

$$C(S_t, \sigma_t^2) = \int C(\overline{V}) h(\overline{V}\,|\,\sigma_t^2) d\overline{V} \tag{41}$$

式中，

$$C(\overline{V}) = S_t \Phi(d_1) - Xe^{-r(T-t)} \Phi(d_2)$$

$$d_1 = \frac{\ln\left(\dfrac{S_t}{X}\right) + (r+\overline{V}/2)(T-t)}{\sqrt{\overline{V}(T-t)}}$$

$$d_2 = d_1 - \sqrt{\overline{V}(T-t)}$$

7. 期权定价中的 GARCH 模型

GARCH 模型则更多地借鉴计量经济学的思想来测度股票价格的波动率情况。下面简单地介绍一下模型重要的假设和推导结果。

Heston 和 Nandi（2000）提出了封闭式的 GARCH 期权定价模型。该模型有两个最为重要的假定，分别是：

（1）股票价格的对数服从 GARCH 过程：

$$\log[S(t)] = \log[S(t-\Delta)] + r + \lambda h(t) + \sqrt{h(t)}z(t) \tag{42}$$

$$h(t) = \omega + \sum_{i=1}^{p} h(t-i\Delta) + \sum_{i=1}^{q} \alpha_i [z(t-i\Delta)] - \gamma_i \sqrt{h(t-i\Delta)^2} \tag{43}$$

（2）单一期限到期的看涨期权价值符合布莱克-斯科尔斯-鲁宾斯坦公式。

在 (42)、(43) 两个假设成立的前提下，通过数理推导可以得到的欧式期权定价公式如下所示：

$$C = e^{-r(T-t)} E_t^* \left[\text{Max}(S(T) - K, 0) \right]$$

$$= \frac{1}{2} S(t) + \frac{e^{-r(T-t)}}{\pi} \int_0^\infty \text{Re} \left[\frac{K^{-i\Phi} f^*(i\Phi + 1)}{i\Phi} \right] d\Phi$$

$$- K e^{-r(T-t)} \left(\frac{1}{2} + \frac{1}{\pi} \int_0^\infty \text{Re} \left[\frac{K^{-i\Phi} f^*(i\Phi)}{i\Phi} \right] d\Phi \right)$$

式中，$E_t^* [\quad]$ 表示在风险中性条件下的期望。在文章的后半部分，作者还实证检验了这一期权定价模型的实际效果。具体推导过程，读者请参考 Heston 和 Nandi (2000)。

8. 分析其他变量对期权价格的影响

由于 B-S 模型的某些假设过于严格，因此有部分学者跳出了 B-S 模型的理论框架，构建出了全新的期权定价模型。

Garleanu 等 (2008) 指出，期权做市商无法完全对冲它们的库存，因此期权的需求会影响期权的价格。他们基于这一出发点构建了数学模型分析了需求压力对期权价格的影响。该模型表明，一个期权合约中的需求压力使价格上涨，其上涨幅度与期权不可套期部分的方差成比例。同样，需求压力使其他期权的价格上涨，其上涨幅度与两个期权的不可套期部分的协方差成比例。Dorion (2016) 构建了宏观 GARCH 模型，其中期权的价格部分由宏观金融变量决定。经过实证检验发现，该模型较其他基准模型而言，在标的资产收益率拟合和期权定价方面表现得更为优越。

三、波动性微笑及其形式

检验 B-S 期权定价模型是否有效的一种主要方法是检验股票价格的隐含波动率是否为常数。隐含波动性的具体计算方法有牛顿-拉夫森（Newton-Raphson）迭代法等。按照 B-S 模型的假设，隐含波动性不会随着期权的执行价格和到期时间的变化而变化，即隐含波动率曲线是水平的。但多数研究表明，隐含波动率曲线并不是水平的，而是随着期权的执行价格和到期时间的变化而变化。不同标的资产的波动性微笑曲线的具体形状有异。常见的主要有两种：第一，虚值或实值期权的隐含波动性会比平值期权的隐含波动性要高。这适用于大多数外汇期权。隐含波动性随执行价变动的曲线是真正的波动性微笑曲线。第二，隐含波动性会随着执行价格的上升而下降，即处于实值看跌或虚值看涨期权的隐含波动性要比处于虚值看跌或实值看涨期权的隐含波动性低，这主要表现在股票期权上。通常也把这种形状的波动率曲线称为波动率倾斜（volatility sneer 或 volatility skew）。产生波动性微笑的原因是，标的资产价格并不服从 B-S 模型所假设的扩散过程，那么不同形态的波动率微笑也意味着标的资产价格的分布不同。下面我们分别对这两种形状进行介绍。

1. 外汇期权的波动性微笑

大多数外汇期权所计算出来的波动率曲线呈 U 形。这是最典型的波动性微笑图像，如图 2 所示：

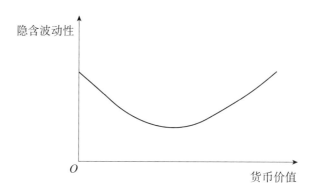

图 2　外汇期权的波动性微笑曲线

注意，图中的货币价值是衡量期权在到期日是处于虚值还是实值状态的变量。货币价值可以用 $[X/S-1]$ 来标准化，以使不同的外汇期权具有可比性，S 是现行汇率。对于看涨期权来说，货币价值大于 0 表示期权处于实值状态，小于 0 则表示期权处于虚值状态，看跌期权则刚好相反。在给定的时刻 t，股票价格 S 是确定的，那么货币价值与执行价格 X 的关系是线性的，两者是完全正相关的关系，因此在实际的图像中以货币价值和以执行价格 X 作为横轴所表达的意思是相同的。

在 B-S 模型波动性不变的假设下，标的资产的价格应该服从对数正态分布，但是由于隐含波动率并不是水平的，那么很显然就可以知道，标的资产的价格分布并非对数正态分布，如图 3 所示：

图 3 中所示汇率的隐含分布与对数正态分布相比，尾部的概率更大（即厚尾现象），而且峰度要比对数正态分布的高。汇率的分布不服从对数正态分布的实际原因主要有：（1）汇率的波动率并不是不变的；（2）汇率的波动存在跳跃，这可能与央行的外汇市场干预有关。

具体的外汇期权的隐含波动性形状参见 Derman（1999）、Hagan（2000）等。

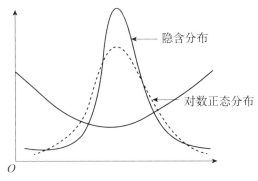

图 3　波动性微笑的隐含分布

2. 股票期权的波动性微笑

大多数股票期权所得出来的波动性微笑是随着执行价格的上升而下降的，即低执行价格期权的隐含波动性要比高执行价格期权的隐含波动性高，如图 4 所示：

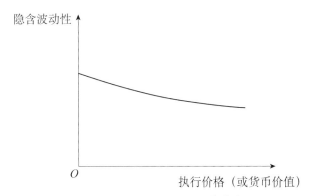

图 4　股票期权的波动性微笑曲线

同样地，波动率倾斜所对应的隐含分布的峰度与偏度与对数正态分布也有明显的不同，而且在左侧有更明显的厚尾现象。

对于股票期权的隐含波动性为什么会呈现这样的性质，一个可能的解释就是因为资本结构的影响。当股票的价格下降时，我们知道公司债务比率就会上升，这就会导致公司杠杆比率的上升，从而使得公司的不确定性上升、股票价格的波动率增加。相反，当股票价格上升时，公司的债务比率和杠杆比率都会下降，这就会使得公司的不确定性和股票价格波动率下降。因此，股票价格波动率可以是股票价格的函数。

许多学者利用市场上的单个股票期权或股票指数期权得出了具体的波动性倾斜图像。如 Das 和 Sundaram（1999）；Dumas，Fleming 和 Whaley（1998）；Franks 和 Schwartz（1991）；Heynen（1993）等。以 Dumas 等（1998）为例，给出波动

率倾斜的一个具体例子。Dumas 等（1998）选取了 1992 年 4 月 1 日三种不同到期日的标准普尔 500 股票指数期权进行分析（到期日分别是 4 月、5 月和 6 月，到期期限分别是 17 天、45 天和 80 天）。

要特别注意的是，图 5 中根据时间调整的货币价值的计算公式是 $[X/(S - PVD) - 1]/\sqrt{T}$，式中 S 表示的是现行的股票指数，X 表示的是期权的执行价格，PVD 表示的是期权到期之前股票发放股利的现值，T 表示期权的到期时间。之所以要根据时间调整，是为了去除时间对隐含波动性的影响。

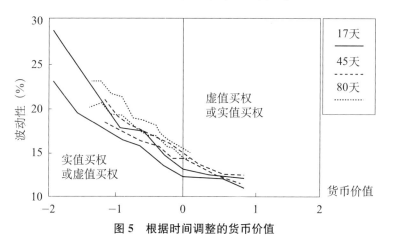

图 5　根据时间调整的货币价值

类似地，检验 B-S 公式有效性的另外一个思路是估计隐含波动性随到期日变化的曲线，即隐含波动性的期限结构（term structure of implied volatility）。隐含波动性如何随着到期时间的增加而变化的关系比较复杂。具体的形式参见 Macbeth 和 Merville（1979）、Zhu（1997）等。

Macbeth 和 Merville（1979）选取 1975 年 12 月 31 日—1976 年 12 月 31 日以 IBM 公司股票为标的资产的期权市场价格进行计算，得出的结论是：实值状态下的期权如果到期时间比较短，其隐含波动性会比执行价格相同但是到期时间更长的期权的隐含波动性高。而虚值状态下的期权则刚好相反，到期时间越短，其隐含波动性就越小。

Avellaneda 和 Zhu（1997）使用主成分分析法（principal component analysis）分析平值状态下的隐含波动性，并对其建立了 GARCH 模型。

Canina 和 Figlewski（1993）选取自 1983 年 3 月 15 日到 1987 年 3 月 28 日以 OEX 指数作为标的资产的看涨期权，对相同期限期权的隐含波动性求加权平均值，得出的结果是，隐含波动性是到期时间的减函数。

Vasquez（2017）利用 1996 年 1 月 4 日—2012 年 1 月 30 日期间所有美国股票

期权及其标的价格的数据，发现波动率期限结构的斜率与未来的跨期收益之间存在很强的正相关关系。

既然隐含波动性会受期权的执行价格和期权到期日的影响，那么就可以在一个三维坐标系中画出隐含波动性随执行价格和到期时间变化而变化的曲面，即为隐含波动性曲面（implied volatility surface）。

Rubinstein（1994）首次对波动性曲面进行建模，其构建了 IVF（implied volatility function）模型以描述这一现象。然而，其实证结果却并不理想。Daglish（2007）为了弥补上述模型的不足，提出了利用无套利定价的方法来模拟波动性曲面的演化过程。

通过隐含波动性的计算可知，B-S 模型有关股票价格波动率不变的假设是不完全正确的，那么就有经济学者试图在新的假设基础上建立新的模型来对期权进行定价，以期能得到比 B-S 模型更加有效、更加符合现实的模型。那么如何提出新的假设呢？当然就要根据所计算出的隐含波动率的性质。由于波动性微笑和期限结构给出的是比较直观的图像，而不能给出比较精确的说明，下面就对隐含波动性的一些具体的统计特征进行介绍。

（1）在任意时点上，相同标的资产的期权的隐含波动性随期权执行价格和到期时间的变化而变化。

（2）隐含波动性曲面的形状会随着观测时点的变化而变化，这被称为隐含波动率曲面的动态性。

（3）隐含波动性有很高的正相关性，而且有均值回归性，即当波动性过高或过低的时候会自动向平均水平运动。

（4）通过主成分分析法可以得出结论：隐含波动性的动态变化可以由两三个主成分来解释，第一个主成分反映的是所有虚值和实值期权的隐含波动性同方向的移动；第二个主成分反映的是虚值和实值期权隐含波动性的反方向运动；第三个主成分反映的是隐含波动性曲面凸性的变化。

（5）隐含波动性的变化与标的资产价格的变化并不是完全相关的。

对于隐含波动性的其他一些特征，在参考文献 Alexander（2001）、Heynen（1993）、Das 和 Sundaram（1999）中有具体的说明，读者可以自行参阅。

四、总结

本文概述了大量的期权定价理论与模型，包括早期的定价模型（B-S 模型），并对 B-S 模型之后期权定价模型的进展进行了简要的介绍。迄今为止，B-S 模型是在实际中使用最多的期权定价模型，因为它给出了一个投资者都可以理解的显式解析解，而大量的扩展模型却不能得到期权价格的解析解，只能通过数量方法求解。另外，尽管有些扩展模型可以得到一定的解析解，我们还需要通过实证检验其有效性。

毫无疑问，布莱克-斯科尔斯期权定价模型大大推动了金融学和金融行业的发展，但是对于 B-S 模型的质疑也大量存在，其中之一就是波动性微笑问题的存在，由于 B-S 模型的假设与现实情况不符，使得该模型在实证检验中很难被认同。

如何建立更加符合现实的期权定价模型是我们必须关注和深入研究的，这需要我们对风险中性定价理论、股票价格所遵循的随机过程、偏微分方程以及如何应用期权定价模型进行更加细致深入的讨论。另外，还要注意这些模型给出的期权价格的性质，并进行相应的实证检验。

参考文献

[1] Alexander，C.，2001，Principles of the skew. Risk，529 – 532.

[2] Andersen，L.，1999. Jumping smiles. Risk，65 – 68.

[3] Avellaneda，M.，Friedman，C.，Holmes，R.，Samperi，D.，1997. Calibrating volatility surfaces via relative-entropy minimization. Applied Mathematical Finance，4，37 – 64.

[4] Barone-Adesi，G.，Whaley，R. E.，1987. Efficient analytic approximation of American option values. Journal of Finance，42，301 – 320.

[5] Barone-Adesi，G.，Engle，R. F.，Mancini，L.，2008. A GARCH option pricing model in incomplete markets. Review of Financial Studies，21，1223 – 1258.

[6] Bi，Z.，Yousuf，A.，Dash，M.，2014. A study on options pricing using GARCH and Black-Scholes-Merton model. Asian Journal of Finance and Accounting，6，423 – 439.

[7] Black，F.，Cox，J. C.，1976. Valuing corporate securities：Some effects of bond indenture provisions. Journal of Finance，31，351 – 367.

[8] Black，F.，Scholes，M.，1973. The pricing of options and corporate liabilities. Journal of Political Economy，81，637 – 654.

[9] Black，F.，Derman，E.，Toy，W.，1990. A one-factor model of interest rates and its application to treasury bond options. Financial Analysts Journal，46，33 – 39.

[10] Breeden，D. T.，Litzenberger，R. H.，1978. Prices of state-contingent claims implicit in option prices. Journal of Business，621 – 651.

[11] Canina，L.，Figlewski，S.，1993. The informational content of implied volatility. Review of

Financial Studies，6，659－681.

［12］ Carr，P.，Wu，L.，2007. Stochastic skew in currency options. Journal of Financial Economics，86，213－247.

［13］ Corsi，F.，Fusari，N.，La Vecchia，D.，2013. Realizing smiles：Options pricing with realized volatility. Journal of Financial Economics，107，284－304.

［14］ Cox，J. C.，Ross，S. A.，1975. The pricing of options for jump processes，No. 02－75. Wharton School Rodney L. White Center for Financial Research.

［15］ Cox，J. C.，Ingersoll Jr.，J. E.，Ross，S. A.，2005. A theory of the term structure of interest rates. Theory of valuation，129－164.

［16］ Cox，J. C.，Ross，S. A.，Rubinstein，M.，1979. Option pricing：A simplified approach. Journal of Financial Economics，7，229－263.

［17］ Daglish，T.，Hull，J.，Suo，W.，2007. Volatility surfaces：theory，rules of thumb，and empirical evidence. Quantitative Finance，7，507－524.

［18］ Das，S. R.，Sundaram，R. K.，1999. Of smiles and smirks：A term structure perspective. Journal of Financial and Quantitative Analysis，211－239.

［19］ Derman，E.，1999. Regimes of volatility. Risk，55－59.

［20］ Derman，E.，Kani，I.，1994. Riding on a smile. Risk，7，32－39.

［21］ Derman，E.，Kani，I.，Goldman，N. C.，1996. Implied trinomial trees of the volatility smile. Journal of Derivatives，3，7－22.

［22］ Derman，E.，Kani，I.，Zou，J. Z.，1996. The local volatility surface：Unlocking the information in index option prices. Financial Analysts Journal，52，25－36.

［23］ Dorion，C.，2016. Option valuation with macro-finance variables. Journal of Financial and Quantitative Analysis，1359－1389.

［24］ Dumas，B.，Fleming，J.，Whaley，R. E.，1998. Implied volatility functions：Empirical tests. Journal of Finance，53，2059－2106.

［25］ Dupire，B.，1994. Pricing with a smile. Risk，7，18－20.

［26］ Franks，J. R.，Schwartz，E. S.，1991. The stochastic behaviour of market variance implied in the prices of index options. The Economic Journal，101，1460－1475.

［27］ Garleanu，N.，Pedersen，L. H.，Poteshman，A. M.，2008. Demand-based option pricing. Review of Financial Studies，22，4259－4299.

［28］ Gatheral，J.，2001. Stochastic volatility and local volatility. Courant Institute of Mathematical Sciences，New York University.

［29］ Gatheral，J.，Lynch，M.，2001. Lecture 2：Fitting the volatility skew. Case Studies in Financial Modelling course notes，Courant Institute.

［30］ Geske，R.，1978. The pricing of options with stochastic dividend yield. Journal of Finance，33，617－625.

［31］Heston，S. L.，1993. A closed-form solution for options with stochastic volatility with applications to bond and currency options. Review of Financial Studies，6，327 - 343.

［32］Heston，S. L.，Nandi，S.，2000. A closed-form GARCH option valuation model. Review of Financial Studies，13，585 - 625.

［33］Heynen，R.，1994. An empirical investigation of observed smile patterns. Review of Futures Markets，13，317.

［34］Hull，J.，White，A.，1987. The pricing of options on assets with stochastic volatilities. Journal of Finance，42，281 - 300.

［35］Lee，R. W.，2005. Implied volatility：Statics，dynamics，and probabilistic interpretation. Recent Advances in Applied Probability，241 - 268.

［36］Matytsin，A.，1999. Modelling volatility and volatility derivatives. Columbia Practitioners Conference on the Mathematics of Finance.

［37］Merton，R. C.，1973. Theory of rational option pricing. Bell Journal of Economics and Management Science，141 - 183.

［38］Merton，R. C.，1976. Option pricing when underlying stock returns are discontinuous. Journal of Financial Economics，3，125 - 144.

［39］Rubinstein，M.，1994. Implied binomial trees. Journal of Finance，49，771 - 818.

［40］Samuelson，P. A.，2015. Rational theory of warrant pricing. Henry P. McKean，Jr. Selecta，195 - 232.

［41］Samuelson，P.，Merton，R. C.，1969. A complete model of warrant pricing that maximizes utility. Industrial Management Review，10，17 - 46.

［42］Scott，L. O.，1997. Pricing stock options in a jump-diffusion model with stochastic volatility and interest rates：Applications of fourier inversion methods. Mathematical Finance，7，413 - 426.

［43］Sprenkle，C. M.，1961. Warrant prices as indicators of expectations and preferences. Yale Economic Essays，1，178 - 231.

［44］Vasquez，A.，2017. Equity volatility term structures and the cross-section of option returns. Journal of Financial and Quantitative Analysis，52，2727 - 2754.

［45］Wiggins，J. B.，1987. Option values under stochastic volatility：Theory and empirical estimates. Journal of Financial Economics，19，351 - 372.

［46］Wilmott，P.，1998. Derivatives：The Theory and Practice of Financial Engineering. Wiley.

［47］Zhu，Y.，1997. A risk-neutral stochastic volatility model：Analytical and statistical studies，Doctoral dissertation，New York University，Graduate School of Arts and Science.

［48］Zvan，R.，Forsyth，P. A.，Vetzal，K. R.，1996. Robust numerical methods for PDE models of Asian options，Doctoral dissertation，University of Waterloo.

期货定价与对冲压力

内容摘要： 本文对期货定价的相关研究，特别是有关对冲压力的文献进行了综述。关于期货定价的经典理论，描述的是期货市场与现货市场的关系，主要有持有成本理论、现货溢价理论和对冲压力理论。这些理论并不涉及关于期货标的资产定价的分析，旨在阐述标的资产与期货价格间的关系。这些文献事实上所阐述的期货定价问题对于研究中国期货市场的定价问题有指导意义。特别是对冲压力理论，具有能够同时解释期货升水和贴水的灵活性。对冲压力与期货定价关系的实证研究的方法层出不穷。汪昌云（2003）对对冲者和投机者的交易行为和表现的研究表明，对冲压力在多数期货市场中都系统地影响期货预期价格。而且，投机者的超额收益并不是来源于他们拥有比对冲者更好的交易时机选择能力或收益预测能力，而是因为他们承担了对冲者所不愿承担的对冲风险并因此获得了风险溢价。他还证明投机者事实上起着稳定市场的作用，这与传统观点不同。这些证据对学术研究、市场监管和在制度的规划上重新考虑投机者在市场中的角色和地位有重要意义。

一、引言

衍生品定价一般可以分两步进行，首先要进行其标的资产的定价，然后由已知的标的资产价格根据衍生品与标的资产的关系完成衍生品的定价。期货定价亦如此。期货市场与现货市场的联系十分密切，对期货的定价也是由两部分组成：现货价格的决定和对期货价格的调整。Szymanowska 等（2014）就将商品期货收益的风险溢价分为两类：即期溢价和期限溢价。即期溢价与标的商品的风险有关，而期限溢价则涉及基差的变动，两者在大多数情况下变动方向是相反的。研究期货定价的几大理论均不考虑现货价格的决定，而是重在分析现货与期货价格之间的关系，其中主要有持有成本理论（cost of carry theory）、现货溢价理论（normal backwardation theory）和对冲压力理论（hedging pressure theory）。

假定远期交割的期望现货价格已知，或现货价格不变，期货价格与现货价格之间可以分为三种状态。其一是期货平价（parity），此时期货价格与现货价格相同。其二是期货溢价（contango），此时期货价格高于现货价格，也可称为期货升水、现货贴水。其三是现货溢价（backwardation），此时期货价格低于现货价格，也可称为期货贴水、现货升水。由于期货价格在到期日收敛于现货价格，远期月份合约（简称远月合约）与近期月份合约（简称近月合约）也将处于不同状态。在期货平价下，远月合约与近月合约价格相同或相近，称为同价差。在期货溢价下，远月合约价格高于近月合约价格，称为顺价差。在现货溢价下，远月合约价格低于近月合约价格，称为逆价差。针对期货市场的不同状态，不同的定价理论各有侧重，对不同状态的解释力度也有不同。Erb 和 Harvey（2006）认为，这些理论的变化体现了商品期货投资思想的演变过程。

持有成本理论考虑的是商品期货市场中持有成本带来的影响，是由存储价格理论（theory of price of storage）发展而来的。在现货市场和期货市场上，部分交易者会出于各种目的而持有存货。一般来看，由于持有存货将产生机会成本，库房占用和保险等也会使存货成本增加，并且持有存货还不可避免地面临一定的风险损失，存货持有人必须得到提供存货服务的收益以作为补偿。因此，直观上看，只有期货市场处于期货溢价时，持有存货的成本才能得到补偿，人们才会持有存货。实际上，期货市场处于现货溢价时，市场上的存货水平并非为零，而且这是一个很普遍的现象。Working（1949）通过存储价格理论揭示了这样一个事实，即当市场上存在对冲交易时，存储行为确实会在一个由竞争决定的、保证性的（存储）收益水平上发生。同时该理论用存储成本和存货的便利收益（convenience yield）解释了为什么存储的收益为负值时依然有存储行为发生，而且此时的存货水平与收益的绝对值成反比这一现象。不过沃金也承认该理论有两个弱点，即许多存货的持有者并不是那些需要对存货进行对冲交易的公司，而且许多被对冲的存货提供的收益与净边际成本不相等。对此，Brennan（1958）通过在存储成本和存货的便利收益基础上引入存储风险溢价，对存储价格理论进行一般化以弥补其不足，试图对所有包括那些交易不活跃的期货都能够做出解释。进一步地，Wright 和 Williams（1989）认为，如果存在两种或两种以上可以通过某种途径相互转化并替代的商品，那么当把这几种商品笼统地当作一种商品看待时，自然会出现某种商品价格差为负值而这几种商品存货水平依然为正值的情形。相反，如果将这几种商品进行明确细分，那么我们将会观察到某种商品价格为负值而另一种商品的存货水平不为零的现象。

现货溢价理论则是从保险的视角考虑了期货市场风险转移的功能，即那些不能够承担风险的人将风险转移给那些能够并且愿意承担的人，为此转移风险的对冲者需要向承担风险的投机者支付风险补偿，该风险转移的价格或风险溢价是期货某一到期日价格与标的资产在期货到期日的现货价格之差。Keynes（1936）在其《就业、利息和货币通论》（*The General Theory of Employment*，*Interest*，*and Money*）中首先提出了现货溢价理论（原译为延期交割费理论）。凯恩斯（Keynes）认为，在商品期货中存在现货溢价问题，理由是对冲者通过期货市场避免了价格波动的风险，他们就必须为这种保险提供风险贴水给投机者，而现货价格与期货价格之间的价差则成为投机者的风险报酬或收益。凯恩斯认为，商品的生产者作为现货多头方为了锁定未来的收益而进入期货空头，投机者参与交易的动机则在于获得期货与现货价格之间的价差。为吸引投机者购买期货合约，生产者以较低的期货价格出售自己的产品，让渡一定的风险报酬给投机者。在凯恩斯现货溢价概念的基础上，Hicks（1939）提出了资金的流动性偏好理论。希克斯（Hicks）认为，为稳定未来的资本金供给，资金的借方总是希望借贷期越长越好；而资金的贷方为避免未来收益的不确定性则希望借贷期越短越好，期限越长，资金的流动性越差。投机者的存在弥合了资金借贷和供求在期限长短上的错位，他们借短而贷长，同时索求相应的期限溢价以补偿损失的资金流动性和所承担的风险。自然地，期货商品的收益水平隐含的远期利率高于未来短期债券的预期即期利率，两者之间的差额就是所谓的期限风险溢价。

在凯恩斯的现货溢价理论中，生产者对期货的净头寸为空头（net short），换言之，想要转移风险的对冲者更愿意卖而不是买期货，因此表现为现货溢价。但实际上，寻求降低风险的对冲者可以通过同时买进或者卖出期货作套期交易来规避市场风险，这时他们对期货的净需求也可能为正（Houthakker，1957；Cootner，1960），期货价格高于现货价格，风险报酬为负，霍撒克（Houthakker）和库特纳（Cootner）称此负的风险报酬为期货溢价。1960 年，库特纳提出了期货溢价理论，他指出，当对冲者属于净多头时，期货的期望价格随着合约的到期而逐渐下降的现象也有可能出现，即现货溢价和期货溢价现象在现实期货市场中可能同样存在。

综合现货溢价理论与期货溢价理论，商品期货应该遵循如下规则：当对冲者处于净空头、投机者处于净多头时，现货溢价理论成立，期货市场存在风险贴水；反之，当对冲者处于净多头、而投机者处于净空头时，则期货溢价理论成立，期货市场存在风险升水。从事先的角度来看期货的收益，现货溢价理论表明其收益是正的，而期货溢价理论表明其收益则是负的。

对冲压力理论吸收了现货溢价理论和期货溢价理论的思想，认为期货市场并不是局限于现货溢价或期货溢价，而是由对冲者的净头寸决定的。对冲压力理论将期货市场区分为现货溢价市场和期货溢价市场：前者由生产者，即现货多头，作为对冲者，属于期货净空头，风险转移给期货多头，期货多头从而获得风险补偿，表现为现货溢价；后者由消费者，即现货空头，作为对冲者，属于期货净多头，风险转移给期货空头，期货空头从而获得风险补偿，表现为期货溢价。如此，对冲压力理论能够同时解释现货溢价和期货溢价现象，具有更高的灵活性。

Bodie 和 Rosansky（1980）以及 Lintner（1983）通过实证分析发现，投资者通过构造股票和商品的投资组合可以获得很大的收益，因为这两者对通货膨胀的敏感性相反，从而有负的相关性。但是期货市场相比商品现货市场有更大的流动性，为什么不能构造股票和期货的投资组合来获取更大的收益呢？一般来说，并不需要花费太多的资金或信息成本就可以使那些打算拥有小规模头寸的个体放弃在期货市场的交易，中介组织也会出于维护投资者利益的目的而将头寸维持在一个非常有限的水平。因此，即使期货交易有很大的吸引力，小小的交易成本还是会导致较低的市场参与度。有些投资者不能利用商品期货市场进行投资正说明了在期货市场进行交易存在着障碍。

Constantinides（1986）在一个多期模型中检验了资产价格对交易成本的敏感性。一方面，他认为即使交易成本对投资者的投资组合决策有很大的影响，但当组合重新平衡所需的时间是内生决定的时候，交易成本对价格的影响也相对较小。另一方面，他又认为，如果外生决定频繁交易时，交易成本的影响又相对较大。这一观点也适用于商品期货，因为很多期货合约的到期时间都较短（1 年，甚至更少），而且这些合约的交易又大多发生在离到期日较近的月份里。

Hirshleifer（1988）在一篇关于期货溢价的经典论文中阐述了市场不完善的两

个表现。首先，一些权利不能在市场上进行交易，它们是非市场化的；其次，交易者参与期货市场面临进入障碍，并不是所有的外部潜在交易者都可以进入期货市场成为投机者承担对冲风险。在这两个前提下，他认为，当期货市场达到供求均衡时，期货风险溢价既取决于系统性风险，也取决于残余风险（或对冲风险），而且残余风险溢价的符号取决于净对冲压力的符号。

在 Hirshleifer（1988）之后的实证检验中，经济学家们大多以赫什莱弗（Hirshleifer）的两个假设作为自己研究期货溢价的假设前提来对系统性风险和对冲性风险在期货溢价中的作用展开实证检验。他们的研究肯定了 Hirshleifer（1988）关于期货溢价含有对冲性风险的推断，并做出了进一步的发展。如 Bessembinder（1992）以期货市场和资本市场一体化为原假设建立回归模型，对金融、外汇、金属和农产品期货市场进行检验，发现虽然这两个市场的系统性风险系数相同，肯定了这两个市场的一体化，但是期货市场系统性风险系数为零的原假设未被拒绝。同样，对 Hirshleifer（1988）模型的检验也只发现了对冲性风险在决定期货溢价中的作用。Frans（2000）和 Wang（2002）的实证研究与 Bessembinder（1992）一样，也未发现系统性风险在决定期货溢价中的作用，但是 Frans（2000）发现，不仅期货 i 自身的对冲性风险会影响期货溢价，和期货 i 相关性较强的其他期货的对冲性风险也在发生着作用。Wang（2003）对对冲者和投机者的交易行为和表现进行了研究，发现投机者正的超额收益并不是来源于他们拥有比对冲者更好的交易时机选择能力或收益预测能力，而是因为他们承担了对冲者所不愿承担的对冲风险并因此获得了风险溢价，而且 Hart 和 Kreps（1986）、Stein（1987）所认为的投机者会破坏市场的稳定这一说法被他的发现即投机者会采用反向反馈交易策略和好的投资表现所推翻，如果这一结论正确，那么美国期货市场上那些投机者所受到的"额外"关注和层层限制将是不公正的待遇。

本文其余部分安排如下：第二部分简要介绍持有成本理论和现货溢价；第三部分介绍对冲压力理论的理论研究和实证研究，包括一些相反的观点；第四部分是关于期货市场交易者的行为和表现以及择时能力的检验；最后是对全文的总结。

二、对冲压力与期货定价的理论研究

（一）持有成本理论

沃金是较早观察到市场上某种商品两个不同到期日期货的价格差或期货与现货

价格差为负值时存货水平依然不为零的经济学家之一。1949 年，他通过对跨期价格关系（inter-temporal price relation）的分析提出了存储价格理论，对价格差为负值时依然持有存货在一定程度上进行了解释。他认为，期货市场和对冲性交易为潜在的存货持有者提供了一个精确的，或者至少是一个相当不错的存储期望收益的估计值，并且可以用对冲手段来保证该期望收益的获得，进而为经济体如何在时间上分配存货从而经济地持有存货提供了直接、有力的帮助。存储收益从本质上来说是存储的价格，不过该价格并不是直接由市场给出，而是由两个不同交易日的期货的价格差间接给出，价格差则是由那些能够提供存储服务的经济体——可以称之为存货供给者——通过相互竞争决定。存储价格理论用来解释两个不同到期日期货价格差与存货水平之间的关系。该理论一个独特的价值在于它清楚地揭示了这样一个事实，即当市场上存在对冲交易时，存储行为确实会在一个竞争决定的、保证性的（存储）收益水平上发生。这与希望价格水平上升而持有存货是不一样的。期货市场正是利用这一已知的存储收益来使存货在时间上得到经济合理的分布的。该理论的另外一个价值在于，它解释了为什么存储的收益为负时依然有存储行为发生，而且此时的存货水平与收益的绝对值成反比这一现象。在对期货市场上的这一问题进行解释的时候，存储的便利收益被引入进来。在计算存储的净成本时，因存储带来的收益——直接的和间接的——必须被恰当地从成本中扣除。在均衡时，期货价格与现货价格之差等于存储边际支出（包括库房占用费、利息、管理成本等）与边际便利收益之差，又因为边际存储便利收益是存货水平的减函数，因此，当存货水平较低的时候，边际便利收益大于边际存储支出，期货价格低于现货价格。当供给相对紧张时，再持有大量的脱离于流通、消费之外的存货收益将会为负值，这使得那些存货持有者将存货降至较低水平，由此，持有存货的负收益越大（绝对值），存货越少。

如同 Working（1949）所指出的，存储价格理论有两个缺点，即许多存货的持有者并不是那些需要对存货进行对冲交易的公司，许多被对冲的存货提供的收益与净边际成本不相等。因此，Brennan（1958）依据存货的供求将该理论一般化，以对所有的包括那些交易不活跃的期货都能够做出解释。对于存货的供给，除了边际存储成本和边际便利收益，还必须引入风险溢价。Brennan（1958）将存货的供给方定义为将某种商品从某一时刻持有至另一个时刻的公司或企业。制造商、批发商等会在产量较高的季节增加存货并持有至产量较低的季节，使整个生产经营在面临未预料到的需求增加时能够保持稳定。一方面，这些公司之所以可以被称为存货的供给者，并不是因为它们有仓库等存储设施可以储存货物原料，而是因为它们持有这些是以待未来销售的。另一方面，存货的需求者指的是那些当不需要消费某种商品时，有人可以将其存储，而需要时又能得到的经济体或消费者。在引入风险溢价之后，Brennan（1958）对美国市场上三种易坏的农作物——蛋、干酪、黄油——和两种耐存储的农作物——小麦和燕麦的存货水平和价格差的关系进行了实证分析，其中价格以 1926 年所有商品的批发价格指数为基准进行了调整。他发现风险溢价因子不仅存在，而且耐存储的农作物的风险溢价因子要小于易坏的农作物。风险溢价或风险规避最主要的用途就是用来解释在价格差为负值时依然有存货的现象，对于存货供给者来说，因为将来要出售现在持有的存货，为防止将来价格下跌，需对冲持有存货的风险，从而在期货市场买入一份可以在将来买入与目前所持存货相对应的商品的期货合约，而且期货的价格必须低于预期价格，以弥补目前持有存货的风险。因此，如果预期价格与当前价格一样，那么期货价格与当前价格之差一定为负值。

虽然 Working（1949）的存储价格理论和 Brennan（1958）的存储价格理论的一般化对价格差为负值的时候依然持有存货进行了解释，但是 Wright 和 Williams（1989）认为，这两种理论是不完善的，还不能够解释价格差在全部持有成本之下时依然持有存货这种市场普遍现象。他们认为，如果市场上存在两种相互可以替代的商品 A 和 B，比如现金与活期存款，那么如果将这两种商品笼统地当作一种 A＋B 来看待的时候，人们就会发现市场有大量的 A＋B 存货，同时 A（或 B）的价格差低于全部持有成本。但是倘若不是把这两种商品当作一种来看待，A 就是 A，B 就是 B，那么人们会发现，当持有存货 A（或 B）时，A（或 B）的价格差将与持有该商品的全部成本接近。即使持有存货有很大的机会成本，但是当存在以下两个条件时，也依然会持有存货。首先是存在两种以上的商品可以相互替代，其次是可以相互替代的商品发生替代时各期的转化成本是不一样的，比如现在的转化成本比下一期的转化成本高。同样，在这两个条件下，我们可以说持有存货会给持有人带来便利收益，因为两种商品相互转化时不仅各期的成本不一样，就是由 A 转化成 B 的成本和由 B 转化成 A 的成本也是不一样的，所以为减少转化成本，存货持有人会相应地持有一部分存货。Wright 和 Williams（1989）根据 Thompson（1986）所设计的实证检验方法并加以扩展，对美国市场的总体咖啡存货水平和其中的"经检验符合质量标准"的咖啡存货水平的存货供给曲线进行了估计，结果与假说基本相符。对于总体存货水平，虽然在存储量不小于零的时候，曲线的右侧呈水平状，但是在左侧却明显表现出了价差低于全部持有成本，这与传统的存储理论相符；而对于"经检验符合质量标准"的存货水平，则在存储量不小于零的时候，曲线的右侧呈水平状，在价差低于全部持有成本时没有存货，与假说相符。

（二）现货溢价理论

Keynes（1930）提出的现货溢价理论从保险的视角出发，认为对于风险厌恶的对冲者和投机者而言，商品期货的多头方应该享有空头方因转移风险而提供的风险补偿，期货的超额收益是一种风险溢价。如果凯恩斯的现货溢价理论成立，那么在总量上空头方交易者必然要比多方交易者更加厌恶风险。在这个前提下，风险厌恶的空头方交易者通过期货市场来规避他不希望承担的风险。为吸引足够的多头方交易者补足市场所需的风险承担的头寸，空头方会让渡给多方交易者一定的风险贴水。作为投机者，多头方只有在能够获利的时候才会进入市场并承担相应的风险。期货交割日期时的即期价格高于当前期货价格的部分则作为多头方承担风险的报酬。

早期的实证研究认为，如果投机者获利，不管他们是空头方还是多头方，都意味着现货溢价成立。例如，Houthakker（1957）同时考察了持有与对冲者相对应头寸的空方和多方投机者的收益情况来验证现货溢价理论。通过对棉花、小麦以及玉米期货的考察，霍撒克发现实证结果支持现货溢价理论。然而，Rockwell（1967）使用类似霍撒克的方法，却使用更大的数据集合，结果却表明现货溢价并不是期货市场中的普遍现象。随后的研究试图引进均衡资产定价理论，即著名的资本资产定价模型（CAPM）。例如，Dusak（1973）发现，期货合约具有零系统性风险，因此相应地它们的收益应该为零。在她的研究中，小麦、玉米以及大豆期货头寸中的零收益排除了风险贴水的存在。Bodie 和 Rosansky（1980）发现，期货的多头方具有正的收益，因此他们认为这个结论强烈支持了凯恩斯的现货溢价理论。类似地，Fama 和 French（1987）发现了正收益并认为数据弱支持现货溢价理论。

Chang（1985）使用非参数方法检验风险升水的存在性。他使用交易者持有的头寸作为他们对未来价格的预测，考察了小麦、玉米以及大豆期货市场，结果发现典型的投机者在这些商品中获得了利润，尽管非参数方法尚不能计算出这部分风险升水的大小。Hartzmark（1987）使用实际交易数据对现货溢价理论进行了检验，他发现对冲者的交易是有利可图的，而投机者的收益则很低甚至是负的。因此他认为市场并没有为投机者承担风险的行为给予报酬，也就是说并没有风险贴水，也不存在现货溢价。Kolb（1992）研究考察了现货溢价理论最重要的含义——期货在到期日前的价格通常要低于它在到期日时的即期期望价格。他对 1957—1988 年间 29 种期货商品近 980 800 个每日交割价格观测值进行了分析处理和检验。检验结果表明，育肥用牛、生牛、生猪以及橙汁遵循现货溢价理论；铜、棉花、大豆、大豆粉以及大豆油部分遵循现货溢价理论；其他 20 种商品没有一种能够支持现货溢价理论。由此可见，现货溢价并不是期货市场中的普遍现象。

三、对冲压力理论

（一）对冲压力与期货定价的理论研究

Hirshleifer（1988）在一篇关于对冲压力和期货溢价关系的经典的理论研究论文中论述了期货合约定价的两个前提：首先，农产品的收入不可在市场买卖。农产品收入可交易并不是我们平常所说的在市场上可以买卖农产品，而是如同买卖股票一样，交易的实质是农产品背后对应的那部分现金流的所有权。之所以说不可交易是因为农场的股份不能够在市场上交易，也就是农产品背后对应的那部分现金流的所有权不能够交易。之所以作此假设，是因为农产品的产出受到许多不确定性因素的影响而表现出一定的波动性，同时又由于道德风险和逆向选择，导致农场的股份不能够在证券市场上交易。其次，投资者对期货市场的参与也将受到固定成本的限制，这也就意味着将有一部分投资者不能够参与期货市场，对农产品收入风险的分散有可能是不完全的。

从本质上来说，这两个前提假定与 Merton（1987）的证券市场不可参与效应是一样的，不同之处在于此处的固定成本要求投资者内生决定是否持有期货合约。在均衡的时候，商品期货风险溢价被边际交易者，即对是否参与期货市场持无差别态度的投资者决定。由此，期货市场上的交易者数量以及风险溢价被一起决定，而且，我们还得到了期货价格偏离传统 CAPM 下得到的期货价格的程度、期货合约的残余风险、固定成本的大小这三者之间的关系。

许多实证检验结果发现，从生产商持有的未平仓期货合约的数量以及它们对期货价格的影响来看，生产商是商品期货市场的重要参与者，因此 Hirshleifer（1988）所构造的模型也以此发现为出发点。Carter 等（1983）、Marcus（1984）以及 Chang（1985）发现，商品期货价格变化与生产商初始持有的对冲头寸有关，同样，Hirshleifer（1988）所构造的模型也将此考虑了进去。

Hirshleifer（1988）建立了一个两期的均值-方差模型。在竞争性的期货市场和股票市场上有两种类型的参与者：农产品生产商（农场主）和外部投资者，其数量分别以 G 和 N 表示。他们在时期 0 所选择的头寸会影响他们在时期 1 的消费。为简单起见，假设这两类参与者初始占有的资源禀赋不同，但是他们有相同的风险厌恶水平，对变量分布的看法也一致，而且有相同的均值-方差目标函数。

对于每一个农场主 g，他会从农产品的出售中获得收入。不过，农产品的产出具有一定的波动性，且其他决定收入的因素（比如价格）也会发生变化，因此这种收入是有风险的收入。由于他所持有的股份不能够出售，所以他会有很大的动力创造另一种与农产品收入风险方向相反的风险头寸来对冲出售农产品的收入风险。①对于外部投资者，因为不占有可生产农产品的土地等资源，我们假设其不能够从农产品出售中获得收入。

整个交易中只有农产品期货合约和名为股票市场组合的风险资产可以交易，该风险资产可以无限细分并可无成本地交易。根据农场股份不可交易的假设，农产品生产商的收入风险可以被认为是一种不可交易风险。固定的交易成本使一些外部投资者不能够进入期货市场进行交易，却不能够阻止生产商参与期货市场交易，因为农产品生产商有强烈的动力利用期货市场来对冲他们的收入风险，所以相对于他们庞大的对冲规模，小小的交易成本并不能够使他们放弃期货交易，因此，所有的农产品生产商都参与期货市场交易而外部投资者则仅有一部分 $\widetilde{N}(\widetilde{N}<N)$ 参与期货市场交易。

在时期 1，生产商或外部投资者的消费量 C 可以表示为：

$$C=\begin{cases} wt+r+(pf)\varepsilon+sr_m, & \text{如果参与期货市场交易} \\ w+r+sr_m, & \text{如果不参与期货市场交易} \end{cases} \tag{1}$$

式中，p——时期 1 的商品现货价格；

t——期货市场的交易成本；

f——在时期 0 确定的在时期 1 到期日的商品期货合约的价格；

ε——生产商或外部投资者持有的期货合约的数目；

s——生产商或外部投资者的股票市场投资额；

w——初始资源禀赋；

r_m——股票市场组合收益；

r——从农产品出售中获得的收入。

1. 期货市场交易者的外部投资者数目 $\widetilde{N}$ 由外生决定

无论是生产商还是外部投资者，两者的目的都是要在式（1）的约束下使其持有的期货合约量和股票持有额实现效用最大化。

设所有投资者均满足均值-方差效用函数。p 表示现货价格，f 表示期货价格，$\widetilde{\Pi}=p-f$，$\Pi=E(\widetilde{\Pi})$ 表示风险溢价，$\widetilde{\pi}=(p-f)/f$，$\pi=E(\widetilde{\pi})$ 表示风险溢价的百分比。

交易者在期货市场上的最优期货合约和股票头寸必须满足：

---

① 对冲的原理就是创造出与原风险方向相反的另一种风险。

$$\Pi = \alpha \mathrm{Cov}(\widetilde{\Pi}, C)$$
$$\widetilde{r}_m = \alpha \mathrm{Cov}(r_m, C) \tag{2}$$

将式（1）和式（2）相结合，Hirshleifer（1988）得到了其命题 1：当参与期货市场交易的投机者数目 $\widetilde{N}$ 由外生决定的时候，生产商和投机者为最大化各自的效用函数所持有的期货合约最优头寸为：

$$\varepsilon = \frac{\Pi/\alpha - \mathrm{Cov}(\widetilde{\Pi}, r + sr_m)}{\mathrm{Var}(\widetilde{\Pi})} \tag{3}$$

股票市场上投资者持有的市场组合构成的风险资产最优头寸为：

$$S = \frac{\widetilde{r}_m/\alpha - \mathrm{Cov}(r_m, r + \varepsilon\widetilde{\Pi})}{\mathrm{Var}(r_m)} \tag{4}$$

对于式（4），即使投资者并没有参与期货市场交易也依然成立，只是此时期货头寸 ε 为零。从式（3）我们可以看到，期货合约头寸规模会随着风险溢价 Π 和风险容忍度 $1/\alpha$ 的增加而增加。固定交易成本虽然不直接出现在式（3）和式（4）中，但是它会影响到期货市场上交易者的数目，并且会影响到风险溢价从而间接影响到头寸。通常情况下，期货收益与股票市场组合收益相关，因此参与期货市场也能通过式（4）中的期货合约头寸改变在股票市场上的头寸。

下面以投机者持有的最优头寸为例对命题 1 加以简单阐述。对于投机者来说，由于不能够从农产品出售中获得收入，因此式（3），即最优期货合约头寸中的 r 将为零。当时期 1 的商品现货价格 p 与股票市场收益 r_m 不相关即式（3）中分子的第二项为零的时候，当且仅当 Π 不为零，现货价格 p 与期货价格 f 存在偏差时，投机者才会持有期货头寸在期货市场交易。如果式（3）中分子的第二项不为零，即使 Π 为零，当投机者在股票市场持有多头头寸时，现货价格与期货价格正的（负的）相关性也会使投机者在期货市场持有空头（多头）期货头寸，以此来对冲股票市场的风险。

以 $r^p = (\sum\limits_{g=1}^{G} r^g)/G$ 表示某代表性生产商从出售农产品中获得的收入，$s^p = (\sum\limits_{g=1}^{G} s^g)/G$ 表示该代表性生产商持有的股票头寸，s^n 表示某代表性投机者所持有的股票头寸，$b = G/(G+\widetilde{N})$ 表示期货市场交易者中对冲性交易者所占的比例，$\bar{s} = (1-b)s^n + bs^p$ 表示期货市场交易者平均所持有的期货头寸。当期货市场达到供求均衡的时候，应该有投机者和生产商（共有 $\widetilde{N}+G$ 个）所持有的期货头寸之和为零，同时期货风险溢价为：

$$\pi = \alpha\bar{s}\mathrm{Cov}(r_m, \widetilde{\pi}) + \alpha b\mathrm{Cov}(r, \widetilde{\pi}) \tag{5}$$

$$\tilde{\pi} = \gamma_{\pi n} + \beta_{\pi n}\tilde{r}_m + \tilde{\varepsilon}_{\pi n}, \quad \tilde{r} = \gamma_m + \beta_{rn}\tilde{r}_m + \tilde{\varepsilon}_{rn} \tag{6}$$

由此可得到命题 2：当期货市场交易的投机者数目 $\tilde{N}$ 由外生决定时，期货的风险溢价可以表示为：

$$\pi = \alpha(\bar{s} + b\beta_m)\mathrm{Var}(r_m)\beta_{\pi n} + \alpha b\sigma(\tilde{\varepsilon}_{\pi n})\sigma(\tilde{\varepsilon}_{\pi n})\mathrm{Corr}(\tilde{\varepsilon}_{\pi n},\tilde{\varepsilon}_{rn}) \tag{7}$$

式中，β_m、$\beta_{\pi n}$ 分别是不可交易资产（指农产品收入）的贝塔系数和商品期货的贝塔系数。命题 2 说明期货风险溢价的组成成分中系统性风险和残余风险是可以分开相加的。如同传统的 CAPM 一样，式（7）中的第一项说明期货风险溢价与 $\beta_{\pi n}$ 线性相关。第二项说明风险溢价也依赖于残余风险的标准差 $\sigma(\tilde{\varepsilon}_{\pi n})$，不过，这两者之间并不是一一对应的线性关系，因为残余风险还与 $\mathrm{Corr}(\tilde{\varepsilon}_{\pi n},\tilde{\varepsilon}_{rn})$ 相乘。

2. 期货市场交易者的外部投资者数目 $\tilde{N}$ 由内生决定

投机者在考虑是否参与期货市场交易时要考虑在支付交易成本并参与交易后能否使自己的效用水平 $U(w-t)$[1] 高于不参与期货市场交易时的效用水平 $U(w)$[2]，只有边际投机者为参与期货市场交易而付出的成本能够在期货市场均衡的时候被 Π 弥补，即 $U(w-t) = U(w)$ 时，投机者才有可能参与期货市场。

投机者参与期货市场的条件说明固定成本能够决定交易者数目 $\tilde{N}$。在接下来的分析中我们假设 $\mathrm{Cov}(r,p)$ 不为零，用 ρ 表示期货风险溢价 Π 和股票市场组合收益 r_m 之间的相关系数。在 $\tilde{N}$ 是内生决定的时候，赫什莱弗得到了有关期货风险溢价的命题 3：当固定交易成本使得某些外部投资者不能够以投机者的身份进入期货市场承接生产商所要对冲的风险，并且 $\mathrm{Cov}(r,p)$ 不为零的时候，期货的风险溢价满足：

$$\Pi = \beta_{\Pi m}\bar{r}_m \pm \sigma_{\Pi}\sqrt{2\alpha t(1-\rho^2)}$$
$$\pi = \beta_{\pi n}\bar{r}_m \pm \sigma_{\pi}\sqrt{2\alpha t(1-\rho^2)} \tag{8}$$

式（8）中的 +/- 表明对冲者是空头还是多头。由式（8）可以看出，期货的风险溢价来自两部分：一部分源于股票市场风险，另一部分源于对冲。股票市场风险部分与 $\beta_{\Pi m}$ 或 $\beta_{\pi n}$ 成正比，这一点类似于 CAPM。与此相反，Tobin 和 Brainard（1976）、Levy（1978）以及 Mayshar（1979，1981）认为，固定交易成本使得风险资产 i 的总方差是决定溢价的重要因素，而总方差又可以分解为一个非线性的贝塔项 $\beta_{\pi n}^2\sigma_m^2$ 和残余方差 $\sigma^2(\varepsilon_i)$，因此风险溢价与贝塔项之间存在着非线性关系，而在式（8）中则是一种线性关系。之所以呈线性关系，是因为风险溢价是用来弥补边

---

[1] $U(w-t) = w - t + \Pi\varepsilon^n + s^n\bar{r}_m - (\alpha/2)\mathrm{Var}(\varepsilon^n\tilde{\Pi} + s^n r_m)$，其中，$t$ 是交易成本。

[2] $U(w) = w + s^r\bar{r}_m - (\alpha/2)(s^r)^2\sigma_m^2$。

际投机者的交易成本和因为持有期货头寸而引致的风险的。在某种程度上期货合约与股票市场相关，因为投机者可以通过在股票市场构造一个贝塔值与期货合约的贝塔值负相关的股票组合来弥补期货合约的风险，因此期货风险溢价中的第一部分即股票市场风险部分就与贝塔值呈线性关系，其大小为 $\beta_{\pi n}\bar{r}_m$。

　　残余风险部分，即式（8）中的第二部分，有着很有趣的特性。首先，当交易成本为零的时候，其值为零。此时参与期货市场交易受到的限制近似为零，场外众多的潜在投资者随时可以进入期货市场进行投机交易，承担对冲者要对冲掉的风险，因此相对于众多的风险承担者，对冲压力可以忽略不计。当然，当交易成本增加的时候，能够进入期货市场进行交易的投机者数目减少，由对冲压力引起的对冲风险也会增加。理论分析和实证分析都认为，在深度和广度都较小的市场里固定交易成本比较大，而且这类市场并不为大多数投资者所熟悉。Gray（1960）发现这类市场定价偏差较大，而且他也发现随着这类市场的深度和广度的增加，定价偏差会减小，对此，他认为大的定价偏差的存在是投机者数量不足、交易不活跃或对该类市场兴趣不大的表现。期货溢价随着固定交易成本 t 平方根的增加而增加，$\sqrt{2\alpha t(1-\rho^2)}$ 关于 t 的正的一阶导数和负的二阶导数说明，当固定交易成本 t 比较小的时候，固定交易成本对风险溢价的边际影响较大，即使是相当低的交易成本也会对风险溢价产生不可忽视的影响。之所以如此，是因为固定交易成本较小的时候市场存在大量的小型投机者，因此，t 的微小增加必须通过 $\varPi$ 的较大增加使投机者获得补偿。

　　其次，与 Mayers（1972）修正的 CAPM 和命题 2 不同，对冲风险部分与期货合约和不可交易风险的协方差相独立。初看起来，这似乎与对冲的目的是消灭溢价相背离。生产商们有很强的动力用一种与他们的不可交易风险高度相关的证券去对冲不可交易风险，因此，人们很容易认为这类证券要比相关性低的证券更容易得到一个比较高的溢价。然而换个角度看，风险溢价中不含有不可交易风险又是显而易见的。溢价由边际投机者决定，他们只关心自己的收益状况，而不会去关心对冲者的收益状况，因此期货合约和不可交易风险的协方差与他们的决策无关，自然也就与溢价无关。

　　最后，溢价中的对冲部分随着残余风险标准差 $\sigma_\pi \sqrt{1-\rho^2}$ 的增加而增加，这与已有的共识即溢价与方差成正比相背离。有很多关于资产定价的实证研究发现，残余风险的方差要比贝塔值对资产的风险溢价有更强的解释力，比如 Grinblatt 和 Titman（1983）就认为在一个线性模型里，非系统性风险的溢价与残余风险方差成正比，不过也有一些研究没有发现明显的残余风险方差效应。

　　命题 3 之所以认为对冲部分与残余风险的标准差而非方差有关，是因为参与期货市场交易的投机者能够通过减少头寸的规模来减少其暴露于残余风险的机会。举一个极端的例子，假设不存在系统性风险，那么某代表性投机者所持有的期货合约头寸可以表示为 $\varepsilon'' = \pm \left(\dfrac{2t}{\alpha}\right)^{\frac{1}{2}} \left(\dfrac{1}{\sigma_{\Pi}}\right)$，它与标准差的倒数成正比。当方差变为原来的 4 倍的时候，头寸规模变为原来的二分之一，但是与期货合约对应的现金流的方差 $(\varepsilon'')^2 \sigma_{\Pi}^2$ 却不发生变化，因此用马科维茨方法计算出的总风险溢价 $\Pi\varepsilon''$ 也不变。在头寸规模变为原来的二分之一的情况下，为保证 $\Pi\varepsilon''$ 不发生变化，必须有 Π 是原来的 2 倍，因此 σ_{Π} 的变化与 Π 的变化存在一一对应的关系，命题 3 成立。

3. 风险和风险溢价

既然期货风险溢价是对投机者承担风险的补偿，那么根据阿罗-普拉特（Arrow-Pratt）风险溢价公式得出，溢价中对冲部分与要对冲的风险的方差成正比。Telser（1958）认为在一个规模较大的资本市场里，如果在期货市场之外还存在大量愿意承担风险的潜在投机者，那么风险溢价中的对冲部分将会减少到零。但是，我们发现，如果风险承担者的数量是内生决定的，上述两个推断都是不成立的。

对于后一种推断，如前所述，当有很多外部潜在风险承担者时，是交易成本而不是大量的外部潜在风险承担者决定风险溢价，边际风险承担者会考虑参与期货市场前后的效用水平孰高孰低，大量的潜在风险承担者因为交易成本而不能进入期货市场，也就不能成为真正的风险承担者，所以说是 t 决定 $\overline{N}$，进而由 $\overline{N}$ 而非 N 决定风险溢价。

下面的命题 4 给出了一个令人吃惊的结论。这一结论，即收入风险的规模或绝对值与风险溢价的百分比 π 无关，将会推翻前一种推断。举个简单的例子，假定给定每亩的产出变化，低产量的那一亩的产出方差要小于高产量的那一亩的产出方差，但是我们并不认为高产量的那一亩的对冲溢价就要高于低产量的那一亩，事实上有可能是低产量的那一亩会有一个较大的对冲溢价。

以 R 表示出售农产品的期望收入，它等于价格 P 与期望产量 Q 的乘积，$CV(R)$ 表示期望收入的标准差与期望收入平均值的比值，$CV'(R)$ 也表示标准差与期望收入平均值的比值，不过与 $CV(R)$ 不同的是，分母是期货价格而非未来现货价格与期望产量的乘积，表示农产品的价格需求弹性。由此可得到命题 4：假设投机者数目 $\overline{N}$ 的值较大，收入标准差 σ_R 较小，需求弹性不等于 -1，则有：

$$\pi = \beta_{rm}\bar{r}_m \pm \frac{\sqrt{2\alpha t(1-\rho^2)}}{|1+\eta|}CV(R) + o(\sigma_R)$$

$$|\pi| = \frac{\sqrt{2\alpha t}}{|1+\eta|}CV(R) + o(\sigma_R), \quad \text{当} \beta_{rm} = 0 \text{ 时} \tag{9}$$

首先，由命题 4 很容易看出，需求弹性影响风险溢价。命题 3 表明价格不稳定导致了溢价的产生，命题 4 通过利用现货的需求弹性将价格的不稳定转化为收入的变化 σ_R。对于一个给定的价格变化，需求弹性说明了收入将发生多大的变化，而对于一个给定的收入变化，往往需要价格变化做出更大的调整，这将导致对冲溢价的绝对值变大。

其次，我们看到是溢价 π 决定于收入变化的相对值 $CV(R)$ 或 $CV^f(R)$，而非绝对值 σ_R。如果某种农作物虽然有很小的收入方差，但是如果 $CV(R)$ 或 $CV^f(R)$ 比较大，那么溢价也会比较大，这与方差与溢价成正比的观点不同，也与大的资本市场里对冲风险溢价小的观点不同。假设商品 A 和 B 的 $\beta_{\pi n}$ 为零，A 的平均收入是 B 的 10 倍，那么虽然 A 的方差是 B 的 100 倍，但是两者的 $CV(R)$ 或 $CV^f(R)$ 值是一样的，因此两者的风险溢价应该相同。

从命题 4 中也很容易理解为什么在一个有很高流动性的期货市场上，如果某种商品不重要或者不为广大投资者所熟知，那么它会有较大的溢价。

（二）对冲压力与风险溢价的实证研究

Hirshleifer（1988）阐述了两个市场不完善的表现。首先，一些权利不能够在市场上进行交易；其次，参与期货市场面临进入障碍。因此，当期货市场达到供求均衡时，期货风险溢价既取决于系统性风险，也取决于残余风险，而且残余风险溢价的符号取决于净对冲压力的符号。在之后的实证检验中，经济学家们大多以赫什莱弗的两个假设作为自己研究期货溢价的假设前提来对系统性风险和对冲性风险在期货溢价中的角色作用展开实证检验。

理论分析认为，对冲压力与系统性风险决定了期货溢价。Keynes（1930）和 Hicks（1939）的一系列研究将分析的焦点集中于参与期货市场以转移或减少风险的那些交易者们，这些交易者的期货净供给或对冲压力导致期货价格的均衡路径中包含了可预期的时间趋势。在 Keynes（1930）的原论中，拥有原生品多头头寸的对冲者为转移风险而持有期货空头头寸，从而产生一个期货价格的均衡路径，在该均衡中期货价格会随着时间的推移而增长。此后的研究，如 Mckinnon（1967）、Rolfo（1980）、Anderson 和 Danthine（1983）表明，对冲者既可以是原生品的生产者也可以是购买者，他们不仅面临价格风险，也面临可提供的或可购买的数量风险。在这些模型里，对冲者可以拥有期货多头头寸，使期货均衡价格随着时间的推移而下降。

关于期货对冲压力的研究文献通常假设对冲者不能够将他们所要对冲的风险收入的可支配权利像证券一样在市场上交换、买卖。相反，那些以所有权利都可以买卖为假设前提的资产定价模型则认为期货风险溢价是不可分散风险或系统性风险而非对冲压力的函数。在这些模型里，期货风险溢价仅仅取决于期货价格和经济状态变量变化（如利率变化、通货膨胀率变化）的协方差。如 Dusak（1973）、Black（1976）、Richard 和 Sundaresan（1981）、Hodrick 和 Srivastava（1987）。

不过也有实证研究表明期货价格的变动与对冲者的头寸有关。Chang（1985）为检验期货价格的运动是否与大的对冲者或投机者的头寸有关，对三个农产品期货市场进行了实证研究，他发现当大的投机者拥有净多头头寸时（此时对冲者为净空头头寸），期货价格要比随机游走假设下预期的价格更多地表现出上升，而当大的对冲者拥有净多头头寸时（此时投机者为净空头头寸），期货价格则更多地表现出下降。

对系统性风险和残余风险在期货风险溢价中角色作用的检验主要集中于一些相关度比较大的期货，Bessembinder（1992）[①] 则选用了金融、外汇、农产品和金属4类22种关联度较弱的期货。之所以如此，主要是因为市场不完善的重要性会随着期货种类的不同而不同，那么选择关联度较弱的多种期货正好可以验证风险溢价是否会随着期货种类的不同而不同。

1. 系统性风险的检验

现代资产定价理论给出了预期收益和系统性风险之间的线性关系，即：

$$E_{t-1}(r_{it}^a) = \gamma_{0t} + \beta_{it-1}^a \gamma_{1t} \tag{10}$$

式中，$E_{t-1}(r_{it}^a)$ 是资产 i 在 $t-1$ 时对 t 时收益的预期，γ_{0t} 是无风险利率，β_{it-1}^a 是 $1 \times p$ 阶向量，表示资产 i 对 p 个经济变量中每一个变量的敏感度，γ_{1t} 是 $p \times 1$ 阶向量，表示的是 t 时的 p 个经济变量值。

如果期货风险溢价中含有系统性风险，那么期货市场和资本市场一体化时两者有相同的系统性风险。根据 Campbell 和 Hamao（1992），资本市场一体化的典型定义是在不同市场进行交易的资产，当风险相同的时候会有相同的预期收益。期货市场和资本市场一体化指的是：由期货和资产构成的组合的预期收益与仅仅含有资产但风险与前者相同的组合收益一样。因此，对于期货合约中是否含有系统性风险，Bessembinder（1992）通过检验期货市场和资本市场是否一体化、系统性风险系数是否显著为零来进行检验。

当期货市场和资本市场一体化时，对于期货合约，贝塔值为零的时候收益应该为零，因此需要对式（10）进行修改，变为：

---

① Frans（2000）选用的分别是金融、农产品、矿产品和外汇期货，Wang（2002）选用的是金融、农产品、一般商品和外汇期货。

$$E_{t-1}(r_{jt}^f) = \beta_{jt-1}^f \gamma_{1t} \tag{11}$$

式（10）和式（11）中的风险溢价 γ_{1t} 相等，意味着资本市场和期货市场有相同的风险-收益均衡关系。如果式（10）对资本市场成立、式（11）对期货市场成立，那么式（10）也对由资产和期货合约构成的组合成立。同样，如果接受式（10）而拒绝式（11）就意味着在相同的风险下由资产和期货合约构成的组合的收益要比仅由资产构成的组合的收益高，这也就意味着资本市场和期货市场是割裂不统一的。式（11）的成立依赖于资本市场和期货市场的一体化以及式（10）的成立，因此检验式（11）是否成立也是在检验市场是否一体化。如果式（11）被拒绝，原因可能是市场分割或者是系统性风险的度量出现了错误。

式（11）是期货的线性定价方程式，如果资本市场和期货市场是一体的，那么期货的系统性风险应该和权益组合资产的系统性风险相同。为了验证该假设是否正确，我们对式（12）做单一贝塔和多贝塔的回归。在做单一贝塔回归时，我们以 CRSP 价值加权指数收益代表市场收益，做多贝塔回归时除了 CRSP 外还有另外六个宏观经济变量，分别是未预料到的通货膨胀率、预期到的通货膨胀变化、短期国库券收益变化、长期国债收益减去短期国库券收益、用长期国债收益减去穆迪 BAA 级企业债券收益表示的违约风险溢价和未预料到的美国工业产出变化。

$$r_{pt} = \gamma_{0t} + \gamma_{0t}^* d_p + \sum_{i=1}^{n} [\gamma_{it}\hat{\beta}_{ipt} + \gamma_{it}^*\hat{\beta}_{ipt}d_p] + \varepsilon_{pt} \tag{12}$$

式中，r_{pt}——t 时期组合或者期货的收益；

$\hat{\beta}_{ipt}$——组合或期货对第 i 个宏观经济变量的敏感度；

d_p——虚拟变量，当 p 是资产时等于 0，是期货时等于 1。

在做多贝塔回归时，对于组合，n 等于 1，而对于期货，n 等于 7。如果资本市场和期货市场的系统性风险是相同的，那么应该有 γ_{it}^* 等于 0，式（11）中截距为 0 的原假设可以通过检验 $\gamma_{0t}^f = \gamma_{0t} + \gamma_{0t}^*$ 是否等于 0 得到验证。对单一贝塔的实证检验发现，γ_{0t}^f 为 0 的原假设未被拒绝，而且其值较小。γ_{it}^* 为 0 的原假设虽然未被拒绝，但是其值较大。γ_{0t}^f 和 γ_{it}^* 同时为 0 的原假设也被拒绝。因此，资本市场和期货市场一体的原假设在传统置信水平上未被拒绝。对多贝塔，市场一体化意味着 γ_{0t}^f 和 γ_{it}^*（$\gamma_{1t}, \cdots, \gamma_{7t}$）都是 0。实证检验发现，虽然 γ_{0t}^f 为 0 的原假设被拒绝，但是 γ_{0t}^f 和 γ_{it}^* 同时为 0 的原假设未被拒绝。虽然从总体来看，市场一体化的原假设未被拒绝，但是系统性风险系数 γ_{it} 与零无差异的原假设也未被拒绝，这一点似乎说明了期货风险溢价中系统性风险的影响并不是太大。

2. 对冲压力的检验

Hirshleifer（1988）认为，当期货市场达到供求均衡时，期货风险溢价既取决于系统性风险，也取决于残余风险（或对冲性风险），而且残余风险溢价的符号取决于净对冲压力的符号。因此通过实证检验期货价格的变动与对冲者的头寸之间的关系可以从中确定对冲性风险在决定期货风险溢价中的作用。我们将条件收益均值定义为按照对冲者月初和月末的头寸状况将对冲者分为净多头和净空头，净多（空）头指的是月初和月末时对冲者的头寸都是净多（空）头，然后根据头寸状况计算对冲者的净多（空）头收益均值。相应的，无条件收益均值指的是不对期货市场参与者的头寸状况做区分。

Bessembinder（1992）先求出金融、外汇、金属和农产品期货 22 种商品期货合约各自的日收益均值①，然后求出这 4 类商品期货合约的日收益均值，再求出这 22 种商品期货合约的日收益均值。对于日收益均值为零的原假设，在 16 个非金融期货中只有活牛的无条件收益均值显著异于零，而且由这些期货构成的农产品、金属和外汇 3 个组合的无条件收益均值都很小。然而，在 6 个金融期货合约中有 2 个接受该原假设，其他未接受的收益均值也都很大。

与无条件收益均值的统计结果相反，有大量证据表明，非金融期货合约的条件收益均值显著异于零。空头对冲者（相应的，投机者为多头）的日收益均值有 7 个显著为正，多头对冲者（投机者为空头）的日收益均值有 7 个显著为负。对空头投机者和多头投机者的日收益均值相等的原假设也进行了检验，结果发现在 13 个可进行检验的非金融期货中有 8 个被拒绝，而且在这些被拒绝的商品中多头投机者的收益要大于空头投机者的收益。对组合条件收益均值的检验也发现，农产品、金属和外汇 3 个组合的空头对冲者的收益均为正，多头对冲者的收益均为负。多头投机者和空头投机者的条件收益均值相等的原假设不仅在这 3 个组合中被拒绝，而且由这 22 种期货构成的组合也拒绝了该原假设。

这些发现与传统的对冲压力理论和实证研究相一致，说明对冲压力在其他非金融期货市场上对风险溢价有很强的解释力，尤其是在外汇市场上，投机者净多头的条件收益显著大于净空头的收益。对冲压力效应在金融期货市场上不明显，而且大多数情况下与对冲压力理论相左，说明隐含于对冲压力理论中的市场不完善不适用于金融期货市场。

上述对收益均值的检验结果只能对 Hirshleifer（1988）所提出的期货风险溢价包含残余风险提供微弱的支持。按照 Hirshleifer（1988），有：

$$E_{t-1}(r_{jt}^f) = \beta_{jt-1}^f \gamma_{1t} \pm \sigma_{jt} \gamma_{2t} \tag{13}$$

式中，σ_{jt} 是期货残余风险的标准差，γ_{2t} 是一个取决于风险规避和交易成本的函数。

---

① 包括无条件和条件日收益均值。

残余风险的符号由净对冲压力决定，当对冲者的头寸是净空（多）头时，符号为正（负）。

为检验 Hirshleifer（1988）的理论或式（13），对式（14）进行回归分析。

$$r_{pt} = \gamma^f_{0t} + \sum_{i=1}^n \gamma^f_{it}\hat{\beta}_{ipt} + \sum_{j=1}^4 \gamma^j_{8t}\hat{\sigma}_{pt}s_{pt}d_j + \varepsilon_{pt} \tag{14}$$

当月初和月末投机者的头寸都是多头时，s_{pt} 取值为 1；当月初和月末投机者的头寸都是空头时，s_{pt} 取值为 −1；当月初和月末投机者的头寸状况相反时，s_{pt} 取值为 0。将 22 种期货分为 4 类，当期货 i 属于第 j 组时，d_j 取值为 1，否则为 0。如果期货风险溢价不含有残余风险，则 γ^i_{8t} 等于 0。

对式（14）的单一贝塔和多贝塔的检验结果表明，与式（13）相符，残余风险对外汇和农产品期货的风险溢价有较强的解释能力，而且当投机者头寸为净多头时，由式（13）得到的期货收益大于由式（10）得到的，为净空头时则相反。对金属期货的检验结果也与农产品的相似，只是解释力较弱。而在金融期货市场上，对冲压力对期货的风险溢价则不明显。建立在所有资产均可无成本交易假设基础上的均衡资产定价模型表明，期货期望收益仅仅取决于系统性风险，而与残余风险或对冲压力无关。金融期货的收益与对冲压力无关说明对冲压力不影响金融期货的定价。

Wang（2003）对期货市场上交易者交易行为和表现的研究发现，投机者采用的是反向反馈策略，而且投机者的头寸变化和市场走向一致。为判定是不是期货市场上收益的均值回归导致了投机者的超额收益，他以上个月的超额收益为自变量、本月的超额收益为因变量做回归分析，结果发现自变量系数并不显著异于零，因此均值回归导致投机者获得超额收益的原假设被拒绝，肯定了对冲性风险在期货风险溢价中的决定作用。

Dewally 等（2013）使用三个能源期货市场（原油、汽油和燃油）的个人交易者头寸数据，发现期货风险溢价主要源自对冲压力。他们表示，当个体交易者持有的头寸与总体潜在对冲者的净头寸相反时，会获得显著更高的利润。同时，在控制了对冲压力之后，交易者并未表现出动量效应，因此他们认为商品期货的收益动能可能很大程度上来自对冲压力。Acharya 等（2013）构建了一个存在有限套利约束与生产者期货对冲需求的商品市场均衡模型，他们发现，当经纪自营商缩表时，由生产者违约风险导致的期货风险溢价比例更高，也就是说，如果投机者的风险容忍能力更低，对冲压力作用更大。与之类似，Etula（2013）则从投机者违约风险的角度，在另一个有限套利模型下将期货风险溢价与投机者风险容忍能力联系在一起。

De Roon 等（2000）认为，期货风险溢价不仅仅受自己的对冲风险的影响，还受到来自其他期货市场的对冲风险的影响。他将这种来自其他期货市场的对冲风险称为交叉对冲风险。假设经济体可以参与 K 个资产和 L 个期货的交易，另外还有 S 个非市场化的资产或权利有可能会影响到经济体在期末的财富。需要指出的是，这 S 个不可交易资产或权利有可能与 L 个期货的原生品或 K 个资产存在交叉重叠关系。经济体所持有的组合的收益可以表示为这三类资产收益的加权和，其中权重为每一类资产在总投资额中所占的比例，各类资产的收益用价格变化百分比表示：

如果经济体 j 在时期 t 的投资总额为 Y_t^j，那么 N 个经济体在时期 t 所持有的不可交易资产的平均头寸规模可以表示为：

$$q_{s,t}^m = \frac{\sum_{j=1}^{N} Y_t^j q_{s,t}^j}{\sum_{j=1}^{N} Y_t^j} \tag{15}$$

资产和期货的期望收益可以分别表示为：

$$E_t[r_{A,t+1}] - \eta_t = \beta_A E_t[r_{t+1}^m - \eta] + \sum_{s=1}^{S} \theta_{A,s} q_{s,t}^m \tag{16a}$$

$$E_t[r_{F,t+1}] = \beta_F E_t[r_{t+1}^m - \eta] + \sum_{s=1}^{S} \theta_{F,s} q_{s,t}^m \tag{16b}$$

$$\beta_i = \mathrm{Cov}[r_{i,t+1}, r_{t+1}^m]/\mathrm{Var}[r_{t+1}^m]$$

$$\theta_{i,s} = \gamma^m \{ \mathrm{Cov}[r_{i,t+1}, r_{s,t+1}] - \beta_i \mathrm{Cov}[r_{t+1}^m, r_{s,t+1}] \}$$

式中，γ^m 是系统性风险规避参数。$\theta_{i,s}$ 既可以为正也可以为负，不过对于期货自身的对冲压力，$\theta_{i,s}$ 通常为正值，因为 $\mathrm{Cov}[r_{i,t+1}, r_{s,t+1}]$ 为正且大于 $\beta_i \mathrm{Cov}[r_{t+1}^m, r_{s,t+1}]$。由式（16a）和式（16b）可知，不可交易风险 $q_{s,t}^m$ 对期货和资产的收益都有影响，这与 Mayers（1976）所讨论的含有不可交易资产的 CAPM 一样。

Carter 等（1983）和 Bessembinder（1992）认为期货风险溢价与市场风险和自己的对冲压力有关，但是我们从式（15）看到，期货风险溢价还与交叉对冲压力有关。如同 Anderson 和 Danthine（1981）所指出的，之所以有交叉对冲压力，是因为期货收益和现货收益由于基差风险不完全相关。无条件收益均值的检验结果表明，有很多期货的收益与零无差异，除金融期货外，其他期货用来表示系统性风险的贝塔值接近于零，这与 Dusak（1973）、Carter 等（1983）和 Bessembinder（1992）的发现一致。每一种期货的收益都与本组商品现货收益的相关度较高，但是与其他组商品现货收益的相关度较低，例如前者除了活牛和加拿大元期货外，相关系数都大于 0.25，而后者没有一个大于 0.15。结合零贝塔值，可以认为仅有组内交叉对冲压力而无组间交叉对冲压力效应。对式（16b）的回归表明，自身的对冲压力效应是期货风险溢价很重要的影响因素，除了一些金融期货以外，其他期货的 $\theta_{F,s}$ 的值显著异于零，这一点和 Hirshleifer（1988）的理论、Bessembinder（1992）的实证检验相吻合。

为检验组内交叉对冲压力效应，De Roon 等（2000）对式（17）进行了回归：

$$r^j_{i,t+1} = \alpha^j_i + \beta^j_i r^{S\&P500}_{t+1} + \sum_{s=1}^{5} \theta^j_{i,s} \hat{q}^j_{s,t} + \varepsilon^j_{i,t+1} \tag{17}$$

$$\hat{q}^j_{s,t} = \frac{空头对冲者的头寸规模 - 多头对冲者的头寸规模}{对冲者的总头寸规模}$$

$r^j_{i,t+1}$ 表示第 j 类第 i 种期货的收益。回归结果发现，在控制了系统性风险之后，除了标准普尔 500 指数期货和活牛期货以外，剩余的其他每一种期货的组内交叉对冲压力 $\theta^j_{i,s}$ 至少有一个显著异于零；对第 j 类第 i 种期货的 4 个 $\theta^j_{i,s}$（$i \neq s$，s 和 i 同属于第 j 类）同时为零的原假设和 5 个 $\theta^j_{i,s}$（s 和 i 同属于第 j 类，两者可以相同）同时为零的原假设在传统置信水平上均被拒绝。这说明组内交叉对冲压力效应对期货风险溢价有较强的解释能力，也说明了对冲者利用期货合约不仅要对冲由原生品引起的风险，还要对冲与原生品密切相关的其他资产引起的风险。

上述发现虽然可以用对冲压力效应解释，但是也有可能用价格压力效应解释。对期货合约的需求（供给）增加使期货价格相对于现货价格上升（下降），这种偏离是暂时的，期货价格随后还会回归至现货价格。因为期货价格的这种反转变化，需求（供给）的突然变化带来的往往是负（正）的收益。

应该注意到，价格压力效应不仅仅来自对冲需求（供给）的变化，它还来自期货合约的需求（供给）的变化。如果对冲需求导致了价格压力效应，那么需要指出的是，对冲压力的变化导致了价格压力。虽然由式（16b）可知，当对冲压力比较大的时候期货的期望收益也会比较大，但是同样由价格压力效应可知，当对冲压力有明显增加的时候期货的期望收益也会比较大。我们并未发现究竟是价格压力效应还是对冲压力效应影响期货期望收益，对下式进行回归分析：

$$r_{i,t+1} = \alpha_i + \theta_i \frac{\hat{q}_{i,t}}{\sigma(\hat{q}_{i,t})} + \varphi_i \frac{\Delta\hat{q}_{i,t}}{\sigma(\hat{q}_{i,t})} + \varepsilon_{i,t+1} \tag{18a}$$

$$r^j_{i,t+1} = \alpha^j_i + \beta^j_i r^{S\&P500}_{t+1} + \sum_{s=1}^{5} \theta^j_{i,s} \hat{q}^j_{s,t} + \varphi_i \Delta\hat{q}^j_{i,t} + \varepsilon^j_{i,t+1} \tag{18b}$$

式中，$\hat{q}_{i,t}$ 是期货 i 自身的对冲压力，$\Delta\hat{q}_{i,t}$ 是对价格压力的度量。在控制了价格压力效应之后，式（18a）的回归结果显示，自身对冲压力对期货收益依然有很强的解释力，式（18b）的回归结果显示，交叉对冲压力效应对期货收益依然有很强的解释力。Basu 和 Miffre（2013）通过构建多空因素投资组合来捕捉商品期货的对冲压力风险溢价。他们发现，多头-空头对冲压力投资组合是横截面定价的，其夏普比率要显著高于仅做多的组合，表明系统对冲压力是商品期货风险溢价的重要决定因素。进一步，他们发现，对冲压力风险溢价与商品期货的滞后条件波动性之间存在正相关关系，随着商品期货市场的波动而上升。他们还发现，对冲压力对横截面商品期货收益的预测能力不同于过去收益和期限结构斜率的预测能力。综合所有信息，他们认为，投机者的头寸和期限结构的斜率是商品期货收益最重要的驱动因素，商品期货风险溢价取决于对投机者的对冲压力和库存水平的考虑。

Ekeland 等（2019）提到，持有成本理论专注于研究基差，而对冲压力理论是现货溢价理论的扩展，专注于风险溢价，或者说是预期基差。他们结合持有成本理论和对冲压力理论，将商品现货与期货之间的相互作用整合在一个框架内，以解释市场中观察到的多种情况。在均衡状态下，可能存在期货溢价或现货溢价，风险溢价可能为正或为负，库存可能被持有或不被持有，新增投机者可能会增加或减少对冲收益等，这些情况均是存在的。然而，学术界也存在着反对对冲压力理论的观点。Gorton 等（2012）同样结合了持有成本理论和对冲压力理论，他们指出，商品期货风险溢价因商品和时间而异，取决于现货库存水平。他们发现，交易者的头寸与库存和期货价格同时相关，但并没有发现这些头寸预测商品期货风险溢价的证据，在横截面上拒绝了对冲压力假设。而 Hong 和 Yogo（2012）发现，对冲压力在总时间序列中不显著。Daskalaki 等（2014）发现，由于期货市场本身的异质性，对冲压力模型并不能每次都很好地提供风险溢价的信息。

四、交易者的行为

（一）交易者的交易行为和绩效表现

投资者在市场上怎样交易？影响到他们的交易决策和投资绩效的因素有哪些？这历来是一个很有趣的课题，对这两个问题的回答关键是理解不同类型的交易者的交易行为对资产价格的影响以及资产价格是如何形成的。

许多文献论述了权益市场上投资者的行为及表现，而期货市场上的相关研究有Chang（1985）、Hartzmark（1987）和 Wang（2001）等，这些研究主要集中于检验某种类型的交易者是否拥有收益预测能力。Chang（1985）发现，与现货溢价理论相吻合，投机者在三个农产品期货市场上获得了超额收益。Wang（2001）发现，在六个期货市场上投机者的表现要好于对冲者，但是并没有证据表明投机者要比对冲者有更好的预测能力。Moskowitz 等（2012）发现，投机者的头寸对时间序列的动能具有积极的影响，而对冲者的头寸对时间序列的动能具有消极的影响。不过上述研究有一个缺陷：它们都没有在一个范围更广的期货市场上对超额收益和交易决策的影响因素进行研究。

Bessembinder 和 Chan（1992）、Bjornson 和 Carter（1997）认为短期国债收益、穆迪 BAA 级长期公司债券收益与 AAA 级短期公司债券收益之差、标准普尔 500 指数收益这三个变量对交易者的决策有影响，因此可以用来预测未来收益。针对已有的金融文献对期货市场上交易者交易行为和表现研究的不足，Wang（2003）遵循 Bessembinder 和 Chan（1992）所用的方法，以上述三个变量作为信息变量来表示期货市场上的风险定价因子，并结合过去的市场共识指数（consensus index）、滞后收益构建线性模型对金融、农产品、日用品和外汇期货 4 类 15 种期货市场上主要交易者的行为与绩效表现进行回归分析，以考察这些变量是如何影响不同类型的交易者做出决策的。

其回归分析模型如下：

$$\Delta NI_{t+1}^i = \alpha_0^i + \alpha_1^i \Delta SI_t + \alpha_2^i r_t + \sum \beta_j^i \Phi_{jt} + \varepsilon_{t+1}^i \tag{19}$$

式中，ΔNI_{t+1}^i 是交易者 i（投机者或对冲者）在 $t+1$ 期的净头寸变化，净头寸被定义为多头头寸减去空头头寸的值。ΔSI_t 是市场共识指数在 t 期的变化，r_t 是期货在 t 期的收益，Φ_{jt} 是在 t 期市场上所有交易者都可以得到的信息变量集，包括：用来表示期望通货膨胀率或短期贴现率的 3 月期短期国债收益；用来表示违约风险溢价的穆迪 BAA 级长期公司债券收益与 AAA 级短期公司债券收益之差；标准普尔 500 指数月收益，当经济增速缓慢或衰退时其值较大。

检验结果发现，对于投机者，市场共识指数系数为正，而且除了金融和大豆期货市场以外都显著异于零，而滞后收益的系数为负且除了大豆期货外都很显著。这说明在控制了风险因子后，当市场呈现牛市（熊市）时投机者会增加（减少）净头寸，而本月价格高于（低于）上月价格时又会减少（增加）下一期的净头寸。因此，投机者对市场共识指数变化会作出正向反应并表现出反向反馈投资策略。但是信息变量系数却不显著异于零，这说明信息变量不会对投机者的交易决策产生影响。不过总体来看，短期国债和违约风险的系数为负，这一点与 Bessembinder 和 Chan（1992）、Bjornson 和 Carter（1997）的通货膨胀和违约风险总是与降低收益相联系的观点一致。

而对冲者的检验结果与投机者迥异。市场共识指数系数为负，而且除了短期国库券、国债和大豆期货以外均显著异于零，而滞后收益的系数为正且显著异于零。因此，当市场表现为牛市（熊市）时对冲者会增加（减少）净头寸，而本月价格高于（低于）上月价格时又会增加（减少）净头寸。对冲者这样的交易策略被称为正向反馈策略。市场信息变量系数的符号和投机者相反，这与 Merton（1973）的对冲需求理论一致。Dewally 等（2013）同样发现，在能源期货市场，平均对冲者的利润为负，而投机者，特别是对冲基金，利润为正。

（二）交易者交易时机选择能力的检验

交易者交易时机选择能力的检验也是一个很有趣的课题，对它的检验至少可以回答两方面的问题。首先，我们在前面看到，投机者和对冲者都运用了反馈交易策略。Lakonishok 等（1992）认为对冲者采用正向反馈交易策略，其头寸变化与期货收益呈反向关系，因此对冲者会破坏市场的稳定。我们对反馈交易策略下收益的考察有助于检验这两类交易者对市场的稳定是否有破坏作用。其次，投机者会在市场上升（下降）之前增加（减少）净头寸，对此的解释是，投机者因为承担了对冲风险而获得风险溢价，但也不排除另一种可能的解释，即投机者对市场走势有很好的预测能力，作交易时机选择能力的检验可以就两种解释孰对孰错加以区分。Wang（2003）通过检验交易者净头寸是如何随着市场运动而变化来考察交易时机选择能力。

1. 净头寸变化与未来期货收益

式（20）建立了本期净头寸变化和下期收益之间的关系：

$$r_{t+1} = \gamma_0^i + \gamma_1^i \Delta NI_t^i + \sum \phi_j^i \Phi_{jt} + \varepsilon_{t+1}^i \tag{20}$$

式中，Φ_t 是在 t 期市场上所有交易者都可以得到的信息变量集，由于交易者交易时机选择能力既可能是来自对公共信息的解读，也有可能是来自对非公共信息的解读，因此引入 Φ_{jt} 可以将交易时机选择能力来自哪种信息加以区分。

检验结果发现，对于投机者，净头寸变化 ΔNI_t^i 的系数 γ_1^i 除了可可豆和咖啡期货外都为正，不过除了为数不多的几个期货外都不显著异于零。信息变量集的系数除了违约风险在几个期货市场上显著异于零外都不显著。总体来说，我们可以发现与投机者本期增加（减少）净头寸相联系的是下一期的收益增加（减少）。对冲者的检验结果与投机者的相反，这表明与对冲者本期增加（减少）净头寸相联系的是下一期的收益减少（增加），对冲者对市场走势的判断是错误的。

但是不能就此就说投机者比对冲者有更好的交易时机选择能力。对冲者持续不断地对市场走势做出错误判断这一表象事实上很有可能反映的是对冲压力效应，即对冲者不愿或不能承担风险而将不可交易风险转移给投机者时必须对投机者提供风险补偿。因此，投机者所获得的超额收益实质上是承担风险的补偿而不是因为有很好的收益预测能力。

与对冲者正向反馈交易策略相联系的是其不好的投资表现，这有可能说明对冲者会促使期货价格偏离现货价值，从而在中期内对市场的稳定起着破坏作用。然而，人们长期以来所认为的投机者会破坏市场的稳定这一说法[①]却被投机者反向反馈策略和好的投资表现所推翻，这实在是一个很让人惊讶的结论，因为如果这一结论正确，那么美国市场上那些投机者所受到的"额外"关注和层层限制将是最不公正的待遇了。

2. 净头寸水平与未来收益

对这两个变量之间关系的考察可以仿照式（20）建立回归方程，所不同的是，此处是净头寸水平而不是净头寸水平的变化。结果发现，投机者确实会在市场上升前持有净多头头寸而对冲者则持有空头头寸。

3. 投资盈利模式

如果某种类型的交易者其交易头寸变化和收益之间存在某种范式关系，那么投资者可以从该范式中寻找出盈利模式。我们前面的检验已经发现，对冲者往往会对市场走势做出错误判断，而投机者则表现出较好的收益"预测"能力。因此，我们会很自然地期望从这两类交易者头寸的变化中寻找出某种盈利模式。为检验这种盈利模式是否存在，我们假设当某种类型的交易者头寸发生巨大变化时，投资者将会形成多头（空头）头寸并持有该头寸一个月，交易者头寸发生巨大变化指的是偏离由当前月份上溯至 3 年来头寸变化的均值一个标准差以上。我们计算了当净头寸增加时持有多头，而净头寸减少时则持有空头这一策略下超额收益的平均值，发现与前面的检验结果相似，投机者的收益均值除了可可豆和咖啡期货外都是正的，而对冲者的收益均值除了可可豆和咖啡期货外都是负的，同时收益均值在金融期货市场上并不显著异于零，这说明对冲压力在金融期货市场上对收益的影响不大，这一点与 Bessembinder（1992）相同。

在这一策略下对冲者的超额收益基本上可以用对冲压力来解释，而对于投机者则可能是由风险溢价或较强的收益预测能力所致。为了对投机者的超额收益来源进行区分，我们对对冲者和投机者的超额收益绝对值的大小加以比较。如果投机者的超额收益大于对冲者的，那么可以把此超额收益归因于投机者有较强的收益预测能力或较好的交易时机选择能力。不过我们发现除了在德国马克和日元期货市场外，这两种超额收益并无显著差别，因此投机者并不比对冲者有更强的收益预测能力或更好的交易时机选择能力，他们的超额收益主要源于对冲压力。

---

① 如 Hart 和 Kreps（1986），Stein（1987）。

4. 同时期期货收益和净头寸水平的变化

期货价格相对于权益资产的价格更容易波动，因此，通过分析净头寸的变化和同时期的收益之间的关系来探究交易者在合约到期前的交易行为是一个很有意思的课题。我们对式（21）做回归：

$$r_t = \gamma_0^i + \gamma_1^i \Delta NI_t^i + \sum r_{2j}^i \Phi_{jt-1} + \varepsilon_t^i \tag{21}$$

结果发现，净头寸变化的系数 γ_1^i 对于投机者来说在所有的期货市场上都显著为正，而对于对冲者则显著为负。现有证据表明，对冲者并不在短期内频繁调整头寸，因为对冲者更关心的是中长期的风险暴露，因此回归结果有可能是投机者的羊群行为及羊群效应。有很多研究表明，机构投资者（如共同基金、养老基金等）在做出投资决策时往往会表现出羊群行为并由此对股票价格产生影响。在期货市场上并不乏集合众多投资者的资金对商品和金融期货做投机交易的机构投资者，Brorsen 和 Irwin（1987）、Elton 等（1987）、Irwin 和 Yoshimaru（1999）认为这些机构投资者在做投资决策时往往采用相似的反馈交易策略，表现出羊群行为，使价格在短期内发生变动，导致对冲者的净头寸变化和同时期收益之间存在负相关性。

五、总结

传统的资本资产定价模型，如 CAPM 是建立在市场是完善的假设上的，在此基础上，认为资产的风险溢价仅仅与系统性风险有关。然而在现实中市场是不完善的，小小的交易成本也可以成为阻碍资产充分流动的高槛巨坝。在期货市场中，经典的定价理论主要有持有成本理论、现货溢价理论和对冲压力理论，其中以对冲压力理论最具灵活性。

Hirshleifer（1988）认为，市场上至少存在着两个不完善的表现：有一些权利不能够在市场上进行交易，它们是非市场化的；交易者参与期货市场面临进入障碍，并不是所有的外部潜在交易者都可以进入期货市场成为投机者承担对冲风险。在这两个前提下，他认为，当期货市场达到供求均衡时，期货风险溢价不仅仅取决于系统性风险，也取决于对冲风险，而且对冲风险溢价的符号取决于净对冲压力的符号。

在 Hirshleifer（1988）之后，众多的实证检验支持了他的观点，即期货溢价中应该包含有对冲性风险，并做出了进一步的发展。如 Bessembinder（1992）只发现了对冲性风险在决定期货溢价中的作用，但是并没有发现系统性风险在期货溢价中得到了体现。De Roon 等（2000）和 Wang（2003）的实证研究与 Bessembinder（1992）的一样，也未发现系统性风险在决定期货溢价中的作用，但是 De Roon 等（2000）发现了交叉性对冲风险在期货溢价中的影响。让人感兴趣的是，Wang（2003）通过对对冲者和投机者的交易行为和表现的研究，发现投机者正的超额收益并不是来源于他们拥有比对冲者更好的交易时机选择能力或收益预测能力，而是因为他们承担了对冲者所不愿承担的对冲风险并因此获得风险溢价。更让人吃惊的是，Hart 和 Kreps（1986）、Stein（1987）所认为的投机者会破坏市场的稳定这一说法被他的发现即投机者采用反向反馈交易策略和好的投资表现所推翻，也就是说，按照 Wang（2003）的观点，投机者事实上起到稳定市场的作用。

当前，我国期货市场蓬勃发展，市场规模稳步增长，运行质量显著提升。截至 2020 年 10 月末，全市场资金总量突破 8 200 亿元，有效客户数 181.8 万元。随着 2021 年 2 月 1 日花生期货在郑州商品交易所上市，我国期货上市品种达到 70 种，涵盖有色金属、黑色金属、贵金属、能源化工、农产品和金融 6 大领域。庞大的市场规模、丰富的期货品种为科研提供了数据支持，等待我国学者发掘利用。

参考文献

［1］Acharya，V.，Lochstoer，L.，Ramadorai，T.，2013. Limits to arbitrage and hedging：Evidence from commodity markets. Journal of Financial Economics，109，441 - 465.

［2］Anderson，R.，Danthine，J.，1983. Hedger diversity in futures markets. Economic Journal，93，370 - 389.

［3］Basu，D.，Miffre，J.，2013. Capturing the risk premium of commodity futures：The role of hedging pressure. Journal of Banking and Finance，37，2652 - 2664.

［4］Bessembinder，H.，1991. Forward contracts and firm value：Investment incentive and contracting effects. Journal of Financial and Quantitative Analysis，26，519 - 532.

［5］Bessembinder，H.，1992. Systematic risk，hedging pressure，and risk premiums in futures markets. Review of Financial Studies，5，637 - 667.

［6］Bessembinder，H.，Chan，K.，1992. Time-varying risk premia and forecastable returns in futures markets. Journal of Financial Economics，32，169 - 193.

［7］Bilson，J.，1981. The speculative efficiency hypothesis. Journal of Business，54，435 - 452.

［8］Bjornson，B.，Carter，C.，1997. New evidence on agricultural commodity return performance under time-varying risk. American Journal of Agricultural Economics，79，918 - 930.

［9］Black，F.，1972. Capital market equilibrium with restricted borrowing. Journal of Business，

45，444 – 455.

［10］ Black，F.，1976. The pricing of commodity contracts. Journal of Financial Economics，3，167 – 179.

［11］ Blume，M.，Friend，I.，1975. The asset structure of individual portfolios and some implications for utility functions. Journal of Finance，30，585 – 604.

［12］ Bodie，Z.，Rosansky，V.，1980. Risk and return in commodity futures. Financial Analysts Journal，36，27 – 39.

［13］ Breeden，D.，1980. Consumption risk in futures markets. Journal of Finance，35，503 – 520.

［14］ Brennan，M.，1958. The supply of storage. The American Economic Review，48，50 – 72.

［15］ Brorsen，B.，Irwin，S.，1987. Futures funds and price volatility. Review of Futures Market，61，19 – 135.

［16］ Campbell，J.，Hamao，Y.，1992. Predictable stock returns in the United States and Japan：A study of long-term capital market integration. Journal of Finance，47，43 – 69.

［17］ Carter，C.，Rausser，G.，Schmitz，A.，1983. Efficient asset portfolios and the theory of normal backwardation. Journal of Political Economy，91，319 – 331.

［18］ Chang，E.，1985. Returns to speculators and the theory of normal backwardation. Journal of Finance，40，193 – 208.

［19］ Chen，N.，Roll，R.，Ross，S.，1986. Economic forces and the stock market. Journal of Business，59，383 – 403.

［20］ Constantinides，G.，1986. Capital market equilibrium with transaction costs. Journal of Political Economy，94，842 – 862.

［21］ Connor，G.，1984. A unified beta pricing theory. Journal of Economic Theory，34，13 – 31.

［22］ Cootner，P.，1960. Returns to speculators：Telser versus Keynes. Journal of Political Economy，68，396 – 404.

［23］ Cootner，P.，1960. Returns to speculators：Rejoinder. Journal of Political Economy，68，415 – 418.

［24］ Cootner，P.，1967. Speculation and hedging. Food Research Institute Studies，7，67 – 105.

［25］ Cox，J.，Ingersoll，J.，Ross，S.，1981. The relation between forward prices and futures prices. Journal of Financial Economics，9，321 – 346.

［26］ Daskalaki，C.，Kostakis，A.，Skiadopoulos，G.，2014. Are there common factors in individual commodity futures returns? Journal of Banking and Finance，40，346 – 363.

［27］ De Roon，F.，Nijman，T.，Veld，C.，2000. Hedging pressure effects in futures markets. Journal of Finance，55，1437 – 1465.

［28］ DeMarzo，P.，Duffle，D.，1991. Corporate financial hedging with proprietary information. Journal of Economic Theory，53，261 – 286.

［29］ Dewally，M.，Ederington，L.，Fernando，C.，2013. Determinants of trader profits in commodity futures markets. Review of Financial Studies，26，2648 – 2683.

[30] Diamond，D.，Verrccchia，R.，1982. Optimal managerial contracts and equilibrium security prices. Journal of Finance，37，275 – 287.

[31] Dusak，K.，1973. Futures trading and investor returns：An investigation of commodity market risk premium. Journal of Political Economy，81，1387 – 1406.

[32] Ekeland，I.，Lautier，D.，Villeneuve，B.，2019. Hedging pressure and speculation in commodity markets. Economic Theory，68，83 – 123.

[33] Elton，E.，Gruber，M.，Rentzler，J.，1987. Professionally managed，publicly traded commodity funds. Journal of Business，60，175 – 199.

[34] Erb，C.，Harvey，C.，2006. The strategic and tactical value of commodity futures. Financial Analysts Journal，62，69 – 97.

[35] Etula，E.，2013. Broker-dealer risk appetite and commodity returns. Journal of Financial Econometrics，11，486 – 521.

[36] Fama，E.，French，K.，1987. Commodity futures prices：Some evidence on forecast power，premiums，and the theory of storage. Journal of Business，60，55 – 73.

[37] Fama，E.，French，K.，1988. Dividend yields and expected stock returns. Journal of Financial Economics，22，3 – 26.

[38] Fama，E.，Gibbons，M.，1984. A comparison of inflation forecasts. Journal of Monetary Economics，13，327 – 348.

[39] Fama，E.，MacBeth，J.，1973. Risk，return，and equilibrium：Empirical tests. Journal of Political Economy，81，607 – 637.

[40] Ferson，W.，Harvey，C.，1991. The variation of economic risk premiums. Journal of Political Economy，99，385 – 415.

[41] Goldenberg，D.，1988. Trading frictions and futures price movements. Journal of Financial and Quantitative Analysis，23，465 – 480.

[42] Gorton，G.，Hayashi，F.，Rouwenhorst，G.，2012. The fundamentals of commodity futures returns. Review of Finance，17，35 – 105.

[43] Grauer，F.，Litzenberger，R.，1979. The pricing of commodity futures contracts，nominal bonds and other risky assets under commodity price uncertainty. Journal of Finance，1，69 – 83.

[44] Gray，R.，1960. The characteristic bias in some thin futures markets. Food Research Institute Studies，2，296 – 312.

[45] Grinblatt，M.，Titman，S.，1983. Factor pricing in a finite economy. Journal of Financial Economics，12，497 – 508.

[46] Hartzmark，M.，1987. Returns to individual traders of futures：Aggregate results. Journal of Political Economy，95，1292 – 1306.

[47] Hicks，J.，1939. Value and Capital. Oxford University Press，Cambridge.

[48] Hirshleifer，D.，1988. Residual risk，trading costs，and commodity futures risk premia. Review of Financial Studies，1，173 - 193.

[49] Hirshleifer，D.，1988. Risk，futures pricing and the organization of production in commodity markets. Journal of Political Economy，96，1206 - 1220.

[50] Hirshleifer，D.，1990. Hedging pressure and futures price movements in a general equilibrium model. Econometrica，58，411 - 428.

[51] Hodrick，R.，Srivastava，S.，1984. An investigation of risk and return in forward foreign exchange. Journal of International Money and Finance，3，5 - 29.

[52] Hodrick，R.，Srivastava，S.，1987. Foreign currency futures. Journal of International Economics，22，1 - 24.

[53] Hong，H.，Yogo，M.，2012. What does futures market interest tell us about the macroeconomy and asset prices? Journal of Financial Economics，105，473 - 490.

[54] Houthakker，H.，1957. Can speculators forecast prices? Review of Economics and Statistics，39，143 - 151.

[55] Irwin，S.，Yoshimaru，S.，1999. Managed futures，positive feedback trading，and futures price volatility. Journal of Futures Markets，19，759 - 776.

[56] Jagannathan，R.，1985. An investigation of commodity futures prices using the consumption-based intertemporal capital asset pricing model. Journal of Finance，40，175 - 191.

[57] Jarrow，R.，Oldfield，G.，1981. Forward contracts and futures contracts. Journal of Financial Economics，9，373 - 382.

[58] Keynes，J.，1930. A Treatise on Money，Vol. 2. MacMillan，London.

[59] Kodres，L.，1988. Tests of unbiasedness in foreign exchange futures markets：The effects of price limits. Review of Futures Markets，7，145 - 166.

[60] Kolb，R.，1992. Is normal backwardation normal? Journal of Futures Markets，12，75 - 91.

[61] Lakonishok，J.，Shleifer，A.，Vishny，R.，1992. The impact of institutional trading on stock prices. Journal of Financial Economics，32，23 - 43.

[62] Lehmann，B.，1990. Residual risk revisited. Journal of Econometrics，45，71 - 97.

[63] Levy，H.，1978. Equilibrium in an imperfect market：Constraint on the number of securities in the portfolio. The American Economic Review，68，643 - 658.

[64] Lin，W.，Johnson，J.，Calvin，L.，1981. Farm commodity programs：Who participates and who benefits? In Agricultural Economic Reports，United States Department of Agriculture，Economic Research Service，No. 307908.

[65] Marcus，A.，1984. Efficient asset portfolios and the theory of normal backwardation：A comment. Journal of Political Economy，92，162 - 164.

［66］ Mayers，D.，1972. Non-marketable assets and capital market equilibrium under uncertainty. In Jensen，M. C.，Ed.，Studies in the Theory of Capital Markets，223 - 248.

［67］ Mayshar，J.，1979. Transaction costs in a model of capital market equilibrium. Journal of Political Economy，87，673 - 700.

［68］ Mayshar，J.，1981. Transaction costs and the pricing of assets. Journal of Finance，36，583 - 597.

［69］ McKinnon，R.，1967. Futures markets，buffer stocks，and income stability for primary producers. Journal of Political Economy，75，844 - 861.

［70］ Merton，R.，1973. An intertemporal capital asset pricing model. Econometrica，41，867 - 887.

［71］ Merton，R.，1980. On estimating the expected return on the market：An exploratory investigation. Journal of Financial Economics，8，323 - 361.

［72］ Merton，R.，1987. A simple model of capital market equilibrium with incomplete information. Journal of Finance，42，483 - 510.

［73］ Moskowitz，T.，Ooi，Y.，Pedersen，L.，2012. Time series momentum. Journal of Financial Economics，104，228 - 250.

［74］ Newbery，D.，Stiglitz，J.，1981. The Theory of Commodity Price Stabilization. Clarendon Press，Oxford.

［75］ Richard，S.，Sundaresan，M.，1981. A continuous time equilibrium model of forward prices and futures prices in a multigood economy. Journal of Financial Economics，9，347 - 371.

［76］ Rockwell，C.，1967. Normal backwardation，forecasting and returns to commodity futures traders. Food Research Institute Studies，7，107 - 130.

［77］ Rolfo，J.，1980. Optimal hedging under price and quantity uncertainty：The case of a cocoa producer. Journal of Political Economy，88，100 - 116.

［78］ Roll，R.，1977. A critique of the asset pricing theory's tests. Journal of Financial Economics，4，129 - 176.

［79］ Roll，R.，1983. On computing mean returns and the small firm premium. Journal of Financial Economics，12，371 - 386.

［80］ Ross，S.，1976. The arbitrage theory of capital asset pricing. Journal of Economic Theory，13，341 - 360.

［81］ Samuelson，P.，1965. Proof that properly anticipated prices fluctuate randomly. Industrial Management Review，6，41 - 49.

［82］ Scholes M.，Williams，J.，1977. Estimating betas from nonsynchronous data. Journal of Financial Economics，5，309 - 327.

［83］ Shanken，J.，1992. On the estimation of beta-pricing models. Review of Financial Studies，5，1 - 33.

［84］ Stoll，H.，1979. Commodity futures and spot price determination and hedging in capital market equilibrium. Journal of Financial and Quantitative Analysis，14，873‐894.

［85］ Szymanowska，M.，De Roon，F.，Nijman，T.，van den Goorbergh，R.，2014. An anatomy of commodity futures risk premia. Journal of Finance，69，453‐482.

［86］ Telser，L.，1958. Futures trading and the storage of cotton and wheat. Journal of Political Economy，66，233‐255.

［87］ Tobin，J.，Brainard，W.，1976. Asset markets and the cost of capital. Cowles Foundation Discussion Papers，Cowles Foundation for Research in Economics，Yale University.

［88］ Thompson，S.，1986. Returns to storage in coffee and cocoa futures markets. Journal of Futures Markets，6，541‐564.

［89］ Wang，C.，2001. Investor sentiment and return predictability in agricultural futures markets. Journal of Futures Markets，21，929‐952.

［90］ Wang，C.，2003. The behavior and performance of major types of futures traders. Journal of Futures Markets，23，1‐31.

［91］ Wang，C.，2004. Futures trading activity and predictable foreign exchange market movements. Journal of Banking and Finance，28，1023‐1041.

［92］ Working，H.，1949. The theory of the price of storage. The American Economic Review，39，1254‐1262.

［93］ Wright，B.，Williams，J.，1989. A theory of negative prices for storage. Journal of Futures Markets，9，1‐13.

行为金融学与行为资产定价

内容摘要：由于金融市场上各种异象不断被挖掘出来，行为金融学者主张抛弃有效市场假说，并试图建立以心理学或社会学成果为基础的资产定价模型以解释这些异象。由偏差理念模型、非规范偏好模型与套利限制三部分组成的行为金融学正在不断取得进展。然而，由于联合假设问题，行为金融学目前并不能完全取代以理性金融学为主的经典金融理论。而现代金融学正是在经典金融学与行为金融学的竞争中不断前进。

一、引言

现代金融理论从 Markowitz（1952）开始，并在 20 世纪六七十年代取得辉煌的成就。在这些成果当中，我们发现，无论是早期的 CAPM（Sharpe，1964；Lintner，1965；Mossin，1966），还是较晚的 APT（Ross，1976）、期权定价的布莱克-斯科尔斯公式（Black and Scholes，1973）或二项式模型（Merton，1976），都是以有效市场为假设前提的。可以说，有效市场假说是经典金融理论[①]的基石。

　　有效市场假说是由 Samuelson（1965）从理性投资者假设出发推导出来，并经 Fama（1970）系统地总结了大量实证成果所建立起来的。然而，理性投资者假设自提出之日起就备受指责，因为它要求资本市场的典型投资者具有无限的计算与信息处理能力，并且风险偏好符合时间可加性等苛刻的要求。这样的假设显然是不现实的。但以弗里德曼（Friedman）为代表的经济学家认为，评价理论的标准应是其预测而不是假设的正确与否（Friedman，1953）。这种思想加上经典金融理论不断取得重大突破，理性投资者假设逐渐被主流金融学家所接受。

　　20 世纪 80 年代以来，随着金融实证研究的深入，与有效市场假说不相符的异象逐渐引起了学者注意，与理性投资者假设有关的讨论逐渐抬头。理性学派尝试在理性投资者假设下对这些异象进行解释，部分金融学家则转而尝试放松该假设，借鉴心理学、社会学等理论成果，从投资者的心理与行为出发建立模型来解释，发展为行为金融学。

　　由于行为金融学的假设更现实，对异象的解释更合情合理，因此为越来越多的学者所接受，近年来取得了长足进展。本文试图以较宽广的视角来回顾行为金融学近年来的主要成果，以增进读者对该领域的总体了解。本文结构安排如下：第二部分概述近年来金融市场上发现的主要异象；第三部分概括投资者背离理性预期的心理现象，并介绍几个建立于此的行为金融模型；第四部分阐述在行为金融中投资者情绪对资产定价的影响，并介绍其种类和主要衡量方法；第五部分概括投资者偏好不符合期望效用理论的现象，并介绍建立于此的行为金融学模型，主要是前景理论（prospect theory）及其扩展形式，并介绍其所解释的三类市场定价异象或非理性交易行为；第六部分基于投资者真实决策行为，总结学者通过对效用函数的修正提出的行为资产定价模型；第七部分介绍套利限制（limits of arbitrage）理论；第八部分介绍联合假设（joint hypothesis）问题及其不同的处理方式；第九部分为结论。

　　本文要说明的主要思想是：行为金融学的目的就是在金融市场异象（第二部分）、资产定价行为（第六部分）与人们的心理特征（第三、第四、第五部分）之间建立逻辑联系，而套利限制（第七部分）使这种逻辑联系并不会被理性投资者所完全消除。这就有力地证明了非理性投资者的真实存在，并可能使得金融资产的均衡价格偏离其价值，导致金融市场非有效。但可能性不等于必然性，由于联合假设

　　[①]　本文的术语约定如下：经典金融学指的是建立在理性投资者假设前提上的金融学理论体系。传统经典金融学在假设理性投资者的同时还假设金融市场完美；现代经典金融学指的是放松金融市场完美的假设，允许资本市场存在交易成本或市场不完全。行为金融学指的是所有放松理性投资者假设的金融理论，包括认为投资者具有有限理性（bounded rational）与非理性（irrational）。

问题（第八部分）还没有得到解决，目前我们无法判断市场在多大程度上是有效的。现代金融学在行为金融学与经典理性金融理论的理论框架的竞争中不断取得进展，最后我们得出结论（第九部分）：未来金融学应是行为金融学与经典金融学的融合。

二、股票市场异象

近年被发现与传统经典金融理论不符的异象主要包括以下几类：

（一）资产价格（收益率）的可预测性

如果市场是弱式有效的，那么对于任何投资者来说，可以获得的历史信息对股票未来价格均没有预测能力。然而，近年来实证研究却发现了未来价格可预测的现象，并且这些现象很难完全被经典模型所解释。下面我们来讨论几种股票价格可预测的现象。

1. 时间序列收益的可预测性

股票价格时间序列存在虽然很小却非常稳定的自相关关系。这种相关性在短期内（3~12 个月）表现为正相关，称为收益动量效应（momentum），在长期内（如 3 年）表现为负相关，称为收益反转效应（reversal）。收益动量效应由 Jegadeesh 和 Titman（1993）提出，他们指出在美国市场上，过去 6 个月表现好的股票，在接下来的 6 个月往往会表现得好。其他研究，如 Rouwenhorst（1998）证实，同样的短期正相关关系也存在于其他市场上。动量效应在小公司、成长型公司、很少有人研究的公司上表现得更明显（Jegadeesh and Titman，1993；Daniel and Titman，1999；Grinblatt and Moskowitz，1999；Hong et al.，2000）。

收益反转效应由 De Bondt 和 Thaler（1985）提出，他们将 1926—1982 年纽约股票交易所所有公开交易的股票每隔 3 年按前 3 年的累积收益率排序，排名最靠前 35 位的股票组成"赢者"（winners）组合，最后 35 位的股票组成"输者"（losers）组合，分别计算这两个组合在随后 3 年的收益率，结果平均而言，输者组合比赢者组合的年收益率高 8%。

2. 横截面收益的可预测性

与公司股价相关的变量在截面上能够预测股票的未来收益率。Basu（1977）最早提出每股收益/股价比率（earning per share/price per share，E/P）对未来收益率有预测能力；Banz（1981）提出，公司规模能解释股票的未来收益率的部分变动；Stattman（1980）发现，价值溢价，即账面市值比（book-to-market，B/M）高的公司股票未来收益率高。

Fama 和 French（1992）系统地研究了股票未来收益率的横截面上的可预测性。在规模溢价上，他们发现小公司股票比大公司股票的月均收益率高 0.74%，这么高的收益率差距无法完全由 β 来解释。他们也发现其他基本面变量与价格的比率（fundamental/price ratios），如账面市值比、每股收益/股价比率（E/P）等，对股票的未来收益率均有预测能力。

3. 事件研究下的收益可预测性

许多实证研究运用 Fama 等（1969）提出的事件研究（event study）方法，发现股票市场对公开信息的反应并不总是有效的。Bernard 和 Thomas（1989）在1974—1986 年的每个季度，根据最新的盈余公告意外好或坏的程度将纽约股票交易所与美国股票交易所所有可交易股票分为 10 个等级。他们发现，盈余公告 60 天后意外好程度最高的股票组合的收益率比意外差程度最高的组合平均要高 4%。Chan 等（1996）也得出了类似的结论。

很多实证报告研究了其他各种信息公告，包括：红利发放建议与遗漏（dividend initiation and omission；Michaely，Thaler，and Womack，1995）、股票回购（stock repurchase；Ikenberry et al.，1995；Mitchell and Stafford，2001）、股票拆分（stock split；Grinblatt et al.，1984）、代理权之争（proxy contests；Ikenberry et al.，1993）等。这些研究也都得出了股票价格在信息公布后的波动趋势可以预测的结论。

4. 情绪指标收益的可预测性

有效市场假说认为股票价格总是反映股票价值，但众多研究却发现明显与股票价值无关的情绪指标能够很好地解释股票的价格波动，进而说明投资者非理性预期及行为将会对股价产生影响。Kamstra 等（2000）发现，每天日照时间的长短与股市收益率波动相关；Hirshleifer 和 Shumway（2001）、Saunders（1993）发现，包括美国在内的 26 个国家，各国主要股票交易所所在城市上空的云覆盖面积的比例与当日股指波动相关。

（二）股权溢价之谜

传统经典理论从理性人厌恶风险的假设出发，认为高风险与高收益相联系。由于股票比债券的风险要高，从而股票的收益率应高于债券的收益率。然而从美国市场的历史数据来看，股票市场的收益率相对过高。Mehra 和 Prescott（1985）发现，股票比国债的年收益率高出 7%，Campell 和 Cochrane（1999）运用 1871—1993 年的数据得出，标准普尔 500 指数的连续时间年收益率（log return）比短期商业票据高 3.7%。这么高的股票收益率所需的风险厌恶程度超出了合理的范围，而且又与很低的无风险收益率相矛盾（Weil，1989），因而被称为股权溢价之谜。

（三）股价的过度波动性

Shiller（1981）首先发现，无论是以股票收益率还是以价格-红利比率来衡量，股票价格的波动性都过于激烈。Campbell 和 Cochrane（1999）也指出，标准普尔 500 指数的超额连续年收益率的标准差为 18%，价格-红利比率的波动更大。传统经典金融学理论将未来现金流以相同贴现率进行贴现，这样的方法难以解释股价如此大的波动，因为股票可能获得的预期现金流或消费者的理性偏好不会有与此对应的巨大波动。

（四）投资者的行为偏差

有效市场假说是从投资者行为理性这个前提出发的，因此直接研究投资者持有的投资组合和交易行为可以判断理性投资者假设的合理性。研究表明，投资者的行为并不符合理性假设，表现为以下几种行为偏差：

1. 分散化不充分

经典组合理论认为，不考虑交易成本等因素，每个理性投资者会参与所有的金融市场以充分分散非系统性风险。但研究表明，投资者的分散化常常是不充分的。许多投资者根本不参与重要的金融市场，例如不持有股票或债券或不动产。在参与股票市场的投资者中，他们持有的股票组合也不够分散化。French 和 Poterba（1991）指出，美国、日本与英国的投资者分别将 94%、98% 与 82% 的股票投资集中在本国股票上。这说明人们在持有股票组合时有"所在国偏好"，对国外股票持有的比例不足。Grinblatt 和 Keloharju（2001）更是发现，在一国范围内人们也对位于自己居住地的上市公司特别喜好。Benartzi 和 Thaler（2001）发现，即使投资者认识到分散化的重要性，他们也以幼稚的形式进行，一般是将自己的财富等比例地分配于能投资的证券种类上，而不管这些证券市场价值的比例大小。由于股票的种类比较多，这些投资者的组合中股票的比重过高。

2. 交易过度

在经典的金融理论中，股票出于以下几个原因进行交易：一是投资者由于自己的流动性需要；二是对自己的证券组合进行重组；三是投资者有私人信息，根据私人信息判断股票的市场价格与其价值不符。由于所有投资者都是理性的，并且知道其他投资者也是理性的，在别人提出购买股票的要求时想出售股票的一方应当有理由怀疑对方拥有私人信息从而会拒绝交易请求，除非对方能证明自己的交易起因于流动性或重组组合。这样股票市场上的交易应当是非常少的。但是无论对私人投资者还是机构投资者的研究都发现，他们的交易过于频繁，并且他们的平均收益率比市场收益率低很多（Barber and Odean，2000）。Jensen（1968）也发现，大多数交易活跃的共同基金的收益率基本都低于市场收益率，频繁的交易并没有给大多数基金经理带来超额收益；Odean（1999）利用美国某经纪商的客户交易记录验证了美国股票市场存在过度交易现象；谭松涛和王亚平（2006）也基于中国某证券营业厅个人股票交易数据发现了中国股市的过多交易现象。

3. 不愿意实现损失

投资者不愿意出售相对于购买价格而言亏损的股票，这种现象被称为处置效应（disposition effect；Shefrin and Statman，1985）。Odean（1998）发现，个人投资者更愿意出售相对于购买价格已经升值了的股票，而实际上他们出售的股票在随后的时间里比他们持有的股票表现更好。武佳薇等（2020）发现，中国股票市场上个人投资者的处置效应显著高于美国市场。

4. 弗里德曼-萨维奇（Friedman-Savage）之谜

为什么人们在购买保险的同时会去购买彩票（Friedman and Savage，1948）？换句话说，为什么人们会在厌恶某种风险的同时喜好另外一种风险？

（五）封闭式基金定价之谜

封闭式基金的运作机制说明，基金份额价值最可靠的指标是每股资产净值（net asset value，NAV），但是封闭式基金的市场交易价格却几乎总是偏离其NAV，一般规律是在其刚上市时，基金价格高于NAV，一段时间后价格会下降，稳定在低于其NAV的10%左右的价位上，在基金到期或转变成开放式基金时，基金价格与其NAV的差距缩小乃至消失。

尽管很多异象是否存在或程度如何尚存争议，但股票市场上存在无法用有效市场假说解释的现象却是不争的现实。经典金融学家在面对这些无可争议的异象时依然坚持理性投资者假设，从经济状态的波动或不完美的市场（如存在交易成本）等角度对此进行解释（我们将在第八部分概述他们的成果）。与经典金融学家相反，行为金融学家认为理性投资者假设阻碍了对各种异象的理解。他们借助于心理学、社会学的成果，从实际投资者的心理、行为出发，得出非理性投资者在市场上存在并且部分地决定着股票价格的结论，市场上各种异象存在的部分原因就在于投资者情绪的作用。

三、信念偏差

经典金融学家的理性投资者假设有两个构成要素：第一是投资者对未来的预期是理性的，即他能对未来状态做出无偏的估计，并且按照贝叶斯法则去处理新信息；第二是投资者对风险的偏好符合期望效用理论的假设。

但行为金融学家指出，人类的发展经历了一个漫长的自然选择与淘汰的过程，而这个过程使得人们在预期与风险偏好两个方面都不能达到理性要求。首先，人们的认识能力（注意力、思维能力与记忆力）是有限的，自然选择过程会鼓励我们去采用一些经验法则（rules of thumb）来进行日常决策（Simon，1956）。这些经验法则在它产生时的环境中可能是有效的，一旦环境发生变化或超出了适用领域，经验法则就会产生偏差。其次，正如 Trivers（1985，1991）所论述的那样，在某些方面自然选择过程偏爱非理性行为。例如，自我欺骗使自己过度自信，可能有助于使别人相信他更有能力从而获得更多的生存机会。自然选择过程的这两个特点使非理性心理成为人类社会的普遍现象，并且难以通过学习迅速或彻底地纠正那些心理偏差。

经典金融学家也承认投资者经常表现出非理性行为。但他们认为，投资者的非理性行为相互独立，在均衡中会相互抵消。然而，人们经历了相同的自然进化过程，心理过程可能是相似的，因而非理性现象可能是系统性的。在适当的场景下，代表性的投资者可能系统性地偏离理性行为，这当然会影响资本市场的均衡价格。

人们形成预期的过程实际上就是判断某件事情发生的概率。在这方面，已被心理学或经济学实验所证实的与金融市场相关的心理偏差主要有以下几种：

1. 可获得偏见（availability bias），也叫显见性偏见（salient bias）

在判断一件事情发生的概率时，人们往往会根据自己的记忆去进行。这虽然也有合理的一面，因为经常发生的事更容易被记住。但这种机制又可能产生很大的偏差，因为人们的记忆并不仅依赖于事情发生的频率，而是主要取决于事情的特征。那些有明显特征的事情，比如说让人特别高兴或悲伤的事情，总是更容易被记起来，这些事情发生的概率也就被夸大了（Kahnman and Tversky，1974）。

2. 锚定 (anchoring)

Kahnman 和 Tversky（1974）发现，人们在估计一件事情发生的概率时，一般是从一个初始值开始，这个初始值往往是问题的描述中提到的，然后依据自己记忆中的证据去调整，这种调整又总是不充分。也就是说，那个由问题的描述所决定的初始值对判断事情发生的概率有影响。锚定现象使人们的决策部分取决于框架，即对同一问题的选择结果会因描述不同而变化。

3. 代表性原则 (representativeness)

Kahnman 和 Tversky（1974）还发现，随机现象的本质对大多数人来说太难以理解。人们在估计一个对象 A 属于一个集合 B 的概率时会使用代表性原则。这个原则有两种表现形式：不知道集合 B 的概率分布时人们会根据很少的样本数据去推导这个分布［小数原则（the law of small numbers）；Rabin，2002］，而知道集合 B 的概率分布时人们又会产生赌徒谬误（gamblers fallacy），即两个事实上独立的事件中，人们却认为前一事件的结果会使后一事件的结果不一样。例如，在抛硬币的赌博中，如果赌徒知道硬币是均匀的，在庄家连续五次都出现正面时，赌徒则会认为下一次肯定是反面。

4. 保守原则 (conservatism)

Edward（1968）发现，人们不仅在判断一件事情发生的无条件概率时会犯错，在新信息处理方面也往往不是理性的。人们并不像贝叶斯一样面对新信息时会及时、充分地更新自己的预期。与保守现象一致的是，人们有信念坚持（belief perseverance）的心理倾向，一旦人们形成某种判断就很难去改变（Lord et al.，1979）。这使得人们不愿意去搜集那些会否定自己观点的证据，或者在面对这种证据时也会过分怀疑其真实性。

5. 过度自信 (overconfidence)

自我欺骗现象使人们在判断自己的能力时往往过于乐观。这种现象至少以两种形式表现出来，一是人们估计概率时太极端，他们认为一定会发生的事情往往只有 80% 的概率会发生，而认为不会发生的事情实际上却有 20% 的可能性会发生（Fishhoff et al.，1977）；二是在估计事情结果可能的范围时人们给出的区间太短。例如，估计 1 年的道琼斯指数的跨度，他们所认为的有 98% 把握的区间实际只涵盖了 60% 的实际情况（Alpert and Raiffa，1982）。过度自信现象并不会被理性的学习所纠正，因为在学习过程中人们会进行有偏见的自我归因（biased self-contribution），将成功归结为自己的能力，而将失败归结为环境因素或运气（Langer and Roth，1975；Miller and Ross，1975）。

6. 有限关注 （inattention）

人脑对信息分析处理能力的有限性导致了真实世界的投资者不能立即对每一条与金融资产相关的信息做出判断及反应。投资者对这些信息进行汇总、处理和反应需要时间，因此更偏好去处理最显著、最重要的信息，即投资者仅具有有限关注。在该框架下，资产价格往往对新信息反应不充分，典型异象为盈余公告的价格漂移效应（post-earnings announcement drift，PEAD），即由于投资者对盈余公告中映射出的基本面信息反应不足，造成价格无法迅速变动至真实水平，在盈余公告发布后的一段时间内继续漂移。在该异象的基础上，DellaVigna 和 Pollet （2009） 发现星期五 PEAD 更显著，其认为由于星期五临近周末，投资者关注的有限性较周中更为严重，导致更加无法对盈余公告信息做出充分反应。Hirshleifer 等 （2009） 则发现，当多家上市公司同时发布财报时，由于投资者无法同时处理大量涌现的公告信息，PEAD 会更加显著。另外投资者有限关注的对象也包括：公司客户信息 （Cohen and Frazzini，2006），人口变化信息 （DellaVigna and Pollet，2007），企业研发投资质量信息 （Cohen et al.，2013），并购交易状态的新闻 （Giglio and Shue，2014），国外市场新闻 （Huang，2015），甚至更广泛的难以处理的新闻 （Cohen and Lou，2012），或者是逐渐发布的新闻 （Da et al.，2014） 等。

行为金融学家接受了心理学家与社会学家的观点，认为人们的预期并不是完全理性的，而且金融市场上的投资者同样会出现这些非理性现象。他们运用这些心理偏差现象来理解金融市场上的异象，其中成功地将偏差理念模型化的成果主要有三个：Barberis 等 （1998，以下简称 BSV 模型）；Daniel 等 （1998，以下简称 DHS 模型）；Hong 和 Stein （1999，以下简称 HS 模型）。下面分别介绍这几个模型。

BSV 模型认为市场上的异象是由投资者在评估公开信息时出现系统偏差造成的，这种偏差源于代表性原则和保守原则这两种心理倾向。在 BSV 模型中只存在一种风险资产，这个资产的未来收益率是一个服从马尔可夫过程的随机游走分布。然而一个代表性投资者却认为该资产的收益在两种状态中随机切换：一种状态是由保守原则引起的均值回归，即收益率围绕平均值上下波动，好的收益会伴随着差的收益；另一种状态是由代表性原则引起的趋势增长，即前几次的收益增长意味着进一步的收益增长。[①] BSV 模型认为，当一家公司宣布意外好消息时，投资者先将其看成是均值回归模式，认为接下来会有坏消息，对好消息的反应不足，因此随后的收益会高于正常值，产生动量效应。几次好消息之后，投资者根据代表性原则，认

---

① Bloomfield 和 Hales （2002） 证实，BSV 模型的假设是合理的，人们在对随机数字进行观察时会将其看成是趋势与回归的组合。

为公司的收益模式从均值回归模式转向了趋势模式，因而反应过度，长期的纠正导致收益率较低。BSV模型能够解释短期动量、长期反转以及盈余公告的价格漂移现象。

DHS模型将过度自信以及自我归因偏差作为前提来解释反应不足与反应过度现象。与BSV模型研究公开信息不同，DHS模型研究私人信息的影响。每个投资者获取私人信息的途径和能力是不同的，在公开信息相同的条件下每个人的结论可能是不一样的。DHS模型假设这些私人信息渐进式地扩散，并且投资者会对这些私人信息过度自信且难以纠正，股票价格从整体上来看表现出短期动量长期反转。

实证研究验证了BSV模型与DHS模型的合理性。两个模型都假设长期反转是由于投资者对企业的未来现金流过度乐观或悲观，然后又纠正这些极端情绪所产生的。显然这种纠正不会凭空发生，一个合理的假设是，投资者在公司公布盈利时发现他们的预期太极端。Chopra等（1992）证实盈利公告后几天内"赢者"组合表现得特别差。

与DHS、BSV模型不同，HS模型的假设不是基于心理现象，而是基于实证研究得出的投资者行为。HS模型假设市场上存在两类非理性投资者：一类是基本面分析型投资者（news watchers），另一类是技术面分析型投资者（momentum traders）。HS模型也假设私人信息是普遍存在并且是逐渐扩散的。每个基本面分析型投资者只依赖于其私人信息进行投资，不会通过市场价格的变化来观察其他基本面投资者的私人信息。因此，在只存在基本面投资者的市场上，价格对信息的反应不足。在这样的市场上，技术面分析型投资者能通过单一的技术分析套利策略获利，加快市场对信息的调整速度，但最终却以价格对信息反应过度为代价。而当价格对信息反应过度时，基于基本面信息的投资者则能获利。这样当股票的真实收益率为正时，两类投资者都能获利。从HS模型可以推导出，信息传递慢的公司，如很少有分析师涉及的公司，动量效应与回归现象都会比较严重（Hong et al.，2000）。

四、投资者情绪

投资者情绪可定义为投资者没有以实际得到的合理事实为依据对资产未来现金流和投资风险进行判断的错误信念（Baker and Wurgler，2007）。其与非理性投资者的偏差理念不同，实际上是对理性与非理性投资者集合都可能产生的（有意或无意的）"非理性"的一种度量。投资者情绪主要包括投资者在信念和偏好两个方面上相对传统理性理论的偏离（即理性预期与理性偏好；郁晨，2017）。

20 世纪 80 年代，学者通过对股票市场的整体异象的解释说明投资者情绪会对股票价格和收益产生影响，其中包括股票市场的总收益具有均值回归的趋势（Fama and French，1988；Poterba and Summers，1988）、简单的估值比率（总股息与股票市场价值之比）即可对总收益率进行预测（Fama and French，1989）等。在资产定价模型上，投资者情绪也发挥了一定的作用。Stambaugh 和 Yuan（2015）也构建了包含情绪错误定价因子的资产定价模型。

此外，投资者情绪也会加剧股票市场的波动。De Long 等（1990）提出，不知情的噪声交易者基于情绪交易时会引起更多的噪声交易，造成更严重的错误定价，增大收益的波动；Antweiler 和 Frank（2004）也发现，噪声交易（雅虎留言板信息代理）与部分个股的未来收益波动率正相关。此外，散户投资者情绪也与期权隐含波动率相关（Lemmon and Ni，2014）。

投资者情绪对股票市场的影响得到了大多数学者的认可，近年来同类研究主要集中在对投资者情绪的度量上。郁晨（2017）将投资者情绪划分为市场情绪和社会情绪两类。

1. 市场情绪

市场情绪主要包括散户投资者情绪和机构投资者情绪。散户投资者情绪主要通过封闭式基金折价（Lee et al.，1991）、交易数据（Barber et al.，2008；Kumar and Lee，2006）和主观调查构建情绪指标（Kaplanski et al.，2015；Lemmon and Ni，2014）来度量。机构投资者情绪主要通过股指期权交易数据（Han，2008）来衡量。

2. 社会情绪

依照情绪来源可划分为现实社会情绪与网络社会情绪。前者更多地反映在群体效应中，包括消费者情绪或信心〔Lemmon 和 Portniaguina（2006）发现，情绪可对小盘股和散户占比高的股票的收益进行预测〕、自然灾难〔Kaplanski 和 Levy（2010）发现，重大航空灾难严重影响小市值高风险股票〕、体育赛事〔Edmans 等（2007）发现，足球比赛输球国股票收益将产生异常损失〕、天气或气候（Hirshleifer and Shumway，2003；Goetzmann and Zhu，2005；Kamstra et al.，2000）等。后者多通过大数据、文本分析等方法在海量高频的新闻、评论、搜索行为等信息中挖掘价值。其中 Tetlock（2007）利用《华尔街日报》新闻估计媒体情绪，并发现悲观情绪将对股价产生下行压力，随后迎来基本面反转；McGurk 和 Nowak（2014）通过推特上的评论分析发现投资者情绪会对股票收益产生正向影响。

五、非理性偏好

理性投资者假设认为，投资者会按照期望效用理论去进行风险决策。如果将未来结果不确定的事件（或叫彩票，lottery）用 $(x,p;y,q)$ 表示，则期望效用理论有以下三个构成要素：(1) $U(x,p;y,q)=pu(x)+qu(y)$，这要求投资者对彩票的偏好是完全的、可传递的、连续的和独立的；(2) 资产整合，彩票 $(x,p;y,q)$ 在财富水平为 w 时可接受的条件为：$U(w+x,p;w+y,q)>u(w)$；(3) 风险厌恶，即 u 是凹函数（$u''<0$）。

但是，心理实验证明，人们的风险偏好并不符合这些要求。下面我们就来讨论一些人们实际的风险偏好现象。

1. 确定性效应 （certainty effect；Maurice Allais，1953）

即人们给予确定性事情的权重过高（超过其概率），这样面对确定性的收益时人们会表现出很高的风险厌恶水平，但面对确定性的损失时人们又偏好风险。

2. 厌恶不确定性 （aversion of ambiguity）

不确定性是指人们不知道随机事件的概率分布时的情况。Ellerg（1961）的实验表明，人们会避免参与结果不确定的赌局，这可能是维持自信的需要。

3. 分离效应

Tversky（1972）发现，人们为了简化决策程序会将所有备选项中共同的成分剔除，而集中于比较不同的部分，从而破坏资产整合原则。这使得描述风险事件的框架会影响对风险的评价，产生心理账户（mental accounting）现象。心理账户可以有多种形式，行为金融学研究主要集中于其中的两类：一类与自我控制有关，投资者会将不同收入来源分别放在不同的心理账户上。例如，对于股票，投资者可能将股利放在一个账户上，这个账户用于日常消费，而出售股票的收入放在另一个账户上，这个账户用于长期储蓄。另一类心理账户是，买卖金融资产时人们会参考沉没成本（sunk costs），将市场价格与原购买价格的差额分成收益与损失两个不同的账户。

4. 损失厌恶

即人们对待收益与损失的态度不同。这一点首先由 Markowitz（1952）提出，Kahneman 和 Tversky（1979）对此进行了系统分析。后来的实验发现，人们赋予损失的权重大概是收益的两倍（Kahneman et al.，1991）。这使得人们对"问题是如何描述的"比较敏感（Tversky and Kahneman，1981）。

5. 私房钱效应（house moncy effect；Thaler and Johnson，1990）

在较短时间内发生的一系列不确定性事件中，人们会因为前面的好结果而降低随后的风险厌恶水平，这可以理解为人们的心情会影响他们的风险态度。显然，这违反了期望效用理论中的风险偏好应当相互独立的假设。

6. 后悔效应（regret effect）

人们不会去区分坏选择与好选择中的坏结果，会对所有的事后（*ex post*）坏结果而后悔，并且对于自己采取行动所导致的坏结果与被动选择的坏结果后悔程度不同（Kahnenman and Tversky，1982）。为了防止日后后悔，人们会采取措施。可采取的措施是将决策责任推给别人，比如说雇用代理人。另一种防止后悔的方法是采取社会上流行的选择，因为异常举动的坏结果带来的后悔更严重（Bell，1982）。

在将偏好非理性模型化并用于解释市场上的异象方面，前景理论无疑是最成功的。[①] 下面我们重点介绍这一理论及其几种扩展形式。

Kahnneman 和 Tversky（1979）中提出的最初的前景理论只研究两种结果的风险事件，称为前景（prospect）。前景用 $(x, p; y, q)$ 表示，其中结果 x 出现的概率为 p，y 出现的概率为 q；并规定 $x < 0 < y$，或 $y < 0 < x$。人们对前景的评价不是按照期望效用理论而是采取如下形式：$\pi(p) \times v(x) + \pi(q) \times v(y)$，称为价值函数（value function）。

价值函数具有三个特征：（1）价值函数是以收益或损失而不是用最终的财富来定义。（2）价值函数 v 的形状，它在定义域正数一端（即取得收益时）为凹函数，在另一端（即产生损失时）为凸函数。这反映了人们厌恶损失的心理，在不同的收益之间进行选择时投资者表现为风险厌恶，在不同的损失之间投资者表现为风险爱好。因此价值函数 v 在初始位置有一个拐点。（3）损失与收益的价值权重不是结果发生的概率 p，q，而是要经过一个非线性的转换，转换的特点是极端值被夸大，当 p 很大或接近于 1 时，$\pi(p) > p$，当 p 取值非极端时，$\pi(p)$ 随 p 增大而增加的比率小于 1。

价值函数的这几个特征可用图 1 表示：

Tversky 和 Kahnneman（1992）将前景理论一般化到多个可能结果的情形。假设一个风险事件以 p_i 的概率得到结果 x_i，价值函数为 $\sum = \pi_i v(x_i)$，其中 $v =$

---

① 其他非 EU 理论还有：Gilboa 和 Schmeidler（1995）基于实例的决策理论，Chew 和 Mac Crimnon（1979）、Chew（1983）的加权效用理论，Chew（1989）、Dekel（1986）的隐含期望效用理论，Gul（1991）的处置厌恶理论，Bell（1982）、Loomes 和 Sugden（1982）的后悔理论，Quiiggrin（1982）、Segal（1987，1989）、Yaari（1987）的等级效用理论，等等。

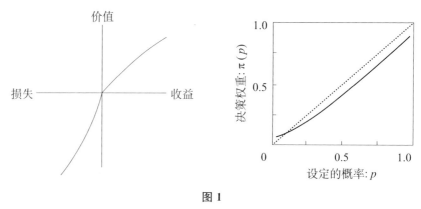

图 1

资料来源：Kahneman and Tverskey（1979）．

$$\begin{cases} x^a, & x \geqslant 0 \\ \lambda(x)^a, & x < 0 \end{cases}, \text{ 而 } \pi_i = w(P_i) \times w(P_i^*), \ w(P) = P^r/(P^r + (1-P)^r)^{1/r}, \ P_i、$$
P_i^* 是赌局的结果至少与 x 一样好的概率。特沃斯基（Tversky）和卡尼曼（Kahneman）根据实验数据估计 $a=0.88$，$\lambda=2.25$，$r=0.65$。显然，这样的价值函数保留了 Kahnneman 和 Tversky（1979）中价值函数的三个性质。

Kahneman 和 Tversky（1979）提出的前景理论成为描述投资者非理性决策最具有深远意义和被普遍认可的效用函数，也是行为金融学重要的理论基石之一。前景理论在金融领域主要应用于解释横截面收益（即具有某种特征的金融资产的收益高于其他）、股票市场整体情况、金融资产交易规律三方面的异象。

（1）横截面收益方面，Barberis 和 Huang（2008）基于前景理论发现，资产收益率的偏度与未来期望收益率之间具有负相关性。遵从前景理论的投资者会赋予极端收益（或损失）事件发生更高的可能性，对收益率分布呈现右偏的彩票型资产（lottery-like）表现出更高的偏好，进而过分追逐推高其价格导致其被高估，降低其未来收益率。Green 和 Hwang（2011）在收益率具有显著右偏特征的 IPO 股票中也发现了由于投资者的非理性偏好，导致了 IPO 预测偏度越高的股票长期收益率越低。研究人员已经使用前景理论预测的偏度定价来解释其他几种金融现象：不良股票、破产股票、场外交易股票以及虚值期权等收益率具有正偏特点的资产平均收益率普遍更低；与单部门公司相比相对估值较低的企业集团收益率偏低以及许多家庭投资组合缺乏多元化（家庭可以选择在正偏股中不多元化，以使自己至少有很小的机会变富裕）。股票截面上的另一个异象是低异质波动率溢价。Boyer 等（2010）研究发现，时序上异质低波动和未来的异质偏度存在一定的正相关性，根据前景理论，异质低波动和未来收益率之间也存在负相关性。Kumar（2009）也发现具有彩票类性质的股票投资者和购买彩票的社会经济群体具有相同的行为特征，暗示二者拥有相同的非理性情绪因素。

（2）股票市场的总体收益方面，Benartzi 和 Thaler（1995）扩展了前景理论以解释股权溢价之谜。他们从符合前景理论的投资者如何将财富分配在国库券与股票上入手，求解得到与真实组合相对应的投资者衡量损益的时间间隔为年度。这个结论显然是合理的，因为共同基金按年度来公布其正式业绩，纳税也是以年度为单位，私人投资者没有理由不以年度为单位。这个结论的合理性使得作者们认为前景理论能合理地解释股权溢价。即由于损失厌恶，为了弥补年度股票市场年度收益分布的高分散性风险，确保投资者愿意持有股票，整个股票市场需要很高的平均收益率（明显高于国债等安全资产）。Benartzi 和 Thaler（1995）的解释还依赖于"窄框架"假设（即投资者独立于其他并发风险评估风险的发生，其将前景理论应用于财富股票持有量的价值变化）。

前述本纳茨（Benartzi）和塞勒（Thaler）模型只是一个静态模型。Barbaris 等（2001）将前景理论动态化来进一步解释股权溢价现象。这个模型直接假设投资者以年度来判断收益与损失，并舍弃了前景理论中除损失厌恶之外的所有要素。运用实验所得参数值，他们的研究显示，损失厌恶的心理倾向大概能解释 1/3 的股权溢价。这个模型加上私房钱效应的假设后还能解释股价过度波动现象。

（3）投资者的交易行为方面，实证研究发现了前景理论能够对无论是个人还是共同基金等机构投资者行为呈现处置效应（disposition effect）的事实进行解释。处置效应即投资者倾向于在股票价格上涨时卖出，下跌时仍然保留（Odean，1998；Frazzini，2006）。被长期认可的解释是，损失厌恶的投资者不愿以损失的方式出售资产，如果股票（或不动产）表现不佳，则会使所有者陷入价值函数的损失区域，投资者成为寻求风险的对象，导致继续保留该股票以期未来收支平衡。

对于处置效应的解释，Barberis 和 Xiong（2012）表明，如果时间贴现率足够正，那么即使线性实现效用也可以产生强大的处置效应，以及其他根据经验观察到的交易模式。尽管这种对配置效应的解释不同于基于前景理论价值函数凸性的解释，但它最终仍根植于前景理论，因为它依赖于投资者从收益和损失中获得效用，而不是从绝对财富水平中获得效用。

六、行为资产定价模型

在不存在套利机会且完全竞争的金融市场中，即使未来存在不确定性，投资者理性且同质的假设使得其对资产未来现金流的估计相同，因此投资决策最终取决于随机贴现因子（SDF）。以 CAPM 为代表的传统资产定价理论认为同质投资者面临同样的 SDF，然而由于投资者的同质假定对投资者行为进行了简化处理，导致在由代表性投资者和代表性金融产品所构成的完全竞争市场达到均衡时，SDF 变成了没有充分考虑投资者信念、行为及决策方式异质性的一个客观因子，在实证中 CAPM 等传统理性假设资产定价模型往往难以捕捉市场上不断涌现的异象（这其中与股票市场整体相关的重要异象则为股票溢价之谜与无风险利率之谜）。因此引入投资者异质假定（投资者偏好、收入、类型）成为后续资产定价理论寻找不同 SDF 的方向（Campbell，2000）。其进一步通过对投资者效用函数的修正（陈彦斌和周业安，2004）与引入非理性投资者来实现，二者均是为了能够在把握投资者心理活动规律的基础上重新模型化投资者的真实决策行为。

（一）效用函数的修正

1. 财富偏好

除满足消费外，投资者也能够通过占有财富自身获得效用，Bakshi 和 Chen（1996）首次研究基于财富偏好的资产定价理论，将财富纳入效用函数中，通过求解基于消费偏好的消费-投资组合模型，得到了相应的资产定价模型：

$$\mu_i - r = \frac{cu_{cc}}{u_c} \times \sigma_{i,c} - \frac{Wu_{cW}}{u_c} \times \sigma_{i,W}$$

随机贴现因子可表示为

$$M_{t+1} = \beta \frac{u_c(c_{t+1}, W_{t+1}) + u_W(c_{t+1}, W_{t+1})}{u_c(c_t, W_t)}$$

因此，影响风险资产的收益率除消费波动风险外，还包括财富波动风险。由于财富偏好的边际效用大于 0，可以利用财富偏好很好地解释无风险利率之谜，但对股票溢价之谜的解释能力非常有限。

2. 习惯形成

习惯同样是影响投资者效用的重要变量，其与投资者过去的消费水平有关。习惯越大将导致投资者从当期消费品中所得到的效用水平越小，即习惯的边际效用小于 0。

其中 Sundaresan（1989）与 Abel（1990）将习惯形成引入了效用函数，分别将其构造为 $u = -\dfrac{\exp(-\phi_1 c_t + \phi_2 h_t)}{\phi_1}$，$\mathrm{d}h_t = b(c_t - h_t)\mathrm{d}t$ 与 $u = \dfrac{\left(\dfrac{c_t}{h_t}\right)^{1-\alpha}}{1-\alpha}$，$h_t = c_{t-1}^{\gamma}$，随机贴现因子可表示为

$$M_{t+1} = \beta \frac{u_c(t+1) + \beta E_{t+1}\left[u_h(t+2)\frac{\partial h_{t+2}}{\partial c_{t+1}}\right]}{u_c(t) + \beta E_{t+1}\left[u_h(t+1)\frac{\partial h_{t+1}}{\partial c_t}\right]}$$

代入基于习惯形成的效用函数，进而得到欧拉方程

$$1 = E_t\left[\beta \frac{H_{t+2}}{E_t(H_{t+1})}\left(\frac{c_t}{c_{t-1}}\right)^{\gamma(\alpha-1)}\left(\frac{c_{t+1}}{c_t}\right)^{-\alpha}R_{t+1}^{\%}\right]$$

Abel（1990）可以同时解释无风险利率之谜与股票溢价之谜。

3. 追赶时髦

投资者更加关心当前消费水平在前期经济的平均总消费水平上的相对水平，因此在追赶时髦的投资者效用函数可表示为 $u(c_t, h_t)$，其中 $h_t = h_t(C_{t-1})$，即偏好参数取决于上一期经济的平均消费水平，均衡状态下所有投资者的消费应该相同。代入 Abel（1990）效用函数，可得欧拉方程

$$1 = E_t\left[\beta\left(\frac{c_t}{c_{t-1}}\right)^{\gamma(\alpha-1)}\left(\frac{c_{t+1}}{c_t}\right)^{-\alpha}R_{t+1}^{\%}\right]$$

当期和滞后一期的消费增长率都进入资产定价方程，代表性投资者的追赶时髦行为会影响经济中所有资产的均衡收益率。但是由于股票溢价方程等同于基于 CRRA 效用函数的股票溢价方程，追赶时髦行为并不影响股票溢价。γ 参数的调整会改变无风险利率，因此追赶时髦可以解释股票溢价之谜与无风险之谜。

4. 嫉妒

投资者效用函数定位在当前消费水平和当前经济中的平均消费水平，可表示为 $u(c_t, C_t)$。嫉妒与追求时髦均属于投资者对消费外在性的偏好，但是更强调当期即时性的对比。为此 Gali（1994）将该效用函数确定为 $u(c_t, C_t) = \frac{c_t^{1-\alpha}C_t^{\gamma\alpha}}{1-\alpha}$，均衡状态下代表性个体的消费等于当前经济的平均消费水平，据此可得欧拉方程

$$1 = E_t\left[\beta\left(\frac{c_{t+1}}{c_t}\right)^{-\alpha(1-\gamma)}R_t^{\%}\right]$$

当 $\gamma > 0$ 时嫉妒会对资产定价产生影响，但无法对股票溢价之谜与无风险利率之谜做出解释。

5. 损失厌恶

投资者在收益正负的偏好上并不是完全对称的，而是具有损失厌恶特征，即损失带来的效用减少高于同等收益带来的效用增加。因此 Barberis 等（2001）将效用函数定义为消费与财富的波动，即投资者既要规避消费风险，同时还要规避财富损失，模型中前期投资的表现会对投资者的损失厌恶程度产生影响，直接假设投资者

以年度来判断收益与损失。该形式下的资产定价模型可用于解释股票 1/3 的溢价之谜，加上私房钱效应的假设后还能解释股价过度波动现象，但无法解释无风险利率之谜。

$$u = \frac{c_t^{1-\alpha}}{1-\alpha} + b_0 \beta \upsilon(X_t, S_{t+1}, z_t)$$

式中，S 代表股票持有数额，z 代表度量损失比例的状态变量。并由此得到欧拉方程的表达式为

$$1 = E_t \left[\beta \left(\frac{c_{t+1}}{c_t} \right)^{-\alpha} R_{bt} \right]$$

$$1 = E_t \left[\beta \left(\frac{c_{t+1}}{c_t} \right)^{-\alpha} R_{st+1} \right] + E_t \left[b_0 \beta \hat{\upsilon}(R_{st+1}, z) \right]$$

（二）噪声交易者的引入

Shefin 和 Statman（1994）通过引入理性信息交易者（information traders）和非理性噪声交易者（noise traders）两类投资者，提出了行为资产定价中全面、广泛的框架（行为均值-方差效率理论、行为期权价格理论和行为期限结构理论）。前者严格按照传统的 CAPM 进行资产组合决策，并利用适当的贝叶斯学习规则估计期望收益，后者由于信息不充分会犯各种认知偏差错误，可进一步按贝叶斯修正方法分为对基础利率信息估计不足（即对过去事件重视不足，对近期事件过度重视）与对事件发生的概率估计错误两种。二者相互影响，共同决定金融市场上资产的价格，而定价效率取决于噪声交易者所犯错误的类型（当价格有效时，噪声交易者群体影响仅增加市场交易量）。谢夫林（Shefrin）和斯塔特曼（Statman）推导了存在噪声交易者时定价有效的充要条件，即

$$\sum_{h=1}^{H} W_h \varepsilon_h = \text{Cov}(W_h, \varepsilon_h) + \left(\sum_{h=1}^{H} \varepsilon_h / H \right) \left(\sum_{h=1}^{H} W_h \right) = 0$$

当交易者错误与财富无关且噪声交易者的认知错误相互抵消时，总影响为 0，价格表现为有效，此时市场选取的代表交易者为信息交易者，同时分析了噪声交易者对定价效率、波动性、超额收益、交易量的影响和噪声交易是否可长期存在。超额收益可由下式表达：

$$A(Z) = \left[\beta(Z) / \beta(\rho^*) - \beta^*(Z) \right] \left[E_\Pi(\rho^*) - 1 - i_1 \right]$$

当定价有效或 $\rho(Z)$ 与 ρ^* 完全相关时为 0；超额收益与被错误计量的风险因子 ρ^*（该比例因子是 β 纠正值，是均值-方差有效 β 的增函数、市场 β 的减函数）的风险溢价成正比，并且其证明某些噪声交易者有可能在市场中长期存在，甚至是在有效的市场中存在）。

进一步地，Shefrin 和 Statman（2000）在 SP/A（安全、潜力和期望）理论和心理账户的基础上提出了行为组合理论（behavior portfolio theory，BPT）。与均值-方差投资者考虑组合的均值-方差不同，BPT 投资者考虑预期财富、追求安全与潜在收益、自身意愿及满足意愿的可能性。由于心理账户开设的差异，单一心理账户会使得投资者关注资产间的协方差，而开设多个心理账户则会更加关注每个账户的投资收益而非协方差。这导致 BPT 最优投资组合与债券彩票组合相似，而不同于 CAPM 市场和无风险资产组合。

七、有限套利

经典金融学家也意识到要求市场上所有投资者都理性且能够正确理解所有市场信息的内涵并根据新信息充分地更新自己的信念不现实。但他们认为，在理性投资者与非理性投资者共存的证券市场上，价格是由理性投资者确定的。如果非理性投资者的行为偏差使价格偏离价值，则理性投资者可以通过建立套利组合来消除这种偏离（Friedman，1953；Fama，1965）。非理性投资者在市场上会不断地遭受损失，最终被赶出市场。

从理论上看，这种价格由理性投资者确定的逻辑很严密。但这种思路建立在严格的假设基础上。当我们以更现实的目光去观察证券市场时，就会发现这种观点可能是不正确的。

首先，理性投资者构建套利组合会遇到执行成本（implement costs）的问题。经纪费（commission）、买卖价差（bid-ask spreads）都是执行成本的例子。下面我们重点分析两类执行成本：卖空限制（short sales constraints）与发掘套利机会的成本。

卖空限制是指任何妨碍投资者建立净空头寸的因素。这包括两类成本，一是借入股票以出售要支付给股票所有人的费用。这笔费用可能并不高，但在特殊情况下可能会很高，甚至根本没有股票供借入（D'Avolio，2002）。如果价格偏离价值的时间持续比较长，这种成本累积起来也可能会超过套利组合的利润。二是法律限制，许多基金本身就没有卖空股票的权利。

事实表明，卖空限制成本是很高的。Shiller（2002）指出，1977—2000 年纽约股票交易所只有 $0.4\% \sim 1.91\%$ 的股票被卖空。Dechow 等（2001）报告说，1976—1983 年不到 2% 的股票曾经有超过 5% 的卖空头寸。而通过各种指标，如分析师的分析报告、不同基金对同一股票的仓位差异等都可以看出，市场在评价股票价值方面分歧很大。只有比较高的卖空限制才可以合理解释虽然存在严重的意见分歧却只有很少的卖空行为。而 Miller（1977）指出，存在卖空限制时理性投资者对非理性投资者的行为矫正是不充分的。

还有一种有重大影响的执行成本是发掘套利机会的成本。经典金融学家认为，非理性投资行为会表现出收益率可预测现象，理性投资者很容易就会发现这一现象并进行套利活动。Shiller（1984）、Summers（1986）却显示，套利机会是很难被发现的，即使价格与价值严重背离，收益可预测现象也可能非常微弱，因此辨认套利机会需要很高的分析能力与很长的时间投入。

发掘套利机会成本高昂，这会导致两个很严重的后果。首先，当一个理性投资者确认了一个套利机会之后，他只投入自有资金去建立套利头寸往往是不划算的。他可能不得不贷入更多的钱或吸引外部资金来加大其套利头寸。换句话说，市场上的理性投资者（套利者）一般都是管理着别人钱的基金经理或贷入款项的债务人，而很少是个人投资者。另一个很重要的后果是就套利活动而言，证券市场是一个分割的市场。一个能发掘某类证券套利机会的理性投资者可能并不拥有辨认其他证券套利机会的技巧与时间。这使得实际市场中存在的套利活动是由一小部分专业投资者通过建立大头寸的套利组合来实现的，这个组合不是充分分散的，受股票的个别风险（idiosyncratic risks）的影响。实际的套利活动并不像 Ross（1976）等所假设的那样是通过众多的投资者持有充分分散化的小头寸的套利组合来实现的。

理性投资者在构建套利组合时不仅需要支付各种执行成本，还不得不承受以下风险：

（1）基本面风险（fundamental risks）。一只价格被高估的股票可能在随后出现的好消息的影响下价值上升，从而使卖空该股票的套利者遭受损失，套利者可以通过买入替代品来对冲这种风险。但股票市场很少存在完全的替代品①，即使与根据 CAPM、APT 所衡量的各种系统性风险都相同的替代品存在，个别风险也不可能一样。而由于挖掘套利存在机会成本，套利者也要受个别风险的影响，因此实际的套利行为总是有风险的。只要套利者是风险厌恶的，他的套利头寸就不会是无限大。这样如果市场上套利者数目有限，他们头寸的总和也就可能不足以纠正价格偏离。

---

① 完全的替代品即使存在，它本身的价格也可能同样偏离了价值。完全的替代品并不总是存在说明市场是不完全的。在第六部分我们可以看到经典金融学也将市场异象归结为市场不完全，但要注意两者是不一样的。经典金融学家认为投资者在不完全市场上的理性行为产生了异象，但市场仍是有效的；而行为金融学家认为在不完全的市场上非理性投资者的行为不能被理性投资者所充分纠正，异象是投资者情绪影响价格的表现，市场是无效的。

（2）噪声交易者风险（noise trader risks）。这是指当一项证券价格偏离其价值时，套利者通过构造套利组合来盈利，但接下来该证券价格在相同方向上进一步偏离其价值，使套利者在短期内受损（De Long et al.，1990a；Shleifer and Vishny，1997）。噪声交易者的风险可能会使套利者不得不提前清算套利头寸从而造成损失。因为如前面所说，套利者一般使用外部融资或贷款来加大其套利头寸，而外部投资者或债权人并不具备辨认套利机会的技能，他们只能通过业绩来衡量其代理人的能力。一旦某个代理人因噪声交易者风险短期内损失，他的委托人就可能会认为该代理人的能力不足，从而要求撤出资金或收回贷款。套利者即使知道在不久的将来其套利组合能盈利，也只能在目前损失的价位上清算其组合偿付给委托人。噪声交易者风险还可能对那些卖空股票的套利者造成损失，因为股票所有人可能会要回股票以出售。如果市场上没有足够的股票供借贷，则套利者不得不以更高的价格买入股票给原所有人，从而遭受损失。

De Bondt 和 Thaler（1994）认为，在五个假设前提下套利行为方能充分纠正非理性投资行为：

（1）一定时期 T 之后，即使非理性投资者也能观察到证券的真实价值；

（2）卖空无成本，并且借入股票的期限比 T 长；

（3）投资者的投资期限长于 T；

（4）市场非理性投资者的数目不能太多；

（5）只有理性投资者方能卖空。

我们的分析表明，条件（2）、（3）是不满足的；条件（1）、（5）显然不符合市场实际；而第二、第三部分关于心理现象的分析表明，非理性投资者的心理偏差是源于自然进化进程的，因而是普遍存在的，条件（4）也是不成立的。这样的分析表明，在理性投资者与非理性投资者共存的市场上，理性投资者的价格纠正能力是有限的，市场价格完全有可能由理性与非理性投资者共同决定。

从上面的分析可以看出，由于执行成本与套利风险的存在，套利者并不能立即纠正非理性行为。更严重的是，当噪声交易者风险的类型可以辨认时，对于特定类型的噪声交易者风险，理性投资者可能在价格偏离价值时，通过进一步加大这种偏离来获利。De Long 等（1990b）就指出，如果非理性投资者遵循小数法则（the law of small numbers），他们可能采取反馈策略，也可以叫做趋势交易策略。这种破坏价格稳定的套利行为使那些纠正价格偏差的套利者风险加大，更减缓了价格趋近于价值的步伐。

由于执行成本与风险，理性投资者可能不会及时充分地消除非理性投资者行为的影响。理性投资者并不是市场上唯一可以从投资者非理性行为中获利的人，比如说公司经理，当他们相信投资者高估公司股票价值时，可以通过发行更多的股票来增加公司价值，这些额外的股票供给能促使价格向价值回归。但是，经理这样做也要承担与套利者类似的风险与成本。发行股票成本很高，需要花费大量的承销费用和经理人的时间。而且，公司经理也很少能确信投资者高估了公司股票。如果经理错误地认为公司股票被高估而发行更多的股票，则会导致他偏离目标资本结构但没有得到任何好处。这些成本与风险导致公司经理的行为可能不足以消除投资者情绪的影响。

无论是理性投资者还是公司经理，都不可能在短期内充分纠正非理性投资者的错误，但从上面所讨论的几种情况看来，总体而言，非理性投资者会遭受损失。这样长期下去市场上会不会没有非理性投资者？证券市场上的长期价格是不是由理性投资者确定的？

从理论上看，这个问题的答案是不确定的。非理性投资者的投资收益可能低于也可能高于理性投资者。行为金融学家给出了几个非理性投资者能获取更高收益的原因。De Long 等（1990a，1991）指出，如果投资者都是风险厌恶型的，则过度自信的投资者会将更多的财富投资于高风险的资产，从而获得高收益。也就是说，虽然理性投资者能通过（有限的）套利获得一定的无风险收益，但非理性投资者总体上却能获得更高的期望收益率（因为他们承担了更大的风险），因而并不必然从市场上逐渐消失。

第二种可能是，过度自信的投资者在拥有正确的信息时会更激进地利用信息来获利，从而比理性投资者获利大（Hirsleifer and Luo，2001）。

第三种可能是，在非完全竞争的资本市场上，过度自信的投资者会过度交易，使得理性投资者不敢利用新信息来获利（Kyle and Wang，1997）。

另外，过度自信的投资者会将更多的闲暇时间用于收集与分析信息，从而可能收益更高。

然而，从实证研究来看，激进的交易策略总是收益较低（Barber and Odean，1999，2000a，2000b；Odean，1999）。这说明非理性投资者总体上盈利比不上理性投资者。但刚才列举的这几个原因说明非理性投资者丧失其财富的过程可能是非常缓慢的。

即使非理性投资者总体赔钱，非理性行为可能还会长期存在。这是因为，由于有偏见的自我归因，理性投资者在不断获利后会变得不理性和过度自信。这使得先前过度自信者退出市场后又产生了新的过度自信的投资者，还有财富的代际转移等因素都可能使非理性现象在证券市场上长期存在。

八、联合假设与行为偏差

从前面几个部分的分析可以看出，投资者的非理性心理可能影响其投资行为进而影响证券的市场价格。而套利所固有的成本与风险可能使得理性投资者即使在长期也无法纠正非理性投资者的影响。但这只是理论上的可能，实际市场到底是不是有效的呢？

市场是否有效是一个长期的争论。Graham 和 Dodd（1934）把这一问题描述为称重机器（weighting machine，即有效市场）与选举机器（voting machine，即市场价格含有各种心理因素的影响）之争。然而直到今天，面对种种挑战，主流金融学家依然坚持有效市场假说，这部分是因为它能提供一个简洁的分析框架，但更重要的是联合假设（joint hypothesis）问题的存在。

分析联合假设问题必须从有效市场的定义开始。前面已经说过，有效市场一般是指 Fama（1970）提出的信息有效市场，即资本市场上资产的价格充分反映了所有能获得的信息。用数学术语来说，以股票为例，就是股票价格 P_t 应等于基于 t 时刻所有已知信息该股票能获得的红利贴现后现值之和 P_t^* 的数学期望，即 $P = E_t(P_t^*)$，E_t 表示 t 时刻的数学期望，P_t^* 一般理解为股票的价值。

但是这样的定义并没有给我们什么可供实证检验的结论。要使有效市场假设可检验，必须说明股票价值 P_t^* 是如何形成的。在金融学理论中，一般是先将有效市场假设改写成期望收益率的形式，并假设在所有相关信息集上的均衡期望收益为风险的函数。不同的定价模型对风险因素的确认有区别，但所有的公式都可以表示为 $E(P_{t+1}^* | \Phi_t) = [1 + E(\tilde{r}_{t+1} | \Phi_t)] \times P_t$，有效市场可表示为 $P_{t+1} = [1 + E(\tilde{r}_{t+1} | \Phi_t)] \times P_t$，价值 P_t^* 的确定公式就转化为对期望收益率 $E(\tilde{r}_{t+1} | \Phi_t)$ 的确定公式。

联合假设问题就是指在以 $P_{t+1} = [1 + E(\tilde{r}_{t+1} | \Phi_t)] \times P_t$ 表示的有效市场定义中，市场是否有效的假设与期望收益率 $E(\tilde{r}_{t+1} | \Phi_t)$ 的确定公式是一个联合假设，任何检验市场是否有效的方法都必须对 $E(\tilde{r}_{t+1} | \Phi_t)$ 做出假设，而任何一个资产定价公式，如 CAPM，APT 等，也必须对市场是否有效做出假设。这两个假设是不可分离的。任何一次检验结果为市场非有效时都可以同时将这一结果解释为市场有效而资产定价公式是错误的。

自 Fama（1970）提出联合假设问题之后，金融学家都力图去解决这个问题。然而迄今为止，这个问题还没有一个大家都接受的方法来解决。金融学家们不得不在这个问题上预先采取一定的立场。金融学家的立场明显分为两类：经典金融学和行为金融学。

经典金融学家坚持有效市场假说，认为任何市场上的异象都是由资产定价公式的错误所导致的。Fama（1998）甚至直接称联合假设问题为坏模型问题（bad model problem）。经典金融学家认为，所有的资产定价模型都是对资产期望收益率变化的一个不完全的描述。所有的市场异象都代表着未确认的系统性风险因素（Campbell，2000；Cochrane，2000）。

经典金融学家确认系统性风险因素的理论基础是 Merton（1973）的跨期资本资产定价模型（inter-temporal capital asset pricing model，ICAPM）[①]。Merton（1973）提出了状态变量的概念，指出投资者不仅关心其投资收益，还关心该收益实现时投资者能得到的投资或消费机会，而这正是由经济状态决定的。股票收益不仅取决于其收益与市场收益的相关性（市场贝塔值），还取决于该收益与各种状态变量的相关性。也就是说，有效市场组合是多种要素的有效。经典金融学家认为金融学的发展方向就是将这些状态变量具体化。

以上是经典金融学家在理论上对联合假设问题的处理。在实证方法上，他们还提出了用短期研究的方法来解决资产定价公式的问题（Fama，1998）。因为在短期期望收益率接近于零，即使定价公式有错误也没有关系，而买入并持有则可能会出现严重的坏模型问题。他们主张事件研究的适当方法是短期平均超额收益率（average abnormal returns，AARs），而不是买入并持有超额收益率（buy-and-hold abnormal returns，BHARs）。但这种方法的潜在假设是，市场对事件的反应是短时存在的，而这与行为金融学的短期反应不足、长期反应过度又逐渐调整的理解不同。Bruce N. Lehman（1991）也认为，短期收益率数据并不能告诉我们价值与价格的关系。

行为金融学家则认为资本市场是无效的，投资者情绪使资产价格持续地偏离其价值。虽然由于联合假设问题，许多异象可以解释为价格偏离价值，也可以有其他解释，但行为金融学家认为存在少数情况可以绕开定价公式的讨论，在这些情况下价格偏离价值是确信无疑的。行为金融学家提出了以下几种方法来证明自己的观点。

第一种方法是寻找价值具有确定性关系的两只股票，如果这两只股票的价格长期偏离它们价值之间的确定性关系，则显示市场是无效的。价值具有确定关系的股票的典型例子是孪生股票，如荷兰皇家与壳牌集团公司（the Royal Dutch/Shell Group）。荷兰皇家与壳牌实际上是一家公司，但这家公司在荷兰和美国的股票交易所以皇家

---

① Ross（1976）的 APT 也有类似的结论。

荷兰的名义交易，在英国交易所以壳牌的名义交易。根据该公司章程，荷兰皇家与壳牌的市场价值总和之比经汇价调整后应为 3：2。但 Froot 和 Dabora（1999）的分析表明，实际市场行情与这个理论值相差很大。荷兰皇家相对于壳牌的理论等价有时折价 35%、有时溢价 15%。直到 2001 年两只股票价格之比才最终达到理论值。这一现象的持续存在只能源于投资者的非理性心理，并且这也表明套利是有限的。长期资本管理公司（LTCM）的经历更是直接证实了 Shleifer 和 Vishny（1997）的有限套利理论是正确的。长期资本管理公司认识到荷兰皇家与壳牌的股价差异是一个套利机会，构建了巨大的套利头寸，但在 1997 年该公司由于流动性问题不得不在亏损的价位上清算其套利组合，遭受损失。

行为金融学家根据孪生股票的研究指出，如果在存在着完美替代品的条件下投资者的心理因素都能使价格偏离价值达 35%，不存在完美替代品的情况下投资者的非理性心理作用只会更大。

第二种绕开资产定价公式的方法是对几乎不影响股票内在价值的事件进行研究。这种事件的例子之一是指数包容（index inclusion）。Harris 和 Gurel（1986）与 Shleifer（1986）都发现，当一只股票被包括进标准普尔 500 指数时，它的价格平均上升 3.5%，并且多数是永久性的。显然指数包容并不改变股票价值，因为标准普尔公司（Standard & Poor's）选择股票的原则是对美国整体经济的代表性，并不传递该公司未来收益率的任何信息。

第三种绕开资产定价公式的方法是看股票价格是否突破其价值的上下限。任何公司的股票价值都大于零。股票价格小于零的现象显然不应该出现在有效市场上。但有事例显示，在某些情况下这个界限被突破了。Lamont 和 Thaler（2002）分析了 Palm 公司的案例。Palm 公司本来是 3Com 公司的全资子公司，而 3Com 公司本身是一家盈利状况不错的网络设备商。2000 年 3 月，3Com 公司通过 IPO 的方式出售了 Palm 公司 5% 的股份，这样算来 3Com 公司的每股股票就间接含有 1.5 股 Palm 公司的股票。3Com 公司宣布 9 个月之后将会剥离 Palm 公司，到时 3Com 公司的股东就可以实际拥有那些间接含有 Palm 公司的股票。这样的消息发布之后，在 Palm 公司 IPO 的当天，Palm 公司的股票价格为每股 95 美元，这使得 3Com 公司每股股票的价格下限为 142 美元，而实际上当天 3Com 公司的股票价格为 81 美元。也就是说，剥离 Palm 公司之后，3Com 公司的股票价值为 −60 美元。这种现象持续了好几个星期。这种非有效现象显然存在套利机会。如果一个套利者能买入 1 股 3Com 公司的股票，卖出 1.5 股 Palm 公司的股票，然后等待公司剥离，他就能获得无风险收益。但投资者无法构造这样的套利组合，因为执行成本非常高昂，甚至根本就没有 Palm 公司的股票供卖空。

行为金融学家认为这些极端事例显示市场一直是无效的，而经典金融学家却认为这样的事例只是一些个别现象，并不代表市场的普遍状态。[①]

孪生股票价格的差异

经典金融学家非常想当然地认为，本质相同的资产卖出的价格也应相同，因为套利作用使然。但事情常常不是这样，这种现象最好的例子就是所谓的孪生股票现象，如荷兰皇家普通股与壳牌普通股的价格差异（Rosenthal and Young，1990；Froot and Dabora，1998）。弗鲁特（Froot）和戴伯勒（Dabora）写道：

> 皇家荷兰与壳牌公司是由在荷兰和英国各自独立的公司合并而成的。这种公司结构诞生于 1907 年，当时荷兰皇家公司与壳牌运输公司同意按 60：40 的股权比例进行合并，但两公司在各自的国家仍然保持独立建制。所有的现金收入流量分成、税收调整及对公司的控制权都按这一比例执行。两公司的关系是众所周知的信息。皇家荷兰股票和壳牌股票分别在欧美 9 个不同的证券交易所交易，皇家荷兰股票主要集中在荷兰和美国交易（它是标准普尔 500 的成份股，同时也是荷兰所有股指的成份股），壳牌股票主要集中在英国交易（它是《金融时报》股指 FTSE 的成份股）。总之，如果证券的市场价值等于其未来现金收入流量的净现值，每单位皇家荷兰股票的价格应等于 1.5 倍的壳牌股票。但事实上远非如此。

图 2 表示的就是 1980 年 9 月—1995 年 9 月期间，皇家荷兰股票与壳牌股票的市场价格对按 60：40 比例换算后的等价值偏离的百分比。我们可以看到，两种股票对等价值有很大的偏离，皇家荷兰股票从低估 35% 到高估 10%。就我们所知，这种偏离没有任何结构性的解释。确实，人们在可交易的证券中很难找出这样的例子，此时这种证券被低价出售，彼时另一种证券被贱卖。这种偏离不可能存在于套利者可以进行无限套利和没有交易成本（包括卖空情况下）的市场中，因为如果在这种环境中，套利者的操作就非常简单：买进便宜的股票同时卖出同等数量的高价股，然后打开口袋就等着收钱吧！这种对冲可一直进行下去。

这里的问题是，两种本质上完全相同的证券卖出的价格不同，这最起码违背了同质同价规律；也不存在现金收入流量面对的基本风险的不同，所以法玛认为也不相关。

这个例子就对有效市场假说提出了尖锐的挑战。

[①] 在芝加哥大学的一次研讨会上，一个经济学家说这些个例只是大洋上的一些冰山而已，另一个经济学家立即反驳说，这只是冰山的一角。

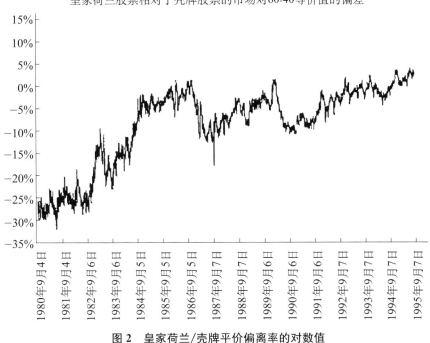

图 2   皇家荷兰/壳牌平价偏离率的对数值

资料来源：Froot and Dabora（1998）；安德瑞·史莱佛. 并非有效的市场——行为金融学导论. 北京：中国人民大学出版社，2003.

前面我们分析了行为金融学与经典金融学面对联合假设问题时不同的立场。但对这个问题的讨论还可以有另外一个思路，那就是如果存在一个比较符合历史数据的资产定价实证模型，则行为金融学家与经典金融学家都必须对这个模型进行合理的解释。如果这个实证模型的所有要素都代表风险因素，并且对这些因素的定价是合理的，则可以说明有效市场假说是合理的；如果这个实证模型的部分要素反映了投资者情绪，或者风险因素的定价不合理，则不支持有效市场假说。

幸运的是，这样的模型是存在的。那就是 Fama 和 French（1993，1996）提出的三因子模型。[①] 这个模型的内容是：$E(R_{it}) = R_{ft} + \beta_{im}\left[E(R_{mt}) - R_{ft}\right] + \beta_{is}E(\mathrm{SMB}_t) + \beta_{ih}E(\mathrm{HML}_t)$，其中 R_{ft} 为无风险收益率，$R_{mt} - R_{ft}$ 为市场组合的风险溢价，SMB_t（small minus big）是两个分别由小公司与大公司构成的分散化股票组合的收益率之差，而 HML_t（high minus low）是两个分别由高 B/M 与低 B/M 构成的分散化股票组合的收益率之差。β_{im}、β_{is}、β_{ih} 分别是该股票对市场风险溢价、规模、价值溢

---

①   三因子模型没有包括动量效应，为此 Cahart（1997）提出了四因子模型。对于动量效应的解释，经典金融学家与行为金融遵循与规模溢价、价值溢价同样的思路。

价的敏感性。

Fama 和 French（2004）、Cochrane（2000）都认为，虽然规模和价值本身不是状态变量，但小公司与价值股票的溢价反映了与某些状态变量有关的系统性风险的存在。虽然还缺乏严密的逻辑推导，但他们认为这种风险与经济周期（business cycle）或财务困境（financial distress）有关。其他经典金融学家进一步将规模、价值溢价与具体的宏观因素联系起来。Berk、Green 和 Naik（1999）提供了一个基于增长期权与时变风险（time-vary risk）产生价值、规模甚至动量的模型。Gomes 等（2003）用关联投资、Jagannathan 和 Wang（1996）用劳动收入、Chen 等（1986）用工业产量与通胀率等变量解释价值效应。Liew 和 Vassalou（2000）也将价值和小公司效应与宏观经济风险联系在一起。

行为金融学家却发现经典金融学家的解释并不令人信服。Lakonishok 等（1994）发现，根据 1986—1989 年的数据，价值股票即使在经济衰退时期也比成长型股票表现得更好。Cochrane（1999）也承认，HML 与 SMB 到底指代什么宏观经济风险目前还不清楚。

行为金融学认为规模与价值溢价是反应不足与反应过度的表现。当一家公司宣布意外的好收益时，保守性原则使得投资者对该消息反应不足，接下来的调整会产生一系列高于平均水平的收益，进而产生动量效应。如果连续有几个好消息，代表性原则会使投资者认为存在价格上升的趋势，从而导致反应过度，价格最终会过高。价格高估的股票容易被认为是成长型公司与大公司（以市场价值衡量）。这些股票会随着调整产生长期回归现象，收益会比较低。Barberis 和 Huang（2000）、Daniel 等（2001a）都显示，横截面数据所显示的价值与规模效应是长期反应过度的表现。还有学者认为，价值公司只不过是价值被低估的公司，而成长型公司实际上价值被高估了。这样当收益不断被公开时，投资者能逐渐明白公司的实际价值，因此总体而言，成长型公司股票在收益公告后的收益率相对更低。La Porta 等（1997）、Skinner 和 Sloan（2000）都发现这种相对关系的确存在。心理学实验证明，这背后的过度自信在信号不确定时最强烈（Griffin and Tversky，1992）。因此，Daniel 等（2001a）预测，基本因素/价格比率的可预测风险调整后收益应当在难以估价的行业（如研发活动投入大的行业）更高。Chan，Lakonishok 和 Sougiannis（1999）证实存在这种现象。

以上这些成果都说明，目前而言，在解释三因素模型方面行为金融学理论更合理。

从本部分的讨论可以看出，由于联合假设问题依然没有得到解决，行为金融学与经典金融学关于市场有效性的争议还将持续下去。毫无疑问，这种争议会加深我们对资本市场，包括投资者心理与系统性风险的认识。

九、总结

虽然 Graham 和 Dodd（1934）承认投资者情绪影响股票价格的可能性，但将这一观点理论化的行为金融学其实是从 20 世纪 80 年代开始的。行为金融学的发展使我们更多地将注意力集中于与经典理论不符的异象，并参考心理学、社会学等社会科学的成果建立理论模型进行解释。行为金融学的发展有力地证明了投资者情绪可能影响股票市场价格。也就是说，行为金融学说明股票期望收益率的决定不是图3 显示的证券市场线，而是图 4 显示的证券市场面。

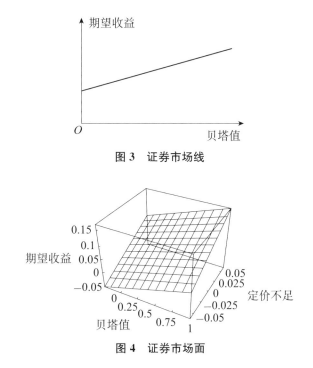

图 3　证券市场线

图 4　证券市场面

行为金融学理论也促进了对金融实证方法的认识，在行为金融学与经典金融理论的争辩中，金融学家认识到现有实证工具的局限并引发了积极的讨论。行为金融学的这些发展有助于构建未来的金融学理论。

但是，作为一个年轻的领域，行为金融学还有种种不足之处，主要体现在以下几点：

第一，目前的行为金融学模型基本上还只能包括一种风险资产，并且多数是一个时期的静态分析，一个动态的一般均衡的行为金融学模型还在酝酿之中。

第二，行为金融学的现有模型还局限于某个领域，要么只研究投资者的偏差理念，要么只研究投资者的非理性偏好，要么只研究有限的套利，还没有一个能同时包括这三个领域的模型。

第三，正如在本文第三、第四、第五部分看到的那样，投资者非理性心理的种类很多，这使得行为金融学具有很大的随意性，建立在不同的心理现象假设上的不同模型可以解释任何可能的异象，这样做的结果是：行为金融学模型大部分在其所设计要解释的异象方面表现很好，但对其他异象却不那么有力（Fama，1998）。换句话说，缺乏一个用统一的框架来描述投资者的非理性心理并能解释一系列异象的行为金融学模型。

在行为金融学的推动下金融学未来的发展方面，我们可以看到，金融学在实证方法上应有突破。目前的实证方法解决不了行为金融学与现代经典金融学的争论。我们相信，有了更先进的实证方法来厘清金融市场的实际现象之后，一个融合行为金融学与现代经典金融学的新金融理论终将出现。金融学领域，包括行为金融学与经典金融学，都将不断出现令人兴奋的成果。

在融合后的新金融理论形成之前，一个不走极端的金融学者应采取的态度是：对任何实证结果同时寻求宏观风险解释与投资者行为解释，并分别判断其合理性。在很多情况下也许还是无从判断到底哪一个更合理，但这样的分析无疑将加深我们对金融市场的理解。

参考文献

［1］Abel，A.，1990. Asset prices under habit formation and catching up with the A-merican Economic Review：Papers and Proceedings，80，38 - 42.

［2］Allais，M.，1953. Le Comportement de l'homme rationnel devant le risque：Critique des pos-tulats et axiomes de l'ecole amricaine. Econometrica，21，503 - 546.

［3］Alpert，M.，Raiffa，M.，1992. A progress report on the training of probability assessors. In D. Kahneman，P. Slovic and A. Tversky，eds.，Judgment Under Uncertainty，Heuristics and Biases，Cambridge，Cambridge University Press.

［4］Antweiler，W.，Frank，M.，2004. Is all that talk just noise? The information content of in-ternet stock message boards. Journal of Finance，59，1259 - 1294.

［5］Baker，M.，Stein，J. and Wurgler，J.，2003. When does the market matter? Stock prices and the investment of equity dependent firms. Quarterly Journal of Economics，118，969 -

1005.

[6] Baker，M.，Wurgler，J.，2000. The equity share in new issues and aggregate stock returns. Journal of Finance，55，2219-2257.

[7] Baker，M.，Wurgler，J.，2002. Market timing and capital structure. Journal of Finance，57，1-32.

[8] Baker，M.，Wurgler，J.，2007. Investor sentiment in the stock market. Journal of Economic Perspectives，21，129-152.

[9] Bakshi，G.，Chen，Z.，1996. The spirit of capitalism and stock market prices. The American Economic Review，86，133-157.

[10] Banz，R.，1981. The relation between return and market value of common stocks. Journal of Financial Economics，9，3-18.

[11] Barber，B.，Odean，T.，1999. Online investors：Do the slow die first? Review of Financial Studies，15，455-487.

[12] Barber，B.，Odean，T.，2000a. Boys will be boys：Gender，overconfidence，and common stock investment. Quarterly Journal of Economics，1，262-292.

[13] Barber，B.，Odean，T.，2000b. Trading is hazardous to your wealth：The common stock performance of individual investors. Journal of Finance，55，773-806.

[14] Barber，B.，Odean，T.，Zhu，N.，2008. Do retail trades move markets? Review of Financial Studies，22，151-186.

[15] Barberis，N.，Huang，M.，Santos，T.，2001. Prospect theory and asset prices. Quarterly Journal of Economics，116，1-53.

[16] Barberis，N.，2013. Thirty years of prospect theory in economics：A review and assessment. Journal of Economic Perspectives，27，173-196.

[17] Barberis，N.，Huang，M.，2008. Stocks as lotteries：The implications of probability weighting for security prices. The American Economic Review，98，2066-2100.

[18] Barberis，N.，Huang，M.，Santos，T.，2001. Prospect theory and asset prices. Quarterly Journal of Economics，116，1-53.

[19] Barberis，N.，Huang，M.，2001. Mental accounting，loss aversion and individual stock returns. Journal of Finance，56，1247-1292.

[20] Barberis，N.，Xiong，W.，2012. Realization utility. Journal of Financial Economics，104，251-271.

[21] Barberis，N.，2018. Psychology-based models of asset prices and trading volume. Handbook of Behavioral Economics：Applications and Foundations 1. Vol. 1. North-Holland，79-175.

[22] Barberis，N.，Shleifer，A.，Vishny，R.，1998. A model of investor sentiment. Journal of Financial Economics，49，307-345.

[23] Basu，S.，1977. Investment performance of common stocks in relation to their price-earnings

ratios：A test of the efficient market hypothesis? Journal of Finance，12，129 - 156.

[24] Bell D.，1982. Regret in decision making under uncertainty. Operations Research，30，961-981.

[25] Benartzi，S.，Thaler，R.，1995. Myopic loss aversion and the equity premium puzzle. Quarterly Journal of Economics，110，75 - 92.

[26] Benartzi，S.，Thaler，R.，2001. Diversification strategies in defined contribution savings plans. The American Economic Review，91，79 - 98.

[27] Berk，J.，Green，R.，Naik，V.，1999. Optimal investment，growth options and security returns. Journal of Finance，54，1153 - 1607.

[28] Bernard，V.，Thomas，J.，1989. Post-earnings announcement drift：Delayed price response or risk premium? Journal of Accounting Research，Supplement，1 - 36.

[29] Black，F.，Scholes，M.，1973. The pricing of option and corporate liabilities. Journal of Political Economy，5&6，637 - 659.

[30] Bloomfield，R.，Hale，J.，2002. Predicting the next step of a random walk：Experimental evidence of regime-shifting beliefs. Journal of Financial Economics，65，397 - 414.

[31] Bonini，C.，1977. Capital investment under uncertainty with abandonment options. Journal of Quantitative Analysis，3，39 - 54.

[32] Boyer，B.，Mitton，T.，Vorkink，K.，2010. Expected idiosyncratic skewness. Review of Financial Studies，23，169 - 202.

[33] Campbell，J.，2000. Asset pricing at the millennium. Journal of Finance，55，1515 - 1567.

[34] Campbell，J.，Cochrane，J.，1999. By force of habit：A consumption-based explanation of aggregate stock market behavior. Journal of Political Economy，107，205 - 251.

[35] Carhart，M.，1997. On persistence in mutual fund performance. Journal of Finance，52，57 - 82.

[36] Chan，L.，Jegadeesh，N.，Lakonishok，J.，1996. Momentum strategies. Journal of Finance，51，1681 - 1713.

[37] Chan，L.，Lakonishok，J.，Sougiannis，T.，2001. The stock market valuation of research and development expenditures. Journal of Finance，56，2431 - 2456.

[38] Chen，N.，Roll，R.，Ross，S.，1986. Economic forces and the stock market. Journal of Business，59，383 - 403.

[39] Chew，S.，1983. A generalization of the quasi-linear mean with applications to the measurement of income inequality and decision theory resolving the Allais Paradox. Econometrica，51，1065 - 1092.

[40] Chew，S.，1989. Axiomatic utility theories with the betweenness property. Annals of Operations Research，19，273 - 298.

[41] Chew，S.，MacCrimmon，K.，1979. Alpha-nu choice theory：An axiomatization of expected utility. Working Paper，University of British Columbia.

[42] Chopra，N.，Lakonishok，J.，Ritter，J.，1992. Measuring abnormal performance：Do stocks

overreact? Journal of Financial Economics，31，235－268.

[43] Cochrane，J.，2000. Asset Pricing. Princeton. NJ，Princeton University Press.

[44] Cochrane，J.，1999. New facts in finance. Economic Perspectives Federal Reserve Bank of Chicago，23，36－58.

[45] Cohen，L.，Diether，K.，Malloy，C.，2013. Misvaluing innovation. Review of Financial Studies，26，635－666.

[46] Cohen，L.，Frazzini，A.，2006. Economic links and predictable returns. Journal of Finance，63，1977－2011.

[47] Cohen，L.，Lou，D.，2012. Complicated firms. Journal of Financial Economics，104，383－400.

[48] Cunningham，L.，2002. Behavioral finance and investor governance. Washington and Lee Law Review，59.

[49] D'Avolio，G.，2002. The market for borrowing stock. Journal of Financial Economics，66，271－306.

[50] Da，Z.，Gurun，U.，Warachka，M.，2014. Frog in the pan：Continuous information and momentum. Review of Financial Studies，27，2171－2218.

[51] Daniel，K.，Titman，S.，1999. Market efficiency in an irrational world. Financial Analyst Journal，55，28－40.

[52] Daniel，K.，Hirshleifer，D.，Subrahmanyam，A.，1998. Investor psychology and security market under and overreactions. Journal of Finance，53，1830－1835.

[53] Daniel，K.，Hirshleifer，D.，Subrahmanyam，A.，2001. Mispricing，covariance risk，and the cross-section of security returns. Journal of Finance，56，921－965.

[54] De Bondt，W.，Thaler，R.，1985. Does the stock market overreact? Journal of Finance，40，793－808.

[55] De Long，J.，Shleifer，A.，Summers，L.，Waldmann，R.，1990a. Noise trader risk in financial markets. Journal of Political Economy，98，703－738.

[56] De Long，J.，Shleifer，A.，Summers，L.，Waldmann，R.，1990b. Positive feedback investment strategies and destabilizing rational speculation. Journal of Finance，45，375－395.

[57] De Long，J.，Shleifer，A.，Summers，L.，Waldmann，R.，1991，The survival of noise traders in financial markets. Journal of Business，64，1－20.

[58] Dechow，P.，Hutton，P.，Muelbroek，L.，and R. Stone，2001. Short-selling，fundamental analysis and stock returns. Journal of Financial Economics，61，77－106.

[59] Dekel，E.，1986. An axiomatic characterization of preferences under uncertainty：Weakening the independence axiom. Journal of Economic Theory，40，304－318.

[60] DellaVigna，S.，Pollet，J.，2007. Demographics and industry returns. The American Economic Review，97，1667－1702.

[61] DellaVigna，S.，Pollet J.，2009. Investor in attention and Friday earnings announcements.

Journal of Finance，64，709 - 749.

[62] Edmans，A.，Garcia，D.，Norli，Ø.，2007. Sports sentiment and stock returns. Journal of Finance，62，1967 - 1998.

[63] Edwards，W.，1968. Conservatism in human information processing. In B. Kleinmutz，ed.，Formal Representation of Human Judgment. Wiley，New York.

[64] Ellsverg，D.，1961. Risk，ambiguity，and the savage axioms. Quarterly Journal of Economics，75，643 - 669.

[65] Fama，E.，1998. Market efficiency，long-term returns and behavioral finance. Journal of Financial Economics，49，283 - 307.

[66] Fama，E.，French，K.，1988. Permanent and temporary components of stock prices. Journal of Political Economy，96，246 - 273.

[67] Fama，E.，French，K.，1989. Business conditions and expected returns on stocks and bonds. Journal of Financial Economics，25，23 - 49.

[68] Fama，E.，French，K.，1992. The cross-section of expected stock returns. Journal of Finance，47，427 - 465.

[69] Fama，E.，French，K.，1993. Common risk factors in the returns of bonds and stocks. Journal of Financial Economics，33，3 - 56.

[70] Fama，E.，French，K.，1996. Multifactor explanations of asset pricing anomalies. Journal of Finance，51，55 - 84.

[71] Fama，E.，French，K.，1998. Value vs. growth：The international evidence. Journal of Finance，53，1975 - 1999.

[72] Fama，E.，French，K.，2004. The capital asset pricing model：Theory and evidence. Journal of Economic Perspectives，18，25 - 46.

[73] Fama，E.，French，K.，Davis，J.，2000. Characteristics，covariances and average returns 1929—1997. Journal of Finance，55，389 - 406.

[74] Fama，E.，1965. The behavior of stock market prices. Journal of Business，38，34 - 105.

[75] Fama，E.，1970. Efficient capital markets：A review of theory and empirical work. Journal of Finance，25，383 - 417.

[76] Fama，E.，Fisher，L.，Jensen，M.，and R. Roll，1969. The adjustment of stock prices to new information. International Economic Review，10，1 - 21.

[77] Fischhoff，B.，Slovic，P.，Lichtenstein，S.，1977. Knowing with certainty：The appropriateness of extreme confidence. Journal of Experimental Psychology：Human Perception and Performance，3，552 - 564.

[78] Frazzini，A.，2006. The disposition effect and underreaction to news. Journal of Finance，61，2017 - 2046.

[79] French，K.，Poterba，J.，1991. Investor diversification and international equity markets.

The American Economic Review，81，222 - 226.

[80] Friedman，M.，1953. Essays in Positive Economics. University of Chicago Press，Chicago.

[81] Friedman，M.，Savage，L.，1948. The utility analysis of choices involving risk. Journal of Political Economy，56，279 - 304.

[82] Froot，K.，Dabora，E.，1999. How are stock prices affected by the location of trade? Journal of Financial Economics，53，189 - 216.

[83] Gali，J.，1994. Keeping up with the Joneses：Consumption externalities. Journal of Money，Credit and Banking，26，1 - 8.

[84] Giglio，S.，Shue，K.，2014. No news is news：Do markets underreact to nothing? Review of Financial Studies，27，3389 - 3440.

[85] Gilboa，I.，Schmeidler，D.，1995. Case-based decision theory. Quarterly Journal of Economics，110，605 - 639.

[86] Goetzmann，W.，Kim，D.，Kumar，A.，Wang，Q.，2015. Weather-induced mood，institutional investors and stock returns. Review of Financial Studies，28，73 - 111.

[87] Gomes，J.，Kogan，L.，Zhang，L.，2003. Equilibrium cross-section of returns. Journal of Political Economy，111，693 - 732.

[88] Graham，J.，Harvey，C.，2001. The theory and practice of corporate finance：Evidence from the field. Journal of Financial Economics，60，187 - 243.

[89] Graham，B.，Dodd，D.，1934. Security Analysis. McGraw-Hill，New York.

[90] Green，T.，Hwang，B.，2012. Initial public offerings as lotteries：Skewness preference and first-day returns. Management Science，58，432 - 444.

[91] Griffin，D.，Tversky，A.，1992. The weighing of evidence and the determinants of overconfidence. Cognitive Psychology，24，411 - 435.

[92] Grinblatt，M.，Keloharju，M.，2001. How distance，language，and culture influence stockholdings and trades. Journal of Finance，56，1053 - 1073.

[93] Grinblatt，M.，R. Masulis，Titman，S.，1984，The valuation effects of stock splits and stock dividends. Journal of Financial Economics，13，97 - 112.

[94] Grinblatt，M.，Moskowitz，T.，1999. The cross-section of expected returns and its relation to past returns：New evidence. Working Paper，Yale University.

[95] Gul，F.，1991. A theory of disappointment in decision making under uncertainty. Econometrica，59，667 - 686.

[96] Han，B.，2008. Investor sentiment and option prices. Review of Financial Studies，21，387 - 414.

[97] Harris，L.，Gurel，E.，1986. Price and volume effects associated with changes in the S&P 500：New evidence for the existence of price pressure. Journal of Finance，41，851 - 860.

[98] Hermalin，B.，Weisbach，M.，2003. Boards of directors as an endogenously determined in-

stitution: A survey of the economic literature. Economic Policy Review—Federal Reserve Bank of New York, 9 (1) 7.

[99] Hirshleifer, D. , S. Lim, Teoh, S. H. , 2009. Driven to distraction: Extraneous events and underreaction to earnings news. Journal of Finance, 64, 2289 - 2325.

[100] Hirshleifer, D. , Luo, G. , 2001. On the survival of overconfident traders in a competitive security market. Journal of Financial Markets, 4, 73 - 84.

[101] Hirshleifer, D. , Shumway, T. , 2001. Good day sunshine: Stock returns and the weather. Journal of Finance, 58, 1009 - 1032.

[102] Hong, H. , Lim, T. , Stein, J. , 2000. Bad news travels slowly: Size, analyst coverage, and the profitability of momentum strategies. Journal of Finance, 55, 265 - 295.

[103] Hong, H. , Stein, J. , 1999. A unified theory of underreaction, momentum trading, and overreaction in asset markets. Journal of Finance, 54, 2143 - 2184.

[104] Huang, X. , 2015. Thinking outside the borders: Investors' underreaction to foreign operations information. Review of Financial Studies, 28, 3109 - 3152.

[105] Ikenberry, D. , Lakonishok, J. , Vermaelen, T. , 1993. Corporate governance through the proxy contest: Evidence and implications. Journal of Business, 66, 405 - 435.

[106] Ikenberry, D. , Lakonishok, J. , Vermaelen, T. , 1995. Market underreaction to open market share repurchases. Journal of Financial Economics, 39, 181 - 208.

[107] Jagannathan, R. , Wang, Z. , 1996. The conditional CAPM and cross-section of expected returns. Journal of Finance, 1, 3 - 53.

[108] Jegadeesh, N. , Titman, S. , 1993. Returns to buying winners and selling losers: Implications for stock market efficiency. Journal of Finance, 48, 65 - 91.

[109] Jensen, M. , 1968. The performance of mutual funds in the period 1945—1964. Journal of Finance, 23, 389 - 416.

[110] Kahneman, D. , Tversky, A. , 1974. Judgment under uncertainty: Heuristics and biases. Science, 185, 1124 - 1131.

[111] Kahneman, D. , Tversky, A. , 1979. Prospect theory: An analysis of decision under risk. Econometrica, 47, 263 - 291.

[112] Kahneman, D. , Knetsch, J. , Thaler, R. , 1991. The endowment effect, loss aversion, and status quo bias. Journal of Economic Perspectives, 5, 193 - 206.

[113] Kahneman, D. , Tversky, A. , 1982. The psychology of preferences. Scientific American, 246, 160 - 173.

[114] Kamstra, M. , Kramer, L. , Levi, D. , 2000. Losing sleep at the market: The daylight-savings anomaly. The American Economic Review, 12, 1005 - 1020.

[115] Kaplanski, G. , Levy, H. , 2010. Sentiment and stock prices: The case of aviation disasters. Journal of Financial Economics, 95, 174 - 201.

[116] Kaplanski, G., Levy, H., Veld, C., Veld-Merkoulova, Y., 2015. Do happy people make optimistic investors? Journal of Financial and Quantitative Analysis, 50, 145 – 168.

[117] Korajczyk, R., Lucas, D., MacDonald, R., 1991. The Effects of information releases on the pricing and timing of equity issues. Review of Financial Studies, 4, 685 – 708.

[118] Kumar, A., 2009. Who gambles in the stock market? Journal of Finance, 64, 1889 – 1933.

[119] Kumar, A., Lee, C., 2006. Retail investor sentiment and return comovements. Journal of Finance, 61, 2451 – 2486.

[120] Kyle, A., Wang, F., 1997. Speculation duopoly with agreement to disagree: Can over-confidence survive the market test? Journal of Finance, 52, 2073 – 2090.

[121] La Porta, R., Lakonishok, J., Shleifer, A., Vishny, R., 1997. Good news for value stocks: Further evidence on market efficiency. Journal of Finance, 5, 859 – 874.

[122] La Porta, R., Shleifer, A., Vishny, R., 1994. Contrarian investment, extrapolation and risk. Journal of Finance, 49, 1541 – 1578.

[123] Lamont, O., Thaler, R., 2002. Can the market add and substract? Mispricing in tech stock carve-outs. Journal of Political Economy, 12, 227 – 268.

[124] Langer, E., Roth, J., 1975. Heads I win, tails it's chance: The illusion of control as a function of the sequence of outcomes in a purely chance task. Journal of Personality and Social Psychology, 32, 951 – 955.

[125] Lehman, B., 1991, Asset pricing and intrinsic value: A review essay. Journal of Monetary Economics, 28, 485 – 500.

[126] Lemmon, M., Ni, S., 2014. Differences in trading and pricing between stock and index options. Management Science, 60, 1985 – 2001.

[127] Lemmon, M., Portniaguina, E., 2006. Consumer confidence and asset prices: Some empirical evidence. Review of Financial Studies, 19, 1499 – 1529.

[128] Liew, J., Vassalou, M., 2000. Can book-to-market, size and momentum be risk factors that predict economic growth. Journal of Finance, 57, 221 – 245.

[129] Lintner, J., 1965. The valuation of risk assets and the selection of risky investments in stock portfolios and capital budgets. Review of Economics and Statistics, 47 (1), 13 – 37.

[130] Loomes, G., Sugden, 1982. Regret theory: An alternative theory of rational choice under uncertainty. The Economic Journal, 92, 805 – 824.

[131] Lord, C., Ross, L., Lepper, M., 1979. Biased assimilation and attitude polarization: The effects of prior theories on subsequently considered evidence. Journal of Personality and Social Psychology, 37, 2098 – 2109.

[132] Loughran, T., Ritter, J., 1995. The new issues puzzle. Journal of Finance, 50, 23 – 50.

[133] Loughran, T., Ritter, J., 1998. The operation performance of firms conducting seasoned equity offerings. Journal of Finance, 52, 1823 – 1850.

［134］Mace，M.，1986. Directors：Myth and Reality. Harvard Business School Press.

［135］Markowitz，H.，1952. Portfolio selection. Journal of Finance，7（1），77-99.

［136］McGurk，Z.，Nowak，A.，2014. The relationship between stock returns and investor sentiment：Evidence from social media. West Virginia University，Department of Economics.

［137］Mehra，R. and E. Prescott，1985. The equity premium：A puzzle. Journal of Monetary Economics，15，145-161.

［138］Merton，R.，1973. An intertemporal capital asset pricing model. Econometrica，41（5），867-887.

［139］Merton，R.，1976. Option pricing when underlying stock return are discontinuous. Journal of Financial Economics，3，125-144.

［140］Michaely，R.，Thaler，R.，Womack，K.，1995. Price reactions to dividend initiations and omissions. Journal of Finance，50，573-608.

［141］Milgram，S.，1974. Obedience to Authority. Harper and Row.

［142］Miller，D.，Ross，M.，1975. Self-serving bias in attribution of causality：Fact or fiction? Psychological Bulletin，82，213-225.

［143］Miller，E.，1977. Risk，uncertainty and divergence of opinion. Journal of Finance，32，1151-1168.

［144］Mitchell，M.，Stafford，E.，2001. Managerial decisions and long-term stock price performance. Journal of Business，73，287-329.

［145］Mossin，J.，1966. Equilibrium in a capital asset market. Econometrica，34，768-783.

［146］Odean，T.，1998. Are investors reluctant to realize their losses? Journal of Finance，53，1775-1798.

［147］Odean，T.，1999. Do investors trade too much? The American Economic Review，Vol. 89，No. 5，December，1279-1298.

［148］Pagano，M.，Panetta，F.，Zingales，L.，1998. Why do companies go public? An empirical analysis. Journal of Finance，53，27-64.

［149］Polk，C.，Sapienza，P.，2004. The real effects of investor sentiment. NBER Working Papers 10563，Northwestern University.

［150］Poterba，J.，Lawrench，S.，1988. Mean reversion in stock prices：Evidence and implications. Journal of Financial Economics，22，27-59.

［151］Quiggin，J.，1982. A theory of anticipated utility. Journal of Economic Behavior and Organization，3，323-343.

［152］Rabin，M.，2002. Inference by believers in the law of small numbers. Quarterly Journal of Economics，117，775-816.

［153］Roll，R.，1986. The hubris hypothesis of corporate takeovers. Journal of Business，59，197-216.

[154] Ross，S.，1976. The arbitrage theory of capital asset pricing. Journal of Economic Theory，13（3），341－360.

[155] Rouwenhorst，G.，1998. International momentum strategies. Journal of Finance，53，267－284.

[156] Russo，E.，Schoemaker，P.，1989. Decision Traps：The Ten Barriers to Brilliant Decision-making and How to Overcome Them，New York，Simon and Schuster.

[157] Samuelson，P.，1965. Proof that properly anticipated prices fluctuate randomly. Industrial Management Review，6，41－49.

[158] Saunders，E.，1993. Stock prices and Wall Street weather. The American Economic Review，83，1337－1345.

[159] Segal，U.，1989. Anticipated utility：A measure representation approach. Annals of Operations Research，19，359－373.

[160] Segal，U.，1987. Some remarks on Quiggin's anticipated utility. Journal of Economic Behavior and Organization，8，145－154.

[161] Sharpe，W.，1964. Capital asset prices：A theory of market equilibrium under conditions of risk. Journal of Finance，19，425－442.

[162] Shefrin，H.，Statman，M.，1994. Behavioral capital asset pricing theory. Journal of Financial and Quantitative Analysis，323－349.

[163] Shefrin，H.，Statman，M.，2000，Behavioral portfolio theory. Journal of Financial and Quantitative Analysis，35，127－151.

[164] Shefrin，H.，Statman，M.，1984. Explaining investor preference for cash dividends. Journal of Financial Economics，13，253－282.

[165] Shefrin，H.，Statman，M.，1985. The disposition to sell winners too early and ride losers too long. Journal of Finance，40，777－790.

[166] Shiller，R.，1981. Do stock prices move too much to be justified by subsequent changes in dividends? The American Economic Review，71，421－436.

[167] Shiller，R.，1984. Stock prices and social dynamics. Brookings Papers on Economic Activity，2，457－498.

[168] Shiller，R.，2002. From efficient market theory to behavioral finance. Cowles Foundation Discussion Papers ♯1385.

[169] Shleifer，A.，1986. Do demand curves for stocks slope down? Journal of Finance，41，579－590.

[170] Shleifer，A.，Vishny，R.，1997. The limits of arbitrage. Journal of Finance，52，35－55.

[171] Shumway，T.，1998. Explaining returns with loss aversion. Mimeo，University of Michigan.

[172] Simon，H.，1956. Rational choice and the structure of environments. Psychological Review，

63，129 - 138.

[173] Skinner，D.，Sloan，R.，2000. Earnings surprises，growth expectations，and stock returns or don't let an earnings torpedo sink your portfolio. Review of Accounting Studies，2 - 3，289 - 312.

[174] Stambaugh，R.，Yuan，Y.，2015. Mispricing factors. Review of Financial Studies，30，1270 - 1315.

[175] Stattman，D.，1980. Book values and stock returns. The Chicago MBA：A Journal of Selected Papers，4，25 - 45.

[176] Stein，J.，1996. Rational capital budgeting in an irrational world. Journal of Business，69，429 - 455.

[177] Summers，L.，1986. Does the stock market rationally reflect fundamental values? Journal of Finance，41，591 - 601.

[178] Sundaresan，S.，1989. Intertemporally dependent preferences and the volatility of consumption and wealth. Review of Financial Studies，2，73 - 89.

[179] Tetlock，P.，2007. Giving content to investor sentiment：The role of media in the stock market. Journal of Finance，62，1139 - 1168.

[180] Thaler，R.，Johnson，1990. Gambling with the house money and trying to break even：The effects of prior outcomes on risky choice. Management Science，36，643 - 660.

[181] Trivers，R.，1985. Social Evolution Benjamin/Cummings. Menlo Park.

[182] Trivers，R.，1991. Deceit and self-deception. In R. Robinson，and L. Tiger，eds.，Man and Beast Revisited. Smithsonian Press，Washington，D. C.

[183] Tversky，A.，Kahneman，D.，1981. The framing of decisions and the psychology of choice. Science，211，453 - 458.

[184] Tversky，A.，Kahneman，D.，1992. Advances in prospect theory：Cumulative representation of uncertainty. Journal of Risk and Uncertainty，5，297 - 323.

[185] Tversky，A.，1972. Elimination by aspects：A theory of choice. Psychological Review，79，281 - 299.

[186] Weil，P.，1989. The equity premium puzzle and the risk-free rate puzzle. Journal of Monetary Economics，24，401 - 421.

[187] Weisbach，M.，1988. Outside directors and CEO turnover. Journal of Financial Economics，20，431 - 460.

[188] Whyte，G.，1993. Escalating commitment in individuals and group decision making：A prospect theory approach. Organizational Behavior and Human Decision Processes，54，430 - 455.

[189] Yaari，M.，1987. The dual theory of choice under risk. Econometrica，55，95 - 115.

[190] 陈彦斌，周业安. 行为资产定价理论综述. 经济研究，2004（6）.

[191] 谭松涛，王亚平. 股民过度交易了么? ——基于中国某证券营业厅数据的研究. 经济研究，2006 (10).

[192] 武佳薇，汪昌云，陈紫琳，Jie，Michael，Guo. 中国个人投资者处置效应研究. 金融研究，2020 (2).

[193] 郁晨. 投资者情绪理论、度量及应用研究综述. 金融评论，2017，9 (3).

公司金融

股权融资

内容摘要：本文综述了股权融资中关于 IPO、短期抑价和长期表现三个方面的研究文献，涵盖了国内外各种理论发展及其实证研究，同时介绍了我国市场的 IPO 相关研究。对上述股权融资三个方面本身以及不同角度理论的综述，其目的一方面在于整理文献，为进一步的研究提供基础；另一方面希望已有的研究能够加深对国内市场的理解，并从中开拓对相关市场机制设计的思路。

一、引言

股权融资是指公司股东让出公司所有权，通过企业增资的方式引进新股东，同时使总股本增加的融资方式。发行股票是股权融资的主要方式，首次公开发行（initial public offerings，IPO）更是众多金融经济学家关注的课题。

按照 Ritter（1991）的表述，IPO 存在三个异象：

（1）热发市场现象（hot-issue market phenomenon），即 IPO 数目随时间作周期性变动，与之联系的现象是，短期抑价和长期弱势的程度也随时间作周期性变动，或者说，有些时间段，发行市场异常火爆，抑价幅度相对更大，对应的长期表现相对更弱。

（2）短期抑价现象（short-run underpricing phenomenon），即 IPO 在上市交易初期①根据发行价和收盘价计算的初始收益率，无论是绝对值还是相对值（与市场指数或者配比公司比较）都相当大，不是用简单的风险调整所能够解释的。

（3）长期弱势现象（long-run underperformance phenomenon），即 IPO 在上市交易初期②之后的较长时间范围内③，其收益表现与市场指数或者配比公司相比明显偏弱。

笔者认为，这三者具有一定的相对独立性，但更多地具有统一性，表现为一个问题的多个侧面，因此，要想较好地理解其中一个问题，不能简单地拘泥于该问题。任何仅仅从局部出发的理论假说可能只是具备了局部的解释力，但是对于全局可能缺乏解释力或者只有很弱的解释力，毕竟一种好的理论必须具有一致性，应该可以对三个异常现象提供一致的合理解释。

本文剩余部分的组织框架为：第二部分讨论 IPO 的相关问题，包括公开发行的原因和热发市场现象；第三部分研究 IPO 短期抑价问题，包括理论研究和实证检验两个方面的文献回顾；第四部分讨论 IPO 的长期表现，包括衡量标准、实证证据，以及对此的因素解释、理论总结；第五部分介绍在中国市场背景下的 IPO 问题研究。

二、IPO

（一）IPO 的原因

关于 IPO 的第一个问题必然是"为什么公司要公开上市"。在大多数情况下，主要原因是企业家希望为公司筹集股本资金并建立一个公共市场，在这个市场中公司创始人和其他股东可以在将来的某个日期将其部分财富转化为现金。非融资的原因（比如宣传用途）对大多数公司的 IPO 决定来说，只起到了很小的作用。

如果只是简单地将公开募股的原因归结为融资需要也有些草率。公司融资的渠道除了公开发行以外，还有各种形式的债权融资和私募等方式；甚至如果没有现金

---

① 一般是 1 天，但是在有些国家或地区存在涨跌停限制，所以也可能是 5 天或 6 天（以一周为限）。

② 如果考虑锁定期效应，计算的初始时间一般自锁定期（如 6 个月）结束之后；如果考虑年报影响，计算的初始时间也需要进行相应的调整。

③ 一般取 3 年或者 5 年。但有的文献对此提出质疑，认为在更长的时间范围内 IPO 长期弱势现象会消失。

方面的考虑，为省去复杂的公开市场程序，大多数企业家宁愿只经营自己的公司。这仍然留下了两个问题：为什么 IPO 是企业家筹集资金的最佳方式？为什么在某些情况下或某些时候进行 IPO 的动机更强？下面介绍此方面的几个理论研究。

1. 生命周期理论

关于公开发行决定的最早的正式理论出自 Zingales（1995），他提出公开发行可以让潜在收购者（投资者）更容易发现潜在的收购（投资）目标，同时企业家们也注意到了，上市可以将公司以较直接出售更高的价格卖出。与出售行为相反的是，Black 和 Gilson（1998）提出，企业家经常在风险投资支持的公司首次公开发行时从风险投资家那里重新取回企业的控制权（股份），因此，首次公开发行通常不是企业家在公司股东大会的退场，而是风险投资家的退场。

Chemmanur 和 Fulghieri（1999）表示 IPO 对公司所有权的分散作用是有利有弊的，他们持更传统的观点，致力于找到公司上市的最佳时间。IPO 前的天使投资人和风险投资者持有的投资组合不具有多样性，风险较高，因此他们不愿像多元化公开市场上的投资者一样付出高价。然而，上市本身需要付出固定成本，并且专有信息的披露不是无偿的——毕竟，小投资者们不能随意参观公司、获取公司机密。因此，在企业的生命早期，它可能是私有的，但如果它发展到一定规模，上市就成为最佳选择。

公开发行在具有成本的同时也可以带来收益，Maksimovic 和 Pichler（2001）的研究指出，高昂的市场价格可以增强投资人、客户、债权人和供应商对公司的信心，因此引发产品市场的竞争；行业中第一个上市的公司会具有先发优势。同理，从市场信心角度看，Schultz 和 Zaman（2001）指出，20 世纪 90 年代末上市的互联网公司都采取了激进的收购策略，就是为了壮大自身、抢占竞争对手的先机，从而吸引投资者。

2. 市场择时理论

Lucas 和 McDonald（1990）建立了一个信息不对称模型，熊市中企业的价值会被低估，因此企业家会推迟首次公开发行，直到牛市中提供更优惠的价格。Choe 等（1993）也指出，公司会避免在很少有其他优质公司发行的时候发行股票。

Ritter（2002）从非完全理性角度，在信息对称的前提下对股票发行的周期性进行了解释：企业家对公司价值的判断依据更多来自内部信息，例如其对公司事务的日常参与，而很少来自公开市场，从而企业家关于企业市值变化的反应是滞后的。因此，即使市场价格是由非理性的公众情绪推动的，或者企业家的价格是由非理性的私人情绪推动的，企业家也更倾向于在公开市场的估值上升后卖出股票。

（二）热发市场现象

1. 实证证据

热发市场是指新股发行后一个月内的收益率异常高的时期。20世纪70年代时，热发市场的可预测性在金融研究领域是有共识的，但还没有文献对热发市场现象进行检验，Ibbotson和Jaffe（1975）的文章就聚焦于热发市场的可预测性，填补了这一空白。他们第一次记录了20世纪60年代中股票的数次极高收益率，进行了序列相关性和运行测试，结果表明，新股发行溢价表现出显著的时间序列相关性，意味着热发市场是可预测的，但不能说这两个序列之间存在关系。进一步的证据表明，第一个月的超额收益率差分序列显示出显著的负相关性，这表明第一个月的差分序列不是随机游走过程。

Ritter（1984）在Ibbotson和Jaffe（1975）的基础上，研究从1980年1月开始的15个月所出现的热发市场，他发现Ibbotson和Jaffe（1975）所记录的月平均初始收益率的自相关是连续的，认为Rock（1982）提出的关于IPO抑价的模型［罗克（Rock）于1986年整理发表，并将其称为赢者诅咒模型］可以解释这一现象。同时他表示，虽然风险与初始收益之间存在正相关关系，但风险构成变动假说不能解释1980年的热点发行市场，80年代异常高的初始收益率几乎都集中在自然资源行业，这似乎与承销商在1980年的石油和天然气热潮期间利用新兴自然资源公司的业务相吻合。由此得出的结论是：热点发行是导致IPO具有高初始超额绩效的原因，而众多追随上市的公司进一步加剧了热发市场的现象。他还提出了新的研究方向，即每个行业均有其自身的热发行阶段，公司可选择此时上市，这样会非常有利于其后期表现。

2. 现象解释

从历史上看，越来越多的公司发行普通股，并且在商业周期的扩张阶段股权融资的比例将大大提高。Choe等（1993）表明，这种现象与公司面对较低的逆向选择成本时出售优质（价格稳定）股票是一致的，这种情况发生在有更多有前途的投资机会和对资产的不确定性较小的时期。因此，预计在此期间，公司发行股票的公告将减少有关股票价值的不利信息，乔（Choe）等找到了支持此预测的证据。与历史规律相一致，在扩张时期公司倾向于更频繁地增加股权。

Lowry（2003）提出对资本的需求和投资者情绪可以解释热发市场现象。他就IPO数量随时间大幅波动的现象，比较了私营企业的总资本需求，发行股票的逆向选择成本以及投资者的乐观程度可以解释这些波动的程度。他们使用时间序列回归，对首次公开发行后股票收益与首次公开发行量之间的关系进行分析。结果表明，从统计和经济角度来看，企业对资本的需求和投资者情绪都是决定 IPO 数量的重要因素。逆向选择成本在统计上也很重要，但其经济影响似乎很小。同样在投资者情绪方面，Helwege 和 Liang（2004）认为热发市场现象是由于过度乐观导致的。他们比较了 1975—2000 年间不同周期的 IPO，发现热冷 IPO 市场中，上市公司的特征和上市公司的数量上没有太大的差异。结果表明，热发市场主要不是由逆向选择成本、管理机会主义或技术创新的变化驱动的，而是更可能反映出投资者的乐观情绪。

Lowry（2003）还提出，在宏观经济变好即经济增长预期增强时，公司倾向于通过 IPO 获得更多的资本进行扩张，因此宏观经济对 IPO 数量有正向的影响。Yung 等（2008）建立了一个模型，其中时变的实际投资机会导致了 IPO 市场中时变的逆向选择。该模型与有关 IPO 市场的几个典型事实相吻合：经济扩张与上市公司数量的急剧增加相关，而上市公司数量又与定价偏低正相关。除此之外，在不确定性会随时间推移得到解决（因此私人信息也会泄露）的前提下，观测长期的超额收益和退市率，他们发现 IPO 热发市场中存在更大的横截面收益差异和更高的退市可能性。

三、IPO 短期抑价

普通股 IPO 定价是金融学中最常出现的术语之一，也是最难掌握的技术、最令人向往的艺术。每一个上市公司都会认真考虑、严格计算其定价。而 IPO 抑价（抑价一般通过上市首日收盘价与发行价之间的差额或称初始收益率来反映）也是金融学中最具有迷惑性的现象之一。Loughran（2002）的研究表明，在 1990—1998 年间，美国上市公司 IPO 的抑价总额为 270 亿美元，这一金额是这些公司年利润 80 亿美元的 3 倍多，是付给投资银行的费用 130 亿美元的 2 倍多。一方面，上市公司的 IPO 定价普遍倾向于抑价；另一方面，发行者又对如此数额巨大的抑价心感坦然。同时，IPO 抑价不仅存在于美国，Loughran 等（1994）研究的 25 个国家中都存在程度不同的 IPO 抑价。他认为抑价的差异受监管约束、承销契约机制、公司性质的影响。究竟 IPO 为何要抑价以及抑价程度的影响因素，早已成为经济学家和业界人士争论不休的话题。他们从不同的角度、从理论和实证两方面论证了 IPO 抑价的事实。

最先严谨地提出 IPO 大幅度抑价问题的是 Logue（1973），其在文章中将这一现象称为"谜"。其后的委托-代理模型（Baron，1982）、赢者诅咒模型（Rock，1986）从信息不对称角度对 IPO 抑价进行了分析。Carter and Manaster（1990）从投资银行的信誉角度来分析 IPO 抑价。抑价发行的额外成本加上模拟成本使质量不好的公司自动暴露（Welch，1989）；公司自有权益的比例和 IPO 抑价的双信号模型（Grinblatt and Hwang，1989）、低价格代表高质量的信号模型（Allen and Faulhaber，1989）从信号角度来分析 IPO 抑价。另外还有投资银行信誉模型（Beatty and Ritter，1986）、市场氛围模型（Ritter，1984）以及从众假说等从各个角度来分析 IPO 抑价。与此同时，实证研究从多角度，用更大范围、更详实的数据来揭示 IPO 抑价。在他们之后，更多的经济学家继续思考这个问题，使 IPO 抑价的研究有了更进一步的发展。但由于 IPO 涉及的问题的复杂性，至今还没有一个统一的关于 IPO 抑价问题的理论。就西方学者为 IPO 抑价问题所提出的不同理论而言，与其说相互之间具有竞争性，还不如说具有互补性。

（一）关于 IPO 抑价理论的研究

1. Rock（1986）：赢者诅咒模型

一家公司在进行 IPO 时，当市场需求大于公司股票供给时，无论其发行数量的多少，都只能在固定的发行价格下按比例分配该公司的股票。市场投资者的信息是不对称的，部分投资者拥有的定价真实信息劣于另一部分投资者，按比例分配股票将会给信息上处于劣势的投资者造成损失，因为具有信息优势的投资者会将自己的资金全部申购抑价的股票，而不去购买溢价的股票。这时处于信息劣势的投资者面临赢者诅咒。如果他们得到了某发行企业的全部股票，那么就说明具有信息优势的投资者并不看好该股票，他们所买的是相对较差的股票。基于逆向选择问题，处于信息劣势的投资者只有在 IPO 抑价大到可以弥补由于赢者诅咒所带来的损失时，才可能去申购新发行的股票。

2. Baron（1982）：基于信息不对称的委托-代理模型

尽管在承销过程中，发行者不能观察到投资银行的尽责程度，但由于投资银行比发行者对市场具有更充分的信息，因此发行者还是倾向于委托投资银行。在委托协议下，将发行价的制定委托给投资银行，投资银行基于其对资本市场的信息来制定发行价，并为此得到补偿，因此股票会抑价发行。而且，IPO 的发行者对资本市场信息的了解不如股权再融资（seasoned equity offering，SEO）的发行者，因此其对投资银行的咨询功能有更大的需求。IPO 的发行者对市场需求情况越不确定，就越倾向于更大幅度的抑价。

3. Welch（1989）：成本信号模型

Ibbotson（1975）在提到 IPO 抑价的原因时，引用了华尔街上流行的解释：发行者想要给投资者的"好胃口留下美好的印象"，从而在以后的融资中能卖一个好价钱。

Welch（1989）从成本角度，以一个两时期的模型将该论述系统化。在完全竞争的资本市场中，低质量公司会发生模拟成本来假装高质量公司。在 IPO 和 SEO 之间，公司的真实质量可能会显现，从而低质量公司面临一个权衡：它们或者投资于模拟活动，但当真实质量被发现时，将面临模拟成本的损失；或者真实显露其质量，并且放弃如果其模拟未被发现可能在 IPO 及 SEO 时收到的高价格。

韦尔奇（Welch）将模型与实际结合，认为：（1）存在使公司抑价发行的市场条件；（2）公司是高质量公司的概率越低，其抑价的概率越高；（3）IPO 公司很可能再融资；（4）当高质量公司的价值增加或低质量公司的模拟成本增加，或当低质量公司被识破的概率下降或低质量公司的价值下降时，抑价公司在 IPO 时出售的股份比例上升（相当于 SEO）。当高质量公司的价值增加或低质量公司被识破的概率下降时，IPO 收益上升。

韦尔奇的模型从成本角度分析 IPO 抑价，其避免了许多基于赢者诅咒的解释的缺点。其与 Rock（1986）的模型的主要区别是：韦尔奇认为信息不对称是因为发行者比投资者对公司价值知道得更多，而罗克认为，信息不对称存在于信息完全的投资者与信息不完全的发行者及投资者之间。韦尔奇认为发行者没有动力去避免抑价，而罗克认为发行者只是为了使信息不完全的投资者留在市场中才不情愿抑价。特别是，罗克的模型指出：尽管抑价公司需要通过增加市场识别公司质量从而间接降低 IPO 抑价的机制，但抑价公司并不要求直接减少 IPO 抑价。在 SEO 时的高发行价弥补了 IPO 的抑价，即模型建议 IPO 抑价公司寻求多次发行的融资策略。其同时指出，IPO 抑价导致 SEO 高价的原因是公司所有者与投资者之间的信息不对称。

模型的结论也确实在现实中得到了验证，许多公司确实选择在 IPO 时抑价，而在后来的 SEO 时定价较高。

4. Grinblatt 和 Hwang（1989）：双信号模型

假设发行者比投资者对公司的未来现金流具有更充分的信息。为克服信息不对称问题，发行者通过抑价发行股票和持有部分公司权益来发出信号，表示其真实价值。该模型可看作是 Leland 和 Pyle（LP，1977）模型的扩展。利兰德（Leland）和派尔（Pyle）利用 CAPM 推导出了关于上市公司价值和发行公司原始股东股权留存比例之间关系的模型，提出了信号传送假设，他们认为，上市公司的价值应该与原始股东股权留存比例正相关。

在利兰德和派尔的模型中只分析了一个信号，现金流均值未知、方差可观察，发行者通过持有部分公司权益来发出信号。在 Grinblatt 和 Hwang（1989）的双信号模型中，其假设项目现金流的方差和均值未知。因此，第二个信号——发行价，被用来表示公司价值，公司的内在价值与首发抑价程度正相关。该模型与许多经济学家提出的抑价理论的基本原理相吻合，即 IPO 抑价可能会导致在 SEO（再融资）时的高价。这一结论与 Ibbotson（1975）的猜测一致，与韦尔奇的成本模型有异曲同工之妙。

与韦尔奇的模型相比，格林布拉特和黄（Grinblatt and Hwang，1989）的模型包括了各种类型的公司。两模型都认为：（1）可以并且能够存在抑价；（2）进行 IPO 的公司还会进行 SEO；（3）给定抑价程度和持有部分自有权益的高价值公司的是暴露或被识别的概率的增函数。

但韦尔奇认为高价值公司的股价与部分持有自身权益正相关，而格林布拉特认为发行公司原始股东股权留存比例与现金流均值的关系取决于公司的营运现金流。韦尔奇预测抑价发行者认为股票价格的变化很小，而格林布拉特的观点正好相反。由于投资者的投资组合不仅是风险规避的函数，也是 IPO 的均值和方差的函数，这使问题变得难以处理。因此，三参数的信号模型还有待进一步研究。

5. Allen 和 Faulhaber（1989）：低价格代表高质量的逆向选择模型

Allen 和 Faulhaber（1989）建立了一个逆向选择模型。市场不能完全根据经验来得知公司类型，好公司发现在第一阶段以低价向市场发出信号是有利的，而对公司产品的过度需求也不会引起公司定价上升，即低价格代表高质量或高价格代表低质量。高质量公司会在第一阶段对需求进行配给。

通过推导得知，只有好公司在随后阶段的表现好于坏公司，它才能承担在第二阶段的抑价。其在第一阶段通过抑价来表明其公司质量，不需使市场出清，实际上该价格在市场出清价格之下，因此会发生非价格的配给。

艾伦（Allen）将抑价与其他可说明公司质量的信号——慈善捐助、非广告性宣传、电视广告及其他类似于"烧钱"的行为或支出进行了比较。认为非价格信号的缺点是，并非所有的（甚至大部分）消费者（或投资者）都能观察到该信号，而抑价可被所有投资者观察到，因为投资者就是直接的受益人。

6. Carter 和 Manaster（1990）：投资银行信誉模型

由于投资银行同时承销许多股票，并且有许多潜在的客户，因此投资银行可以树立起信誉，并凭借其信誉赚取更多的利润，从而不需要采取抑价过多或过少的欺骗手法。反之，过高或过低的估计反而会导致市场份额的损失。Carter 和 Manaster（1990）的实证研究表明，高信誉的投资银行的抑价要小于低信誉的投资银行。这是因为投资银行的声望给市场提供了有关企业风险的信号，高信誉的承销商承销的企业具有较低的风险和先验不确定性。

7. Ritter（1984）：市场氛围模型

在市场上涨期间，价格风险较大，市场的先验不确定性增大，对投资者来说意味着更难对企业进行估价。承销商和发起人为了吸引投资者参与 IPO，会设置相对于其他时期更高的抑价。

8. Welch（1992）：从众假说

后来的投资者会模仿，从而产生从众效应。所以，为了首先吸引少量的潜在投资者认购 IPO 股票，进而吸引其他投资者大量认购该股票，上市公司会有意使首次公开发行的定价偏低。

（二）IPO 抑价的实证研究

在很大程度上，平均初始收益率的大小反映了 IPO 抑价程度。大幅度的平均初始收益率不能用风险报酬来解释。因为从发行价到市场价的价格变化时间太短，而且该种现象好像有悖于有效市场理论。Ibbotson 等（1988）研究表明：美国 1960—1987 年间，8 668 只股票 IPO 中，其平均初始收益率为 16.37%。Loughran 等（1994）对 25 个国家（或地区）的 IPO 的平均初始收益率（从发行价到市场价的平均加权价格变化）进行比较，期限通常为一天。[①] 研究显示，不同国家（或地区）的平均初始收益率存在巨大差异，在新兴市场经济国家该收益率尤其高。Loughran 等（1994）对这种差异从三个方面进行了解释：（1）承销契约协议的差异；（2）上市公司性质的差异；（3）行政约束。具有最高的平均初始收益率的国家一般都存在较高的行政约束；具有最低的平均初始收益率的国家，其上市公司一般规模较大，成立期限较长，且其契约机制带有类似拍卖的性质。"新兴国家"具有明显的政府约束，在市场经济发展完善的国家，其契约安排则为市场参与者决定发行价。

Loughran 等（1994）认为，发行价的制定，除融资额最大化外，还有其他多种目的。在各个国家、各种情况下有不同的表现，其中包括私有化（Perotti and Guney，1993），将抑价的股份送给政治家[②]，增强市场的流动性，规避税收（瑞

---

① 在某些价格变化受限制或交易不能迅速开展的国家，发行价与市场价格之间可能为几星期甚至为几个月。

② 日本的里库路特公司（Recruit Cosmos）丑闻导致 1989 年首相竹下登（Noboru Takeshita）辞职。

典）和避免诉讼（美国）等。这些分析只是针对个别国家，IPO 抑价的主要原因还是从承销协议设计入手。

Benveniste 和 Wilhelm（1990）从差别定价（价格歧视）和有差别的分配股份角度，对 IPO 的契约设计进行了分析，认为发行者由投资者处获得信息后来制定发行价。投资者分为两种类型：战略投资者和一般投资者。发行者或投资银行根据战略投资者的估价来制定发行价。为使战略投资者真实表达其估价，一般 IPO 都会抑价。抑价程度具有很大的不同，这取决于能否根据价格、数量定位对潜在投资者做出区别对待。如果投资银行能使用至少一个变量来区别对待，则抑价程度就低。为使战略投资者真实表达其估价，必须使战略投资者真实表达股价所得收益高于非真实表达其估价所得收益。如果承销商能以区别对待的方式改变分配给每个战略投资者的股份数，则只需很小的抑价程度即可引出其真实股价。同样，能向战略投资者提供比一般投资者（其不提供估价服务）更低的价格。由于不需向一般投资者抑价发行，所以可融到更多款项。但在实际中，对不同的投资者提供不同的发行价，相对很难做到，本维尼斯特（Benveniste）分析预测：当存在对股份的区别对待时，在获得需求状况的信息后，会比不存在对股份区别分配时采用更小的抑价幅度。

那么问题是：既然提前一段时间制定发行价会导致 IPO 抑价幅度更大，为什么很多公司还会自愿选择这种把大量的钱"留在桌子上"的契约机制呢？Loughran 等（1994）从股权分散角度对此进行解释：流动性市场需要大量投资者，购买小额股份的一般是个人投资者，而非机构投资者，个人投资者很难做出估价。在信息相对较少的投资者中拥有广泛所有权，这一目的使发行者排除了使用包销契约，而采用"尽最大努力"的承销方式。这一解释与 Ritter（1987）提出的委托-代理中的逆向选择不同，与美国和英国的小规模采用"尽最大努力"的承销方式一致。同时，其还强调了公司成立时间长短与所选契约方式的关系。美国上市公司一般成立时间短，许多成长性生产项目很难定价，对其来说收集价格信息更为重要，故而倾向于采用包销的形式。而对成立时间长的欧洲公司来说，资产负债情况很清晰，收集需求状况的信息并不是很重要。这种公司结构的不同解释了为什么采用"尽最大努力"承销方式的欧洲公司与采用包销方式的美国公司的抑价幅度一样：公司成立时间的差异抵消了所选承销契约机制的差异。之后 Loughran 和 Ritter（2002）发展了前景理论，从发行者、承销商、投资者三个角度进一步阐述了 IPO 抑价现象。他们认为"留在桌子上"的大量的钱是对承销商补偿的一种间接方式。因为投资者愿意向承销商付出报酬来获得最优发行分配。而抑价对发行者来说则为间接成本，只有当他们同时获得未预期到的财富增加这样的好消息时，才会默许大幅的抑价。一般来说，由于发行者不会把抑价的机会成本看成与同样数额的直接成本相当，因此承销商能获得比所有成本都由发行商作为直接费用支出时更高的总补偿额。这一分析类似于对 IPO 价格的讨价还价。但是，前景理论没能解释为什么发行者以后还会选择那些在以前的交易中使大量的钱"留在桌子上"的投资银行。

同时，IPO 抑价程度也随年代而变化，Loughran 和 Ritter（2004）以 1980—2003 年的 IPO 数据为样本，发现 20 世纪 80 年代，首次公开发行（IPO）的平均首日收益率为 7%；第一天的平均收益率在 1990—1998 年间翻倍，达到 15% 左右，在 1999—2000 年的互联网泡沫时期更是跃升到 65%，继而在 2001—2003 年又恢复到 12%。他们将泡沫期较高的抑价率大部分归因于发行人目标函数的变化，认为在后期人们的关注越来越从 IPO 收益转向范围。

Schenone（2004）研究了 IPO 前银行业务关系对公司 IPO 的影响。将公司 IPO 之前的银行业务关系与管理公司的新发行人的承销商进行比较，测试在公司 IPO 之前建立的银行业务关系是否缓解了 IPO 定价偏低背后的信息不对称问题。结果显示，与没有此类银行业务关系的公司相比，具有首次公开发行前银行业务关系且有潜在承销商的公司面临的定价偏低约 17%。这些结果对于控制公司对 IPO 前银行机构的内生选择具有强大的控制力。

对于 IPO 抑价问题，Ellul 和 Pagano（2006）用流动性观点补充了传统解释（信息不对称和风险）。由于投资者还担心 IPO 后信息不对称可能导致的售后市场流动性不足，售后市场的流动性越低，流动性的可预测性就越低，IPO 抑价就越大。他们的模型将流动性担忧与逆向选择和风险混合在一起，以此作为定价偏低的动机。在实证检验上，1998—2000 年间发生的 337 宗英国 IPO 与该模型的预测是一致的。结论是：预期的售后市场流动性和流动性风险是 IPO 定价偏低的重要决定因素。

一个国家的法律制度与资本市场的规模、流动性和价值之间存在联系。Boulton 等（2010）研究了国家层面的治理差异如何影响 IPO 定价的偏低。在 2000—2004 年间对 29 个国家/地区的 4 462 个 IPO 进行调查后，他们发现在具有公司治理结构的国家中，定价偏低的现象更加严重，这样的结构加强了投资者相对于内部人的地位。可以说，定价过低是内部人为在拥有旨在赋予外部人权力的法律制度的国家中保持控制权而付出的代价。与这种控制定价的动机一致，他们发现定价偏低与首次公开发行后外部大宗股份负相关，而与私人控制收益正相关。

基于差异化的承销服务和本地化竞争，Liu 和 Ritter（2011）提出了 IPO 抑价的一个机制。如果发行人关心承销的非价格因素，即使大量投行竞相 IPO，那么该行业结构也会表现为一系列地方寡头。他们认为风险投资者特别关注全明星分析师的报道，由此发展了风险投资支持的 IPO 定价偏低的分析师欲望理论。通过测试模型对全明星分析师的报道、行业专业知识和其他非价格因素的影响，发现如果有风投支持的 IPO 获得全明星分析师的报道，其定价就会低得多，这与他们提出的理论是一致的。

四、IPO 长期表现

IPO 长期表现问题很早就进入了学术研究的视野。Stoll 和 Curley（1970）、Ibbotson（1975）、Stern 和 Bornstein（1985）都在一定程度上提供了 IPO 上市后超额收益可能为负的证据。Ritter（1991）则正式提出了 IPO 长期弱势现象，并针对解释该现象的理论假说进行了多层次、多角度的实证检验，为以后该问题的研究提供了完整而规范的分析框架。自此，对 IPO 长期表现问题的研究文献层出不穷，研究思路不断扩展。

IPO 长期表现问题只是与 IPO 相关的三个异象之一，笔者认为，这三者具有一定的相对独立性，但更多地具有统一性，表现为一个问题的多个侧面，因此要想较好地理解 IPO 长期表现问题，不能简单地拘泥于该问题，而应该立足于 IPO 三个异象的内在联系来研究 IPO 长期表现。

IPO 长期表现问题除上文提及的长期弱势现象之外，还存在长期强势现象（long-run overperformance phenomenon）[①]，前者存在于几乎所有的成熟市场国家，后者多存在于新兴市场国家，但无论弱势还是强势，都意味着超额收益异于零的事实。关于异于零的超额收益的合乎逻辑的思考是：风险度量是否精确，即是否可以通过更精确的风险调整或者定价模型消除，如果通过更精确的风险调整或者不考虑模型误设，异象依然存在，那么就有必要对该事实背后的驱动因素进行理性的思考。

对异于零的超额收益背后驱动因素的分析，结合 IPO 的另外两个异常现象，矛头都指向了市场效率。无论短期抑价还是长期弱势，都意味着市场定价存在偏差，即市场在某种程度上缺乏效率，这就为公司管理人员或者投资银行利用市场定价偏差选择市场时机（timing market）提供了条件，从而体现了 IPO 三个异常现象内在逻辑的一致性。

研究 IPO 长期表现问题的理论意义主要体现在两点：一是研究某类资产的价格行为模式，为投资者的投资策略提供一定的参考。二是深化对市场效率问题的认

[①] 由于长期强势现象只是存在于少数针对新兴市场国家的研究文献中，所以本文对该现象只是作了简单描述并在下文适当部分作简要分析；下文主体部分若不作特别说明，长期表现均指长期弱势现象。

识，一方面促进了对市场结构和投资者行为的理论研究和定价模型的发展，另一方面也将影响既有市场制度的设计、演进和完善。

同时，研究该问题也为企业委托-代理问题提供了新的观察视角，进一步澄清了外部权益融资成本[1]的概念。

（一）IPO长期表现的衡量

衡量IPO长期表现最常用的有两类方法：一类方法是从股票价格或收益的角度出发，另一类方法是从公司运营表现［即运营绩效（operating performance）］出发研究其长期表现问题。下面将一一介绍每一种方法对IPO长期表现衡量的技术细节。

1. 股票价格或收益类衡量方法

有必要说明计算超额收益时经常遇到的基准的选择问题。文献研究中一般采用如下基准：（1）市场指数，这种基准选择人为地将样本股票的风险水平限定在与市场风险一致。采用市场指数存在潜在高估弱势程度的可能，同时由于不同指数的构成不同也会得出不一致的结论，如NASDAQ指数、加权Amex-NYSE指数就存在一定程度的不同，这是由于不同市场的上市标准不同引起的。（2）按照某种原则选择的资产组合，如按照行业、规模、B/M比率等确定的与样本公司风险特征基本匹配的资产组合。（3）配比公司，同样是按照行业、规模、B/M比率等确定的和样本公司风险特征基本一致的公司，是采用资产组合还是配比公司，对结论会产生一定的影响。Barber和Lyon（1997）认为，使用具有近似规模和B/M比率的配比公司在各种情况下都能够产生较好的检验效果，而使用资产组合则存在一系列偏差。（4）按照某个定价模型计算的该样本公司股票的期望收益，如CAPM、法玛-弗伦奇三因子模型等，这种方法在理论上可以用于计算累计超额收益率法和购买并持有超额收益率法中的基准，但使用得比较少，一般是作为独立的方法在横截面回归或者时间序列回归中使用。

①累计超额收益率法。

该方法一般采用事件时间（event time），下标 t 表示所研究事件自发生并开始计算时起的第 t 期，在该问题下，一般表示上市交易初期之后的第 t 期。

样本第 i 只股票在第 t 期的超额收益率定义如下：$ar_{it}=r_{it}-r_{mt}$。[2] 其中，r_{it} 表示第 i 只股票在第 t 期的收益率，r_{mt} 表示与该股票配比的某种基准在第 t 期的收益率。

---

[1] 按照Jay R. Ritter（1991）的说法，长期弱势将降低公司外部权益融资的成本。

[2] 无论是样本股票的单期收益率还是基准的单期收益率，文献中均没有指明是采用对数法还是比例法计算得到，尽管两者是等价无穷小下的替代关系，但是其对加法和乘法运算具有不同的效果，读者应该引起一定的注意。

样本组合在第 t 期的超额收益率定义如下：$\mathrm{AR}_t = \sum_{i=1}^{N_t} w_{it} ar_{it}$。其中，$w_{it}$ 表示第 t 期第 i 只股票超额收益率的权重。Loughran 和 Ritter（2000）认为，如果关注投资者平均财富的变化，市值加权方法可能是好的选择，如果关注市场定价效率，算术平均值法可能更为合适。

样本组合从第 1 期至第 q 期的累计超额收益率定义如下：

$$\mathrm{CARs}_{1,q} = \sum_{t=1}^{q} \mathrm{AR}_t$$

②购买并持有超额收益率法。

该方法同样采用事件时间，T 表示持有至到期时的期数。[1]

样本第 i 只股票持有至到期的收益率定义如下：$R_i = \prod_{t=1}^{T}(1+r_{it})$。

样本第 i 只股票所对应的基准持有至到期的收益率定义如下：$R_{mi} = \prod_{t=1}^{T}(1+r_{mt})$。

样本第 i 只股票持有至到期的超额收益率定义如下：$\mathrm{BHARs}_i = R_i - R_{mi}$。

样本组合持有至到期的超额收益率定义如下：$\overline{\mathrm{BHARs}} = \sum_{i=1}^{N} w_i \mathrm{BHARs}_i$。

累计超额收益率法和购买并持有超额收益率法对衡量 IPO 长期表现存在一定的影响。Barber 和 Lyon（1997）、Lyon 等（1999）、Kothari 和 Warner（1997）、Fama（1998）分析了这两种方法的替代性，但并没有取得一致的看法。法玛认为，CARs 是合适的度量，因为该指标较 BHARs 而言较少地拒绝市场效率，同时该指标存在良好的分布和统计检验性质。但是，巴伯（Barber）和莱昂（Lyon）认为，BHARs 能够更好地体现投资者的经历，即衡量投资者在长期取得的收益，而 CARs 是 BHARs 的有偏估计。需要指出的是，BHARs 的偏态现象很严重，这直接影响了 t 检验的有效性。简言之，从笔者阅读的文献来看，正如 Brav 等（2000）所述，BHARs 倾向于高估 IPO 长期弱势的程度。

BHARs 存在一个替代指标，即 Ritter（1991）引入的财富相对指数（WR）。第 i 只股票的 WR 定义如下：

$$\mathrm{WR}_i = \frac{\prod_{t=1}^{T}(1+r_{it})}{\prod_{t=1}^{T}(1+r_{mt})}$$

[1] 若到期前样本股票摘牌，则 T 只需取至摘牌日期。

而样本组合的 WR 定义如下：

$$\mathrm{WR}_p = \frac{\overline{R_i}}{R_{mi}}$$

若 WR<1，则意味着样本股票或组合相比基准表现较差，反之则表现较强。

③横截面回归方法。

令

$$R_i R_f = \alpha + \sum_{s=1}^{m} \beta_s F_{si} + \varepsilon_i$$

其中，等式左边表示样本第 i 只股票在持有期内的风险溢价，等式右边 $F_s (s = 1$，$2, \cdots, m)$ 代表 m 个因子，在不同的文献中有不同的含义。最重要的参数为 α，一般称之为詹森 α，其估计值代表了样本股票平均的持有期超额收益率，如果 $\alpha < 0$ 在统计上显著，则意味着 IPO 在平均意义上表现弱势。

关于因子的选择问题，不同的研究人员在研究时的着眼点不同，从而对影响 IPO 长期表现的风险因素的认识也会不同，这直接影响了对因子的选择。一般而言，常用的因子模型是三因子模型。

④时间序列回归方法。

该方法与前面三种方法最大的不同之处在于：前者采用的是事件时间，而此处采用的是日历时间。所以，该部分中的下标 t 表示所研究期间按照日历时间代表的期数。

令

$$R_{pt} R_{ft} = \alpha_p + \sum_{s=1}^{m} \beta_s F_{st} + \varepsilon_{pt}$$

其中，R_{pt} 表示第 t 期的 IPO 组合的收益率[①]；R_{ft} 表示第 t 期的无风险收益率；F_{st} 表示第 t 期第 s 个因子的取值。而 α_p 的估计值则代表了组合的平均单期超额收益率，如果其值显著小于零，则意味着在平均意义上 IPO 长期表现不佳。同样，最常用的因子回归模型是法玛-弗伦奇三因子模型。此外也存在其他的替代模型，如广义商业条件因子模型等。

上述四种方法在文献中使用较多，同时有些文献也会采用其他方法，而且文献为了避免模型设定偏误的影响，一般会使用若干种方法对同一样本进行检验，如果结论不因为使用方法的不同而改变，则说明结论具有相当的稳定性。这也是许多文献的基本思路。

2. 公司运营绩效类方法

将本部分要介绍的内容称为"一类方法"在一定意义上是不合适的，因为这些

---

① 第 t 期进入 IPO 组合的样本股票应满足如下条件：在最近一段时间内（3 年或 5 年）进行 IPO 的样本股票。另外，此处的收益率可以采用算术平均值，也可以采用市值加权。

衡量标准的区别仅仅在于选用指标的不同，而在方法论上则是没有区别的，因此更合适的提法是从公司运营绩效角度衡量 IPO 长期表现。

与上面介绍的从股票价格或收益角度对 IPO 长期表现进行刻画的方法相比，本部分介绍的角度是一种透过现象回归本质的做法，毕竟股票价格要反映实体经济运行的效果。当然，本部分介绍的方法也只是对实体经济表象的刻画，其背后的驱动因素要通过从这些表象的行为模式中借助逻辑推理分析获得，但是与股票价格相比，这种刻画毕竟离实体经济更近了一步，因此似乎使研究人员更容易接近事物的本质。

从公司运营绩效角度衡量 IPO 长期表现的基本思路是：选择某一个或多个能够反映公司运营绩效的指标，考察该指标或指标体系在公司进行 IPO 前后的变化，以此作为 IPO 对公司影响的考量。该思路背后的逻辑或理论基础在于：股票价格反映或部分反映了其内在价值。

经常采用的衡量运营绩效的会计财务指标有：总资产收益率（return on assets，ROA）、销售增长率（sales growth rate）、资产周转率（asset turnover）、资本支出增长率（capital expenditures growth rate）等。此外还包括从现金流量角度评价公司经营绩效的财务指标，如单位资产获得的经营性现金流量（operating cash flows/total assets）等。

此外，还有一类指标是综合考虑了第一类方法中的价格因素以及第二类方法中的实体经济运营绩效因素，主要包括市盈率指标（P/E）、市净率指标（M/B）[①]等。这类指标一方面简洁方便地反映了公司风险的特征，另一方面可以通过同一指标横向或纵向的比较获得对该公司表现的一般评价。

(二) IPO 长期弱势的证据

由于对 IPO 长期表现问题的研究文献数量很多，其研究的样本各异，所以下面仅就其中有代表性的部分作简单的介绍。表 1 整理了 IPO 长期表现问题的国家和地区比较。

表 1　　　　　　　　　　　　IPO 长期表现的证据

国家/地区	作者	样本区间（年）	样本大小	研究期限（年）[a]	超额收益率（%）[b]
德国	Ljungqvist（1997）	1970—1990	145	3	−12.1
澳大利亚	Lee 等（1994）	1976—1989	266	3	−51.0

[①] 在有些国家或文献中常采用这些指标的倒数，即收益价格比（E/P）、账面市值比（B/M）。

续表

国家/地区	作者	样本区间（年）	样本大小	研究期限（年）[a]	超额收益率（%）[b]
巴西	Aggarwal 等（1993）	1980—1990	62	3	−47.0
加拿大	Shaw（1971）	1956—1963	105	5	−32.3
智利	Aggarwal 等（1993）	1982—1990	28	3	−27.7
韩国	Kim 等（1995）	1985—1988	99	3	+91.6
美国	Stigle（1964）	1923—1928	70	5	−37.7
美国	Simon（1989）	1926—1933	35	5	−39.0
美国	Simon（1989）	1934—1940	20	5	+6.2
美国	Stigler（1964）	1949—1955	46	5	−25.1
美国	Cusatis 等（1993）	1965—1988	146	3	+33.6
美国	Loughran（1993）	1967—1987	3 656	6	−33.3
美国	Loughran 和 Ritter（1995）	1970—1990	4 753	5	−30.0
美国	Ritter（1991）	1975—1984	1 526	3	−29.1
芬兰	Keloharju（1993）	1984—1989	79	3	−21.1
英国	Levis（1993）	1980—1988	712	3	−8.1
中国香港	McGuinness（1993）	1980—1990	72	2	−18.3
日本	Cai 和 Wei（1997）	1971—1990	172	3	−27.0
新加坡	Hin 和 Mahmood（1993）	1976—1984	45	3	−9.2
瑞典	Loughran 等（1994）	1980—1990	162	3	+1.2
瑞士	Kunz 和 Aggarwal（1994）	1983—1989	34	3	−6.1
中国	Chi 和 Padgent（2002）	1996—1997	409	3	10.26
中国	Chan 等（2002）	1993—1998	A 股（319）	3	−14.438
			B 股（22）	3	30.042
中国台湾	Chen 等（2010）	1991—2007	261	5	6.618
希腊	Thomadaki 等（2012）	1994—2002	254	3	−15.35
法国	Boissin 和 Sentis（2014）	1991—2005	270	3，5	−28.85，−68.10
德国	Bessler 和 Thies（2007）	1977—1995	218	3	−12.7
马来西亚	Ahmad-Zaluki 等（2007）	1990—2000	454	3	0.43

注：a. 研究期限指 IPO 自上市交易初始期之后考察其长期表现的年数。

b. 超额收益率的计算方法各异，选择的基准各异；有的作者在文献中选择了一系列基准，表中只是选择了其中有代表性的结果。

从表 1 可以看出，IPO 长期弱势在世界范围内是一个普遍现象，当然并不排除有些国家存在长期强势现象。此外，由于美国资本市场在世界体系内的特殊性，对美国市场的研究文献相当广泛，其样本的选择区间也具有相当的覆盖面，考察其结果发现，不同期限的结果多少有些不同，这种不同可能是由于计算方法、基准选择的不同造成的，也可能是由于样本选择标准的差异，如按照规模或发行价会得到不同的样本①，也可能是由于 IPO 长期表现随时间变化，这正是与 IPO 紧密联系的三个异常现象之一，所以有必要对美国市场不同年份的 IPO 长期表现进行考察，这一点可以在 Ritter（1991）、Welch 和 Ritter（2002）的文献中寻找到答案，前一篇文献涵盖了 1975—1984 年的样本，后一篇文献涵盖了 1980—2001 年的样本，其中重叠了 1980—1984 年的样本，但是由于两次样本选择标准以及计算方法、选择基准的不同，结果稍有不同。Welch 和 Ritter（2002）的研究可得出如下结论：（1）IPO 长期弱势的程度确实是随着时间变化而变化的，因此 IPO 长期表现是否偏弱与样本选择时期有关。（2）采用市场指数作为基准衡量的超额收益率在较大程度上小于采用配比公司作为基准衡量的超额收益率，换言之，与 IPO 风险特征基本接近的公司股票长期走势基本与 IPO 公司一致，似乎长期表现弱势现象并不是与是否 IPO 相联系的，当然该结论还有待进一步检验。韦尔奇和里特（Ritter）明确指出了这两点，请读者在阅读相关文献时多加注意，不要轻易对 IPO 长期弱势现象下结论。

对上述研究的分析充分显示了在衡量 IPO 长期弱势现象时的三个问题，现总结如下：衡量超额收益率所使用的方法、样本选择的时期、基准选择的差异这三者都会对 IPO 长期表现是否存在弱势现象有一定的影响，所以读者在阅读这类文献时一定要时时注意这三个问题，否则可能面对相左的结论而不知所措。

（三）IPO 长期弱势的影响因素分析

1. 确定某一因素是否对 IPO 长期弱势产生影响的方法

（1）类方差分析。

该方法在文献中广泛使用，而在文献中并没有给出这种方法的确切名称，但是就笔者的体会而言，其基本思路与方差分析基本一致，请读者在阅读时仔细体会。

该方法的具体操作程序如下：研究人员从理论假说出发，寻找可能的因素变量②，然后根据该变量按照某种量化方法对样本股票进行分类③，形成若干个组合，对形成的若干个组合分别计算超额收益率或原始收益率，比较相互之间是否存在显

---

① 这一点要引起读者的注意，选择标准不同将直接导致样本中 IPO 的特征不同，如按照较大规模的选择标准将导致小规模的 IPO 被排除在样本之外，而一般小规模 IPO 在长期表现中的偏弱程度相对较大，从而引起样本对 IPO 长期偏弱程度估计偏低；同样按照较高发行价格的选择标准可能将相当数量的便士股票排除在样本之外，一般而言，便士股票具有较高的风险，在长期表现相对更弱，甚至面临较大的摘牌可能。

② 当然，也可以从研究某因素与 IPO 长期表现之间的关系出发，思考可能的理论假说。

③ 一般选择分为三类、四类或五类。

著的差异。这与方差分析的思想是一致的。只是这种差异的比较由于选择的计算方法的不同而有所差异。

在使用这种方法的时候，为了使结果具有统计上的可信度，一定要注意分组时使组合在待考察因素上有较大的差异，而在其他可能的风险因素上没有明显的差异，否则无法辨别结果的差异是不是由分组因素引起的。特别是，现在多数文献已经证实，规模、B/M 比率是影响股票收益的两个重要的因素，对 IPO 也不例外，甚至在一定程度上可能小规模、低 B/M 比率的 IPO 组合才明显地表现出弱势，而恰恰多数 IPO 都具有上述两个特征，所以在讨论其他可能的影响因素时一定要控制好这两个因素。此外还有行业因素，请读者在阅读文献时也对此多加注意。

（2）回归模型。

该方法不仅可以研究单因素或者双因素，而且对研究多因素更有效，并且可以采用横截面回归，也可以采用时间序列回归。这种方法根据因变量的不同可以分为两种。一种类似于资产定价模型，因变量为风险溢价，自变量不仅考虑一般模型中已经很成熟的风险因子，而且着重从 IPO 的特性或理论假说出发考虑其他一些因子，如 Eckbo 等（2000）认为，通过 IPO，公司的财务杠杆下降、其股票流动性较其他风险特征基本一致的公司也有所增强，所以仅仅从行业、规模、B/M 比率出发进行的风险调整是不完全的，而财务杠杆以及流动性两个因素则可能对出现的超额收益做出解释，当然，这种方法是立足于坚持市场有效、从模型设定是否偏误的角度考虑问题。另一种方法的因变量是超额收益率，自变量只需考虑关注的因素即可，这些因素一般体现了 IPO 与其他股票的不同之处。这两种方法中，如果自变量系数显著，则说明该因素对 IPO 原始收益或超额收益具有解释力。

（3）对上述方法的一点思考。

上述方法（特别是第二种方法）以及所有文献中都没能明确回答这样一个问题，即影响 IPO 长期弱势现象的因素和资产定价模型中的风险因子有怎样的关系，这涉及模型误设以及风险调整的问题。笔者思考后认为：确实很多因素都能够对 IPO 长期表现或弱势现象做出解释，但是这些因素分为两类，对其进行验证时的着眼点是不同的，这两类因素为：

①立足于消除 IPO 长期弱势现象的因素，如规模、B/M 比率等，这些因素显然会对 IPO 超额收益率具有解释力，但只是意味着定价模型设定偏误或者风险调整不完全，归根结底是维护有效市场假说的。

②对 IPO 长期弱势或超额收益率产生影响，但并不能消除 IPO 长期弱势现象，甚至可以确认或解释该现象的因素，如行业、初始收益率、分析师的预测等。以行业为例，许多文献都得出 IPO 长期弱势现象存在于大多数行业中的结论，尽管

不同行业的 IPO 长期表现弱势的程度是不同的。

但是在相当多的文献中对考察的因素并没有做出明确的划分，请读者在阅读相关文献时仔细体会，因为这涉及作者是将 IPO 长期弱势现象的原因指向何处，只有第二类因素才指向市场缺乏效率并对理解 IPO 长期弱势现象的根源或理论构建有所帮助。

对 IPO 长期弱势现象的解释可以遵循两个方向，立足于市场有效去寻找更有效的风险刻画方法或更有解释力的资产定价模型也是解决问题的合乎逻辑的方法，只是这又涉及了资产定价领域，而该领域本身充斥着各种难题。

下面将不刻意区分两类因素的类别，只介绍主要文献中论述到的因素。

2. 影响 IPO 长期表现的因素

在本部分主要介绍不同文献中论述的各种影响因素，同时论述文献中作者分析该因素的理论基础或者逻辑思路，这将部分涉及有关 IPO 长期弱势的理论假说，读者可以与下一部分将介绍的相关理论作对照，以加强理解。

Ritter（1991）系统论述了 IPO 长期弱势现象，并作了多层次、多侧面的分析，认为 IPO 长期弱势不是由于错误测量以及某种偶然引起的，前者通过采用多种指标衡量消除[1]，后者通过对某一因素进行多个分组并获得 IPO 长期弱势现象广泛存在于不同的或大多数分组中进行否定[2]，并引入了 Shiller（1990）"热衷和过度乐观"假说进行解释，同时有些地方借鉴了 Miller（1977）关于卖空机制的限制产生的 IPO 价格由过度乐观投资者决定的理论。

里特对筹资总额等因素采用类方差分析的方法，得到如下结论：（1）筹资总额较少或发行规模较小的 IPO 倾向于在短期获得较高的初始收益率，但是在长期则表现较差。（2）初始收益率较高的 IPO 长期弱势程度比较严重，里特认为该证据支持了过度反应假说，同时里特提及了部分调整现象。（3）不同行业广泛存在 IPO 长期弱势现象，但是程度不同。（4）发行年份对 IPO 长期弱势现象的存在与否并没有给出合理的答案，这可能与样本选择区间有关，但是发行数量较多年份的 IPO 长期弱势相当明显和严重。（5）年轻公司似乎蕴含更大的风险，从而在起初要求更高的风险补偿，所以初始收益率比较高，但是相应的长期表现较差，该因素对这两者的影响模式相当明显，因此该因素与筹资总额相比作为 IPO 事前不确定性以及投资者乐观程度的刻画指标更为有效。

---

① 至于是否能够消除，详见对衡量方法的分析。

② 此处的想法与上文笔者对两类因素的疑问和设想是吻合的，并且笔者的设想也是基于这篇文献提出的，所以这篇文献是对 IPO 长期表现问题有兴趣的读者的必读文献。

Teoh 等（1998）从 IPO 公司财务会计的角度研究了长期弱势现象，主要考察 IPO 公司发行时的收益管理政策对该现象的影响，认为这有可能是引起相关参与者特别是投资者过度乐观的来源之一。由此出发，文中主要关注操纵的当前收益（discretionary current accruals，DCA）变量对长期超额收益的解释力，通过运用类方差分析和回归分析发现：（1）运用收益管理比较激进的组合与相对保守的组合相比，长期弱势现象更为严重。（2）这种差异尽管随时间有所变化，但是没有明显的时间趋势。（3）管理层对收益管理政策的运用态度与其未来再融资的期望存在某种关系，起码在组合的考察层面上，即为了方便再次融资，管理层在 IPO 时倾向于采用保守的收益管理政策。这篇文献围绕体现收益管理政策的四个变量（主要为 DCA）进行了细致的实证分析，在方法的运用上值得读者注意。但是文中依据这一视角对 IPO 长期弱势现象的解释并不十分令人信服，因为这意味着投资者对报表缺乏解读能力，换言之，似乎投资者通过学习能够更有效地投资，可惜投资者并没有这样做。

Carter 等（1998）研究了承销券商的资质与 IPO 长期弱势之间的关系，认为由资质较高券商承销的 IPO 在 3 年持有期内的偏弱程度较轻。Brav 和 Gomper（1997）则从风险投资的角度考察了该问题，认为存在风险投资背景的 IPO 的 5 年期长期弱势现象较轻，这是因为风险投资资本作为一种信息识别机制在一定程度上减轻了 IPO 的不确定性，同时作为 IPO 后的监督管理机制有利于 IPO 发行后运作。Brav 和 Gomper（1997）还从资产定价的角度进一步指出，长期偏弱现象并不是与 IPO 相联系的异常现象，这就涉及笔者对两类因素划分的问题，许多文献都研究了各种各样的影响因素，但给人的感觉是模糊了 IPO 长期弱势现象，更多地体现为资产定价模型误设现象。上述两篇文献都只是单独考虑了两个因素，鉴于承销券商的资质与风险投资对 IPO 长期弱势现象的影响难以简单区分，Doukas 和 Gonenc（2005）将两者联系起来进行分析，充分考虑了两者的交互作用，认为相比较而言，风险投资的影响更为显著，而承销券商的影响可以忽略，尽管只考虑承销券商因素而忽略风险投资因素时券商资质因素也是显著的。

Houge 等（2001）遵循 Miller（1977）的观点，第一次对其思想进行了量化和实证检验。他们将 IPO 时市场对其不确定性的意见分歧量化为三个指标，并验证了其对 IPO 长期表现的解释力。这三个指标为：开盘时买卖价差百分比、首日开盘的时间、大宗卖盘的比率。价差百分比越大、开盘时间越晚，意味着意见分歧越大，从而初始收益率较高，而长期表现应该较弱；大宗卖盘比率越低，则意味着机构投资者对定价的认同度较高，在长期表现应该较强。基于此思路，文章得到如下结论：这三个指标从不同的角度体现了 IPO 的不确定性，分别依次体现了做市商、承销商和机构投资者的风险控制；这三者共同体现了 IPO 交易初期市场对其不确定性的分歧，而这种分歧越大，则其在长期的表现越弱，因为起初由于卖空机制的约束，价格主要由最乐观的投资者决定，但是在长期这种分歧将随着信息的明朗化而越来越小，从而期初价格要向中间值回归。

关于影响 IPO 长期表现的因素，Jaskiewicz 等（2005）研究了 1990—2000 年德国和西班牙的首次公开发行的长期股票市场表现。结果表明，上市三年后，平均而言，投资者对德国和西班牙的 IPO 获得了－32.8％和－36.7％的非正常收益。回归分析表明，对于整个样本，公司规模效应是正面的。在家族企业中，强大的家族参与对长期的股市表现具有积极影响，而公司的年龄则具有负面影响。Krishnan 等（2011）研究了风险投资（VC）公司的声誉与其投资组合公司的首次公开发行长期绩效之间的关系，结果发现风险投资公司的声誉与企业长期绩效存在正相关关系，更多声誉良好的风险投资人在其投资组合公司的公司治理中表现出更积极的 IPO 后参与，而这种持续的风险投资介入对 IPO 后公司的业绩产生了积极影响。Brau 等（2012）分析了从 1985 年到 2003 年的 3 547 项 IPO，以确定收购活动对长期股票业绩的影响，结果表明，收购活动不利于长期绩效。

下面两篇文献将 IPO 的三个异象综合起来考察。

Raja 和 Servaes（1996）以 1975—1987 年（美国）为样本区间，考察分析师的行为与 IPO 三个难题之间的关系，得出了四个主要结论：（1）IPO 抑价程度与分析师的参与程度正相关，即通过抑价实现吸引，抑价成为信息生产、传递的成本。（2）分析师对 IPO 的短期盈利能力和长期发展能力较一般乐观情绪更甚，尽管选择偏差问题的存在会对结论产生一定的影响。（3）分析师的乐观程度（以预测误差衡量）与随后的 IPO 数目正相关，这在一定程度上支持了机会之窗或择时理论。（4）预测越乐观的股票，长期表现越差，这涉及了投资者情绪理论及信息传递与投资者信息解读能力。该文献以分析人员的行为为出发点，综合相关理论对三个异常现象提出了相对一致的解释，其方法值得借鉴，但是相对可惜的是，作者将各种理论相对独立地来解释各个现象，还是有一种割裂的感觉。

另外，Purnanandam 和 Swaminathan（2002）则力图解释短期抑价与长期偏弱这两种现象，文献以 1980—1997 年（美国）约 2 000 家 IPO 为样本，审慎区分了价值低估或高估与抑价或溢价的区别：发行价格相对于其真实价格而言是高估的，即所谓的价值高估现象，因此抑价与价值低估不是一个概念。他们得出了如下主要结论：（1）与行业配对公司比较，样本中位数价值高估 50％，该结论不因价格乘数、行业定义、配对公司选择程序的不同而变化。（2）高估组合比低估组合在初始收益率上高 5％～7％，同时在发行价格向上/向下调整幅度和绿鞋协议履行选择权的份额比例上亦有显著差别，但自随后的 4 年半时间内收益低 20％～40％，而其间的运营水平和风险没有表现出明显的差异。该文献最重要的贡献是澄清了价值高估或低估与股票抑价或溢价之间的差异，区分了真实价格、发行价格与投资者愿意付出的最高价格之间的相对关系，并以此为出发点一致解释了短期与长期问题，对若干信息反映模型进行了检验。信息反映模型将在长期弱势的相关理论部分详细介绍。

由于影响 IPO 长期表现的因素很多，可以从不同的角度出发选择不同的量化指标进行检验，在此不再作进一步的介绍，只是要提醒读者，对这部分的分析一定要审慎区分两类因素，或者认清研究出发点是认为 IPO 长期弱势现象是不因模型设定的偏误而引起的，还是认为该现象是可以通过更精确的风险刻画消除的。

（四）IPO 长期弱势现象的相关理论

1. 市场无效框架下对 IPO 长期弱势现象的解释

针对 IPO 长期弱势现象，学术界已经提出了多种理论假说，本部分只是介绍基于市场缺乏效率的若干有代表性的理论假说。

（1）信息不对称理论。

信息不对称且行为理性的理论可以称为信息不对称理论，各文献的区别在于讨论低估的发行价格是基于市场参与者中哪两者的信息不对称产生的，主要有：①发行公司与承销券商之间，②发行公司与投资者之间，③券商与投资者特别是机构投资者之间，④处于信息优劣势的投资者之间。

传统的信息不对称理论在解释短期抑价现象时有一定道理，但是在澄清价值低估与抑价的区别之后再来看该理论就显得有些荒谬了，特别是基于此逻辑去解释IPO 长期弱势现象更难以自圆其说，虽然短期抑价现象和长期偏弱现象之间究竟存在怎样的关系还不甚明了，但是在相当多的文献中都讨论了这两者之间的负相关关系。因此，信息不对称理论不能解释，起码不能单独解释这三个异常现象，而行为理论则在一定程度上对此有相当的解释力。

（2）行为理论。

信息对称且行为非理性的理论可以称为行为理论。下面将介绍四个基于投资者心理特征的行为理论：Barberis 等（BSV，1998），Daniel 等（DHS，1998），Hong和 Stein（HS，1999）以及 De Long 等（DSSW，1990）。这些理论获得了相同的预测：股票价格存在某种初始动力和随后的反转。尽管结论一样，但是该结论实现的路径不同，详见图 1。

图 1（a）中的折线表示在有效市场下，股票价格对信息发布立即做出反应；曲线表示纯粹的反应不足假说，相关内容见 Foster 等（1984）、Bernard 和 Thomas

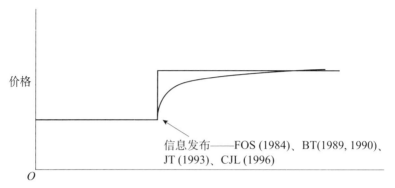

（a） 反应不足假说（价格对信息的调整滞后）

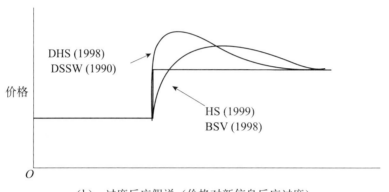

（b） 过度反应假说（价格对新信息反应过度）

图 1

（1989）、Jegadeesh 和 Titman （1993）、Chan 等 （1996）。在此假说下，价格没有
对信息做出充分反应，表现为股票价值低估，但在随后逐渐向真实价值回归。但
是，根据影响因素分析部分的相关内容，IPO 在初期按照与配比公司计算的真实价
值与其发行价格进行比较，大多数 IPO 在发行时存在价值高估的倾向，这与该模型
的预测相左，即使不存在这一异常，该理论在解释短期抑价的同时也不能解释长期
弱势现象，即认为 IPO 长期弱势现象与发行形式的所有特征毫无关系，纯粹是由后
期运营绩效引起的；IPO 长期弱势现象可以用代理成本理论部分解释，但是似乎还
不足以说明 IPO 长期弱势这一如此广泛的现象。

　　图 1 (b) 表示过度反应假说，即价格调整过度，但是实现的途径可以归结为
两类：一类为 HS、BSV，认为价格反应过度是一个渐进的过程，即在开始表现为
反应不足，但随后对信息进一步调整。BSV 模型中对信息反应不足是基于赢者诅咒
产生的保守投资偏差引起的，而 HS 模型中是由于私人信息在大量投资者中的缓慢
传播引起的。与纯粹反应不足假说不同，该调整不是简单的回归，而是调整过度，

之后才是向真实值回归。该理论也存在上面所说的不足，即实证发现的 IPO 发行时价值高估现象无法在此框架下进行解释。另一类为 DHS、DSSW，认为价格反应过度迅速而持续，即开始时价格就调整过度，随后价格进一步偏离真实价值，再之后才是向真实值回归。在 DSSW 模型中，对信息的过度反应来自正向交易反馈，而在 DHS 模型中，则来自投资者的过度自信。该理论可以一致解释 IPO 短期与长期现象，同时不存在上一类瑕疵。

无论是理解上述行为理论，还是理解 IPO 三个异常现象，特别是短期与长期涉及定价的问题，一定要仔细考察股票真实或公平价格、发行价格与投资者愿意付出的最高价格之间的差异，从而理解价值低估与抑价之间的区别，只有这样才能更好地寻找解决问题的答案。对长期偏弱现象的理论假说的介绍就局限于此，而这些理论对有些地区长期强势现象的解释应该是无能为力，但对寻找相关的理论假说多少会有所启发。

（3）信息不对称且行为非理性。

信息不对称且行为非理性是信息不对称理论和行为理论的综合运用。Ritter（1991）提出了"机会之窗"假说或"热衷"假说。"机会之窗"假说是站在管理层的角度，认为管理层具有市场时机选择的能力，能够在市场对公司价值高估时进行 IPO；而"热衷"假说则是站在投资者的角度，认为投资者并不是完全理性的，存在对新股的某种偏好或者过度乐观的情绪，从而经常对 IPO 高估。所以这两者在一定意义上指的是同一个问题，即价值高估现象。由于价值高估，在长期，人们对公司风险或价值评估较为中肯时，前期的高估就必须回归，即出现长期弱势现象。相关理论可以参见 Camerer（1989）、Kang 等（1997）、Jung 等（1996）、Kang 等（1997）、Jung 等（1996）等文献。但是该理论更像是对该现象的某种描述或概括，并没有从微观基础出发进行解释，是一种不完全的行为理论。

Miller（1977）提出，最乐观的投资者往往是 IPO 最初的购买者，这些人决定了 IPO 的初始价格走势，当这些人的乐观情绪随时间推移、信息不断公开而逐渐趋于理性时，估值也逐渐趋于平均，从而 IPO 长期弱势现象是一种价值回归现象。该假说并没有确切的叫法，一般以期初意见分歧的程度反映，因为米勒认为是由于卖空机制的限制妨碍了情绪悲观投资者的参与，从而 IPO 初始价格由最乐观投资者的行为决定，而双方的意见分歧越大，这种卖空机制对 IPO 定价效率的影响就越大。该理论可以认为是从制度环境的角度看待市场效率问题，而 IPO 短期与长期表现只是其题中应有之意，但是也可以看作是由于市场机制缺陷所造成的投资者行为偏差。可以认为该理论一致解释了 IPO 短期与长期表现问题，但是对周期性变动似乎没有涉及，而且卖空机制的限制究竟对 IPO 长期弱势现象具有多少解释力还有待进一步研究。

此外，还有代理成本假说以及收益管理假说。前者是从投资者与管理者之间的委托-代理关系角度，通过考察公司 IPO 后长期经营效率来解释 IPO 长期表现弱势问题，即实证发现，IPO 后的长期经营效率无论纵向比较还是与同类企业横向相比都有所下降，该理论已经脱离了市场范围考察 IPO 长期弱势现象，但是这种视角值得进一步思考。

2. 市场有效框架下对 IPO 长期弱势现象的解释

该部分只是为了逻辑上的完整性简单介绍这方面的两个文献，以便读者能够对 IPO 长期弱势现象有全方位的了解。

Schultz（2001）提出假说：在成功的 IPO 之后会有更多的 IPO，因此最大的 IPO 最后将会表现偏弱，从而在样本中成为相对比重较大的部分。如果对样本 IPO 的长期异常表现采用普通加权方法而不对发行时期作调整，IPO 数目较多的年份会占相对大的比重，在平均意义上会产生长期弱势的结果。该理论认为，在市场有效的前提下，如果存在该假说所论及的现象，一般意义上衡量的 IPO 长期弱势现象的存在是合理的。但是该理论不能有效解释时间序列回归中揭示的 IPO 弱势现象，因为时间序列回归考虑了发行时期的调整。

Ma 和 Shen（2003）从定价模型的重构入手解释了 IPO 长期弱势现象。文中采用前景理论，对小概率事件赋予更高的权重，即不确定性的结果通过其发生概率的非线性变换进入投资者的效用函数。由于 IPO 存在更多的极端的正收益率，所以采用前景理论对 IPO 的估值比采用期望效用理论的估值要高，如此，所谓的 IPO 长期弱势现象就被消除了。文献采用 Ritter（1991）使用的样本区间进行了实证分析，获得了预期的结果。

立足于市场有效框架下对 IPO 长期弱势现象的解释，一般的思路就是从定价模型出发，或者从风险调整出发，相关的文献还可以参见对 SEOs 长期表现问题的研究，其中使用的一些控制风险的方法值得思考，如 Logistic 回归方法等。

五、基于中国股票市场的相关研究

（一）IPO 相关研究

中国股票市场关于 IPO 的研究多集中于上市时机的选择和市场周期。

唐运舒和谈毅（2008）以 1991—2006 年在香港创业板上市的公司为研究样本，

通过实证分析发现，风险投资显著地影响持股公司 IPO 时机的选择。整体上 IPO 样本公司上市前各指标有一个上冲的过程，到上市前基本达到最大值，上市后经营业绩显著下降。按照有无风险投资持股分别进行考察，我们发现两组样本 IPO 后各财务指标的变化趋势基本一致，但两组公司对上市时机的选择有着明显的差别：无风险投资持股的公司倾向于选择在公司业绩最好的时期上市；而由于风险投资具有认证的功能，经营业绩对有风险投资持股的 IPO 公司不是那么重要，所以此类公司没有必要刻意在公司经营业绩最好的时候上市。

胡志强和卓琳玲（2008）则从公司的资本结构角度出发，运用多元回归的方法分析沪深全部上市公司 1990—2004 年的 IPO 面板数据。研究发现，我国股市明显存在市场时机选择行为，并且对上市公司的资本结构影响显著；公司的历史估值和杠杆水平之间具有显著的负相关性，历史估值每上升一个单位，将引起账面杠杆和市值杠杆分别下降 4.87 和 2.9 个单位；进一步研究表明，中国上市公司市场时机对资本结构的影响可以持续 5～8 年。

市场周期方面，在政府对企业发行上市具有控制能力的背景下，邵新建等（2010）通过分析政府在过度乐观的投资者情绪约束条件下的优化行为来解释周期形成机制。他们提出了一个理论假设：由于政府的影响，IPO 上市初期收益率的波动主要反映的是市场情绪的周期性波动。情绪对市场指数形成冲击，在市场缺乏自我平衡能力的条件下，政府又将 IPO 数量作为调控市场指数、平衡情绪冲击的工具之一，结果形成了 IPO 数量的周期性波动。他们使用 1993—2008 年数据证实了中国 IPO 市场存在显著的周期性，进一步的实证分析结果支持了其理论假说。

（二）中国市场的 IPO 短期抑价研究

中国的 IPO 抑价现象引起了众多学者的关注。他们认为，根据收集的资料，中国的 IPO 抑价幅度比其他国家更大。Mok 和 Hui（1998）研究了中国股票市场早些年（1993 年之前）的 IPO 抑价，结论是：上交所 A 股的 IPO 抑价率为 289%。Su 和 Fleisher（1999）用信号模型来解释中国的 IPO 抑价，其研究表明，如果把早期的 IPO 也包括在样本中，则抑价率超过 948%。Sherman（2000）用承销商在解决信息不对称情况中的作用来解释中国的 IPO 抑价。但以上理论和模型无法充分解释中国 IPO 抑价幅度为何如此巨大。Chan 等（2002）从中国 IPO 市场的特点入手，选取了 A 股 IPO 1993—1998 年、B 股 IPO 1995—1998 年的样本，通过实证分析来阐述中国 IPO 抑价的决定因素。首先，制度因素可解释 A 股 IPO 抑价。其次，发行至上市之间的天数、投资者数与 A 股抑价水平正相关，发行股数及不可流通国家股和法人股与 A 股抑价水平明显负相关。Chan 等（2002）认为，夸张的抑价来自巨大的投机行为，而导致 IPO 投机的因素包括资本管控、发行方法和新股比例（只占非流通股的很小比例，大多数股份仍由政府和其他法人实体持有）。B 股 IPO 的结果与 A 股不同，其抑价无法用制度变量来解释，也无法用控制变量来解释。

王晋斌（1997）根据罗克模型，仿照 Koh 和 Walter（1989）方法，在考虑中签率与申购成本的条件下测度沪市 1997 年上半年新上市股票的预期超额报酬率。他分析了传统解释变量对沪市新上市股票超额报酬率影响的大小。其实证结果表明：风险、股利、发行规模、公司规模的大小、宏观经济景气指标、中签率、承销方式这七个解释变量对超额报酬率的影响均不显著，其认为可能的解释是发行制度上的缺陷。

陈工孟和高宁（2000）实证检验了我国 A、B 股一级市场的发行抑价问题。其共选取了 1991—1996 年间 480 只 A 股、85 只 B 股作为样本。研究表明：A 股抑价率高达 335％，而 B 股仅为 26％。他认为，A 股市场的抑价是企业经营者的有意决策，抑价幅度与上市滞后风险以及将来是否增发股票有关；而 B 股发行抑价率的差别是随机的。

于增彪和梁文涛（2004）选取了 1992 年 1 月—2001 年 12 月之间上市且上市资料完整的 A 股公司共 1 126 家作为研究样本。其研究结果显示：交易所成立之前发行股票的历史遗留问题使公司上市初始收益率显著高于交易所成立后 IPO 公司的上市初始收益率；核准制下的 IPO 公司股票与审批制下的 IPO 公司股票在上市首日初始收益率和新股实际申购收益上没有显著性差异，股票发行管理体制的改革并没有提高发行价确定的市场化程度。

近几年关于导致 IPO 抑价的原因方面，刘煜辉和熊鹏（2005）认为中国市场股权分置和政府管制的制度安排是根本原因。股权分置因扭曲了正常的市场利益机制、异化了 IPO 参与各方的行为方式，从而割裂了一、二级市场的套利行为。政府管制产生的寻租行为增加了一级市场投资者的成本。韩立岩和伍燕然（2007）提出投资者情绪可以全面解释 IPOs 之谜，他们论证了国内市场是不理性的，证实了情绪和市场收益之间存在双向反馈关系，以及情绪对市场收益存在跨期反向影响和短期市场收益与情绪存在相互正向影响。投资者情绪因素也得到了江洪波（2007）的认可，他克服了研究框架、实证模型和样本选择上的局限，对 A 股 IPO 价格行为做出系统描述和基于非有效市场的解释。他得出的结论是：IPO 上市时二级市场并非有效，二级市场的乐观情绪和新股投机成为决定 IPO 抑价和整个价格行为的主要因素，有效市场假说和非对称信息理论基本上不适用来解释 A 股 IPO 价格行为。

在影响 IPO 抑价程度的因素方面，公司内部特征上，张学勇和廖理（2011）的研究表明，风险投资支持的公司中，外资和混合型背景的 IPO 抑价率比政府背景的要低；外资背景风险投资支持的公司 IPO 抑价率较低。他们推测影响机理是：外资背景风险投资倾向于更加谨慎的投资策略，投资之后对公司治理结构的安排会更加合理，并且公司具有较好的盈利能力。陈工孟等（2011）实证分析了内地中小板和香港主板市场上市的中资企业，发现有风险投资参与的企业 IPO 抑价显著高于无风险投资参与的企业，风险投资进入企业的时间越长，IPO 抑价水平也越高。他们的研究结果支持了声誉效应假说，即风投机构以 IPO 抑价来提前退出项目，并以此来建立声誉，从而吸引资本。

公司外部因素上，徐浩萍和罗炜（2007）研究了投资银行的声誉机制，发现市场份额高且执业质量好的投行可以显著降低 IPO 抑价，并且能够在未来获得更多数量以及更高质量的上市公司认可。

综上所述，以上研究对我国 IPO 抑价从多角度、多因素进行了分析，这种研究分析既借鉴了西方分析 IPO 抑价的众多理论，又结合我国实际，对我国上市公司的发行价制定具有重要意义。

（三）中国市场的 IPO 长期表现研究

借鉴国外的研究方法考察中国自身的问题，是我们的出发点之一。

Chi 和 Padgent（2002）对 IPO 短期和长期问题进行了分析，采用 1996—1997 年两年在上交所上市的 340 家、在深交所上市的 409 家 IPO，发现经市场指数调整的初始收益率约为 127.31%，并且在两地上市的组合之间不存在明显的差异；同时，经市场指数调整的 3 年持有期收益率显著异于零，为 10.26%；通过运用横截面回归，发现国有持股比例、发行规模以及行业特征是决定长期表现的显著因素，此外还发现，在长期表现较好的公司倾向于再融资以及初始收益率与长期表现负相关。该文献使用的方法没有什么特殊之处，但有两点值得注意：（1）中国市场 IPO 在长期存在强势现象；（2）涉及了中国一些特殊的因素，如所有制性质（国有股比例）、发行制度等。

Bai 和 Zhang（2003）主要运用法玛-弗伦奇三因子模型对中国市场 1998—2003 年间的 IPO 长期表现进行了考察，结论如下：（1）中国市场存在长期强势现象；（2）长期表现与初始收益率之间存在负相关关系；（3）总体而言，IPO 上市后没有表现出高的波动性；（4）2000 年与其他年份比较具有显著不同，初始收益率较高，后期波动性也较高，作者认为这是该年份市场投机的结果。文献进一步确认了上一篇文献中的若干结论，同时作者将原因归结为中国市场发展还处于初始阶段。

下面两篇文献可以使读者对中国的问题能有更清楚的了解。

Chan 等（2002）选择 1993—1998 年为样本期间，分别考察了 A 股与 B 股两个市场的 IPO 短期抑价现象与长期表现问题。该文献从两个角度对该问题进行了刻画：一是股票价格角度，采用 Ritter（1991）的衡量指标——财富相对指数（wealth relative，WR），发现在中国 B 股市场存在长期强势现象，在 A 股市场则得出了与上面两篇文献不同的结论，即 IPO 像其他成熟国家一样存在长期弱势现象，只是偏弱的程度比较小；二是从公司运营绩效出发，从未经行业调整与经过行业调整两个方面比较了 IPO 前后相关指标的变化。通过比较 IPO 前后运营绩效的变化，发现销售增长率、资本支出增长率都显著提高，但是衡量盈利能力的三个指标则明显下降。从后者来看，说明公司经营绩效下降；但从前者来看，不知道这种下降是不是暂时的，毕竟较大的资本性支出一般在短期内是很难见到效益的。这和前面一直强调的长期期限选择问题联系起来了。

另一篇文献是 Wang（2005）。这篇文献以 1994—1999 年为样本期间，主要从公司运营绩效角度分析中国资本市场 IPO 长期表现问题，最突出的是从公司治理的相关理论出发，考察了伴随着 IPO 发生变化的公司所有权结构与这种运营绩效变化之间的关系。汪昌云（Wang，2005）从上市后的资金运用缺乏有效监督的角度对 IPO 后运营表现不佳的现象进行了解释，主要是从企业委托-代理理论出发，通过横截面数据回归，发现上市公司 IPO 前后运营绩效与法人股所占的比例之间存在三次多项式关系，这意味着在某范围内减少法人股比重将会有助于企业运营绩效的提高。该文献还发现，上市公司 IPO 前后运营绩效与非国有法人股的集中度也存在三次多项式关系，相应证实了公司治理中有关所有权结构的两种假说的共存现象。如果实体经济的经营绩效变化与股票的价格变化存在某种联系，那么对影响实体经济运营绩效的相关因素的分析也能够对以股票价格形式体现的 IPO 长期表现之谜做出解释。因此，这篇文献不仅对研究公司治理领域的研究人员有所启示，而且对理解中国资本市场的 IPO 长期表现很有裨益。

除此之外，针对中国市场的研究主要关注影响 IPO 长期表现的因素：

郭泓和赵震宇（2006）实证研究了 2000 年 1 月—2003 年 12 月上市的股票数据，其中以 2001 年 11 月为分界点划分为自由定价制度阶段和 20 倍市盈率指导定价阶段，发现承销商声誉对 IPO 长期收益率有显著的正向影响，但是在 IPO 定价和初始收益上，他们认为承销商声誉没有影响。Su 和 Bangassa（2011）在对承销商声誉的研究中也得到了这两个结论。

田利辉和张伟（2013）提出了社会负担效应、产权保护效应和政府偏袒效应三大假说。结果发现政治关联有助于提高我国上市公司的长期绩效，且正收益主要源于民营企业。其作用机理是：政治关联为民营控股企业提供了产权保护和政府关照。他们认为政治关联有损公平竞争。

张学勇和张叶青（2016）聚焦公司的创新能力，基于 2003—2012 年的中国 A

股市场数据，实证分析了风险投资支持的公司在 IPO 时点的创新能力对公司上市之后市场表现的影响。结果表明，IPO 前风险投资有助于驱动公司的创新能力，创新能力更强的公司的 IPO 抑价率更低、长期表现更好。

综上所述，笔者认为，考察中国 IPO 的三个异象，包括长期表现问题，不仅要注意规模、行业等一般因素，还要考虑所有制、地区、发行制度变革等因素，既要从股票价格运行又要从实体经济运行角度对该问题进行考察，建议从行为理论的角度理解 IPO 短期与长期问题。

六、总结

如上文所言，IPO 相关问题的研究很早就进入了理论研究的视野，其长期表现问题作为其中的一个方面在最近时期成为研究的热点，而针对亚洲国家的研究也硕果累累。对该问题的研究有其现实意义，可以指导投资者制定更有效的投资策略，也可以指导市场制度的完善和发展，特别是与发行相关的机制，如准入机制、定价机制等，同时还具有很高的理论价值，可以作为一种视角或催化剂对有效市场理论、资产定价理论、行为金融学相关理论的发展做出贡献。

参考文献

[1] Aggarwal，R.，Rivoli，P.，1990. Fads in the initial public offering market? Financial Management，22，45 - 57.

[2] Aggarwal，R.，Leal，R.，Hernandez，L.，1993. The aftermarket performance of initial public offerings in Latin America. Financial Management，22，42 - 53.

[3] Ahmad-Zaluki，N. A.，Campbell，K.，Goodacre，A.，2007. The long-run share price performance of Malaysian initial public offerings（IPOs）. Journal of Business Finance and Accounting，34，78 - 110.

[4] Allen，F.，Faulhaber，G. R.，1989. Signaling by underpricing in the IPO market. Journal of Financial Economics，23，303 - 323.

[5] Asquith，P.，Mullins，Jr.，D. W.，1986. Equity issues and offering dilution. Journal of Financial Economics，15，61 - 89.

[6] Bai，Z.，Zhang，W.，2004. Empirical study on post-IPO long-run performance in the Chinese stock market. Available at SSRN 482722.

［7］ Barberis，N.，Shleifer，A.，Vishny，R.，1998. A model of investor sentiment. Journal of Financial Economics，49，307－343.

［8］ Baron，D.，1982. A model of the demand for investment banking advising and distribution services for new issues. Journal of Finance，37，955－976.

［9］ Barry，C. B.，Muscarella，C.，Peavy，J.，Vetsuypens，M.，1993. The role of venture capital in the creation of public companies：Evidence from the going public process. Journal of Financial Economics，27，447－476.

［10］ Barry，C. B.，Muscarella，C. J.，Peavy，J.，Vetsuypens，M.，1988. Venture capital and initial public offerings. Unpublished Working Paper（Southern Methodist University，Dallas，TX）.

［11］ Beatty，R. P.，Ritter，J. R.，1986. Investment banking，reputation，and the underpricing of initial public offerings. Journal of Financial Economics，15，213－232.

［12］ Benveniste，L. M.，Wilhelm，W. J.，1990. A comparative analysis of IPO proceeds under alternative regulatory environments. Journal of Financial Economics，28，173－207.

［13］ Benvenisye，L. M.，Spindt，P. A.，1989. How investment bankers determine the offer price and allocation of new issues. Journal of Financial Economics，15，213－232.

［14］ Bernard，V. L.，Thomas，J. K.，1990. Evidence that stock prices do not fully reflect the implications of current earnings for future earnings. Journal of Accounting and Economics，13，305－341.

［15］ Bessler，W.，Thies，S.，2007. The long-run performance of initial public offerings in Germany. Managerial Finance，33，420－441.

［16］ Black，B. S.，Gilson，R. J.，1998. Venture capital and the structure of capital markets：Banks versus stock markets. Journal of Financial Economics，47，243－277.

［17］ Boissin，R.，Sentis，P.，2014. Long-run performance of IPOs and the role of financial analysts：Some French evidence. The European Journal of Finance，20，125－149.

［18］ Boulton，T. J.，Smart，S. B.，Zutter，C. J.，2010. IPO underpricing and international corporate governance. Journal of International Business Studies，41，206－222.

［19］ Brau，J. C.，Couch，R. B.，Sutton，N. K.，2012. The desire to acquire and IPO long-run underperformance. Journal of Financial and Quantitative Analysis，47，493－510.

［20］ Bravo，A.，Gompers，P. A.，1997. Myth or reality? The long-run underperformance of initial public offerings：Evidence from venture and nonventure capital-backed companies. Journal of Finance，52，1701－1821.

［21］ Bravo，A.，1998. Inference in long horizon even studies：A Bayesian approach with application to initial public offerings. Working Paper，Duke University.

［22］ Brealey，R.，Myers，S.，1996. Principles of Corporate Finance（5th ed.），McGraw-Hill，New York.

[23] Carter，R.，Manaster，S.，1990. Initial public offerings and underwriter reputation. Journal of Finance，45，1045 – 1067.

[24] Carter，R. B.，Dark，F. H.，Singh，A. K.，1998. Underwriter reputation，initial returns，and the long-run performance of IPO stocks. Journal of Finance，53，285 – 311.

[25] Chan，K.，Wang，J.，Wei，K. J.，2004. Underpricing and long-term performance of IPOs in China. Journal of Corporate Finance，10，409 – 430.

[26] Chan，L. K.，Jegadeesh，N.，Lakonishok，J.，1996. Momentum strategies. Journal of Finance，51，1681 – 1713.

[27] Chemmanur，T. J.，Fulghieri，P.，1999. A theory of the going-public decision. Review of Financial Studies，12，249 – 279.

[28] Chen，A.，Chen，L. W.，Kao，L.，2010. Liquidity and IPO long-run performance：Evidence from Taiwan IPO markets. International Journal of Accounting and Information Management，18，31 – 38.

[29] Chi，J.，Padgett，C.，2002. The performance and long-run characteristics of the Chinese IPO market. ISMA Centre，the University of Reading.

[30] Choe，H.，Masulis，R. W.，Nanda，V.，1993. Common stock offerings across the business cycle：Theory and evidence. Journal of Empirical Finance，1，3 – 31.

[31] Daniel，K. D.，Hirshleifer，D. A.，Subrahmanyam，A.，1998. A theory of overconfidence，self-attribution，and security market under-and overreactions. Journal of Finance，53，1839 – 1886.

[32] De Long，J. B.，Shleifer，A.，Summers，L. H.，Waldmann，R. J.，1990. Positive feedback investment strategies and destabilizing rational speculation. Journal of Finance，45，375 – 395.

[33] Doukas，J. A.，Gonenc，H.，2005. Long-term performance of new equity issuers，venture capital and reputation of investment bankers. Economic Notes，34，1 – 34.

[34] Ellul，A.，Pagano，M.，2006. IPO underpricing and after-market liquidity. Review of Financial Studies，19，381 – 421.

[35] Fama，E. F.，1998. Market efficiency，long-term returns，and behavioral finance. Journal of Financial Economics，49，283 – 306.

[36] Fama，E. F.，French，K. R.，1993. Common risk factors in the returns on stocks and bonds. Journal of Financial Economics，33，3 – 56.

[37] Fama，E. F.，French，K. R.，1997. Industry costs of equity. Journal of Financial Economics，43，153 – 193.

[38] Fields，L.，1995. Is institutional investment in initial public offerings related to the long-run performance of these firms? Working Paper，University of California at Los Angles.

[39] Foster，G.，Olsen，C.，Shevlin，T.，1984. Earnings releases，anomalies，and the behav-

ior of security returns. Accounting Review，59，574 - 603.

［40］ Grinblatt，M.，Hwang，C.，1989. Signaling and the pricing of unseasoned new issue. Journal of Finance，44，393 - 420.

［41］ Helwege，J.，Liang，N.，2004. Initial public offerings in hot and cold markets. Journal of Financial and Quantitative Analysis，39，541 - 569.

［42］ Hong，H.，Stein，J. C.，1999. A unified theory of underreaction，momentum trading and overreaction in asset markets. Journal of Finance，54，2143 - 2184.

［43］ Ibbotson，R. G.，Sindelar，J. L.，Ritter，J. R.，1994. The market's problems with the pricing of initial public offerings. Journal of Applied Corporate Finance，7，66 - 74.

［44］ Ibbotson，R. G.，Jaffe，J. F.，1975. "Hot issue" markets. Journal of Finance，30，1027 - 1042.

［45］ Ibbotson，R. G.，1975. Price performance of common stock new issues. Journal of Financial Economics，2，235 - 272.

［46］ Ibbotson，R. G.，Sindelar，J. L.，Ritter，J. R.，1988. Initial public offerings. Journal of Applied Corporate Finance，1，37 - 45.

［47］ Jain，B. A.，Kini，O.，1994. The post-issue operating performance of IPO firms. Journal of Finance，49，1699 - 1726.

［48］ Jaskiewicz，P.，González，V. M.，Menéndez，S.，Schiereck，D.，2005. Long-run IPO performance analysis of German and Spanish family-owned businesses. Family Business Review，18，179 - 202.

［49］ Jegadeesh，N.，Titman，S.，1993. Returns to buying winners and selling losers：Implications for stock market efficiency. Journal of Finance，48，65 - 91.

［50］ Keloharju，M.，1993. The winner's curse，legal liability，and the long-run price performance of initial public offerings in Finland. Journal of Financial Economics，34，251 - 277.

［51］ Koh，F.，Walter，T.，1989. A direct test of Rock's model of the pricing of unseasoned issues. Journal of Financial Economics，23，251 - 272.

［52］ Krishnan，C. N. V.，Ivanov，V. I.，Masulis，R. W.，Singh，A. K.，2011. Venture capital reputation，post-IPO performance，and corporate governance. Journal of Financial and Quantitative Analysis，46，1295 - 1333.

［53］ Kunz，R. M.，Aggarwal，R.，1994. Why initial public offerings are underpriced：Evidence from Switzerland. Journal of Banking and Finance，18，705 - 723.

［54］ Leland，H. E.，Pyle，D. H.，1977. Informational asymmetries，financial structure and financial intermediation. Journal of Finance，32，371 - 387.

［55］ Levis，M.，1993. The long-run performance of initial public offerings：The UK experience 1980—1988. Financial Management，22，28 - 41.

［56］ Liu，X.，Ritter，J. R.，2011. Local underwriter oligopolies and IPO underpricing. Journal of

Financial Economics，102，579 - 601.

［57］ Logue，D.，1973. On the pricing of unseasoned equity issues：1965—1969. Journal of Financial and Quantitative Analysis，8，91 - 103.

［58］ Loughran，T.，Ritter，J. R.，Rydqvist，K.，1993. Initial public offerings：International insights. Pacific-Basin Finance Journal，2，165 - 199.

［59］ Loughran，T.，Ritter，J. R.，1995. The new issues puzzle. Journal of Finance，50，23 - 51.

［60］ Loughran，T.，Ritter，J. R.，2002. Why don't issuers get upset about leaving money on the table in IPOs? Review of Financial Studies，15，413 - 443.

［61］ Loughran，T.，Ritter，J. R.，2004. Why has IPO underpricing changed over time? Financial Management，33，5 - 37.

［62］ Lowry，M.，2003. Why does IPO volume fluctuate so much? Journal of Financial Economics，67，3 - 40.

［63］ Lucas，D. J.，McDonald，R. L.，1990. Equity issues and stock price dynamics. Journal of Finance，45，1019 - 1043.

［64］ Ma，T.，Shen，Y.，2003. Prospect theory and the long-run performance of IPO stocks. Available at SSRN 488146.

［65］ Maksimovic，V.，Pichler，P.，2001. Technological innovation and initial public offerings. Review of Financial Studies，14，459 - 494.

［66］ Mauer，D.，Senbet，L.，1992. The effect of the secondary market on the pricing of initial public offerings. Journal of Financial and Quantitative Analysis，27，55 - 79.

［67］ Milgrom，P.，Roberts，J.，1986. Price and advertising signals of product quality. Journal of Political Economy，94，796 - 821.

［68］ Miller，E. M.，1977. Risk，uncertainty，and divergence of opinion. Journal of Finance，32，1151 - 1168.

［69］ Miller，E. M.，1978. Uncertainty induced bias in capital budgeting. Financial Management，7，12 - 18.

［70］ Mok，H.，Hui，Y.，1998. Underpricing and aftermarket performance of IPOs in Shanghai China. Pacific-Basin Finance Journal，6，453 - 474.

［71］ Nanda，V.，Yi，J.，Yun，Y.，1995. IPO long-run performance and underwriter reputation. Working Paper，University of Michigan.

［72］ Perotti，E. C.，S. E. Guney，1993. The structure of privation plans. Financial Management，22，84 - 98.

［73］ Purnanandam，A. K.，Swaminathan，B.，2004. Are IPOs really underpriced? Review of Financial Studies，17，811 - 848.

［74］ Ritter，J. R.，1984. The "Hot-Issue" market of 1980. Journal of Business，57，215 - 240.

［75］ Ritter，J. R.，1991. The long-run performance of initial public offerings. Journal of Finance，46，3 – 27.

［76］ Ritter，J. R.，Welch，I.，2002. A review of IPO activity，pricing，and allocations. Journal of Finance，57，1795 – 1828.

［77］ Rock，K.，1986. Why new issues are underpriced. Journal of Financial Economics，15，1051 – 1069.

［78］ Schenone，C.，2004. The effect of banking relationships on the firm's IPO underpricing. Journal of Finance，59，2903 – 2958.

［79］ Schultz，P.，Zaman，M.，2001. Do the individuals closest to Internet firms believe they are overvalued. Journal of Financial Economics，59，347 – 381.

［80］ Schultz，P.，2003. Pseudo market timing and the long-run underperformance of IPOs. Journal of Finance，58，483 – 517.

［81］ Servaes，H.，Rajan，R.，1997. Analyst following of public offerings. Journal of Finance，52，507 – 529.

［82］ Sherman，A.，2000. IPOs and long-term relationships：An advantage of book building. Review of Financial Studies，13，697 – 714.

［83］ Su，C.，Bangassa，K.，2011. The impact of underwriter reputation on initial returns and long-run performance of Chinese IPOs. Journal of International Financial Markets，Institutions and Money，21，760 – 791.

［84］ Su，D.，Fleisher，B.，1999. An empirical investigation of underpricing in Chinese IPOs. Pacific-Basin Finance Journal，7，173 – 202.

［85］ Teo，S. H.，Welch，I.，Wong，T. J.，1998. Earnings management and the long-run market performance of initial public offerings. Journal of Finance，53，1935 – 1974.

［86］ Thaler，R. H.，1992. The Winner's Curse，New York，Free Press.

［87］ Thomadakis，S.，Nounis，C.，Gounopoulos，D.，2012. Long-term Performance of Greek IPOs. European Financial Management，18，117 – 141.

［88］ Houge，T.，Loughran，T.，Suchanek，G.，Yan，X.，2001. Divergence of opinion，uncertainty，and the quality of initial public offerings. Financial Management，17，5 – 23.

［89］ Wang，C.，2005. Ownership and operating performance of Chinese IPOs. Journal of Banking Finance，29，1857 – 1885.

［90］ Welch，I.，1989. Seasoned offerings，imitation costs and the underpricing of initial public offerings. Journal of Finance，44，421 – 449.

［91］ Welch，I.，1992. Sequential sales，learning，and cascades. Journal of Finance，47，695 – 732.

［92］ Yung，C.，Çolak，G.，Wang，W.，2008. Cycles in the IPO market. Journal of Financial Economics，89，192 – 208.

[93] Zingales，L.，1995. Insider ownership and the decision to go public. Review of Economic Studies，62，425‒448.

[94] 陈工孟，俞欣，寇祥河．风险投资参与对中资企业首次公开发行抑价的影响——不同证券市场的比较．经济研究，2011，46（5）．

[95] 陈工孟，高宁．中国股票一级市场发行抑价的程度与原因．金融研究，2000（8）．

[96] 郭泓，赵震宇．承销商声誉对 IPO 公司定价、初始和长期回报影响实证研究．管理世界，2006（3）．

[97] 韩立岩，伍燕然．投资者情绪与 IPOs 之谜——抑价或者溢价．管理世界，2007（3）．

[98] 胡志强，卓琳玲．IPO 市场时机选择与资本结构关系研究——基于中国上市公司面板数据的实证研究．金融研究，2008（10）．

[99] 江洪波．基于非有效市场的 A 股 IPO 价格行为分析．金融研究，2007（8）．

[100] 刘煜辉，熊鹏．股权分置、政府管制和中国 IPO 抑价．经济研究，2005（5）．

[101] 邵新建，巫和懋，覃家琦，王道平．中国 IPO 市场周期：基于投资者情绪与政府择时发行的分析．金融研究，2010（11）．

[102] 唐运舒，谈毅．风险投资、IPO 时机与经营绩效——来自香港创业板的经验证据．系统工程理论与实践，2008（7）．

[103] 田利辉，张伟．政治关联影响我国上市公司长期绩效的三大效应．经济研究，2013，48（11）．

[104] 王晋斌．新股申购预期超额回报率的测度及其可能原因的解释．经济研究，1997（12）．

[105] 徐浩萍，罗炜．投资银行声誉机制有效性——执业质量与市场份额双重视角的研究．经济研究，2007（2）．

[106] 于增彪，梁文涛．股票发行定价体制与新上市 A 股初始投资收益．金融研究，2004（8）．

[107] 张学勇，廖理．风险投资背景与公司 IPO：市场表现与内在机理．经济研究，2011，46（6）．

[108] 张学勇，张叶青．风险投资、创新能力与公司 IPO 的市场表现．经济研究，2016，51（10）．

债务融资

内容摘要： 债务融资是企业重要的融资方式，也是一个重要的公司金融问题。根据债务融资代理理论，债务融资具有代理成本，且无法被债务契约设计完全解决。本文基于以上理论，系统性梳理了债务融资结构、债务融资期限这两个主要债务融资决策变量以及债务融资成本的影响因素。另外，本文还总结了债务融资对企业的治理效应、经营行为、企业风险等方面的影响。最后，本文归纳了中国制度背景下的企业债务融资经典研究成果的新发展。本文有助于拓展债务融资的研究思路，也可对实务中的债务融资决策提供一定的启示。

一、引言

债务融资是指公司为开展具有不确定性的经营活动而筹集以固定收益形式偿付的资金。债务融资是企业重要的融资手段，主要方式包括银行贷款和发行债券，还包括债权性质的优先股等金融工具。债务融资可获得性及其成本是企业的一项重要财务管理目标，是企业获取资源的能力的重要体现，关乎企业获得稳定的资金支持、保持财务风险可控的经营目标，是企业长期生存发展的重要保障。目前，对于大多数经济体和大多数公司而言，债务融资依然是占比最大的资金来源，因此各界对债务融资这一传统问题的讨论经久不衰，与此同时，过度负债杠杆畸高、期限错配短债长用等风险隐患也日益受到学界和业界的关注，并取得了丰富的创新发展成果。

债务融资理论成熟已久，并在此框架下涌现了丰富的实证证据。本文从债务融资代理理论开始，针对企业债务融资决策、债务融资成本、债务融资的经济后果这三个角度展开，对经典理论与实证文献进行梳理。

资本结构理论不但回答了现代公司资本结构与公司价值的关系，还引发了学术界关注债务融资的一系列问题：为什么公司没有尽可能多地进行债务融资以享受其税盾收益？什么因素会导致公司债务融资的横截面差异？Jensen 和 Meckling（1976）、Myers（1977）率先专门讨论债务融资的代理问题，除了存在与股权融资类似的信息不对称之外，债务悬置（debt overhang）还降低了投资决策效率。债务契约设计可以通过约束公司或经理人的行为缓解债务融资的代理问题，但是，债务契约本身的设计和执行依然存在一定的局限性，且还可能对公司最优经营行为和资源配置产生扭曲。除了债务融资占比之外，学者们还关注债务融资结构、债务融资期限等决策问题。外部债务融资是一项存在信息不对称的活动，企业或其经理人在进行债务融资决策时需要根据融资成本、债务融资的便利程度和私有信息披露、债权人监督等因素进行权衡取舍。

债务融资成本是企业面临的融资环境好坏的一个重要维度，也间接反映了企业筹措资金的难易程度。由于债务融资面临着道德风险和逆向选择的代理问题，债务融资成本可以视为债权人对债务风险索取的风险溢价。文献指出，影响债务融资成本的内部因素包括公司治理水平、信息不对称程度、业务稳定性等内部因素，以及外部增信、金融市场发展、法律环境等外部因素。

债务融资对企业其他经营行为具有深远影响。债务融资具有治理效应，能通过债权人监督激励缓解第一类或第二类代理问题，提高企业效率。在激烈的市场竞争环境下，债务融资的可获得性成为企业的一项重要竞争力，债务融资能力往往成为企业在生产投资扩张时面临的约束。债务融资还影响企业整体风险。

本文余下部分安排如下：第二部分梳理债务融资存在的代理问题及相应的债权契约设计。第三部分梳理债务融资结构和债务融资期限两种重要的公司债务融资决策。第四部分从企业内部因素和外部环境因素两方面分别梳理债务融资成本的主要影响因素。第五部分梳理债务融资对公司的经济后果。第六部分针对中国的制度背景，对国内债务融资研究进行整理评述。第七部分是全文总结。

二、债务融资的代理问题与合约设计

（一）债务融资的代理问题

Jensen 和 Meckling（1976）较早关注到公司融资中的代理问题，指出股权融资和债务融资各自具有不同形式的代理成本，债务融资决策取决于股东与债权人之间的利益冲突、股东与管理者之间的利益冲突的权衡取舍。债务人在债务融资后对资金拥有了完全支配权，具有契约执行过程中的信息优势，而债权人作为公司重要的外部利害关系人，通常无权介入公司管理过程，对公司经营活动也存在信息不对称。资产替代（assets substitution）或风险转移是股东-债权人利益冲突的一种表现形式，在较高的负债水平下，公司股东具有强烈的从事高风险投资的动机，因为股东将获得投资成功的大部分收益，而投资失败的损失将部分转移给债权人承担。Berkovitch 和 Kim（1990）进一步指出，资产替代具体表现为过度投资，即投资于净现值为负的项目的行为。

Myers（1977）针对公司债务融资决策进行理论分析，指出债务融资通过降低未来持有实物期权（real option）的价值而降低公司市值，负债导致公司采取次优投资策略，或使得公司及其债权人承担由于避免次优投资策略带来的额外成本。在实践中，企业并非尽可能选择债务融资以享受税收优势，因为债务提高了破产成本，而且存在债务悬置问题。即使金融市场完备，当公司深陷债务时，由于开展投资项目的潜在收益将被债权人取得，但又不足以尽数清偿债务，企业本身价值没有提升或提升很少，股东无法由此获得收益，因而企业缺乏对净现值为正的新项目的投资激励，导致投资不足，进而降低公司价值（Myers，1977；Hennessy，2004）。如图 1 所示，企业的权益价值随着债务占比上升而下降，债务价值则先上升后下降，存在债务价值最大化对应的极值点，企业最多只能借到这个比例的债务。Diamond（2014）还将债务悬置拓展到债务期限的讨论，指出较短的债务期限使得公司投资激励程度呈现出更大的波动。

（二）债务合约设计

正因为债权人和公司所有者或经理人之间存在代理问题，债权人为保障债务还本付息的安全，与企业签订债务契约，利用债务契约赋予的权利，对企业的经营者进行监督和激励约束。但随着投资机会的变动，基于原有经营情况的债务契约可能

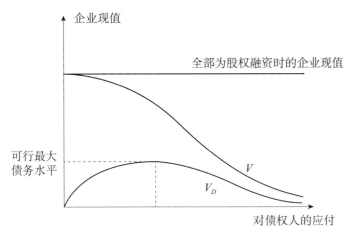

图1 企业价值与公司价值

导致企业决策次优化。针对以上问题，Myers（1977）从理论上梳理了若干种潜在的解决方案。

（1）签订新的债务合约。这种方法带来了合同修订、信息沟通等摩擦成本，而且业绩标准易被管理层操纵，往往效果不尽如人意。

（2）在发现新的投资机会但期望收益不足以超过债权人所得时进行重新协商（renegotiation），债权人对求偿金额做出让步，以使得企业具有充分的投资激励。这种方法依然存在不少监督和协商成本，债权人对投资机会净现值的评估可能不得不依赖于企业内部人给出的信息。

（3）缩短债务期限，使得债务到期早于新投资隐含的期权到期。企业得以根据新的投资机会灵活转换融资方式，但需要承担维持债务滚动的成本。这也解释了企业对资产端和负债端进行期限配置的行为，也表明期限错配会带来一些损失。

（4）在企业陷入财务困境或疑似投资决策次优化时寻求中介介入或法律保障。这种方法可以保障债权人对企业行为的监督，降低利益冲突，但当企业破产清算价值很低时作用不大。

（5）限制股利发放。这能倒逼企业将富余资金用于投资，但依然存在较高的监督成本，且企业依然可能没有选择到最优的投资项目。

此后，学者们从债务契约设计上进行了延伸，并对债务契约有效性进行了实证检验。Bharath 等（2011）指出，债权人可通过缩短债务期限以实现更频繁的监督。Park（2000）指出，债权人可通过清算或重新谈判惩罚违约的债务人。此外，债权人通常要求债务人按照规定用途使用资金，以防止企业将资金用于其他高风险项目，避免超出自身风险承受能力的扩张。

在解决逆向选择和道德风险问题上，银行贷款和公司债券的合约设计具有不同特点。银行贷款合约要素丰富，兼顾价格条款（利率）和非价格条款（如期限、抵押、担保），且具有再协商和变更的灵活性；公开债务融资则集中关注价格且难以再协商，因此会计信息质量对后者更重要（Bharath et al.，2008）。

债务违约比较罕见，但一旦发生将给借款人带来较大损失，包括投资活动受到债权人干扰（Ahn et al.，2006）。Chava 和 Roberts（2008）进一步指出，债务契约和控制权转让的威胁带来了融资摩擦，当企业违反债务契约，债权人利用收回贷款的威胁对企业经营行为进行干预时，资本投资急剧减少，造成投资扭曲。

因此，债务契约假说（debt covenant hypothesis）指出，在其他条件相同的情况下，当公司越有可能违反基于会计的债务契约，其经理人就越有可能进行盈余管理，以避免技术性违约（DeFond and Jiambalvo，1994）。Dichev 和 Skinner（2002）在验证债务契约假说的同时还指出，当协商成本较低时，债权人将债务契约当作重要的监督和约束手段，设定更为严格的债务契约标准，即使违约也很可能未达到财务困境的程度，因而债务违约发生的频率更高而惩罚更轻，这不是出于惩罚的目的，而是双方对债务条款进行协商微调的途径。Denis 和 Wang（2014）也指出，即使并未触及违约，但借贷双方根据公司近况和前景进行再协商也对公司投资和经营活动有好处，这就相当于债权人也取得了对公司经营活动的一定控制权。

三、债务融资决策

尽管大多数企业都需要通过债务融资取得长远发展，但为什么有些企业选择银行贷款而有些企业选择发行债券？为什么有些企业选择以长期债务为主而有些企业选择以短期债务为主？企业的主要债务融资决策包括债务融资占比、债务融资结构、债务融资期限三类。其中，债务融资占比即负债-权益相对占比，体现了公司的财务杠杆利用程度，这在资本结构问题中已充分讨论，本文主要针对后两者进行梳理和论述。

（一）债务融资结构

公司面临债务来源结构的决策，即通过银行贷款间接融资还是发行债券直接融资。首先，如果综合考虑发行成本和利息成本，发行债券具有明显的规模效应，面临与债券发行有关的承销、资产评估等高额成本，因此公开发行债券的门槛较高。小企业因为面临债券市场高昂的发行成本和监管门槛，不得不依赖于银行贷款，而当大企业需要较大规模的债务融资时，可以通过发行债券节约债务资金成本。

Diamond（1984）最早发展了理论模型解释了"银行大贷款人"现象，由于银行及类似金融机构相对单个贷款人具有获取私有信息和提升监督效率的明显比较优势，银行更易了解企业的真实发展前景和还本付息能力，更易发现经理人或控股股东的机会主义行为。而且，由于银行贷款不能像企业债券一样容易在市场上交易，对借款人的信息获取和处理将成为不具有外溢性的私有产品，因此银行有更强的监督激励，会对企业产生更强的约束力。相比之下，公司债券持有人则在参与监督上存在"搭便车"问题，积极性不足，何况多个债权人进行重复监督本身也导致了资源浪费。集中持有、可信威胁和信息优势等因素使得银行比公司债券持有人在抑制公司内部人的道德风险方面更加有效。Sufi（2007）进一步将债务融资结构中的监督治理问题拓展到银团贷款（syndicated loans）的讨论中，发现贷款人与借款人之间的信息不对称会影响银团结构，当借款人需要更严格的事前尽职调查和事中监督时，牵头银行保留了更大的贷款份额，并形成了更加集中的银团，通过牵头银行的声誉效应缓解了信息不对称问题。一般来说，小企业或者新成立的企业具有更严重的信息不对称问题，其经营前景一般不为外部普通投资者所了解，信息披露也更不完善，一般很难达到公开发行债券的要求，因此倾向于从银行及类似金融中介获取债务融资。

Diamond（1991b）较早注意到了公司在银行贷款和公开发债之间的权衡取舍，指出前者具有监督效应，而后者需以公司声誉为前提。对公司及其经理人来说，银行贷款和公开发行债券各有利弊，相比于由投资者分散持有的公司债券，银行贷款对公司管理层行为有更多约束，但公开发行债券不但需要强大的公司实力，还需要付出更高昂的发行成本和信息披露成本，面临更长的融资周期。

Diamond（1991b）的假说得到了实证研究的验证。Lin 等（2013）对 2001—2010 年 20 个国家的企业债务融资进行检验，发现债务融资结构决策可能受到大股东利益的干预，大股东的控制权和现金流权两权分离越严重，公司越倾向于选择公开发债的方式融资。其结果表明，在大股东控制权高于现金流权的公司中，大股东出于自身利益，倾向于选择公开发行债券而不是获取银行贷款，以避免自己受到审查和监督。

但是，传统的逆向选择假说不足以完全解释公司不愿意接受银行监督的行为。第一，除了代理问题导致的决策扭曲之外，避免信息过度暴露也可能是公司价值的合理需要。Krishnaswami 等（1999）发现，拥有关于未来盈利能力的有利私人信息的企业出于投资机会保密需要，为了保持一定的信息不对称性，避免信息泄露给竞争对手，会选择更大比例的私人债务。Bharath 等（2008）发现，会计信息质量更好或信用评级质量较高的公司倾向于采用公开债务融资。第二，过度依赖银行贷款的企业可能丧失与银行的讨价还价能力。Rajan（1992）最早建立了一个关于银行道德风险的多期模型，指出当企业高度依赖一家银行融资时，不同融资方式的转换成本往往很高，银行可以凭借在多次信贷业务中积累的大量企业内部信息提高讨价还价能力，以撤回贷款的威胁，通过提高贷款利率等方式要求分享投资项目良好的企业的未来收益。Houston 和 James（1996）发现，尽管银行贷款是更易获得、利率更为优惠的债务融资，但公司可能不愿依赖于单一债务融资来源，因为增长机会与对银行贷款的依赖程度有关。Li 等（2019）对企业经历财务困境前后进行对比发现，从关系银行获得的贷款与其他来源的贷款相比没有显著更低的利率或更长的期限，说明银企关系实际上并不能帮助企业在濒临或经历财务困境时获得来自关系银行的及时援助。

银行贷款融资和债券融资的再协商成本差异是出现财务困境可能性较大的企业倾向于选择银行贷款融资的又一个解释。不同的债务契约的协商成本差异较大，由于修改债务契约需要大部分甚至全部债权人同意，对于被广泛持有的债券来说，与大量债券投资者进行再协商具有高昂的摩擦成本，还具有"搭便车"问题，相比之下，银行贷款的再协商成本明显更低、效率明显更高。银行债务因能再谈判而不一定会导致违约企业进行破产清算，因此被称为"软债务"，而企业债券因谈判成本高昂，更可能导致违约企业进行破产清算，因而被称为"硬债务"。当企业预期未来需要债务再协商的概率较高时，倾向于选择银行贷款。

（二）债务融资期限

债务期限结构是企业另一项重要的债务融资决策，也是企业债务契约的重要构成，直接影响着债务人的违约风险、融资成本和经济效益。在现有研究中，学者常常从企业特征和公司治理机制对企业债务期限结构决策进行解释。Flannery（1986）率先从实证上探究债务融资期限的影响因素，发现规模较大、风险较低、有更多长期资产的公司的长期债务占比更高，且债务期限与信用评级存在非单调的关系，即高评级和很低评级的公司长期债务占比更高。

根据债务期限结构理论，债务期限与资产期限相匹配有利于缓解企业投资不足，并降低债务代理成本和流动性风险。如果企业长期存在短债长用现象，可能面临与项目投资回收期有关的较高风险，更容易陷入财务困境，面临更高的资金成本。然而，有些信息不对称程度较高的企业可能无法获取长期贷款，被迫采用短期贷款维持经营需要。

对于那些有选择债务期限结构自由的公司，其决策面临着流动性风险和节约未来融资成本之间的权衡取舍。对于债权人而言，长期债务面临着更高的系统性和非系统性不确定性，信贷供给方出于自身风险管理的目的，倾向于对风险较高的企业发放短期贷款。对于公司来说，同样会将市场不可观测的前景预测体现于贷款期限结构之中，较高质量的企业对自身未来发展和债务偿付更有信心，更倾向于采用短期贷款，等到未来信用评级提高后置换为融资成本更低的债务；较低质量的企业倾向于选择长期债务融资，锁定未来融资成本，降低流动性风险；质量最差、违约风险最高的那部分企业很难获得长期贷款，被迫选择高成本的短期债务（Diamond，1991a；Berger et al.，2005）。而且，短期债务可以减少投资收益被债权人享有的可能，提高公司投资激励，把握发展机会（Johnson，2003）。总之，短期债务有助于公司节约融资成本、把握投资机会，而长期债务有助于降低流动性风险和破产成本，因此公司需要权衡利弊，选择合适的债务融资结构。

四、债务融资成本的影响因素

债务融资成本是公司重要的财务管理目标，隐含着公司使用资金的机会成本，也间接通过供求关系反映公司通过债务筹措资金的难易程度，向来是学术界和实务界非常关注的问题。由于银行贷款和公司债是最主要的债务融资渠道，公司的债务融资成本一般用银行贷款利率或债券发行信用利差（债券发行实际利率与同期无风险利率之差）来衡量，反映债权投资者对公司无法还本付息的预期。Elton 等（2001）将公司债券利差的影响因素归纳为预期违约风险（expected default loss）、税收溢价（tax premium）、风险溢价（risk premium），还指出风险溢价中系统性风险带来的影响远高于企业个体风险。根据 Van 等（2010）的理论推导，债务融资成本与公司规模、账面市值比、担保等企业个体特征有关。

现有文献主要从公司治理、信息不对称程度、业务稳定性等内部因素以及外部增信、金融市场发展、法律环境等外部因素对债务融资成本进行解释，这些方向目前还不断有新的研究拓展。

（一）信息不对称与信贷配给

一般情况下，价格的上升能够刺激稀缺资源的供给量上升，但是信贷资源是一项面临信息不对称问题的稀缺资源，企业的信贷需求并不一定能通过提高贷款利率得到满足。这一现象被称为信贷配给（credit rationing）。根据实施主体的不同，可以将信贷配给分为两类：第一类信贷配给以银行或类似金融机构等贷款人为主体，第二类信贷配给以潜在借款人为主体。Jaffee 和 Russell（1976）最早正式讨论第一类信贷配给问题，建立了在信息不对称下关于银行贷款供给的理论模型，当信贷资源供给者无法对每个借款人的真实风险进行定价，只能按照贷款人的平均质量进行定价时，将只能通过提高利率来抵消债务人的潜在违约风险，这会导致"劣币驱逐良币"的逆向选择问题，信贷市场上只剩下质量不佳的借款人。当银行合理预期自身处于对企业未来投资收益和还本付息风险无法准确识别的信息不利地位，并承担着信息不对称带来的逆向选择风险时，就会选择惜贷，减少或放弃对企业的贷款发放。也就是说，银行的贷款供给不一定是贷款利率的单调函数，银行通过信贷配给的方式应对高水平的贷款需求，在均衡点处，受到信贷配给的企业即使有在均衡利率甚至更高利率下获取贷款的需求，也无法获得银行贷款。在第二类信贷配给问题下，潜在借款人具有信贷需求，但面对不完备的资本市场，由于种种消极原因导致不向银行申请贷款（Jappelli，1990）。

信息不对称是信贷配给的根本原因。借款人的信息一般可以分为"硬信息"（hard information）和"软信息"（soft information）两类，前者指能用准确的硬指标来表示的正式、准确、易传递和追溯的信息，包括财务报表、信用评级，后者则指不能按标准化办法收集、处理、传递的信息，获取和使用的成本更高，一般为与借款人较为熟悉的特定金融机构所私有。在硬信息的基础上，信贷关系随着信贷业务的开展逐步建立，软信息得以积累，借贷双方信息不对称降低，很大程度上能够降低信贷配给问题。

（二）内部因素

1. 公司内部治理

内部治理影响企业到期无法还本付息的风险，因而债权人会对此索取相应的风险溢价。例如 Lin 等（2011）发现，大股东所有权和现金流权两权分离带来了隧道挖掘等潜在道德风险，提高了财务困境和破产概率，增大了债权人的监督成本和信用风险，因而要求更高的债务融资成本。其根据 1996—2008 年间 22 个国家共3 468 个公司的样本测算得出，两权分离程度每上升 1 个标准差，银行贷款融资成本上升幅度高达14%～19%。当担保和限制性条款缺失、法律保障有限、债务执行效率低下时，债务融资成本对此尤为敏感。

公司可以通过减轻代理问题降低自身的债务融资成本。第一，公司治理结构的改善可以缓解各方利益冲突，减少代理成本，降低债权人利益受损的可能，因而降低债务融资成本（Klock et al.，2005）。例如，利益冲突较少的创始人家族企业具有更低的债务融资成本（Anderson et al.，2003）。第二，公司治理水平的提高有助于提高公司运营和债权履行效率。公司管理完善有助于其资产保值增值，涉及抵押担保等非利率债务契约条款越能得到保障，其债务融资成本越低（Rahaman and Al Zaman，2013）。

2. 信息质量

债权人往往难以直接观察到公司的资产状况，信息不对称越严重，潜在风险越高，债务融资成本也越高（Duffie and Lando，2001；Sufi，2007；Ivashina，2009）。信用声誉较低的企业更难获得债务融资，或面临较高的债务融资成本。因此，高质量的企业希望释放信号，通过信息披露降低信息不对称，进而获得资金或得到更优惠的融资定价。同时，债权人也希望对不同风险的借款人进行差别化定价，并偏向于在债务定价中更多使用经过验证的高质量信息，例如经审计的财务报告。信息披露活动能够通过提供更丰富或更可信的信息来缓解信息不对称，降低债权人对违约风险的不确定性预期（Sengupta，1998；Yu，2005；Plumlee et al.，2015），提高企业声誉（Dhaliwal et al.，2011），降低企业债务融资成本。Minnis（2011）基于美国数据研究发现，在信息环境不透明的情况下，经过审计的公司能够以更低的成本获取债务融资，且贷款人在利率设定中对经审计的财务信息更加重视，尤其是利用其中的应计项目来预测未来现金流。

3. 公司业务与关系网络

经营和业绩稳定性是一项与债权还本付息能力相关的企业个体风险，因此，与此相关的因素可能在债务融资中被定价。权益波动越小，在产品市场中的竞争力越强，意味着公司违约风险越低、资产流动性越好，因而债务融资成本较低（Campbell and Taksler，2003；Valta，2012）。客户集中度反映了公司对大客户的依赖程度，当公司依赖于一个或很少大客户的采购时，债权人认为公司的业务具有较大的风险暴露，因此债权定价更高，也相应设置了更多的限制条款，当公司主要客户处于财务困境时，这种情况更加严重（Campello and Gao，2017）。企业个体风险中的非直接财务因素也可能通过上述机制影响债务融资成本，例如社会责任承担（Goss and Roberts，2011）和环境风险（Painter，2020）。影响公司经营和业绩稳定性的特异性风险还有很多，与债务融资的联系也日渐丰富。

稳定的融资来源对于维持公司经营稳定、降低公司违约风险有重要作用，因此公司的关系网络会影响债务融资成本。有研究认为，稳定的银行关系有助于提高公司的资金可获得性，获得更有利的利率或其他非价格债务条款（Petersen and Rajan，1994；La Porta et al.，2003）。

企业的政治关系具有类似的保障企业生产经营稳定的功能，因此，具有政治关系的公司能获得规模更大、成本更低的债务。Claessens 和 Laeven（2008）对巴西

1998 年和 2002 年政治选举前后的企业样本进行研究，发现曾向当选的联邦众议员捐款的企业相比没有捐款的可比企业获得了大幅增加的银行融资，说明获得银行融资是政治关系发挥作用的重要渠道。Houston 等（2014）基于 2003—2008 年间美国标准普尔 500 指数成份公司样本，发现对于那些董事会成员有政治关系的公司，能获得更低成本的银行贷款。Houston 等（2014）为该发现提供了两种可能的解释：一种是借款人渠道，其中贷款人收取较低的利率，因为他们认识到这种联系提高了借款人的信用价值；另一种是银行渠道，银行将更大的价值分配给互联贷款，以加强自己与主要政治家的关系。借款人渠道得到了实证证据的强有力支持，但银行渠道没有直接证据支持。结果表明，企业的政治关系有助于降低银行的监督成本和信贷风险，降低了债务融资成本，同时降低了资本支出因债务融资而受限的可能。

（三）外部因素

1. 外部增信

除了公司自身主动进行信息披露之外，公司还可通过信用评级、分析师等外部增信渠道向债权投资者传递关于公司或其债券质量的信号，进而影响债务融资成本。外部评级如果是基于私有信息所作出的，对企业违约风险具有预测作用，那么对于债权投资者而言，信用评级有助于降低借贷双方的信息不对称。因此，外部信用评级能降低企业的债务融资成本（Fracassi and Tate，2016）。企业通过外部评级传递公司质量信号，争取成本更低的债务融资，这一般被称作评级机构的声誉效应。公司在债务公开发行决策中十分重视评级因素也从侧面印证了这一点（Kisgen，2006）。然而，当信用评级机构存在评级选购等利益冲突（Mathis et al.，2009；Becker and Milbourn，2011；Bolton et al.，2012；Opp et al.，2013），或存在评级膨胀（rating inflation）倾向时，信用评级有效性将受到损害，对债权投资者定价的参考作用也降低。公司债券分析师的作用在于公司负面信息发现（De Franco，2009；Mansi，2011；Derrien and Mansi，2016），但一旦分析师独立性不足，也会削弱其外部增信作用（Kempf，2020）。总的来说，外部增信会影响公司债务融资，但可能具有一定的局限性。

2. 金融市场发展

金融业竞争和金融市场结构会影响银行等金融机构的最优决策，改变银行的信贷投放结构、期限等行为和实施效果，进而影响企业银行贷款融资的可得性和融资成本。截至目前，针对金融业发展能否增进企业（尤其是中小企业）福利的问题，从金融业发展的影响机制上需要辩证地看待，目前学者之间尚未形成共识，甚至不乏相反的实证证据。

一方面，企业在一定程度上可以从金融机构间的竞争中受益，随着金融机构垄断地位的下降，企业的议价能力可能得到提高，同时金融机构之间有扩大信贷规模或业务半径以抢占市场份额的动机，这在一定程度上有助于缓解信贷资源的稀缺性。Sapienza（2002）发现，银行业管制的放松促进了金融竞争，银行兼并短期内降低了贷款利率，但随着银行市场势力的集中，中小企业的银行贷款可获得性却会下降。Lin（2011）指出，在信息处理和监督方面具有比较优势的外资银行进入后，企业更易获得长期贷款，且原来处于不利地位的信息透明度低、抵押品少的企业从中获益更多。但另一方面，正是由于金融机构在面对竞争加剧时可能更加注重风险管理，不愿承担中小企业贷款风险，金融业的发展并不必然能改善原本处于融资难境况的中小企业的福利，反而可能导致不同企业之间融资状况的更大分化。Rice 和 Strahan（2010）发现，美国银行业逐步放松管制允许银行跨州经营之后，银行的信贷供给发生了变化，开放地区的小企业贷款利率相较管制地区下降了 80～100 个基点，但小企业贷款规模没有显著提高，这说明金融市场发展并不一定能解决信贷配给问题。

3. 法律环境与债权人保护

早期，学者通过对不同国家制度和法律环境的比较分析，说明与债权人保护相关的制度和法律因素对企业债务融资具有重要影响。La Porta 等（1998）较早研究了不同国家的法律对债权人保护程度具有何种差异，梳理了宏观法制与金融市场发展的关系。Beck 等（2008）分析了 48 个国家的大中小企业的融资调查数据后发现，法律环境较好的经济体中，中小企业外部融资（特别是银行贷款）占比更高，且产权保护促进小企业外部融资的效应比大企业更为明显。而当小公司处于不利的融资环境时，融资租赁、商业信用或其他非正规融资渠道并不足以弥补银行贷款可获得性低下造成的融资机会损失，也更难在面临融资约束时扩大外部融资规模。他们的发现也间接印证了以信息不对称为基础的啄序融资理论（pecking order theory）。

以上事实说明，法律环境与债权人保护是影响企业面临的债务融资环境及其债务融资决策的制度因素。从公司角度来看，法律环境和投资者保护间接影响企业各方面决策，进而影响经营绩效，因此无论是从履行债务契约的意愿还是能力来说，都间接影响着企业的债务融资可获得性和融资成本。与债权人保护相关的法律设计为债权人求偿权的实现提供了制度保障，提高了债务契约执行效率和债权人维权成功率，降低了维权成本，进而影响了债权人的投资意愿及其定价，并反映在债务融资成本之中。研究发现，与债务契约执行、债权人权利保护相关的法律增加了银行执行求偿权的预期，提高了银行提供贷款的意愿（Haselmann et al.，2010；Calo-miris et al.，2017），因而企业能获得利率更低的银行贷款（Bae and Goyal，2009），贷款期限也更长（Luc et al.，2005；Qian and Strahan，2007），面临的资产抵押要求也更低（Lilienfeld-Toal et al.，2012）。

五、债务融资的经济后果

（一）债务融资的治理效应

债权人出于自身利益，利用法律或债务契约赋予的权利对企业及其内部人的投资、经营行为进行监督、激励和约束，会影响企业的治理效率和整体价值。国外早期关于债务契约治理效应的研究大致可归纳为激励约束理论和控制权转移理论。激励约束理论强调债务契约对企业经营管理者勤勉程度和其他行为选择的影响，认为企业提高债务融资占比可以使企业经营管理者和股东的利益更加趋于一致，对企业经营管理者产生激励约束作用。债务融资还通过控制权转移的威胁加强了对经理人的激励和监督。Jensen（1986）提出的控制权假说（control hypothesis）指出，和分配股利的软约束相比，企业负债带来了未来按期支付固定现金流的硬约束，降低了经理人持有过量自由现金流引发的代理问题，进而提高了组织效率。如果公司不能按期还本付息，债权人有权要求公司破产，导致公司控制权从所有者转移到债权人，对经理人带来失业和职业声誉的损失（Gilson，1989）。因此，债务融资的还本付息压力抑制了经理人懈怠和过度在职消费的动机。

债务融资的治理效应得到了实证证据的验证。例如，Gomariz 和 Ballesta（2014）基于 1998—2008 年间西班牙上市公司的样本，研究财务报告质量和债务期限对公司投资的改善作用，发现财务报告信息披露质量和债务期限的约束可以缓解公司过度投资和投资不足的问题，因为公司面临的偿债义务会减少监督管理下的可支配资金。

（二）债务融资与公司生产投资

在实际经济中，莫迪利安尼-米勒的投资-融资独立性所需的条件往往不成立，因而企业的债务融资可能对投资端具有溢出影响。Whited（1992）对信息不对称下的债务融资进行理论分析，指出财务硬信息表现欠佳的公司难以充分获取外部融资，这会扭曲资源配置，抑制投资支出。Aghion 等（2010）建立了一个包括两种投资模式的模型，其中长期投资更有助于生产力增长但完工时间较长，面临较大的流动性风险。当企业面临融资约束时，将会减少长期投资，导致更低的生产率。因此，债务融资可以通过投资周期对企业生产活动产生影响，紧缩的信贷可能导致更大的波动性并抑制增长。Amore 等（2013）基于美国 20 世纪 80—90 年代银行管制放松的准自然实验，发现企业获得更多信贷资源有助于显著提高创新活动的数量和质量，尤其是对于那些高度依赖外部融资的企业。以上理论分析和实证证据都表明，债务融资对企业投资和生产行为具有重要的间接影响，尤其是周期长、风险大的活动。

因此，债务融资能力是企业的一大竞争力。企业可以通过债务融资获得充沛的资金用于投资，提高企业在产品市场的竞争力，进而改善公司业绩（Campell，2006；Frésard，2010）。外部债务融资可获得性更高的企业，可以通过举债向产品市场竞争者释放扩大生产的威胁。适当的债务融资有助于在产品市场获得优势，但过度负债可能降低绩效。

（三）债务融资与公司风险

除了债务本身的杠杆效应之外，公司债务期限也会影响公司风险。一般情况下，还本付息压力更紧迫的短期债务具有更大的风险，但当基本面波动超过一定程度后，更长的债务期限反而增大了债权人拒绝借新还旧以避免无法得到清偿的激励，因此，长期债务反而隐含更高的断贷风险，甚至造成债务挤兑（He and Xiong，2012）。Gopalan 等（2014）还发现，企业的信贷期限结构会影响信贷质量，面临展期风险敞口较大的公司（以一年内到期的长期债务相对于资产的金额来衡量）的信贷质量较低，这些公司发行的长期债券需要承受较高的信用利差，表明债券市场投资者认识到了公司债务到期结构产生的展期风险，这种效应在评级较差和盈利能力下降的公司中以及在经济衰退期间更为明显。

公司可对债务融资进行主动风险管理。为控制公司总风险，公司需要管理债务风险，在财务风险和经营风险之间取得平衡。当公司债务融资占比较高、财务风险较大时，公司经理人更倾向于作出风险规避型决策（Milidonis and Stathopoulos，2014）。一般认为，能从多个融资渠道获得资金是公司应对多变的经营环境的缓冲手段，但 Green 和 Liu（2021）也通过构建一个动态模型指出，多个债权人的债务重叠可能存在违约风险的外部性，导致公司资源配置被扭曲，降低投资效率。

（四）债务融资的公告效应

根据债务融资的治理效应，一方面，银行等金融中介的事前授信审批和持续监督降低了信息不对称，改善了公司治理，同时资金来源的充裕有助于企业把握投资机会，增进企业价值。但另一方面，如果债务融资本身是资源配置扭曲的结果，那么债务融资反而会损害公司价值。在有效市场假说下，债务融资的公告效应能够间接反映出债务融资对企业价值的影响。学者曾对企业的债务融资行为开展了一系列事件研究。针对西方发达经济体的检验大多显示了债务融资的正向公告效应，例如James（1987）发现，企业贷款公告后，股价平均来看会取得正的超额收益，支持了银行贷款的监督治理作用提高公司价值增进的假说。然而，贷款在不同制度和环境下的监督效应良莠不齐，在市场不完备的经济体中，债务融资可能出现消极的公告效应。Megginson等（1995）通过对比不同经济体的贷款公告效应发现，美国公司的银团贷款公告能够带来正的超额收益，但拉丁美洲的银团贷款反而会损害股东财富。

值得注意的是，Maskara和Mullineaux（2011）指出，由于获取银行贷款本身是企业的内生决策，且还受到信息不对称和感知等因素的影响，因此简单检验银行贷款的公告效应往往是有偏的。他们的结果并未支持银行贷款提高公司价值的作用比其他类型的债务融资更大的假说，并认为如果所有贷款都被公告，平均超额收益率可能并不显著。

六、国内研究现状

债务融资是我国企业重要的融资方式，尤其是近年来债券规模得到较大提升，企业的债务融资是国内学者非常关注的问题。作为重要的发展中经济体，我国债务融资环境与发达国家有较大差异，存在民营企业信贷歧视，债权人保护制度不完善，部分有经济效益的企业处于融资难、融资贵的不利地位。同时也存在一些积极因素，政府新发展理念得以较易通过债务融资渠道引导企业发展。我国债权市场的市场化转型过程是意义深远的研究问题之一。

（一）我国债务融资与公司治理

从公司内部因素来看，公司治理对我国企业债务融资具有较大影响。公司治理是企业经营效率的内部制度保障，关乎企业按期还本付息的能力，间接影响债务违约风险。因此，债权人关注上市公司的综合治理水平（蒋琰，2009）。王运通和姜付秀（2017）发现，当公司内大股东数量越多、非控股大股东持股越多、大股东间持股分散度越低时，大股东更容易发挥监督作用，公司的债务融资成本越低。林钟高和丁茂桓（2017）发现，内部控制缺陷修复、内部控制加强能降低企业的债务融资成本。

学者在中国市场的债务融资治理效应方面进行了较丰富而成熟的讨论，从债务融资类型或债务融资主体等不同角度形成了一系列实证成果。一般认为，尽管中国市场债权人利益保护仍有缺位，但仍存在重要的债务融资治理效应。徐昕和沈红波（2010）发现，我国的银行贷款具有一定的治理效应，适度的短期债务贷款和长期银行贷款能提高公司的盈余稳健性，且前者监督作用更强。值得注意的是，债务融资治理效应在产权性质之间存在明显的异质性，因为我国国有企业可能由于和贷款银行共同的国家所有产权存在债务契约软约束（田利辉，2005）。即使对于非国有企业，债务治理效应的发挥在我国目前不尽发达完善的市场环境下也会受到限制（郭泽光等，2015；罗韵轩，2016），整体来看还存在不确定性。

（二）信贷歧视现象

对民营企业的信贷歧视是我国长期普遍存在的现象，而中国上市公司的债务资金主要来源于银行贷款，因此这个问题具有很强的学术和现实意义。信贷歧视是指，银行基于企业的产权性质实行期限结构、贷款成本的区别对待，银行对民企执行更严格的风险控制，使民企的银行借款期限结构明显短于国企，从而不利于不同产权企业间的公平竞争（陈耿等，2015）。学者们普遍认为，由于政府隐性担保和预算软约束（潘越等，2009），当国企陷入财务困境时，能获得政府的融资担保和财政补贴，债务违约风险很低，因而更易获得债务融资，且债务融资成本显著更低。李广子和刘力（2009）较早证实了民营上市公司与非民营上市公司的债务融资成本的横截面显著差异。因此，政治关联对于民营企业债务融资成本和期限结构都具有很重要的影响（余明桂和潘红波，2008；李健和陈传明，2013；毛新述和周小伟，2015；陈耿等，2015；李维安等，2015）。

然而，政府干预和信贷倾斜也可能蕴含不良贷款风险（谭劲松等，2012），损害债权人利益，降低信贷资源配置效率（张敏等，2010）。韩鹏飞和胡奕明（2015）比较了同样受到政府隐性担保的国有企业和地方融资平台，发现政府隐性担保降低了国有企业债券的风险，却增加了地方融资平台债券的风险。陆正飞等（2015）指出，国有企业从长期及动态角度看，过度负债程度和可能性更低，但从短期及静态角度看，更可能存在债务违约风险。债务融资的结构性矛盾及其风险在长期内都值得我国学者重视和探究。

（三）我国市场化、法治化与债务融资

利率市场化进程和更高的金融业开放程度提高了金融市场的运行效率，一定程

5

度上改善了融资环境，有助于发挥债务治理效应，对我国企业债务融资活动会产生深远影响。张伟华等（2018）研究发现，随着利率市场化进程的推进，上市公司债务融资成本逐渐降低；随着利率市场化程度提高，没有内部资本市场的上市公司债务融资成本会下降得更快。

作为发展中国家，我国的法制建设目前依然不够健全，债务诉讼法律执行效率低，诉讼成本高，这些问题最终会通过债务偿付风险体现在企业债务融资成本中。法律环境改善有助于推动银行信贷规模发展（郑志刚和邓贺斐，2010），使得企业更易进行债务融资决策调整（黄继承等，2014）。相关法律制度改革，例如担保物权制度改革，还会对债务融资形成结构性影响（钱雪松和方胜，2017）。在微观层面，企业的潜在诉讼风险与债务融资成本正相关，且以上关系还与信贷市场化程度有关（王彦超等，2016）。

（四）我国经济发展理念对企业债务融资的影响

相比于企业股权融资，政府更易通过产业政策支持等渠道对信贷市场进行干预（孙铮等，2005；祝继高等，2015）。我国绿色发展理念可以通过金融机构信贷决策传导到进行债务融资活动的企业，进而影响经济增长质量（刘锡良和文书洋，2019）。沈洪涛和马正彪（2014）发现，环境表现有助于企业获得较多且较为长期的贷款，但在当地面临经济发展压力时，企业环境表现在获取新增贷款中的重要性会明显下降。

七、总结

债务融资是企业重要的财务决策。以债务融资代理理论为基础，在监督激励约束和信息不对称的逻辑框架下，学术界对债务融资决策、债务融资成本的影响因素、债务融资的经济后果等方面均进行了丰富的展开。

根据代理理论，企业债务融资决策既存在治理效应，也带来了股东与债权人之间的代理成本，因此可以认为，公司的债务融资决策是治理效应与代理成本进行权衡的结果。债务融资结构和债务融资期限是两个重要的债务融资决策，学者将不同类型或期限的债务融资的区别与上述理论结合，从资金供给双方的角度均进行了解释，基本形成了信息不对称和债权人监督在债务融资中具有重要作用的共识。债务融资成本反映了风险预期，大量文献从内部、外部因素围绕信息不对称、监督、制度设计等方面进行研究，随着对风险更广泛、更深入的认识，债务融资成本的影响因素日渐丰富。债务融资对企业其他活动带来了深远影响，进而影响企业风险承担，因此，企业需要对债务融资进行全局考虑。

参考文献

［1］ Aghion，P.，Angeletos，G. M.，Banerjee，A.，Manova，K.，2010. Volatility and growth: Credit constraints and the composition of investment. Journal of Monetary Economics，57，246 - 265.

［2］ Amore，M. D.，Schneider，C.，Žaldokas，A.，2013. Credit supply and corporate innovation. Journal of Financial Economics，109，835 - 855.

［3］ Anderson，R. C.，Mansi，S. A.，Reeb，D. M.，2003. Founding family ownership and the agency cost of debt. Journal of Financial Economics，68，263 - 285.

［4］ Bae，K. H.，Goyal，V. K.，2009. Creditor rights，enforcement，and bank loans. Journal of Finance，64，823 - 860.

［5］ Becker，B.，Milbourn，T.，2011. How did increased competition affect credit ratings? Journal of Financial Economics，101（3），493 - 514.

［6］ Beck，T.，Demirguc-Kunt，A.，Maksimovic，V.，2008. Financing patterns around the world: Are small firms different? Journal of Financial Economics，89，467 - 487.

［7］ Berger，A. N.，Espinosa-Vega，M. A.，Frame，W. S.，Miller，N. H.，2005. Debt maturity，risk，and asymmetric information. Journal of Finance，60，2895 - 2923.

［8］ Berkovitch，E.，Kim E. H.，1990. Financial contracting and leverage induced over-and under-investment incentives. Journal of Finance，45（3），765 - 794.

［9］ Bharath，S. T.，Dahiya，S.，Saunders，A.，Srinivasan，A.，2011. Lending relationships and loan contract terms. Review of Financial Studies，24，1141 - 1203.

［10］ Bharath，S. T.，Sunder，J.，Sunder，S. V.，2008. Accounting quality and debt contracting. Accounting Review，83，1 - 28.

［11］ Bolton，P.，Freixas，X.，Shapiro，J.，2012. The credit ratings game. Journal of Finance，67，85 - 111.

［12］ Calomiris，C. W.，Larrain，M.，Liberti，J.，Sturgess，J.，2017. How collateral laws shape lending and sectoral activity. Journal of Financial Economics，123，163 - 188.

［13］ Campbell，J. Y.，Taksler，G. B.，2003. Equity volatility and corporate bond yields. Journal of Finance，58，2321 - 2350.

［14］ Campello，M.，2006. Debt financing: Does it boost or hurt firm performance in product markets? Journal of Financial Economics，82，135 - 172.

［15］ Campello，M.，Gao，J.，2017. Customer concentration and loan contract terms. Journal of Financial Economics，123，108 – 136.

［16］ Chava，S.，Roberts，M. R.，2008. How does financing impact investment? The role of debt covenants. Journal of Finance，63，2085 – 2121.

［17］ Claessens，S.，Feijen，E.，Laeven，L.，2008. Political connections and preferential access to finance：The role of campaign contributions. Journal of Financial Economics，88，554 – 580.

［18］ De Franco，G.，Vasvari，F. P.，Wittenberg-Moerman，R.，2009. The informational role of bond analysts. Journal of Accounting Research，47，1201 – 1248.

［19］ De Fond，M. L.，Jiambalvo，J.，1994. Debt covenant violation and manipulation of accruals. Journal of Accounting and Economics，17，145 – 176.

［20］ Denis，D. J.，Wang，J.，2014. Debt covenant renegotiations and creditor control rights. Journal of Financial Economics，113，348 – 367.

［21］ Derrien，F.，Kecskés，A.，Mansi，S. A.，2016. Information asymmetry，the cost of debt，and credit events：Evidence from quasi-random analyst disappearances. Journal of Corporate Finance，39，295 – 311.

［22］ Dhaliwal，D. S.，Li，O. Z.，Tsang，A.，Yang，Y. G.，2011. Voluntary nonfinancial disclosure and the cost of equity capital：The initiation of corporate social responsibility reporting. Accounting Review，86，59 – 100.

［23］ Diamond，D. W.，1991a. Debt maturity structure and liquidity risk. Quarterly Journal of Economics，106，709 – 737.

［24］ Diamond，D. W.，1991b. Monitoring and reputation：The choice between bank loans and directly placed debt. Journal of Political Economy，99，689 – 721.

［25］ Diamond，D. W.，He，Z.，2014. A theory of debt maturity：The long and short of debt overhang. Journal of Finance，69，719 – 762.

［26］ Diamond，D. W.，1984. Financial intermediation and delegated monitoring. Review of Economic Studies，51，393 – 414.

［27］ Dichev，I. D.，Skinner，D. J.，2002. Large-sample evidence on the debt covenant hypothesis. Journal of Accounting Research，40，1091 – 1123.

［28］ Duffie，D.，Lando，D.，2001. Term structures of credit spreads with incomplete accounting information. Econometrica，69，633 – 664.

［29］ Elton，E. J.，Gruber，M. J.，Agrawal，D.，Mann，C.，2001. Explaining the rate spread on corporate bonds. Journal of Finance，56，247 – 277.

［30］ Flannery，M. J.，1986. Asymmetric information and risky debt maturity choice. Journal of Finance，41，19 – 37.

［31］ Fracassi，C.，Petry，S.，Tate，G.，2016. Does rating analyst subjectivity affect corporate debt pricing? Journal of Financial Economics，120，514 – 538.

[32] Frésard，L.，2010. Financial strength and product market behavior：The real effects of corporate cash holdings. Journal of Finance，65，1097 – 1122.

[33] Gilson，S. C.，1989. Management turnover and financial distress. Journal of Financial Economics，25，241 – 262.

[34] Gomariz，M. F. C.，Ballesta，J. P. S.，2014. Financial reporting quality，debt maturity and investment efficiency. Journal of Banking and Finance，40，494 – 506.

[35] Gopalan，R.，Song，F.，Yerramilli，V.，2014. Debt maturity structure and credit quality. Journal of Financial and Quantitative Analysis，49，817 – 842.

[36] Goss，A.，Roberts，G. S.，2011. The impact of corporate social responsibility on the cost of bank loans. Journal of Banking and Finance，35，1794 – 1810.

[37] Green，D.，Liu，E.，2021. A dynamic theory of multiple borrowing. Journal of Financial Economics，139，389 – 404.

[38] Haselmann，R.，Pistor，K.，Vig，V.，2010. How law affects lending. Review of Financial Studies，23（2），549 – 580.

[39] He，Z.，Xiong，W.，2012. Dynamic debt runs. Review of Financial Studies，25，1799 – 1843.

[40] Hennessy，C. A.，2004. Tobin's Q，debt overhang，and investment. Journal of Finance，59，1717 – 1742.

[41] Houston，J. F.，Jiang，L.，Lin，C.，Ma，Y.，2014. Political connections and the cost of bank loans. Journal of Accounting Research，52（1），193 – 243.

[42] Houston，J.，James，C.，1996. Bank information monopolies and the mix of private and public debt claims. Journal of Finance，51，1863 – 1889.

[43] Ivashina，V.，2009. Asymmetric information effects on loan spreads. Journal of Financial Economics，92，300 – 319.

[44] Jaffee，D. M.，Russell，T.，1976. Imperfect information，uncertainty，and credit rationing. Quarterly Journal of Economics，90，651 – 666.

[45] James，C.，1987. Some evidence on the uniqueness of bank loans. Journal of Financial Economics，19，217 – 235.

[46] Jappelli，T.，1990. Who is credit constrained in the US economy? Quarterly Journal of Economics，105，219 – 234.

[47] Jensen，M. C.，1986. Agency costs of free cash flow，corporate finance，and takeovers. The American Economic Review，76，323 – 329.

[48] Jensen，M. C.，Meckling，W. H.，1976. Theory of the firm：Managerial behavior，agency costs and ownership structure. Journal of Financial Economics，3，305 – 360.

[49] Johnson，S. A.，2003. Debt maturity and the effects of growth opportunities and liquidity risk on leverage. Review of Financial Studies，16，209 – 236.

［50］ Kempf，E.，2020. The job rating game：Revolving doors and analyst incentives. Journal of Financial Economics，135，41 - 67.

［51］ Kisgen，D. J.，2006. Credit ratings and capital structure. Journal of Finance，61，1035 - 1072.

［52］ Klock，M. S.，Mansi，S. A.，Maxwell，W. F.，2005. Does corporate governance matter to bondholders? Journal of Financial and Quantitative Analysis，40，693 - 719.

［53］ Krishnaswami，S.，Spindt，P. A.，Subramaniam，V.，1999. Information asymmetry，monitoring，and the placement structure of corporate debt. Journal of Financial Economics，51，407 - 434.

［54］ La Porta，R.，Lopez-de-Silanes，F.，Zamarripa，G.，2003. Related lending. Quarterly Journal of Economics，118，231 - 268.

［55］ La Porta，R.，Lopez-de-Silanes，F.，Shleifer，A.，Vishny，R. W. 1998. Law and finance. Journal of Political Economy，106，1113 - 1155.

［56］ Li，Y.，Lu，R.，Srinivasan，A.，2019. Relationship bank behavior during borrower distress. Journal of Financial and Quantitative Analysis，54，1231 - 1262.

［57］ Lin，C.，Ma，Y.，Malatesta，P.，Xuan，Y.，2011. Ownership structure and the cost of corporate borrowing. Journal of Financial Economics，100，1 - 23.

［58］ Lilienfeld-Toal，U. V.，Mookherjee，D.，Visaria，S.，2012. The distributive impact of reforms in credit enforcement：Evidence from Indian debt recovery tribunals. Econometrica，80，497 - 558.

［59］ Lin，C.，Ma，Y.，Malatesta，P.，Xuan，Y.，2013. Corporate ownership structure and the choice between bank debt and public debt. Journal of Financial Economics，109，517 - 534.

［60］ Lin，H.，2011. Foreign bank entry and firms' access to bank credit：Evidence from China. Journal of Banking and Finance，35，1000 - 1010.

［61］ Luc，L.，Giovanni，M.，2005. Does judicial efficiency lower the cost of credit? Journal of Banking and Finance，29，1791 - 1812.

［62］ Mansi，S. A.，Maxwell，W. F.，Miller，D. P.，2011. Analyst forecast characteristics and the cost of debt. Review of Accounting Studies，16，116 - 142.

［63］ Maskara，P. K.，Mullineaux，D. J.，2011. Information asymmetry and self-selection bias in bank loan announcement studies. Journal of Financial Economics，101，684 - 694.

［64］ Mathis，J.，McAndrews，J.，Rochet，J. C.，2009. Rating the raters：Are reputation concerns powerful enough to discipline rating agencies? Journal of Monetary Economics，56，657 - 674.

［65］ Megginson，W.，Poulsen A.，Sinkey J.，1995. Syndicated loan announcements and the market value of the firm. Journal of Money，Credit and Banking，27，457 - 475.

［66］ Milidonis, A., Stathopoulos, K., 2014. Managerial incentives, risk aversion, and debt. Journal of Financial and Quantitative Analysis, 49, 453 - 481.

［67］ Minnis, M., 2011. The value of financial statement verification in debt financing: Evidence from private US firms. Journal of Accounting Research, 49, 457 - 506.

［68］ Myers, S. C., 1977. Determinants of corporate borrowing. Journal of Financial Economics, 5, 147 - 175.

［69］ Opp, C. C., Opp, M. M., Harris, M., 2013. Rating agencies in the face of regulation. Journal of Financial Economics, 108, 46 - 61.

［70］ Painter, M., 2020. An inconvenient cost: The effects of climate change on municipal bonds. Journal of Financial Economics, 135, 468 - 482.

［71］ Park, C., 2000. Monitoring and structure of debt contracts. Journal of Finance, 55 (5), 2157 - 2195.

［72］ Petersen, M. A., Rajan, R. G., 1994. The benefits of lending relationships: Evidence from small business data. Journal of Finance, 49 (1), 3 - 37.

［73］ Plumlee, M., Xie, Y., Yan, M., Yu, J. J., 2015. Bank loan spread and private information: Pending approval patents. Review of Accounting Studies, 20, 593 - 638.

［74］ Qian, J., Strahan, P. E., 2007. How laws and institutions shape financial contracts: The case of bank loans. Journal of Finance, 62, 2803 - 2834.

［75］ Rahaman, M. M., Al Zaman, A., 2013. Management quality and the cost of debt: Does management matter to lenders? Journal of Banking and Finance, 37, 854 - 874.

［76］ Rajan, R. G., 1992. Insiders and outsiders: The choice between informed and arm's-length debt. Journal of Finance, 47, 1367 - 1400.

［77］ Rice, T., Strahan, P. E., 2010. Does credit competition affect small-firm finance? Journal of Finance, 65, 861 - 889.

［78］ Sapienza, P., 2002. The effects of banking mergers on loan contracts. Journal of Finance, 57, 329 - 367.

［79］ Sengupta, P., 1998. Corporate disclosure quality and the cost of debt. Accounting Review, 73, 459 - 474.

［80］ Stohs, M. H., Mauer, D. C., 1996. The determinants of corporate debt maturity structure. Journal of Business, 69, 279 - 312.

［81］ Sufi, A., 2007. Information asymmetry and financing arrangements: Evidence from syndicated loans. Journal of Finance, 62, 629 - 668.

［82］ Valta, P., 2012. Competition and the cost of debt. Journal of Financial Economics, 105, 661 - 682.

［83］ Van Binsbergen, J. H., Graham, J. R., Yang, J., 2010. The cost of debt. Journal of Finance, 65, 2089 - 2136.

[84] Whited，T. M.，1992. Debt，liquidity constraints，and corporate investment：Evidence from panel data. Journal of Finance，47，1425 - 1460.

[85] Yu，F.，2005. Accounting transparency and the term structure of credit spreads. Journal of Financial Economics，75，53 - 84.

[86] 陈耿，刘星，辛清泉. 信贷歧视、金融发展与民营企业银行借款期限结构. 会计研究，2015（4）.

[87] 郭泽光，敖小波，吴秋生. 内部治理、内部控制与债务契约治理——基于 A 股上市公司的经验证据. 南开管理评论，2015（18）.

[88] 韩鹏飞，胡奕明. 政府隐性担保一定能降低债券的融资成本吗？——关于国有企业和地方融资平台债券的实证研究. 金融研究，2015（3）.

[89] 黄继承，朱冰，向东. 法律环境与资本结构动态调整. 管理世界，2014（5）.

[90] 蒋琰. 权益成本、债务成本与公司治理：影响差异性研究. 管理世界，2009（11）.

[91] 李广子，刘力. 债务融资成本与民营信贷歧视. 金融研究，2009（12）.

[92] 李健，陈传明. 企业家政治关联、所有制与企业债务期限结构——基于转型经济制度背景的实证研究. 金融研究，2013（13）.

[93] 李维安，王鹏程，徐业坤. 慈善捐赠、政治关联与债务融资——民营企业与政府的资源交换行为. 南开管理评论，2015（18）.

[94] 林钟高，丁茂桓. 内部控制缺陷及其修复对企业债务融资成本的影响——基于内部控制监管制度变迁视角的实证研究. 会计研究，2017（6）.

[95] 刘锡良，文书洋. 中国的金融机构应当承担环境责任吗？——基本事实、理论模型与实证检验. 经济研究，2019（3）.

[96] 陆正飞，何捷，窦欢. 谁更过度负债：国有还是非国有企业？经济研究，2015（12）.

[97] 罗韵轩. 金融生态环境、异质性债务治理效应与债务重组——基于中国上市公司的实证研究. 会计研究，2016（3）.

[98] 毛新述，周小伟. 政治关联与公开债务融资. 会计研究，2015（3）.

[99] 钱雪松，方胜. 担保物权制度改革影响了民营企业负债融资吗？——来自中国《物权法》自然实验的经验证据. 经济研究，2017（5）.

[100] 沈洪涛，马正彪. 地区经济发展压力、企业环境表现与债务融资. 金融研究，2014（2）.

[101] 孙铮，刘凤委，李增泉. 市场化程度、政府干预与企业债务期限结构——来自我国上市公司的经验证据. 经济研究，2005（4）.

[102] 谭劲松，简宇寅，陈颖. 政府干预与不良贷款——以某国有商业银行 1988～2005 年的数据为例. 管理世界，2012（7）.

[103] 田利辉. 国有产权、预算软约束和中国上市公司杠杆治理. 管理世界，2005（7）.

[104] 王彦超，姜国华，辛清泉. 诉讼风险、法制环境与债务成本. 会计研究，2016（6）.

[105] 王运通，姜付秀. 多个大股东能否降低公司债务融资成本. 世界经济，2017（10）.

[106] 徐昕，沈红波. 银行贷款的监督效应与盈余稳健性——来自中国上市公司的经验证据. 金

融研究 . 2010（2）.

[107] 余明桂，潘红波 . 政治关系、制度环境与民营企业银行贷款 . 管理世界，2008（8）.

[108] 张敏，张胜，王成方，申慧慧 . 政治关联与信贷资源配置效率——来自我国民营上市公司的经验证据 . 管理世界，2010（11）.

[109] 张伟华，毛新述，刘凯璇 . 利率市场化改革降低了上市公司债务融资成本吗？金融研究，2018（10）.

[110] 郑志刚，邓贺斐 . 法律环境差异和区域金融发展——金融发展决定因素基于我国省级面板数据的考察 . 管理世界，2010（1）.

[111] 祝继高，韩非池，陆正飞 . 产业政策、银行关联与企业债务融资——基于 A 股上市公司的实证研究 . 金融研究，2015（3）.

资本结构之谜

内容摘要：资本结构理论是金融领域中最扑朔迷离的理论之一。该理论基于实现企业价值最大化或股东财富最大化的目标，着重研究资本结构中长期债务资本与权益资本构成比例的变动对企业总价值的影响，同时试图找到最适合公司的融资方式和融资工具。

本文系统地回顾了实务界和理论界出现的最优资本结构的相关理论，包括早期资本结构理论、现代资本结构理论、新资本结构理论、后资本结构理论，介绍了资本结构理论的发展沿革，以及部分重要的实证检验成果。本文的研究目的一方面在于整理文献，为读者简单地勾勒资本结构理论的外貌，另一方面在于为有志于从事最优资本结构研究的学者提供进一步研究的理论平台。

一、引言

所谓资本结构，有广义和狭义之分。Masulis（1988）指出，"广义上说，资本结构涵盖了一个公司（包括它的子公司）的公募证券、私募资金、银行借款、往来债务、租约、纳税义务、养老金支出、管理层和员工的递延补偿、绩效保证、产品售后服务保证和其他或有负债"，它代表了对一个公司资产的主要权利，是指全部资本的构成比例关系，不仅包括长期资本，还包括短期资本。狭义的资本结构单指长期资本结构，即长期资本中债务资本与权益资本的构成与比例关系，也就是通常所说的资本结构。

资本结构理论是金融领域中最扑朔迷离的理论之一。该理论基于实现企业价值最大化或股东财富最大化的目标，着重研究资本结构中长期债务资本与权益资本构成比例的变动对企业总价值的影响，同时试图找到最适合公司的融资方式和融资工具。目前，理论界和实务界对最优资本结构的存在性已经达成了共识，并且认为公司采用最优资本结构可以提升公司价值，实现股东利益最大化的目标。然而，令人困惑的是，如何确定资本结构？什么样的资本结构才是最优的资本结构？

在实务和理论界先后出现过净收益理论、净经营收益理论、传统理论和现代资本结构理论，其中以现代资本结构理论的影响最大。1958 年美国学者莫迪利安尼和米勒共同发表了《资本成本、公司理财和投资理论》（The Cost of Capital，Corporation Finance，and the Theory of Investment）一文，提出了著名的 MM 定理，标志着现代公司资本结构理论的形成。MM 定理向前承接了威廉姆斯（Williams）、格雷厄姆（Graham）和多德（Dodd）等传统理论，向后历经了几十年的发展，逐渐放松了原本严格的假设条件，针对不同的影响企业价值的因素，发展出了形形色色的资本结构理论。

Modigliani 和 Miller（1958）认为，在完美市场假设下，公司的资本结构与公司价值无关。在此之后，资本结构理论主要沿着两条主线发展：一条以米勒、法勒（Farrar）、塞尔文（Selwyn）、布伦兰（Brennan）和斯特普尔顿（Stapleton）等为代表，主要探讨税收效应与资本结构的关系；另一条以巴克斯特（Baxter）、斯蒂格利茨、奥尔特曼（Altman）和沃纳（Warner）为代表，重点研究破产成本和财务困境对资本结构的影响。20 世纪 70 年代初，以罗比切克（Robichek）、迈尔斯（Myers）、斯科特（Scott）、克劳斯（Kraus）和利曾伯格（Litzenberger）等人为代表的学者，结合以上这两种理论并提出了权衡理论。学术界一般将至此以往的理论合称为静态平衡理论。

20 世纪 70 年代后期，完美市场中的信息完全假设被打破，以信息不对称理论为核心的新资本结构理论登上了学术舞台，由此形成了委托-代理理论和信号传递理论。新资本结构理论一反现代资本结构理论历来只注重税收、破产等外部因素对企业最优资本结构的影响，力图通过信息不对称理论中的"信号"、"契约"、"动机"和"激励"等概念，从企业的内部因素方面来分析资本结构问题。这样一来，新资本结构理论就把现代资本结构理论的权衡难题成功地转化为结构或制度设计问题，从而为资本结构理论研究开辟了新的研究方向，极大地丰富了资本结构理论的内容。

资本结构理论发展到 20 世纪 80 年代中期，以资本结构管理控制学派、资本结构产品市场学派和市场择时理论为代表的后资本结构理论得到了理论界的广泛关注。这一理论突破了信息不对称理论框架的束缚，又兼容了新资本结构理论的成果，从公司控制、投入产成品市场、行业竞争以及行为金融理论的新学术视野来分析与解释资本结构难题。

在本文中笔者将竭尽所能试图对上述资本结构理论加以回顾，介绍资本结构理论的发展沿革，以及一些实证检验的成果，希望为读者简单地勾勒出资本结构理论的轮廓。但是由于学识所限，不免有所遗漏，同时，笔者出于本文结构安排的需要，对一些问题只是简要提及并给出重要的参考文献而没有详尽论述。

本文余下部分安排如下：第二部分综述资本结构理论发展的重要理论研究以及实证检验，最后一部分是全文的总结概括。

二、资本结构理论的发展沿革

（一）早期资本结构理论

早期资本结构理论是杜兰德（Durand）在 1952 年的研究成果，也是早期资本结构理论研究的正式开端。在杜兰德的报告中，按当时资本结构的情况划分了三种理论：净收入理论、净经营收入理论和传统理论。

1. 净收入理论

净收入理论认为，负债融资可以降低企业的资本成本，从而提高企业的市场价值，所以企业应当尽可能利用负债融资优化其资本结构。该理论假设：权益资本成本 K_s 和负债资本成本 K_d 都固定不变，且 $K_s > K_d$。因此当企业更多地举债时，企业加权平均成本 K_w 趋于下降，企业价值随之上升。

如图 1 所示，当企业负债率提高时，企业综合资本成本下降，企业价值持续上升。根据净收入理论，当企业的资产负债率为 100% 时，企业价值达到最大。从此推导过程可知，净收入理论暗含着一个假设前提，即财务杠杆的提高不会增加企业的风险，既包括股东风险也包括债权人风险。只有满足这一条件，负债融资才能使企业的权益资本价值和企业负债价值同步上升，进而实现企业市场价值的最大化。

2. 净经营收入理论

净经营收入理论认为，无论企业财务杠杆如何变化，其加权平均资本成本固定

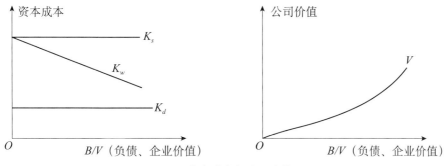

图 1　资本成本与公司价值

不变，因此，企业市场价值也不因其财务杠杆的变化而变化。该理论假设：企业加权平均资本成本 K_w 及负债成本 K_d 固定不变；负债融资增加的同时企业的经营风险也在增加，从而使股东要求更高的权益资本收益。净经营收入理论如图 2 所示。

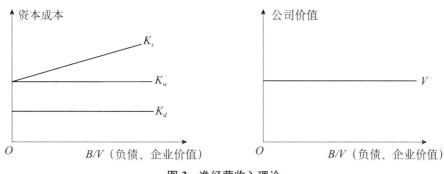

图 2　净经营收入理论

该理论认为，较高的财务杠杆比率会带来较高的每股收益和每股红利，但是股权资本成本的增长率也正好等于每股收益和每股红利的增长率。使用债务融资可以获得较高的期望收益和红利，但是同时也增加了财务风险。

3. 传统理论

传统理论又被称为折中理论，界于净收入理论与净经营收入理论之间。该理论认为，每一个公司都有一个最优资本结构，公司可以通过财务杠杆来降低其加权平均资本成本，增加公司价值。传统理论如图 3 所示。

企业在最初一定的负债范围内，负债成本率 K_d 保持不变，此时企业债务增加，由于负债成本率 K_d 低于股权成本率 K_s，企业加权平均成本会下降，企业价值随之上升。但是，负债达到一定水平后，企业财务风险将随之增加，股权成本 K_s 也相应增加，K_s 增加的幅度无法为负债成本的下降所抵消，企业加权平均成本开始上升，企业价值下降。按照传统理论，当负债导致的股权成本的增加恰好被债务成本的下降所抵消时，也就是加权平均成本开始上升时点的负债水平就是最优负债水平。

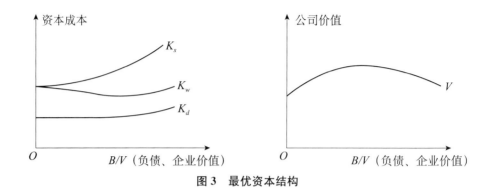

图 3　最优资本结构

（二）现代资本结构理论

1958 年美国经济学家莫迪利安尼和金融学家米勒共同发表了《资本成本、公司理财和投资理论》一文，提出了著名的 MM 定理〔又称"不相干定理"（irrelevance theorem）〕，标志着现代公司资本结构理论的开端。Modigliani 和 Miller（1958）提出了三个核心命题，而且包括他们在其后几年发表的系列相关文章中所做的补充与修正。① 这三个命题均以新古典的理论成果为基础，以完美资本市场为前提。他们的完美资本市场主要包括以下假设：

H1：资本市场交易成本为零，即没有市场交易成本、没有政府限制、可自由交易、资本资产可无限分割。

H2：个人借款利率与企业借款利率相同，且均无负债风险。

H3：投资者可按个人意愿进行各种套利活动，不受任何法律限制，且既不存在企业所得税，也不存在个人所得税。

H4：企业经营风险相同，且它们所属的风险等级一致（企业经营风险的高低由息税前盈余（EBIT）的标准差衡量）。

H5：不同投资者对企业未来收益及风险的预期相同。

H6：企业增长率为零，即企业息税前盈余（EBIT）固定不变，财务杠杆收益全部支付给股东。

H7：企业永续经营，且预期各期的现金流量构成等额年金。

以上种种假设可以说是资本结构理论发展的轨迹，每打破一个假设条件，理论

---

① 有关文章包括：资本成本、公司理财和投资理论：答读者问．美国经济评论，1958-09；股利政策、增长和股票估价．商业周刊，1961-10；公司所得税和资本成本：一个纠正．美国经济评论，1963-06；电力公用事业行业资本成本的某些估计．美国经济评论，1966-06。

就向前发展一步，从而形成了多种多样的资本结构理论。

1. MM 模型

（1）理论研究。

莫迪利安尼和米勒在 1958 年发表的《资本成本、公司理财和投资理论》一文在完美市场假设下，不考虑公司所得税和个人所得税对于企业资本结构的影响，用一系列的数学推导证明了公司资本结构和公司价值的理论构想，并且提出了以下三个命题：

命题 Ⅰ：企业价值只与企业所有资产的期望收益和企业所对应的资本化率有关，而与资本结构无关。这一命题用公式可以表示为：

$$V_j = S_j + D_j = \overline{X}_j / \rho_k \tag{1}$$

假定任一公司 j，$\overline{X}_j$ 表示公司所有资产的期望收益，D_j 表示公司债务的市场价值，S_j 表示公司普通股的市场价值，V_j 表示公司所有证券的市场价值，或者说是公司的市场价值，ρ_k 表示处于既定风险等级 K 类企业中任一股票的期望收益率，也被看作 K 类企业所产生的不确定现金流期望值的市场资本化率。

这一命题还可以表明，资本的平均成本是所有证券的期望收益与市场价值的比率，即：

$$\frac{\overline{X}_j}{S_j + D_j} \equiv \frac{\overline{X}_j}{V_j} = \rho_k \tag{2}$$

式（2）说明同一风险等级 K 类公司的平均资本成本是一个常数，完全独立于它的资本结构，即等于该类公司的预期市场资本化率。K 类公司不变的平均资本成本线可以由图 4 中的 m 线表示。

图 4　K 类公司平均资本成本

命题 Ⅱ：每股期望收益率 i_j 等于同一风险等级每股纯股票流的资本化率 ρ_k，加上与融资风险相关的风险溢价，此风险溢价等于 ρ_k 与无风险收益率 r 之差乘以债务权益比率。或者等价地说，任何股票的市场价格都是通过按式（3）表示的连续波

动率 i_j 资本化其期望收益得到的。公式为：

$$i_j \equiv \frac{\overline{\pi_j^{\tau}}}{S_j} = \rho_k + (\rho_k - r)D_j/S_j \qquad (3)$$

式中，$\overline{\pi_j^{\tau}}$ 表示普通股持有者累积的期望净收入。

由此可知，企业的加权资本成本不随资本结构而变化，由式（2）可以推知权益资本成本。在这一命题中，莫迪利安尼和米勒采用 r 为常数的最简单形式，假设 K 类公司的借款利息率都相等，从而一类公司的普通股收益和资本结构的关系可以通过 D_j/S_j 来衡量。该函数关系可以近似地表示为斜率为 $\rho_k - r$、截距为 ρ_k 的一条直线，如图 5 中 L 线所示。

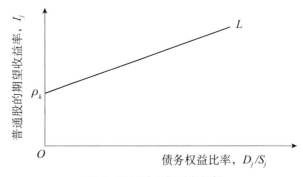

图 5　股票收益与财务杠杆

命题Ⅲ：在任何情况下，K 类企业的投资决策只与股权资本化率有关，完全不受融资工具类型的影响。

命题Ⅲ较多地涉及投资决策问题，其意义是：如果 K 类企业在决策时采用股东利益最大化的原则，那么当且仅当投资收益率 $\rho^* \geqslant \rho_k$ 时才会利用投资机会，这意味着企业投资的截止点在任何情况下都是 ρ_k，并且完全不受融资证券类型的影响。这也意味着，不考虑融资方式，一个公司的边际资本成本等同于公司平均资本成本，也就是公司所属类型的非杠杆经营的资本化率。[①]

他们也强调，命题Ⅲ只是说明融资工具的选择与投资项目的价值无关，并不意味着不存在所有者或是经理人偏好哪种融资方式的原因。这一原因可能来源于希望减少外部人对未来投资利益的分享，或是为了实现管理者除股东利益最大化以外的其他目标，或是受到某些融资条款的限制等。

在 Modigliani 和 Miller（1958）一文的最后，他们也考虑到公司所得税以及资本利得税率对 MM 定理的影响。虽然他们并没有进行详细的探讨，但是他们认为

---

① Modigliani 和 Miller（1958）采用比较静态分析，文中 γ 和 ρ_k 的值没有考虑随时间变化的预期。

在存在税收的情况下，股东可以从税前扣减的债务利息费用中获得累积的收益，但是这种收益很小，因此股东和经理人采取债务融资的动机不足。

莫迪利安尼和米勒的 MM 定理被人们形象地比喻为"在一个完美的市场中，比萨饼的价值不会依如何切分它而改变"。MM 定理的逻辑推理过程无懈可击，但是其结论却与当时的理论观点相悖，在实践中也遇到了严峻的挑战，从而引发了一次资本结构理论的重大变革。

MM 定理是一个理想状态的理论，对于管理者和政策制定者来说，MM 定理的实现是最理想的结果。对于多样化的投资者来说，他们对持有证券的需求可以得到满足；对于企业来说，资本成本不依赖于融资方式，只与经营风险相关，所以企业应该更重视经营管理和未来的成长机会。

莫迪利安尼和米勒采用了静态的局部均衡分析，并且进行了一系列严格的假设，虽然这些假设并不符合现实情况，但是 MM 模型所采用的模型框架和研究方法成了自此之后资本结构理论发展的标准模型和基本出发点，引导学者开始用经济学的标准工具分析公司财务问题。

（2）实证检验。

MM 定理建立在完美市场假设下，然而资本市场是否符合完美市场的假设条件，一直是人们争论的焦点，也正是因此，MM 定理很难从现实中获得直接的证明。

在 Modigliani 和 Miller（1958）中，他们引用了艾伦（Allen）对 1947—1948 年中 43 家大型电子工业事业的证券收益和财务结构之间关系的分析和罗伯特·史密斯（Robert Smith）采用 1953 年对 42 家石油公司数据做出的研究。回归结果证明了电子行业和石油行业资本成本和资本结构的相关系数都接近于零，而且统计上不显著；电子行业和石油行业普通股收益和财务杠杆的相关系数都为正，而且统计上显著。以上两个实证检验在一定程度上更好地吻合了 MM 模型，而与传统观点有众多不相符之处。

但是，传统观点也对 MM 定理提出了质疑。他们指出，在现实中存在层出不穷的金融创新，如果新创的证券和融资方式不能增加企业价值，那么为何还会存在金融创新的动力呢？为此莫迪利安尼和米勒给予的解释是，由于设计和创造新的融资方式的成本远远低于公司市场价值本身，而且模仿的成本更是微乎其微，这时就产生了金融创新的动力和金融创新的机会，通过金融创新可以增加企业的价值，出现了暂时性偏离 MM 定理均衡的现象。但是，一旦创新成功，金融产品就会很快地被他人效仿，不能再提升公司的价值，从而又回到了 MM 定理的均衡状态。在这一过程中，只有第一个金融创新者才能获得企业价值提升和资本成本降低的好处。

2. 修正的 MM 模型

20 世纪 60 年代后，资本结构理论迅速成为理论界研究的热点问题，MM 定理虽然在逻辑上得到肯定并产生了广泛的影响，但是在实践中却遇到了越来越严峻的考验。1963 年莫迪利安尼和米勒的论文《公司所得税和资本成本：一个纠正》（Corporate Income Taxes and the Cost of Capital：A Correction）放松了假设前提，开始研究在公司所得税的影响下，资本结构与公司价值的关系。

税法规定，利息支出可以作为费用在公司所得税前抵减，而股利要在公司所得税后支付，这样在存在公司所得税时，负债经营就会产生税盾收益。于是，用债权融资取代股权融资将获得减税效益，从而增加企业价值。

命题Ⅰ：负债企业的价值等于相同风险等级的无负债企业价值加上负债抵税的价值，后者等于公司税率乘以负债额，公式如下：

$$V_L = \frac{(1-\tau)\overline{X}}{\rho^{\tau}} + \frac{\tau R}{r} = V_U + \tau D_L \tag{4}$$

式中，V_L 表示负债企业的市场价值，V_U 表示无负债企业的市场价值，τ 为公司所得税税率，D_L 为公司永久性债务水平，τD_L 为用永续现金流表示的税盾收益，$\overline{X}$ 表示公司现在所有资产产生的长期平均息税前利润，ρ^{τ} 表示 K 类风险企业中规模为 $\overline{X}$ 的非杠杆公司的税后期望利润的市场资本化率，r 表示债务产生的确定现金流的市场资本化利息率。这说明，负债企业的市场价值等于无负债企业的市场价值加上税盾收益，税盾收益与企业负债额和企业所得税税率呈正相关关系。

Modigliani 和 Miller（1963）认为，税盾收益的净现值是很大的，税盾收益随负债额的增加而增大，所以通过提高负债比率可以降低税收，从而提高负债企业的总价值。当企业 100% 以负债融资时，企业价值达到最大，资本结构达到最优。

命题Ⅱ：负债企业的股权成本等于相同风险等级无负债企业的股权成本加上负债风险报酬。负债风险报酬由财务杠杆与企业所得税决定。

$$i_j = \rho_k + (\rho_k - r)(1 - T)(D_j/S_j) \tag{5}$$

根据命题Ⅱ，因为 $1-T$ 总是小于 1，所以公司赋税使股本成本的上升幅度低于无税时的上升幅度，即负债增加了公司的价值。

命题Ⅲ：可重复的投资决策中适合的资本成本 ρ^* 是基本近似于负债与股票筹资的加权平均成本，权重是目标资本结构中每一部分的比例。其中股权成本为 ρ^s，负债成本为 ρ^D，资产负债率为 L^*，公式如下：

$$\rho^* = \rho^s(1 - L^*) + \rho^D L^* \tag{6}$$

莫迪利安尼和米勒在 1963 年的论文中提出的模型虽然弥补了税收对企业价值的影响，但是得出了与原 MM 定理完全相反的结论：财务杠杆的提高会因税盾作用而增加企业价值。这一结论与早期净收入理论的结论基本一致，所不同的是，修正的 MM 定理建立在严格的假设及严密的逻辑推理基础之上，摆脱了早期净收入理论的经验描述。

Modigliani 和 Miller（1963）的模型仍然与现实存在较大的差距。首先，公司不可能总是盈利，所以平均未来有效税率会低于法定税率；其次，负债不是永恒和固定的，未来税盾收益的大小和期间也是不可确定的，根据税盾收益来调整资本结构将会存在较大的风险；最后，如果考虑到个人所得税，那么负债产生的企业所得税税盾收益会被股利的个人所得税所抵消。

实际经验说明，每一位明智的财务经理都不会过度运用财务杠杆，许多财力雄厚的企业甚至不会负债经营。Agrawal 和 Nagarajan（1990）的研究表明：在纽约股票交易所大约有 100 家公司几乎没有长期负债。理论与实际的不一致说明在考察资本结构与公司价值的关系时，忽略了若干重要因素，包括个人所得税、财务危机成本等。

3. 米勒模型

1977 年，米勒在《负债和税收》（Debt and Taxes）一文中，以美国 1987 年以前的税法为标准，将个人所得税纳入 MM 模型体系，以债券市场均衡为假设前提，建立了包括公司所得税和个人所得税的 MM 模型，重新研究公司提高负债比例、追求税盾收益的制约因素。在米勒模型中，除企业所得税和个人所得税外，MM 定理的其他假设条件仍然得到保留。

根据美国 1987 年以前的税法，投资者股利收入和债券利息收入都要缴纳个人所得税，而且股利收入的个人所得税率要低于利息收入的个人所得税率。这就导致企业偏好于债权融资，而投资者偏好于股权投资。企业为了吸引债权投资者，便通过提高负债利息率来弥补债券投资者的纳税损失。当公司纳税节约与整体投资者纳税损失平衡时，债券的均衡利息率被决定，债券市场也达到一般均衡。根据债券市场一般均衡理论，债券市场总量与债券利息率呈一一对应关系，所以此时，债券市场总量也被确定，这就决定了社会均衡债券存量，即社会最优负债比率。从整体上说，企业负债率依赖于企业所得税率和投资者个人所得税率，随企业所得税率的提高而提高，随个人所得税率的上升而降低。

当连同公司所得税一起考虑个人所得税时，对于持有公司实际资产的股东来说，这种杠杆作用产生的收益 G_L 可以由下式表示：

$$G_L = \left[1 - \frac{(1-\tau_C) \times (1-\tau_{PS})}{1-\tau_{PB}}\right] \times B_L \tag{7}$$

式中，τ_C 是公司税率，τ_{PS} 是适用于普通收入的个人所得税率，τ_{PB} 是适用于债券收入的个人所得税率，B_L 是杠杆公司债务的市场价值。

考虑了个人所得税的负债企业市场价值可以表示为：

$$V_L = V_U + \left[1 - \frac{(1-\tau_C) \times (1-\tau_{PS})}{1-\tau_{PB}}\right] \times B_L \tag{8}$$

米勒模型的含义是：

（1）如果忽略所有所得税，即 $\tau_C = \tau_{PS} = \tau_{PB} = 0$，则上式可简化为 $V_L = V_U$，这同无税负影响的 MM 模型一致，说明负债比例不影响企业价值。

（2）如果忽略个人所得税，即 $\tau_{PS} = \tau_{PB} = 0$，或是公司所得税和个人所得税相等，即 $\tau_{PS} = \tau_{PB}$，则上式可简化为 $V_L = V_U + \tau_C \times B_L$，此时与考虑公司所得税的 MM 模型相同，当负债率为 100% 时，企业价值最大。

（3）若 $\tau_{PS} < \tau_{PB}$，且 $(1-\tau_{PB}) > (1-\tau_C) \times (1-\tau_{PS})$，则上式可简化为 $V_L < V_U + \tau_C \times B_L$。

（4）若 $(1-\tau_{PB}) = (1-\tau_C) \times (1-\tau_{PS})$，则 $V_L = V_U$，财务杠杆无效。

（5）若 $(1-\tau_{PB}) < (1-\tau_C) \times (1-\tau_{PS})$，即债权人个人税率远小于股东个人税率时，$V_L < V_U$，公司不应该增加负债。

由此可以推知，公司的资本结构与相应的税收政策有关，如果公司有应税所得，对负债的依赖增加将减少公司支付的税收并增加债权人支付的税收。如果公司税率高于债权人税率，债务的运用可产生价值。

米勒从个人所得税的角度解释了企业拒绝无限制扩大负债的原因，他证明了个人所得税会在一定程度上抵消负债的税收利益。并且指出，在债券市场一般均衡状态下，单个公司的负债率和市场价值都被宏观地决定了，其资本结构的变化与公司价值无关。这是因为，由于采用累进税率，不同收入的投资者所适用的股利收益税率和债券利息税率都是不同的，企业无法掌控，只有在整个债券市场的运行中才可以相互配对：低负债率的企业吸引个人累进所得税率高的投资者；而负债率高的企业会吸引个人所得税率低的投资者，直到这两种方式之间无套利收益为止。单个企业的资本结构和市场价值是在债券市场达到均衡时由全社会均衡债券量决定的，一旦债券达到总量均衡，单个企业的资本结构就与市场价值无关。

4. 权衡理论

经过发展后的 MM 定理仍然存在一个缺陷，即只考虑了负债带来的税盾收益，却忽略了负债经营的风险和额外的成本。在现实中，公司提高负债将会增加企业的财务风险和财务危机的成本。Robichek（1967）、Kraus（1973）、Rubinmstein（1973）、Mayers（1984）等研究了破产成本及代理成本与资本结构的关系，并提出了权衡理论。权衡理论认为，企业最优资本结构是在负债融资的税收利益与负债带来的成本之间的权衡；最优资本结构位于负债的预期边际税收利益等于负债的预期边际成本之处。这也表明企业最优资本结构应该是平衡税盾收益与负债成本的结果。在这一均衡过程中，会出现一个最低加权资本成本，此时所对应的资本结构即最优资本结构。

（1）理论研究。

权衡理论可以分为两个阶段：前期权衡理论和后期权衡理论。前期权衡理论主要进行负债的预期边际税收利益与负债的预期边际成本之间的权衡，主要引入了财务危机成本的概念。后期权衡理论在前期理论的基础上引入了代理成本的研究成果和非负债税盾的概念，从而进一步完善了权衡理论。

财务危机成本指企业因为无力支付到期债务而需要付出的成本，其中包括财务拮据成本和破产成本。财务拮据成本是指由于企业负债而导致财务陷入困境时迫使企业付出的代价，包括：负债利息率的提高、在建工程项目延缓、信誉危机、供应商不再提供商业信用等。破产成本包括直接破产成本和间接破产成本。直接破产成本一般指企业资产损失、律师和会计师费用、清算或重组成本等。间接破产成本很难计量，它是企业面临破产时由于外界债务人或法院干预和限制而产生的资产价值的损失。

财务危机成本期望值的现值（PV）由财务危机发生的概率以及危机发生的严重程度决定。负债比率的上升一方面增加了企业财务风险的发生概率，造成了公司债券评级下降和债券融资成本上升，另一方面也会加大财务危机的严重程度，降低企业的市场价值，所以负债比率上升的潜在危险也制约了企业无限制地追求税盾收益的欲望，使企业的资本结构存在一个最优规模。考虑到财务危机对企业价值的影响，权衡理论认为，负债公司价值等于无负债公司价值加上税盾，再扣除财务危机成本，用公式表示为：

$$V_L = V_U + T_C \times B - PV_b \tag{9}$$

式中，V_L 为负债企业的市场价值，V_U 为无负债企业的市场价值，T_C 为公司所得税率，B 为公司负债，PV_b 为财务危机成本的期望现值。权衡模型中负债与企业价值的关系也可由图 6 表示。

图 6 中直线 L_1 表示无财务危机成本的企业市场价值，即 MM 定理所指的企业价值；曲线 V_L 代表考虑了财务危机成本的企业市场价值；L_2 为无负债的企业市场价值。L_1 与 V_L 之间的距离表示预期负债成本的现值，L_1 与 L_2 之间的距离表示税盾收益的现值。权衡理论指出，企业负债在到达点 A 前，公司负债比率较低，此时根据 MM 定理，公司可以通过增加负债实现税盾收益。超过点 A 后，企业财务危机成本显著提高，抵消了部分税盾收益，使公司价值低于 MM 的理论值。在点 B，边际税盾收益等于边际财务危机成本，此时公司价值最大，点 B 所对应的资本结构

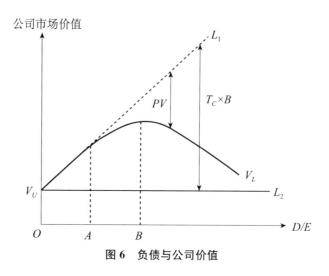

图 6　负债与公司价值

即为企业最优资本结构。超过点 B 后，增加的财务危机成本超过税盾收益，公司价值随负债的增加而降低。作为前期权衡理论的重要代表人物，Brennan 和 Schwartz（1978）的研究指出，在交易成本为零的情况下，不停地借债、不停地还债是企业的最优选择。因为以这种方式融资，企业既可以享受负债的税收利益，又可以避免破产成本。

后期权衡理论的代表人物有 Diamond（1984）、Mayers（1984）等，他们将负债的成本从破产成本进一步扩展到代理成本等方面。同时，又将税收利益从原来所单纯讨论的负债税收收益引申到非负债税收收益方面。代理成本的含义将在下文进行解释。所谓非负债税收收益是指企业所享有的固定资产折旧以及投资税收减免等税收利益。后期权衡理论实际上是扩大了成本和收益所包含的内容，把企业融资结果看成在税收收益与各类负债相关成本之间的平衡。后期权衡理论可以表示为：

$$V_L = V_U + T_C \times B - PV_b - PV_a \tag{10}$$

式中，PV_a 为代理成本的期望现值。

（2）实证研究。

按照权衡理论，当企业倒闭风险很低时，应该增加企业负债以实现企业价值最大化的目标。但是现实中有很多盈利好、信誉评级高的大型公司其负债率却很低，其中包括微软公司和一些医药公司。

在 Graham（2000）的检验样本中有一半的公司全额支付法定税金，而子样本中的公司一般会采取增加负债利率从而享受税盾收益的做法。他检验了这些公司可以通过保守地提高财务杠杆率从而使公司价值平均上升 7.5%。Wald（1999）通过对美国、英国、德国、法国和日本五国的检验发现，盈利是唯一决定资产负债比率的指标。

从破产成本的角度来看，Krause 和 Litzenberger（1973）的模型表明，在不考虑税收和代理成本对公司影响的条件下，如果不存在破产成本，即使存在破产风险，公司的价值也不会受公司资本结构的影响，公司的全部价值将在股东和债权人之间分配。但是存在破产成本的条件下，公司的资本结构将影响公司的价值。随着公司使用的外部债权融资的增加，公司的破产风险和相应的破产成本不断增加，公司的价值不断减少。因此从这个角度来看，内部融资仍然是比外部债权融资优越的融资方式。向东等（2015）将跨国企业长期负债率更低归因于跨国经营带来的额外风险和成本，证实了债务融资过程中对于破产风险和破产成本的考量。黄继承等（2014）的研究结果表明，法律环境的改善导致企业违约成本和破产成本增加，高负债企业减少借贷的收益增加，从而降低了借贷水平。

Bradley 和 Jarrell（1983）总结并强调了权衡理论的两个假设，并使用美国的数据进行实证检验，结果表明，企业负债率与长期收益的波动性呈负相关，与研发和广告支出所代表的非债务税盾负相关。Graham 和 Harvey（2001）通过对 392 位 CFO 的问卷调查研究发现，在回答问卷的 CFO 中，37% 承认有灵活的目标资本结构，34% 回答有比较严格的目标资本结构，10% 承认有严格的目标资本结构。就我国企业而言，陆正飞等（2003）对 500 家深交所上市公司的问卷调查显示，88% 的样本公司认为应该设定一个合理的目标资本结构，但其中有 44% 的公司目前的负债率未达到自己认为的合理的资本结构区间。

Rangan 和 Flannery（2006）通过实证研究发现企业存在长期资本结构目标，并调整资本结构以向目标趋同，这支持了权衡理论的最优资本结构，而择时和啄序行为被认为对资本结构的影响较小。王跃堂等（2010）使用企业所得税改革作为外生冲击，探究中国企业的资本结构，发现税率降低的企业降低了债务水平，与投资有关的非债务税盾与债务水平负相关，结果符合税盾相关理论的预期。王亮亮和王跃堂（2016）基于 2006 年中国计税工资限额扣除标准提高，证明了工资税盾（非债务税盾）与资本结构之间的替代关系，验证了后期权衡理论。

权衡理论在 MM 定理的基础上迈出了一大步。从实务应用角度看，权衡理论不仅注意到存在公司所得税情况下的负债抵税收益，也注意到负债所引发的财务危机成本和代理成本。这一思路更加逼近现实，也较为符合学术界关于企业存在最优资本结构的看法。从研究方法上看，权衡理论引入了均衡的概念，使企业资本结构有了最优解，为现代企业融资结构研究提供了新思路。

（三）新资本结构理论

随着对资本结构问题研究的深入，理论界进一步放宽了 MM 定理的基本假设，一反旧资本结构理论只注重税收、破产等外部因素对企业最优资本结构的影响，试图通过信息不对称理论中的"信号""动机""激励"等概念，从企业内部因素来展开对资本结构问题的分析，把资本结构的权衡难题转化为结构或制度设计问题。新资本结构理论主要包括代理成本理论、信号传递理论、啄序融资理论等。

1. 代理成本理论

关于资本结构的代理成本理论的文献最早起源于伯利（Berle）和米恩斯（Means）有争议的论断：由于分散的股东没有能力严密监督公司经理，作为非所有者的经理人会引导企业追求利润以外的其他目标。1976 年，詹森和麦克林（Meckling）发表了经典论文《企业理论：管理者行为、代理成本和所有权结构》（Theory of the Firm：Managerial Behavior，Agency Costs，and Ownership Structure），他们把代理成本理论引入了现代融资理论的框架中，由此提出了代理成本理论。代理成本理论主要阐明了企业中存在股东与债权人之间的利益冲突，以及股东与管理者之间的利益冲突，进而解释了企业融资偏好及企业资本结构的决策。詹森和麦克林认为，最优资本结构是代理成本的收益与成本权衡的结果。曼尼（Manne）等人也纷纷建立模型，探讨了代理问题在融资理论中的应用。

（1）詹森和麦克林的资源约束下最小化代理成本的融资结构选择模型。

Jensen 和 Meckling（1976）在《企业理论：管理者行为、代理成本和所有权结构》中把代理关系定义为"一种契约，在这种契约下，一个人或更多的人（即委托人）聘用另一人（即代理人）代表他们来履行某些服务，包括把若干决策权托付给代理人"。所谓代理成本就是指制定、管理和实施契约所发生的全部费用。詹森和麦克林将代理成本划分为三部分：委托人的监管费用；代理人的保证支出；残余价值。他们提出公司是一系列合约关系的集合，公司与生俱来地存在两类利益冲突：股东和经营者之间的利益冲突；股东和债权人之间的利益冲突。

在詹森和麦克林的模型中，股东和经营者、债权人之间的利益冲突分别产生了股权代理成本[1]和债权代理成本[2]，不同的融资契约与不同的代理成本相联系，融资结构的最优选择就是要实现总代理成本的最小化。

---

[1] 股权代理成本是指，经营者追求在职消费而不努力工作，从而造成企业价值小于管理权与经营权合一时的公司价值的差额。这一成本反映在融资过程中表现为，外部股东能够理性预期到股东代理成本，引起股票价格下降、股权融资成本增加。

[2] 债权代理成本是指，由于股东和经营者具有剩余清偿权和有限责任，当债务契约存在时，诱使股东和经营者为获得超额收益而选择风险更大的项目进行投资，带来所谓的"资产替代效应"，如果债务风险加大，债权人会要求一种溢价，或者提高利息率或者签订各式各样严格的借债条款以维护他们的地位，从而带来企业债权融资成本的提高，债权代理成本随债务融资比例的上升而上升。

　　詹森和麦克林认为，如图 7 所示，企业股权的市场总价值 $S＝$ 企业外部股权 $S_0＋$ 管理者持有的内部权益 S_1；而企业总价值 $V＝$ 企业权益的市场价值 $S＋$ 企业负债的市场价值 B；企业的外部融资额＝企业外部股权 $S_0＋$ 企业负债的市场价值 B。企业代理成本被分为完全独立的两部分，即为股权代理成本 AS_0 和企业债券代理成本 AB。根据詹森和麦克林的理论，股权代理成本是负债率 E 的增函数，债权代理成本是负债率 E 的减函数。总代理成本 $AT(E)$ 曲线代表外部权益和负债融资各种组合的代理成本，在给定企业规模和外部融资量时，总代理成本将在债券和股权外部融资比率为点 E^* 时达到最低。此时的资本结构为最优资本结构，这时股权融资的边际代理成本等于债务融资的边际代理成本。

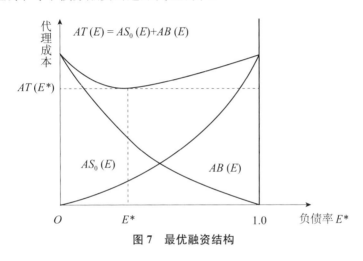

图 7　最优融资结构

　　Jensen（1986）提出了自由现金流量理论。所谓自由现金流量是指，企业履行了所有财务责任[①]，并满足了企业投资需要之后的现金流量。股东和经营者的利益冲突随企业自由现金流量的增加而变得严峻。股利的增加和债务本息的偿付可以减少企业的自由现金流量，从而能够减少经营者的在职消费，降低代理成本。而且，如果企业不能偿付债务本息，就有破产或是被他人收购的危险，所以债权融资对降低代理成本的作用十分显著。鉴于此，自由现金流量理论认为，从股权向债务的转移将提高公司的价值。

　　（2）格罗斯曼（Grossman）和哈特（Hart）的担保模型。

　　Grossman 和 Hart（1982）的担保模型将负债作为约束管理者的手段，出于对避免企业破产的激励，负债能够促使经理人努力工作，减少个人享受，并且做出更好的投资决策，从而降低由于所有权与控制权分离而产生的代理成本，增加公司

---

　　①　财务责任是指诸如偿还债务本息、支付优先股股息、缴纳税金等公司财务费用或应付支出。

价值。

Grossman 和 Hart（1982）认为，对经营者来说，存在私人收益与企业破产风险之间的权衡。破产对管理者约束的有效性取决于企业的融资结构，尤其是资产负债率（负债/股权），该比率升高将导致破产风险加大。因此，负债融资可以被用作一种缓和股东和经理人冲突的激励机制。

哈特和法玛等人还从其他角度研究了负债的作用。哈特认为，在股权分散的现代公司尤其是上市公司中，由于小股东在对企业的监督中存在"搭便车"行为，从而会引起股权约束不严格和内部人控制的问题。适度负债可以缓解这个问题，因为负债的破产机制给企业经理人带来了新的约束。法玛还认为，债务对企业经理人的约束作用也来自银行的监督和严厉的债务条款，最基本的条款就是按期还本付息，另外还有对企业和企业经理人的行为限制等。债权人（尤其是大债权人）对企业专家式的监督可以减少股权人的监督工作，并且使监督更有效，这便是所谓的"拜托债权人"。

（3）实证研究。

有关代理理论的实证检验也是层出不穷，Easter（1984）认为对股东的支付减少了经理人控制下的资源，因而减少了经理人的权力，并且当公司必须获得新资本时更易招致资本市场的监控。Richard 等（1996）指出，项目内部融资避免了这一监控，同时也回避了可能出现的融资失败或高成本的融资。

Baker 等（1985）研究证明，由于经理人控制下的资源的增加会促使经理人权力的增加，所有经理人都有积极性促使公司增长超过其最优规模。这也同经理人补偿的增加相关联，因为补偿的变化同公司规模正相关。

Berger 等（1997）考察了 1984—1991 年美国上市公司 CEO 持有上市公司的股份比例，他们发现这一时期 CEO 平均只持有 2.7% 的该公司股份，说明大型上市公司的经理层通常是很少持有该公司的股份的。经理层努力工作所创造的财富并不全归他们所有，因此经理层乐意到度假胜地开会、拥有豪华的办公室、购买公司专用飞机等。他们享受这些奢侈品，但是又不必承担相应的所有成本。

Stulz（1990）则认为，即使向投资者支付现金是应该的，经理人还是愿意把全部现有资金用于投资。但是 Grossman 和 Hart（1982）认为，由于经理人投资于管理特定公司的人力资本相当大，公司破产给经理人造成的损失可能是很大的，他们在管理该公司过程中长期积累的很多经验不仅在其他地方没有价值，同时还丧失了控制权收益及个人声望，因此提高负债率可能可以促使经理人更努力地工作、减少出国旅游和到度假胜地开会的次数等等。由负债带来的股东与经理人利益冲突的减少构成了债务融资的好处。

此外，Grossman 和 Hart（1986）用不完全契约理论对公司的资本结构进行研究，指出为了实现对公司经营者的最佳控制，公司的最优资本结构应该是股权和债权、短期债权和长期债权并用。Hart（1995）进一步指出，短期债权具有控制经理人的非道德行为的能力，而长期债权和股权却有支持公司扩张的作用，公司的最优资本结构应该在这两者之间进行权衡。

Harvey 等（2004）专注于新兴市场公司（金字塔式的所有权结构），发现债务的增量收益集中在预期管理代理成本较高的公司中，这些公司很可能存在由于资产水平较高或未来增长机会有限而导致的过度投资问题，验证了代理成本理论。

2. 信号传递理论

MM 定理的全部假设在资本结构理论的发展中被一一放松，但是直到 20 世纪 70 年代，充分信息假设始终未予触及。直到 1977 年，随着信息经济学的发展，罗斯最早将不对称信息引入资本结构理论，建立了信息不对称基础上的资本结构理论。而后，Myers 和 Majluf（1984）提出了啄序融资理论，进一步考察非对称信息对企业投资成本的影响，研究公司为新项目融资时的财务决策。该理论极大地丰富了信号传递理论。信号传递理论认为，信息非对称扭曲了企业市场价值，因而导致决策无效率；经理人员或内部人通过选择适宜的资本结构向市场传递有关企业质量的信号，并力求避免负面消息的传递。

Ross（1977）的研究仅仅放松了充分信息的假设，而保留了 MM 定理的其余全部假设。罗斯假定企业收益服从一阶显性分布，且经理人了解企业收益的真实分布状态，而投资者等外部人不了解这些信息，但是知道经理人的激励制度——如果企业破产，经理人将受到相应的惩罚。此时，企业的资本结构和融资方式就成了一种将内部信息传递给市场的信号工具。负债率上升是一个积极的信号，表明经营者对企业未来收益有良好预期。因此，企业市场价值也随之增加。为了使债务比例成为可靠的信息机制，罗斯对破产企业的管理者制定了"惩罚"约束，从而使企业负债比例成为正确的信号。

罗斯的分析简单明了、方法全新，但是他的模型未能建立一个企业经营者向外输出错误信号的机制。尽管他制定了对破产企业经营者的惩罚，但是在破产和经营不佳之间有很大的活动余地，这正是决策最敏感的区域。他也没有对证券持有人做任何约束，因此，存在证券持有人贿赂经营者，让其输出错误信号，使自己盈利的可能。

塔尔蒙（Talmon）进一步发展了罗斯的模型，他建立了一个资本结构信号的一般总体模型。该模型表示为：

$$V = V[P, B(P)] \tag{11}$$

式中，V 为企业市场价值；P 为决定企业市场价值的随机向量，管理者不能影响 P，投资者不知道 P 的分布；B 既是资本结构向量，也是信号工具向量。上式表明，在存在非对称信息时，企业根据自身利益决定资本结构和融资方式 B，市场就能通过 B，并根据 B 和 P 的关系推知企业实际市场价值 V。从理论上讲，这种思路是对的，但是实际中却难以计算。

Heinkel（1982）设计了一个与罗斯模型相似的模型，但是该模型并没有假设企业收益服从一阶随机显性分布，而是假定高质量企业有较高的市场价值，且其股票价值较高、债券价值较低。在这一假设条件下，内部人将借助给定数量的外部融资追求声誉索取权最大化，与此同时，企业质量也会得以区分。因为任何一家企业如果企图模仿其他类型企业进行融资，虽然它会从一种证券的价值高估中获益，但是同时也要承担另一种证券市场价值被低估的损失。在均衡状态下，每一类企业按照边际收益等于边际成本的原则决定发行各种证券的数量。高质量企业不会模仿低质量企业，低质量企业要模仿高质量企业必须增加高定价的股权发行、减少低定价的债券发行。结果，高质量企业发行更多的债务，低质量企业发行较少的债务，其结论与罗斯模型一致。

3. 啄序融资理论

（1）理论研究。

1984 年迈尔斯和梅勒夫（Majluf）提出了啄序融资理论，又称优序融资理论，或啄食理论。他们假设市场是完美的，但是投资者不知道企业资产或是新发展机会的真实价值，所以投资者无法准确评价新项目融资的证券价值。他们认为，公司在为自己的新项目进行融资时应遵循啄食顺序原则：首先是内部股权融资（即留存收益），其次是债务融资，最后是外部股权融资。

啄序融资理论解释了大部分外部融资与债权融资，也解释了为什么很多经营好的公司负债率很低。啄序融资理论认为低负债率并不是因为这些公司的目标资产负债率低，而是因为高盈利的公司有足够的内部融资资源，而收益不好的公司只能依靠外部融资而且不断累积负债。与以往静态的最优资本结构理论不同，啄序融资理论认为不存在明确的目标负债率，当内部现金流、现金股利和实际投资机会出现不平衡时，负债率就会发生变化。静态平衡理论考虑的一些影响资本结构的因素如债务的税盾收益、财务危机的成本、代理成本等，在顺序偏好理论看来都是次要的。

啄序融资理论不但支持了信息传递理论，还支持了 Jensen 和 Meckling（1976）的成本理论对最优资本结构的解释，证明了由于存在信息不对称和道德风险问题，公司采取外部股权融资方式可能导致内部经理人采取过度在职消费行为，从而降低公司的价值，因此内部融资优于外部股权融资。

（2）实证研究。

Leland 和 Pyle（1977）通过对管理风险规避的研究认为，企业杠杆的增加会允许经理人保留一个较大部分的权益；基于风险厌恶，较大的权益份额会减少经理人的福利；但是对于较高质量项目的经理人而言，这种福利减少是较小的。因此，高质量企业的经理人会通过拥有较多的均衡债务来传递包含这一事实的信号。

啄序融资理论意味着公司只有在股票被高估时才会发行股票，这向市场传递了不好的消息。一些学者对宣布股票发行会立即导致股票价格下跌的预期做了研究，其中包括 Asquith 和 Mullins（1986）。他们检验的结论是：实际股价比发行前市值平均低 3%，比发行价低得更多，并且不能够用交易成本、发行费用等来解释。一般来说，公司会以一个公平价格发行新股，但是在做出新股发行决策时公司的价值是低于股票市场价值的。所以当公司公布发行股票时，外部投资者会随即抛售股票，造成新股价格的下跌。

Dierkens（1991）利用不同代理人的信息不对称模型确认了实际股价在宣布日的下跌幅度比不对称信息所导致的股票溢价还要严重。Mello 和 Ferris（2000）说明，对于没有证券分析或是公司未来盈利预期不准确的公司，其新股发行造成的股价下跌幅度更大。Eckbo（1986）、Shoesmith 和 Sunder（1991）证实了公司可以同时选择债权和股权融资时，债权人面临的公司价值的错误估计要低于股权投资者，所以采用债权融资对公司股价的影响要小于采取股权融资的影响。

Krashker（1986）假设企业可以选择投资项目及相应的股权融资规模，他证明了股权融资规模越大，所传递信号的质量越差，企业股权价格下跌得越深，这支持了 Myers 和 Mujluf（1984）的观点。Narayanan（1988）、Heinkel 和 Zechner（1990）的研究也得到了相似的结论。Narayanan（1988）认为，由于依赖债务融资项目的临界 NPV 较高，所以债务不像股权那样容易被高估。Heinkel 和 Zechner（1990）的模型中，负债存量投资项目的吸引力大大下降，进而提高了临界 NPV。这两个模型表明，企业投资新项目向市场传递了该项目 NPV 高于临界 NPV 的信号，而项目实施又与发行债务联系在一起，因此，如果企业选择发行债务，将导致其股票价格上升。李莉等（2014）以高科技公司为研究对象，发现信息不对称水平是知识产权保护程度影响高科技企业资本结构的中介变量。

（四）后资本结构理论

1. 管理控制理论

20 世纪 80 年代中期，世界范围内公司并购活动愈演愈烈，Manne（1965）提出了公司控制权市场理论，很快成为西方财务学的一大主流理论。在这一理论的影响下，财务学家开始研究公司控制权市场和资本结构之间的联系，于是资本结构管理控制理论应运而生。

资本结构管理控制理论从公司治理角度，研究了现代企业内部人控制对资本结构的影响。该理论认为，公司的很多经营决策是出于经理人利益的考虑，而并非为了公司股东利益最大化。经理人的利益或权威来源于对公司的控制，根源是公司股权的过度分散。一般而言，经理人都有控制权偏好和进一步分散股权的动机。从经理人的角度看，内部融资是最好的选择，因为这既不影响经理人的控制权，也可以借投资之名，将前期企业收益转化为新项目投资，从而达到减少派发股利、增加经理人控制资金和掌控企业权利的目的，在需要进行外部融资时，经理人也会更加偏好股权融资而不是债权融资。资本结构管理控制理论主要包括三大模型：斯塔尔兹（Stulz）模型、哈里斯-拉维维（Harris-Raviv）模型和伊斯雷尔（Israel）模型。

（1）斯塔尔兹模型。

Stulz（1998）模型强调管理者对表决权的控制在决定公司价值中的作用，并且强调企业存在最优资本结构。一个关键结论是："资本结构的变动通过对管理者控制表决权比例 α 的作用影响到企业的价值。"此外，斯塔尔兹在模型中还分析了管理者对表决权的控制对收购方行为、收购溢价及收购概率的影响。斯塔尔兹明确表明，"在一起收购中，收购溢价是管理者所掌握的目标公司表决权比例 α 的递增函数，而恶意收购的概率随 α 的增加而减少。"管理者所掌握的目标公司表决权比例 α 过高会降低公司被恶意收购的概率，从而造成目标公司的价值因缺少收购溢价而减少；同时，α 值太低，收购方就不愿意为取得公司控制权而支付较高的收购溢价。因此，"确实存在一个让企业价值最大化的唯一 α 值"。

斯塔尔兹模型是最早试图将公司控制权市场理论与资本结构理论结合起来的几个模型之一。但是斯塔尔兹模型忽视公司控制权市场所产生的积极的激励作用，只是研究了管理者对公司控制权市场的影响，而没有分析公司控制权市场对管理者产生积极的反作用。哈里斯-拉维维模型在这方面则做了重要改进。

（2）哈里斯-拉维维模型。

哈里斯-拉维维模型是芝加哥大学米尔顿·哈里斯（Milton Harris）教授和西北大学阿图·拉维维（Artur Raviv）教授于 1988 年联合提出的。哈里斯-拉维维模型的基本理念在于把"债务杠杆的增加"看成是"一种反收购的方式"。哈里斯和拉维维从表决权的角度入手，考察了经理人持股、资本结构与收购市场之间的关系。他们假定经理人的收益既来自其所持股份，又来自其对企业的控制权，并且认为现任经理人通过调整所持股权的比例可以操纵兼并方案和兼并竞争的结果。因为公司普通股享有表决权，而债务不享有表决权，所以管理者对负债比率的不同选择将会影响到公司表决的结果，且部分地决定了谁能掌握对公司资源的控制权，因此在职管理者完全有可能利用变动资本结构来左右他们对公司的控制。然而，管理者对负债率的选择不是随心所欲的。提高负债比率一方面可以降低在职管理者被解雇的可能性，另一方面也会减少他们从收购中可能得到的其他利益。因此，管理者变动最优资本结构取决于对所有这些因素的权衡。很显然，如果企业选择了最优资本结构，也就内在地决定了收购方法、收购和被收购公司价格的变动以及收购结果。

（3）伊斯雷尔模型。

伊斯雷尔模型于 1991 年由伊斯雷尔建立，该模型在理论和研究方法方面均有突破。伊斯雷尔模型认为，资本结构是通过有表决权证券和没有表决权证券在现金流量分布上的差别影响到收购结果的。换句话说，资本结构影响协同利益在收购方和目标公司之间的分配。这一影响有两方面：一方面，较高的债务水平产生了较高的债务溢价，形成了收购的协同利益从收购方转移到目标公司，从而产生负债价值增加效应；另一方面，较高的债务水平也导致了大部分协同利益由目标公司的股东向目标公司的债权人转移。因此，伊斯雷尔认为，在职管理者通过对价值增加效应与价值减少效应的相互权衡，决定了选择最优企业资本结构。从研究方法上看，伊斯雷尔模型不用考虑企业的所有权结构，无须考虑目标公司股权代理问题的影响，同时加入了对个人借贷的研究。

（4）实证研究。

早期的资本结构管理控制理论的实证检验主要是借助公司财务领域里的实证研究结果，例如 20 世纪 80 年代一批学者关于资本结构变动效应的实证分析，其中包括 Masulis（1980，1983）等关于转换要约的分析，Dann（1980）和 Vermaelen（1981）等关于股票回购的分析，Korwar（1983）以及 Asquith 和 Mullins（1985）等关于多次发行的分析，Mikkelson（1981）以及 Dann 和 Mullins（1983）关于可转换债券发行的分析，Dann 和 De Angelo（1988）关于所有权结构的分析，以及 Amihud 等（1990）关于投资机会选择的分析。这批实证研究内容参差不齐、方法前后各异、结论多有出入，结果当然不甚理想。

自 20 世纪 80 年代末，开始有学者直接进行关于资本结构管理控制模型的实证检验。Friend 和 Lang（1988）以 1979—1983 年间在纽约股票交易所挂牌上市的 984 家公司为样本，分析了企业内非管理性大股东对管理者所起到的监督作用。他们验证了在开放型公司（管理者持股比例较低的公司）中，管理性大股东持有股票的市场价值以及管理性大股东持有股票的比例均会对公司的负债比率产生显著的负面影响。相反，在封闭型公司中，二者没有显著的相关性，管理者从其自身利益出发调整负债的动机和能力都比在开放型公司中的管理者要低。

McConnell 和 Servaes（1990）分别以纽约股票交易所和美国股票交易所 1976 年的 1 173 家上市公司和 1986 年的 1 093 家上市公司为检验样本。实证显示，企业价值与内部人持股比例之间存在非线性关系，企业价值先升后降；而大股东持股比例对企业价值没有独立的影响。该模型仅检验了斯塔尔兹模型中企业价值与内部人持股比例的关系，未考虑到资本结构与这两者之间的关系。McConnell 和 Servaes（1995）把财务杠杆因素补充到 1990 年的检验方程里，实证结果表明：（1）关于企业价值和债务杠杆，在低增长样本组里，托宾 q 与企业债务之间的参数估计值在三个样本检验期间均显著为正，相同检验期间内，在高增长样本组里，其参数估计值均显著为负；（2）关于企业价值和内部人持股比例修正了他们早先的结论，内部人持股比例与托宾 q 之间的关系仅仅得到了适度的支持。

Berger 等（1997）研究了管理壁垒与资本结构之间的联系。结果显示，地位稳固的 CEO 希望避免负债，当 CEO 不需要面对来自所有权或补偿激励的压力，或不受行动监督时，杠杆水平较低。杠杆加大是壁垒减少冲击管理者安全的后果。

Garvey 和 Hanka（1999）以 1987 年美国州政府颁布第二代反收购立法为特定事件，对比了立法颁布前后公司的财务政策。回归结果表明，立法颁布后企业从债务融资转向权益融资，而且受保护的公司与未受保护的公司之间的债务比例差距以每年大约 8% 的速度下降。Boot 和 Thakor（2011）研究了外部融资者对公司控制权的设计机制，以及在公司的初始拥有者和管理者关于项目选择与新的投资者出现分歧时，该设计机制如何与公司证券发行和资本结构联动。结果发现，首先，与代理理论相反，管理层事前会选择最大化管理层对项目投资自主权的融资方式；其次，存在现金、股权、债权的动态优序融资。

2. 产业组织理论

随着产业组织理论的发展，人们又将产业组织的研究成果应用于资本结构的研究。20 世纪 80 年代中期，一批研究企业融资决策与产品市场经营决策互动关系的文章先后问世。其中，代表人物包括布兰德（Brander）、刘易斯（Lewis）、蒂特曼（Titman）、马克斯莫维克（Maksimovic）和弗里斯（Fries）等。

（1）理论研究。

Titman（1984）研究了产品或投入品特征与资本结构之间的关系，他们强调负债率会影响公司与客户或供应商之间的关系。公司破产可能会给其客户、雇员、供应商带来麻烦，如客户因此而不能获得零部件及技术支持，雇员拥有的一些技能在别的地方派不上用场等。这些受影响的群体无权参与公司的清盘决定。蒂特曼提出选择合适的负债率可以提供适当的激励，使公司的破产决定与事前公司价值最大化原则相一致。这一模型显示，如果其他条件相同，生产冰箱、汽车的公司的最优负债率比宾馆、饭店的要低，因为前者的破产对其客户、供应商等产生了较大的负面影响。

Brander 和 Lewis（1986）研究了公司的资本结构与产品市场上的竞争战略之间的互动关系。他们考察了一个在双寡头垄断市场上进行产量竞争的两期企业模型，得出如下结论：对于在不完全竞争市场进行产量竞争的企业而言，企业的债务水平与其在产品市场上的竞争力呈正相关关系，一家企业债务水平的提高在增加自身产量水平的同时降低了竞争对手的产量水平。企业债务的增加使其在产品市场上相对于竞争企业来说更具有进攻性，这种进攻性的存在使其在产品市场竞争中处于一种策略优势。

Bolton 和 Scharfstein（1990）用掠夺性定价理论分析了企业的融资决策与产品市场竞争的关系。他们建立了一个两期两企业模型，证明了在存在掠夺性定价的条件下，企业的最优负债水平为零。债务的契约性质所带来的企业和债权人之间的代理问题会导致融资约束，而企业的融资约束又会鼓励竞争企业采用掠夺性定价以迫使对手降低市场份额，甚至最终退出市场。

Maksimovic（1986）在给定产品市场上均衡类型——合谋或古诺竞争的条件下，分析了企业的融资决策对其市场价值的影响。Maksimovic（1988）在 1986 年模型的基础上，用重复博弈模型分析了在寡头垄断市场上企业的融资决策如何内生地决定企业在产品市场上的不同策略。在他的模型中，假定企业通过合谋或竞争可以达到不同的利润水平。债务的引入为经理人提供了一种偏离合作均衡的激励。企业的债务水平存在着一个上限，这个上限是由企业同它的竞争者保持隐含合谋激励的大小决定的，而这个激励的大小又是由行业中相互竞争的企业数目、市场需求的弹性大小以及市场中贴现率的高低等因素决定的。Spagnolo（1998）证明了企业经理人的重新选择或经理人激励机制的不同设计可以消除马克斯莫维克（Maksimovic）模型中债务对隐含合谋的不利影响。

Campello（2006）对于公司债务融资和产品市场表现的建模理论研究以及 115 个行业 30 年内关于杠杆率和销售表现的数据处理显示，在解决了债务水平的内生性之后，债务融资水平与产品市场表现呈非线性关系；在特定债务水平下，公司相对竞争对手的销售表现最佳，过高的债务融资会降低公司产品市场表现。

Matsa（2010）分析了债务融资在提高企业与工会的谈判地位上的战略使用。由于保持高水平的企业流动性鼓励员工提高工资要求，因此企业有动机占用偿债的现金流以改善其与员工的谈判地位，表明在工会谈判中的战略地位对企业融资决策有重大影响。

（2）实证研究。

大量的实证研究表明，资本结构影响企业在产品市场上的竞争能力和业绩。

Maksimovic 和 Titman（1991）的实证研究表明，产品市场竞争过程必然出现价格战或营销战，利润和经营现金流随之下降，财务杠杆高的企业容易最先陷入财务危机，引起客户、具有谈判地位的供应商、债权人等利益相关者出于自身风险控制的考虑采取对企业经营雪上加霜的行动，导致销售下降和市场份额萎缩。Opler 和 Timan（1994）的实证研究发现，在行业不景气时，高负债公司将损失大量市场份额，流向财务杠杆较低的竞争对手，对外融资能力进一步减弱，最终退出市场。

Phillips（1995）以 1980—1990 年间美国的四个制造行业的数据为样本检验了企业的债务水平和产品市场竞争之间的相互关系。他对企业的产出和价格数据的分析证明企业的资本结构与其产品市场决策之间有相关关系。但是这种相关关系的正负取决于不同行业的行业特点。而后，Kovenock 和 Phillips（1995，1997）等的研究发现，在集中度高的行业，当业内主要企业因融资约束或杠杆并购形成高财务杠杆时，财务杠杆低、现金充裕的竞争对手往往主动发动价格战或营销战，降低产品利润和经营现金流入，逼迫财务杠杆高的企业陷入财务危机。

Chevalier（1995a，1995b）以超市行业为例检验了企业的杠杆收购决策的影响。选用 1985 年和 1991 年 85 个大城市统计区的超市数据进行回归分析，得出了如下结论：企业的杠杆收购决策提高了其竞争对手的未来预期利润；杠杆收购企业的存在鼓励了其竞争对手的市场进入和扩展行为。这些结论都表明，企业债务的存在使得其在产品市场竞争中缺少进攻性、更为软弱。

Zingales（1999）对美国 1980 年解除运输公司管制时各企业财务杠杆水平对管制解除后的竞争地位和生存能力的影响进行了考察。研究发现，管制解除加剧了竞争，引发了价格战。管制解除 8 年后未能生存下来的企业大多数是管制解除前财务杠杆高的企业，高财务杠杆降低了企业为增强竞争地位所必需的投资力度和价格战的财务承受能力。

Campello（2003）为资本结构对产品市场表现的影响提供公司层面和行业层面的证据，研究发现，竞争对手在经济衰退期间相对无杠杆的行业中，债务融资对公司相对销售增长有负面影响，而在经济繁荣时期则没有此现象。此外，在高负债行业的竞争企业中没有观察到这种效应。

Kale 和 Shahrur（2007）在前人的产业组织理论中引入了供货商和顾客，探究企业是否利用杠杆率下降作为承诺机制来诱使供应商/客户进行针对特定关系的投资。结果显示公司的杠杆率与其供应商和客户的研发强度负相关。同时，供应商或客户所在行业的公司如果建立战略联盟或合资企业，公司的债务水平较低。最后，公司债务水平与供应商/客户行业的集中程度之间存在正相关关系。

3. 市场择时理论

（1）理论研究。

随着行为金融理论的发展，人们逐渐放松了 MM 理论（1958）中关于完美资本市场的假设，开始考虑不同形式融资手段的成本对于公司资本结构选择的影响。事实上，有关公司实际融资决策、股票发行与回购长期收益、股票发行的预期与实际收益的调查分析以及对于公司管理层的采访都证实了在实际融资决策过程中，股票市场择时行为是一个很重要的影响因素。

Baker 和 Wurgler（2002）探究了股票市场择时行为对于资本结构的影响。文章用市净率来衡量公司面临的市场择时机会，发现公司倾向于在市场价值较高时发行股票，在市场价值较低时回购股票，影响资本结构；低负债率的公司是在市场估值较高时融资的公司，高负债率的公司是在市场估值较低时融资的公司。

在市场择时理论中，公司不存在最优资本结构，资本结构是市场择时的累积结果。

（2）实证研究。

有关市场择时的实证研究主要分为支持和反对两个阵营。

Huang 和 Ritter（2005）实证研究发现，当预期股票风险溢价低、首次公开发行首日收益高以及法玛-弗伦奇价值因子低的时候，美股上市公司更倾向于使用股权融资，与市场择时理论预期一致。束景虹（2010）实证研究发现，中国上市公司在股票价格被高估时发行股票带来的收益高于向市场传递负面信号带来的逆向选择成本，因此股权融资偏好是基于择时的考虑。

对于市场择时理论的质疑主要集中在市场择时行为对于公司资本结构的影响是否长期持久。Aydogan（2004）、Kayhan 和 Titman（2004）都承认了市场择时行为的存在性，但是都不认为其对于企业资本结构选择的影响是持续性的。Hovakimian（2006）发现，历史市净率对企业杠杆率的影响不是由于过去的股票市场择时，作者并未否认在股票交易过程中存在择时行为，只是不认为股票市场择时会对企业资本结构产生长期持续的影响；历史平均市净率对于当前投融资决策具有显著影响，意味着历史市净率中包含当前市净率所反映出的有关公司成长机会的信息。

三、总结

自从 MM 定理提出来之后，现代公司资本结构理论在放松假设→提出问题→形成新理论→提出问题的循环中不断发展，出现了许多理论。然而，到目前为止，这个"公司最优资本结构"依然是个谜，仍然没有统一的理论体系对公司资本结构和融资问题进行完整的解释，以上各个理论学派也仅仅是从某个特定角度对公司融资问题进行研究。正如 Myers（2001）对资本结构理论进行回顾一文中所提到的那样："目前仍然没有一个大一统的资本结构理论被学术界和实务界所广泛认同，然而也没有理由期待这一理论的出现。现实中的资本结构是众多因素共同作用的结果，要区别出哪些因素更为重要确实不易。因此，应综合、全面地考虑公司资本结构的各种决定因素。"

我们也欣喜地看到，信息经济学的发展为解释这个谜找到了一条新的出路。虽然由于引入非对称信息之后，公司资本结构和融资问题变得更加复杂，但是，我们可以期望，随着信息经济学的发展和博弈论工具的引入，公司资本结构理论将得到全新的发展。

参考文献

［1］Agrawal，A.，Nagarajan，N.，1990. Corporate capital structure，agency costs，and owner-ship control：The case of all-equity firms. Journal of Finance，45，1325 - 1331.

［2］Allen，F. B.，1954. Does going into debt lower the cost of capital? Analysts Journal，10，57 - 61.

［3］Asquith，P.，Mullins，D. W.，1986. Signaling with dividends，stock repurchases and equity issues. Financial Management，15，27 - 44.

［4］Baker，G. P.，Jensen，M. C.，Murphy，K. J.，1988. Compensation and incentives：Practice vs. theory. Journal of Finance，43，593 - 616.

［5］Baker，M.，Wurgler，J.，2002. Market timing and capital structure. Journal of Finance，57，1 - 32.

［6］Berger，P. G.，1995. Increased debt and industry product markets：An empirical analysis. Journal of Financial Economics，37，189 - 238.

［7］Berger，P. G.，Ofeket. E.，Yermack，D. L.，1997. Managerial entrenchment and capital struc-ture decisions. Journal of Finance，52，1411 - 1438.

［8］Brander，J.，Lewis，T.，1986. Oligopoly and financial structure：The limited liability effect. The American Economic Review，76，956 - 970.

［9］Brealey，R. A.，Myers，S. C.，1996. Principles of Corporate Finance. The McGraw-Hill Compa-nies，Inc.

［10］Brennan，M. J.，Kraus，A.，1987. Efficient financing under asymmetric information. Journal of Finance，42，1225 – 1243.

[11] Bolton，P.，Scharfstein，D.，1990. A theory of predation based on agency problems in financial contracting. The American Economic Review，80，93 – 106.

[12] Boot，A.，Thakor，A. V.，2011. Managerial autonomy，allocation of control rights，and optimal capital structure. Review of Financial Studies，24，3434 – 3485.

[13] Campello，M.，2003. Capital structure and product markets interactions：Evidence from business cycles. Journal of Financial Economics，68，353 – 378.

[14] Campello，M.，2005. Debt financing：Does it boost or hurt firm performance in product markets? Journal of Financial Economics，82，135 – 172.

[15] Chevalier，J.，1995. Capital structure and product market competition：Empirical evidence from the supermarket industry. The American Economic Review，85，415 – 435.

[16] Chevalier，J.，1995. Do LBO supermarkets charge more：An empirical analysis of the effects of LBOs on supermarket pricing. Journal of Finance，50，1095 – 1112.

[17] Constantinides，G.，Grundy，B.，1989. Optimal investment with stock repurchase and financing as signals. Review of Financial Studies，2，445 – 465.

[18] Dann，L.，1981. Common stock repurchases：An analysis of returns to bondholders and stockholders. Journal of Financial Economics，9，113 – 138.

[19] Dann，L.，Masulis，R.，Myers，D.，1991. Repurchase tender offers and earnings information. Journal of Accounting and Economics，14，217 – 251.

[20] Dierkens，N.，1991. Information asymmetry，and equity issues. Journal of Financial Quantitative Analysis，26，181 – 199.

[21] Durand，D.，1952. Cost of debt and equity funds for business：Trends and problems of measurement. Conference on Research in Business Finance，215 – 247.

[22] Easterbrook，F. H.，1984. Two agency-cost explanations of dividends. The American Economic Review，74，650 – 659.

[23] Eckbo，B. E.，1986. Valuation effects of corporate debt offerings. Journal of Financial Economics，15，119 – 151.

[24] Fama，E.，1965. Agency problem and the theory of the firm. Journal of Political Economy，73，110 – 120.

[25] Friend，I.，Lang，L.，1988. An empirical test of the impact of managerial self-interest on corporate capital structure. Journal of Finance，47，271 – 281.

[26] Garvey，G. T.，Hanka，G.，2002. Capital structure and corporate control：The effect of anti-takeover statutes decision. Journal of Finance，54，519 – 546.

[27] Graham，J.，Harvey，C.，2001. The theory and practice of corporate finance：Evidence from the field. Journal of Financial Economics，60，187 – 243.

[28] Grossman，S. J.，Hart，O.，Maskin，E.，1982. Unemployment with Observable Aggre-

gate Shocks. Social Science Electronic Publishing.

[29] Grossman, S. J., Hart, O., 1982. Corporate financial structure and managerial incentives. In McCall, J. J., 1982. The Economics of Information and Uncertainty. University of Chicago Press, 107 - 140.

[30] Grossman, S. J., Hart, O., 1986. The costs and benefits of ownership: A theory of vertical and lateral integration. Journal of Political Economy, 94, 691 - 719.

[31] Harris, M., Raviv, A., 1998. Corporate control contests and capital structure. Journal of Financial Economics, 20, 55 - 86.

[32] Harvey, C. R., Lins, K. V., Roper, A. H., 2003. The effect of capital structure when expected agency costs are extreme. Journal of Financial Economics, 74, 3 - 30.

[33] Hart, O., 1995. Firms, Contracts, and Financial Structure. Clarendon Press.

[34] Heinkel, R., 1982. A theory of capital structure relevance under imperfect information. Journal of Finance, 37, 1141 - 1150.

[35] Heinkel, R., Zechner, J., 1990. The role of debt and preferred stock as a solution to adverse investment incentives. Journal of Financial and Quantitative Analysis, 25, 1 - 24.

[36] Hovakimian, A., 2006. Are observed capital structures determined by equity market timing? Journal of Financial and Quantitative Analysis, 41, 221 - 243.

[37] Jensen, M. C., Meckling, W. H., 1976. Theory of the firm: Managerial behavior, agency cost and ownership structure. Journal of Financial Economics, 3, 305 - 360.

[38] Jensen, M. C., 1986. Agency costs of free cash flow, corporate finance and takeover. The American Economic Review, 76, 323 - 329.

[39] Kale, J. R., Shahrur, H., 2005. Corporate capital structure and the characteristics of suppliers and customers. Journal of Financial Economics, 83, 321 - 365.

[40] Kovenock, D., Gordon, P., 1995. Capital structure and product market rivalry: How do we reconcile theory and practice? The American Economic Review, 85, 403 - 408.

[41] Kovenock, D., Gordon, P., 1997. Capital structure and product market behavior: An examination of plant exit and investment decision. Review of Financial Studies, 10, 767 - 803.

[42] Leland, H., Pyle, D., 1977. Information asymmetries, financial structure and financial intermediation. Journal of Finance, 32, 371 - 387.

[43] Maksimovic, V., Titman, S., 1991. Financial reputation and reputation for product quality. Review of Financial Studies, 2, 175 - 200.

[44] Maksimovic, V., 1988. Optimal capital structure in repeated oligopolies. Rand Journal of Economics, 19, 389 - 407.

[45] Masulis, R., 1980. Stock repurchase by tender offer, an analysis of the causes of common stock price changes. Journal of Finance, 35, 305 - 319.

［46］ Masulis，R.，1980. The effects of capital structure change on security prices：A study of exchange offers. Journal of Financial Economics，8，139－178.

［47］ Masulis，R.，1983. The impact of capital structure change on firm value，some estimates. Journal of Finance，38，107－126.

［48］ Matsa，D. A.，2010. Capital structure as a strategic variable：Evidence from collective bargaining. Journal of Finance，65，1197－1232.

［49］ McConnell，J. J.，Servaes，H.，1990. Additional evidence on equity ownership and corporate value. Journal of Financial Economics，27，595－612.

［50］ McConnell，J. J.，Servaes，H.，1995. Equity ownership and the two faces of debt. Journal of Financial Economics，39，131－157.

［51］ Modigliani，F.，Miller，M.，1958. The cost of capital，corporation finance and the theory of investment. The American Economic Review，48，261－297.

［52］ Modigliani，F.，Miller，M.，1963. Corporate income taxes and the cost of capital：A correction. The American Economic Review，3，433－443.

［53］ Miller，M.，1977. Debt and taxes. Journal of Finance，32，261－275.

［54］ Myers，S.，Majluf，N.，1984. Corporate financing and investment decisions when the firm has information that investors do not have. Journal of Financial Economics，13，187－221.

［55］ Noe，T. H.，1988. Capital structure and signaling game equilibria. Review of Financial Studies，1，331－355.

［56］ Ranjan，D. M.，Stephen，F.，2000. The information effects of analyst activity at the announcement of new equity issues. Financial Management，29，78－95.

［57］ Ross，S. A.，1977. The determination of financial structure：The incentive signaling approach. Bell Journal of Economics，8，23－40.

［58］ Smith，R.，1955. Cost of Capital in the Oil Industry. Pittsburgh：Carnegie Inst. Tech.

［59］ Shoesmith，D. W.，Sunder，S.，1991. An electrochemistry-based model for the dissolution of UO2. Swedish Nuclear Fuel and Waste Management Co.

［60］ Stulz，R.，1990. Managerial discretion and optimal financing policies. Journal of Financial Economics，26，3－27.

［61］ Stulz，R.，1998. Managerial control of voting rights：Financing policies and the market for corporate control. Journal of Financial Economics，20，25－54.

［62］ Titman，S.，1984. The effect of capital structure on a firm's liquidation decision. Journal of Financial Economics，13，137－151.

［63］ 奥利弗·哈特. 企业、合同与财务结构. 上海：上海人民出版社，1998.

［64］ 黄继承，朱冰，向东. 法律环境与资本结构动态调整. 管理世界，2014（5）.

［65］ 李莉，闫斌，顾春霞. 知识产权保护、信息不对称与高科技企业资本结构. 管理世界，2014（11）.

［66］束景虹. 机会窗口、逆向选择成本与股权融资偏好. 金融研究，2010（4）.

［67］王亮亮，王跃堂. 工资税盾、替代效应与资本结构. 金融研究，2016（7）.

［68］王跃堂，王亮亮，彭洋. 产权性质、债务税盾与资本结构. 经济研究，2010，45（9）.

［69］向东，张睿，张勋. 国有控股、战略产业与跨国企业资本结构——来自中国 A 股上市公司的证据. 金融研究，2015（1）.

企业现金持有

内容摘要： 俗话说"现金为王"。企业普遍持有现金的现象引发了学术界的广泛关注。企业出于什么原因选择持有现金？企业持有现金带来的经济后果是什么？本文梳理了现金持有动机和现金持有后果的相关文献。一般认为公司持有现金的原因主要包括预防性动机、代理成本动机和税收动机三类，而公司现金持有的市场价值与其持有动机密切相关。

一、引言

现金持有（cash holding）是指企业选择持有现金而非使用现金的行为。根据会计准则的定义，现金有狭义和广义之分。狭义的现金是指库存现金以及可以随时用于支付的存款，而广义的现金还包含现金等价物，即企业在一定时点上持有的期限短、流动性强、易于转换为现金且价值变动较小的资产。20 世纪 90 年代以来，上市公司非金融企业的现金持有政策在全球范围内引起了学者和媒体的广泛关注。2014 年德勤（Deloitte）的一份研究报告指出，全球排名前 1 000 名的非金融企业持有现金的金额合计超过了 2.8 万亿美元。以美国为例，非金融企业现金占总资产的比例从 1980 年的 10.5％（Bates et al.，2009）增长至 2014 年的 25％（Graham and Leary，2018）。20 世纪 90 年代至 21 世纪初，美国非金融企业的现金持有规模占美国国内生产总值的 10％（Dittmar and Mahrt-Smith，2007）。类似地，韩国企业持有的现金规模占国内生产总值的比例为 34％（2014 年）。① 21 世纪初，欧洲大陆企业现金占总资产的比例达到了 15％（Ferreira and Vilela，2004），而同一时期中国上市公司现金持有比例超过 20％（Chen et al.，2012）。企业内部持有以及积累现金的现象引发了现金持有动机、现金持有水平的影响因素、现金持有的经济后果等一系列讨论。近些年学者们从不同的角度考察影响现金持有政策的因素以及现金持有政策对企业价值的影响，并取得了较为丰富的研究成果。

二、现金持有动机

建立在 MM 理论基础上的新古典投资理论认为，在理想状态下，如果资本市场是完备的，不存在信息不对称，且有效的合同设计可以解决代理问题，则企业的投资决策与财务状况无关，企业的现金政策应该对企业价值无影响。当企业出现资金短缺时，即内部现金流低于预期值，企业可以通过降低支出、外部融资或将非流动性资产（金融资产或实物资产）变现以获得生产经营和投资所需的资金。在市场完备的情况下，外部融资与内部融资是完全替代品，企业在进行融资行为时没有限制。然而在现实中，市场存在摩擦，内部融资成本与外部融资成本存在差异（一般来说，外部融资成本高于内部融资成本），这就导致融资决策受到融资成本的限制，进而不再独立于投资决策，因此企业会对现金持有量进行管理。这也解释了全球企业的现金持有不断增加的现象。

（一）预防性动机

有关现金持有动机的论述大多滥觞于凯恩斯于 1936 年出版的《就业、利息和货币通论》中关于流动性需求的理论。凯恩斯认为，企业持有现金主要出于三种动机：（1）交易动机（transaction motive），即公司需要流动性资产以满足日常交易的需要；（2）预防动机（precautionary motive），即公司为安全起见，将部分资产以现金的形式保存下来，以预防意外的流动性需求；（3）投机动机（speculative motive），即企业相信自身对于投资机会具备更高的洞察力，为了抓住投资机会而

---

①　A ＄2.5 Trillion problem，The Economist，September 27th，2014.

持有现金。Miller 和 Orr（1966）提出，如果企业拥有足够高的现金余额，则可以在现金流入和流出存在意料之外的错配之时，避免出售非现金资产的成本。这种观点预测，现金管理存在规模经济。Opler 等（1999）基于 Keynes（1936）的流动性需求理论提出了企业持有现金的预防性动机，并且在后续研究中得到了延伸和发展：当资本市场摩擦程度或投资机会不确定性程度较高时，企业持有较多的现金，使得在外部借贷成本很高或市场发生意外变化时可以及时抓住净现值为正的投资项目，而避免在未来被迫放弃潜在的投资机会。因此，那些具备较好投资机会、面临较高融资约束、预期具有较低未来现金流、具有较高不确定性和面临更激烈竞争的企业会选择持有更多的现金。

1. 融资约束与现金持有

Opler 等（1999）基于权衡理论，认为在股东利益最大化的前提下，公司存在最优现金持有量，即现金持有的边际成本等于现金短缺的边际成本，其中现金持有的预防性动机源于现金短缺的成本，现金持有的成本主要为机会成本。其采用1952—1994 年美国上市公司数据检验了权衡理论对现金持有的解释效果，结果发现，公司在现金流的波动程度更高或融资约束程度更高时会选择更高的现金持有水平。

融资约束较高的企业面临较高的现金短缺成本，现金持有对公司价值的影响更大（Denis and Sibilkov，2010），因此具有更强的现金持有预防性动机。Harford 等（2014）发现，公司会通过增加现金持有水平来降低再融资风险，对于再融资风险较高的公司，提高现金持有水平可以有效缓解公司面临的投资不足问题，因而现金的市场价值更高。

Almeida 等（2004）从现金-现金流敏感性的角度考虑公司面临的融资约束问题。研究发现，公司面临的融资约束程度越高，越可能留存现金流，提高现金持有水平，最后增强现金-现金流的敏感性。

Bates 等（2009）发现，美国公司的现金占总资产的比例由 1980 年的 10.5% 大幅上升至 2006 年的 23.2%，指出现金流波动程度的提高会使得公司基于预防性动机而持有更多的现金，并且发现过去 30 年企业现金持有上升的主要原因来自预防性动机。具备较多研发支出、较低资本支出的公司会持有更多现金，因为研发支出较高、资本支出较低导致有形资产占比较低、无形资产占比较高，而近些年企业研发变得越来越不透明，因此企业的外部融资成本较高。为了应对未来意料之外的现金流波动，企业会选择持有更多现金。Begenau 和 Palazzo（2021）则认为近年来现金持有的增加主要是因为上市公司成分的变化，具体来说，是因为新的上市公司利润更小、研发投入更大、发展潜力更大（科技革命和纳斯达克交易所的原因），因而会出于预防性动机持有更多的现金。

Acharya 等（2012）通过实证检验发现现金持有和信用利差显著正相关，这与直觉预测不一致。一般而言，现金持有较高的公司应该"更安全"，因此信用利差也较低。这一令人费解的发现可以用现金持有的预防性动机来解释。现金持有和信用利差的正相关关系是由于内生性导致的，因为风险较高的公司出于预防性动机会积累更高的现金储备。同样，尽管现金储备较高的公司短期内违约的可能性较小，但长期违约概率较高。文章通过实证分析证实了这些预测，表明预防性动机对于理解现金对信用风险的影响至关重要。

Phan 等（2017）则研究了高管的晋升激励对企业现金持有水平的影响：一方面，晋升激励会促使高管进行风险更大的投资，进而较少持有现金；另一方面，进行风险大的投资会加剧企业现金流的波动性，进而使得企业为了预防潜在的流动性短缺的风险而持有更多的现金，与此同时，理性的投资者预期到高管因为晋升激励而从事高风险的投资项目时，会显著提高要求的收益率，进而会加剧企业面临的融资约束程度，促使企业因为预防性动机而持有更多现金。实证结果表明，高管的晋升激励显著提高了企业的现金持有水平，同时也提高了现金的市场价值。

Cunha 和 Pollet（2020）发现存在融资约束的公司会选择利用内部资源建立现金储备，此类公司更早开始存钱，并能长时间保持高现金水平，而不受财务约束的公司依赖外部融资来投资和建立现金储备，这意味着后者相应减少现金储备量以节省资金。

陈德球等（2011）的实证研究发现，较高的政府质量能够降低公司的现金持有水平，因为政治质量的提高可以通过增加公司外部融资机会而降低公司面临的融资约束。

2. 投资机会与现金持有

除融资约束外，现有文献在研究公司现金持有行为的预防性动机时也强调了投资机会的重要作用。Mikkelson 和 Partch（2003）研究发现，公司会出于满足未来投资需求的目的而"过度"持有现金，但不影响公司经营业绩。Denis 和 Sibilkov（2010）的研究同样指出，保持较好的现金持有水平有助于公司把握投资机会。Cunha 和 Pollet（2020）利用人口统计数据引起的需求变化来提供现金持有的预防性动机的因果证据，发现企业为应对投资机会的外源性增长而大幅提高了现金持有水平。杨兴全等（2016）的研究同样表明，现金持有在把握投资机会方面对企业长期成长具有重要作用，发现公司所在行业的成长性与公司的现金持有水平呈现显著的正相关关系，指出高成长行业中公司的高额现金持有水平可以通过满足占优投资的资金需求增强竞争优势，且行业成长性进一步提高了公司现金持有的市场价值。

企业的现金持有决策还与投资机会的波动程度有关。Duchin（2010）研究发现，金融危机对于公司投资具有显著的负向影响，但现金持有水平较高的公司投资下降幅度较小，凸显了现金在公司面临外生冲击时所起到的重要作用。实施多元化经营的公司的现金持有水平显著更低，进一步研究发现，当投资机会和现金流的相关性较高时，公司会选择持有更少的现金。王福胜和宋海旭（2012）发现，企业进行多元化经营有助于分散风险，同时提供内部融资优势，因而能够降低现金持有水平，但对于融资约束程度较轻的国有企业以及控股股东和中小股东的代理问题较为严重的企业而言，多元化经营的效果有所减弱。

3. 产品市场竞争与现金持有

产品市场竞争也是影响现金持有水平的重要因素。Haushalter 等（2007）研究了捕食风险对公司现金持有行为的影响。捕食风险是指融资约束导致公司由于投资不足而被竞争对手占有市场份额的风险。研究发现，公司面临的捕食风险越大，为了满足投资需求以应对产品市场竞争，公司的现金持有水平也越高。

企业的现金持有水平是企业获取竞争优势的手段之一。Frésard（2010）研究发现，企业充沛的现金储备构成了一项竞争优势，企业可据此占领更多的市场份额，且这种效应在竞争对手面临融资约束时更显著。Lyandres 和 Palazzo（2016）研究了企业在面临市场竞争时策略性的持有现金行为，发现企业会通过持有更多的现金来向竞争对手表明进行研发投资的决心，进而降低对手的创新投入以获利，这种策略性行为在企业存在融资约束以及面临更强的市场竞争时表现得更为明显。

企业根据市场竞争及时调整现金持有水平。Hoberg 等（2014）发现，企业会依据产品市场竞争程度来调整股利政策和现金持有行为，当面临的产品市场竞争程度上升时，企业会选择减少股利发放或股票回购，同时提高现金持有水平。Qiu 和 Wan（2015）研究了同行的研发活动对企业现金持有水平的影响。同行的研发活动对企业产生了技术溢出效应和市场竞争效应，两者都会增加企业的现金持有，前者通过提高研发投资效率对企业研发行为带来更大的激励，使得预防性现金持有很有必要，而后者加剧了未来市场的竞争程度，也使得企业需要增加现金持有以应对更严峻的市场环境。

（二）税收动机

税收动机可能显著影响企业的现金持有行为（Foley et al.，2007）。一般来说，几乎所有的国家都会对在其境内经营的公司的收入征税，而美国对于其常住居民的境外收入也要征税。但为了避免双重征税，美国政府对其常住居民的境外收入在境外缴纳的税款进行豁免，并允许跨国公司延迟缴税义务，直至境外收入汇回国内。

假如美国税率为 35%，美国某一跨国公司在境外某一国家的收入为 1 000 美元。如果该公司按照子公司所在东道国的税率缴纳了 200 美元税款，则该部分收入汇回国内时，公司需要额外向美国政府缴纳 150 美元税款；如果该公司在东道国缴纳税款超过 350 美元，则该部分收入汇回国内时就不需要额外缴税。Foley 等（2007）首次从企业税的角度解释了美国跨国公司高现金持有水平的原因：当境外收入在汇回时面临的税率较高时，企业会选择在海外以现金的形式持有利润以进行避税。

Arena 和 Kutner（2015）研究了境外收入汇回税的变化对企业财务行为的影响，日本和英国都在 2009 年降低了对跨国公司征收境外收入汇回税的税率，进而使得企业在海外的现金持有水平显著降低，更多地进行股利发放和股票回购。

Harford 等（2017）发现，企业在海外持有的现金越多，现金的市场价值越低，并从税收、融资摩擦和代理问题的角度进行了解释，指出境外收入汇回税、高融资成本和代理问题会共同导致企业将现金留在海外，进而导致国内投资不足和海外过度投资的问题。

Gu（2017）发现美国的跨国公司的现金持有水平显著高于国内企业，原因主要在于境外收入汇回税的税率较高、企业有形资产的占比相对较低和美国政府的管制。

Graham 和 Leary（2018）从时间序列和横截面两个角度研究了美国现金持有在 1920—2014 年间的变化，使用美国数据进行实证研究发现，2000 年之后，美国非金融企业现金持有比例的上升主要是由于境外汇回税使得美国跨国公司在境外子公司留存了大量现金导致的。

Faulkender 等（2019）使用非公开数据进行研究，发现各个公司之间的现金持有增长并不一致，现金持有的增加主要集中在跨国公司的外国子公司中。标准的预防动机只能解释国内现金持有量，而不能解释这些新兴的国外现金余额。外国税率下降，加上对收入转移的限制放宽，是外国现金模式不断变化的根源。拥有知识产权的公司将收入转移到低税率司法管辖区的能力最大，而它们的外国子公司则是现金积累最多的地方。

De Simone 等（2019）研究了未来可预期的境外汇回税的减少是否会影响美国跨国公司在海外持有的现金数量。在 2018 年之前，美国跨国公司第一次免税期是由 2004 年颁布的《美国就业机会创造法案》（American Jobs Creation Act，AJCA）规定的，该法案允许美国跨国公司可以在 2004—2005 年以 5.25% 的境外汇回税（除规定年份外，其余年份税率为 35%）将海外现金汇回。2008 年金融危机期间，国会为应对危机颁布了一系列法案，这使得第二次境外汇回税的降低成为可能。随着美国经济的发展，有关降低境外汇回税的规定呼之欲出，美国国会最终于 2017

年通过了减免境外汇回税的管理条例。实证研究发现，2008 年国会提出涉及降低境外汇回税的法案之后，减少境外汇回税的期望收益与全球现金持有量的加速积累正相关。进一步研究发现，与 Faulkender 等（2019）的结论一致，可观察到的全球现金增加是由外国现金变化驱动的。

（三）现金持有中的代理问题

现代企业制度带来的所有权与经营权的分离使得在信息不对称的条件下，管理层（代理人）不一定总是按照股东（委托人）的意愿进行生产经营活动，管理层违背股东利益最大化目标，而在企业资源控制和薪酬激励下选择以企业规模最大化为目标，进而产生代理问题。Jensen（1986）从股东和管理层之间的代理成本出发，提出了解释管理层现金持有动机的自由现金流理论。自由现金流是指超过所有净现值为正的项目所需资金的剩余资金。契约不完备使得股东对管理层的监管难度增加，管理层有动机和能力通过控制更多的资源为自己谋利，因此会出于自利动机而使得公司过度持有现金。一方面，如果将现金作为股利分配掉，管理层控制的内部现金流减少，从中获利的机会下降，因此管理层出于管理层防御动机（managerial entrenchment）会将资源保留在生产周期内，将资金投入处于管理层支配范围内的其他生产领域，即使这些项目的净现值为负；另一方面，较高的现金持有能够减少公司外部融资的需要，因而使得管理层可以避免由于外部融资而不得不接受外部投资者的严格监督。管理层为了增加自身薪酬、在职消费以及其他控制权私利，或者出于帝国构建的动机寻求过度并购，可能会选择那些对自身有利但会损害股东和债权人利益的投资项目。Jensen（1986）的自由现金流量理论将无形但重要的代理成本引入现金持有的决定因素中。由于公司治理与代理成本息息相关，影响现金持有的众多公司治理因素由此进入了实证检验的视野，并推动了现金持有实证研究的蓬勃发展。

代理问题可能导致过度现金持有行为，间接导致更多的非效率投资活动，进而损害公司价值。Blanchard 等（1994）利用美国 11 家由于胜诉而获得一笔意外现金的公司样本，在假定意外现金不会影响投资机会的前提下，考察了现金持有的代理问题。实证研究发现，那些并不具备良好投资机会的公司更多地将现金留存于公司而不是以股利或股票回购的方式分配给股东。进一步分析发现，这些公司往往将这些留存的现金进行无价值的多元兼并活动，尽量延长公司的生存时间，以便将公司掌握在管理层的手中，确保管理层可以获得控制权私人收益。Harford（1999）利用 1950—1994 年美国上市公司的数据考察了超额现金持有与并购活动之间的关系，研究发现，现金储备丰富的公司更容易参与损害公司经营业绩和公司价值的并购，表明代理冲突的存在会使得管理层滥用公司持有的现金。Von Beschwitz（2018）使用德国的一项允许公司免税出售其股权的改革作为自然实验，研究了意外之财对公司收购政策的影响，验证了自由现金流理论。那些可以通过出售股权获得意外现金的公司，在税制改革后，收购另一家公司的概率增加了14%，但这些额外的收购破坏了公司的价值。税制改革后，受影响企业的收购公告收益率下降了1.2个百分点，并且意外现金数额越大，这一影响越强烈。

Harford等（2008）针对代理问题和现金持有之间的关系提出了三种假说：（1）弹性（flexibility）假说，自理的管理层在均衡当前的过度投资和公司未来的弹性时更看重后者，因此股东监督越无效的公司，管理层持有的现金越多；（2）消费（spending）假说，管理者偏好于扩张公司规模，如果管理层积累了超额现金，他们将寻求通过兼并或其他途径快速消耗这些现金；（3）股东权利（shareholder power）假说，能够对管理层进行有效监督的股东将允许管理层出于预防性动机积累超额现金。他们基于美国数据得到了与Dittmar等（2003）相反的结论，实证研究发现，公司治理水平较差的公司的现金持有水平越低。进一步的研究支持消费假说：公司的公司治理水平越差，管理层会促使公司进行更多的资本支出或参与更多的并购活动以消耗现金，而非选择持有更多现金。

公司治理水平的上升有助于抑制现金流过度持有现象。Dittmar等（2003）利用跨国数据考察了公司治理水平如何影响公司的现金持有行为。当股东权利保护程度较差时，投资机会和信息不对称均变得不重要，股东权利或者代理成本是决定现金持有量最主要的因素。实证研究发现，公司所处的国家对股东权益的保护程度越高，公司的现金持有水平越低。股东权利保护水平最低国家的公司比股东权利保护水平最高国家的公司平均多持有大约两倍的现金储备。

Yun（2009）利用美国反收购法律的颁布作为外生冲击，研究了公司治理水平如何影响企业的流动性管理行为，发现当企业面临的外部并购威胁降低时，管理层会选择让公司持有更多的现金。

Chen等（2012）以中国股权分置改革作为自然实验，研究了公司治理对公司的现金持有水平的影响，发现股权分置改革减少了控股股东的掏空动机，同时还缓解了代理问题导致的融资约束问题，进而使得公司显著降低现金持有水平。

Nikolov和Whited（2014）通过构建动态模型来探究哪些公司治理问题是影响现金持有的主要因素，在模型中作者提出了三种管理者和股东的激励机制不一致的机制：有限的企业管理者所有权、管理者基于企业规模的报酬和管理者在职消费。研究发现，过高的在职消费严重影响现金持有政策。大股东和机构所有者持股比例较低的公司的管理层在职消费较高，有限的企业管理者所有权是现金持有量长期呈上升趋势的关键因素，而代理问题对小公司的大量现金持有量影响不大。

Duchin 等（2017）基于美国上市公司的数据研究发现，企业以非现金形式大量持有金融资产，同时面临的融资约束程度越小、公司治理水平越低的企业持有的金融资产越多，表明企业更多的是因为投机目的而选择持有金融资产，而非传统的现金持有文献中所阐述的企业基于预防性动机而持有金融资产。这表明追求收益是企业持有金融资产的重要原因。

罗琦和秦国楼（2009）发现投资者保护水平越高，企业的现金持有水平更高，但现金的市场价值并没有显著降低，表明较高的投资者保护水平限制了高现金持有所面临的代理问题。姜英兵和于彬彬（2013）研究了股权分置改革对控股股东侵占动机的影响，发现股权分置改革后民营企业的现金持有水平显著降低，进而认为股权分置改革有效改善了公司治理水平，抑制了控股股东的利益侵占行为。

王红建等（2014）考察了经济政策不确定性上升如何影响公司的现金持有行为，研究发现，经济政策的不确定性上升后，公司会显著提高现金持有水平，同时现金的市场价值更低，表明经济政策不确定性的上升为大股东及管理层实施机会主义行为提供了便利条件，促使其掏空公司资产谋取私利，进而损害公司价值。窦欢和陆正飞（2016）研究发现，关联存款占现金比重较高的公司，现金持有的市场价值显著更低，论证了控股股东的侵占动机会降低现金持有价值。

三、现金持有理论

目前对现金持有动机的解释主要有权衡理论和优序融资理论两类。还有大量研究从实证的角度出发，探寻公司持有现金的原因。

（一）权衡理论

基于 Kraus 和 Lizenberger（1973）提出的权衡理论（trade-off theory），后续研究者建立了现金持有的静态权衡理论。该理论认为，持有现金既存在收益，也存在成本，要确定现金持有水平，必须在比较现金持有的成本和收益的基础上进行权衡，因此企业存在最优现金持有水平。在最优现金持有水平下，企业持有现金的边际成本等于持有现金的边际收益，给企业带来的经济效益最大，当实际现金持有水平偏离最优水平时，企业会对现金持有进行调整（Kim et al.，1998；Opler et al.，1999）。不同的学者对现金持有成本与收益的内涵和形式做出了各自的解释，推动了该理论的发展。

1. 现金持有的收益

现金持有的收益主要来源于市场摩擦（Graham and Leary，2018），体现为现金短缺的边际成本。当企业发生资金短缺时，企业不得不从外部资本市场进行融资，或者通过变卖资产、削减股利等方式来筹措资金，这些方式增加了企业的资金成本，也增加了企业陷入财务困境的可能性，同时还会使得企业放弃潜在的良好投资机会（Opler et al.，1999）。基于前文对企业现金持有动机的分析，企业持有现金的收益主要来源于两个方面：

（1）交易性动机。现金持有的交易性动机又称支付动机，是指公司为了维持日常生产经营的支出和周转的需要而持有的一定量的现金。公司的生产经营活动是连续进行的，但是先进的流入和流出很难保持时间和数量上的同步，很容易出现错配。因此，为了满足日常生产经营的需要，企业持有一定量的现金，可以在现金流入和流出出现错配之时，避免通过变卖非现金资产来筹措资金的成本（Keynes，1936；Miller and Orr，1966）。

（2）预防性动机。现金持有的预防性动机是指公司为了应对未来现金流的波动而选择持有现金，以防止在未来被迫放弃潜在的投资机会。尤其是在存在资本市场摩擦和不确定的投资机会的世界中，企业持有较多的现金，可以在外部借贷成本很高、市场发生意外变化时，及时把握净现值为正的投资项目（NPV 为正），以防止在未来被迫放弃潜在的投资机会（Opler et al.，1999）。因此，那些具备较好投资机会（Mikkelson and Partch，2003；Denis and Sibilkov，2010；Duchin，2010；Cunha and Pollet，2020；王福胜和宋海旭，2012；杨兴全等，2016）、较高融资约束、较低预期现金流、较高不确定性（Opler et al.，1999；Almeida et al.，2004；Bates et al.，2009；Acharya et al.，2012；Harford et al.，2014；Phan et al.，2017；Cunha and Pollet，2020；Begenau and Palazzo，2021；陈德球等，2011）和面临更激烈竞争（Haushalter et al.，2007；Frésard，2010；Hoberg et al.，2014；Qiu and Wan，2015；Lyandres and Palazzo，2016）的企业会选择持有更多的现金。

2. 现金持有的成本

现金持有的成本主要来源于机会成本和管理成本。基于对现金持有研究动机的分析，企业持有现金的成本主要表现在以下三个方面：

（1）机会成本。由于现金的流动性很高，与非流动性资产相比，企业持有现金的收益较低（Opler et al.，1999）。现金的低收益是高流动性的代价，在极端情况下，如果公司将现金的一部分存入无息支票账户，公司将放弃任何关于现金的回报

（Azar et al.，2016）。

（2）代理成本。基于委托-代理理论，Jensen（1986）提出了自由现金流量假说，认为由于企业管理层的剩余索取权与剩余控制权不对称，委托人与代理人激励不一致，管理层有动机通过企业控制权在牺牲股东利益的基础上为自己谋求私利，追求个人利益最大化而非股东利益最大化（Blanchard et al.，1994；Harford，1999；Dittmar et al.，2003；Harford et al.，2008；Yun，2009；Chen et al.，2012；Nikolov and Whited，2014；Von Beschwitz，2018；罗琦和秦国楼，2009；姜英兵和于彬彬，2013；王红建等，2014；窦欢和陆正飞，2016）。

（3）税收成本。税收成本主要表现为两方面：一方面，持有现金可能会有税收成本，因为流动资产的利息在公司层面和企业层面都要征税（Riddick and Whited，2009）；另一方面，很多国家（如美国），当国内公司在国外取得的利润被汇回本国时，政府会对这部分利润单独征税，因此为了避免利润汇回本国所缴纳的高额税金，跨国公司宁愿将利润以现金的形式留在国外，也不愿将其汇回国内继续投资（Foley et al.，2007；Arena and Kutner，2015；Harford et al.，2017；Gu，2017；Graham and Leary，2018；Faulkender et al.，2019；De Simone et al.，2019）。

（二）啄序融资理论

现金持有的啄序融资理论来源于资本结构中基于逆向选择（Akerlof，1970）提出的啄序融资理论（Myers and Majluf，1984）。该理论认为，为了使信息不对称成本和其他融资成本最小化，公司融资存在最优融资顺序，即内源融资优于外源融资，债权融资优于股权融资。

该理论认为，在信息不对称的情况下，企业管理者比外部投资者掌握了更多公司内部信息。公司为了抓住投资机会必须筹集资金。如果管理者掌握企业有利的信息，此时管理者会认为外部投资者低估了公司的价值，因此当一个投资项目所能获得的净现值小于公司股价低估值时，即发行低估值的股票的损失不能被投资项目的利润所抵消时，管理者有动机放弃净现值为正的项目；而如果管理者掌握企业不利的信息，此时管理者会认为外部投资者高估了公司的价值，公司管理者将总是会发行股票，即使投资项目的净现值为零，因为他们知道，投资项目获得的收益会超过公司的价值。另外，外部投资者了解管理者的这种行为模式，因此会将为项目融资而发行股票当作一个坏消息，进而使得股票发行产生负面市场反应。这就使得公司管理者出于理性判断，在为净现值为正的项目融资时，优先选择内部资金，以避免投资不足的问题以及与债务和股权相关的代理成本。

根据该理论的内在逻辑，现金持有是留存收益与投资需求之间的一种缓冲。当经营性现金流足以为新的投资提供资金时，公司会选择偿还债务，或者积累资金；当留存收益不足以满足当前投资需求时，公司将选择使用现金；如果需要更多的外部资金时，由于股权融资的负面信号效应，管理者更倾向于使用债务融资，因为债务融资为投资者提供了一个积极的信号，它表明企业愿意承担支付固定利息的义务。

啄序融资理论并不是一种专门的现金持有理论，但它为解释现金持有提供了一个新的视角。在确定现金持有水平和价值方面，啄序融资理论与权衡理论具有相同的影响因素，即现金持有动机也适用于啄序融资理论，如规模较小、研发费用支出较多的企业外部融资成本更高，因此倾向于持有更多的现金（Bates et al.，2009；Begenau and Palazzo，2021）。与权衡理论不同的是，啄序融资理论认为企业不存在最优现金持有水平，并且更加强调信息不对称和投资机会对现金持有的作用。

四、现金持有的市场价值

已有文献主要从现金持有的市场价值角度出发，研究现金持有的经济后果。如果市场是完备的，企业内部持有现金的账面价值将被完全反映在市场中，即企业持有1元现金，市场至少给予1元市场定价。信息不对称和代理问题的存在使得现金的账面价值与市场价值不匹配。针对现金持有的市场价值，探究在相关事件的影响下一单位额外现金持有的变化对企业价值的边际影响，这可以看作一种类事件研究。

Faulkender和Wang（2006）通过股票超额收益率的差异考察了不同的融资政策对公司持有现金的市场价值的影响。文章利用股利支付率、公司规模、长期债权等级和商业票据等级四种衡量融资约束的方式。实证研究表明，公司持有的现金越多、杠杆越高，现金的市场价值越低；与此同时，对于面临较高融资约束程度的公司而言，现金的市场价值越高。融资约束公司现金持有的市场价值随现金持有水平的增加而降低，并且当融资约束公司具备较高的增长机会和较低的内部资金时，现金持有的市场价值越高。

Denis和Sibilkov（2010）利用美国1985—2002年期间的数据考察了融资约束公司和非融资约束公司现金持有价值的差异。实证研究发现，在控制了其他影响公司价值的因素后，融资约束公司现金持有的市场价值显著高于非融资约束公司现金持有的市场价值。进一步研究发现，融资约束公司投资的边际价值显著高于非融资约束公司投资的边际价值，原因在于融资约束公司在利用现金持有进行投资时更注重效率。文章还指出，融资约束公司持有现金是公司基于外部融资环境而做出的一种价值增强的战略行为。

Pinkowitz 等（2006）利用 35 个国家的数据实证考察了投资者保护与现金持有的市场价值之间的关系，在投资者保护较弱的国家，如果控股股东通过攫取中小股东利益而追求控制权私人收益，则这些国家的中小股东对现金持有市场价值的评价会显著降低，即公司所处的国家对于投资者的保护较弱时，公司所持现金的价值越低。

Dittmar 和 Mahrt-Smith（2007）通过 1990—2003 年美国上市公司数据考察了公司治理和现金持有市场价值之间的关系。实证结果表明，公司治理对现金持有水平并不具有显著影响，但是对现金持有如何使用具备显著影响。进一步研究发现，当公司治理较差时，管理者会将大量的超额现金持有投资于低收益项目，或通过保持大量现金余额减缓经营压力。因此，公司治理水平的上升能够显著提高公司的现金持有的市场价值。

Frésard 和 Salva（2010）研究了外国公司在美国交叉上市对现金持有的市场价值的影响，发现公司在美国交叉上市后面临更完善的法律制度和更严格的信息披露要求，还面临更大的监督压力，因此降低了现金持有的代理成本，公司现金持有的市场价值显著提高。

Bates 等（2018）发现近几十年来，公司现金持有的市场价值已大大增加。平均而言，1 美元的现金在 20 世纪 80 年代的价值为 0.61 美元，在 90 年代为 1.04 美元，在 21 世纪头十年为 1.12 美元。这种增长主要是由投资机会和现金流量波动以及产品市场竞争和公司内部多元化的长期趋势推动的。结果表明，资本市场摩擦可以解释现金持有的市场价值上升的趋势。

张会丽和吴有红（2014）的研究表明，公司内部控制质量的完善能显著提升现金持有的市场价值，证明内控质量的提高有效降低了代理问题，抑制了管理层对自由现金流的过度投资。

五、总结

企业普遍存在内部持有和积累现金的现象，这一现象得到了学术界的广泛关注，并积累了大量研究成果，这些研究成果聚焦于两个重要问题：第一是现金持有的动机，即企业为什么持有现金；第二是现金持有的后果，即持有现金的市场价值。本文主要从这两个角度出发，整理了近年来的相关文献。

通过对近年来国内外文献的梳理，我们发现，企业持有现金的原因包括预防性动机、税收动机，代理问题也会导致过度现金持有。现金持有的预防性动机是指公司为了应对未来现金流的波动而选择持有现金，以防止在未来被迫放弃潜在的投资机会，尤其是在存在资本市场摩擦和不确定的投资机会的世界中，企业持有较多的现金，可以在外部借贷成本很高、市场发生意外变化时，及时抓住可以创造价值的投资项目（NPV 为正），以防止在未来被迫放弃潜在的投资机会。现金持有的税收动机则指的是当跨国企业的境外收入在汇回国内面临的税率较高时，企业会选择在海外以现金的形式持有利润以进行避税。现金持有具有代理成本，因为在信息不对称和激励不一致的情况下，管理层有动机和能力通过控制更多的资源为自己谋利，出于自利动机而使得公司过度持有现金。

现金持有对公司价值的影响随实际情况而异。如果市场是完善的，企业内部持有现金的账面价值将被完全体现在市场价值中，即持有 1 元现金，市场给予 1 元价格。一方面，在信息不对称的情况下，如果现金持有中可能存在代理问题，那么现金的市场价值将低于其账面价值。另一方面，现金持有可以通过缓解融资约束导致的投资不足提高企业价值，从而使现金持有的市场价值高于其账面价值。

尽管已有研究对现金持有的动机做了大量研究，但随着资本市场的发展，未来仍然有可能存在更多影响现金持有的因素被发现，同时，已经发现的影响现金持有的因素是否具备持续性，也是一个值得关注的问题。另外，由于现金持有具备"行为"和"状态"的双重属性，从不同属性出发对现金持有的动机和后果进行研究，可能会进一步深化对现金持有的认识。

参考文献

[1] Acharya，V.，Davydenko，S. A.，Strebulaev，I. A.，2012. Cash holdings and credit risk. Review of Financial Studies，25，3572 - 3609.

[2] Akerlof，G. A.，1970. The market for "lemons"：Quality uncertainty and the market mechanism. Quarterly Journal of Economics，84，488 - 500.

[3] Almeida，H.，Campello，M.，Weisbach，M. S.，2004. The cash flow sensitivity of cash. Journal of Finance，59，1777 - 1804.

[4] Arena，M. P.，Kutner，G. W.，2015. Territorial tax system reform and corporate financial policies. Review of Financial Studies，28，2250 - 2280.

[5] Azar，J. A.，Kagy，J.-F.，Schmalz，M. C.，2016. Can changes in the cost of carry explain the dynamics of corporate "cash" holdings? Review of Financial Studies，29，2194 - 2240.

［6］ Bates，T. W. ，Chang，C. -H. ，Chi，J. D. ，2018. Why has the value of cash increased over time? Journal of Financial and Quantitative Analysis，53，749－787.

［7］ Bates，T. W. ，Kahle，K. M. ，Stulz，R. M. ，2009. Why do U. S. firms hold so much more cash than they used to? Journal of Finance，64，1985－2021.

［8］ Begenau，J. ，Palazzo，B. ，2021. Firm selection and corporate cash holdings. Journal of Financial Economics，139，697－718.

［9］ Blanchard，O. J. ，Lopez-de-Silanes，F. ，Shleifer，A. ，1994. What do firms do with cash windfalls? Journal of Financial Economics，36，337－360.

［10］ Chen，Q. ，Chen，X. ，Schipper，K. ，Xu，Y. ，Xue，J. ，2012. The sensitivity of corporate cash holdings to corporate governance. Review of Financial Studies，25，3610－3644.

［11］ Cunha，I. ，Pollet，J. ，2020. Why do firms hold cash? Evidence from demographic demand shifts. Review of Financial Studies，33，4102－4138.

［12］ De Simone，L. ，Piotroski，J. D. ，Tomy，R. E. ，2019. Repatriation taxes and foreign cash holdings：The impact of anticipated tax reform. Review of Financial Studies，32，3105－3143.

［13］ Denis，D. J. ，Sibilkov，V. ，2010. Financial constraints，investment，and the value of cash holdings. Review of Financial Studies，23，247－269.

［14］ Dittmar，A. ，Mahrt-Smith，J. ，2007. Corporate governance and the value of cash holdings. Journal of Financial Economics，83，599－634.

［15］ Dittmar，A. ，Mahrt-Smith，J. ，Servaes，H. ，2003. International corporate governance and corporate cash holdings. Journal of Financial and Quantitative Analysis，38，111－133.

［16］ Duchin，R. ，2010. Cashholdings and corporate diversification. Journal of Finance，65，955－992.

［17］ Duchin，R. ，Gilbert，T. ，Harford，J. ，Hrdlicka，C. ，2017. Precautionary savings with risky assets：When cash is not cash. Journal of Finance，72，793－852.

［18］ Faulkender，M. ，Wang，R. ，2006. Corporate financial policy and the value of cash. Journal of Finance，61，1957－1990.

［19］ Faulkender，M. W. ，Hankins，K. W. ，Petersen，M. A. ，2019. Understanding the rise in corporate cash：Precautionary savings or foreign taxes. Review of Financial Studies，32，3299－3334.

［20］ Ferreira，M. A. ，Vilela，A. S. ，2004. Why do firms hold cash? Evidence from EMU countries. European Financial Management，10，295－319.

［21］ Frésard，L. ，2010. Financial strength and product market behavior：The real effects of corporate cash holdings. Journal of Finance，65，1097－1122.

［22］ Frésard，L. ，Salva，C. ，2010. The value of excess cash and corporate governance：Evidence from US cross-listings. Journal of Financial Economics，98，359－384.

［23］ Fritz Foley，C.，Hartzell，J. C.，Titman，S.，Twite，G.，2007. Why do firms hold so much cash? A tax-based explanation. Journal of Financial Economics，86，579 - 607.

［24］ Graham，J. R.，Leary，M. T.，2018. The evolution of corporate cash. Review of Financial Studies，31，4288 - 4344.

［25］ Gu，T.，2017. US multinationals and cash holdings. Journal of Financial Economics，125，344 - 368.

［26］ Harford，J.，1999. Corporate cash reserves and acquisitions. Journal of Finance，54，1969 - 1997.

［27］ Harford，J.，Klasa，S.，Maxwell，W. F.，2014. Refinancing risk and cash holdings：Refinancing risk and cash holdings. Journal of Finance，69，975 - 1012.

［28］ Harford，J.，Mansi，S. A.，Maxwell，W. F.，2008. Corporate governance and firm cash holdings in the U. S. Journal of Financial Economics，87，535 - 555.

［29］ Harford，J.，Wang，C.，Zhang，K.，2017. Foreign cash：Taxes，internal capital markets，and agency problems. Review of Financial Studies，30，1490 - 1538.

［30］ Haushalter，D.，Klasa，S.，Maxwell，W.，2007. The influence of product market dynamics on a firm's cash holdings and hedging behavior. Journal of Financial Economics，84，797 - 825.

［31］ Hoberg，G.，Phillips，G.，Prabhala，N.，2014. Product market threats，payouts，and financial flexibility：Product market threats，payouts，and financial flexibility. Journal of Finance，69，293 - 324.

［32］ Jensen，M. C.，1986. Agency costs of free cash flow，corporate finance，and takeovers. The American Economic Review，76，323 - 329.

［33］ Keynes，J. M.，1936. The General Theory of Employment，Interest，and Money. 3rd ed. London：Macmillan，Cambridge University Press.

［34］ Kim，C. -S.，Mauer，D. C.，Sherman，A. E.，1998. The determinants of corporate liquidity：Theory and evidence. Journal of Financial and Quantitative Analysis，33，335 - 359.

［35］ Lyandres，E.，Palazzo，B.，2016. Cash holdings，competition，and innovation. Journal of Financial and Quantitative Analysis，51，1823 - 1861.

［36］ Mikkelson，W. H.，Partch，M. M.，2003. Do persistent large cash reserves hinder performance? Journal of Financial and Quantitative Analysis，38，275 - 294.

［37］ Miller，M. H.，Orr，D.，1966. A model of the demand for money by firms. Quarterly Journal of Economics，80，413.

［38］ Myers，S. C.，Majluf，N. S.，1984. Corporate financing and investment decisions when firms have information that investors do not have. Journal of Financial Economics，13，187 - 221.

［39］ Nikolov，B.，Whited，T. M.，2014. Agency conflicts and cash：Estimates from a dynamic model：Agency conflicts and cash. Journal of Finance，69，1883 – 1921.

［40］Opler，T.，Pinkowitz，L.，Williamson，R.，1999. The determinants and implications of corporate cash holdings. Journal of Financial Economics，52，3 – 46.

［41］Phan，H. V.，Simpson，T.，Nguyen，H. T.，2017. Tournament-based incentives，corporate cash holdings，and the value of cash. Journal of Financial and Quantitative Analysis，52，1519 – 1550.

［42］Pinkowitz，L.，Stulz，R.，Williamson，R.，2006. Does the contribution of corporate cash holdings and dividends to firm value depend on governance? A cross-country analysis. Journal of Finance，61，2725 – 2751.

［43］Qiu，J.，Wan，C.，2015. Technology spillovers and corporate cash holdings. Journal of Financial Economics，115，558 – 573.

［44］Riddick，L. A.，Whited，T. M.，2009. The corporate propensity to save. Journal of Finance，64，1729 – 1766.

［45］Von Beschwitz，B.，2018. Cash windfalls and acquisitions. Journal of Financial Economics，128，287 – 319.

［46］Yun，H.，2009. The choice of corporate liquidity and corporate governance. Review of Financial Studies，22，1447 – 1475.

［47］陈德球，李思飞，王丛. 政府质量、终极产权与公司现金持有. 管理世界，2011 (11).

［48］窦欢，陆正飞. 大股东控制、关联存款与现金持有价值. 管理世界，2016 (5).

［49］姜英兵，于彬彬. 股权分置改革影响控股股东的现金持有偏好吗？会计研究，2013 (4).

［50］罗琦，秦国楼. 投资者保护与公司现金持有. 金融研究，2009 (10).

［51］王福胜，宋海旭. 终极控制人、多元化战略与现金持有水平. 管理世界，2012 (7).

［52］王红建，李青原，邢斐. 经济政策不确定性、现金持有水平及其市场价值. 金融研究，2014 (9).

［53］杨兴全，齐云飞，吴昊旻. 行业成长性影响公司现金持有吗？管理世界，2016 (1).

［54］张会丽，吴有红. 内部控制、现金持有及经济后果. 会计研究，2014 (3).

公司创新

内容摘要：公司创新是引领企业前进发展的不竭动力，正所谓"最大的不变就是变"。公司创新将新思想与新技术引入公司生产运营过程中，从而有效促进公司价值提升、生产力增长及社会福利增加。学术界围绕公司创新展开了丰富的探讨，本章将按照公司创新的影响因素、衡量方式及经济后果的逻辑顺序对相关文献进行梳理。

一、引言

在颠覆性创新时代，停滞不前意味着将被淘汰。据《哈佛商业评论》（*Harvard Business Review*）报道，自 2000 年以来，有 52％的《财富》（*Fortune*）500 强公司"破产、被收购或不再存在"，预计到 2027 年，将有 75％的标准普尔公司面临替换风险。因此，公司必须领先一步，在执行现有思想的同时，运用创造力产生切实改进的变革性方法，如产品创新、部门创新、模式创新等。

公司创新是将新思想和新发明转化为可带来切实利益的产品、服务和流程改进的过程，包括物质资本所体现的技术进步、对知识资本的投资、多要素生产率的增长和创造性破坏等。公司创新旨在满足持续的时间段或规模的需求，是公司价值、生产力增长和经济增长的主要推动力。然而，创新是一个充满风险的过程，并不容易实现。公司所拥有的人力资源、内部结构、融资渠道、所处的市场环境、宏观政策影响等因素都会极大地影响公司创新，进而影响公司的可持续性发展。

随着公司创新重要性的不断增加，学术界围绕公司创新这一主题展开了激烈的探讨。基于经典文献，本章将按照以下顺序对公司创新领域的文献进行梳理：第二部分将对公司创新的影响因素进行讨论，包括企业内部特征、企业外部特征、市场特征、宏观或国家特征等。第三部分对公司创新的衡量方式进行简要介绍。第四部分讨论公司创新的后果。第五部分则对绿色创新这一话题进行简要说明。第六部分进行简要总结。

二、公司创新的影响因素

（一）企业内部特征

劳动力本质上是公司创新最关键的资源。对于追求企业创新的公司而言，以比竞争对手更快的速度聘用最好的创新者是极为重要的。因此，本节将对包括企业高管特征、职工特征及公司内部治理等要素在内的企业内部特征加以讨论。

首席执行官（CEO）是企业高管的典型代表，对于引领公司发展起着至关重要的作用。CEO 为公司规划发展前景、发展定位、发展战略，是影响公司创新的重要因素之一。CEO 的个人特征、职业能力、薪酬方案与公司创新之间存在紧密联系。

Hirshleifer 等（2012）对 CEO 的过度自信与公司创新进行了分析。他们以 1993—2003 年的美国公司为研究样本，发现 CEO 过度自信的公司倾向于具有更大的收益波动性，在研发项目上投入更多，产生更多的专利和专利引用，并能获得更高的创新生产率。但只有在创新产业中，过度自信的 CEO 才会比非过度自信的 CEO 实现更多的创新。

CEO 的职业能力直接影响公司创新水平。Custodio 等（2017）发现，具有通用型管理技能 CEO 的公司会产生更多的专利。该文章利用公司 CEO 的固定效应、在 CEO 职业生涯中各州不同时间的非竞争协议的可执行性的变化来处理 CEO 与公司之间匹配的潜在内生性问题。研究发现，通才型 CEO 鼓励创新，是因为他们获得了除公司当前技术领域以外的知识，并且拥有在创新项目失败时可以在其他领域应用的技能。该文认为，一个有效的高管人才劳动市场可以通过引入容错机制促进创新。

Ederer 和 Manso（2013）对 CEO 的薪酬结构进行研究后发现，与实行固定工资和按绩效支付报酬的奖励计划相比，采用包含早期容错机制、对长期绩效支付奖励的工资计划对激励创新更为有效。实行这种激励策略可以促进公司发展新的商业策略。同时，解雇威胁会破坏创新的动力，而金色降落伞机制可以减少创新受创的影响。该文表明，设计合理的薪酬激励方案有助于激发创造力、促进公司创新。

Sapra 等（2014）利用理论模型来说明外部和内部公司治理机制如何影响创新，发现创新与外部收购压力之间存在 U 形关系，这是由预期的收购溢价和控制权的私人利益之间的相互作用引起的。该文还利用事前和事后的双重创新指标，为预测公司治理机制和公司创新之间的联系提供了强有力的实证证据。文章研究了不同州之间的反收购法律产生的收购压力变化，发现公司控制权不受阻碍的市场或足以有效阻止收购的反收购法律都可以促进公司创新。

普通员工的绩效水平同样对公司创新具有较大影响。Chang 等（2015）发现，对普通员工的股票期权激励在员工之间的"搭便车"能力较弱时、期权被广泛授予给大多数员工时、期权的平均到期时间较长时、员工持股量较低时会起到促进公司创新的作用，且股票期权的作用通过风险承担动机而非通过基于绩效的激励产生。

Chemmanur 等（2019）分析了公司高管质量与企业创新投入产出之间的关系。文章使用高管特征面板数据，并利用公共因子分析方法构建了管理者质量因子进行研究。文章发现，高管质量是公司创新的重要决定因素，管理质量的各个方面对新老公司的创新会产生不同的影响。此外，高管素质更高的公司会采取更具风险（"探索性"）的创新战略。聘请更多高素质的发明者，可以使管理者质量较高的公司获得更大的创新产出。

Chang 等（2020）研究了董事会关系对企业创新的影响。文章发现，关系较好的董事会对创新活动和质量具有积极影响。当公司面临更严重的代理问题时，这种效应更为明显。对外部融资需求更大的公司会从与银行家的董事会关系中受益更多。文章利用导致董事会关联性变化的外生冲击，如董事死亡、退休以及新交易所上市规则带来的监管冲击，证明了良好的董事会关系确实会对企业创新产生影响。

徐宁和徐向艺（2012）基于创新经济学相关理论，运用中国高科技上市公司 2007—2010 年的平衡面板数据，对高管控制权激励与技术创新动态能力的关联性进行实证检验，结果表明：技术创新动态能力由技术创新投入能力、技术创新产出能力、技术创新转化能力三个维度构成；控制权激励与技术创新动态能力之间存在显著的倒 U 形关系，即在达到极值之前，控制权激励以积极性为主导，从而对技术创新动态能力具有促进效应，但超过此极值，控制权激励的消极性逐渐凸显，转而对技术创新动态能力产生明显的抑制效应。因此，保持适度的控制权激励力度，并对显性激励与隐性激励进行合理配置，是提升上市公司技术创新动态能力的理性选择。

唐跃军和左晶晶（2014）根据中国上市公司数据，研究不同的所有权性质以及潜藏在其下的微观治理机制对公司创新存在的影响。首先，区分不同类型的所有权性质。研究发现，中国民营企业，尤其是终极控股股东为家族或自然人的上市公司，更愿意进行持续高水平的研发投入；而中国国有企业，主要是终极控股股东为中央政府和国家部委、地方政府及其所属机构（政府控股）的上市公司，创新投资较低。其次，基于终极控制权理论，从第二类代理问题与大股东制衡的视角发现，虽然终极控股股东两权偏离在一定程度上有损于公司创新，但是家族或自然人控股的上市公司的其他大股东制衡有助于提高研发与创新投入；而在政府控股的上市公司中，其他大股东不仅无力推动公司创新，甚至会显著降低研发投入水平。钟腾等（2020）利用专利申请数量和授权数量衡量中国上市公司创新产出，发现中国上市公司中集中型股权结构会显著抑制公司创新产出，而且关联交易是二者之间的中介变量。由于隧道效应成本远低于研发创新成本，大股东倾向于通过隧道效应掠夺中小股东利益而非通过创新获得长期收益。

赵子夜等（2018）从中国本土的制度背景出发，从公司的总经理和董事长的工种、行业和地区跨界经历出发，构建了能力结构指数，并发现通才型领导人显著提升了公司的研发费用、专利申请和专利引用。而且，这一结果在公司业务的地理和行业跨界度提升时更为明显。反之，当公司聘请了本行业相关经历的独立董事或者给予高管更高的股份时，通才效应明显削弱。以上结果在基于领导人能力结构变更的准双重差分实验和采用工具变量的两阶段模型中保持稳定。倾向得分匹配的结果揭示，通用型领导人所在的公司平均多申请 20% 的专利。综合结论可得，通才型 CEO 基于跨界情境的可复制的成功更有利于激励创新，这有助于理解通用型人才在全球经理人市场中的比例为何稳步上升。

（二）企业外部特征

本小节讨论的企业外部特征主要指超过股东直接控制的影响企业创新的企业层面特征。如境外机构投资者、对冲基金、供应商与客户之间的关系等。

Luong 等（2017）研究了境外机构投资者对企业创新的影响。使用 2000—2010 年间 26 个非美国经济体的公司层面的数据，Luong 等（2017）发现，境外机构投资者持股比例对公司创新具有正向作用。文章进一步探讨了境外机构投资者影响公司创新的三种可能的潜在机制：充当积极的监督者、为公司提供创新失败的保险、促进高创新经济体的知识溢出。

Chu 等（2017）发现，供应商-客户地理距离邻近度对供应商创新存在积极影响。当客户自身更具创新能力、供应商和客户之间的技术空间更近、客户的需求占供应商总销售额的比重较大时，供应商与客户之间的地理邻近度对供应商创新的积极影响会更强。文章指出，反馈渠道和需求渠道可能是潜在的作用机制。

Brav 等（2018）研究了对冲基金的行动如何影响公司创新。文章发现，受到对冲基金干预后的目标公司，创新效率在五年内有所提升。虽然研发支出表现收紧，目标公司的创新产出（以专利数量和引用量为衡量指标）却有所增加，且创新产品组合更加多样的公司受到的影响更大。与此同时，创新资源的重新分配、人力资本的重新部署以及对董事会专业知识的改变都有助于改善目标公司的创新能力。

付雷鸣等（2012）以中国创业板上市公司为研究对象，探讨了机构投资者持股与企业创新投入之间的关系，进一步将机构投资者划分为风险投资者和非风险投资者，并比较了它们在促进企业创新投入方面存在的差异。结果发现，机构投资者持股能够显著地提高企业的创新投入水平，与非风险投资者的普通机构投资者相比，风险投资者在促进企业提高创新投入方面的效率更高。

陆瑶等（2017）以 2000—2012 年间风险投资支持的上市公司为样本，研究了风险投资的联合投资对被投资公司创新能力的影响。研究表明：在接受了风险投资的上市公司中，被联合投资的公司比被单独投资的公司表现出更强的创新能力；联合投资机构数目越多，被投资公司的创新能力越强；风险投资的持股时间越长，辛迪加风险投资对企业创新的正影响越强。如果辛迪加成员的机构特点差异较大、投资形式差异较小，那么被投资的公司创新能力更强；领投机构的出资比例和机构规模越小，则被投资的公司创新能力受到联合投资的促进作用越大。

（三）市场特征

创新面临风险，而不同的环境导致了不同的挑战。本小节将对产品市场条件、一般市场条件等主要市场特征进行叙述。

1. 产品市场

Aghion 等（2005）研究了产品市场竞争（product market competition，PMC）与创新之间的关系。该文建立了一种增长模型，其中竞争可以增加创新带来的增量利润，也有可能减弱落后者的创新动机。结果发现：第一，产品市场竞争与创新呈倒 U 形关系。第二，企业间技术"瓶颈"的均衡程度应随着产品市场竞争的降低而降低。第三，行业中"瓶颈"的平均程度越高，倒 U 形关系越陡峭。第四，如果承担更高的债务压力，尤其是在产品市场竞争水平较低的情况下，企业可能会进行更多的创新。

Desmet 和 Rossi-Hansberg（2012）利用美国大都市区样本，研究了在完全市场竞争环境中，土地竞争如何让公司达到最优创新。当竞标某块土地时，公司可以通过投资于增加土地价值的创新领域，从而增强竞标实力。土地具有不可复制性，因此土地不会由于受到其他生产者的剥削而导致损失，这是企业愿意投资的原因。在没有空间溢出效应和时间溢出效应的情况下，企业将达到最优创新。

Bloom 等（2013）基于美国公司的面板数据研究了研发的溢出效应对公司增长的影响。传统文献认为，公司的业绩受到两个抵消性溢出影响，即技术（知识）溢出的积极影响，以及产品市场竞争对手的负面商业偷窃影响。他们将这两种溢出效应加以结合，并采用衡量企业在技术领域和产品市场领域中的地位的指标，发现技术溢出占主导地位，研发的总社会收益至少是私人收益的两倍。而且，中小公司的研发效率比大公司更低。

鲁桐和党印（2014）以 2006—2010 年 1 344 家沪深 A 股公司为样本，采用聚类分析的方法，按要素密集度将样本公司划分到劳动密集型、资本密集型和技术密集型三个行业，对比考察不同行业公司治理对技术创新的影响。研究发现，三个行业中公司治理对企业技术创新的影响既有相同点，也存在差异。相同点是，三个行业中第二至第十大股东持股比例、基金持股比例和董监高（即董事、监事、高管）持股比例对研发投入均有正向影响。差异在于，在资本密集型和技术密集型行业中，董监高的薪酬激励有利于创新活动的开展，但对于前者，国有第一大股东持股比例与研发投入正相关；对于后者，核心技术人员的期权激励对创新有显著的正向影响。进一步分析发现，良好的市场化环境是企业技术创新的外部推动力量。

蔡卫星等（2019）基于 2003—2015 年中国制造业上市公司的研究样本和手工收集的企业集团信息，系统检验了企业集团如何影响企业的创新产出及其影响机制。研究表明，企业集团与专利产出之间存在着显著的正向关系，并且这一关系对发明专利更为显著。基于 2003 年国务院国有资产监督管理委员会成立后各地区推出的"企业集团促进政策"改革构建工具变量进行检验，上述发现仍然显著成立。从供给侧看，企业集团通过内部资本市场缓解了创新的融资约束难题，通过内部知识市场缓解了创新的信息匮乏难题；从需求侧看，由于专利产出可以在各成员间灵活地配置和使用，因此，企业集团创新产出的市场收益率更高。

2. 信贷关系

Benfratello 等（2008）使用 20 世纪 90 年代意大利公司的创新数据，研究了当地银行业发展对公司创新活动的影响。结果表明，银行业发展会影响流程创新

（process innovation）的可能性，尤其在高科技行业的公司中，在更依赖外部金融的行业或规模较小的行业中，银行业发展对创新会产生更大的促进作用。此外，银行业发展降低了固定投资支出对现金流的敏感性，特别是大量小公司涌现，进而增加了从事研发的可能性。

Chava 等（2013）发现，金融部门放松管制可以通过促进新设立私企的创新活动促进经济增长。随着州内银行业管制程度的降低，银行在当地的市场力量有所增加，进而降低了新设立私企的创新水平和创新风险。然而，州际银行业的放松管制会降低银行在当地的市场势力，提高新设立私企的创新水平和创新风险，进而作用于经济增长。因此，金融业放松管制会通过创新渠道对实体经济产生重要影响。

Hombert 和 Matray（2017）研究了关系型贷款如何影响公司创新融资。文章发现，信贷关系的恶化会对创新型公司产生抑制作用，且这一效应在更依赖关系型贷款的创新型公司（如小规模公司、信息不透明的公司）中更明显。这种信贷供给冲击会导致发明人转移，使年轻的、多产的发明人离开小公司或贷款关系受损的地区。因此，信贷市场既影响创新活动的水平，也影响创新型人力资本在整个经济中的分布。

3. 竞争环境

Dorn 等（2020）利用美国专利数据研究了外国竞争对国内竞争的影响。制造业占美国公司专利的四分之三以上，从理论上讲，中国经济的崛起给该行业带来的竞争冲击可能会增强或抑制美国的创新。该文发现，进口风险的加大使得竞争压力加大，降低了美国公司的销售、利润率和研发支出。此外，在面临更大进口竞争的行业中，美国专利产量下降。而在最初利润较低且资本密集程度较低的公司中，这种不利影响更大。

（四）宏观或国家特征

除公司特征与市场特征外，宏观或国家特征与公司创新的关系也是众多文献探讨的热点话题之一。本小节将从法律和政策、金融市场发展、社会及人口特征等方面对以往文献进行梳理。

1. 法律和政策

Brown 等（2013）以 32 个国家/地区的公司为样本，研究发现，强大的股东保护和更好的股票市场融资机会能够导致研发投资的长期增长率大幅提高。这一效应在小型公司中更为显著，但对于固定资本投资并不存在较大的作用幅度。信贷市场的发展对固定投资具有一定的影响，但对研发投资影响不大。这些发现将法律、股票市场和对经济增长至关重要的创新活动联系在一起，表明对于那些具有风险的、不易通过债务融资的无形投资，影响外部股票融资的法律法规和金融发展会起到重要的作用。

Fang 等（2017）采用双重差分方法，研究了在中国国有企业私有化前后的几年中，知识产权保护对企业创新的影响。国有企业私有化后创新会增加，并且在知识产权保护较强的城市中创新的增加程度更大。该文认为，知识产权保护增强了企业创新的动力，并且私营企业比国有企业对知识产权保护更为敏感。

Bhattacharya 等（2017）基于理论模型及 43 个国家/地区的样本数据，研究了究竟是政策还是政策不确定性对技术创新的影响更大。平均而言，以专利为基础的代理指标衡量的创新活动不受现行政策的影响。但是，在全国大选测算的政策不确定时期，创新活动大幅下降。对于更具影响力的创新和创新密集型产业，创新下降幅度更大。

Bradley 等（2017）采用断点回归的方法检验了工会组织对公司创新的影响，该设计依赖于选举成功或失败的局部票数的外生变化。通过工会选举后，三年后专利数量（质量）下降了 8.7%（12.5%）。研发支出的减少、发明人的生产率降低、创新发明人的离职是工会组织公司创新的潜在作用机制。为了应对工会的影响，工会会将创新活动从工会选举获胜的州转移到其他地方。

Gao 等（2020）利用禁止在工作场所吸烟的美国州级法律逐步推行的准自然实验研究发现，健康的工作环境对公司创新具有积极影响。总部设在采用此类法律的州的公司比总部设在未采用该类法律的州的公司具有更多的专利。对于之前烟草控制较弱但执行了此类法律的州，公司创新的增长更为明显。文章表明，禁烟法律会改善发明人的健康状况和生产率，同时也会吸引更多高产的发明人进行公司创新。

Atanassov 和 Liu（2020）认为企业所得税会减少可保证收入，进而扭曲企业创新的动力。双重差分结果显示，大幅削减企业所得税可以促进企业创新，而增加税收会抑制创新。创新的大部分变化都发生在税制变更后的两年或更长时间，并且在税制变更之前没有影响。在治理水平较弱、财务约束更大、有形资产较少、专利存量较小且避税程度较高的公司中，减税对创新的影响更大。

李汇东等（2013）以 2006—2010 年中国上市公司的经验数据研究发现，内源融资和外源融资对公司创新投资均存在显著的正面影响，外源融资对创新投资的促进效应大于内源融资。进一步考察股权融资、债权融资、政府补助三种外源融资对公司创新的影响可以发现，政府补助最能够显著提高中国上市公司的创新投资，股权融资的影响次之，债权融资则不明显。政府补助对债权融资与公司创新投资之间的关系存在显著的调节效应，政府补助可以"刺激"上市公司通过债权融资提高公司创新投资。

李林木和汪冲（2017）运用 2005—2015 年间全国中小企业股份转让系统挂牌公司的年报数据，分析了税费负担对企业创新能力和升级水平的影响。研究发现，一方面，无论是总体税费负担还是直接和间接税费负担的增加都会降低企业的创新能力、减少创新成果，但间接税费的负效应大于直接税费。另一方面，尽管总体税费负担和间接税费负担的增加同样会抑制企业成长，但直接税费负担与企业成长水平呈显著正相关。进一步研究发现，正是创新能力导致了不同类别的税费负担影响企业升级水平的差异：企业研发投入增加，在使直接税费负担降低的同时，也导致当期净资产收益率和营业利润率等成长指标下降，结果使得企业的直接税费负担与企业成长呈同向变动。另一方面，随着创新产出和营业收入的增加，以营业收入为税基的间接税费也将增加。因此，进一步降低企业创新活动的税费负担，从长期看不仅有利于促进企业转型升级，而且有利于税收收入的可持续增长。

李万福等（2017）研究发现，尽管政府创新补助与企业总体 R&D 投资正相关，但政府直接给予企业的创新补助每增加 1 单位，带来的 R&D 投资增量显著小于 1；随着政府创新补助的增加，企业创新自主投资在减少。这表明，创新补助总体而言并未有效激励企业创新自主投资。进一步研究发现，企业的行业属性、内部控制水平及外部环境会显著影响创新补助的激励效应，对于高科技、内部控制水平较高或所处经营法制环境较好的企业而言，创新补助确实"如其所愿"地发挥了激励效应。

潘越等（2015）以 2006—2012 年沪深 A 股高新技术行业的上市公司为样本，选取公司诉讼风险这一外部不确定性因素，并采用被告涉诉次数和涉诉金额作为该因素的两个衡量指标，分别研究了资金类诉讼和产品类诉讼对被诉企业创新活动所产生的影响，并在此基础上进一步研究了司法地方保护主义对于这一影响的不同干扰效应。研究发现：（1）资金类诉讼对企业创新活动具有显著的负向抑制作用，相反，产品类诉讼却对企业的创新活动具有显著的正向激励作用；（2）总体来说，司法地方保护主义会干扰公司诉讼的结果，从而对企业创新活动产生负面影响，即司法地方保护主义不仅会大大加剧资金类诉讼对被诉企业创新活动的抑制作用，而且会显著削弱产品类诉讼对被诉企业创新活动的激励作用。

顾夏铭等（2018）阐明了一个经济政策不确定性如何影响企业创新的理论机制，提出经济政策不确定性会对企业创新产生激励效应和选择效应。在此基础上，利用 Baker 等（2016）构建的中国经济政策不确定性指数和中国上市公司的创新数据来进行实证研究。结果表明，与经济政策不确定性抑制企业投资活动的已有结论不同，经济政策不确定性正向影响了上市公司研发投入和专利申请量。此外，这一经济政策不确定性与创新活动的关系受政府补贴、金融约束、企业所有权性质、行业特征等因素影响。这些发现与经济政策不确定性对企业创新产生的选择效应和激励效应相吻合。

杨国超和芮萌（2020）基于 2008 年开始实施的《高新技术企业认定管理办法》这一具体的产业政策，研究产业政策实施中的激励效应与迎合效应。研究发现，公司获得高新技术企业认定后，其创新投入以及创新产出的数量和质量均显著提升，但通过虚增研发投入而获得高新技术企业认定的公司，其创新投入以及创新产出的数量和质量均提升较少。这表明产业政策既可能会激励公司创新，也可能导致公司仅仅为表面迎合政策要求，而无意于真正从事创新。机制分析结果还发现，通过高新技术企业认定的企业可以获得更多的税收优惠和政府补助，也会聘请更多高学历的员工，但产业政策所带来的减税优惠、政府补助以及人才聚集效应只会促进真正的高新技术企业增加创新，而对于"伪高新技术企业"，产业政策的创新激励作用显著减弱。

2. 金融市场发展

Hsu 等（2014）研究了金融市场的发展如何影响技术创新。使用包括 32 个发达国家和新兴国家的数据集与固定效应识别策略，文章确定了股票市场和信贷市场影响技术创新的经济机制。文章表明，股票市场发达的国家更依赖于外部融资，高科技密集度更高的行业展现出更高的创新水平。但是，信贷市场的发展数阻碍了以上特征行业的创新。

Cornaggia 等（2015）利用州际银行分支机构法律的放松管制的准自然实验，研究银行竞争与公司创新之间的关系。结果表明，银行业竞争削弱了总部设在放松管制州的上市公司的州级创新能力。对外源融资依赖度高，但从本地银行获取信贷机会有限的私企提高了创新能力。银行业竞争使小型创新型公司能够获得融资，而不是被上市公司收购，因此减少了并购市场中的创新并购标的，从而减少了归属于上市公司的创新比例。

Bloom 等（2016）利用 1996—2007 年的 12 个欧洲国家中多达 50 万家公司的面板数据，研究了中国进口竞争对专利、IT、研发和全要素生产率（TFP）的影响。中国加入世界贸易组织后，中国的进口竞争受到两大影响：首先，公司内部的研发、专利、IT 和 TFP 增加；其次，更具创新性和技术先进的公司将会获得更多的应聘者。这些内部效应和相互影响的幅度大致相等，大约占 2000—2007 年间欧洲技术升级的 15%。中国进口竞争的加剧也会导致就业、利润、价格和技能份额的下降。相反，发达国家的进口竞争对创新没有影响。

Chang 等（2020）发现，公司债务的信用违约掉期（CDS）交易对通过专利和专利引用衡量的技术创新产出有积极影响。在更依赖债务融资或在 CDS 交易开始之前受到债权人持续监控的公司中，这种积极影响更加明显。此外，在 CDS 交易开始后，公司将进行更具风险和独创性的创新，从而获得具有更高经济价值的专利。文章还发现，CDS 通过提高债权人在创新过程中的风险承受能力和借款人的风险承担，而不是通过增加研发投资，来提高借款公司的创新产出。

权小锋和尹洪英（2017）基于双重差分模型，以中国融资融券标的股票分步扩容为自然实验事件，系统考察了卖空机制对公司创新行为的影响效应及其价值机理。研究发现，首先，融资融券制度的实施并没有显著影响公司的创新投入，却显著提升了公司的创新产出，表明融资融券制度具有创新激励效应，能够显著提升公司的创新效率。其次，融资融券制度的创新激励效应在信息不透明公司、低管理层权力公司及垄断程度强的行业表现得更加显著。最后，融资融券制度的实施能够通过创新渠道产生滞后的价值提升效应。

郝项超和梁琪（2019）采用中国上市公司数据，研究使用衍生品对冲外汇风险的行为对其创新数量与质量的影响。研究发现，外汇风险对冲促进了上市公司创新数量与质量的同步提升，而且外汇风险对冲强度越大，企业创新数量增加越多，创新质量提升越明显。在控制了模型内生性并进行了一系列其他稳健性检验之后，上述结论仍然成立。进一步研究发现，外汇风险对冲不仅能够降低上市公司的债务融资成本，促使其增加更多的研发投资，也鼓励上市公司的风险承担行为，促使其进行更多高质量的创新。

李春涛等（2020）通过"金融科技"关键词进行百度新闻高级检索，构建了地区金融科技发展水平指标，并利用 2011—2016 年中国新三板上市公司数据，考察了金融科技发展对企业创新的影响及其机制。实证结果表明，金融科技发展显著促进了企业创新。就经济意义而言，城市的金融科技发展水平每提高 1%，当地企业专利申请数量平均会增加约 0.17 项。金融科技通过两个渠道促进企业创新：一是缓解企业的融资约束，二是提高税收返还的创新效应。

郝项超（2020）依据 2008—2017 年上市公司委托理财与专利数据，实证研究了委托理财对企业创新的影响。研究发现，随着委托理财规模与理财收益对公司业绩贡献的增加，上市公司总体上创新数量变化不明显，但创新质量却显著下降。对于不同的委托理财而言，上市公司购买银行与非银行委托理财对创新质量的影响均为负面，但对创新数量的影响却正好相反。两种类型委托理财对创新数量的影响可能相互抵消，从而导致总体上委托理财对创新数量的影响不显著。进一步研究发现，购买更多的委托理财导致上市公司更加倾向于进行风险低的开发性创新，减少风险高的探索性创新。购买银行理财的上市公司更倾向于机会主义创新，而购买非银行理财的上市公司更可能消极创新。

3. 社会及人口特征

实证结果表明，腐败会阻碍公司创新。Ayyagari 等（2014）利用 57 个国家/地区的 25 000 家公司的数据进行研究，发现创新型公司比非创新型公司行贿更多。在官僚型法规更多、治理更薄弱的国家中，差异会更大。行贿的创新者并不会获得更好的服务，也不会更多地从事其他非法活动（例如，逃税）。因此，创新者更有可能成为腐败的受害者。在发展中国家，政府官员寻租的目标更有可能针对创新者。

Ellis 等（2020）研究发现，政治腐败阻碍了创新。通过使用一个较为全面的美国样本数据库，文章发现，腐败会对创新的数量和质量造成实质性的负面影响。为了确定因果关系，文章使用了两种腐败的工具变量——地方种族多样性、公司创始人成长所在州的腐败程度。实证结果显示，对于大多数创新型公司而言，腐败会降低创新产出的平均水平。这一证据与腐败通过阻碍创新而减少社会福利的观点是一致的。

性别差异也是重要的影响因素之一。Gao 和 Zhang（2017）研究了性取向与公司创新的潜在联系。他们发现，美国州一级的《就业非歧视法案》（ENDAs）的通过——一项关于禁止基于性取向和性别认同歧视的法律——可以激励创新。文章发现，总部设在通过 ENDAs 的州的公司相对于总部设在未通过 ENDAs 的州的公司的专利和专利引用较高。对于以前没有实施过赞成同性恋者非歧视政策的州的公司、位于同性恋人口较多的州的公司、人力资本密集型行业的公司，这一效果更为明显。此外，文章发现，ENDAs 影响创新的渠道为：令那些比反同性恋雇员更有创造力的员工与创新公司进行更好的匹配。

Griffin 等（2021）使用了一个新的 45 个国家/地区的公司专利和董事会特征数据库，研究了董事会的性别多样性与公司创新之间的关系。在性别差距较小、女性劳动力市场参与度较高、男本位文化较低的国家中，董事会中包含女性的可能性更高。具有不同性别的董事会的公司，专利数量更多、专利独特性更强、创新效率更高。进一步的分析表明，性别多样性的董事会往往容错程度更高，更倾向于采取长期 CEO 激励策略，创新文化更丰富，发明人更多样化。

王珏和祝继高（2018）通过手工搜集 2006—2013 年 A 股上市公司员工的教育水平数据，检验劳动保护的加强能否促进高学历员工的创新产出。研究发现，劳动保护弱化了高学历员工对企业创新产出的促进作用，这种弱化作用主要集中在非发明专利的申请数和有效专利数上。通过分组分析发现，劳动保护对高学历员工创新产出的弱化效果在民营企业和最低工资标准高的地区更为显著。进一步研究发现，最低工资标准的强制提高显著地降低了高学历员工对企业创新产出的促进作用。

王雯岚和许荣（2020）基于 2008—2017 年沪深 A 股上市公司高管教育背景的手工整理数据，研究了公司通过高管的校友关系（定义为高校校友联结）获得高校科研的知识溢出效应进而促进公司创新的独特渠道。对公司年报的文本分析结果也验证了存在高校校友联结关联的校企之间互动频繁，近年来交往更加密切。实证结果表明：高校校友联结能够有效促进高校科研知识向公司创新成果转化的溢出效应；与公司存在校友联结的高校创新资源越丰富，公司的创新能力越强；提高团队创新能力、创新投入和效率、与关联高校建立产学研合作联盟是高校校友联结潜在的影响渠道，并且基于校友关系的产学研合作绩效更高。

权小锋等（2020）利用倾向得分匹配法，通过构建双重差分模型检验企业博士后工作站的设立对企业技术创新能力的影响。结果显示，企业博士后工作站的设立显著提升了企业的创新产出和创新质量，且设站质量与合作院校等级越高，企业创新产出的提升效益越明显。进一步检验后发现，博士后工作站影响企业创新能力的作用机制在于其能够为企业带来平台效应与资金效应。同时，企业博士后工作站的创新提升效应仅在非国有企业和高新技术行业中显著存在。

三、公司创新的衡量方式

公司创新的衡量方式多种多样。多数文献运用专利数量及引用量等指标进行衡量，近年来也有相关文献基于文本分析方法加以创新改进。本节将对有关公司创新的衡量方式的文献进行简要介绍。

Hall 等（2001）介绍了其开发的美国专利数据库，并整理了近 30 年美国专利申请的主要趋势，包括采用引文数据构建的各种原始衡量指标，主要有前后引用间隙、"原始性"和"通用性"指数、自我引用等。这些指标在六个主要技术类别（计算机和通信、药物和医疗、电气和电子、化学、机械及其他）中表现出有趣的差异。文章发现，随着时间的推移，专利率和被引用数量的显著变化使得很难直接使用不同专利的原始引用数量。该文章以两种替代方法解决了这个问题，分别为固定效应方法和准结构方法。

Lerner 等（2011）采用专利活动衡量创新投资，借此希望探究杠杆收购（LBO）是否可以减轻经理人员免受公众股东的短期压力的影响，或 LBO 基金自身是否会牺牲长期增长以提高短期绩效。基于 472 个 LBO 交易，文章并没有发现 LBO 牺牲长期投资的证据。文章发现，LBO 公司的专利会被更多地引用，表明研究的基本性质没有变化，并且更加集中在公司创新组合的重要领域。

Kostovetsky 和 Warner（2020）以共同基金为研究对象，使用基于招股说明书进行文本分析构造的度量指标，对创新与产品差异化进行了研究。文章发现，小规模基金系和新创立基金系的起始费率比大规模基金系要高，并且它们的产品更加独特。比起基于收益率、持有量等构造的独特性指标，投资者对于基于文本的独特性衡量指标的反应会更为强烈。

Bellstam 等（2020）使用基于标准普尔 500 公司分析师报告中的文本信息，构造出一种新的创新衡量指标。这种指标可以对有无专利或研发的公司创新进行有效描述。对于非专利公司，该指标可以确定采用新颖技术和创新业务实践的公司创新（例如，沃尔玛的跨地区物流）。对于专利公司而言，基于文本的衡量标准与有价值的专利密切相关，从而更可能捕捉到真正的创新。这种新指标可以强有力地预测长达四年的更大的公司业绩和增长机会，而这些有价值的应用对于创新型非专利公司同样重要。

四、公司创新的经济后果

公司创新是企业价值增长的不竭动力。文献中较少有单独研究公司创新后果的文献，往往与其他主题结合提及，因此，在本节中，我们对公司创新的后果的文献仅进行简要梳理，更多文献可以在其余节中查阅。总体而言，公司创新可以增强公司的风险应对能力、提高公司价值。

Hombert 和 Matray（2018）发现，研究密集型企业对贸易冲击具有更大的弹性。公司创新会增加产品差异化，对于研发程度较低的公司，贸易冲击导致的销售增长放缓、利润率下降等情况较为普遍，而对于研发程度较高的公司则受影响程度较低。

Dannhauser（2017）使用不同特征的公司债券交易所交易基金（exchange traded fund，ETF），证实了金融创新对基础债券具有长期的重要正向价值影响。ETF所有权增加一个标准差，将导致高收益债券和投资级债券的息差分别降低 20.3 个、9.2 个基点，这意味着平均每月价格上涨 1.03% 和 0.75%。作者发现，ETF 减少了流动性交易者的参与，增加了机构持股比率，但对单个债券流动性的负向影响较为微弱。

Hsu（2009）认为技术创新总体提高了预期的股票收益和溢价。他们使用专利数据和研发数据来衡量美国的技术创新，发现专利冲击和研发冲击对美国的市场收益率和溢价均具有正向预测能力。作者在国际数据，如 G7 国家、中国、印度的数据中也发现了类似的现象。此外，Frésard 等（2020）发现，研发密集型公司成为被纵向收购的目标的可能性较低。

周煊等（2012）认为，企业技术创新水平可以从数量和质量两个维度衡量。通过构建中国制药行业的专利申请数据库，研究发现，技术创新的数量和质量对企业财务绩效存在不同的影响。技术创新数量水平高的企业能够显著提高销售收入和盈利水平。技术创新质量水平的情况相对复杂。市场导向性强的技术创新比科技含量高的技术创新更能够提升企业销售收入和盈利水平。

张学勇和张叶青（2016）以公司创新能力为研究视角，基于 2003—2012 年的中国 A 股市场数据，实证分析了风险投资支持的公司在 IPO 时点的创新能力对公司上市之后市场表现的影响，进而印证了风险投资支持的公司较好的 IPO 市场表现是受内在创新能力的驱动。研究发现：（1）首先，在 IPO 之前风险投资会帮助公司提高创新能力；（2）同样接受了风险投资、在 IPO 之前拥有专利的公司相对于那些缺乏创新能力的公司，IPO 的抑价率更低、长期收益率更高；（3）缺乏创新能力的公司与没有风险投资支持的公司相比，在市场表现方面并没有显著差异。总体而言，创新能力对风险投资支持的 IPO 公司的市场表现具有显著的驱动作用，创新能力的建立才是风险投资支持的公司获得更好的 IPO 市场表现的关键。

张学勇等（2017）实证考察了 1998—2015 年中国上市公司作为并购方的 7 086 件股权并购事件，研究并购双方的创新能力对上市公司并购业绩的影响。研究发现，从目标公司的创新能力来看，相对于并购非创新性公司，那些并购创新性公司的并购方股票的长、短期收益率均表现更好；从并购方公司的创新能力来看，那些具有创新能力并购方的股票长期表现较好，但短期表现与那些无创新能力的并购方公司无显著差异。我们进一步将样本按照并购双方有无创新能力划分为四个组合，发现并购方无专利-目标方有专利和并购方有专利-目标方有专利组合的并购表现整体好于另两个并购组合，说明并购中目标方的创新能力才是决定并购方公司股票市场表现的关键。不过，当并购方也具有创新能力时，会有助于产生创新协同效应，从而提升并购方股票的长期表现。

周铭山等（2017）运用 2009—2014 年创业板上市公司面板数据，研究了企业创新投入与股票市场表现之间的关系，并考察了这一关系下管理层的行为决策。研究发现：（1）创业板公司创新投入越多，股价崩盘风险越低，投资者获得的超额收益越高；（2）在可能存在的企业内部绩效提升机制与外部投资者关注机制中，后者发挥重要作用；（3）企业创新投入越多，管理层减持的可能性越高，投资者关注成为管理层主动调整研发投入并借机减持的工具；（4）当股市是牛市或者企业资本化研发投入占比较高时，创新投入降低股价崩盘风险、提高超额收益的作用更为显著。本文的研究结论表明，在我国创业板市场上，投资者对创新的关注使得高创新投入伴随着低股价崩盘风险和高投资收益，理论上讲这有利于鼓励企业创新，然而管理层机会主义行为导致创新投入成为创业板上市公司管理层吸引投资者关注并借机减持的手段。

五、绿色创新

在实践和学术界中，绿色创新的重要性也在不断提高。绿色创新是指关注并实现环境可持续发展的创新模式，注重开发与绿色产品或工艺相关的硬件或软件创新，包括节能、污染预防、废物回收、绿色产品设计或企业环境管理方面的技术创新。在此基础上，近年来随着金融科技的不断发展，物联网、区块链等新兴高科技产业日益成为引领公司绿色创新发展模式的重要渠道。本节中，我们将主要针对减少排污、金融科技、可再生能源技术创新等几类文献进行梳理。

Lambertini 等（2017）研究了在一个生产具有污染性质、研发目标为减少排放的行业中，竞争和创新之间的关系。文章搭建了一个包含 N 个垄断公司的模型，这些互相竞争的公司需要决定在绿色创新上的投资。模型假设排放税是由一个负责任的监管机构内生设定的。文章揭示了由于研发溢出效应的存在，创新与竞争之间呈现倒 U 形关系。

Chen 等（2019）为金融科技创新的发生和价值提供了大规模证据。利用2003—2017 年的专利申请数据，运用机器学习方法，根据其基础技术，作者对创新进行了识别和分类，进而发现大多数金融科技创新都为创新者带来了可观的价值，其中区块链技术表现得最为突出。对于整个金融部门而言，物流网、机器人咨询和区块链是最有价值的创新类型。当创新涉及非金融初创公司的破坏性技术时，对金融行业的负面影响更大，但对本公司的创新进行大量投资的市场领导者可以规避掉大部分的负面价值影响。

现有理论提出，可再生能源技术创新可以通过提高绿色生产力来造福环境。但是，Yan 等（2020）认为，最近中国各地区在环境绩效和可再生能源技术方面发展不平衡，应当重新审视上述理论联系。Yan 等（2020）放宽了传统经验模型中的同质性、线性假设，从而研究了可再生能源技术创新对中国绿色生产力的影响。部分线性函数系数模型的结果表明，仅当一个省的相对收入水平超过关键转折点时，可再生能源技术创新对绿色生产力的影响才显著。在转折点之后，这种影响会随着相对收入水平的提高而增加。文章还根据可再生能源技术创新与绿色生产力之间的估计非参数关系，提供了针对各省的政策含义。

施建军等（2012）认为，与传统战略相比，绿色创新战略从单纯追求经济收益转向经济、环境和社会三重收益，并通过江苏紫荆花纺织科技股份有限公司的黄麻绿色战略案例，发展了绿色创新战略下的边缘利益相关者管理方法：（1）向外扩展，基于行动研究，帮助企业识别一个足够小的，同时又能代表各种不同的知识和价值观的利益相关者团体；（2）向内深化，创建企业与边缘利益相关者的价值共享模型，进一步推动利益相关者理论和实践的发展。

齐绍洲等（2018）以中国排污权交易试点政策为例，研究环境权益交易市场是否诱发了企业绿色创新。基于 1990—2010 年间中国沪深股市上市公司绿色专利数据，运用三重差分的方法，通过比较排污权交易试点政策实施前后、试点地区相对于非试点地区、污染行业相对于清洁行业，企业的绿色专利申请占比是否提升来检验政策对企业绿色创新的诱发作用。相对于非试点地区以及相对于清洁行业，排污权交易试点政策诱发了试点地区污染行业内企业的绿色创新活动。该政策对绿色创新的诱发作用主要针对绿色发明专利，而非绿色实用新型专利。相对于国企，非国企的绿色创新活动对试点政策的诱发反应强度更为显著。

方先明和那晋领（2020）利用 2009—2018 年中国创业板上市公司面板数据，基于绿色专利申请量和授权量，检验了绿色创新溢酬的存在性及其形成机制。研究表明创业板上市公司能够获得绿色创新溢酬，即绿色专利申请量和授权量越多的公司股票超额收益率越高；前者通过价值增长和市场关注双重机制产生溢酬，后者仅通过市场关注机制产生溢酬。绿色创新获得了证券分析师和机构投资者的关注，但普通投资者对绿色创新没有明显反应。

六、总结

公司创新是公司管理的一项重要内容，是决定公司发展方向、发展规模、发展速度的关键要素，有助于增强公司的风险应对能力、提高公司价值。大量研究集中于公司创新的影响因素领域，结果表明，企业内外部因素、市场特征、宏观或国家特征等都会影响公司创新的水平差异。其中，专利数量和引用量是最为常见的创新度量指标，基于文本分析方法构造公司创新指标正在日益成为主流。

当前，国内外关于公司创新的文献已经较为丰富，但仍然有很多方面可以加以补充。首先，基于传统的专利创新的文献已经较为丰富，新型创新（包括金融科技

创新、绿色创新等）正在成为新的选题热点。其次，利用大数据及文本分析方法构
造多样化的创新度量指标，设计恰当的识别方法解决内生性问题，有助于精准分析
创新的作用机制。此外，更多的文献可以将目光集中于公司创新对社会机构的影响
方面。例如，政府应当如何调整相应的政策规章以应对创新的冲击？创新的浪潮将
如何影响当代企业文化？科技进步是否通过影响人文特征进而影响社会机制的形
成？未来我国对公司创新的研究需要更加结合时代特征及更为多样的实证方法，进
一步对公司创新的影响机制及结果进行深入探究。

参考文献

［1］Aghion，P.，Bloom，N.，Blundell，R.，Griffith，R.，Howitt，P.，2005. Competition
and innovation：An inverted-U relationship. Quarterly Journal of Economics，120，701 - 728.

［2］Atanassov，J.，Liu，X.，2020. Can corporate income tax cuts stimulate innovation? Journal
of Financial and Quantitative Analysis，55，1415 - 1465.

［3］Autor，D.，Dorn，D.，Hanson，G. H.，Pisano，G.，Shu，P.，2016. Foreign competition
and domestic innovation：Evidence from US patents. The American Economic Review：In-
sights，2，357 - 374.

［4］Ayyagari，M.，Demirguc-Kunt，A.，Maksimovic，V.，2014. Bribe payments and innova-
tion in developing countries：Are innovating firms disproportionately affected? Journal of Fi-
nancial and Quantitative Analysis，49，51 - 75.

［5］Bellstam，G.，Bhagat，S.，Cookson，J. A.，2020. A text-based analysis of corporate inno-
vation. Management Science.

［6］Benfratello，L.，Schiantarelli，F.，Sembenelli，A.，2008. Banks and innovation：Microecono-
metric evidence on Italian firms. Journal of Financial Economics，90，197 - 217.

［7］Bhattacharya，U.，Hsu，P.-H.，Tian，X.，Xu，Y.，2017. What affects innovation more：
Policy or policy uncertainty? Journal of Financial and Quantitative Analysis，52，1869 - 1901.

［8］Bloom，N.，Draca，M.，Reenen，J. Van.，2016. Trade induced technical change? The im-
pact of Chinese imports on innovation，IT and productivity. Review of Economic Studies，83，
87 - 117.

［9］Bloom，N.，Schankerman，M.，Reenen，J. Van.，2013. Identifying technological spillovers
and product market rivalry. Econometrica，81，1347 - 1393.

［10］Bradley，D.，Kim，I.，Tian，X.，2017. Do unions affect innovation? Management Sci-
ence，63，2251 - 2271.

［11］Brav，A.，Jiang，W.，Ma，S.，Tian，X.，2018. How does hedge fund activism reshape corporate innovation? Journal of Financial Economics，130，237 - 264.

[12] Brown，J. R. ，Martinsson，G. ，Petersen，B. C. ，2013. Law，stock markets，and innova-
tion. Journal of Finance，68，1517 - 1549.

[13] Chang，C. H. ，Wu，Q. ，2020. Board networks and corporate innovation. Management Sci-
ence. https：//doi. org/10. 1287/mnsc. 2020. 3587.

[14] Chang，X. ，Chen，Y. ，Wang，S. Q. ，Zhang，K. ，Zhang，W. ，2019. Credit default swaps
and corporate innovation. Journal of Financial Economics，134，474 - 500.

[15] Chang，X. ，Fu，K. ，Low，A. ，Zhang，W. ，2015. Non-executive employee stock options
and corporate innovation. Journal of Financial Economics，115，168 - 188.

[16] Chava，S. ，Oettl，A. ，Subramanian，A. ，Subramanian，K. ，2013. Banking deregulation
and innovation. Journal of Financial Economics，109，759 - 774.

[17] Chemmanur，T. J. ，Kong，L. ，Krishnan，K. ，Yu，Q. ，2019. Top management human
capital，inventor mobility，and corporate innovation. Journal of Financial and Quantitative A-
nalysis，54，2383 - 2422.

[18] Chen，M A. ，Wu，Q. ，Yang，B. ，2019. How valuable is FinTech innovation? Review of
Financial Studies，32，2062 - 2106.

[19] Chu，Y. ，Tian，X. ，Wang，W. ，2019. Learning from customers：Corporate innovation a-
long the supply chain. Management Science，65，2445 - 2945.

[20] Cornaggia，J. ，Mao，Y. ，Tian，X. ，Wolfe，B. ，2015. Does banking competition affect
innovation? Journal of Financial Economics，115，189 - 209.

[21] Custodio，C. ，Ferreira，M. A. ，Matos，P. P. ，2019. Do general managerial skills spur in-
novation? Management Science，65，459 - 954.

[22] Dannhauser，C. D. ，2017. The impact of innovation：Evidence from corporate bond ex-
change-traded funds（ETFs）. Journal of Financial Economics，125，537 - 560.

[23] Desmet，K. ，Rossi-Hansberg，E. ，2012. Innovation in space. The American Economic Re-
view，102，447 - 452.

[24] Ederer，F. ，Manso，G. ，2013. Is pay for performance detrimental to innovation? Manage-
ment Science，59，1496 - 1513.

[25] Ellis，J. ，Smith，J. ，White，R. ，2020. Corruption and corporate innovation. Journal of Fi-
nancial and Quantitative Analysis，55，2124 - 2149.

[26] Fang，L. H. ，Lerner，J. ，Wu，C. ，2017. Intellectual property rights protection，owner-
ship，and innovation：Evidence from China. Review of Financial Studies，30，2446 - 2477.

[27] Frésard，L. ，Hoberg，G. ，Phillips，G M. ，2020. Innovation activities and integration
through vertical acquisitions. Review of Financial Studies，33，2937 - 2976.

[28] Gao，H. ，Hsu，P. H. ，Li，K. ，Zhang，J. ，2020. The real effect of smoking bans：Evi-
dence from corporate innovation. Journal of Financial and Quantitative Analysis，55，387 -

427.

[29] Gao，H.，Zhang，W.，2017. Employment non-discrimination acts and corporate innovation. Management Science，63，2773 - 3145.

[30] Griffin，D.，Li，K.，Xu，T.，2021. Board gender diversity and corporate innovation：International evidence. Journal of Financial and Quantitative Analysis，56，123 - 154.

[31] Hall，B.，Jaffe，A.，Trajtenberg，M.，2001. The NBER patent citations data file：Lessons，insights，and methodological tools. NBER Working Paper No. 8498.

[32] Hirshleifer，D.，Low，A.，Teoh，S. H.，2012. Are overconfident CEOs better innovators? Journal of Finance，72，1457 - 1498.

[33] Hombert，J.，Matray A.，2018. Can innovation help US manufacturing firms escape import competition from China? Journal of Finance，73，2003 - 2039.

[34] Hombert，J.，Matray，A.，2017. The real effects of lending relationships on innovative firms and inventor mobility. Review of Financial Studies，30，2413 - 2445.

[35] Hsu，P. H.，2009. Technological innovations and aggregate risk premiums. Journal of Financial Economics，94，264 - 279.

[36] Hsu，P. -H.，Tian，X.，Xu，Y.，2014. Financial market development and innovation：Crosscountry evidence. Journal of Financial Economics，112，116 - 135.

[37] Kostovetsky，L.，Warner，J. B.，2020. Measuring innovation and product differentiation：Evidence from mutual funds. Journal of Finance，75，779 - 823.

[38] Lambertini，L.，Poyago-Theotoky，J.，Tampieri，A.，2017. Cournot competition and "green" innovation：An inverted-U relationship. Energy Economics，68，116 - 123.

[39] Lerner，J.，Sorensen，M.，Stromberg，P.，2011. Private equity and long-run investment：The case of innovation. Journal of Finance，66，445 - 477.

[40] Luong，H.，Moshirian，F.，Nguyen，L. H. G.，Tian，X.，Zhang，B.，2017. How do foreign institutional investors enhance firm innovation? Journal of Financial and Quantitative Analysis，52，1449 - 1490.

[41] Sapra，H.，Subramanian，A.，Subramanian，K. V.，2014. Corporate governance and innovation：Theory and evidence. Journal of Financial and Quantitative Analysis，49，957 - 1003.

[42] Yan，Z.，Zou，B.，Du，K.，Li，K.，2020. Do renewable energy technology innovations promote China's green productivity growth? Fresh evidence from partially linear functional-coefficient models. Energy Economics，90，https：//doi. org/10. 1016/j. eneco. 2020. 104842.

[43] 蔡卫星，倪骁然，赵盼，等. 企业集团对创新产出的影响：来自制造业上市公司的经验证据. 中国工业经济，2019 (1).

[44] 方先明，那晋领. 创业板上市公司绿色创新溢酬研究. 经济研究，2020 (10).

[45] 付雷鸣，万迪昉，张雅慧. VC是更积极的投资者吗？——来自创业板上市公司创新投入的

证据. 金融研究，2012 (10).

[46] 顾夏铭，陈勇民，潘士远. 经济政策不确定性与创新——基于我国上市公司的实证分析. 经济研究，2018 (2).

[47] 郝项超，梁琪. 外汇风险对冲能否促进中国上市公司创新. 世界经济，2019 (9).

[48] 郝项超. 委托理财导致上市公司脱实向虚吗？——基于企业创新的视角. 金融研究，2020 (3).

[49] 李春涛，闫续文，宋敏，等. 金融科技与企业创新——新三板上市公司的证据. 中国工业经济，2020 (1).

[50] 李汇东，唐跃军，左晶晶. 用自己的钱还是用别人的钱创新？——基于中国上市公司融资结构与公司创新的研究. 金融研究，2013 (2).

[51] 李林木，汪冲. 税费负担、创新能力与企业升级——来自"新三板"挂牌公司的经验证据. 经济研究，2017 (11).

[52] 李万福，杜静，张怀. 创新补助究竟有没有激励企业创新自主投资——来自中国上市公司的新证据. 金融研究，2017 (10).

[53] 鲁桐，党印. 公司治理与技术创新：分行业比较. 经济研究，2014 (6).

[54] 陆瑶，张叶青，贾睿，等. "辛迪加"风险投资与企业创新. 金融研究，2017 (6).

[55] 潘越，潘健平，戴亦一. 公司诉讼风险、司法地方保护主义与企业创新. 经济研究，2015 (3).

[56] 齐绍洲，林屾，崔静波. 环境权益交易市场能否诱发绿色创新？——基于我国上市公司绿色专利数据的证据. 经济研究，2018 (12).

[57] 权小锋，刘佳伟，孙雅倩. 设立企业博士后工作站促进技术创新吗——基于中国上市公司的经验证据. 中国工业经济，2020 (9).

[58] 权小锋，尹洪英. 中国式卖空机制与公司创新——基于融资融券分步扩容的自然实验. 管理世界，2017 (1).

[59] 施建军，张文红，杨静，等. 绿色创新战略中的利益相关者管理——基于江苏紫荆花公司的案例研究. 中国工业经济，2012 (11).

[60] 唐跃军，左晶晶. 所有权性质、大股东治理与公司创新. 金融研究，2014 (6).

[61] 王珏，祝继高. 劳动保护能促进企业高学历员工的创新吗？——基于 A 股上市公司的实证研究. 管理世界，2018 (3).

[62] 王雯岚，许荣. 高校校友联结促进公司创新的效应研究. 中国工业经济，2020 (8).

[63] 徐宁，徐向艺. 控制权激励双重性与技术创新动态能力——基于高科技上市公司面板数据的实证分析. 中国工业经济，2012 (10).

[64] 杨国超，芮萌. 高新技术企业税收减免政策的激励效应与迎合效应. 经济研究，2020 (9).

[65] 张学勇，柳依依，罗丹，等. 创新能力对上市公司并购业绩的影响. 金融研究，2017 (3).

[66] 张学勇，张叶青. 风险投资、创新能力与公司 IPO 的市场表现. 经济研究，2016 (10).

[67] 赵子夜，杨庆，陈坚波. 通才还是专才：CEO 的能力结构和公司创新. 管理世界，2018 (2).

[68] 周铭山，张倩倩，杨丹. 创业板上市公司创新投入与市场表现：基于公司内外部的视角.

经济研究，2017 (11).

[69] 钟腾，汪昌云，李宗龙. 股权结构、隧道效应与创新产出：来自制造业上市公司的证据.
厦门大学学报（哲学社会科学版），2020 (6).

[70] 周煊，程立茹，王皓. 技术创新水平越高企业财务绩效越好吗？——基于16年中国制药上
市公司专利申请数据的实证研究. 金融研究，2012 (8).

公司并购及其绩效评价

内容摘要： 并购是企业扩张发展、提升价值的重要方式。公司并购绩效的研究在西方经济学界仅有几十年的历史，但已经在一些基本观点上达成了一致。本文首先整理了国外学者关于并购的相关概念以及并购的分类。资源流动和企业发展需要，企业及其经理人的行为偏差，以及代理冲突，都可能成为并购的驱动因素。针对并购能否增进公司价值和资源配置效率的问题，本文首先介绍了西方学者在目标公司的预测方面所做的研究和企业绩效评估指标，并在归纳企业并购的研究方法的基础上，梳理了决定企业并购绩效的企业内部因素和外部因素，其中信息和协同起到关键作用。并购定价和并购支付方式也是并购决策中的重要问题。

一、引言

成熟市场中并购是对兼并和收购的统称，是指企业产权的交易行为，结果是一家企业获得另一家企业的产权，使另一家企业失去法人资格，或改变其产权结构，成为优势企业的控股子公司。收购是指一家企业用现金或该企业的股份购买另一企业的全部或大部分股份，以获得目标企业的控制权。兼并特指一个企业接纳其他企业（目标企业）加入本企业，目标企业解散，接纳方（并购企业）继续存在。兼并和收购的区别在于：被兼并企业一般被解散，失去法人资格；如果被收购，目标企业仍可能继续存在。以并购企业产业联系特征为依据，一般将并购分为三种类型，即水平并购、垂直并购和混合型并购。

中国并购市场对并购的定义则比较模糊，包含了兼并、收购、托管、股权转让、资产置换、借壳、卖壳等行为在内的广泛定义，因此它是泛指一切引起企业所有权改变或资产转移的行为。随着我国资本市场的逐渐成熟、并购数量的逐渐增加，公司并购的研究越来越受到重视。并购是公司扩张发展的一种重要方式，但也需要认识到我国并购市场炒作过多、风险积累的潜在问题。

公司并购自 19 世纪末开始在西方主要市场经济国家兴起以来，已先后经历了五次大的并购浪潮，这些并购浪潮与西方发达国家的经济发展周期基本保持一致，是随着技术革命和技术创新的产生而发生的。每次并购浪潮都表现出与当时经济技术发展相适应的方式。西方经济学家试图从各个角度对并购的动因做出相应的解释，包括横向并购的规模经济优势、纵向并购带来的协同效应优势、混合兼并带来的多样化经营优势、金融创新背景下企业潜在价值的低估以及全球化与信息技术革命所形成的外部冲击。此外，管理层的行为偏差和代理问题也可能影响并购的实现及其效果。

本文首先梳理了西方主要市场经济国家五次大的并购浪潮，在此基础上归纳了并购动因。然后，详细介绍了并购绩效的理论分析、衡量方法和主要研究观点。在此基础上，对中国并购市场的研究也进行了初步梳理。由于中国资本市场历史较短、信息不对称程度较高，并购方及其投资者都难以对目标公司做出相应的预测。同时，监管的不到位使得中国企业并购多以短期炒作为主。本文试图通过理论研究能够为中国并购市场的实践做出经验上的指导，并给监管部门提供一定的支持和依据。

二、并购浪潮与并购动因

（一）并购浪潮

西方每一次并购浪潮都与当时的经济、金融、政治及文化等外在因素的冲击有很大的关系。理解并购的动因必须从并购浪潮的研究开始，下面以美国为例进行研究。

1. 横向并购与规模经济

美国第一次大规模的并购浪潮发生于 19 世纪末 20 世纪初（1895—1904 年），世纪之交的这场兼并运动是伴随着经济基础设施和生产技术的重大革新而发生的，这时横亘美国大陆的铁路体系刚刚建成、电力开始应用，而煤炭的运用也更加广泛，修建起来的铁路促进了全国市场的发育以及国内统一市场的形成，这样一部分地区性企业必将向全国性企业转变。市场扩张的同时带来了专业化，专业化要求低效率的企业让位于高效率的企业，这些都暗示着规模经济对企业发展的巨大推动作用，也因此刺激了企业规模的扩大。

除了上述解释外，还有学者将第一次并购浪潮归因于其他两个激励因素，Stigler（1950）将此次并购的特征描述为"为垄断而进行的并购"，即少数几个企业在某一行业中占有大量的销售份额，一旦兼并很容易导致合谋。另外一些学者如 Markham 等（1955）在考察了早期的研究文献后认为，此次并购中专业的推销人、承销商或"制造者"对并购起到了推波助澜的作用，在这些中介人员的推动下，广大投资者相信通过资产合并能够增加资产的价值，但按照马克汉姆（Markham）的说法，在 328 个并购中有 154 个（47%）是失败的，因此可以看出早期并购总体具有投机性。

2. 纵向并购与协同效应

与第一次并购浪潮相似，第二次并购浪潮也开始于 20 世纪 20 年代整个经济的上升时期，这一期间除了重工业以外，公用事业和银行业也都非常活跃。学者认为这些并购运动是运输、通信事业和零售业大发展的结果，汽车作为新型运输工具增加了消费者的流动性，也扩大了销售者的销售区域；家用收音机的出现可以为全国性商标做广告，从而促进了商品的异质性；利润率低的大规模分销作为一种新的销售手段促进了企业经营规模的扩大，从而在一定程度上促进了企业缩短流程、改善绩效、增大规模的纵向并购。也就是说，通过企业的纵向联合，可以使行业中处于不同发展阶段的企业联合在一起，从而获得经营上的协同，减少交易费用，提高管理水平。

3. 混合兼并与多样化经营

第三次大的并购浪潮发生于美国的 20 世纪 60 年代（1967—1969 年），这个时期大多数收购者是小规模或者中等规模的企业，为了避免销售和利润的不稳定性以及竞争加剧、行业不稳定性等因素，它们加大了扩张力度，其中产品扩张型的兼并环比增长了 60%，混合兼并已经占到了全部兼并的 35%（从资产收购的角度）。

对这一阶段兼并的理论解释可以分为管理者多样化和财务协同效应两个方面。

管理者多样化理论认为，管理者为了保持组织资本和声誉资本在财务和税收方面的优势，经常寻求多样化经营，而由于企业内部资源有限，因此兼并成了极为有效的手段。财务协同效应理论认为，通过兼并可以使得企业的内部资金外部化，或者说使得拥有大量现金流和少量投资机会的企业与有少量的现金流以及大量外部投资机会的企业达到融合。这两类企业的合并可能会使资金短缺者得到较低的内部资金成本优势。Nielsen 和 Melicher（1973）的实证研究发现，当收购企业的现金流比率较大而被收购企业该比率较小时，作为兼并收益近似值支付给被收购企业的溢价比率较高。这意味着从收购企业所在的行业到被收购企业所在的行业存在着资本的再配置。另一种观点认为，合并后企业的举债能力大于兼并前两个企业举债能力之和，这就提供了投资收益的税收节约。这一观点也常用来解释发生于 20 世纪 80 年代的并购活动。这一时期基于管理学理论的不断完善，出现了从管理学角度来解释并购的诸多理论，Mueller（1979）建立了最全面的混合兼并的管理主义解释，这种理论认为，管理者往往采用较低的投资收益率，通过并购来扩大自己的声誉，反映了管理者与公司股东间出现了代理问题。

4. 金融创新与潜在价值低估

第四次并购浪潮出现在 20 世纪 80 年代，这时正是新的金融衍生工具蓬勃发展的时期。各类金融创新，特别是垃圾债券的使用使得兼并更加容易进行，此时的兼并更加向行业内集中。企业普遍重视自己的核心竞争力，改善经营业绩，因为经营稍有不善，就会成为收购的目标。杠杆交易的滥用最终导致了反接管法、联邦新税制、破产法的实施和对银行监管的强化。

这一阶段并购的理论主要包括 Tobin（1977）的 q 值理论和 Jensen（1986）提出的自由现金流量假说。托宾的 q 值理论主要阐明了在不考虑资本利得税的条件下，当企业的市场价值低于其重置成本时，并购将可能发生。之所以如此，源于在股票市场上，许多机构投资者由于强调短期的收益而往往对具有长期投资价值的公司缺乏投资兴趣，导致这些企业的价值被低估；同时，在 20 世纪七八十年代，由于西方资本主义国家的通货膨胀率较高，也使得许多公司资产的重置成本远高于其历史账面价值，使得众多公司成为有自由现金流量的公司兼并投资的对象。这一时期用以解释杠杆收购行为的另一种理论是詹森的自由现金流量假说，他认为企业要使效率和股价最大化，自由现金流量就必须支付给股东，但是公司的管理层往往没有积极性向股东支付这些剩余现金流量，这时只有为公司寻找到更多的投资机会，以减少管理者所控制的资源数量，从而削弱他们的权利，同时，当为额外的投资寻求新资本而进行融资时，管理层也会受到来自外部资本市场的监督，使其行为决策更符合债权人或股东的利益。因而，并购成为解决公司股东与管理者之间利益冲突的一种有效工具。Lang 等（1991）通过对并购事件中出价方收益的研究再次验证了自由现金流量假说。他们用托宾的 q 区分企业是否拥有良好的投资机会，对 1968 年 10 月—1986 年 12 月间共计 101 个收购要约进行了分析。研究发现，q 值较低的出价方中超额收益率与现金流存在显著的负相关性，但在 q 值较高的出价方中却不存在这一关系。

在这一时期，美国的许多企业还利用并购进行合理避税，如可以通过并购一些没有或只有较小股利支出的成长型企业，并在其进入成长期后再将其出售，从而以资本利得税来代替一般的所得税。另外，一个盈利能力强的企业通过与一个有累积亏损的企业的合并，可以达到少缴甚至不缴企业所得税的目的。

5. 全球化与外部冲击

全球化与信息技术革命使得在 20 世纪 90 年代迎来了第五次并购浪潮。为了迎接全球化，各个国家普遍放松了管制，而信息化革命使得各个国家的产业结构迎来了新一轮的调整。这一浪潮在 2000—2001 年的高技术领域达到了高潮。跨国公司凭借其在管理、技术、品牌上的优势成了这一次并购浪潮中的领导力量。Caves（1982）认为，纵向跨国公司将中间产品的市场内部化，而横向跨国公司将无形资产的市场内部化，Mitchell 和 Mulherin（1996）提出了并购的外部冲击理论，阐述了并购的发生是由于外部因素，如技术革命、全球化、政府监管的放松等变动而引起的。其他学者也提出了当今跨国并购产生的七大推动因素，分别是：技术进步；全球化和自由化贸易；监管松弛；规模经济、范围经济、经济互补推动的技术赶超；产业组织的变迁；企业家个人的才能；股价的上升、利率的降低和经济的持续增长。随着经济发展，跨境并购逐渐普遍，这是利用比较优势通过资源流动提高效率的手段（Neary，2007）。Erel 等（2012）指出，跨境并购不应仅视为金融套利手段，而是确实可以提高公司价值，他们还发现，本币汇率和公司市值会对公司跨境并购决策造成影响。Frésard 等（2017）指出，公司可以通过跨国并购打破出口壁垒，使国内无形资产资源得以在国外运用并赚取收益。

一般来讲，每一轮并购浪潮都伴随着技术革命、产业调整、经济增长等外部因素，但对个体而言并购动机有着很大的不同。

（二）并购浪潮与并购动因的理论假说

Harford（2005）将并购浪潮的动因总结为新古典假说和行为经济学假说两类。前者认为并购是出于资源配置的需要，后者则一般从并购方非理性行为解释并购活动中的不合理因素。Harford（2005）的实证检验支持上述两种假说。规模经济、管制、技术都能够引起并购浪潮，但它们不必然引起并购浪潮，而足够的资本流动是并购交易所必需的条件。我们还在 Harford（2005）的分析框架下进一步补充了新发展的研究成果。

1. 新古典假说

Gort（1969）、Mitchell 和 Mulherin（1996）认为并购浪潮是由规模经济、技术进步以及管制变化等方面的变动所引起的，这些来自产业内部的巨大变化需要对产业内资源进行大规模的重新分配，然而这些变化本身并不具备如此巨大的力量，因此必须借助资本的流动来支持资产的重新分配，资产流动性的增加以及金融约束的减少呈现出推动并购浪潮的巨大力量。既然新古典假说认为资本能够尽快而且有效地重新分配，不是所有的交易都涉及整个公司，也不是所有的交易都要运用股票作为支付手段。

公司可以通过并购活动以较低的成本获得自身稀缺的资源，或提高企业资源的利用效率。第一，公司可以通过并购获取金融资源，改善财务状况（Mantecon，2008；Greene，2017；Almeida et al.，2011；Erel et al.，2015；Cornaggia and Li，2019）。第二，公司可以通过并购获取技术进步。大公司可以通过并购迅速获得研发创新成果，以提高自身创新能力，避免创新中的风险（Phillips and Zhdanov，2013）。Bena 和 Li（2014）基于 1984—2006 年间美国的并购事件及其相关专利与研发费用数据，发现拥有大量的专利组合但研发费用较低的公司往往为收购方，而研发费用高但专利增长缓慢的公司则多为收购标的，并购方可以利用与目标方的技术关联产出更多专利。第三，公司通过并购增强了在产品市场中的实力。Sheen（2014）指出，并购可以降低生产成本，进而通过低价产品赢得竞争。Bhattacharyya 和 Nain（2011）发现，公司可以通过垂直并购提高在供应链中所处的地位，增强议价能力。第四，公司还可通过并购改善公司治理水平（Bris and Cabolis，2008；Martynova and Renneboog，2008）。

2. 行为经济学假说

按照 Shleifer 和 Vishiny（2001）的模型，行为经济学假说对并购浪潮动因解释的核心观点在于，理性的管理者在一定时期以被市场价值高估的公司股票去购买被低估了的相关公司的资产，因此高市净率和并购浪潮在行为因素下联系到了一起。在行为经济学假说下，除了管理者运用自己高估的股票市值去购买被低估的企业所导致的并购浪潮以外，没有其他的潜在原因。因此按这个解释，在企业并购浪潮发生时，一定会发生大量的股票互换并购（stock swap merger），而现金并购和分立形式则不多见。

此后学者们发现了并购决策中的行为偏差。第一，并购活动的开展及其定价可能受到羊群效应的影响。Roll（1986）提出羊群效应假说来解释为何即使并购标的存在正向错误定价也会发生并购，并列举了潜在支持该假说的现象，例如并购方宣告并购后股价反而下降的"赢者诅咒"。第二，管理者可能存在过度自信（hubris hypothesis）等心理因素，即使他们主观上以股东利益最大化为决策准则，也会损害公司价值。当管理者过度自信时，可能因认知偏差和信息获取不足导致并购决策的低效率，给并购方带来损失。Malmendier 和 Tate（2008）发现，过度自信的CEO 高估了通过并购获取收益的能力，进而支付过高的并购对价，这种过度并购降低公司价值的效应在采用内部融资和多元化并购的情形中更为严重。

3. 并购中的代理问题

代理冲突可能催生无法提升甚至降低公司价值的并购行为。根据自由现金流量假说，当公司内部自由现金流资源过剩时，经理人具有建立"商业帝国"的动机，进行扩大公司规模但无法提升公司价值的过度投资。Harford（1999）认为，过度并购是一类特殊的过度投资，现金过剩的公司更倾向于降低公司价值的并购，并购标的质量欠佳，后续并购绩效更差。Yim（2013）、Levi 等（2014）、Jenter 和 Lewellen（2015）进一步指出，影响"商业帝国"动机的管理层特征会影响并购行为，包括管理者年龄、薪酬结构等。

三、企业绩效的评估指标与衡量方法

对并购绩效的衡量主要围绕两种思路展开，即检验重组样本公司在存在并购事项下股票市场对此的反应和检验并购对样本公司经营业绩（真实经济收益）的影响。前者一般针对短期并购绩效，后者一般针对长期并购绩效。此外，个案研究可以针对性地分析并购绩效，也具有重要的实践意义。

（一）事件研究法

一般采用事件研究法（event study methodology）研究短期并购绩效。研究并购样本公司的市场反应，实际上就是检验股价对公司各类重组并购公告的反应，或者是市场在得知公司并购信息前后的股价反应。这一检验的理论前提是市场有效，即对于公司的任何相关事件的信息都会通过资本市场反映在股价上，所以研究股价的变化就可以判断这一事项对公司未来的实际影响。

事件研究法由法玛等于 1969 年提出，在并购绩效的检验中成为最常见的方法。该方法把企业并购看作个别的事件，确定一个以并购宣告日为中心的"事件期"

（如－N 天，＋N 天），然后采用累计超额收益（CARs）方法来检验该并购事件宣告对股票市场的价格波动效应。超额收益是指并购的业绩以并购前后股东财富的变化来衡量。将并购公告日前某段时间内并购双方的实际收益 R 与假定无并购公告影响的那段时间内股东的正常收益 $E(R)$ 进行比较，得出超额收益，即 $AR = R-E(R)$。实际收益 R 用测量区间内资本收益和股息收益之和衡量。$E(R)$ 用资本资产定价模型（CAPM）计算得出。部分学者认为，超额收益法仅仅检验了估价对并购重组的反应，不能检验对公司经营效率的影响，因此主张用会计数据来对并购进行研究，从而形成了财务数据法。一般来讲，事件期长短的选择对该方法的研究结论非常重要，选用的事件期延长会增加对事件有效性的判断，但同时也容易受到不相关因素的干扰。

Jensen（1983）等较早利用此方法检验了企业并购短期财富效应的经验性数据，其结论基本一致：（1）并购双方股东的组合收益在较短的时间内（－1 天，＋1天）显著为正，即并购从整体上的确为股东创造了价值。随着时间的推延（－40 天，＋40 天），事件所创造的组合收益统计显著性明显减弱。（2）收益分布不均衡。目标企业的股东收益明显高于并购企业（接近于零），而且，目标企业的股东收益具有统计意义上的显著性，并购企业则不然。Bruner（2002）则全面总结了从事件研究中得出的并购绩效结论。

由于信息不对称，投资者并不能立即得到并购的相关信息，这样利用短期内的数据来评价并购绩效便会增大误差，于是许多学者对并购进行了广泛的中长期的研究，如 Mandelker（1974）以及 Dodd 和 Ruback（1977）等。进入 20 世纪 90 年代以后，人们更加重视对并购的中长期检验，但传统事件研究方法中，事件期的拉长使得不相关事件的干扰因素增加，而传统的检验模型无法对不相关事件进行有效分离，于是更多的学者试图对传统的事件研究方法进行修正，其基本思路如下：

（1）从方法论的角度进行研究。在方法论创新上，Franks 等（1991）的研究具有重要意义，提出了并购绩效检验的八因素方法，从而打破了以往单纯利用市场模型进行中长期检验的格局。

（2）根据可观察特性对并购样本进行细分，分别考察不同类型样本的绩效水平，以减少误差。

在实证研究中，利用股价的短期或中长期反应来检验绩效的方法得到了普遍的应用，但这类方法有着自身的缺陷。首先，无论是短期还是长期，资本市场并不是完全有效率的，因而公开的信息并不一定能够完全反映公司的运作状况。其次，对于股票融资型并购（包括股票互换），由于市场不能有效区分交易行为和股票的发行行为，因而市场容易低估融资型行为的并购所创造的市场价值。再次，在一个竞争性市场上，在衡量并购所创造的价值时，不仅要衡量在投资者身上的价值，而且应该注重对各种相关利益者的分析，如消费者剩余增加等。最后，由于投资者的预期作用，并购宣告日的股价变化早已提前得到反映。此外，投资者的心理预期也会影响股价反映并购价值的正确性。

多数研究认为，目标企业的股东绝大多数能从并购中获得正收益，但并购方的收益分布很广，相当一部分并购方有显著的负收益。Caves（1989）推断这些新的发现是由于并购交易者的第二次思考，或者是披露了一些与并购相关的其他信息。但是在解释并购交易的长期收益时就有了困难，因为在并购交易以后公司经常会发生与并购交易不相关但是会影响公司业绩的事情。

随着时间的推移，并购收益开始下降，在20世纪六七十年代的收益要高于在20世纪八九十年代的收益，除了高科技领域以及银行领域的并购之外。

由此可以得到这样的结论：总体上说，并购方市场调整后的超额收益基本为零。

需要补充的是，任何并购的收益平均到每个股东上都要受到并购企业和目标企业股份数额的影响，一般来讲，并购企业都要大于目标企业，这样即使双方从并购中获得的潜在收益是相等的，并购企业每个股东获得的潜在收益也要小于目标企业。Asquith等（1983）描述了与并购企业规模相关的并购绩效，例如在收购中，如果目标企业的价值等于或者比并购企业的价值高10%，那么并购企业的股东将获得4.1%的回报（$t = 4.42$），但如果目标企业的价值小于并购企业价值10个百分点，那么，并购企业只获得1.7个百分点的收益。

（二）经营业绩对比研究法

经营业绩对比研究法又称会计事件研究法，该方法通常是通过财务数据来对并购行为进行中长期检验。由于财务数据的多样性，一般要从众多的指标中挑选出一些进行分析，通常的做法是利用因子分析得到代表不同并购主体财务数据的几个主要指标，大多数情况下，盈利能力、市场份额、销售额和现金流量水平等经营业绩指标会成为评判标准，这样对比考察并购前后或与同行相比的经营业绩变化就可以对并购的总体绩效做出有效评估。Langetieg（1978）与Magenheim和Mueller（1988）的研究将同行业作为控制样本进行配对检验，发现公司重组后的业绩没有显著提高，甚至有所下降。然而，Bradley和Jarrel（1988）采用不同的指标研究了MM的样本，却发现企业业绩没有下降。同样，Ravenscraf和Scherer（1987）检验了美国1950—1976年471家目标企业的盈利水平，得出了并购减少价值的结论，这与Healy等（1992）对1979—1984年间美国50家最大并购事件进行的实证检验结果显著不同。他们发现，公司资产收益率和经营现金流较同行业的其他企业有明显提高。

在实证研究中，即使采用相同的方法进行绩效检验，也会得到不同的结论，这可能是因为样本和指标选择的差异，但更重要的可能是因为方法本身的原因。Montgomery 和 Wilson（1986）指出，运用财务数据分析并购绩效存在弊端，第一，绝大多数的公开财务数据都是累加值，难以独立区分单个规模较小事件的影响；第二，财务数据是历史数据，反映的是过去的绩效，而不是所期望的未来收益。构造一个可靠的绩效对比基准是相当困难的。Andrade 等（2001）进一步指出，在 20 世纪 90 年代掀起的以巩固产业发展为主导的新一轮并购浪潮中，产业冲击（industry shock）或并购产业集中现象更加尖锐地突出了绩效基准选择方面存在的问题，这些问题还会伴随着时滞影响而进一步恶化。

由于上述两种主要研究方法自身问题的不断出现，更多对研究方法的修正开始出现。Akhavein 等（1997）通过对企业并购行为和会计数据、股票市场收益变化的关联性分析，研究度量会计数据变化和超额收益之间的相互关系。他们发现，拓展后的研究方法可以通过市场来准确预测并购后绩效的变化情况，并且在一定程度上回答了市场是否有能力区分并购活动对经营业绩的影响的问题。并购方在并购活动前后公司价值的变化可以反映并购绩效。并购价值评估可以基于公司资产的价值变化，或者公司盈利水平变化。前者以 Lang 和 Stulz（1994）的托宾 q 为代表方法，q 等于公司市场价值除以公司的资本重置成本，因此当并购发生之后公司资产组合的 q 等于或小于原有两个公司之和时就表明并购并没有增加公司的价值，而当 q 大于原有两个公司的 q 之和时则表明并购增加了公司的价值。

Loughran 和 Vijh（1997）通过研究持有目标企业股票的股东从并购事件宣告之日前两天到并购后五年内投资并购企业的股票在累计超额收益方面的情况，发现通常来讲并购方的股东在采取这种策略下的投资不会从并购公司的股票上获得显著的正收益。虽然在早期他们会有一些正的收益，但是随着时间的增加，情况会走向反面，剩下的时间收益就不显著了。在观测股票收购和现金发盘收购的案例以后，大概得到了如下结论：一般来讲，目标公司的股东可以得到比相匹配的并购方股东并购前和并购后同期分别多 14.9% 和 138.3% 的收益。同时，研究发现，在股票收购方面，即使收购是成功的，并购收益也会在五年内慢慢消失。

Ravenscraft 和 Scherer（1987）的样本取自 1950—1977 年间，他们的数据来源于美国联邦贸易委员会，而且运用了更加严格的会计处理手段，他们把研究的重点放在目标企业所处行业上，观察目标企业在并购前后的业绩表现。他们得到的结论是：并购前后目标企业的业绩与其所在行业平均水平相比，并没有表现出改进的势头。但是并购行为可能引起公司集团内部的结构性调整，从而使有些公司在并购以后改变经营方向而被并入另一行业。可是，雷文斯克拉夫特（Ravenscraft）和谢勒（Scherer）在研究过程中，对于这类样本未进行处理，而是简单地把它们和其他未改变所在行业的样本混在一起，从而影响了研究结果的说服力。他们的研究还发现，从利润的获得来讲，兼并一个企业要比控股一个企业低一到两个百分点。而这些在统计上是显著的。

Healy 等（1992）研究了 1979—1984 年间，50 起美国最大并购的数据。在业绩计量方面，他们摒弃了可能受到人为操纵的会计数据，而采用了经营现金流量报酬的概念（特定时期内经营现金流量除以期初资产的市场价值），以经营现金流量报酬中不受行业平均收益影响的那部分收益来观察并购事项的影响。他们发现并购后，未经调整的现金流量收益率呈递减趋势，而行业调整收益率则呈递增趋势。接着，他们研究这个递增是否以研发支出的减少为代价，事实表明，并购以后的集团公司在提高资产利用效率方面卓有成效。他们再次把经营现金流量收益和并购宣告时两家公司的综合股价收益联系起来。在并购宣告时，目标企业股东获益，并购企业股东没有明显的获益，甚至有不明显的亏损。他们把并购企业的超额收益和目标企业的超额收益按照市价比率加权平均，发现集团公司在并购宣告时的加权平均超额收益显著为正。最为重要的是，他们研究发现，宣告日股票市场的报酬与日后的经营业绩显著正相关，这也表明了在宣告日预期利润的增加推动了股票价格的上涨。由此，他们认为，若把并购形成的集团公司联合起来考虑，市场在并购宣告时对这一事件带来的经济收益已有了充分的考虑。

Meeks（1977）基于经营业绩分析，研究了 1964—1971 年间英国 233 起并购交易，检验了在并购之后利润的变化。米克斯（Meeks）的研究表明，在交易后 ROA 下降，大约有三分之二的并购方在交易之后业绩要低于一般的行业平均水平。

（三）个案研究法

个案研究法可以分析研究特定并购案例绩效的动态变化过程，以此来判断特定并购事件的效果。与研究对象范围广的实证研究相比，个案研究法由于其独特的针对性而有着显著优势：

（1）将并购绩效的考察与个体的特征信息联系起来，这样便可以将并购动机、行业差别等个体的特征信息作为一组变量来考察对并购绩效的影响。也就可以克服以往研究中，在绩效评价指标、样本大小、时间跨度等方面的选择没有考虑到样本特有的主客观条件的问题。因此，个案研究法在研究效果的深化上更有潜力、也更有说服力。科尔尼（Kearney）管理咨询公司选取 1998—1999 年间发生的 115 起巨型并购案例进行研究，结果发现，42％的企业达到了预期目标，因而被视为成功的并购。

（2）有效界定并购的应有效果。由于加进了单个样本特定动机的研究，这样就可以将并购动机作为独立元素加入并购绩效的考核，从而更为合理地判断并购行为的合理性和有效性。Tetenbaum（1999）认为，以前的方法混淆了对并购实际结果的评价和对并购应有结果的评价，从而对并购的作用产生了异议，而且难以解释为什么在按股价变动、绩效等指标衡量的并购失败率居高不下（60％～80％）的情况下，并购活动依旧如火如荼地进行。

（3）更加注重并购行为的动态演变过程，而不是像一般性经验研究那样，把已经发生的成功案例或失败案例简单地加在一起，这样做会人为地夸大或缩小并购的作用。

（四）其他研究方法

上述研究方法作为并购绩效的主流研究方法而被广泛使用，但一些其他的研究方法也被大量采用：

（1）管理者调查。向管理者发放调查问卷来询问并购是否增加了企业的价值，然后从调查问卷中整理出普遍性的结果。

（2）诊断性研究。主要集中在深度调研一个交易或者是小样本，通常是通过咨询师或首席执行官的观察和总结，通过深度调研并购的细节以及背景关系而得出崭新的结论。

（3）资产剥离收购比率。波特（Porter）研究了1950—1986年间33家大型美国公司的经营记录，并按剥离率（在新产业内收购的部分随后被剥离出来的比率）的高低进行排序，发现61％的企业剥离出来的资产额要大于保留的资产额，由此得出结论：这些公司的经营战略是令人失望的，它们的经营战略分散了股东的价值，而不是创造了股东的价值。此外，Mitchell 和 Lehn（1990）以及 Kaplan 和 Weisbach（1992）也都把企业并购后5年内剥离的资产额作为并购成功与否的标准。尽管这种方法一开始就受到 Weston（1990）等的批评，但毕竟开辟了并购业绩考核的一个新视角。

（4）资本成本回收率。麦肯锡（McKinsey）咨询公司认为，应该从技术经济角度来考察企业并购绩效。该公司选取1990—1995年间发生的交易额超过5亿美元的150个并购样本进行研究，发现获得大量回报的并购案占17％，获得少量回报的并购案占33％，而损害股东利益的并购案占20％。与此同时，该公司还对1998年前《财富》500强和《金融时报》250强的116个并购样本进行研究，发现有

61％的样本不能回收成本，而只有 23％取得了成功。

四、并购绩效的影响因素

(一) 并购的方式

在并购方式的分类中，兼并通常是指比较友好的交易，在交易过程中公司管理层不会对交易设置障碍，而要约收购直接针对目标企业的股东，通常是为了克服不合作经理的抵制，同时也显示出了并购方的能力和信心，他们认为并购能带来极大的收益。Martin 和 McConell（1991）证明了在要约收购两年后目标企业的经理人员大量变动，这表明并购方想通过更换目标企业无效的经理人员来使公司获得效益。Agrawal 等（1992）的研究发现，发盘收购会使目标企业有不显著的超额收益，但是并购方却在并购公告日之后五年区间有显著的负 10％的超额收益。

(二) 信息因素

1. 目标企业的盈余管理行为

Louis（2004）针对并购后被并购企业表现不佳的异常现象，基于 1992—2000 年美国公开交易的并购事件，发现并购前盈余管理（earning management）效应的逆转是以股易股（stock-for-stock）类的收购者短期或长期经营绩效的重要影响因素。

2. 并购双方的管理层联结

并购方与目标方的管理层联结有助于缓解政策不确定性，有利于并购行为的实现以及并购绩效的增长。Cai 和 Sevilir（2012）将并购双方企业的董事会关系分为两类：在交易公告发布前拥有一位共同董事的两家企业为一级关系；而在交易公告发布前收购企业的一位董事与目标企业的一位董事同时在另一家企业任职的，则为二级关系。研究表明，一级关系有助于降低信息摩擦，减少来自其他潜在收购方的竞争，从而降低收购溢价，而二级关系则有助于并购企业在未来实现更高的创造价值并获得更好的经营业绩。

(三) 文化因素

Ahern 等（2015）的研究揭示了文化在跨境并购中的影响，将并购中的文化差异拆解为三个维度：信任与不信任、等级制与平等文化以及个人主义与集体主义。

他们运用重力模型对 1991—2008 年共 52 个国家间发生的并购事件进行了分析，发现无论是哪个维度上两个国家文化距离的拉大都将减少两国间跨境并购的数量，导致并购绩效的减少。在政治文化方面，Dinc 和 Erel（2013）考察了经济民族主义对跨国并购的影响。他们认为国家（尤其是极右翼政党执政、政府相对较为软弱的国家）倾向于支持国内并购，抗拒外资的进入，从而创造出所谓"国家冠军"的企业。

（四）并购方因素

1. 并购企业的成长型和价值型特征

长期来讲，对并购绩效产生重大影响的是企业的成长型与价值型特征。当一个企业有着很高的市净率时，我们把它定义为价值型企业，而把低净市率的企业定义为成长型企业。Franks 等（1991）以及 Fama 和 French（1992）总结了关于并购企业的成长型和价值型特征与并购绩效的相关关系的绩效外推假设（performance extrapolation hypothesis）。根据该假设，无论是市场投资主体还是其他利益相关者，都会根据并购企业的历史绩效来评估并购所创造的价值，由此可以推断：（1）在并购宣告期，成长型并购企业会比价值型并购企业实现更多的超额收益，这是由市场参与者的过度预期造成的，因此也增加了风险。（2）从长期来看，市场将逐步调整并购企业最初被高估的价值，因而价值型并购企业的超额收益要高于成长型并购企业。（3）成长型并购企业将付出更多的收购溢价，这符合目标企业股东的利益。因此，根据这三个层面的推断，该假说得出了"市净率与短期并购绩效成反比，而与长期并购绩效成正比"的结论。

Lang 等（1991）通过检验又发现，并购企业的宣告期收益与托宾 q 的比率正相关，从而验证了该假说的第一层含义。Anderson 等（1993）则首次利用市净率对 1966—1987 年间发生的 670 个并购样本进行了长期绩效检验，也得出了同样的结论。Rau 和 Vermaelen（1998）对银行样本进行了检验，又证实了该假说的后两层含义。他们发现，成长型并购企业在并购后 3 年的超额收益率为 -17.3%，而价值型并购企业的超额收益率为 7.6%。

很明显，实证检验结果并不完全支持绩效外推假设。这是因为该假设是以过去绩效为衡量基础的，而并购改善企业的绩效不仅取决于过去，而且更多地取决于并购的预期市场收益，因此该假设的说服力是有限的。

2. 并购企业规模

并购企业的规模同样对其收购行为的绩效存在显著影响。Moeller 等（2004）

基于 1980—2001 年间共 12 023 起并购事件统计，发现小型收购方的收购公告所造成的超额收益率比大型收购方要高出 2.24％。

3. 过往并购经历

Field 和 Lewellen（2016）的研究指出，并购企业董事会过去的收购经验与质量对此次并购的绩效也存在显著影响，经验丰富的董事会能够在并购目标的选择及并购过程中并购企业与目标企业的整合等方面产生积极作用，从而促进短期超额收益率以及长期经营绩效与全要素生产率的提高。

4. 并购方的生命周期

传统的并购理论关于企业生命周期与并购绩效的关系存在两种观点。以 Mueller（1979）、Jensen（1986，1993）为代表的代理理论认为，成熟企业拥有大量自由现金流量，但缺乏内部增长机会，管理层为了追求增长，往往会实行牺牲股东利益的收购活动并倾向于多元化的收购活动。以 Maksimovic 等（2013）为代表的新古典理论认为，企业收购的目的是最大限度地利用其有价值的稀缺资产，业绩更优且有增长机会的企业（往往是有能力上市的成熟企业）往往会通过收购（包括多元化收购）以实现自身资产的最优化利用。尽管两种观点理论路径不一致，但最终都指向了随着企业走向成熟，收购率与多元化收购行为都会有所增长这一观点。

Arikan 和 Stulz（2016）的研究基本印证了新古典理论。他们发现，收购率与企业生命周期呈 U 形曲线关系，即随着企业逐渐成熟，收购率在经过一段时间的降低后将逐渐提高（约 10 年后），且年轻企业的高收购率往往是由于其收购对象多为非上市的小型企业，若将收购对象限制在上市公司内，年轻企业并不具备较大的优势。另外，研究发现，企业在整个生命周期内的多元化并购策略并不存在差异。研究还观察到成熟企业对上市公司进行收购或多元化收购时，其股东往往会有所亏损。这一结论与代理理论一致。

（五）外部因素

政策不确定性是并购活动中重要的风险因素之一。Bonaime 等（2018）发现，税收、政府支出、货币政策和财政政策以及管制等方面的政策不确定性通过影响并购的实物期权价值显著降低了未来一定时期内的整体并购交易概率、数量及其总额，但部分企业可以将跨国并购或垂直并购作为风险管理手段，以应对政策不确定性。

并购浪潮降低了市场对并购事件认知的准确程度，并加剧了并购中的代理冲突。Duchin 和 Schmidt（2013）指出，并购浪潮中的隐含波动率与分析师预测的标准化离散程度均有不同程度的提高，并且浪潮会由于市场上大量管理者失败的并购行为，降低了部分并购业绩较差的管理者在业绩表现不佳后被解雇的可能性。

五、并购支付

并购支付指并购方为了得到对目标方的控制权付出对价，是实现并购交易的关键环节。并购关系到并购双方的利益。一般比较受关注的是并购定价和支付方式。

（一）并购定价

理论上，并购的价格是对并购完成后新企业结构下合并实体所增加价值的估计。但在实际并购过程中，由于估值假设等方面的误差，并购双方很难磋商得出一个绝对准确的并购价格，目标企业在过去某段时间中的股价所造成的锚定效应对并购定价产生了显著影响。Baker 等（2012）发现，目标企业过去 52 周内的最高股价对实际报价乃至整个并购都存在显著影响。其一，最高股价每上涨 10%，实际报价溢价约上涨 3.3%；其二，当实际报价略高于最高股价时，并购成功的概率将提高 4.4%～6.4%；其三，最高股价导致的报价溢价每上涨 10%，目标企业公告效应所造成的超额收益率将下跌 2.45%。Ma 等（2019）的研究则发现，若发布公告前股价远低于前 52 周最高股价，收购方将获得较高的超额收益，并且这一效应在目标企业非上市、交易不确定性更大（包括波动性更大、收购方分析师较少、收购方相对规模更大以及非现金的支付方式等情况）以及个人投资者所有权占比更大的收购方中更强。值得注意的是，在收购公告发布后的一年中，这一效应所造成的超额收益往往会出现反转，这意味着这一效应是非理性行为偏差所导致的后果。

（二）并购支付方式

一般来讲，并购支付方式包括现金、股票以及混合方式。股票支付由于其自身隐含着增发新股的作用，因而被管理者，尤其是公司价值被高估的管理者所偏爱。不同的支付方式会对并购双方产生不同的影响，这主要表现在三个方面：

（1）税务因素。Eckbo（1983）提出了纳税协同效应的观点，认为并购可以更好地利用避税手段，如纳税、资本利得税和增加资产。采用证券（以股票为主）支付方式时，可以使目标企业股东延迟纳税和进行税种替代，这对目标企业的股东有利；而采用现金支付方式时，并购企业增加了资产，从而扩大了折旧避税额，所以并购企业也愿意支付更高的价格。

（2）信息不对称因素。Rau 和 Vermaelen（1998）指出，股票融资型并购会使投资者产生并购企业价值被高估的预期。因此，当并购消息被公布时，并购企业的股价会因投资者的预期回归而趋于下降。

（3）信号因素。Andrade 等（2001）的研究表明，一般来讲，在股票融资型并购中，并购企业在事件宣告期前后几天会有显著的负面效应（-3‰～-2‰的非正常收益）。这主要是因为支付方式的选择揭示了未来的投资机会或现金流量情况。

现金融资型并购表明，并购企业的现有资产可以产生较大的现金流量，或者表明并购企业有能力充分利用目标企业所拥有的或由并购所形成的投资机会；相反，股票融资则是一个不良信号。因此，并购企业采用现金并购的超额收益通常要高于股票并购；而目标企业采用这两种类型的并购收益均为正值，但一般来讲股票并购的收益要显著低于现金并购所获得的收益。

从实证检验结果来看，Gordon 和 Yagil（1981）以及 Travlos（1987）经研究发现，从目标公司的角度来讲，采用现金并购比股票并购可以产生更多的超额收益。Linn 和 Switzer（2001）从目标企业的角度也证实了现金并购的超额收益相对较高。

因此，实证研究总体上肯定了理论研究的结论，但是，在并购企业获取超额收益的程度这一问题上仍然存在分歧。Shleifer 和 Vishny（2001）认为，这主要是由于研究支付方式对并购绩效影响的背景条件不同所造成的。在股市强式有效的条件下，支付方式理论与实证的研究结果应该是一致的；而在股市无效的条件下，并购企业和目标企业的市值偏离其真实价值，并购双方根据自身股票价值的高低决定采取哪一种支付方式。因此，支付方式本身并不对双方的收益产生影响，而影响双方收益的主要是各自股票市值偏离真实价值的程度及方向。

并购的支付方式在很大程度上取决于股东和经理人员的博弈，Myers 和 Majluf（1984）的研究表明，在经理人员知道关于股价的私人信息而股东不知道的情况下，仅当公司的价值被高估的时候，公司的经理人员才会发行新股。也有学者认为，并购的支付方式内生于并购方式。一般性并购多以股票的方式支付，而要约收购更多以现金方式支付。Eckbo 等（2018）指出，并购方式反映了并购方对目标方的了解程度和评估乐观程度，并购方对目标方了解越深、对并购前景越乐观，就越倾向于现金支付。

六、中国的并购研究

近年来国内并购研究迅速发展，在并购动因、交易对价、并购绩效等方面都有丰富的成果。在并购成为企业发展扩张的重要方式的同时，学者们也认识到，我国由于资本市场不尽完善，在并购活动中存在信息不健全、监管不严格等问题。

（一）并购中的市场炒作现象

从短期市场反应来看，我国并购普遍长期存在短期炒作的现象。陈信元和张田余（1999）较早将并购驱动因素总结为差别效率、经营协同、多元化经营、财务协同效应，发现以1997年有并购行为的上市公司为样本，考察（－10，20）的时间窗口下的股价超额收益率并不显著，说明市场对重组公司的长期价值提升并不感兴趣，当时市场更关注具有巨大炒作空间的其他类型的控制权转移行为。

（二）制度政策因素

相对于西方企业，中国企业的并购行为会更多地考虑制度环境因素（贾良定等，2005）。企业可以通过异地并购打破政府干预导致的行政壁垒和市场分割，实现跨区域资本流动，获得节税收益（王凤荣和苗妙，2015）。然而，在政策刺激下，企业可能为迎合国家产业政策、套取政府补贴进行跨行业并购，这种不利的政策套利行为会削弱政府的引导作用（蔡庆丰和田霖，2019）。

（三）并购中的信息不对称

由于我国并购市场信息不对称程度高，因此信息收集和信息沟通尤为重要，不但促成了并购，而且有助于实现预期并购效果，提高并购绩效。目标公司会计信息质量对民营收购公司的短期市场绩效和长期会计绩效均有显著的正影响，这也支持了管理者代理假设（潘红波和余明桂，2014）。管理层联结等信息网络可以形成信息优势，缓解并购双方之间的信息不对称，可以降低并购过程中的事前不确定性和事后不确定性，还可以更加迅速地获取并购信息与并购机会，因此有利于并购发起行为并提高并购绩效（万良勇和郑小玲，2014；陈仕华等，2013；李善民等，2015）。高管网络可以通过缓解信息不对称进一步促进并购双方的信任和合作（赵乐和王琨，2020）。

（四）业绩补偿承诺

业绩补偿承诺的应用是我国资产重组市场的重要实践。上市公司可以要求对方就重组资产或购买资产的未来盈利能力许以业绩承诺，针对预期盈利数与实际盈利数之间的差额签订补偿协议，证监会预期能起到"降低估值风险，提高并购交易的公平性，保护上市公司和投资者利益"的积极作用。

目前，我国学者对业绩补偿承诺能否提高并购绩效的问题并未达成共识。部分学者认为，业绩补偿承诺有利于并购双方达成双赢结果。第一，业绩补偿承诺具有信号作用，在显著提高了并购溢价的同时提高了收购方股东的收益，对并购的协同效用存在积极作用（吕长江和韩慧博，2014）。第二，业绩补偿承诺对标的企业具有激励效应，尤其是股权赔偿方式，被并购方努力避免被惩罚影响业绩（潘爱玲等，2017）。业绩补偿承诺提高并购绩效的效应还与业绩承诺协议条款设置有关（杨超等，2018）。针对对赌失败案例多发现象，还有学者指出，我国目前的业绩补偿承诺尚存在制度设计缺陷，因而存在增大风险的消极影响。业绩补偿承诺缓解信息不对称的作用欠佳，被并购方在并购前为获取高溢价进行盈余管理行为，影响业绩实现（刘娥平和关静怡，2019）。业绩补偿承诺可能引致代理冲突变异，并激发相关利益方的机会主义行为，因此加重并购方股价暴跌的风险（李晶晶等，2020）。

（五）跨国并购

跨国并购是外商直接投资（FDI）的重要方式之一，对企业发展具有重要战略意义。李善民和李昶（2013）比较了跨国并购与绿地投资两种主要 FDI 进入模式，发现跨国并购对东道国的市场稳定需求更大，其目标企业往往具有更大规模。吴先明和苏志文（2014）运用案例研究的方法解释了我国企业对发达国家企业的技术寻求型并购，后发企业可以通过跨国并购，在技术融合过程中完成技术迁移与技术提升，实现技术追赶。

七、总结

并购是企业迅速扩张发展的重要途径，并购活动的开展会影响企业短期绩效，更关乎企业长期发展。传统的并购动因主要包括规模经济优势、协同效应优势、多元化优势等，此后还发展了关于并购活动的代理观点和行为金融观点。

学者从并购交易双方的特征及其相似性、信息沟通、外部环境等角度探究了并购及并购绩效的影响因素。总体来讲，国外关于企业并购绩效已经有初步一致的看法，但对其影响因素和具体结果尚未得出一致的结论。究其原因，笔者认为主要有以下几个方面：

（1）样本选择与研究方法的差异。在样本选择上，样本大小、行业类别和时间跨度等都存在一定的差异；在研究方法上，股市事件研究法有短期与中长期之分，经营业绩对比研究法也存在会计指标和对比基准选择的差异，还有会计数据真实性等问题。这些差异或问题导致了不同的研究口径。

（2）企业属性、行业特征和外部环境的影响。许多学者把并购视为企业追求利益最大化的行为，没有把企业并购动机等自身特征与并购绩效联系起来，同时也未考虑不同行业所固有的特征，因而其研究缺乏因果联系。此外，股票市场走势、资产价格变化等外部环境也可能是影响并购绩效的变量。

（3）并购过程的整合也是影响并购绩效的重要变量。总的来看，支付方式、行业相关性、并购企业的成长和价值特性都需在并购交易前进行研究，而并购双方在管理风格、组织结构和组织文化等方面能否有效整合则会影响潜在价值的实现。

国内学者对企业并购的基本结论已经有了较为一致的看法，随着近年来我国并购实践的迅速发展，在企业并购的影响因素、并购绩效等方面涌现出了一批优秀成果。国内的进一步研究还可以关注我国制度背景下并购绩效的影响因素及其相应的风险管理，以对中国并购实践起到更好的指导意义。

参考文献

[1] Agrawal, A., Jaffe, J. F., and Mandelker, G. N., 1992. The post-merger performance of acquiring firms: A re-examination of an anomaly. Journal of Finance, 47, 1605 – 1621.

[2] Ahern, K. R., Daminelli, D., and Fracassi, C., 2015. Lost in translation? The effect of cultural values on mergers around the world. Journal of Financial Economics, 117, 165 – 189.

[3] Akhavein, J. D., Berger, A. N., and Humphrey, D. B., 1997. The effects of megamergers on efficiency and prices: Evidence from a bank profit function. Review of Industrial Organization, 121, 95 – 139.

[4] Almeida, H., Campello, M., and Hackbarth, D., 2011. Liquidity mergers. Journal of Financial Economics, 102, 526 – 558.

[5] Anderson, C., and Mandelker, G., 1993. Long-run return anomalies and the book-to-market effect: Evidence on mergers and IPOs. Unpublished Working Paper.

[6] Andrade, G., Mitchell, M., and Stafford, E., 2001. New evidence and perspectives on acquisitions. Journal of Economic perspectives, 15, 103 – 120.

[7] Arikan, A. M., and René M. Stulz, 2016. Corporate acquisitions, diversification, and the firm's life cycle. Journal of Finance, 71, 139 – 194.

[8] Asquith, P., Bruner, R. F., and Mullins, D. W., 1983. The gains to bidding firms from mergers. Journal of Financial Economics, 11, 121 – 139.

[9] Baker, M., Pan, X., and Wurgler, J., 2012. The effect of reference point prices on mergers and acquisitions. Journal of Financial Economics, 106, 49 – 71.

[10] Bena, J., and Kai, L. I., 2014. Corporate innovations and mergers and acquisitions. Journal of Finance, 69, 1923 – 1960.

［11］Bhattacharyya，S.，and Nain，A.，2011. Horizontal acquisitions and buying power：A product market analysis. Journal of Financial Economics，99，97－115.

［12］Bonaime，A.，Gulen，H.，and Ion，M.，2018. Does policy uncertainty affect mergers and acquisitions? Journal of Financial Economics，129，531－558.

［13］Bradburd，R. M.，and Caves，R. E.，1982. A closer look at the effect of market growth on industries' profits. Review of Economics and Statistics，64，635－645.

［14］Bradley，M.，Jarrell，G.，and Kim，E.，1984. On the existence of an optimal capital structure：Theory and evidence. Journal of Finance，39，857－878.

［15］Bris，A.，and Cabolis，C.，2008. The value of investor protection：Firm evidence from cross-border mergers. Review of Financial Studies，21，605－648.

［16］Bruner，R. F.，2002. Does M&A pay? A survey of evidence for the decision-maker. Journal of Applied Finance，12，46－68.

［17］Cai，Y.，and Sevilir，M.，2010. Board connections and M&A transactions. Journal of Financial Economics，103，327－349.

［18］Caves，R. E.，1989. Mergers，takeovers，and economic efficiency：Foresight vs. hindsight. International Journal of Industrial Organization，7，151－174.

［19］Cornaggia，J.，and Li，J. Y.，2019. The value of access to finance：Evidence from M&As. Journal of Financial Economics，131，232－250.

［20］Duchin，R.，and Schmidt，B.，2013. Riding the merger wave：Uncertainty，reduced monitoring，and bad acquisition. Journal of Financial Economics，107，69－88.

［21］Eckbo，B. E.，1983. Horizontal mergers，collusion，and stockholder wealth. Journal of Financial Economics，11，241－273.

［22］Eckbo，B. E.，Makaew，T.，and Thorburn，K. S.，2018. Are stock-financed takeovers opportunistic? Journal of Financial Economics，128，443－465.

［23］Erel，I.，Liao，R. C.，and Weisbach，M. S.，2012. Determinants of cross-border mergers and acquisitions. Journal of Finance，67，1045－1082.

［24］Erel，I.，Jang，Y.，and Weisbach，M. S.，2015. Do acquisitions relieve target firms' financial constraints? Journal of Finance，70，289－328.

［25］Fama，E. F.，Fisher，L.，Jensen，M. C.，and Roll，R.，1969. The adjustment of stock prices to new information. International Economic Review，10，1－21.

［26］Field，L. C.，and Mkrtchyan，A.，2016. The effect of director experience on acquisition performance. Journal of Financial Economics，123，488－511.

［27］Franks，J. R.，Harris，R. S.，and Titman，S.，1991. The postmerger share-price performance of acquiring firms. Journal of Financial Economics，29，81－96.

［28］French，F. K. R.，1992. The cross-section of expected stock returns. Journal of Finance，47，427－465.

［29］ Frésard，L.，Hege，U.，and Phillips，G.，2017. Extending industry specialization through cross-border acquisitions. Review of Financial Studies，30，1539－1582.

［30］ Gordon，M.，and Yagil，J.，1981. Financial gains from conglomerate mergers. Research in Finance，3，103－142.

［31］ Gort，M.，1969. An economic disturbance theory of mergers. Quarterly Journal of Economics，83，624－642.

［32］ Greene，D.，2017. Valuations in corporate takeovers and financial constraints on private targets. Journal of Financial and Quantitative Analysis，52，1343－1373.

［33］ Harford，J.，1999. Corporate cash reserves and acquisitions. Journal of Finance，54，1969－1997.

［34］ Harford，J.，2005. What drives merger waves? Journal of Financial Economics，77，529－560.

［35］ Healy，P. M.，Palepu，K. G.，and Ruback，R. S.，1992. Does corporate performance improve after mergers? Journal of Financial Economics，31，135－176.

［36］ Jensen，M. C.，and Ruback，R. S.，1983. The market for corporate control：The scientific evidence. Journal of Financial Economics，11，5－50.

［37］ Jensen，M. C.，1986. Agency cost of free cash flow，corporate finance，and takeovers. The American Economic Review，76，323－329.

［38］ Jenter，D.，and Lewellen，K.，2015. CEO preferences and acquisitions. Journal of Finance，70，2813－2852.

［39］ Lang，L. H.，Stulz，R.，and Walkling，R. A.，1991. A test of the free cash flow hypothesis：The case of bidder returns. Journal of Financial Economics，29，315－335.

［40］ Lang，L. H. P.，and Stulz，R. M.，1994. Tobin's q，corporate diversification，and firm performance. Journal of Political Economy，102，1248－1280.

［41］ Langetieg，T. C.，1978. An application of a three-factor performance index to measure stockholder gains from merger. Journal of Financial Economics，6，365－383.

［42］ Levi，M.，Li，K.，and Zhang，F.，2014. Director gender and mergers and acquisitions. Journal of Corporate Finance，28，185－200.

［43］ Linn，S. C.，and Switzer，J. A.，2001. Are cash acquisitions associated with better post combination operating performance than stock acquisitions? Journal of Banking and Finance，25，1113－1138.

［44］ Loughran，T.，and Vijh，A. M.，1997. Do long-term shareholders benefit from corporate acquisitions? Journal of Finance，52，1765－1790.

［45］ Louis，H.，2004. Earnings management and the market performance of acquiring firms. Journal of Financial Economics，74，121－148.

［46］ Ma，Q.，Whidbee，D. A.，and Zhang，W. A.，2019. Acquirer reference prices and acquisition performance. Journal of Financial Economics，132，175 - 199.

［47］ Magenheim，E.，and Mueller，D. C.，1988. On measuring the effect of mergers on acqui-ring firm shareholders. In Knights，Raiders and Targets：the Impact of the Hostile Take-over. Oxford University Press，New York and Oxford，171 - 193.

［48］ Maksimovic，V.，Phillips，G. M.，and Yang，L.，2013. Private and public merger waves. Journal of Finance，68，2177 - 2217.

［49］ Malmendier，U.，and Tate，G.，2008. Who makes acquisitions？CEO overconfidence and the market's reaction. Journal of Financial Economics，89，20 - 43.

［50］ Mandelker，G. N.，1974. Risk and return：The case of merging firms. Journal of Financial Economics，1，303 - 335.

［51］ Mantecon，T.，2008. An analysis of the implications of uncertainty and agency problems on the wealth effects to acquirers of private firms. Journal of Banking and Finance，325，892 - 905.

［52］ Markham，J. W.，1955. Survey of the Evidence and Findings on Mergers. In Business Con-centration and Price Policy（141 - 212）. Princeton University Press.

［53］ Martin，K. J.，and Mcconnell，J. J.，1991. Corporate performance，corporate takeovers，and management turnover. Journal of Finance，46，671 - 687.

［54］ Martynova，M.，and Renneboog，L.，2008. Spillover of corporate governance standards in cross-border mergers and acquisitions. Journal of Corporate Finance，14，200 - 223.

［55］ Meeks，G.，1977. Disappointing Marriage：A Study of the Gains From Merger. Cambridge，Cambridge University Press.

［56］ Mitchell，M. L.，and Lehn，K.，1990. Do bad bidders become good targets？Journal of Po-litical Economy，98，372 - 398.

［57］ Mitchell，M. L.，and Mulherin，J. H.，1996. The impact of industry shocks on takeover and restructuring activity. Journal of Financial Economics，41，193 - 229.

［58］ Moeller，S. B.，Schlingemann，F. P.，and René M. S.，2004. Firm size and the gains from acquisitions. Journal of Financial Economics，73，201 - 228.

［59］ Montgomery，C. A.，and Wilson，V. A.，1986. Research note and communication mergers that last：A predictable pattern？Strategic Management Journal，7，91 - 96.

［60］ Mueller，D.，1979. Testimony Before U. S. Senate，Committee on the Judiciary，Subcom-mittee on Antitrust，Monopoly，and Business Rights. 96th Congress，1st Session，Serial No. 96 - 26，302 - 312.

［61］ Myers，S. C.，and Majluf，N. S.，1984. Corporate financing and investment decisions when firms have information that investors do not have. Journal of Financial Economics，13，187 - 221.

［62］ Neary J. Peter，2007. Cross-border mergers as instruments of comparative advantage. Review of Economic Studies，74，1229 - 1257.

[63] Nielsen，J. F.，Melicher，R. W.，1973. A financial analysis of acquisition and merger premiums. Journal of Financial and Quantitative Analysis，8，139 - 148.

[64] Phillips，G. M.，and Zhdanov，A.，2013. R&D and the incentives from merger and acquisition activity. Review of Financial Studies，26，34 - 78.

[65] Raghavendra Rau，P.，and Vermaelen，T.，1998. Glamour，value and the post-acquisition performance of acquiring firms. Journal of Financial Economics，49，223 - 253.

[66] Ravenscraft，D. J.，and Scherer，F. M.，1987. Life after takeover. Journal of Industrial Economics，36，147 - 156.

[67] Roll，R.，1986. The hubris hypothesis of corporate takeovers. Journal of Business，59，437 - 467.

[68] Serdar Dinc，I.，and Erel，I.，2013. Economic nationalism in mergers and acquisitions. Journal of Finance，68，2471 - 2514.

[69] Sheen，A.，2014. The real product market impact of mergers. Journal of Finance，69，2651 - 2688.

[70] Shleifer，A.，and Vishny，R. W.，2001. Stock market driven acquisitions. Journal of Financial Economics，70，295 - 311.

[71] Stigler，G. J.，1950. Capitalism and monopolistic competition：The theory of oligopoly monopoly and oligopoly by merger. The American Economic Review，40，23 - 34.

[72] Tetenbaum，T. J.，1999. Beating the odds of merger & acquisition failure：Seven key practices that improve the chance for expected integration and synergies. Organizational Dynamics，28，22 - 36.

[73] Tobin，J.，1977. How dead is Keynes? Economic Inquiry，15，459.

[74] Travlos，N. G.，1987. Corporate takeovers bids，method of payment，and bidding firms' stock return. Journal of Finance，42，943 - 963.

[75] Weisbach，M. S.，and Kaplan，S. N.，1992. The success of acquisitions：Evidence from divestitures. Journal of Finance，47，107 - 138.

[76] Yim，S.，2013. The acquisitiveness of youth：CEO age and acquisition behavior. Journal of Financial Economics，108，250 - 273.

[77] 蔡庆丰，田霖. 产业政策与企业跨行业并购：市场导向还是政策套利. 中国工业经济，2019（1）.

[78] 陈仕华，姜广省，卢昌崇. 董事联结、目标公司选择与并购绩效——基于并购双方之间信息不对称的研究视角. 管理世界，2013（12）.

[79] 陈信元，张田余. 资产重组的市场反应——1997 年沪市资产重组实证分析. 经济研究，1999（9）.

[80] 贾良定，张君君，钱海燕，崔荣军，陈永霞. 企业多元化的动机、时机和产业选择——西

方理论和中国企业认识的异同研究．管理世界，2005（8）．

[81] 李晶晶，郭颖文，魏明海．事与愿违：并购业绩承诺为何加剧股价暴跌风险？会计研究，2020（4）．

[82] 李善民，黄灿，史欣向．信息优势对企业并购的影响——基于社会网络的视角．中国工业经济，2015（11）．

[83] 李善民，李昶．跨国并购还是绿地投资？——FDI进入模式选择的影响因素研究．经济研究，2013，48（12）．

[84] 刘娥平，关静怡．寅吃卯粮：标的公司盈余管理的经济后果——基于并购溢价与业绩承诺实现的视角．中山大学学报（社会科学版），2019，59（4）．

[85] 吕长江，韩慧博．业绩补偿承诺、协同效应与并购收益分配．审计与经济研究，2014，29（6）．

[86] 潘爱玲，邱金龙，杨洋．业绩补偿承诺对标的企业的激励效应研究——来自中小板和创业板上市公司的实证检验．会计研究，2017（3）．

[87] 潘红波，余明桂．目标公司会计信息质量、产权性质与并购绩效．金融研究，2014（7）．

[88] 万良勇，郑小玲．董事网络的结构洞特征与公司并购．会计研究，2014（5）．

[89] 王凤荣，苗妙．税收竞争、区域环境与资本跨区流动——基于企业异地并购视角的实证研究．经济研究，2015，50（2）．

[90] 吴先明，苏志文．将跨国并购作为技术追赶的杠杆：动态能力视角．管理世界，2014（4）．

[91] 杨超，谢志华，宋迪．业绩承诺协议设置、私募股权与上市公司并购绩效．南开管理评论，2018，21（6）．

[92] 赵乐，王琨．高管团队内部网络与并购绩效．金融研究，2020（11）．

股利政策

内容摘要：本文综述了股利本身的意义以及关于股利政策的各种理论的发展及其实证研究。总结来说，股利政策的理论发展主要经历了股利政策无关论、高股利政策、低股利政策三个阶段。对股利本身以及这三个阶段的综述，其目的一方面在于整理文献，为进一步的研究提供基础，另一方面也希望已有的研究思路能够有助于中国企业对股利政策有更加深刻的理解，对于如何制定更加科学、有效的股利政策提供更好的思路。

一、引言

股利是经济学中最常出现的术语之一，每一个上市企业都要认真考虑如何发放股利、发放多少股利的问题。而它也是经济学中最有迷惑性的术语之一，费雪·布莱克（Fisher Black）曾说："股利就像一幅各部分没有连在一起的画，越看越使人迷惑"。究竟发放多少股利，历来都是经济学家和业界人士争论不休的话题。从某种程度上来说，关于股利的所有争论都陷入了"两面派律师"的困境。所谓"两面派律师"就是一方面建议你基于以下理由应该这样做，另一方面基于其他原因又建议你不应该这样做。尽管关于股利的是非争论一直没有定论，但公司经营者必须认真研究和制定股利政策。因为股利政策不仅决定了流向投资者和留存在公司以图再投资的资金数量，而且还能够向股东传递关于公司经营业绩的信息。

对股利的探讨最初起源于投资者本身的困惑，一些投资者更喜欢股利发放较多的公司，他们认为只有通过股利发放或者股利发放的期望，他们才获得了投资的回报或者拥有了以后将股票卖一个更高价格的机会，而另外一些投资者更倾向于发放股利较少的公司，因为他们觉得股利发得少甚至不发股利代表公司拥有非常好的投资机会，而这些投资机会可以提高股票的价值，显然，在股票提升价值超过发放股利的额度的情况下，投资者必然会倾向于少发放股利的政策，因为公司发放较多的股利会使其错过一些好的投资机会。

面对投资者的诸多困惑，到底各个公司是如何制定其股利政策的呢？1956 年，哈佛大学教授约翰·林特纳（John Lintner）在向诸多公司经理咨询了他们的股利政策后，首次提出了公司股利分配行为的理论模型，简单来说可以归纳为"四点事实"：

（1）公司具有长期的目标股利支付率，成熟型公司的股利支付率较成长型公司高。

（2）在特定时间，公司经理更关注的是股利的变化而非其本身的绝对水平。

（3）股利的变化与公司长期可持续的盈利水平相关，公司经理会倾向于"熨平"股利，暂时的盈利变化不太影响股利水平。

（4）公司经理不愿意做出将来有可能要推翻的现有股利政策变化，特别是股利增加。

林特纳总结了很多公司的股利分配行为，并建立了理论模型，但是他仍然没有详细地解释公司的目标支付率如何确定，股利的发放水平到底如何等行为。在他之后，更多的经济学家继续思考这个问题，试图解释股利政策能否影响公司价值，促使股利政策有了更进一步的发展。本文试图对这些理论沿革进行详细的综述，尽管笔者竭尽所能试图回顾所有关于股利政策的重要文献，但是由于学识所限，不免有所遗漏，同时，出于本文结构安排的需要，对一些问题只是简要提及并给出重要参考文献而没有详尽论述。

本文剩余部分的安排如下：第二部分从三个不同的观点来综述对股利政策的所有重要的理论研究；第三部分探讨关于股利政策的实证研究及其在实际中的应用；最后一部分是全文的概括总结。

二、关于股利政策的理论研究

（一）股利政策无关论

Miller 和 Modigliani（1961）提出的著名的"股利无关假说"，可以说是股利政策理论的基石。他们认为股利政策不会影响公司的价值，公司的价值完全取决于其投资决策的制定、其所在行业的平均资本成本以及未来的期望收益调整，而与资本结构、股利政策无关。也就是说，在公司投资决策既定的情况下，公司是否发放股利、发放多少股利不会影响投资者对公司股票的需求情况。但是，需要特别强调的一点是，此结论的得出是建立在"完善的资本市场"、"理性的投资行为"和"确定性"的假设前提下的。具体来说，米勒和莫迪利安尼强调必须满足以下几个条件：

（1）完善的资本市场。也就是说任何买卖双方的交易量都不足以影响交易价格，即所有参与者都是价格接受者；所有交易者对于价格以及股票的其他相关特征都拥有同样的信息而且信息成本为零；不存在经纪费用和交易税，证券的买卖以及发行过程中都没有交易成本，对于发放股利或者拥有资本利得没有税收差异。

（2）理性的投资行为。也就是说投资者总是喜爱更多的财富，而且并不在意财富的增加是通过现金支付的形式还是通过所持股票市值增加的形式。

（3）确定性。各投资者对于公司未来的投资计划以及预期利润都是有把握的。

在这些假设条件的基础上，米勒和莫迪利安尼提出了无套利原则：在任一给定时间，市场上每种股票的收益率必须是相等的，即

$$\frac{d_j(t) + p_j(t+1) - p_j(t)}{p_j(t)} = \rho(t) \tag{1}$$

式中，$d_j(t)$ 表示 t 时刻的股利，$p_j(t)$ 表示 t 时刻的价格，$\rho(t)$ 表示收益率。

式（1）可以改写为：

$$p_j(t) = \frac{1}{1+\rho(t)}\big[d_j(t) + p_j(t+1)\big] \tag{2}$$

如果从整个公司价值的角度出发，可以将式（2）改写为：

$$V(t) = \frac{1}{1+\rho(t)}\big[D(t) + n(t)p(t+1)\big]$$
$$= \frac{1}{1+\rho(t)}\big[D(t) + V(t+1) - m(t+1)p(t+1)\big] \tag{3}$$

式中，$n(t)$ 表示 t 时刻的股票数量，$m(t+1)$ 表示 t 时刻以股利发放之前的价格 $p(t+1)$ 卖出的股票数量，因此 $n(t+1) = n(t) + m(t+1)$，$V(t) = n(t)p(t)$ 表示公司的总价值，$D(t) = n(t)d(t)$ 表示 t 时刻开始时支付给股票持有者的全部股利。

根据式（3），可以将公司的总价值进一步写为：

$$V(t) \equiv n(t)p(t) = \frac{1}{1+\rho(t)}\big[X(t) - I(t) + V(t+1)\big] \tag{4}$$

式中，$I(t)$ 表示公司投资的既定水平，$X(t)$ 表示公司 t 时刻的净利润水平。

从式（4）可以看出，只要公司的投资决策既定，股利支付政策既不会影响其

股票的现有价值，也不会影响股东的收益率。也就是说，公司的价值由实际因素决定，即公司资产的盈利能力以及其投资政策，而不是决定于盈利能力的果实如何分配。在投资政策既定的情况下，股利政策的改变仅仅意味着股利和资本利得之间的分配发生了变化。

此外，米勒和莫迪利安尼还将此理论扩展到了存在不确定性的情况下，而且得出了相同的结论：在投资政策既定的情况下，股利政策并非决定公司市值的因素，同时他们强调了股利政策的无关性与现实世界中股利支付率的变化往往导致股票价格的变化这一现象并不矛盾。股利变化导致价格变化这一现象之所以产生，是源于股利变化的"信息内涵效应"，也就是说投资者认为股利变化传达了公司未来盈利及增长机会将会变化的一个信号，所以才改变自己愿意支付的价格。也就是说，股利变化起的只是一个信号的作用，而非根本的原因所在，只要公司盈利及增长机会真的出现了新的变化，就算股利支付率回到原来的水平，价格变化也肯定是不会逆转的。

米勒和莫迪利安尼对于股利政策的发展做出了巨大的贡献，因为他们不仅仅提出了"股利无关"这一崭新的理论，更重要的是，他们对该理论成立的假设条件进行了系统而彻底的分析，一旦这些假设条件有所改变，情况就会发生很大的变化。后来的股利政策大多是沿着放松这些假设条件的路径发展的，所以说，"股利无关假说"可以当之无愧地作为股利政策理论发展的基石。

养牛为乳，

养鸡为蛋，

买股票嘛，

还是为股利。

果树有果实，

蜜蜂有蜂蜜，

除了股利，

对股票还有何求？

老人知道牛奶和蜂蜜来自哪里，但不会错误地告诉儿子，买牛是为了反刍，买蜂是为了嗡嗡叫。

这段摘录是很久以前在美国流行的一则谚语，这反映了长期以来，人们朴素地认为购买股票是为了取得股利。

资料来源：Williams, J. B., *The Theory of Investment Value*, Harvard University Press, p. 58.

（二）主张低股利政策的理论

1. 税收的原因

这是对米勒和莫迪利安尼所提的关于"完善的资本市场"条件的放松。在不存在税收的完美世界中，要股利还是要资本利得对投资者来说是一样的，所以股利政策并不影响投资者对于公司市场价值的判断。但在现实世界中，税收是确确实实存在的，而且对于不同种类的收益，税赋程度是不相同的，这就造成了投资者对于不同收益的不同偏好，所以关系到投资者所得到的收益种类的股利政策就不再是无关紧要的了。

在现实世界中，股东收到的现金股利通常按普通收入征税，而且是在发放时征收，而资本利得直到股票售出真正实现的时候才征收，而且税率通常较低。在这种情况下，股东无疑对资本利得更加偏好。同样情况下少发股利甚至不发股利的公司所发行的股票更受投资者青睐，这就会提升不发放股利的公司的股票价格，促使许多公司减少甚至取消股利的发放。

一般而言，税赋对股利政策的影响是反向的，由于股利的税率比资本利得的税率高，而且资本利得税可以递延到股东实际出售股票为止，因此，投资者可能喜欢公司少支付股利，而将几年的盈余留下来用于投资，而为了获得较高的预期资本利得，投资人愿意接受较低的普通股的必要收益率。因此，在股利比资本利得税率高的情况下，只有采取低股利支付率政策，公司才有可能使其价值最大化。

当然，在美国，对于机构投资者来说，资本利得税相对于对股利所征收的税收来说税率更高，而免税的投资者无疑不会受二者税率差异的影响，但是这些投资团体相对于需要纳税的个人投资者来说，影响是较小的，虽然联邦税务总署针对希望利用资本利得与股利二者税率的差异来拖延甚至逃避税收的投资者出台了一些惩罚措施，但公司还是可以通过一些不易被联邦税务总署觉察到的方式实现自己的目的。这样一来，公司的股利政策就不再是无关紧要的了，相反，它直接影响到了公司价值的大小。因为股利和资本利得二者税率的差异导致投资者对于收益的这两种不同的形式产生了不同的偏好，这使得公司可以通过改变股利政策来改变投资者愿意为公司的股票所支付的价格。

2. 借贷条约的限制

这方面的研究可以归于"代理理论"的一部分，代理理论最早始于詹森和麦克林对于企业代理成本的研究，他们最先利用代理理论分析了企业股东、管理者与债券持有者之间的代理冲突及其解决措施，我们首先分析企业股东与债券持有者之间的利益冲突对于公司股利政策的影响。

Black（1996）在其《股利之谜》（The Dividend Puzzle）一文中曾经论述道：当公司采用债务融资的时候，借贷条约往往会对公司可以发放的股利予以限制。道理很简单，公司可以将全部的资产当作股利发放给股东，这是使公司逃避债务的最简便的途径，可导致债权人仅仅持有公司的空架子，给债权人造成很大的损失。借贷条约对于发放股利的限制在保护了债权人利益的同时，也使得公司的股利政策受到了一定的影响，使公司在同样的条件下倾向于发放较少的股利以得到债权人的肯定，获得更加有利的借贷条件。

Kalay（1982）在《股东与债权人的利益冲突与股利限制》（Stockholder-bond-holder Conflict and Dividend Constraints）一文中也对这一问题作了专门的论述，他们认为，公司由许多利益不同且可能互相冲突的集团组成。在这些集团当中，股东和债权人可能是最大也是最重要的两个。股东控制着公司，他们希望通过投资及财务决策的选择使其自身财富最大化，有可能会通过改变政策来提高所发行债券的风险水平，达到将债权人的财富转移给自己的目的。另外，正如 Jensen 和 Meck-ling（1976）以及 Myers（1977）所论证的，股东还可以通过拒绝投资 NPV 为正的项目来为股利的发放融资。这些由于二者利益冲突所导致的潜在成本完全可以通过对未来股利支付水平的限制来降低甚至消除。所以，很多经济学家将旨在降低股东与债权人之间的代理成本的借贷合约作为推行低股利政策的一个理由。

（三）主张高股利政策的理论

1. 一鸟在手论

很多经济学家认为公司应该通过发放高股利来提升公司股票的价格。比如格雷厄姆（Graham）、多德（Dodd）以及科特尔（Cottle）认为，由于"近期股利的现值大于远期股利的现值"，"当两家公司的盈利能力相同、所处行业相同时，股利支付率高的公司几乎常常能卖出高价格"，所以公司应该采取高股利支付率的策略。此外，戈登（Gordon）也独创性地认为，高股利政策更加有益于股东，因为投资者是通过预测未来的股利然后加以贴现来确定股票的价格，由于预测远期的股利比预测近期的股利具有更大的不确定性，投资者在确定所适用的贴现率时都会考虑这种不确定性的大小，如果现在发放较少股利而在将来支付较多股利，投资者会由于不确定性的增加而调高贴现率的值，这样投资者愿意为公司股票所支付的价格肯定会下降。

这些观点都属于"一鸟在手论"的范畴，该理论认为，由于投资者本身对当前收入的喜爱，或者是投资者认为保留收益再投资而得到的资本利得的不确定性肯定要大于眼前发放股利的不确定性，所以投资者更倾向于眼前的股利发放而不是期待将其再投资以获取资本利得。这样一来，股利政策就不再是无关的了，投资者会为采取高股利策略的公司股票支付更高的价格。

这个理论似乎可以当作发放高股利的理由，但是实际上，投资者喜好当前收入以及希望消除不确定性的偏好都是可以通过其他途径来实现的，投资者未必会由于公司采取高股利政策就肯支付更高的价格。

比如对于喜好当前收入的投资者来说，米勒和莫迪利安尼认为股利政策无关是因为他们假设无交易成本，这样，喜爱高股利却持有低股利股票的投资者可以很容易地卖掉股票，从而取得所需要的资金。但是在现实生活中，出售股票会发生佣金和其他交易费用的支出，而投资高股利股票则不会直接发生这些现金费用，这样股利就不再是无关的了。乍看上去，对于喜爱当前收入的投资者来说，高股利似乎更能引起他们的兴趣，但实际上，随着金融市场的不断发展和完善，已经存在一些金融中介机构可以以较低的成本为个人投资者完成这些交易，也就是说，喜爱当前收入的投资者如果持有的是低股利股票，他们完全可以通过一些中介机构进行转化，得到自己想要的类型，而所需要的成本是非常低的，这样一来，这些投资者就不会像本来期望的那样为支付高股利的公司股票支付更高的价格。

另外，基于消除不确定性而采取高股利政策的行为也并非明智之举。实际上，只要公司的资本支出和负债没有改变，股利政策是不能影响公司总的现金流量的。这样，即使股利较资本利得更易于预测，但如果据此得出高股利能够降低公司的风险，那就大错特错了。所以，是提前拿到股利还是再投资以获得资本利得并不能改变公司现金流量的风险，这种期望通过消除不确定性以达到"一鸟在手"的想法是经不起科学的推敲，也达不到预期的效果的。Easterbrook（1884）在解释股利的问题中曾经提到过：除非公司也改变自己的投资政策，否则改变股利支付政策是不会产生任何"一鸟在手"的效果的。因为即使股东得到了高股利，他们一般不会将股利用来消费或者购买国债，一旦他们将拿到的现金股利投资到原先的或者新的公司中，他们就再次面临资本利得的不确定风险。

2. 追随者效应

这一理论的发展源于不同投资者由于自身情况的差异导致了他们对于不同收益形式的偏好。比如处于高税收等级的个人投资者更偏爱低股利或者无股利；处于低税收等级的、喜爱当前收入或者有消除不确定性的意图的个人投资者，他们可能会希望发放一定的股利；而对于股利收入和资本利得都可以免税的保险基金来说，它们对于股利的态度取决于对于当前收入的喜爱程度；还有一些公司投资者，他们得到的股利收入70％可以免税，而资本利得一点也不能免税，他们即使不喜爱当前收入，也不希望消除不确定性，出于减少税收的考虑也会优先投资高股利股票。

　　此前无论是 MM 关于股利无关论的阐述，还是后来出于税收等因素的考虑所出现的股利相关论，都认为公司不应该发放或者应该少发放股利。而现在显示，不同投资团体对于股利有着不同的偏好，其中许多投资者喜欢高股利，所以，很多人认为公司可以通过提高股利支付率来使其股价上升。然而，部分现有股东对股利的喜爱并不足以证明高股利支付率的股利政策是正确的。实际上，所有公司的股利政策不可能长期固定不变，在不断的发展之中，采取不同股利支付政策的公司与不同投资团体之间基本实现了供需均衡，高股利的公司基本上足以满足喜爱这一股利政策的投资者的需要。在这种情况下，公司就无法再通过改变股利策略来影响其市场价值。只有当追随者对于高股利的偏好还没有得到满足时，公司改变自己的股利政策、发放更高的股利才有可能吸引到更多的投资者，才有可能提高自己的股票价格。

　　（1）股利的信息内涵效应理论。

　　在现实世界的资本市场中，交易双方的信息常常是不对称的，具体到公司来说，公司的管理者往往拥有一些投资者希望能够获得但是还无法公开获得的信息，这样就容易导致交易双方产生逆向选择问题，阻碍帕累托最优的实现。在这种情况下，公司可以选择一些政策来向投资者传递这些私人信息，投资者根据自己的判断对公司的情况和质量进行评判和归类，以决定自己愿意支付的该公司的价格水平。在这些可以传递公司信息的政策当中，以股利为首的财务政策是最常用也是最重要的政策之一，因为对市场上的投资者来说，股利政策的差异或许是反映公司质量差异的最有价值的信号之一。

　　Bhattacharya（1979）建立了首个股利信息内涵效应模型，该模型认为效益不好的公司的净现金流不足以支付股利，因此需要进行额外融资，而这些融资产生的交易成本就是股利信号传递的成本。类似地，Miller 和 Rock（1985）认为，效益不好的公司支付股利而放弃好的投资项目的损失是股利信号传递带来的机会成本。

　　Black（1996）在《股利之谜》一文中指出，公司一般不愿意削减股利，所以只有当公司确信未来盈利和现金流量等提高到足以保证高股利可以保持较长的一段时间的时候才会增加股利，也就是说，股利的增加是经理向市场传递公司前景良好的信号。股利提高意味着公司创造未来现金流的能力增强，公司股票就会受到投资者的欢迎，反之，股利降低意味着公司创造未来现金流的能力减弱，投资者就会抛出股票。所以，宣布削减股利的信息常常会导致公司股票价格的下跌，而宣布增加股利的信息常常伴随着公司股票价格的上涨。后来的许多实证研究结果证明了股利政策的这一信息内涵效应，笔者将在后文的实证研究中重点阐述。

　　当然，公司将股利发放作为向投资者传递公司信号的一种表达方式，也面临着一些潜在的成本和代价，主要表现在：第一，发放股利常常要承受较重的所得税负担，因为就像在税收因素当中提到的，对一般的个人投资者来说，股利的税率要高于资本利得的税率，而且在股利发放的时候就要缴纳。第二，由于发放股利需要一定的现金支持，如果公司的现金流量不是非常充裕又恰逢有好的 NPV 为正的项目，就很有可能丧失有利的投资机会。而如果为了投资重新回到资本市场进行新股融资，一方面会导致较大的交易成本产生，另一方面可能因为发行新股而造成股权稀释，影响公司的市场价值。尽管依靠股利的信息内涵效应常常导致一定的机会成本产生，但很多公司仍然乐意选择这种方式来传递自身对于公司未来盈利状况的信心，可见，股利的信息内涵效应可以作为公司支付高股利的一个合理的理由。

（2）股利分配的代理理论。

就笔者所知，在这方面最早的研究应该归于 Jensen 和 Meckling（1976）。詹森和麦克林详细分析了由于代理冲突的存在所导致的代理成本，并运用代理理论对这些冲突及其解决措施进行了探讨。他们认为，股利政策作为协调代理冲突的一种有效机制，可以缓解公司管理者与股东、股东与债权人之间的冲突。在前面的文章中，我们曾经解释了由于股东与债权人之间的利益冲突所导致的代理理论的一部分。其中，债权人为降低股东对其权益的侵犯程度，与公司签订借贷合约，并力争使股利的发放降到最低程度。这可以作为主张低股利政策的一个理论分支。而此处我们重点要探讨的是由于公司股东与管理者之间的委托-代理关系而导致的代理理论，这是主张高股利政策理论中一个重要的发展。

在一般的经济学文献中，通常假设公司的经理人可以作为股东理想的代理人，在这种情况下，管理者与股东的利益是一致的，而所谓股利分配的代理理论，则是指由于公司所有权与管理权的分离导致公司股东与管理者之间产生了代理问题，即公司管理者并不能作为股东理想的代理人，他们并非会按照股东的利益最大化行事，在这样的情况下，采取合适的股利政策有助于消除或降低代理成本，保证公司管理者尽量按照股东的利益行事。也就是说，恰当的股利政策可以作为协调公司股东与管理者之间代理关系的一种行之有效的约束机制，而这种所谓的恰当的股利政策即是指较多地发放现金股利。较多地发放现金股利之所以可以有效地解决代理成本的问题，主要原因在于：

第一，在存在大量的自由现金流时，较多地发放现金股利可以大大减少用于投资的现金数量，这样可以督促公司管理者精心地挑选 NPV 为正值的项目，防止由于过多的资金存在而产生的管理者过度投资以至浪费资源的可能。

第二，较多地发放现金股利可以将公司更多的盈利返还给投资者，降低公司管理者可以支配的自由现金流量，有效地避免公司管理者不顾公司股东的利益，放弃追求公司价值最大化而选择一味地追求公司规模以及自身利益情况的发生，防止其由于"帝国构建"的野心而进行严重特权消费，有效地保护股东的利益。也就是说，高现金股利的政策能够有效地降低管理者与股东之间的代理成本，增加公司的市场价值。

第三，较多地发放现金股利有可能导致公司用于投资的资金不足，如果遇到NPV为正的项目，企业为筹集投资所需的资金，就可能需要到资本市场进行融资，这就迫使公司要接受广大市场参与者的广泛监督，这无形中增加了公司的压力，而且再次融资发行股票会使每股盈余遭到稀释，在这种情况下，公司要维持较高的股利支付率，就必须付出更大的努力。这与前面的监督压力一起迫使公司尽可能采取措施做好工作，力争公司价值最大化。这些都能有效地降低代理成本，消除或缓解代理问题。

在Easterbrook（1984）所写的《股利的两种代理成本解释》（Two Agency Cost Explanations of Dividends）一文中，他将公司管理者与股东之间的代理成本描述为几种形式：一是监控管理者的代理成本；二是由于管理者与股东对风险偏好的不同而导致的冲突成本，即管理者基于自身的利益而不愿意选择那些NPV为正但期望收益不是太高的风险较大的项目，因为一旦项目出现问题，他们有可能一无所获，但股东不同，他们比较偏好风险较大的NPV为正的项目，因为这种项目可以帮助他们以债权人的利益为代价获取自身的利益。伊斯特布鲁克（Easterbrook）认为，适当的高股利政策可以有效地降低这些成本，因为发放股利可以使公司面对必需的投资计划时通过资本市场这种外部筹资方式有效地降低监控和管理者风险规避。在发行股票筹集资本的时候，公司的所有事务都会受到投资银行等中介机构的检查监督，以保护广大投资者的利益，发行债券、商业票据等也不例外。有这种检查监督的存在，需要不断筹集资本的公司管理者就会更好地行使为股东利益服务的职责。同时，在发行新证券的时候，公司可以很好地调整其资本结构，使得公司的股东和债权人都无法以牺牲对方的方式来获取自身的利益。也就是说，公司由于发放较高的股利而不得不经常通过资本市场来融资，资本的提供者可以更好地做好管理者的监督工作，而如果公司的资本结构一直保持不变，公司的管理者更有可能基于自身利益行事而损害到股东的利益。

（四）其他股利政策理论

除了以上理论以外，现代以来也出现了一些新颖的股利理论，它们大多从客观的角度分析影响公司股利政策的因素，即为什么不同公司会实行不同的股利政策。下面对流传较广的生命周期理论和股利迎合理论进行简单的介绍。

1. 生命周期理论

Fama 和 French（2001）、DeAngelo 等（2006）等学者将公司的生命周期引入股利政策制定的考虑因素中，在研究公司股利支付时结合公司自身经营特征和股东预期。生命周期理论认为，公司的盈余分配由股利支付和留存收益两个部分组成，管理者如何进行分配决策由不同分配方式带来的成本和收益权衡决定，而成本与收益的倾向与公司的生命周期有关。处于成长阶段的公司面临更多的投资机会但资本积累较少，会倾向于不分配股利以保留更多用于投资的资金。而处于成熟阶段的公司内部现金流充裕，面临的投资机会较少，倾向于进行股利支付。

针对股利支付的生命周期理论，Denis 和 Osobov（2008）使用 6 个国家的数据进行了实证检验，研究发现，在那些规模更大、成熟性更高、盈利能力更强、留存收益占比更大的公司，发生现金股利支付的可能性更高，市场上股利支付的总体水平并没有减少，只是集中在了部分公司中。这一结果支持了基于代理成本的生命周期理论，为公司发展和股东利益的研究提供了未来方向。

2. 股利迎合理论

股利迎合理论放松了投资者和高管完全理性的假设，引入了他们的行为方式，考虑到了股利政策的影响因素。这一理论首先由 Baker 和 Wurgler（2004）提出，认为公司高管必须理性考虑股东的需求，不断更改公司的股利支付决策。当投资者偏爱投资高股利支付公司时，高管就会倾向于发放股利，而当不支付股利的公司更受欢迎时，高管就不会支付股利，本质上是高管对投资者的一种迎合。即从股利的需求和供给角度考虑，公司在股利溢价为正时会提高股利支付意愿。

Li 和 Lie（2006）在贝克（Baker）和瓦格勒（Wurgler）的基础上对股利增加和减少的样本进行了实证检验，进一步验证和扩展了股利迎合理论。他们发现，股利溢价与公司支付股利的意愿正相关，且进一步地，股价对股利增加的反应也会随着股利溢价上升而上升，这解释了股利溢价是高管进行股利支付时重要考虑因素的原因。黄娟娟和沈艺峰（2007）认为贝克和瓦格勒忽略了股权结构特征，基于中国市场上市公司的检验，他们发现，对于股权高度集中的上市公司来说，大股东的需求往往在高管制定股利政策时起主要作用，说明股利迎合理论在中国市场也适用。

三、关于股利政策的实证研究

从出现股利的时候起，经济学家和业界人士就对公司究竟应该采取什么样的股利政策各执己见、争论不休。前面我们已经讨论了有关股利政策的理论研究，而针对不同的理论，也有很多人做了大量实证工作，力图对自己支持的理论提供有力的依据。其中，做得较多也较有影响的当属对关于股利的税收效应、信息内涵效应以及代理理论所做的实证研究了。出于此原因以及篇幅所限，笔者将重点论述在这三个方面所做的实证研究。

（一）股利税收效应的实证研究

像在前面的理论研究中提到的，在考虑税赋因素，并且是在对股利和资本利得征收不同税率的假设下，Brennan（1970）创立了税后资本资产定价模型，由该模型得出：股利支付水平高的股票要比支付水平低的股票有更高的税前收益，也就是说，现金股利分配得越多，期望的税前收益就越高，这样投资者愿意支付的价格就越高，即股利政策不仅与股价相关，而且由于税赋的影响，在其他条件相同的情况下，派现公司的股票价格会低于不派现公司的股票价格，所以企业应采用低股利政策。后来，Litzenberger 和 Ramaswamy（1979）对布伦南的实证模型进行了扩展，加入了抵税的利息限制因素，结果认为受此限制的投资者会更喜欢现金股利分配，但他们于 1982 年又做了一次实证研究，以纽约股票交易所的公司作为样本，结果得出了与布伦南一样的结论：股票收益率与预期股利分配之间存在正向的非线性关系，投资者更偏好不发放或少发放现金股利的公司股票。但现实生活中，发放现金股利是很多公司比较偏好的选择，其原因何在，就需要看一下股利政策其他影响因素的情况了。

Pattenden 和 Twite（2008）研究了在引入股利归责税制度后公司股利政策的变化，发现有不同股利税收优惠政策的公司股利支付水平不同，股利税收水平越高，公司的总股利支付水平就越高，公司越有可能开始派息。Desai 和 Jin（2011）利用机构股东税收特征的异质性来分析公司股利政策与税收优惠的关系。研究表明，由于机构股东税收优惠的原因，"厌恶股利"的机构不太可能持有股利支付水平高的公司的股票，从而促使公司管理者调整股利政策以适应机构股东的利益，机构投资者获得股息的税收成本的外生变化导致了公司股息政策的变化。

（二）关于股利政策的信息内涵效应的实证研究

Black（1996）认为，股利的增加是经理向市场传递公司前景良好的信号。股利提高意味着公司创造未来现金流的能力增强，公司股票就会受到投资者的欢迎，反之，股利降低意味着公司创造未来现金流的能力减弱，投资者就会抛出股票。也就是说，发放股利具有很好的信息内涵效应，所以公司一般不愿意削减股利。而这也正是很多公司愿意多发放现金股利的一个很重要的原因。

对于股利的信息内涵效应，林特纳在 1956 年就通过为美国 600 多家上市公司的财务经理设计调查问卷进行咨询并做了实证研究，他最后得出结论：公司一般会保持一个与其长期盈利水平相适应的长期、稳定的目标股利支付率水平。后来的很多学者也对股利的信息内涵效应进行了一系列实证研究，像罗斯在《公司理财》（Corporate Finance）一书中提到的，Asquith 和 Mulins（1983）对纽约股票交易所和美国股票交易所上市公司 1954—1980 年间公司的首次股利分配进行了研究，他们采用典型超额收益率法，发现在股利公告期间出现了 3.7% 的超额收益，也就是说，在宣布首次股利的当天，股票价格明显上涨，其检验结论是：首次股利公告具有显著的信息内涵效应。另外，Brickley（1983）也对纽约股票交易所和美国股票交易所上市公司的特别指定股利（包括额外、特别和年终股利）进行了研究，布里克（Brickley）选取 1969—1979 年 165 个特别指定股利，采用比较收益法，计算了它们公告日前后的收益率，然后与比较期的收益率进行比较，得出特别指定股利能产生显著超额收益的结论，支持了信息内涵效应假说。

在这之前，Ahroney 和 Swary（1980）也得出了类似的结论。其中，阿鲁恩尼（Ahroney）和斯沃瑞（Swary）在 1980 年给出了股票市场受到股利变化影响的具体结果：股利的提高导致股票价格平均上升 0.35 个百分点；股利下调导致在宣告日股票价格平均下降 1.13～1.16 个百分点，此后的两个星期，股票价格累计下降 4.62～5.39 个百分点。再后来，巴塔查亚（Bhattachaya）在对股利的研究中建立了股利信息内涵效应模型，模型显示，股利政策有助于降低公司管理者所拥有的不为投资者获悉的信息的不对称性。米勒和洛克（Rock）也建立了类似的信息内涵效应模型，模型认为，公司管理者通过股利的分配向投资者传递了有关公司的私有信息，而投资者可以根据自己得到的信息对公司的质量进行判断，以确定公司的市场价值。

此外，虽然我国证券市场发展的时间并不长，但国内关于股利的信息内涵效应的研究取得了一些很有代表性的进展。1998 年，陈晓、陈小悦、倪凡在《我国上市公司首次股利信号传递效应的实证研究》一文中，研究了 1995 年及此前上市的 86 家 A 股公司，结果发现，纯现金股利、股票股利以及混合股利三者都具有信息内涵效应，但是纯现金股利与后两者相比，并不太受市场欢迎。这篇文章是国内最先研究股利政策的文献之一，但其所选取的样本太小，这很可能使其实证结果受到一定程度的影响。另外一篇关于股利信息内涵效应的较有影响的文章是 1999 年吕长江、王克敏所写的《上市公司股利政策的实证分析》，他们将沪深两市 1997 年和 1998 年支付现金股利的上市公司数据运用到林特纳的模型中，实证结果比较接近于林特纳所得出的"在特定时间，公司经理更关注的是股利的变化而非其本身的绝对水平"的结论，在一定程度上支持了林特纳关于股利的信息内涵效应的理论，但是该文作者认为，股利的信息内涵效应只能解释中国证券市场上股利政策的一部分，由于公司规模、代理成本等一系列问题的存在，股利政策本身是一个非常复杂的问题，很难仅靠信息内涵效应来解释。

（三）关于股利政策代理理论的实证研究

在以上理论介绍中，代理理论在股利政策中的作用既涉及低股利政策理论，也涉及高股利政策理论。关于支持低股利政策的代理理论，即借贷条约的限制，主要考虑债权人的问题。Brockman 和 Unlu（2009）利用来自 52 个国家的公司样本，发现在债权人权利较小的国家，股息支付的概率和金额都显著较低，因为债权人会在公司进行债务融资时提出公司未来支付低股利的要求。债务代理成本在决定股利政策方面比股权代理成本发挥更具决定性的作用。

关于支持高股利政策的代理理论的实证研究往往与公司股权结构密不可分。例如 Short，Zhang 和 Keasey（2002）使用一个成熟的股利支付模型来检验所有权结构和股利政策之间的潜在关联，结果有力地支持了股利发放政策与机构所有权之间存在正相关的假设。Brown，Liang 和 Weisbenner（2007）研究高管持股是否会影响公司发放现金股利，结果发现，拥有较高股权的高管在减税后更有可能增加股利发放，符合代理冲突理论。

四、国内研究现状和国内外股利政策的对比

（一）国内研究现状

我国的股利政策研究起步较晚，进程的加快始于 20 世纪 90 年代，随着我国资本市场的建立和股份制改革的步伐加快，越来越多的学者开始借鉴国外的股利政策理论与实证方法，结合国内资本市场的现状，实证研究股利政策的影响因素。探究的因素虽较多、较杂，但大部分集中在代理理论和信息内涵效应两个方面。

代理理论方面，易颜新和张晓（2006）发现，在单层或双重委托-代理关系下，将股利政策纳入激励合同可以触发其信息传递机制，有效降低公司代理成本。刘孟晖和高友才（2015）实证检验了异常派现和代理成本之间的关系，发现异常的高现金股利会减少公司内部控制的现金资源，增加公司代理成本。魏志华等（2017）则

检验了中国市场半分红政策下股利代理理论的解释能力，发现上市公司派现可以有效降低公司代理成本，同时也验证了信号理论，但在半强制分红政策背景下代理理论的解释力有所削弱。总体而言，大部分研究认为，代理理论在国内公司的股利政策中具有一定的解释力。

信息内涵效应方面，孔小文和于笑坤（2003）采用独立样本 T 检验方法检验股利政策与当期和未来收益之间的关系，发现我国股市股利存在信息内涵效应，发放股利的公司的未来盈利状况好于不发放股利的公司。原红旗（2004）研究了股利和未来收益的关系，发现股利变化并不能反映未来收益的信息，因此股利的信息内涵效应在中国市场并不显著。

（二）国内外股利政策的对比

将国内外公司采用的股利政策稍加对比，不难发现几个鲜明的不同之处。

1. 股利分配的数量对比

相比国外的上市公司，中国不分配或暂时不分配股利的公司数量较多。据有关统计资料显示，1992—2002 年末，上市后从未进行现金分配的上市公司达到 220 家，其中有 67 家公司甚至从未进行过利润分配。上市公司暂不分配现象有逐年扩大的趋势，占上市公司的比例从 1994 年的 9.28％上升到 1997 年的 50.13％。1998 年之后，不分配股利的公司数量呈下降趋势，但总体比重仍然较高。相对应的，孙小文（2003）认为，我国上市公司与国外相比，表现出保留盈余过高的特点。在税前盈余的分配上，53％用于保留盈余，是美国的 2.52 倍。

2. 股利分配的形式对比

股利分配通常有配股、派现、资本公积金转增股本三种形式。在国外，上市公司将派现，也就是发放现金股利作为股利分配的主要形式，因为根据前面的分析，派现既可以降低代理成本，又可以产生很好的信息内涵效应，还可以使股东获得直接的现金收益。而在中国，股票股利在股利分配中占有重要地位，因为以前计划额度的限制使得很多公司的股本规模较小，这导致很多公司具有强烈的扩充股本的欲望，再加上很多投资者将公司推出的股本扩张方案当作利好题材来看，具有很强的偏好性，这些都使得公司更偏好于送红股的政策，而不去选择投资者并不十分喜欢的现金股利政策。

3. 股利分配的时间对比

从国外股利分配的实践来看，公司一般会保持一个比较稳定的目标股利支付率水平，即使当期盈余发生一定的变化也并不急于立即改变股利的支付水平，而是慢慢地调整股利发放量，将支付率逐渐调整到较高的水平。因为投资者往往对保持比较稳定的股利政策的公司抱有较好的预期，愿意支付更高的价格，一旦公司随便改变股利支付水平，投资者会将临时的现金发放当作长期的股利政策，一旦盈利水平跟不上这种股利的发放，投资者对公司市场价值的判断就会打一个很大的折扣，所以，国外公司股利的支付是有一定的连续性和稳定性的。而在中国，公司制定股利政策的时候就不是这么谨慎了，股利政策明显缺乏连续性和稳定性，在1996—2000年的四年中，连续分配红利的公司仅为上市公司总数的4.5%，1997—2000年的三年中连续分配红利的公司也仅为上市公司总数的7.44%。

综上所述，国内上市公司的股利政策还存在着一些或多或少的问题，但随着我国证券市场发展步伐的逐渐加快以及监管制度的日益完善，这些问题一定会逐步得到解决，公司的股利政策一定会越来越完善。

五、总结

本文对股利理论的发展作了综述，概述了大量关于股利政策的理论和实证研究，并对其进行了适当的分类。但由于能力所限，本文可能没有囊括涉及股利理论的所有文章，对引用文章的分类也可能并非最优的。但笔者可以肯定地说，股利政策的理论研究毋庸置疑仍然是国内外学者仍将深入研究的一个重要问题，并在不断地取得新的进展。比如，对于股利政策的代理理论的研究，近来又出现了一个新的分支，那就是从法律角度来对其进行研究。笔者相信，伴随着金融市场的日益完善和投资者素质的不断提升，公司的股利政策需要制定得更加理性和科学，而这有待于也必将会促进对股利政策的进一步研究。

参考文献

[1] Aharony, J., Swary, I., 1980. Quarterly dividend and earnings announcements and stockholders' returns: An empirical analysis. Journal of Finance, 35 (1), 1-12.

[2] Alchian, A. A., 1965. The basis of some recent advances in the theory of management of the firm. Journal of Industrial Economics, 30-41.

[3] Alchian, A. A., 1969. Corporate management and property rights. Economic Policy and the Regulation of Corporate Securities, 337-360.

［4］Alchian，A. A.，1979. Some implications of recognition of property right transactions costs. Economics Social Institutions，233 – 254.

［5］Alchian，A. A.，Demsetz，H.，1972. Production，information costs，and economic organization. The American Economic Review，62（5），777 – 795.

［6］Aichian，A. A.，Kessel，R. A.，1962. Competition，monopoly，and the pursuit of pecuniary gain. In Aspects of Labor Economics，157 – 183.

［7］Alchian，A. A.，Allen，W. R.，1969. Exchange and Production：Theory in Use. Belmont，California，Wadsworth Publishing Company，Inc.

［8］Arrow，K. J.，1964. Control in large organizations. Management Science，10（3），397 – 408.

［9］Arrow，K. J.，1973. The role of securities in the optimal allocation of risk-bearing. In Readings in Welfare Economics，258 – 263.

［10］Atkinson，T. R.，1967. Trends in corporate bond quality. National Bureau of Economic Research.

［11］Baker，M.，Wurgler，J.，2004. A catering theory of dividends. Journal of Finance，59（3），1125 – 1165.

［12］Baumol，William，J.，1959. Business Behavior，Value and Growth. New York：Macmillan.

［13］Becker，G. S.，2010. Economics of Discrimination. University of Chicago Press.

［14］Becker，G. S.，Stigler，G. J.，1972. Law enforcement，corruption，and compensation of enforcers. Conference on Capitalism and Freedom.

［15］Benston，G. J.，1977. The impact of maturity regulation on high interest rate lenders and borrowers. Journal of Financial Economics，4（1），23 – 49.

［16］Berhold，M.，1971. A theory of linear profit-sharing incentives. Quarterly Journal of Economics，85（3），460 – 482.

［17］Berle，A. A.，Means，G. G. C.，1991. The Modern Corporation and Private Property. Transaction Publishers.

［18］Bhattacharya，S.，1979. Imperfect information，dividend policy，and "the bird in the hand" fallacy. Bell Journal of Economics，259 – 270.

［19］Black，F.，1996. The dividend puzzle. Journal of Portfolio Management，2（2），5 – 8.

［20］Black，F.，Miller，M. H.，Posner，R. A.，1978. An approach to the regulation of bank holding companies. Journal of Business，379 – 412.

［21］Black，F.，Scholes，M.，1973. The pricing of options and corporate liabilities. Journal of Political Economy，81（3），637 – 654.

［22］Branch，B.，1973. Corporate objectives and market performance. Financial Management，24 – 29.

［23］Brennan，M. J.，1970. Taxes，market valuation and corporate financial policy. National Tax Journal，23（4），417 – 427.

［24］Brockman，P.，Unlu，E.，2009. Dividend policy，creditor rights，and the agency costs of debt. Journal of Financial Economics，92（2），276－299.

[25] Brown，J. R.，Liang，N.，Weisbenner，S.，2007. Executive financial incentives and payout policy：Firm responses to the 2003 dividend tax cut. Journal of Finance，62（4），1935－1965.

[26] Charest，G.，1978. Dividend information，stock returns and market efficiency-Ⅱ. Journal of Financial Economics，6（2－3），297－330.

[27] Coase，R. H.，1959. The federal communications commission. Journal of Law and Economics，2，1－40.

[28] Coase，R. H.，1995. The nature of the firm. In Essential Readings in Economics，37－54.

[29] Coase，R. H.，1960. The problem of social cost. In Classic Papers in Natural Resource Economics，87－137.

[30] Cyert，R. M.，Hedrick，C. L.，1972. Theory of the firm：Past，present，and future—An interpretation. Journal of Economic Literature，10（2），398－412.

[31] Cyert，R. M.，March，J. G.，1963. A Behavioral Theory of the Firm. Prentice Hall，Englewood Cliffs.

[32] Denis，D. J.，Osobov，I.，2008. Why do firms pay dividends? International evidence on the determinants of dividend policy. Journal of Financial Economics，89（1），62－82.

[33] De Alessi，L.，1973. Private property and dispersion of ownership in large corporations. Journal of Finance，28（4），839－851.

[34] Debreu，G.，1959. Theory of Value：An Axiomatic Analysis of Economic Equilibrium. John Wiley & Sons，Inc.，London.

[35] Demsetz，H.，1969. Information and efficiency：Another viewpoint. Journal of Law and Economics，12（1），1－22.

[36] Demsetz，H.，1974. Toward a theory of property rights. Classic Papers in Natural Resource Economics，163－177.

[37] DeAngelo，H.，DeAngelo，L.，Stulz，R. M.，2006. Dividend policy and the earned/contributed capital mix：A test of the life-cycle theory. Journal of Financial economics，81（2），227－254.

[38] Desai，M. A.，Jin，L.，2011. Institutional tax clienteles and payout policy. Journal of Financial Economics，100（1），68－84.

[39] De Scitovszky，T.，1943. A note on profit maximisation and its implications. Review of Economic Studies，11（1），57－60.

[40] Diamond，P. A.，1978. The role of a stock market in a general equilibrium model with technological uncertainty. Uncertainty in Economics，209－229.

[41] Eades，K. M.，Hess，P. J.，Kim，E. H.，1985. Market rationality and dividend announcements. Journal of Financial Economics，14（4），581－604.

[42] Easterbrook, F. H., 1984. Two agency-cost explanations of dividends. The American Economic Review, 74 (4), 650 - 659.

[43] Evans, J. L., Archer, S. H., 1968. Diversification and the reduction of dispersion: An empirical analysis. Journal of Finance, 23 (5), 761 - 767.

[44] Fama, E. F., 1978. The effects of a firm's investment and financing decisions on the welfare of its security holders. The American Economic Review, 68 (3), 272 - 284.

[45] Fama, E. F., 1975. Multiperiod consumption-investment decisions. Stochastic Optimization Models in Finance, 389 - 400.

[46] Fama, E. F., French, K. R., 2001. Disappearing dividends: Changing firm characteristics or lower propensity to pay? Journal of Financial Economics, 60 (1), 3 - 43.

[47] Fama, E. F., Miller, M. H., Miller, M., 1972. The Theory of Finance. Holt Rinehart, Winston.

[48] Fama, E. F., Babiak, H., 1968. Dividend policy: An empirical analysis. Journal of the American Statistical Association, 63 (324), 1132 - 1161.

[49] Farrar, D. E., Farrar, D. F., Selwyn, L. L., 1967. Taxes, corporate financial policy and return to investors. National Tax Journal, 20 (4), 444 - 454.

[50] Friedman, M., 2007. The social responsibility of business is to increase its profits. Corporate Ethics and Corporate Governance, 173 - 178.

[51] Furubotn, E. G., Pejovich, S., 1972. Property rights and economic theory: A survey of recent literature. Journal of Economic Literature, 10 (4), 1137 - 1162.

[52] Galai, D., Masulis, R. W., 1976. The option pricing model and the risk factor of stock. Journal of Financial Economics, 3 (1 - 2), 53 - 81.

[53] Ghosh, C., Woolridge, J. R., 1988. An analysis of shareholder reaction to dividend cuts and omissions. Journal of Financial Research, 11 (4), 281 - 294.

[54] Gordon, M. J., 1959. Dividends, earnings, and stock prices. Review of Economics and Statistics, 99 - 105.

[55] Gordon, M. J., 1963. Optimal investment and financing policy. Journal of Finance, 18 (2), 264 - 272.

[56] Hakansson, N. H., 1974. Ordering Markets and the Capital Structure of Firms, with Illustrations (No. 24). University of California at Berkeley.

[57] Hakansson, N. H., 1974. The Superfund: Efficient Paths Toward a Complete Financial Market (No. 25). University of California at Berkeley.

[58] Heckerman, D. G., 1975. Motivating managers to make investment decisions. Journal of Financial Economics, 2 (3), 273 - 292.

[59] Hirshleifer, J., 1958. On the theory of optimal investment decision. Journal of Political Economy, 66 (4), 329 - 352.

［60］ Hirshleifer, J., 1970. Investment, Interest, and Capital. Englewoo New Jersey, Prentice-Hall, Inc.

［61］ Jensen, M. C., 1969. Risk, the pricing of capital assets, and the evaluation of investment portfolios. Journal of Business, 42 (2), 167 - 247.

［62］ Jensen, M. C., 1979. Tests of capital market theory and implications of the evidence. Proceedings of a Seminar on the Efficient Market and Random Walk Hypotheses (The Financial Analysts Research Foundation, 1975).

［63］ Jensen, M. C., Long Jr., J. B., 1972. Corporate investment under uncertainty and Pareto optimality in the capital markets. Bell Journal of Economics and Management Science, 151 - 174.

［64］ Jensen, M. C., Meckling, W. H., 1976. Theory of the firm: Managerial behavior, agency costs and ownership structure. Journal of Financial Economics, 3 (4), 305 - 360.

［65］ Jensen, M. C., Meckling, W. H., 1978. Can the corporation survive? Financial Analysts Journal, 34 (1), 31 - 37.

［66］ Jensen, M. C., Meckling, W. H., 1994. The nature of man. Journal of Applied Corporate Finance, 7 (2), 4 - 19.

［67］ Jensen, M. C., Meckling, W. H., 1976. Theory of the firm: Managerial behavior, agency costs and ownership structure. Journal of Financial Economics, 3 (4), 305 - 360.

［68］ Kalay, A., 1982. Stockholder-bondholder conflict and dividend constraints. Journal of Financial Economics, 10 (2), 211 - 233.

［69］ Klein, W. A., 1976. Legal and economic perspectives on the firm. Unpublished manuscript.

［70］ Kraus, A., Litzenberger, R. H., 1973. A state-preference model of optimal financial leverage. Journal of Finance, 28 (4), 911 - 922.

［71］ Lintner, J., 1956. Distribution of incomes of corporations among dividends, retained earnings, and taxes. The American Economic Review, 46 (2), 97 - 113.

［72］ Lintner, J., 1965. Security prices, risk, and maximal gains from diversification. Journal of Finance, 20 (4), 587 - 615.

［73］ Litzenberger, R. H., Ramaswamy, K., 1982. The effects of dividends on common stock prices tax effects or information effects? Journal of Finance, 37 (2), 429 - 443.

［74］ Lloyd-Davies, P. R., 1975. Optimal financial policy in imperfect markets. Journal of Financial and Quantitative Analysis, 457 - 481.

［75］ Long Jr., J. B., 1973. Book review of the theory of finance by Eugene Fama and Merton Miller. Journal of Money, Credit and Banking, 5, 229 - 235.

［76］ Long Jr., J. B., 1978. The market valuation of cash dividends: A case to consider. Journal of Financial Economics, 6 (2 - 3), 235 - 264.

［77］ Long, J., 1972. Wealth, welfare, and the price of risk. Journal of Finance, 27 (2), 419 - 433.

[78] Li, W., Lie, E., 2006. Dividend changes and catering incentives. Journal of Financial Economics, 80 (2), 293 – 308.

[79] Malkiel, B. G., Fama, E. F., 1970. Efficient capital markets: A review of theory and empirical work. Journal of Finance, 25 (2), 383 – 417.

[80] Manne, H. G., 1962. The higher criticism of the modern corporation. Columbia Law Review, 62 (3), 399 – 432.

[81] Marris, R., 1964. The Economic Theory of "Managerial" Capitalism Macmillan. Marris the Economic Theory of Managerial Capitalism.

[82] Meckling, W. H., 1976. Values and the choice of the model of the individual in the social sciences. Swiss Journal of Economics and Statistics (SJES) 112 (Ⅳ), 545 – 560.

[83] Merton, R. C., 1973. Theory of rational option pricing. Bell Journal of Economics and Management Science, 141 – 183.

[84] Mikkelson, W. H., 1981. Convertible calls and security returns. Journal of Financial Economics, 9 (3), 237 – 264.

[85] Miller, M. H., 1977. Debt and taxes. Journal of Finance, 32 (2), 261 – 275.

[86] Miller, M. H., Modigliani, F., 1961. Dividend policy, growth, and the valuation of shares. Journal of Business, 34 (4), 411 – 433.

[87] Miller, M. H., Modigliani, F., 1966. Some estimates of the cost of capital to the electric utility industry, 1954—1957. The American Economic Review, 56 (3), 333 – 391.

[88] Miller, M. H., Scholes, M. S., 1978. Dividends and taxes. Journal of Financial Economics, 6 (4), 333 – 364.

[89] Miller, M. H., Rock, K., 1985. Dividend policy under asymmetric information. Journal of Finance, 40 (4), 1031 – 1051.

[90] Modigliani, F., Miller, M., 1958. The cost of capital, corporation finance and the theory of investment. The American Economic Review, 48 (3), 261 – 297.

[91] Modigliani, F., Miller, M. H., 1963. Corporate income taxes and the cost of capital: A correction. The American Economic Review, 53 (3), 433 – 443.

[92] Monsen Jr., R. J., Downs, A., 1965. A theory of large managerial firms. Journal of Political Economy, 73 (3), 221 – 236.

[93] Myers, S. C., 1977. Determinants of corporate borrowing. Journal of Financial Economics, 5 (2), 147 – 175.

[94] Pattenden, K., Twite, G., 2008. Taxes and dividend policy under alternative tax regimes. Journal of Corporate Finance, 14 (1), 1 – 16.

[95] Preston, L. E., 1975. Corporation and society: The search for a paradigm. Journal of Economic Literature, 434 – 453.

[96] Ross, S. A., 1973. The economic theory of agency: The principal's problem. The American

Economic Review，63（2），134 – 139.

[97] Ross，S. A.，1977. The determination of financial structure：The incentive-signalling approach. Bell Journal of Economics，8（1），23 – 40.

[98] Sharpe，W. F.，1964. Capital asset prices：A theory of market equilibrium under conditions of risk. Journal of Finance，19（3），425 – 442.

[99] Short，H.，Zhang，H.，Keasey，K.，2002. The link between dividend policy and institutional ownership. Journal of Corporate Finance，8（2），105 – 122.

[100] Shubik，M.，1970. A curmudgeon's guide to microeconomics. Journal of Economic Literature，8（2），405 – 434.

[101] Simon，H. A.，1959. Theories of decision-making in economics and behavioral science. The American Economic Review，49（3），253 – 283.

[102] Smith Jr.，C. W.，1976. Option pricing：A review. Journal of Financial Economics，3（1 – 2），3 – 51.

[103] Smith Jr.，C. W.，Warner，J. B.，1979. On financial contracting：An analysis of bond covenants. Journal of Financial Economics，7（2），117 – 161.

[104] Warner，J. B.，1977. Bankruptcy，absolute priority，and the pricing of risky debt claims. Journal of Financial Economics，4（3），239 – 276.

[105] Wilson，R.，1968. The theory of syndicates. Econometrica，36（1），119 – 132.

[106] 陈晓，陈小悦，倪凡. 我国上市公司首次股利信号传递效应的实证研究. 经济科学，1998（5）.

[107] 黄娟娟，沈艺峰. 上市公司的股利政策究竟迎合了谁的需要——来自中国上市公司的经验数据. 会计研究，2007（6）.

[108] 孔小文. 上市公司股利政策选择的动因与代理问题分析. 财经问题研究，2003（6）.

[109] 孔小文，于笑坤. 上市公司股利政策信号传递效应的实证分析. 管理世界，2003（6）.

[110] 刘孟晖，高友才. 现金股利的异常派现、代理成本与公司价值——来自中国上市公司的经验证据. 南开管理评论，2015（1）.

[111] 吕长江，王克敏. 上市公司股利政策的实证分析. 经济研究，1999（12）.

[112] 魏志华，李常青，吴育辉，黄佳佳. 半强制分红政策、再融资动机与经典股利理论——基于股利代理理论与信号理论视角的实证研究. 会计研究，2017（7）.

[113] 叶郁芬，吴祥云. 股利政策理论研究. 广西会计，2000（8）.

[114] 易颜新，张晓. 双重委托代理下的股利政策研究. 当代经济科学，2006（2）.

[115] 原红旗. 中国上市公司股利政策分析. 北京：中国财政经济出版社，2004.

代理理论

内容摘要：本篇文献综述以三层重要的委托-代理关系——经理和股东、大股东和小股东，以及董事会和经理层——为立足点，对公司治理问题的根源进行了全方位的阐述。同时，大量的实证研究从自由现金流假说、控制权收益以及独立董事等角度对代理成本的存在进行了检验，一致的结论是：巨额的代理成本是阻碍公司外源融资的原因。

针对这三层利益冲突，虽然世界范围内各种解决机制（包括法律保护、信息环境和公司治理）都在不同程度上降低了代理成本，但是我们并没有发现真正可以完全解决代理问题的万灵药。

一、引言

近年来资本市场的会计欺诈丑闻使得理论界和实务界把目光转向公司治理——经理行为究竟在多大程度上是出于股东、雇员、债权人和社区的利益最大化考虑呢？在这些公司中，经理由于权力过大而不能被控制，以至于他的行为严重偏离了股东和其他利益相关者的目标函数。委托-代理理论是公司治理的核心问题，而公司治理问题是解决委托-代理的一种机制。如果不对各种委托-代理理论进行深刻、全面的理解，我们就不能把握公司治理问题的发展方向。正如 Shleifer 和 Vishny（1997）指出的那样："公司治理所要解决的核心问题是：公司的资金提供如何能保证从投资中得到应得收益和本金……公司治理把委托-代理关系定义在资金所有者与公司高层管理者之间的合同关系上，合同的形式以股票和债券为主，在此基础上我们讨论怎样的机制设计可以最小的成本约束代理人侵害委托人利益的行为。"可见，公司治理迫切需要解决的问题在于公司外部融资（external finance）中，委托人和代理人之间的利益冲突问题。

第一个把公司治理问题模型化的是 Jenson 和 Meckling（1976），他们把现代公司产生的委托-代理问题描述为：给定委托-代理双方都以利益最大化为出发点，委托人可以通过建立恰当的机制来减少代理人的越轨行为的程度，但是机制设计本身会产生成本，使得委托人的福利受到损失，这种损失称为"剩余损失"（residual loss）。基于委托-代理关系生成的代理成本（agency-cost）包括以下三项：

（1）委托人监督代理人的成本。

（2）代理人的担保成本。

（3）剩余损失。

Fama（1980）提出了与 Jensen 和 Meckling（1976）截然不同的治理机制——经理人劳动市场。法玛的思想与 Manne（1965）关于公司控制权市场对解决委托-代理问题的论述构成了公司外部模式的发展雏形。

早期对公司治理的研究是从股东和经理人之间的委托-代理问题入手的，无论内部治理还是外部治理机制，都是为了降低股东和经理人之间的代理成本。但是，后来的理论和经验研究发现，公司治理中的委托-代理问题并非局限于股东和经理人之间。最为突出的其他两层委托-代理关系——大股东与小股东之间及经理人和董事会之间的代理关系，正在成为公司金融中的焦点。大股东治理的机制正在日益受到重视，比如，所有权的增加可以提高大股东提升公司价值的积极性（Jensen and Meckling，1976），或者大股东的监督和对外界的信息传递增加了接管价值（Shleifer and Vishny，1986）。但是，由于大股东和小股东持股比例和利益构成不尽相同，侵占问题正在日益成为损害公司价值的隐患之一，尤其是在对小股东法律保护不严的国家中。因此，如何设计合理的大股东治理机制以降低侵占成本，成为委托-代理研究中又一个有意思的问题。另外，行为金融学的研究进一步扩展了公司治理中的委托-代理框架，受股东委托的董事会的盲目忠实的现象构成了另一类委托-代理成本，即董事会被经理俘获所导致的决策损失。

本文首先对传统的委托-代理框架——经理人和股东的代理关系做出基本的理

论和经验的总结，然后对公司治理中另外两层委托-代理关系进行阐述。本文的第二部分从最早的文献开始，对委托-代理关系中股东与经理人之间的关系做了一个简单的描述，并且从 Jensen 和 Meckling（1976）的论文思想出发给出代理成本的定义，随后我们着重讨论股东和经理利益冲突的几种具体形式：直接侵蚀投资者的资金（高薪和代理人的享用支出），间接侵蚀投资者的资金（分散投资和低效率项目），竭力抵制来自所有权和控制权市场的竞争以及信息操纵等；第三部分我们论述公司治理中的第二层利益冲突——大股东对小股东的侵占；第四部分我们讨论第三层代理关系——董事会盲目忠实经理层，当董事会迫于权威而盲目忠实经理层时，这一类代理成本就会产生，因此引入独立董事是一个理想的解决手段；在第五部分，我们分析一些比较成形的代理问题解决机制——法律保护、公司治理以及信息环境；第六部分我们给出结论和今后的研究方向。

二、代理关系之一：股东与经理人

（一）股东和经理人代理问题的动机

所有权和控制权分离所产生的最大问题就是内部人和外部人的利益冲突。理论界也越来越意识到，由于不确定性、不对称信息以及交易成本的存在，单靠完全合约来解决委托-代理问题是不现实的（Grossman and Hart，1986；Hart and Moore，1990；Hart，1995）。在这样的情况下，为了降低代理成本而建立起来的机制就被称为公司治理，它通常包括内部治理和外部治理。

Jensen 和 Meckling（1976）对经理和股东之间委托-代理问题产生的动机第一次进行了理论上的描述。他们的基本思想是：只要公司经理不是拥有100％公司的股票，他就有激励在两种行为上做出权衡：第一，提升公司的市场价值，从而相应提升了自己股票的价值，比如投资一些产生正现金流的项目，降低运营成本等；第二，利用自由现金流获取非货币支付收益（non-pecuniary benefit），比如为自己装修豪华的办公室，购买奢侈的私人专机，甚至利用特殊人力资本通过投资一些低效率的项目来保持自己在公司的地位（entrenchment effects）。当经理选择前一种行为的边际收益等于放弃后一种行为的边际（机会）成本时，他的效用被最大化了。然而，市场上理性的投资者预期到了这一点，会自动降低对公司的价值评估，降低的价值额就等于代理成本，从这个意义上说，代理成本降低了公司的价值。

另外一个问题涉及经理人的生命周期和公司不匹配。公司的生命周期一般可以看作无限的，股东在乎的是永久性的现金流现值。而经理的任期有限，特别是当经理接近退休时，他更倾向于投资于马上就能收回现金流的项目，从而偏离股东价值最大化的原则。詹森和麦克林对代理成本提出的解决方案基本上是公司内部治理机制的雏形，即公司风险承担者通过监督活动和限制经理开支把代理成本降到最低。

Fama（1980）认为在讨论委托-代理问题时，所有权只是个无关紧要的概念，即便是公司的股东和债权人也只不过是拥有对应的某项权利，但不能说他们拥有公司。他认为委托-代理问题可以更好地表述为经理与风险承担者之间的关系。经理负责决策制定，风险承担者承担产出的不确定性，且很可能是负收益。由于风险承担者持有证券组合从而分散了公司特殊风险（firm-specific risk），他们因此只关注市场风险。但是公司经理由于受到财富约束（wealth constraint）而不具备这样的能力。更进一步，由于经理的个人命运与公司相关，特别是当经理的人力资本专用性非常强的时候，这样导致的结果是经理和风险承担者在风险偏好上的不匹配，风险承担者不具有关注公司特殊风险的激励，这给经理留下了很大的自由空间，机会主义由此而生。

（二）股东和经理人代理问题的证据

在过去的几十年里经济学家已经掌握了充分的证据，证明在世界范围内都普遍存着经理人行为偏离股东财富最大化原则。来自资本市场上的实证分析大多采用了事件研究，其基本思想是：当经理层向公众宣布一项重大决定时，如果公司的股票应声而跌，则一般认为这一决定偏离了股东财富最大化的原则。但是这一方法也存在局限性，正如 Jensen 和 Rebuke（1983）所认为的那样，即便公告日之后股票价格下跌，也不能完全把责任归咎于经理，因为很可能是由于资本市场缺乏对公司内部信息的了解。更进一步，即便掌握了公司的内部信息，资本市场也不能完全区分公司的糟糕表现是由于委托-代理问题还是经理本身能力或者运气所致。McConnell 和 Muscarella（1986）发现，与其他行业相比，投资机会饱和的石油行业的公告总是会对股票价格产生负的效应。但我们不能排除很可能其他行业的公司经理专门选择产生正的现金流的项目作为公告内容，并且故意回避对负现金流项目的公告。而 Lewellen 等（1985）的研究表明，当经理持股比例较小时，这种情况最容易发生。

并购决策中同样存在着经理与股东之间的利益冲突。在收购的代理成本实证研究中，经济学家遭遇公告选择问题的概率大大减小，因为所有的收购决策必须向投资者公告。这样，通过公告之后公司的表现来寻找代理成本的证据是最合适不过了。Roll（1986）的综述表明了在许多情况下，并购决策的收益是负的。Lang 等（1991）的研究发现，收购收益最低的通常是那些 q 值低且自由现金流高的公司，这就验证了 Jensen（1986）著名的自由现金流假说（free cash flow theory）——最为严重的代理问题往往发生在投资机会很少且自由现金流很多的公司身上。

更为清晰的经验证据来自经理由于失去职位而丢掉控制权收益的情况。有相当多的文献对经理竭力抵制接管的证据进行了描述。Walking 和 Long（1984）发现，当经理拥有公司现金流索取权时，抵制价值增值的接管概率大大下降。另外的研究发现，当经理抵制接管时，投资者遭受了损失。DeAngelo 和 Rice（1983）以及 Jarrell 和 Poulsen（1988a）发现了公司章程中的某些反接管条例——比如必须超过50％以上的股份才能拥有公司控制权使得股东的财富遭受了损失。Ryngaert（1988）以及 Malatesta 和 Walking（1988）指出，毒丸计划（poison pills）同样使股东遭受了损失。某些研究虽然没有直接描述代理成本的严重性，但同样也是非常有穿透力的。比如，Johnson 等（1985）发现，经理的突然死亡（坠机或者心脏病突发）使得股票市场的价格上升。一个可能的解释是，这些经理本来所掌握的控制权收益随着经理的死亡而消失了，但是他们留下了数目可观的有价值的合同，这些合同是经理在位时其人力资本专用投资的产物（Shleifer and Vishny，1989）。

（三）股东和经理人代理问题的形式

1. 直接侵蚀公司财富——高薪、在职消费与低分红

经理人和股东利益冲突的第一个非常直观的反映就是薪酬（compensation），即便公司的绩效很糟糕，经理也可以通过给自己增加薪水来侵占股东财富。最有代表性的文献来自 Jensen 和 Murphy（1990），他们发现，美国上市公司的经理薪酬与公司绩效之间的关联度是非常低的，而经理财富对公司资产规模的敏感度是对市场价值敏感度的三倍。而之前 Rosen's（1982）的假说却认为这种公司资产规模与薪酬之间的关系（size-pay relationship）来自较大公司更喜欢雇用更有能力的经理。

除了薪酬之外，经理人往往还享受额外的津贴福利，这种在职消费一般是非金钱形式的，如私人飞机、高尔夫俱乐部会员资格等。这种福利并非经理人完成职责所必需的。根据 Jensen 和 Meckling（1976）的理论，过度的经理享用支出即在职消费是管理层和股东冲突的典型例子，反映了公司存在自由现金流问题。但是，Shleifer 和 Vishny（1997）认为，与金字塔结构和负的现金流的项目支出相比，这种支出只不过是代理成本中最小的。Rajan 和 Wulf（2006）通过实证研究为经理人在职消费提供了不同的解释，他们认为，额外津贴作为节省时间、提高生产率的一种手段，会让企业相比经理人获得更多收益。Yermack（2006）研究了公司飞机的个人使用，发现披露 CEO 在职消费的企业股东收益率较低，并且超过了福利本身所消耗利益的价值所能解释的程度。一些证据表明，这种经理的偏好正在下降，原

因正如 Holland（1995）所说的那样，许多经理都拥有了公司的股票，这是他们行为检点的重要原因。

根据代理理论，经理人有动机增加自己的薪酬和在职消费，并将资金投资于低效率的项目上，因而有动机少支付现金股利以控制更多的自由现金流。LLSV（2000）使用跨国数据表明，少数股东权利保护程度较差的国家，企业支付的股利较少。Fenn 和 Liang（2001）发现对管理层进行激励可以缓解现金流过剩问题最严重的公司的代理成本，使其支付更高的股息，这从反面为代理理论提供了证据。

2. 间接侵蚀公司财富——分散投资和低效率项目

经理与股东利益冲突的另一种形式是分散经营和低效率的投资。虽然有理论认为分散化有利也有弊，但是现有的证据表明，分散投资的成本超过了收益（Morck et al.，1990；Bhagat et al.，1990；Lang and Stulz，1994；Berger and Ofek，1995；Servaes，1996）。同时，Comment 和 Jarrel（1995）报道了公司经营集中可以增加公司价值的经验证据，Kaplan 和 Weisbach（1992）报道了价值下跌往往伴随着分散化的决策。Denis 等（1997a）发现了股权的代理成本问题在很大程度上是由于公司坚持了价值下降的分散化策略，他们发现，分散化的程度和经理持股比例以及外部股东持股的比例有负向关系，而且分散化带来的价值下降和公司外部控制制度、财务危机及经理层替换有关系。Lins 和 Servaes（1999）对德国、日本和英国公司的分散化投资和公司价值之间的关系作了经验研究，发现不同程度的分散投资的价值折扣（diversification discount）与不同的公司治理结构相关。特别是，股权集中度可以降低这种折扣，说明股权集中降低了经理在分散化决策时的盲目性和低效率。

尽管投资低效率的项目不利于企业价值最大化，但可能有利于经理人自身利益最大化，例如经理人可以提高自己在公司的地位，抵制来自所有权和控制权市场的竞争，从而保留自己的职位和高薪，这就是下文将讨论的"壕堑效应"。

3. 竭力抵制来自所有权和控制权市场的竞争

按照 Jensen 和 Meckling（1976）的思想，公司治理中委托-代理问题之所以如此严重，重要原因之一是经理往往不持有公司股份或者持有很少股份，因此，当内部人的股份增多时，激励效应得到加强，代理成本开始下降。但是 Demsetz（1983）及 Fama 和 Jensen（1983）指出：当经理的股份增多时，他们会利用投票权来保持自己在公司中的地位，结果是阻止了外部治理机制的作用，比如说收购。"entrenchment"一词在英文中原来的意思是"通过挖壕沟来保持自己的地位（尤其指一些野生动物)"。在公司治理中用来描述这样一种壕堑效应，正如 Berger 等（1997）的定义："经理人躲避公司治理机制约束的程度"。Stulz（1988）给出了一个模型，描述了当现任经理控制的投票权越多时，有可能利用控制权保持自己地位的概率就越大，即便他本人的能力已经开始受到市场的怀疑。

"壕堑效应"的另一种形式是经理通过特殊投资（managerial-specific-investment）来提高自己在公司的地位，与来自外部经理市场的潜在竞争者抗衡，甚至可以提高自己的工资和福利（Shleifer and Vishny，1989）。董事会由于特定人力资本的限制，无法干预经理的决策。比如：裁判经理是否以 10% 的溢价收购一个具有正的现金流且长期存在的项目，即便等到决策做出几年后都难以判定其真实价值。为此董事会只能通过股市对决策公告的反应来判断。另外，由于董事是通过与其他经理的比较来判断现任经理的服务增量的，特殊投资只能使得董事会更加依赖现任经理的价值。即便事后董事会发现了特殊投资的低效率，由于投资的不可撤销性，现任经理的价值得到了保证。一个例子来自拥有大量自由现金流的铁路公司。CEO在发放红利和使铁路升级之间进行权衡。如果 CEO 是经营这条铁路最好的人选，那么我们有理由预期对于铁路的投资将取代增发股利，即便股东价值最大化的决策偏好于增发股利。一旦增加的投资成为可能，现任经理在公司的地位将得到提升，因为他具有经营铁路的特殊人力资本，外部经理无法取代。这样，他的薪金和福利将会有一个提升。但是，除非特殊投资的现金流现值超过股利，否则现任经理就是在侵害股东利益。

与壕堑效应假说相一致，Weston（1979）报道了这样的事实：当内部人控制超过 30% 的股票时，公司从来不会被敌意接管。Denis 等（1997b）把高层公司经理更替的概率作为因变量，用所有权结构做自变量，发现当经理股份少的时候，公司绩效差的公司的管理层更替概率高，他们把这种现象解释为股权越多的经理越有可能摆脱内部监督。McNabb 和 Martin（1998）发现，壕堑效应阻碍了公司绩效的进步，并且当创始人（经理）离开公司和董事会时，股东的财富效应为正。Vafeas（1997）发现，股票回购通过增加经理的持股比例降低了经理被更替的概率。Dahya等（1998）发现了在英国只有当高层经理所持的股份少于 1% 时，解雇才会发生。Peasnell 等（2003）同样用英国的数据发现了经理持股比率与公司独立董事比率的关系是 U 形的，并且其拐点在 40% 处。

在公司资本结构的研究中，Berger 等（1997）发现杠杆比率的决策与经理壕堑效应的程度相联系，一般来说，一方面，越是竭力抵抗外来干涉的经理越是厌恶债务；另一方面，经理又可能通过增加债务融资来提高自己投票权的比例，降低被接管的可能性。

4. 信息操纵

除了抵制外部治理机制的约束外，经理人还有可能在追求私人利益的同时，通过信息操纵掩盖公司业绩，避免来自股东的惩罚。Leuz 等（2003）的跨国研究发现，企业内部人士（管理者和控股股东）为了保护私人控制利益，通过盈余管理向外部股东隐瞒公司业绩。

经理人激励会影响信息操纵。20 世纪末以来，由于股票和期权的高管薪酬大幅增长，使得管理人员薪酬与业绩的敏感性上升，这有利于减少股东和经理人利益不一致带来的代理成本，但也增加了经理人操纵信息的动机。Goldman 和 Slezak（2006）构建了一个代理模型，在这个模型中，代理人能够对业绩进行虚假陈述，这使得股权报酬就像一把双刃剑，一方面诱导经理人努力工作，提高了公司价值；另一方面也诱导经理人为了私人收益夸大业绩。Bergstresser 和 Philippon（2006）的实证证据表明，在 CEO 薪酬与股票和期权价值挂钩更紧密的公司，使用可操控性应计利润操纵报告收益的行为更明显。

三、代理关系之二：大股东对小股东的利益侵占

（一）大股东侵占小股东利益的动机

Shleifer 和 Vishny（1997）指出，大股东代表他们自己的利益管理公司，但是他们的利益同样会与其他股东发生冲突，这就是大股东的治理结构带来成本的根源。但是他们同时也承认：适当的股权集中有助于解决股东和经理之间的委托-代理问题。本部分将重点剖析大股东和小股东之间的特殊利益冲突．

壕堑效应可以用来解释大股东和小股东的利益冲突。大股东的激励效应（incentive effect）随着现金流索取权的增加而增加，而大股东的抵制接管的激励（entrenchment effect）随着控制权的增加而增加。这样一来，大股东给公司价值带来的效应在直觉上是模糊的。由于大股东的利益与公司经理和雇员以及小股东的利益并非完全一致，因此大股东有动机利用控制权使得资源配置有利于自己。Morck 等（1988）以及 McConnell 和 Servaes（1990）用托宾 q 做因变量，用内部人持股比例做自变量，做了分段函数的回归（piecewise linear regression）。他们发现，当内部人持股比例在 0~5％时，q 值上升；在持股比例增加到 25％之前，q 值下降，壕堑效应假说开始生效；当持股比例超过 25％时，q 值再次上升。McConnell 和 Servaes（1990）把解释变量的范围扩展到个人小股东、大股东和机构投资者，他们发现这

种倒 U 形的关系的最大拐点在 1976 年达到 37.6%，在 1986 年则达到了 49.4%。

Short 和 Keasey（1999）使用英国的数据同样发现了壕堑效应的证据，不过他们的研究中公司绩效下降的范围是 10%～40%。对这一现象的解释是：当大股东的股份相对较小时，他们的控制权还比较弱，这时在行为上与其他小股东是相容的；当他们的股份比例增大到一定程度时，随着控制权增大，大股东侵占小股东的激励开始上升；当他们的持股比例再次升高时，随着现金流索取权的增大，大股东又开始以公司价值最大化为目标了。

（二）大股东侵占小股东利益的证据

在美国以外的其他国家，企业中存在大股东的现象是非常普遍的。比如说，La Porta 等（1999）对世界最富裕的 27 个国家的公司治理进行分析后惊讶地发现，如果把控制权定义在"拥有 10% 以上公司股份"，那么 35% 的样本属于家族式控制，这成为当今世界最主流的公司形式。

一些文献使用控制权收益来测量大股东对小股东的侵占程度。当大股东对公司的控制权远远超过其（现金流）索取权的时候，即当他们通过金字塔结构获得大量投票权时，他们可以通过对自己支付特殊股利或者利用他们控制的一些商业关系来获取利益。Grossman 和 Hart（1988）以及 Harris 和 Raviv（1988）指出，当公司股票偏离"一股一票"（one-share-one-vote）原则时，股东的价值被降低。一些研究比较了相同股利但不同投票权的股票价格，比如 Lease 等（1983，1984）、DeAngelo（1985）以及 Zingales（1995）都发现，在美国有优先投票权的股票在交易时存在溢价现象。平均来说，这些溢价非常小，但是 Zingales（1995）发现，当控制权争夺开始时，溢价会突然上升，暗示着掌握控制权的经理团队享有投资者所没有的控制权收益。Barclay 和 Holderness（1989，1992）发现，在美国大宗股票的交易总比中小投资者的交易表现出更高的溢价，这暗含了大量股票的购买者将享受到潜在的控制权收益。总的来说，在美国，经济学家并没有发现特别严重的大股东侵占小股东利益的现象，一个可能的解释是，美国公司的股权结构比较分散，大股东的权力不是很大。

在世界其他国家，现金流索取权和公司控制权的分离现象是非常严重的。Claessense 等（2002）以东亚八国的上市公司为样本，把大股东的激励效应和抵制效应区分开来了，而这对美国来说几乎是不可能的。他们的结论也验证了先前对这两种效应的理论假说：随着控制权和现金流索取权分离程度的增大，公司价值的负效应也更加明显。同时他们指出，大股东带来的成本超过了收益，而世界其他国家的公司都是普遍被大股东控制，因此，大股东侵占小股东财富所带来的代理成本在世界范围内是非常可观的。同时，La Porta 等（2002）的研究表明，对小股东保护越差的国家，上市公司的价值越低。当大投资者侵占其他小投资者利益时，可见的后果是外部融资下降。许多国家并没有严格的法律保护中小投资者的利益，使得大投资者以家族或者银行的形式存在，这可以解释为什么像德国、意大利、法国这样的欧洲大陆国家的股票市场如此不发达（Shleifer and Vishny，1997）。

一些文献研究中国上市公司不同的股权结构与公司价值之间的关系。Tian（2001）对中国的上市公司的研究发现，政府是大股东时公司价值与它的持股比例正相关，政府是小股东时公司价值与它的持股比例负相关。蒂安（Tian）使用了攫取之手和援助之手的政府模型解释了这一现象：政府为了最大化自己的利益，当控制权比例刚开始上升时，侵占小股东财富的激励开始上升，但是当现金流索取权的比例上升到一定程度时，政府的利益与小股东利益又开始一致，以公司价值最大化为目标的激励超过了侵占财富的激励。这实际上与 Morck 等（1988）以及 Claessense 等（2002）的观点是不谋而合的。国有非流通股股东侵占小股东的另一个证据来自股利发放。Xu 和 Wang（1997）以 1995—1996 年的中国上市公司为样本，发现了公司价值随着法人股和股权集中度的上升而上升，并且与国有股股权结构没有关系。吴淑琨（2002）以 1997—2000 年中国上市公司的数据分析表明，股权集中度、内部持股比例与公司绩效均呈显著性倒 U 形相关。汪昌云和孙艳梅（2010）发现，中国上市公司中的大股东与小股东之间的代理冲突倾向于引发大股东违规占用上市公司资产或输送利益的"第二类财务欺诈"行为。王化成等（2015）发现，随着第一大股东持股比例的提高，中国上市公司未来股价崩盘的风险显著下降。

其他国家的证据也非常有说服力。Levy（1982）发现，在以色列平均投票权的溢价为 45.5%，Rydqvist（1987）发现，在瑞典这一溢价为 6.5%，Horner（1988）发现，在瑞士这一溢价为 20%，Zingales（1994）以及 Barca（1995）指出，在意大利，经理直接把利润转移到自己的账户，而不是分给股东。Morck 等（2000）以加拿大的上市公司为样本，发现了股权集中的治理结构对于公司成长的阻碍作用，因为在任的大股东有相当大的激励保留现存的资产。但是，也有的文献研究发现，大股东侵占小股东的理论在经验上是不成立的。Holderness 和 Sheehan（1988）对114 家在纽约股票交易所或者美国股票交易所上市的大股东控制的上市公司进行了考察，发现股权集中的公司和股权分散的公司在行为上几乎没有差别。

（三）大股东侵占小股东利益的形式

Johnson（2000）等的开创性文献提出了大股东对小股东利益侵占方式的分析框架。他们将控股股东出于自身的利益而将资产和利润转移出公司的行为定义为

"隧道效应"，并描述了隧道效应可以采取的各种形式。首先，控股股东可以通过关联交易简单地从公司转移资源。这类交易包括以有利于控股股东的转让定价合同出售资产、使用公司的资产作为抵押贷款担保等。其次，控股股东可以通过内幕交易或其他歧视少数股权的金融交易，在不转移任何资产的情况下增加自己在公司的份额。Djankov（2008）等基于各国法律在关联交易审批、披露和私人诉讼方面的规定开发了反关联交易指数，作为对中小股东保护的反映，与同样反映股东保护的反董事指数相比，其聚焦于大股东侵占小股东的代理问题并对股票市场发展的预测更好，英美法系的该指数高于大陆法系。

大股东对小股东的利益侵占在股权集中度较高的东亚地区更为普遍。Faccio（2001）等以亚洲和西欧的企业为研究对象发现，投资者对受到严格控制的集团控股企业拥有更大的侵占风险保持警惕，为了消除投资者的担忧，与这些集团有关联的企业支付了更高的股息。Cheung（2006）等以香港上市公司为研究对象，发现宣布与其控股股东之间的关联交易的公司获得了显著的负超额收益。Berkman（2009）使用中国上市公司的数据，研究了企业向其关联方发放贷款担保，从而剥夺了少数股东的财富的隧道效应。Jiang（2010）同样以中国上市公司作为研究对象，检验了在1996—2006年间普遍存在的一种隧道挖掘形式——控股股东利用公司间贷款从上市公司吸收资金，这些贷款通常作为"其他应收款"的一部分进行会计报告。他们发现，控股股东的控制权大于现金流权的企业拥有更多的其他应收款，而更多的其他应收款意味着企业未来业绩更差。

一些中国学者考察了中国上市公司的关联交易行为，并形成了丰富的研究成果。陈晓和王琨（2005）发现，关联交易的发生规模与股权集中度显著正相关，持股比例超过10％的控股股东数目的增加会降低关联交易的发生金额和概率，他们建议治理结构应当由"一股独大"转为"多股同大"。张祥建和徐晋（2005）发现，股权再融资之后大股东通过各种"隧道行为"侵害了中小股东的利益，这可以解释中国资本市场的"股权融资偏好"之谜。柳建华等（2008）发现，上市公司与其控股股东之间的关联投资与企业绩效呈现负相关关系，关联投资并未增加企业价值，而是成为控股股东转移上市公司资源的一种渠道。汪昌云和孙艳梅（2010）发现，中国上市公司中股东之间的利益冲突程度与"第二类财务欺诈"行为发生的概率显著正相关。吴育辉和吴世农（2010）发现，被减持上市公司倾向于在减持前披露好消息，或将坏消息推迟至减持后披露，控股股东通过操控上市公司的重大信息披露可以获得更高的减持收益，从而掏空中小股东利益。郑国坚等（2013）发现，在面临财务困境时，大股东对上市公司的非法资金占用行为异常明显，显示出强烈的掏空动机。

四、代理关系之三：盲目忠实的董事会

（一）盲目忠实的董事会的动机

心理学家研究发现，人类内心都有一种服从权威的潜意识，这种权威当然包括公司的CEO，这就是为什么董事会经常被经理层"俘获"的原因。传统的经济学理论，从Jensen和Meckling（1976）开始，一直把代理问题描述为代理人出于私利而在行为上偏离合同的现象。更新的一些研究开始把代理问题的内涵进行了扩展。Morck（2004）提出了与传统的代理问题相区别的另一类代理问题，它是指当代理人应该按照自己的意愿去行为时，却被其他人所左右，而传统代理问题是说当代理人应该按照别人的意愿行为时，却被自己的私人动机所左右。这一类代理问题是基于美国心理学家Milgram（1974）的开创性研究，他通过对不同人群的电流试验揭示了人类内心普遍存在的忠实权威的心理特征，而意见不同的同辈、冲突的机构、远方控制的权威都可以使得这种盲目忠实的心理现象减弱。有趣的是，在公司治理当中，经理与董事会的关系模拟了这种心理现象。在一个自由、民主的公司当中，董事会的职责是雇用、监督和解雇经理。Mace（1986）发现，即便是CEO犯了错误，董事会也表现出对他的忠实。如果一个公司中经理的权力过于强大，即使事实上董事会知道公司的糟糕绩效是由CEO的决策导致的，也会对CEO做出正面评价。Adams等（2005）发现，越是有权力的经理越是为公司的绩效带来大的波动。

正因为如此，有必要在董事会中引入独立董事，从而在公司内部引发适当的争议，可以把董事会从盲目忠实中解救出来，以此降低这类代理问题产生的成本。2003年出台的《萨班斯-奥克斯利法案》（Sarbanes-Oxley Act）把独立董事定义为：除非是为了服务董事会的需要，否则决不接受与决策本身无关的咨询和建议，也不允许涉及任何有关联的人。英国的《希格斯报告》（Higgs Report）规定，所有上市公司的董事会必须有与公司经营无关的董事和资深独立董事。同时，家族联系、前任雇员以及和大股东有联系的个人也都被排除出独立董事的行列。

（二）盲目忠实的董事会的证据

由于这一类代理成本比较难以获得经验证据，因此早先的研究都是集中在独立董事和公司价值、经理人更替等的关系上。Weisbach（1988）发现，绩效差的

CEO在独立董事占多数的公司里更容易被解雇。Borok 等（1996）发现，外部人被任命为 CEO 的概率与独立董事的比例呈正向关系。Mork 等（1989）的研究表明，当公司 CEO 同时担任董事时，他们由于公司绩效差而被更替的可能性就越小。这从另一个侧面验证了只有公司包含外部独立的甚至是对抗的权威人物时，公司绩效的价值才会被正确地评价。

独立董事可以通过抑制各种类型的代理行为为股东带来更高的价值。与独立董事的监督功能相一致，Rosenstein 和 Wyatt（1990）发现，当增加独立董事人数时，公司的股票价格会上升。Hermalin 和 Weisbach（1988）发现，在表现低迷时，公司通常会增加独立董事相对于内部董事的比率。但是，Hermalin 和 Weisbach（2003）认为，公司的外部董事和公司更长期限之间的关系并非可以直接明了地表现出来。Brickley 等（1994）发现当独立董事占优势时，毒丸计划使公司股价上升，当外部股东不占优势时，毒丸计划使公司股价下降。Hickman（1992）的研究表明，当收购公司董事会中有独立董事时，公司股价正向变动。Cotter 等（1997）发现，独立董事比重越大，公司就越有可能使用抵制策略来增加股东的财富。叶康涛等（2007）使用中国上市公司的数据发现，独立董事比例与大股东资金占用显著负相关，因而独立董事有利于抑制大股东掏空行为。王跃堂等（2006）同样使用中国上市公司的数据发现，独立董事比例和公司绩效显著正相关，并且独立董事的声誉能够显著地促进公司绩效。Nguyen（2010）等以独立董事猝死事件作为自然实验，分析其对公司价值的贡献，发现独立董事去世后，股票价格会发生相当大的下跌。除了监督职能，独立董事还发挥着咨询职能。Coles 等（2008）则发现对那些对咨询具有更高要求或知识相对重要的公司而言，其托宾 q 随着董事会规模（主要是外部董事）的增加而增加，这与外部董事的咨询职能相关。

也有观点对独立董事的有效性提出了质疑。Shivdasani 和 Yermack（1999）指出，当经理控制着整个公司时，独立董事的数量明显下降，而且名义上的独立董事实际上是与公司有财务联系的。我们很难接受这种财务联系不会影响董事会决策的假设。

五、代理问题的解决机制

（一）投资者的法律保护

理想状态下，如果合同是完全的，科斯定理适用于公司治理。一方面，投资者都会预期被经理侵占资金的潜在危险，因此总会想方设法处罚那些不公开公司财务信息的公司。另一方面，发行证券的企业家为了到资本市场融资，不得不在行为上有所收敛（Jensen and Meckling，1976）。只要合同能百分之百执行，金融市场是不需要法律监管的（Stigler，1964；Easterbrook and Fischel，1991）。不幸的是，世界上大多数国家的合同的可信度都是相当低的，因此法律强制合同执行的程度直接决定了公司治理的效率。投资者向公司提供融资后得到了一些权利，这些权利受到法律的保护。财务状况的公开使得投资者掌握信息，以便更好地执行他们的权利。投资者受到法律保护的权利有享受股利、投票、参加股东大会、优先购买新股、因为经理侵占资金而投诉、组织非正式的股东大会等等（La Porta et al.，1999）。在不同的法律体系中，投资者的权利受到不同程度的法律保护，包括公司法、证券法、破产法、接管法以及竞争法等等。世界上国家之间的公司治理差别很大程度上取决于法律体系的差异，其中最重要的包括经理对投资者的法律义务的差别，以及法庭在解释和实施这些义务时在方式上的差别。

投资者最为重要的权利是投票权，通过投票决定公司的重要事务，比如并购、清算和董事会的选举（Manne，1965；Easterbrook and Fischel，1983）。但是投票权的执行是非常昂贵的。在世界上很多国家，投资者没有进行邮件投票的机会，如果想要投票，只能亲自参加公司的股东大会，小股东很容易因为成本高昂而拒绝参加，放弃了本属于他们的权利。在发达国家，投资者可以通过法庭保障他们投票的权利，但是仍然会有经理从中干预（Pound，1988；Grundfest，1990）。

即便投资者投票选举了董事会，董事会也经常在行为上偏离股东的利益。即便在发达国家，董事会的结构也大不相同：从德国的双层监督（two-tier supervisory）到日本的内部人占优，还有美国的混合结构（Charkham，1994）。对于究竟哪种董事会结构有效，也是存在争议的。在美国，高层经理经常会因为公司绩效差而被解雇，但是也有人认为美国的董事会是被经理层控制的（Weisbach，1988）。而在日本和德国，董事会的决策明显迟缓，除非有重大不利事件发生，董事会一般是非常被动的（Kaplan，1994a，1994b）。

在很多国家，经理人有义务在行为上从投资者利益出发，即所谓的"忠诚"（duty of loyalty），OECD国家基本上接受了这一概念。对经理人自我交易（self-dealing）的限制，比如说侵占公司财产，为自己制定过高的薪金，发行过多的股票等等，这些限制最能体现出"忠诚"原则了。再比如，某些法律约束着经理人的行为，要求经理在做出重大决定时咨询董事会的建议，或者当股票在被低价交易时及时制定保护投资者利益的补救措施，另外的规定甚至把小投资者在法律上视同内部人看待（Holderness and Sheehan，1988a）。

570

"忠诚"原则虽然被大多 OECD 国家接受，但是法庭的执行效率在世界范围内却千差万别。在美国，当经理人侵占财产或者挪用资产时，或者通过增发股票来稀释股权时，法庭会出面干预。但是法庭对经理人的高薪却无能为力，尤其是对股票期权的激励计划。同时，法庭也不会对经理的重大决策提出质疑，包括那些损害投资者利益的决定。法律保护在美国最鲜明的特点是投资者有权对上市公司提起诉讼。

美国的法律对投资者的保护可以说是世界上最成功的，但就世界范围内来说法律还是不够严厉（Bebchuk，1985；Brudney and Chirelstein，1978）。比如说法国，经理人通过公司的商业机会自谋私利的行为不被法庭认可（Tunc，1991）。除了美国和加拿大，其他国家的诉讼费用非常高昂（Romano，1993）。在 OECD 国家之外，更不用说，就连"忠诚"原则都是一个非常弱的概念，法庭很少有激励去干预上市公司在商业中的违规行为，因为它们通常不愿意或者没有能力去弄清复杂合同背后的事实，政治进程的影响和法庭腐败问题常常侵蚀着效率，因此通过法庭来维护私人合同的产权成本是很大的。

在保护投资者的程度上，普通法系比大陆法系更为成功（Coffee，1999；Johnson et al.，2000）。在普通法系下，法条通常是由法官依据先例或者受到忠诚原则和公平原则启发而制定的。即便特殊的处罚原则没有在现有的法典里被描述，但是根据一般原则，法官往往会对新案例进行创新的判决。相反，大陆法体系中，法官就没有那么多的自由了（La Porta et al.，1999）。

和股东一样，债权人同样受到法律保护，且保护债权人的法律在世界范围内也是千差万别。这些法律包括：当公司资不抵债时，债权人有权没收公司的抵押品；债权人有权对公司的决定投票；当公司没有偿付能力时，债权人有权清算公司；债权人甚至有权解雇表现差的经理。一方面，对债权人的法律保护比对股东的保护更为有效，原因是当公司破产时，直接违反了债务合同，法庭是非常容易确认的，而对侵害中小股东的调查却成本巨大。另一方面，当破产法给予债权人自动拥有破产公司的剩余索取权时，经理经常可以强行剥夺债权人的这一权利。在破产时重新收回资产是非常困难的，甚至对购买公开发行债券的债权人来说也是如此（White，1993）。在债权人众多、存在利益冲突的情况下，破产过程通常要持续好多年（Baird and Jackson，1985；Gertner and Scharfstein，1991；Weiss，1990），这大大降低了债券的吸引力。在美国和欧洲，由于破产程序复杂，债权人通常寻求庭外谈判。在法庭不可靠且破产法不完善的发展中国家，情况就更加糟糕了。现存破产法的低效率促使一些经济学家提出了新的解决办法：首先把债权转变为股权，然后由新股东来投票决定公司的处置方式（Bebchuk，1988；Aghion，Hart，and Moor，

1992)。在长期内，这种"债转股"的新方案将减少履行债权人权利的成本。

法律对公司治理的影响通过以下几个方面实现。第一个方面是立法可以直接影响到治理机制的效率或者成本。比如说，美国许多州都通过立法提高了敌意接管的成本。另外一个例子来自股利政策，它用来解决潜在的代理成本。巴西、智利、哥伦比亚、希腊和委内瑞拉等国家的上市公司都面临着股利规则的严格约束。在其他国家，法律对投资者的保护不是那么严厉。在英国，法律监督是以一些协会通过制定规则来改善公司治理的表现。《卡德伯里法案》（Cadbury Act，1992）、《格林伯里法案》（Greenbury Act，1995）和《哈姆佩尔法案》（Hampel Act，1998）等描述了这一事实：这些规则并不具有强制性的特征。伦敦股票交易所以官方文件的形式列出了上市公司要遵守规则的程度。在英国，Dahya 等（2002）在对《卡德伯里法案》出台前后的 CEO 更替以及公司绩效作了经验研究后，发现两者之间的负相关在法案出台之后更加显著了。法律环境对公司治理机制改善的另一个重要方面涉及对中小投资者的保护，La Porta 等（1997）发现，法律对投资者的保护程度直接决定了一个资本市场的发育程度。如果公司治理问题直接影响到了外部融资，这可以解释为法律对投资者的保护直接决定了公司和投资者建立治理结构的方式。

法律保护在其他方面同样可以影响公司治理结构。比如，为了保护中小投资者，英国公司法认为发行股票的权力可以被一年一度的股东大会强制否决。据 Franks 等（1998）的研究，英国公司法的这项规定影响了其他的治理结构。而在美国，虽然股东也拥有类似的权利，但不是强制的，并且在实践中很少实施，这部分地决定了两国不同的公司治理结构。Black 和 Coffee（1994）对美国和英国机构投资者行为差异的法律基础作了比较性的研究。他们发现，对机构投资者的管制部分地决定了他们参加监督经理活动的意愿。他们同时指出，影响机构投资者行为的另一个因素是法律对机构之间的联合设置了障碍。同样，Black（1998）指出，某些法律条款，比如说 13D 条例对股东集体投票的规定，在很大程度上解释了美国机构投资者的不活跃程度。

（二）公司治理

公司治理机制包括内部机制如股权结构、董事会、负债和股息等，以及外部机制如控制权市场、经理人市场、产品竞争市场和媒体等。下面主要对实践中治理效果较强的大股东、银行以及接管进行讨论。

1. 大股东

股权集中的所有权结构是解决委托-代理问题最直接的方式（Demsetz，1983；Demsetz and Lehn，1985；Shleifer and Vishny，1986）。虽然我们在第二类公司委托-代理关系中讨论了大股东的成本，但是股权集中仍然有益。一个或者几个投资者拥有相当比例的股份，可以把剩余索取权和控制权对应起来。这些大股东会产生搜集信息和监督管理层的激励，于是分散小股东的"搭便车"问题可以得到部分解决。大股东同时有相当的投票权给管理层施压，或者直接通过代理权之争（proxy fight）把在任经理赶走（Shleifer and Vishny，1986；Burkart，1995）。Shleifer 和 Vishny（1986）把大股东治理为公司带来增值效应的事实模型化了，他们认为，为公司增值的措施属于公共物品，在股权分散的所有权结构中"搭便车"问题的存在往往使得增值的途径得不到保证。而在股权集中的所有权结构中，大股东成为这一公共物品的主要"消费者"，自然他们愿意为公司增值而努力。因此，大股东在收购中的作用显著，通过收购股票从而掌握公司控制权，大股东可以把表现糟糕的在任经理解雇。即使大股东不能监督经理，他们也可以为第三方提供收购方便，并且与其共同分享公司价值增长带来的好处。与这个理论一致的经验证据来自 Mikkelson 和 Ruback（1985）、Holderness 和 Sheehan（1985）、Sudarsanam（1996）以及 McConnell 和 Servaes（1990）。

由于大股东治理需要通过执行他们的投票权才能得到保证，因此他们对公司的影响力必须有法律的保护。只有在投票机制可以正常运行时，大股东治理才能有效运行，并且大股东可以控制公司的决策。这样，法庭监督的压力就大大减轻了，因为拥有超过 51% 的股份是很容易得到证实的。由于大股东通常会和其他股东联合起来监督经理，所以经理通常会设法干预股东间的联合，法庭对大股东的保护责任是重大的。这就是为什么我们常常看到只有在对投资者保护强的法律体系里，大股东的治理才是有效的。最生动的例子来自俄罗斯。据俄罗斯投资银行透露，西方投资者可以控制俄罗斯公司 75% 的股份，而俄罗斯投资者只有 25% 的股份。经理可以利用各种手段来抵抗外国股东的监督，包括宣布外国股份在法律上无效，要求超级大股东携带议案参加股东大会，毁掉投票记录等等。但是，当经理用同样的技术对付自己国家的股东时，后者就有很多保护自己的措施来和经理抗衡，包括与其他股东联合起来、向法庭诉讼或者使用暴力。这就说明了大股东治理的有效性依赖于捍卫他们权利的能力（Shleifer and Vishny，1997）。

在美国，大股东现象十分少见，这是由于法律禁止共同基金、保险公司和其他机构大量持股（Roe，1994）。在世界其他国家，股权集中的公司治理结构是司空见惯的。在德国，大型商业银行通过委托投票机制（proxy voting arrangements）控制着多达四分之一的公司股票。同时研究显示，大约有 80% 的德国公司拥有 25% 的非银行控制的大宗股票。在小型德国公司，大股东通常表现为家族控制或者金字塔结构。在日本，虽然银行对公司的控制权没有德国那么大，但情况也是大同小异。在法国，交叉持股和"核心股东"十分普遍。在意大利、芬兰、瑞典或者是南美、东亚和非洲，公司的大股东通常是创始人或者他们的继承人。

2. 银行

大债权人，比如说银行，通常也是非常活跃的投资者。与大股东一样，它们对公司也有很大的投资，同时也希望能够得到回报。债权人对公司的影响力一方面来自当公司破产或者违约时得到的控制权（Smith and Warner，1979），另一方面是因为它们通常涉及短期借贷，所以会定期干预资金的使用。这样银行既拥有了现金流的权利，又拥有了对公司的控制权。大债权人治理的有效性同样也受到了它们所在国家的法律保护的影响。在日本和德国，银行对公司的影响力非常大，因为银行拥有大量投票权，在借款过程中举足轻重，甚至可以影响法律使其对债权人有利。在其他国家，银行治理的模式并不十分有效，特别是当把控制权转移给债权人的程序没有完全建立时。Diamond（1984）第一个给出了大债权人监督的模型。

和股权集中一样，关于由债权人来掌握控制权的治理模式也存在着效率损失。德国和日本的银行可以通过控制公司而取得租金。Diamond（1991b）模型描述了公司为了建立信誉，举借由银行监督的债务，并且承担这一成本。一旦信誉建立起来了，公司就终止与银行的合同，转而向普通债权人举债，以此降低被银行监督的成本。但是在戴蒙德（Diamond）的模型里，银行对公司控制权产生的成本是外生的。

Rajan（1992）的模型把这一成本内生化了。在他的模型中，银行通过与公司建立信贷关系而取得排他的信息。这种信息在信贷过程中产生，包括公司的项目评估、公司实现既定目标的能力和雇员的可信度以及能力等等，公司是很难用具体数字向其他债权人展示这种信息的。在短期合约中，在每一个自然状态实现时，银行都要求公司还款。由于银行出于信息优势对自然状态较其他债权人而言更熟知，因此它可以防止公司继续投资于 NPV 为负的项目。为了使得银行继续贷款，公司所有者必须和其分享利润，致使公司所有者积极性降低，从而减少了项目的收益。在长期合约中，由于银行只能在项目完全结束后才能索取还款，为了制止负 NPV 项目的继续，银行需要贿赂公司所有者。这样一来，负 NPV 的项目变得开始有吸引力了，公司所有者努力的激励也下降了。在与普通债权人的合约中，由于他们对公司没有控制权，项目的利润不会被分享，这就增大了公司所有者的努力程度。另外，Sharpe（1990）的模型描述了隐性合同可以降低银行榨取租金的激励。

关于债权人控制的公司治理模式成本和收益的实证研究比较少，一般都是集中于对日本和德国模式的研究。Weinstein 和 Yafeh（1994）发现，当控制了其他变量后，在日本，依赖银行融资的公司通常比其他公司所支付的利息要高，他们的证据是与银行榨取租金的理论一致的。更有说服力的证据来自 Hosh 等（1993），当制度变化后日本银行可以从资本市场融资而摆脱银行控制时，公司的净值迅速上升，从而证实了大债权人控制公司时成本超过了收益。Franks 和 Mayer（1994）的研究表明，出于参与管理的目的或是害怕失去利润，德国银行拒绝在控制之下的公司被收购。在日本，Kaplan 和 Minton（1994）以及 Kang 和 Shivdasani（1995）发现，当公司与银行存在长期信贷关系时，经理层更替对公司的绩效会非常敏感。在德国，Gorton 和 Schmid（2000）发现，在 1974 年银行提高公司绩效方面比其他股东更有效，但在 1985 年情况却不是这样。在美国，De Long（1991）发现，J. P. 摩根在公司治理方面有很显著的作用。最近，美国银行在公司破产时更换经理层和董事会中扮演了重要的治理角色（Gilson，1990）。

债权人也可能对公司带来不利的影响。例如，大债权人可能更偏好质量好的项目，因为项目即便成功，它们也只能收到固定的现金流，而项目失败它们却要帮股东承担成本，这样会使得公司丧失许多发展机会（Myers，1977）。

3. 接管

在英国和美国那些大股东现象不是很普遍的国家里，一种使得股权迅速集中的机制出现了，它就是敌意接管（hostile takeover）。在一个典型的敌意接管过程中，收购者（bidder）对目标公司的小股东发出要约，如果小股东接受了要约，则公司的控制权或者管理层的经营权有可能被更替。接管经常被视为一种迅速集中股权的机制（rapid-fire mechanism）。由于"搭便车"问题，小股东很少有激励去监督管理层，但是接管可以代替股东来履行监督职能。因此，如果经理层表现不佳，"袭击者"可以进行要约收购，代替现任经理层经营公司，从而提升目标公司的市场价值。

大量的理论和实证文献支持了接管可以解决治理问题（Manne，1965；Jensen，1988；Scharfstein，1988）。最重要的是，接管可以增加目标公司和接管公司的联合价值（combined value），暗示着接管之后公司利润将会上升（Jensen and Ruback，1983）。接管的对象经常是一些绩效非常差的公司（Palepu，1985；Mork et al.，1988a，1989），一旦接管成功，它们的管理层就被迅速地更替。Jensen（1986）指出，接管甚至可以解决自由现金流的代理问题，因为它会致使公司把利润返还给投资者。在美国，接管被广泛地认为是制约经理代理问题的有效机制（Easterbrook and Fishel，1991；Jensen，1993）。

与其他公司治理机制一样，接管的有效性同样受到质疑。第一，接管的代价是非常昂贵的，不仅仅是接管的直接支出成本，正如 Grossman 和 Hart（1980）指出的那样，收购者必须在要约价格中包含在自己经营管理下公司的预期利润，否则股东是不会接受要约的。如果中小股东的权益没有很好地得到保障，那么接管者的支付可能会相对减轻，但还是必须"吐出"相当部分的收购收益。第二，当收购公司的经理出于私人利益而以很高的溢价收购目标公司时，代理成本是非常高昂的（Shleifer and Vishny，1988）。在像美国这样流动性很强的资本市场上，只有相当少的敌意收购是有约束的（Jensen，1993）。况且，接管的成本还包括搜寻成本、出价成本和其他交易成本（Williamson，1970），从而使得接管代价高昂。第三，接管需要一个流动性很强的资本市场，它使得收购者能在短期内大量融资。在 20世纪 80 年代的美国，Drexel、Burnham 和 Lambert 之类的公司通过垃圾债券融资的方式为接管者提供了这样一个资本市场。当这些公司倒闭后，接管浪潮就迅速中止了。第四，接管是一种在政治面前极端脆弱的机制。美国 20 世纪 80 年代末的接管浪潮中止的重要原因之一就是出台了反接管的立法（anti-takeover legislation）。在其他一些国家，接管市场之所以如此萎缩，正是由于来自政治上的反对。即便在美国和英国，接管机制也是一种非常不完善，且在政治上非常脆弱的股权集中方式。

Martin 和 McConnell（1991）发现了证据表明，成功的接管案例之后往往伴随着管理层更替概率的上升。Shivdasani（1993）的研究表明，当董事会没有能力约束经理时，敌意接管可以起到良好的替代作用。Mikkelson 和 Partch（1997）发现，在美国 1984—1988 年和 1989—1993 年接管频率的下降使得对经理的约束力下降。在欧洲大陆国家，敌意接管的比例不是很大。Franks 和 Mayer（1994）把这一现象归因于欧洲资本市场的结构，因为上市公司的数量不多并且股权也较美国和英国更为集中。在研究英国的接管时，Franks 和 Harris（1989）报道了接管给股东带来的财富效应与美国类似。Kennedy 和 Limmack（1996）研究了在接管前期目标公司的绩效和它与随后的 CEO 更替的关系，发现的证据足以证明：在英国，接管威胁对在任经理行为存在约束力。相反，Franks 和 Mayer（1996）拒绝了英国的敌意接管有约束作用的假设，他们认为，目标公司经理层拒绝敌意收购的原因并不是竭力抵抗外来威胁，而是希望在接管前进行资产重组和对接管价格进行谈判。

（三）信息环境

信息不对称是代理人侵害委托人利益的前提条件之一（Jensen and Meckling，1976）。因此，改善企业的信息环境可以减少经理人或控股股东的机会主义行为，从而降低企业的代理成本。

信息披露能够改善企业的信息环境并缓解代理成本。Healy（1999）等的研究发现，增加披露会导致投资者提高对公司股票的估值，增加股票的流动性，并增加机构和分析师对这些股票的兴趣。Jo 和 Kim（2007）研究了披露频率与收益管理之间的关系，发现信息披露更广泛的公司透明度更高，从而减少了盈余管理并提高了股票发行后的绩效。张兵（2009）等使用中国上市公司数据分析了信息披露对企业绩效的影响，发现企业财务绩效与信息透明度呈显著正相关。

不同国家信息披露的要求不同，美国证券市场监管机构所规定的披露水平与其他国家相比较高，因而美国企业拥有更好的信息环境。Bailey（2006）等评估了非美国企业增加信息披露时的经济影响，发现非美国企业在美国交叉上市后，对收益公告的反应会显著增加，这反映了披露要求变化所带来的会计信息质量提升。

除了企业自身进行信息披露外，信息中介作为从事私人信息生产并向投资者提供信息的机构，也有助于发现和约束管理不当行为。例如。Dyck 等（2010）发现，信息中介如分析师往往是第一个发现企业财务欺诈行为的。Jensen 和 Meckling（1976）认为，投资银行、证券公司及较大的机构投资者所雇用的证券分析师，对于经理人从公司获得过高的金钱和非金钱的利益的机会起到监督作用。

从信息不对称的角度来看，分析师或其他信息中介能够改善企业的信息环境，减少投资者和企业的信息不对称。Yu（2008）探讨了分析师在公司治理中的外部监督者作用，发现分析师覆盖率的增加能够减小企业的盈余管理。Chen（2015）等以券商退出和合并作为自然实验，检验了分析师在减轻管理层对外部股东的剥夺时的治理效应。他们发现，当企业的分析师覆盖率外生减少时，股东对内部现金持有的价值降低，CEO 获得更高的超额薪酬，其管理层更有可能进行破坏价值的收购以及盈余管理。孔东民等（2013）发现，媒体关注在中国上市公司行为的各方面都表现出显著的监督治理功能。

其他治理机制能否有效发挥作用也离不开会计信息质量。Bushmana 和 Smith（2007）综述了财务会计信息的治理作用，他们认为，财务会计信息可以运用到各种治理机制中，以促进公司治理。例如，持不同意见的股东通常会将糟糕的业绩表现作为经理人效率低下的证据，而经理人会使用会计裁量权来为拥有投票权的股东描绘更有利的业绩表现，因而会计信息对于代理权之争和 CEO 更替具有重要影响（DeAngelo，1988）。

六、总结

本文详细论述了公司治理问题产生的根源——委托-代理问题，以及目前世界范围内存在的解决机制。Jensen 和 Meckling（1976）以股东和经理人的利益冲突为基础，给出了公司治理的基本理论框架：当经理并非拥有公司100％权益的时候，他为公司价值最大化服务的激励被削弱，谋私利的激励开始增强，这时候他可以把成本转嫁给其他股东。但是，后续研究发现，致使公司价值受到损害的利益冲突远非局限于经理和股东之间的冲突。本文同时对大股东对小股东的侵占以及经理层对董事会的俘获（另外两层委托-代理关系）进行了综述。以上所论述的三层代理关系构成了当今公司治理中的主要矛盾，世界范围内的公司治理机制设计着力于把这些委托-代理成本降到最低限度。不幸的是，迄今为止我们没有发现万灵药。我们初步得出以下结论：第一，虽然存在局部的争议，但是理论和经验研究都发现了巨额的代理成本是公司吸引外源融资的最重要的障碍，经理人和股东、大股东和小股东以及经理和董事会之间的利益冲突是低效率的根源。第二，虽然各种机制（法律保护、控制权集中以及控制权争夺等）在不同程度上降低了代理成本，但是代理成本的降低往往伴随着新的效率损失，因此直到现在还没有万能的治理机制产生。第三，虽然制度、文化、法律的不同决定了世界范围内的公司治理结构形形色色，代理成本是以不同程度得到控制的，但是我们仍然发现，在美国、英国、德国以及日本这样的国家，法律保护和控制权的适度集中已经成为判断治理是否有效的重要标准（Shleifer and Vishny，1997）。

更多的文献集中在代理成本如何降低企业绩效上，未来对公司治理的研究将更多关注公司治理特征与其绩效之间的关系。例如，Gompers等（2003）发现了公司治理指数和股票收益率的显著的正向关系。他们宣称购买公司治理指数最高的公司的证券组合可以获得8.5％的超额收益率。Black（2001）以俄罗斯公司为样本，发现当公司治理结构从最差的变为最好的时，公司的市场价值显著上升了。

另外，虽然在美国由于文化和制度上对大股东的抵触使得公司所有权结构比较分散，但是世界其他国家，特别是转型中国家的公司治理模式还是所有权集中，我们的问题是：在这些国家所有权集中的成本和收益是不是显著的呢？正如Shleifer和Vishny（1997）提出的问题：政治力量是把公司治理推向更有效率，还是既得利益者（比如美国的CEO和德国的大银行）维持着低效率的治理结构？对于这个问题，由于我们缺少世界范围内的证据，目前还难以回答。

参考文献

［1］Adams，R. B.，Almeida，H.，Ferreira，D.，2005. Powerful CEOs and their impact on corporate performance. Review of Financial Studies，18，1403-1432.

［2］ Aghion, P., Hart, O., Moore, J., 1992. The economics of bankruptcy reform. Journal of Law, Economics and Organisation, 8, 523 – 546.

［3］ Agrawal, A., Knoeber, C. R., 1998. Managerial compensation and the threat of takeover. Journal of Financial Economics, 47, 219 – 239.

［4］ Bailey, W., Karolyi, G. A., Salva, C., 2006. The economic consequences of increased disclosure: Evidence from international cross-listings. Journal of Financial Economics, 81, 175 – 213.

［5］ Baird, D. G., Adler, B. E., Jackson, T. H., 2007, Cases, Problems, and Materials on Bankruptcy. Little Brown & Company, Inc.

［6］ Barclay, M. J., Holderness, C. G., 1992. The law and large-block trades. Journal of Law and Economics, 35, 265 – 294.

［7］ Barclay, M., Holderness, C. G., 1989. Private benefits control of public corporations. Journal of Financial Economics, 25, 371 – 395.

［8］ Bebchuk, L. A., 1985. Toward undistorted choice and equal treatment in corporate takeovers. Harvard Law Review, 1693 – 1808.

［9］ Bebchuk, L. A., 1988. A new approach to corporate reorganizations. Harvard Law Review, 775 – 804.

［10］ Berger, P. G., Ofek, E., 1995. Diversification's effect on firm value. Journal of Financial Economics, 37, 39 – 65.

［11］ Berger, P. G., Ofek, E., Yermack, D. L., 1997. Managerial entrenchment and capital structure decisions. Journal of Finance, 52, 1411 – 1438.

［12］ Bergstresser, D., Philippon, T., 2006. CEO incentives and earnings management. Journal of Financial Economics, 80, 511 – 529.

［13］ Berkman, H., Cole, R. A., Fu, L. J., 2009. Expropriation through loan guarantees to related parties: Evidence from China. Journal of Banking and Finance, 33, 141 – 156.

［14］ Bhagat, S., Shleifer, A., Vishny, R. W., Jarrel, G., Summers, L., 1990. Hostile takeovers in the 1980s: The return to corporate specialization. Brookings Papers on Economic Activity: Microeconomics, 1 – 84.

［15］ Black, B. S., 1998. Shareholder activism and corporate governance in the United States. The New Palgrave Dictionary of Economics and the Law, 3, 459 – 465.

［16］ Black, B. S., 2001. The corporate governance behavior and market value of Russian firms. Emerging Markets Review, 2, 89 – 108.

［17］ Black, B. S., Coffee Jr., J. C., 1993. Hail Britannia: Institutional investor behavior under limited regulation. Michigan Law Review, 92, 1997 – 2087.

［18］ Borokhovich, K. A., Parrino, R., Trapani, T., 1996. Outside directors and CEO selection. Journal of Financial and Quantitative Analysis, 31, 337 – 355.

[19] Brickley, J. A., Coles, J. L., Terry, R. L., 1994. Outside directors and the adoption of poison pills. Journal of Financial Economics, 353, 371 - 390.

[20] Brudney, V., Chirelstein, M. A., 1978. A restatement of corporate freezeouts. The Yale Law Journal, 87, 1354 - 1375.

[21] Burkart, M., 1995. Initial shareholdings and overbidding in takeover contests. Journal of Finance, 50, 1491 - 1515.

[22] Burkart, M., Gromb, D., Panunzi, F., 1997. Large shareholders, monitoring, and the value of the firm. Quarterly Journal of Economics, 112, 693 - 728.

[23] Bushman, R. M., Smith, A. J., 2001. Financial accounting information and corporate governance. Journal of Accounting and Economics, 32, 237 - 333.

[24] Cadbury Committee., 1992. Report of the Committee on the Financial Aspects of Corporate Governance: The Code of Best Practice. Gee Publishing, London.

[25] Charkham, J. P., 1994. Keeping Good Company: A Study of Corporate Governance in Five Countries. Oxford University Press, USA.

[26] Chen, T., Harford, J., Lin, C., 2015. Do analysts matter for governance? Evidence from natural experiments. Journal of Financial Economics, 115, 383 - 410.

[27] Cheung, Y. L., Rau, P. R., Stouraitis, A., 2006. Tunneling, propping, and expropriation: Evidence from connected party transactions in Hong Kong. Journal of Financial Economics, 82, 343 - 386.

[28] Claessens, S., Djankov, S., Fan, J. P., Lang, L. H., 2002. Disentangling the incentive and entrenchment effects of large shareholdings. Journal of Finance, 57, 2741 - 2772.

[29] Coffee Jr., J. C., 1999. Privatization and corporate governance: The lessons from securities market failure. Journal of Corporation Law, 25, 1 - 39.

[30] Coles, J. L., Daniel, N. D., Naveen, L., 2008. Boards: Does one size fit all? Journal of Financial Economics, 87, 329 - 356.

[31] Committee on Corporate Governanace, Hampel, S. R., 1998. Committee on Corporate Governance: Final Report. Gee Publishing.

[32] Cotter, J. F., Shivdasani, A., Zenner, M., 1997. Do independent directors enhance target shareholder wealth during tender offers?. Journal of Financial Economics, 43, 195 - 218.

[33] Dahya, J., Lonie, A. A., Power, D. M., 1998. Ownership structure, firm performance and top executive change: An analysis of UK firms. Journal of Business Finance and Accounting, 25, 1089 - 1118.

[34] Dahya, J., McConnell, J. J., Travlos, N. G., 2002. The Cadbury committee, corporate performance, and top management turnover. Journal of Finance, 57, 461 - 483.

[35] DeAngelo, L. E., 1988. Managerial competition, information costs, and corporate governance: The use of accounting performance measures in proxy contests. Journal of Accounting and

Economics，10，3 – 36.

［36］De Long，B.，1991. Did JP Morgan's men add value? An economist's perspective on financial capitalism. In Peter T.，Inside the Business Enterprise：Historical Perspectives on the Use of Information，University Press，Chicago.

［37］Demsetz，H.，1983. The structure of ownership and the theory of the firm. Journal of Law and Economics，26，301 – 325.

［38］Demsetz，H.，Lehn，K.，1985. The structure of corporate ownership：Causes and consequences. Journal of Political Economy，93，1155 – 1177.

［39］Denis，D.，Sarin，A.，1997. Agency problems，equity ownership and corporate diversification. Journal of Finance，52，135 – 160.

［40］Diamond，D.，1984. Financial intermediation and delegated monitoring. Review of Economics Studies，51，393 – 414.

［41］Diamond，D.，1991. Debt maturity structure and liquidity risk. Quarterly Journal of Economics，106，1027 – 1054.

［42］Dyck，A.，Morse，A.，Zingales，L.，2010. Who blows the whistle on corporate fraud? Journal of Finance，65，2213 – 2253.

［43］Easterbrook，F.，and Fischel，D.，1983. Voting in corporate law. Journal of Law and Economics，26，395 – 427.

［44］Easterbrook，F.，and Fischel，D.，1991. The Economic Structure of Corporate Law. Harvard University Press，Cambridge，Mass.

［45］Faccio，M.，Lang，L. H.，Young，L.，2001. Dividends and expropriation. The American Economic Review，91，54 – 78.

［46］Fama，E.，1980. Agency problems and the theory of the firm. Journal of Political Economy，88，288 – 307.

［47］Fama，E.，Jensen，M.，1983. Agency problems and residual claims. Journal of Law and Economics，26，327 – 349.

［48］Fenn，G. W.，Liang，N.，2001. Corporate payout policy and managerial stock incentives. Journal of Financial Economics，60，45 – 72.

［49］Franks，J.，and Harris，R.，1989. Shareholder wealth effects of corporate takeovers：The UK experience 1955—1985. Journal of Financial Economics，23，225 – 249.

［50］Franks，J.，and Mayer，C.，1996. Hostile takeovers and the correction of managerial failure. Journal of Financial Economics，40，163 – 181.

［51］Franks，J.，Mayer，C.，Renneboog，L.，1998. Who disciplines bad management? Working Paper，Catholic University of Leuven.

［52］Franks，J.，Mayer，C.，2001. Ownership and control of German corporations. Review of Financial Studies，14，943 – 977.

［53］ Gertner，R. ，Scharfstein，D. ，1991. A theory of workouts and the effects of reorganization law. Journal of Finance，46，1189 - 1222.

［54］ Gilson，S. ，1990. Bankruptcy，boards，banks，and block holders. Journal of Financial Economics，27，355 - 387.

［55］ Goldman，E. ，Slezak，S. L. ，2006. An equilibrium model of incentive contracts in the presence of information manipulation. Journal of Financial Economics，80，603 - 626.

［56］ Gompers，P. ，Ishii，J. ，Metrick，A. ，2003. Corporate governance and equity prices. Quarterly Journal of Economics，118，105 - 155.

［57］ Gorton，G. ，Schmid，F. A. ，2000. Universal banking and the performance of German firms. Journal of Financial Economics，58，29 - 80.

［58］ Grossman，S. ，and Hart，O. ，1988. One share-one vote and the market for corporate control. Journal of Financial Economics，20，175 - 202.

［59］ Grossman，S. ，Hart，O. ，1980. Takeover bids，the free rider problem and the theory of the corporation. Bell Journal of Economics，11，42 - 64.

［60］ Grossman，S. ，Hart，O. ，1986. The costs and benefits of ownership：A theory of vertical and lateral integration. Journal of Political Economy，94，691 - 719.

［61］ Grundfest，J. ，1990. Subordination of American capital. Journal of Financial Economics，27，89 - 114.

［62］ Harris，M. ，Raviv，A. ，1988. Corporate governance：Voting rights and majority rules. Journal of Financial Economics，20，203 - 235.

［63］ Harris，R. ，Raviv，A. ，1991. The theory of capital structure. Journal of Finance，46，297 - 355.

［64］ Hart，O. ，1995. Corporate governance：Some theory and applications. Economic Journal，105，687 - 689.

［65］ Hart，O. ，Moore，J. ，1990. Property rights and the nature of the firm. Journal of Political Economy，98，1119 - 1158.

［66］ Healy，P. M. ，Hutton，A. P. ，Palepu，K. G. 1999. Stock performance and intermediation changes surrounding sustained increases in disclosure. Contemporary Accounting Research，16，485 - 520.

［67］ Hermalin，B. E. ，Weisbach，M. S. ，1998. Endogenously chosen boards of directors and their monitoring of the CEO. The American Economic Review，88，96 - 118.

［68］ Hermalin，B. E. ，Weisbach，M. S. ，2012. Information disclosure and corporate governance. Journal of Finance，67，195 - 233.

［69］ Hermalin，B. ，Weisbach，M. ，1988. The determinants of board composition. Rand Journal of Economics，19，589 - 606.

［70］ Holderness，C. ，Sheehan，D. ，1985. Raiders or saviors? The evidence on six controversial investors. Journal of Financial Economics，14，555-579.

[71] Holderness，C.，Sheehan，D.，1988. The role of majority shareholders in publicity held corporations. Journal of Financial Economics，20，317-346.

[72] Holland，K.，1995. Attack of the killer investor. Business Week，24，April，72.

[73] Hoshi，T.，Kashyap，A.，Scharfstein，D.，1993. The choice between public and private debt: An analysis of post-deregulation corporate finance in Japan. Working Paper，National Bureau of Economic Research.

[74] Jensen，M.，1986. Agency costs of free cash-flow，corporate finance and takeovers. The American Economic Review，76，323-329.

[75] Jensen，M.，1988. Takeovers: Their causes and consequences. Journal of Economic Perspectives，2，21-48.

[76] Jensen，M.，Meckling，W.，1976. Theory of the firm: Managerial behavior，agency costs and ownership structure. Journal of Financial Economics，3，305-360.

[77] Jensen，M.，Murphy，K.，1990. Performance pay and top management incentives. Journal of Political Economy，98，225-264.

[78] Jensen，M.，Ruback，R.，1983. The market for corporate control: The scientific evidence. Journal of Financial Economics，11，5-50.

[79] Jiang，G.，Lee，C. M.，Yue，H.，2010. Tunneling through intercorporate loans: The China experience. Journal of Financial Economics，98，1-20.

[80] Jo，H.，Kim，Y.，2007. Disclosure frequency and earnings management. Journal of Financial Economics，84，561-590.

[81] Johnson，S.，La Porta，R.，Lopez-de-Silanes，F.，Shleifer，A.，2000. Tunneling. The American Economic Review，90，22-27.

[82] Kang，J. K.，Shivdasani，A.，1995. Firm performance，corporate governance，and top executive turnover in Japan. Journal of Financial Economics，38，29-58.

[83] Kaplan，S.，Weisbach，M.，1992. The success of acquisitions: Evidence from divestitures. Journal of Finance，47，107-138.

[84] Kaplan，S.，1994a. Top executive，turnover，and firm performance in Germany. Journal of Law，Economics and Organization，10，142-159.

[85] Kaplan，S.，1994b. Top executive rewards and firm performance: A comparison of Japan and the United States. Journal of Political Economy，102，510-546.

[86] Kaplan，S.，Minton，B.，1994. Appointments of outsiders to Japanese boards: Determinants and implications for managers. Journal of Financial Economics，36，225-257.

[87] Kennedy，V.，Limmack，R.，1996. Takeover activity，CEO turnover，and the market for corporate control. Journal of Business Finance and Accounting，23，267-293.

[88] La Porta，R.，Lopez-de-Silanes，F.，Shleifer，A.，1999. Corporate ownership around the

world. Journal of Finance，54，471 - 517.

［89］ La Porta，R.，Lopez-de-Silanes，F.，Shleifer，A.，Vishny，R. W.，1997. Legal determinants of external finance. Journal of Finance，52，1131 - 1150.

［90］ La Porta，R.，Lopez-de-Silanes，F.，Shleifer，A.，Vishny，R. W.，2000. Agency problems and dividend policies around the world. Journal of Finance，55，1 - 33.

［91］ Lang，L.，Stulz，R.，1994. Tobin's Q，corporate diversification and firm performance. Journal of Political Economy，102，1248 - 1280.

［92］ Lang，L.，Stulz，R.，Walkling，R.，1991. A test of the free cash-flow hypothesis：The case of bidder returns. Journal of Financial Economics，29，315 - 336.

［93］ Lee，C. W. J.，Xiao，X.，2004. Tunneling dividends. Working Paper，University of Tsinghua.

［94］ Leuz，C.，Nanda，D.，Wysocki，P. D.，2003. Earnings management and investor protection：An international comparison. Journal of Financial Economics，69，505 - 527.

［95］ Lewellen，W.，Loderer，C.，Rosenfeld，A.，1985. Merger decisions and executive stock ownership in acquiring firms. Journal of Accounting and Economics，7，209 - 231.

［96］ Lins，K.，Servaes，H.，1999. International evidence on the value of corporate diversification. Journal of Finance，54，2215 - 2240.

［97］ Manne，H.，1965. Mergers and the market for corporate control. Journal of Political Economy，110 - 120.

［98］ Martin，K.，McConnell，J.，1991. Corporate performance，corporate takeovers and managerial turnover. Journal of Finance，46，671 - 687.

［99］ McConnell，J. J.，Muscarella，C. J.，1985. Corporate capital expenditure decisions and the market value of the firm. Journal of Financial Economics，14，399 - 422.

［100］ McConnell，J.，Servaes，H.，1990. Additional evidence on equity ownership and corporate value. Journal of Financial Economics，27，595 - 612.

［101］ McNabb，M.，Martin，J.，1998. Managerial entrenchment and the effectiveness of internal governance mechanisms. Working Paper，Virginia Tech University and University of Texas at Austin.

［102］ Megginson，W. L.，Netter，J. M.，2001. From state to market：A survey of empirical studies on privatization. Journal of Economic Literature，39，321 - 389.

［103］ Mikkelson，W.，Partch，M.，1997. The decline of takeovers and disciplinary managerial turnover. Journal of Financial Economics，44，205 - 228.

［104］ Mikkelson，W.，Ruback，R.，1985. An empirical analysis of the interfirm equity investment process. Journal of Financial Economics，14，523 - 553.

［105］ Milgram，S.，1974. Obedience to Authority. Harper and Row.

［106］ Morck，R.，2004. Behavioral finance in corporate governance：Independent directors and non-executive chairs. Working Paper，National Bureau of Economic Research.

［107］ Morck，R.，Shleifer A.，Vishny，R.，1989. Alternative mechanisms for corporate control. The American Economic Review，79，842 - 852.

［108］ Morck，R.，Shleifer，A.，Vishny，R. W.，1988. Management ownership and market valuation：An empirical analysis. Journal of Financial Economics，20，293 - 315.

［109］ Morck，R.，Shleifer，A.，Vishny，R. W.，1990. Do managerial objectives drive bad acquisitions? Journal of Finance，45，31 - 48.

［110］ Myers，S.，1977. Determinants of corporate borrowing. Journal of Financial Economics，5，147 - 175.

［111］ Nguyen，B. D.，Nielsen，K. M.，2010. The value of independent directors：Evidence from sudden deaths. Journal of Financial Economics，98，550 - 567.

［112］ Palepu，K.，1986. Predicting takeover targets：A methodological and empirical analysis. Journal of Accounting and Economics，8，3 - 35.

［113］ Peasnell，K. V.，Pope，P. F.，Young，S.，2003. Managerial ownership and the demand for outside directors. European Financial Management，9，231 - 250.

［114］ Pound，J.，1988. Proxy contests and the efficiency of shareholder oversight. Journal of Financial Economics，20，265 - 267.

［115］ Rajan，R.，1992. Insider and outsiders：The choice between relationship and arms-length debt. Journal of Finance，47，1367 - 1400.

［116］ Rajan，R. G.，Wulf，J.，2006. Are perks purely managerial excess? Journal of Financial Economics，79，1 - 33.

［117］ Roll，R.，1986. The hubris hypothesis of corporate takeovers. Journal of Business，59，197 - 216.

［118］ Romano，R.，1993. The Genius of American Corporate Law，American Enterprise Institute Press，Washington，D. C.

［119］ Rosen，S.，1982. Hierarchy，control and the distribution of earnings. Bell Journal of Economics，13，77 - 98.

［120］ Rosenstein，S.，Wyatt，J.，1990. Outside directors，board independence，and shareholder wealth. Journal of Financial Economics，26，175 - 191.

［121］ Servaes，H.，1996. The value of diversification during the conglomerate merger wave. Journal of Finance，51，1201 - 1225.

［122］ Sharpe，S.，1990. Asymmetric information，bank lending and implicit contracts：A stylized model of customer relationships. Journal of Finance，45，1069 - 1087.

［123］ Shivdasani，A.，1993. Board composition，ownership structure and corporate control. Journal of Accounting and Economics，16，167 - 198.

［124］ Shleifer，A.，Vishny，R.，1986. Large shareholders and corporate control. Journal of Political Economy，94，461 - 488.

[125] Shleifer，A.，Vishny，R.，1989. Management entrenchment: The case of manager-specific investments. Journal of Financial Economics，25，123 - 139.

[126] Shleifer，A.，Vishny，R.，1997. A survey of corporate governance. Journal of Finance，52，737 - 783.

[127] Smith，C.，Warner，J.，1979. On financial contracting: An analysis of bond covenants. Journal of Financial Economics，7，117 - 161.

[128] Stigler，G.，1964. Public regulation of the securities market. Journal of Business，37，117 - 142.

[129] Stulz，R.，1988. Managerial control of voting rights: Financing policies and the market for corporate control. Journal of Financial Economics，20，25 - 54.

[130] Sudarsanam，S.，1996. Large shareholders，takeovers and target valuation. Journal of Business Finance and Accounting，23，295 - 317.

[131] Sun，Q.，Tong，W. H.，2003. China share issue privatization: The extent of its success. Journal of Financial Economics，70，183 - 222.

[132] Tian，L.，2001. Government shareholding and the value of China's modern firms. Working Paper，University of Peking.

[133] Tunc，A.，1991. Corporate law. In Buxbaum，R.，Hertig，G.，Hirsch，A.，Hopt，K.，Europe Business Law: Legal and Economics Analysis of Integration and Harmonization. Walter de Gruyter，Berlin.

[134] Vafeas，N.，Theodorou，E.，1998. The relationship between board structure and firm performance in the UK. British Accounting Review，30，383 - 407.

[135] Vickers，J.，Yarrow，G. K.，1988. Privatization: An Economic Analysis. MIT Press，Cambridge.

[136] Wang，Changyun，2005. Ownership and operating performance of Chinese IPOs. Journal of Banking and Finance，29，1835 - 1856.

[137] Weinstein，D. E.，Yafeh，Y.，1998. On the costs of a bank-centered financial system: Evidence from the changing main bank relations in Japan. Journal of Finance，53，635 - 672.

[138] Weisbach，M.，1988. Outside directors and CEO turnover. Journal of Accounting and Economics，20，431 - 460.

[139] Weiss，L.，1990. Bankruptcy resolution: Direct costs and violation of priority of claims. Journal of Financial Economics，27，285 - 314.

[140] Weston，J. F.，1979. The tender takeover. Mergers and Acquisitions，14，74 - 82.

[141] White，M.，1993. The costs of corporate bankruptcy: A U. S. -Europe comparison. manuscript，University of Michigan.

[142] Williamson，O.，1970. Corporate control and business behavior: An enquiry into the effects of organization form on enterprise behavior. Prentice-Hall International Series in Manage-

ment.

[143] Xu，X.，Wang，Y.，1997. Ownership Structure，Corporate Governance，and Corporate Performance：The Case of Chinese Stock Companies. World Bank Publications.

[144] Yermack，D.，2006. Flights of fancy：Corporate jets，CEO perquisites，and inferior shareholder returns. Journal of Financial Economics，80，211 - 242.

[145] Yu，F. F.，2008. Analyst coverage and earnings management. Journal of Financial Economics，88，245 - 271.

[146] Zingales，L.，1994. The value of the voting right：A study of the Milan stock exchange experience. Review of Financial Studies，7，125 - 148.

[147] 陈晓，王琨. 关联交易、公司治理与国有股改革——来自我国资本市场的实证证据. 经济研究，2005（4）.

[148] 孔东民，刘莎莎，应千伟. 公司行为中的媒体角色：激浊扬清还是推波助澜？管理世界，2013（7）.

[149] 汪昌云，孙艳梅. 代理冲突，公司治理与上市公司财务欺诈的研究. 管理世界，2010（7）.

[150] 王化成，曹丰，叶康涛. 监督还是掏空：大股东持股比例与股价崩盘风险. 管理世界，2015（2）.

[151] 王跃堂，赵子夜，魏晓雁. 董事会的独立性是否影响公司绩效？经济研究，2006（5）.

[152] 吴淑琨. 股权结构与公司绩效的 U 型关系研究——1997～2000 年上市公司的实证研究. 中国工业经济，2002（1）.

[153] 吴育辉，吴世农. 股票减持过程中的大股东掏空行为研究. 中国工业经济，2010（5）.

[154] 叶康涛，陆正飞，张志华. 独立董事能否抑制大股东的"掏空"？经济研究，2007（4）.

[155] 张兵，范致镇，潘军昌. 信息透明度与公司绩效——基于内生性视角的研究. 金融研究，2009（2）.

[156] 张祥建，徐晋. 股权再融资与大股东控制的"隧道效应"——对上市公司股权再融资偏好的再解释. 管理世界，2005（11）.

[157] 郑国坚，林东杰，张飞达. 大股东财务困境、掏空与公司治理的有效性——来自大股东财务数据的证据. 管理世界，2013（5）.

公司内部治理机制

内容摘要： 本文旨在为公司内部治理问题的理论与实证研究提供综述，总结公司治理问题现已达成的共识和仍存在的分歧。本文从理论研究与实证研究两个角度，对该领域的经典理论与文献进行综述性说明，希望能为公司治理问题的进一步研究提供有用的参考信息。在内容上，将公司内部治理机制分为股权结构、董事会、大股东与机构投资者、董事和主管的薪酬激励机制、董事会和管理层所有权、债务政策、股利政策共七个部分，本文对相应领域的文章进行了梳理总结。

一、引言

Jensen 和 Meckling（1976）提出的代理成本概念和相关分析，使公司治理的学术研究进入了新阶段。安然、世通（Worldcom）、阿德菲亚（Adelphia）等公司的财务丑闻使得公众对于公司治理这个老话题给予了新的关注。在中国，公司治理的关注与研究历史虽然不长，但是公司治理的学术研究一直是重要的研究领域。

本文旨在为公司内部治理问题的理论与实证研究提供综述，总结该问题已达成的共识和仍存在的分歧，分析现存的公司治理的内部控制机制的有效性，并且指出未来学术界对公司治理问题可研究的议题。本文的结构安排如下：第二部分探讨股权结构与公司治理之间的关系，并且介绍股权结构与公司业绩之间关系的理论研究和实证研究。第三部分探讨董事会的作用，并且介绍与董事会特征有关的理论和实证研究。第四部分探讨有关大股东和机构投资者在控制公司代理问题上的作用。第五部分探究董事和主管的薪酬激励机制与公司业绩之间的关系。第六部分探讨董事会和管理层所有权与公司价值之间的关系。第七和第八部分分别探讨债务政策和股利政策在减轻代理问题上的作用。第九部分进行总结。

二、股权结构

（一）股权结构与公司治理之间的关系

股权结构通过影响公司内部的权力配置状况决定了公司的利益分配，从而对公司产生影响，因此可以说股权结构是公司治理相关问题的起点。虽然早期大型现代企业并不盛行，但经济学家亚当·斯密还是已经注意到企业所有权与经营权分离可能导致"疏忽和浪费"等弊端。一个半世纪以后，Berle 和 Means（1932）指出，当代美国公司股权结构普遍分散，从而导致公司所有权与控制权两权分离，并对公司的经营绩效产生影响。"两权分离"论断迅速产生了广泛而深刻的影响，此后的几十年，有关研究以此为主线展开。但是随着研究的不断深入，人们开始注意到一些公司内股权集中的现象，并进一步指出股东并非同质的，大股东与小股东之间很可能存在利益分歧。大量实证研究使得大股东的存在已经得到了广泛的认可，那么究竟有哪些因素在影响着股权结构的形成，不同的股权结构对各个公司将产生何种影响，学者们从不同的角度进行了解读，其中股权结构与公司经营绩效之间的关系更是备受关注。伯利和米恩斯指出，在股权极其分散的情况下，公司管理层实际上已经掌握了企业的控制权。他们对两权分离给公司带来的影响做了详尽的分析，指出分散的小股东与职业经理人之间的利益目标不一致，而且小股东无法对经理人员形成有力的监督，这样就存在职业经理违背股东意图，以自身利益最大化为目标行事而侵害股东权益的可能性，如进行在职消费等。因此，这类公司的绩效可能无法达到最优，伯利和米恩斯的观点实际暗含了一个假设：公司股权分散会导致公司经营绩效变差；相反，若公司股权相对集中，公司绩效会提高。股权结构与公司绩效之间是否存在必然对应的关系？这一问题一直是学术界关心和讨论的焦点之一，学者们就股权结构和公司业绩的关系、股权结构和公司治理的关系进行了大量的理论逻辑推演并运用大量经验数据进行了实证分析研究，但到目前为止，学术界还没有形成被广泛接受的一致性结论。

（二）关于股权结构与公司绩效理论研究

1. 股权集中与公司绩效正相关

（1）利益收敛假说。

Jensen 和 Meckling（1976）深入讨论了内部人持股对公司业绩的影响。首先，他们将公司股东分为两类：一是内部股东，主要是指持有股票的董事会成员及公司其他高层经理人员；二是外部股东。他们认为公司内部各组成部分依赖于不同的契约，例如公司与员工、管理者与股东之间都存在契约关系。一旦有了契约关系，就可能会产生代理问题，而公司内代理问题主要源于公司所有权与控制权的分离。投资者（所有者）作为委托人为公司提供资金，管理者（代理人）按照委托人意愿使用资金创造价值。所有者与管理者之间通过委托-代理合同确定双方的权利和义务。由于合约的不完备性（Zingales，1997），作为理性经济人的管理者就有可能机会主义地行事，不惜损害所有者与公司利益以追求自身效用最大化。特别是当他们并不拥有或只拥有少量的公司股权时，他们对任何不符合股东利益最大化的行为不承担或只承担一小部分成本，这就为他们的私利行为提供了动力。管理者的机会主义行为既包括直接掠夺企业资产（如资产转移、内部自我交易等），也包括对企业利润最大化目标的间接损害（如奢侈的在职消费、滥用资产以保护自己的职位等）（Shleifer and Vishny，1997）。当然，外部股东也会理性地预见到管理人员在利益和目标上的背离，并且通过对股票的定价对此加以反映。

詹森和麦克林认为，通过让经理人持有部分公司股份，可以缓解这一委托-代理问题，因为随着经理人员持股比例的增加，双方利益将趋同。经理人持有股份越多，其利益与公司利益越密切，此时其不当行为所造成的企业损失大部分由其自身承担，因此决策行为会更加谨慎，公司经营绩效也会相应提升。但是，当内部股东持股份额减少时，他对企业产出的权利要求部分也减少了，这将鼓励他以额外津贴的形式占用公司资源，更重要的是，熊彼特式的创新活动也将减少，这将导致企业价值大大降低。综上所述，他们认为内部人持股比例与公司价值之间存在正向关系，而且他们的实证结果也显示，上市公司的业绩与内部人持股比例正相关。

在詹森和麦克林的讨论中外部股东不具有投票权，无疑他们仍在两权分离的背景下考虑问题，他们得到的结论是：内部股东持股比例的增加将产生激励作用，使得内外部股东的利益趋于一致，这将有利于公司业绩的提升。

（2）有效监督。

不仅仅是内部股东，外部股东也会对公司的经营绩效产生影响。与詹森和麦克林的假设不同，现实中的外部股东不仅具有投票表决权，而且可能有能力对公司经营管理层施加强大影响。Grossman 和 Hart（1980）指出，股东对经理人实施监督是有成本的，而小股东存在着"搭便车"的倾向。在股权结构分散的条件下，单个股东缺乏监督公司经营管理、积极参与公司治理和驱动公司价值增长的激励，因为他们实施监督所带来的收益可能远远不能偿付他们为此付出的代价，作为理性经济人，小股东便不会实施监督活动，而是希望自他人实施的监管中获益，任何人都有不劳而获的趋向。Shleife 和 Vishny（1986）指出，虽然小股东倾向于"搭便车"，但是对于大股东而言，股价上涨带来的财富增加使其具有足够的动力去收集信息并积极地监督管理层，从而起到限制管理层牺牲股东利益的作用。同时，大股东的存在有助于增强接管市场运行的有效性，亦有利于降低来自经理层的代理成本。可见，大股东既有动机去追求公司价值最大化，又有能力对企业管理层施加足够的控制，以实现自身利益，从而较好地解决了传统的代理问题，所以股权的适度集中会提高公司的运行效率，从而提升公司的市场价值，因而股权集中型公司相对于股权分散型公司具有较高的盈利能力和市场表现。除此之外，还有大量研究指出，大股东存在多元化方式对公司进行监督，例如向管理层提交议案（Del Guercio and Hawkins，1999；Gillan and Stark，2000），与管理层协商谈判（McCahery et al.，2015），向媒体披露不利于管理层的信息（McCahery et al.，2015），以及通过并购等获取公司控制权并更换管理层（Fama，1980；Jensen and Ruback，1983；Shleifer and Vishny，1986；Mikkelson and Partch，1989）。

在施莱弗和韦什尼的研究中，公司的控制权与经营权只是部分地分离，外部大股东对公司治理起到了重要作用，他们不仅有动力而且有能力来监督经营者，而且对于公司治理外部机制起到了积极的作用，所以外部大股东的适度存在对公司绩效有正的影响。

Pound（1988）也曾指出，在监督管理者工作的专业知识、技术及耗费的成本方面，机构法人均具有优势。与小股东相比，规模经济使得机构投资人只需花费较低的监督成本，于是机构法人持股比例的增加可以有效减轻代理问题，提高企业经营绩效。还有一些研究同样支持大股东的监督行为有利于提升公司绩效，如大股东的监督可以抑制管理层的不合理投资行为（Jensen，1986），大股东的监督可以有效提高管理层变更的概率（Helwege，Intintoli，and Zhang，2012），大股东的存在可以有效抑制管理层的盈余管理行为（Fan and Wong，2002），大股东的存在抑制了管理层的机会主义行为（Klein and Zur，2009；Holderness and Sheehan，1985）。

2. 股权集中对公司绩效的负面影响

（1）管理者壁垒假说。

壁垒假说考虑了内部股东对来自市场的监督可能做出的反应，认为内部人持股比例的上升会减轻管理者受到的来自外部控制权市场的威胁。当经理人员只拥有少量公司股权时，市场约束仍然可以迫使经理人员趋于价值最大化目标（Fama and Jensen，1983），但是，当经理人员持有公司大量的股权时，他可能获得足够多的投票权或广泛的影响力来保证他们以令人羡慕的工资水平受到公司雇用，不必努力工作就可以保住自己的职位，从而会对公司价值产生负面影响。Jensen 和 Ruback（1983）认为董事基于本身职位安全性的考虑，往往会做出一些反接管行为，例如否决对股东有利的并购提案或阻碍可使公司股价上升的股权收购。如果股权越集中于董事会或某个股东手中，这种反接管行为成功的可能性就越大，因此经理人渎职行为可得到更大的保障。Stulz（1988）则认为，内部人持股比例的上升使得敌意收购者为获得目标公司的控制权而支付的溢价将随之增加，但与此同时，接管成功的可能性却下降，于是经理人受到来自外部控制权市场的威胁会减轻，他们不必努力工作就可以保住自己的职位，从而会对公司价值产生负面影响。一旦拥有对公司的有效控制权，经理可能沉溺于非价值最大化目标。这种壁垒假说预言，当公司管理层对公司的控制权无法被股东有效控制时，该公司资产的价值将下降。

（2）利益侵害。

La Porta 等（1999）利用追溯最终控制权的方法对世界上 27 个富裕国家的股权结构进行了研究。他们以及 Claessens 等（1999）进一步指出，有许多上市公司的控股股东通过金字塔结构、交叉持股与互为董事等方式达到控制公司的目的，因此造成股东的控制权超过其现金流索取权的现象。控股股东的利益与外部小股东的利益多数情况并不一致，此时控股股东将会有强烈的动机去追求自身效用最大化而侵占小股东的利益，并带来相关的代理成本，这种由控股股东引发的代理问题又被称为核心代理问题。

在外部股权结构分散，而且缺乏完善的监督机制的情况下，小股东利益遭受侵害的可能性很大。控股股东侵害小股东利益的手段多种多样，比如证券回购、资产转移、利用转移定价进行内部交易等，鉴于这些手段的非公开性，Johnson 等（2000）形象地将其称为"隧道策略"（tunneling）。小股东作为理性经济人自然会降低对这些公司的评价，因此在小股东权益得不到充分保障的情况下，控股股东的控制权越高，公司市场价值越低，特别是当现金流索取权很低而控制权较高时，公司市场价值越低，于是股权分散型公司的绩效和市场价值要优于股权集中型公司。

在詹森和麦克林的分析框架内，所有股东都是同质的。他们将其看作一个整体，描述了股东与公司管理者之间的利益冲突。Shleifer 和 Vishny（1997）、La Porta 等（1999）则指出，股东并非全部同质，大股东与小股东之间亦可能存在利益冲突。当公司股东所持有的股权比例及其所采取的控制手段能有效控制公司时，代理问题的性质将由所有者与经营者之间的权益代理问题转变为控股股东与小股东之间的核心代理问题。于是，对于股权集中带给公司的影响存在着不同的解释。

（3）股权结构与公司绩效无关。

Fama（1980）从市场的角度来解释股东与管理者的代理问题。当资本市场有效时，公司的经营绩效会完全反映在股价上。如果外部的经理人市场为完全竞争市场，该市场会给予公司经理人压力，经理人的薪资将在市场中以公司经营绩效为标准而确定，所以经理人市场迫使管理者更致力于公司绩效的提升。于是，公司的经营绩效与股权结构无关。一个完善的经理人市场可以约束公司经理们，可以解决由于所有权与控制权分离而产生的问题（Fama，1980）。产品市场的竞争同样可以消除经理懈怠，从而也可以看作是一种对经理人员的约束机制（Hart，1983）。另外，可以改变公司控制权的接管市场也可以限制和约束公司高层管理者的非价值最大化行为。总之，功能完善的资本市场、公司控制权市场和其他市场组织会迫使职业经理听命于股东的声音，股东与经理之间的代理冲突可以通过市场竞争和规制自行解决。所以，股权结构不会对公司绩效产生影响。

Demsetz（1983，1985）也认为不能简单断言股权分散会导致企业价值不会最大化，他认为公司的股权结构是股东竞争性选择达到的均衡结果，是股东自主选择的结果，股东（或内部人）会根据对自身成本和收益的考虑来确定最佳的持股比例，公司的股权结构与公司绩效之间不应该存在系统性对应关系，也没有明确的证据显示股权结构与公司绩效之间有什么系统性对应关系。

（三）关于股权结构与公司业绩的实证研究

迄今为止，有众多学者对"股权结构与企业的经营绩效和市场价值是否存在显著的相关关系"进行了实证研究，但尚未得到明确、一致的结论。产生分歧的原因可能来自度量指标的选取、研究方法的使用以及是否考虑股权结构的内生性等多个方面。

1. 管理者持股与公司业绩

Morck，Shleifer 和 Vishny（1988）对美国制造业的最优股权结构进行了研究。他们从 1980 年《财富》500 强公司中抽取 371 家作为研究样本，用托宾 q 值作为公司绩效指标，用管理者股份比例作为股权结构指标进行研究，并且引入公司规模、无形资产比率、长期债务比率、研发费用比率、广告费用比率、行业等控制变量。

与此前同类实证研究不同，他们没有预先假设内部股东持股比例与公司价值之间存在单纯线性关系，而是采用分段（piece-wise）线性回归的方法，考察两者之间的非单调关系。回归结果表明：当管理者持股比率在 0～5% 区间内，托宾 q 单调递增；当管理者持股比率在 5%～25% 区间内，托宾 q 单调下降；当内部股东持股比率大于 25% 时，托宾 q 再次恢复递增的趋势。即管理者的持股比例位于 5%～25% 区间时，随着管理者持股比例的增加，表决权的增大使其有更多能力来巩固自己的利益与职位，使公司价值蒙受损失，支持"地位防御假说"。但是，如果管理者的持股比率小于 5% 或是大于 25% 时，管理者持股比例的增加使他们的利益与股东利益趋同，于是公司价值随管理者持股比例的增加而提高，支持"利益收敛假说"。但是，他们同时发现，一旦采用会计利润率（调整 ROA）作为公司经营绩效的度量指标，上述趋势只在第一个区间内成立。

自纽约股票交易所和美国股票交易所选取两组样本，一组是 1976 年的 1 173 家公司，另一组是 1986 年的 1 093 家公司，McConnell 和 Servaes（1990）对公司内部股东及大股东与托宾 q 值的关系进行了实证分析。他们同样得出了公司价值与股权结构具有曲线关系的结论，但是他们得到的是一个倒 U 形曲线，显然与默克（Morck）等得到的曲线拐点不同。当内部股东的股权比例从 0 开始增加直至达到40% 时，曲线向上倾斜，托宾 q 值随股东持股比例的增大而提高；当这一股权比例达到 40%～50% 之后，曲线开始向下倾斜，托宾 q 值开始下降。特别是，他们在研究中还对样本进行了调整，以便更接近默克等所采用的样本，并且使用默克等研究中所采用的回归方法进行实证分析，但是仍无法得到与默克等一致的结果，只在0～5% 的区间内他们的结论相同。同时他们还发现，托宾 q 值与机构投资者的持股比例存在着显著的正相关关系；托宾 q 值与大股东持有的股权比例之间虽然存在正向相关关系，但并不显著。

类似的研究还有很多，如 Hermalin 和 Weisbach（1988）、Loderer 和 Martin（1997）、Himmelberg 等（1999）以及 Holderness 等（1999）等。虽然其中的一些文章也用到了一些会计指标，比如资产收益率或者净资产收益率等作为公司业绩的度量，但主要的业绩指标都是托宾 q，而且着重考察管理者的持股量。作为对以上研究的综述，Demsetz 和 Villalonga（2001）得出结论："这些研究没有给出管理者持股与公司业绩之间联系的足够令人信服的证据。"

2. 股权集中对公司业绩的影响

Demsetz 和 Lehn（1985）考察了 511 家美国大公司，发现股权集中度与企业经营业绩财务指标（ROE）并不相关。

Holderness 和 Sheehan（1988）研究了控股股东的存在及其身份对公司业绩的

影响。他们选取 1984 年美国 114 家有绝对控股股东的公司作为样本，再选择具有可比性且股权分散的公司作为对照，对两组公司的业绩进行对比，发现两者不存在显著差异。同时进行的时间序列分析也表明，同一公司的业绩在存在绝对控股股东的年份和不存在绝对控股股东的年份没有显著差异。此外，他们在研究中还指出：

第一，控股股东的类型对公司绩效有影响，当绝对控股股东为机构投资者时，公司绩效与股权分散公司无显著差别，但是个人控股的公司，其托宾 q 或者账面利润率低于由公司作为控股股东的公司。

第二，拥有绝对控股股东的公司股权同样会变动，从而说明绝对控股股东并没有办法彻底保证自身的控股地位。

Fuerst 和 Kang（2000）以 1992—1993 年在美国上市交易的 947 家公司作为研究样本，检验了股权结构与企业经营绩效及公司股价之间的关系。与其他实证研究相比，他们的研究具有两个特点。第一个特点是他们使用 Ohlson（1995）构建的剩余收入估价体系（ERI）来度量公司绩效，他们认为，与传统会计指标相比，ERI 不仅揭示了公司当期业绩，也反映了期望业绩，因为公司当期和以往的管理决策会影响未来的业绩。同时，ERI 较少受会计处理方法和异常风险的影响。其研究的第二个特点是：考虑到不同股东具有不尽相同的利益，他们使用两步回归的方法来进行区分。之所以如此，是因为所有权结构及公司治理对财富创造和分配的影响并不一定呈相同方向，例如，一方面，大股东具有监督管理层的动机，有效监督可以推动公司经营业绩的提升，但从另一方面看，大股东又具有侵占小股东利益的动机和能力，在某些情况下，大股东会促使管理层做出一些次优决策，大股东对其他股东财富的潜在掠夺会导致股价的下降，所以他们认为有必要将大股东对经营业绩的正向作用和对股价的负向作用分别予以考虑。他们的结论主要有：CEO、内部人、外部董事持股比例对公司业绩（以 ERI 衡量）、公司市价具有正向作用；外部大股东持股比例对公司经营业绩具有负面影响；对于具有控制性股东（持股比例在 50% 以上）的公司，其持股比例对市场价值具有负向作用；当公司的控制权一定时，增加外部董事或扩大董事会规模并不能提高公司业绩或市值。

Edwards 和 Weichenrieder（1999）运用一种新方法来实证区分股权结构集中对公司的正面和负面效应，并以德国公司为样本进行了研究。结果表明，对于多数类型的大股东来说（非银行企业股东和公共部门股东除外），股权集中的正面效应，也就是股权集中所带来的监督效应及因现金流索取权增加而减少的对小股东的利益侵害，明显超出负面效应。同时，他们还指出，第二大股东持股比例的增加也会使公司的股票价值得到提升，原因可能是第二大股东对管理人员实施了有力监督，也可能是第二大股东对第一大股东的监督在起作用。

Claessens 等（2002）运用东亚 8 个经济体的 1 301 家公开上市公司的资料进行研究，发现公司价值随最大股东所拥有的现金流索取权的增加而增长，有着正面的激励效应。而当最大股东的控制权超过其现金流索取权时，公司价值会下降，有着壁垒效应。Lins（2003）对 18 个新兴市场中 1 433 家样本公司的股权结构与公司价值之间的关系进行了研究，结果表明，当管理层的控制权超过其现金流索取权时，公司价值较低。非管理者大股东持股量与公司价值正相关。

3. 其他研究

Cho（1998）分析了股权结构、企业绩效、投资水平三者之间的关系。最小二乘法回归的结果表明所有权结构影响投资，进而影响企业价值。然而，联立方程回归结果表明，所有权的内生性影响了上面的推断，得到了不同的结论，即投资影响企业的价值，而企业价值的变化又会对股权结构产生影响。其解释是，当管理层预期他们经营的企业有良好的业绩时，他们会要求企业用股权作为对他们经营企业的报酬，从而导致经营业绩好的企业其经理层持有的股份也高的结果。

对于股权结构与公司经营绩效之间的关系，不同的学者自不同角度给予了解读。观点不外乎两种：一种认为两者之间存在显著的相关关系；另一种否认两者之间具有相关关系。第一种观点又分为两种情况：有的学者认为股权结构影响公司绩效，有的学者认为是公司绩效影响股权结构而非相反。纵观所有的实证研究，并未得出一致结论。由于选取样本、研究变量以及研究方法的不同，结果出现偏差是不可避免的，不仅如此，鉴于有关理论也未能达成一致，可以说股权结构与企业经营业绩和价值的关系仍然是一个未解之谜。

（四）国内的相关研究

鉴于我国股票市场的发展进程，国内学者对于股权结构各方面的研究起步相对较晚。但是正是由于我国股票市场的股权分置、公司治理不完善等现实特征使得股权结构的研究更加具有意义。目前股权结构的改革正迫切需要理论的指导，所以虽然起步较晚，但股权结构的研究颇受关注。国内的研究大多集中于对股权结构与公司治理关系的梳理，或是股权结构对上市公司业绩的影响，后者尤其备受瞩目。

1. 股权构成与公司绩效

中国股市不同于其他股市的一个重大特点是将股权分为不同的类型，即国家股、法人股、社会流通股三大类。自然很多学者就不同的股权构成类型与公司绩效的关系进行了研究。

陈晓和江东（2000）首先把上市公司按竞争程度的不同划分为竞争性强的行业

和有垄断色彩的行业两种情况，然后进行分行业回归分析。结果表明，在竞争性行业中，国有股比例与上市公司的业绩负相关、法人股比例与上市公司的业绩正相关、流通股比例与上市公司的业绩正相关，但是对于具有不同垄断色彩的商业行业和公用事业行业而言，结论不成立。

Qi 等（2000）利用中国上海证券交易所最初 6 年（1991—1996 年）的数据样本进行研究，发现上市公司的利润水平与法人股比例正相关，与国有股比例负相关。另外，他们没有发现上市公司利润水平与流通股份额（包括 A 股和 B 股）的相关关系。

张红军（2000）发现，法人股比例与公司绩效之间的关系为 U 形，国有股比例与公司绩效之间的关系不显著。Tian（2003）的研究发现，国家作为股东对上市公司价值的影响，总的来说是负的，但国有股比例与公司绩效之间是非单调关系，公司的价值首先随着国家股所占比重的上升而下降，当下降到一定阶段后，公司价值随着国家股比重的上升而上升，呈现出一个开口向上的抛物线的形状。

李寿喜（2007）发现在代理成本差异上，混合产权企业与个人产权企业的差异小于国有产权企业的差异。企业规模越大，不同产权的代理成本差异越小；反之代理成本差异越大。随着市场竞争程度的提高，各类产权企业的代理成本都呈现下降趋势，其代理效率呈现上升趋势。李骥等（2005）从经验数据中发现了一些重要的企业活动规律、现象或问题。例如，企业完全非国有化在中国当前阶段的体制下并不一定可以帮助这些企业提高效率或竞争力，上市企业的控股结构或比例对企业的经营战略及业绩可以有重要的影响。武常岐和钱婷（2011）研究发现，集团控制会有效减轻国有企业的管理层代理问题；当外部监督程度高时，集团控制不会加剧国有企业的股东间代理问题；而当外部监督程度低时，集团控制会加剧国有企业的股东代理问题。

2. 股权集中与公司绩效

许小年和王燕（1998）的研究显示，股权集中程度与公司绩效之间存在正向相关关系。张红军（2000）认为，前五大股东与公司价值有显著的正相关关系。陈小悦和徐晓东（2001）的研究结论是：在非保护性行业，第一大股东持股比例与企业业绩正相关。

孙永祥和黄祖辉（1999）用 1998 年我国 503 家 A 股公司作为样本，对股权集中度（第一大股东所占股份比例）与公司绩效（托宾 q 值）进行了回归分析。其研究表明，股权集中程度与公司绩效之间不存在单一的关系，随着公司第一大股东占公司股份比例的增加，托宾 q 值先是上升，当这一比例达到 50% 左右时，托宾 q 值开始下降。

朱武祥和宋勇（2001）以竞争激烈的家电行业上市公司（共 21 家公司）为样本进行的实证分析得到了不同的结果：公司价值与公司股权的集中度不存在显著的相关关系，与公司股权构成也无关，国家股、法人股或外部公众股东对上市公司治理和管理行为及其经营业绩都缺乏影响力。

李新春等（2008）研究发现，监督效应与侵占效应在中国民营上市公司中发挥作用，企业大股东易于勾结起来和高管形成串谋，侵占小股东利益。但是在股权超过绝对控股水平附近时（文中为 59.98％），大股东勾结其他股东和高管层形成共谋对实质性小股东的侵占情形得到弱化，更有利于其监督效应的发挥。徐莉萍等（2006）研究发现，股权集中度和经营绩效之间有着显著的正向线性关系，而且这种关系在不同性质的控股股东中都是存在的。同时，过高的股权制衡程度对公司的经营绩效有负面影响。但是，不同性质外部大股东的作用效果有明显差别，而且其在不同性质控股股东控制的上市公司中的表现也不尽一致。曹延求等（2007）比较了中间所有权和终极所有权两种所有权计量方法下，股权结构的不同特征、终极控制人的不同性质和级别及其对公司绩效影响的可能差异，研究发现，无论是采用中间所有权还是终极所有权，股权结构集中度都与公司绩效呈左低右高的 U 形曲线；省级政府和地市级政府控股对公司绩效产生了显著的负向影响。

三、董事会

董事会是现代公司治理的重要机制。Fama 和 Jensen（1983）认为，"董事会是组织内部决策控制系统的制高点"，董事会也是经常被研究的内部机制（Dalton et al.，1998；Zahra and Pearce，1989）。特别地，关于董事会的构成及董事会的领导结构的研究占董事会研究的很大部分。

1. 董事会的作用

Johnson 等（1996）对董事会的学术研究作了回顾，总结归纳了董事会的三个作用：控制、服务和资源依赖。大部分文献关于控制的作用均着眼于代理理论，董事会代表最基础的控制管理者机会主义行为的内部机制，以此使股东和管理者的利益趋于一致（Jensen，1993）。服务作用是指董事们为首席执行官给出专家意见和战略性的建议（Dalton and Daily，1999；Lorsch，1995；Westphal，1999）。最后，资源依赖作用（Dalton and Daily，1999；Pfeffer and Salancik，1978；Pfeffer，1972；Klein1998；Lynall，Golden，and Hillman，2003）是指董事会利用关键资源（如融资）和信息（如竞争者和行业信息）创造持续竞争力（Conner and Prahalad，1996）。

在亚洲，Young 等（2001）发现，相对于中国台湾和香港的企业的董事会来讲，中国大陆的企业的资源依赖作用比控制和服务作用更为明显，他们认为原因在于这些公司所处的不同社会形态和机构环境。对于董事会不同作用的进一步的实证研究将会非常有趣。

2. 董事会规模

一般而言，规模较大的董事会对于公司表现有促进作用，因为董事会规模越大，就有更多的专业技能做出更好的决定，使得首席执行官支配的可能性下降。因此，大规模的董事会能够有效应对外部环境的不确定性，提高决策质量，有益于公司发展（Pfeffer，1972；Baker and Gompers，2003；Cheng，2008）。

但是，近来的研究倾向于支持规模较小的董事会。Jensen（1993）、Lipton 和 Lorsch（1992）及 DeAndres 和 Valleado（2008）认为，规模大的董事会效率较低，并且更容易被首席执行官控制。当董事会规模变大时，协调和处理问题的难度增大。规模较小的董事会减少"搭便车"的可能性，增加了董事们的责任性。实证研究支持该观点。例如，Yermack（1996）证明，董事会规模较小的美国的大工业企业的市值较高。当以规模较小和居中的芬兰企业为样本时，Eisenberg 等（1998）同样发现，董事会规模和盈利水平之间存在负相关关系，这说明即使在所有权和控制权分散较少的小公司，董事会规模效应仍然存在。Mak 和 Yuanto（2003）对新加坡和马来西亚上市公司的研究发现，当董事会的规模为五人（即董事会规模较小）时，公司市值最大。Lenh 等（2009）研究发现，董事会规模与公司规模正相关，但是与公司的成长机会负相关。Linck 等（2008）进行实证研究发现，对成长机会较高、研发支出较多的公司而言，董事会和执行监督和咨询作用的成本较高，因此公司应该具有较小的董事会规模及较少的独立董事。Hermalin 和 Weisbach（2001）研究表明，董事会规模及董事会的其他特征由公司规模及表现、所有者结构、CEO 的偏好和谈判能力内在决定。Coles 等（2008）研究发现，复杂型公司比简单型公司有更大的董事会。在复杂型公司内，董事会要加入更多的外部董事，在简单型公司内，随着董事会规模的扩大，公司价值将会降低，由此说明董事会的规模应该取决于公司是复杂型公司还是简单型公司。

在支持董事会规模较小有利观上，中国学者也进行了相应的探究。例如，何卫东和张嘉颖（2002）、李长青和赖建清（2004）研究发现，董事会规模与公司业绩之间存在负相关关系。同时也有研究持有其他观点，如于东智和池国华（2004）研究发现，董事会规模和公司绩效指标之间存在着倒 U 形关系。

3. 外部董事/董事会的独立性

尽管关于董事会应该由内部董事还是外部董事来组成的研究很多，但是没有清晰的结论。一方面，内部董事更熟悉公司的活动，他们可以作为高层管理者的监督者；另一方面，外部董事可以作为"专业裁判"来确保员工之间的激励的竞争行为，确保股东价值最大化（Fama，1980）。

Raheja（2005）认为，内部董事对公司的情况会更熟悉，但是由于个人利益以及与公司管理层之间缺乏独立性，导致内部董事难以独立、客观。外部董事虽然可以更加独立地发挥监督作用，但是对公司情况更不熟悉。Harris 和 Raviv（2008）认为当内部董事有更重要的公司特有信息时，由内部董事控制董事会更优；当公司的代理问题更严重时，由外部董事控制董事会更优。

关于外部董事的一系列实证研究包括：Fields 和 Keys（2003）发现，外部董事为公司的股东带来了相互监督和咨询的作用。然而，Hermalin 和 Weisbach（2001）研究表明，内部董事与外部董事之间的比例与公司表现相关。Bhagat 和 Black（2002）以及 Bhagat 和 Black（1999）的研究表明，独立董事会的增加提高了公司的利润率。Baysinger 和 Butler（1985）提出，由内部董事和外部董事组合而成的董事会会改进公司的表现。Agrawal 和 Knoeber（1996）建议董事会因政治原因扩张导致董事会有太多的独立董事，但对提高公司的业绩并没有帮助。在决定外部董事之前，正确地评估公司董事会格局及每位董事该承担的角色是较明智的解决方案。Deli 和 Gillan（2000）发现，在较低层管理者是公司的股东以及增长机会较少的公司，独立董事和活跃的审计委员会存在的可能性较大。Bruno 和 Claessens（2010）认为，董事会的独立性会对公司绩效具有正向影响，这种观点由一些学者通过国家层面的研究得到验证，如 Black 和 Khanna（2007）、Dahya 和 McConnell（2007）、Black 和 Kim（2012）通过研究发现，董事会独立性的增加显著提高了多个国家的公司绩效。

和董事规模一样，关于外部董事的实证研究也因内生性问题变得复杂。例如，Hermalin 和 Weisbach（1988）发现，外部董事在公司业绩较差、公司撤出某产品市场或新的 CEO 上台时特别容易加入公司。

关于董事会独立性的相关问题，中国学者也进行了许多研究。如王跃堂等（2006）研究发现，在中国资本市场上，独立董事比例和公司绩效显著正相关，并且发现当大股东缺乏制衡时，独立董事比例对公司绩效的促进作用会显著降低。刘慧龙等（2012）研究发现，独立董事可以减少因大股东利益输送而造成的投资不足问题。叶康涛等（2011）研究发现，在公司业绩不佳时，独立董事更可能对管理层行为提出公开质疑，同时存在异议独立董事的公司市场价值也会更高，说明独立董事能够发挥监督作用，缓解代理问题，提高公司价值。祝继高等（2015）基于中国强制披露的董事会投票数据研究发现，独立董事在业绩差的企业中更可能会投非赞成票，但在国有企业中更不可能投非赞成票，独立董事的监督行为表现出很强的风险规避倾向。

4. 董事会领导力和首席执行官兼任董事会主席

金融经济学家们比较关注董事会在监督管理者和解雇非执行 CEO 中的作用。Jensen（1993）担心独立董事的缺乏使得董事会对高层管理团队的失职很难做出相应的回馈。Fama 和 Jensen（1983）认为决策管理和决策控制集中于某人会降低董事会监督高层管理者的有效性。

Daily 和 Dalton（1992）发现，首席执行官兼任董事会主席与公司表现之间不存在关系。Dahya 等（2009）研究认为，无论是在市场反应还是公司的经营绩效上，首席执行官是否兼任董事会主席不会给公司带来变化。Dalton 和 Dalton（2011）、Krause 等（2014）也认为，现有文献在说明首席执行官兼任董事会主席与公司表现之间的关系上缺乏足够的证据。然而，Tuggle 等（2010）研究发现，首席执行官兼任董事会主席会减少公司董事会的监督活动。

由于美国最近的公司丑闻和不合适的内部人活动的发生，更多的监管机构倾向于反对首席执行官兼任董事会主席，例如纽约股票交易所。然而，就像上面的研究所表明的，需要更多的理论研究来理解在不同环境下不同的董事会领导结构的优点和缺点。

5. 连锁董事会

当一家公司的员工同时是另外一家公司的董事会成员时，存在连锁董事会。更严格的定义为，两家公司的高级经理或董事同时是这两家公司的董事会成员。另一个支持连锁董事会的理论是，董事们可以通过分享资源，如资金、行业信息和市场进入来减少环境不确定性的影响（Pfeffer and Salancik，1978）。两个不同的动机导致了不同的行为结果。为保护阶级利益的连锁董事会对公司的表现没有影响，而为降低环境不确定性的连锁董事会可以提高资源的配置效率进而提高公司的表现。Phan 等（2003）对新加坡公司的研究表明，行业内的连锁董事会与公司表现之间存在相关关系，但行业之间的连锁董事会与公司表现间不存在正相关关系。

6. 多重董事会任命

关于多重董事会任命的问题有着大量争论。一些激进分子批评多重董事会任命，因为他们认为，拥有多重董事会任命的董事对管理者的监管不够有效。一些美国的机构（如机构投资者理事会和公司主管协会）一般也支持有全职工作的董事不能同时为两个或三个董事会任职。相反，华盛顿的圆桌会议认为这种限制并非正确。Ferris 等（2003）发现，接受多重董事会任命的董事并没有逃避其在董事会上该承担的责任，也没有证据表明多重董事会任命与公司可能遭受证券丑闻诉讼有相关关系。德勤会计师事务所（DTT）的主席兼首席执行官库克（Cook）从德勤退休之后，在五家美国主要的公司的董事会任职，他评论道：多重董事会任命用处很大，跨董事会的经验有助于提高公司治理的效率。

7. 董事会议的频率

Vafeas（1999）指出，股价下跌之后董事会议的频率增加，而董事会议频率的增加会带来公司营运效率的提高。这表明，董事会议的频率是衡量董事会是否有效的重要尺度。Lipton 和 Lorsch（1992）发现，董事们共同面临的难题是，他们没有时间去实现他们的责任。Conger 等（1998）发现，董事会议的时间是董事会是否有效的重要决定因素。

然而，Jensen（1993）认为，由于外部董事在一起的时间有限，相互之间无法充分交流意见，外部董事也无法与管理层进行较好的沟通，因而董事会议并非必需。

8. 董事会的多元化

最近，学者开始研究董事会多元化能否提高公司治理水平和公司业绩（Fields and Keys，2003）。Carter 等（2003）对《财富》1 000 强公司的研究发现，以女性和少数族裔比例衡量的董事会的多元化与以托宾 q 衡量的公司价值之间存在正相关关系。他们还发现，承诺提高董事会女性比例的公司也会提高少数民族所占比例，反之亦然；女性和少数民族董事所占的比例随着公司规模的增大而增加，随着内部董事比例的增加而减少。Adams 和 Ferreira（2002）对美国的研究发现，董事会的性别多元化提供给董事们更多的根据工作表现支付薪酬的激励，并且使董事会碰头的频率增加。Keys 等（2003）的实证研究发现，董事会多元化促进了公司的活动并提高了未来期望现金流，特别地，歧视性条文对公司股价有显著的负影响。Ramaswamy 和 Li（2001）对印度公司的研究发现，外国董事增加可以对公司产生影响。迄今为止，关于董事会多元化和公司表现之间的关系的实证研究较少。Martino（1999）的报告中写道，IBM、福特（Ford Motor）、北电网络（Nortel）、朗讯（Lucent）、莎莉（Sara Lee）、德士古（Texaco）和杜邦（DuPont）等公司的传奇证明了多元化是商业成功的必要因素。报告指出，劳动力市场人口分布的变化、更换频率和不同类型团队的生产利润是多元化的主要驱动力。报告还指出，只有公司任何层次的员工（包括董事会）中均有少数民族和女性，才真正实现了多元化。近些年来有诸多研究探究了女性董事的监督作用与公司业绩之间的关系，Adams 和 Ferreira（2009）认为，女性董事更加勤勉，女性董事的出席率也会高于男性董事，因此有利于董事会的监督功能，减少了代理问题。还有研究指出，女性董事更多的公司会有更好的盈余质量（Srinidhi et al.，2011）和更少的财务欺诈（Cumming et al.，2012）。但也有文献指出，女性董事对公司而言也会存在负面影响。如 Gul 等（2011）认为，只有在公司治理水平较低时，女性董事才有助于公司绩效的提升，当股东保护机制较好时，女性董事的增加不利于公司绩效的提高。Wellalage 和 Locke（2013）发现，公司女性董事比例越高，代理成本越高，公司的决策也会更加耗时和缺乏有效性。

当全球化带来了顾客、运营和市场竞争的多元化时，关于董事会多元化的研究将有助于我们更好地建立一个更加有效和健康的董事会。

四、大股东与机构投资者

大股东和机构投资者可以被看成是公司代理问题的潜在控制者，因为他们持续增加的股份使他们有很强的动机去监控公司的表现和管理层的行为（Demsetz，1983；Demsetz and Lehn，1985；Shleifer and Vishny，1986）。从私有化的角度，一方面，集中股权潜在地避免了因所有权分散带来的"搭便车"问题。但另一方面，风险更加集中，大股东可能牺牲小股东的利益来追求自身利益，而且如果股东本身是管理人时会产生次优监督。大股东和机构投资者的另一个优点在于其对外部收购者的潜在威胁，大股东和机构投资者的存在会增加外部收购者的成本（Burkart，1995）。

支持以上假说的实证研究包括：Mikelson 和 Ruback（1985）及 Holderness 和 Sheehan（1985），他们的研究表明，当外部股东发出获取公司较大份额的股票的公告时，股票会有正的超额收益。在英国，Sudarsanam 和 Salami（1996）研究了大量持股与随后对目标公司的收购打算之间的关系，他发现，大量持有目标公司股份会使股票在公告日有正超额收益的表现，并且也会影响收购出价、敌意收购和要约收购成败的可能性。由于大股东有激励和能力进行监督，减少管理层的机会主义，因此，当公司内出现了积极的大股东时，往往会引起正向的市场反应（Holderness and Sheehan，1985；Klein and Zur，2009）。Edmans 等（2013）以及 Bharath 等（2013）研究认为，大股东的退出威胁能够有效约束管理层的机会主义，有利于公司价值的提升。然而，Holderness 和 Sheehan（1988）的研究却并未发现单一股东持有 50% 或 50% 以上股份的公司与单一股东只持有 20% 的股份的公司的股票表现之间存在显著差异。McConnell 和 Servaes（1990）发现，机构投资者持股比例与公司的 q 值之间有着显著的正相关关系，但是当将大量持股作为独立变量加入时却并未发现两者有显著关系。Gallagher 等（2013）研究认为，机构投资者的短期交易行为可以有效抑制管理层的机会主义行为。Edmans 等（2013）以及 Bharath 等（2013）也认为，大股东的退出作用更多地表现为机构投资者的退出作用。

五、董事和高管的薪酬激励机制

解决无效管理的内部措施之一就是将经理的薪酬与公司的绩效（股票走势）直接相联系的激励机制的设计。Morgan 和 Poulsen（2001）研究表明，由于经理薪酬与公司表现直接相关，与公司的高投资或高成长机会有着正相关关系，故薪酬激励机制的设计有助于减少代理成本。Frydman 和 Saks（2010）研究发现，过去几十年中，美国高管的薪酬与公司绩效的敏感性一直较为显著，因此高管的薪资激励可以刺激管理层更努力地工作。Harvey 和 Shrieves（2001）以及 Mehran（1995）的研究表明，董事会中外部董事所占比例较高的公司使用薪酬激励机制的次数较多。

然而，Core 等（1999）的研究表明，较弱的董事会（如无效率的外部董事）和所有权分散（如无大股东）的公司的 CEO 易获得超额补偿，易导致随后公司更差的表现。Yeo 等（1999）也未发现主管持股计划对新加坡上市公司的股价和公司营运表现有刺激作用。尽管大量的研究表明公司表现与主管薪酬之间有较强的关系（Hall and Liebman，1998），如 Gao 和 Li（2015）研究发现，在 1999—2011 年美国的上市公司和非上市公司的 CEO 薪酬均与公司的会计绩效显著正相关，但多数学者认为最优薪酬并不存在。一些学者发现，经理们有时可以以牺牲股东的利益为代价制定自己的薪酬计划（Core et al.，1999；Campell and Wasley，1999），如 Morse，Nanda 和 Seru（2011）研究发现，权力较大的 CEO 会诱使董事会将 CEO 的绩效标准向更容易实现的绩效标准倾斜，进而达到操纵薪酬契约的目的。还有大量研究探讨了公司治理水平与 CEO 薪酬之间的关系，研究发现，公司治理水平更好时，CEO 的薪酬与公司绩效之间的敏感性越高，公司治理水平更差时，CEO 的薪酬与公司绩效之间的敏感性越低。如 Faulkender 和 Yang（2010）发现在公司治理水平更差时，公司会更倾向于选择向 CEO 支付更高薪酬的公司来作为对比标准，以此来为 CEO 的薪酬支付进行辩护。Hwang 和 Kim（2009）发现，当公司内更多的董事成员和 CEO 之间存在社会关系时，高管的薪酬与公司绩效之间的敏感性就会更低，高管的薪酬也会相对更高。Chen 等（2015）研究了《萨班斯-奥克斯利法案》颁布前后的高管薪酬与公司绩效之间的敏感性差异，发现在法案颁布后两者之间的敏感性显著增强。

同时中国学者也对董事和主管的薪酬激励机制进行了研究。如苏东蔚和林大庞（2010）从盈余管理的角度对股权激励的公司治理效应进行了研究，发现在股权分置改革后，当公司提出或通过股权激励预案时，CEO 股权和期权与盈余管理的负相关关系大幅度减弱并且不再统计显著，发现正式的股权激励具有负面的公司治理效应。李春涛和宋敏（2010）研究发现，对 CEO 的薪酬激励可以促进企业进行创新，并且国有产权降低了激励对创新的促进作用。杨青等（2009）研究发现，中国董事与 CEO 的薪酬激励已初步与公司业绩挂钩。

总之，董事和主管们的薪酬激励机制的设计将继续成为学术争论的焦点。

六、董事会和管理层的股权激励

Stulz（1988）建立的模型预测公司价值是管理层持股的凹函数。在模型中，管理层所有权和控制权的增加对公司价值的负面效应超出了管理者所有权的激励效应。管理者所有权的壕堑成本与管理者阻止能够使公司增值的收购活动的能力相关。McConnell 和 Servaes（1990）对美国公司的实证研究支持这种关系。除此之外，Ghosh 等（2007）研究发现，CEO 持股与公司的研发支出之间存在显著的 U 形关系，与资本支出存在显著的倒 U 形关系。

Claessens 等（2000）发现，亚洲公司单一股东控股的情况比较普遍。Claessens 等（2002）发现，当最大控股股东获得红利的权利增加时，公司价值增加，这可以用激励效应来解释。但是当控股股东的控制权超出了其获得红利的权利时，公司价值下降，这可以用壕堑效应来解释。Baek 等（2004）发现，韩国由家庭成员集中控股的公司在 1997 年金融危机时股票价格大跌。Lemmon 和 Lins（2003）的研究同样发现，由管理层或家庭成员集中控股的公司股票表现远不如其他公司。然而，Himmelberg 等（1999）的研究表明，管理层所有权可由描述契约环境的变量解释，他们无法得到管理者所有权的变化影响公司表现的结论。

七、债务政策

Jensen 和 Meckling（1976）证明债务减少代理问题有几种方式。第一，使用更多的债务意味着较少的股权融资，因此减少了管理者与股东的利益冲突。第二，发行债券增加了管理者所有权，从而使管理者与股东的利益趋于一致。第三，债务代表管理者向债权人支付现金流的债权契约，在一定程度上解决了自由现金流量问题（Jensen，1986）。Stulz（1988）认为杠杆作用限制了管理者的任意行为，因此减少了管理者违反公司价值最大化的行为。债务增加使管理者面临因利息或本金无法按期支付而破产的更大威胁。一旦威胁成为事实，管理者声誉会受损或者会被解雇，因此这种威胁的存在会使管理效率提高。Harris 和 Raviv（1990）认为债务违约允许债权人对公司进行强制清算，因此起到了对管理者的约束作用。Harvey，Lins 和 Roper（2004）研究发现，负债可以显著减少管理层的机会主义行为。债务也为公司带来了税盾收益，公司会因利息支付获得税收减免。另外，债务还可能减少由股权融资带来的公司价值的信息不对称问题。

然而，债务融资也带来了其自身的代理问题，即股东与债权人的利益冲突。这些冲突包括股东的次优投资决策，如投资于高风险资产或不投资于有利可图的项目。Jensen 和 Meckling（1976）将债务代理成本的特征概括为：

（1）债务对公司投资决策的影响带来的机会财富的损失；

（2）债权人和公司的监督和契约成本；

（3）破产和重组成本。

债权人通过要求高利息来使自身得到补偿，因此提高了债务成本。Titman 和 Wessels（1988）及 Smith 和 Watts（1992）报告了与债务代理成本有关的大量证据。

除了债务的机会成本，债务可能降低一家公司的弹性，原因在于利息支付是没有弹性的，会导致管理者选择次优的风险承担。债务作为管理者监督机制的成本在不同的公司情况不同，因公司规模、有形资产（可当作抵押品）所占比例、公司声誉、风险和所有者结构的不同而不同。对于一些利润波动幅度较大或者有形资产较少的公司而言，维持高比例的债务水平是不现实的，但是中等债务水平却不能通过充足的债务契约来约束管理者。债权人不愿意通过债务人破产来实现他们的权利，而更偏好庭外和解（Ghoshen，1995），这在一定程度上影响了债务契约的作用。

因此，债务限定了管理者的最低行为标准，在最低行为标准之上，管理者的行为可以偏离最优并且免受责罚。这就是说，只有当管理的行为门槛足够高或者破产风险足够大时，债务才能作为较重要的约束机制。另外，股本代理成本的降低与税盾收益必须与债务代理成本以及其他非代理成本相抵。因此，尽管债务很重要，但是对于一家特定的公司而言，尽量少依赖债务、多依赖其他的监督机制会更明智。

Harris 和 Raviv（1991）对债务作为股本代理成本降低机制的理论和实证研究作了综述，一般来讲，实证证据支持债务可以降低股权代理成本的假说。Megginson（1997）得到了同样的结论。McConnell 和 Servaes（1995）的实证研究结果与 Stulz（1988）的假说相一致：由于债务对公司投资决策的影响，债务对公司价值可能产生正面影响，也可能产生负面影响。例如在市场机制不健全时，负债可能成为控股股东侵害中小股东和债权人的工具，加剧公司内代理问题（Stulz，1988；Faccio et al.，2010）。债务的负面影响在有着很多盈利增长机会的公司尤为严重。这些均证实了债务所起的作用与公司的特定情况相关。Garvey 和 Hanka（1999）的研究发现，受到州反收购法保护的公司使用债务较少，而不受保护的公司情况正好相反。

八、股利政策

Easterbrook（1984）和 Jensen（1986）提出了股利政策作为监督机制的合理性。根据 Easterbrook（1984）的研究，股利可以通过促进资本市场对公司行为和表现的监督来控制股权代理成本。高股利政策提高了公司在资本市场卖出股票的可能性。这反过来使投资银行、证券交易所和资金供给者关注公司的管理。Smith（1986）、Hansen 和 Torregrosa（1992）以及 Jain 和 Kini（1999）的研究表明，新股发行时，投资银行家的监督作用很重要。Fluck（1998）和 Myers（2000）提出了公司红利政策的代理理论模型，管理者支付红利是为了避免股东的监督。Myers（2000）的模型说明，在股利支付达到一定程度时，外部股权才起作用。在公司治理水平与股利支付的关系上，有一部分研究指出了股利支付和公司治理之间存在替代关系，即公司治理水平越高，公司进行股利支付的可能性越小，股利支付的水平也会越低（Officer，2007）。也有一些研究为股利支付和公司治理之间的正向关系提供了证据，Jiraporan，Kim 和 Kim（2011）发现，公司治理水平和股利支付之间存在显著的正向关系。在公司治理水平较高时，股东通过迫使管理层发放股利来减少管理层可支配的公司资源，以此来缓解代理问题。Chang 等（2014）研究发现，机构投资者的监督可以迫使公司增加股利支付，进而缓解公司的代理问题。Chae 等（2009）指出，公司治理与股利支付的关系取决于公司所面临的融资约束程度。在公司融资约束程度较低时，公司治理更好的公司会愿意进行更高的股利支付，在公司融资约束较高时，股利发放会进一步加重融资约束，这时公司治理更好的公司会倾向于减少股利发放来抑制管理层的机会主义行为。

另外，Jensen（1986）的研究表明，持续性的股利支付可使现金较少，从而使公司少浪费资金于非价值最大化的项目上，降低了管理者过多投资的程度。

Rozeff（1982）的模型提出了最优股利政策是股本代理成本和交易成本的权衡。对 1974—1980 年间 1 000 家美国公司的研究表明，股利支付与代理成本和交易成本之间有着很强的联系。Crutchley 和 Hansen（1989）对股利政策的横截面研究表明，股利政策是公司的监督机制之一，并且与管理者所有权和杠杆作用这两个控制机制有着很强的替代关系。Farinha（2003）的研究表明，英国的股利支付与内部人所有权之间存在 U 形关系，内部人所有权的临界点是 30%。Grullon 等（2002）研究发现在公司股利增加之后的年度，伴随着资产利润率、现金水平的降低和资本支出的减少，投资机会减少的公司更可能会增加股利发放，以抑制公司内的代理问题。DeAngelo 等（2006）从企业生命周期的角度验证了股利支付对约束公司代理问题方面所起到的作用。

九、总结

本文为公司内部治理机制的理论和实证研究提供了综述。在第二部分中关于股权结构与公司治理之间的关系，以及股权结构与公司业绩之间关系的理论研究和实证研究方面，中外学者进行了大量探究。第三部分探讨了董事会的作用，并且阐述了一些董事会特征与公司业绩之间的关系。第四部分探讨有关大股东和机构投资者对公司代理问题的抑制作用。第五部分探究董事和主管的薪酬激励机制与公司业绩之间的关系。第六部分探讨董事会和管理层所有权与公司价值之间的关系。第七、第八部分分别探讨了债务政策和股利政策在减轻代理问题上的作用。总的来看，在中国公司治理相关问题的研究上，很多研究单纯采用西方的理论和概念来解释中国问题，很显然没有理解中国的法律、金融和制度环境。结合中国自身特性对公司治理问题进行研究，才能对中国公司实践具有指导意义。希望本文能为公司内部治理问题的研究提供有益的参考。

参考文献

［1］ Adams，R. B.，Ferreira，D.，2002. Diversity and incentives in teams：Evidence from corporate boards. Dissertation，University of Chicago.

［2］ Adams，R. B.，Ferreira，D.，2009. Women in the boardroom and their impact on governance and performance. Journal of Financial Economics，94，291－309.

[3] Agrawal，A.，Knoeber，C. R.，1996. Firm performance and mechanism to control agency problems between managers and shareholders. Journal of Financial and Quantitative Analysis，31，377－397.

[4] Baek，J. S.，Kang，J. K.，Park，K. S.，2004. Corporate governance and firm value：Evidence from the Korean financial crisis. Journal of Financial Economics，71，265－313.

[5] Baker，M.，Gompers，P. A.，2003. The determinants of board structure at the initial public offering. Journal of Law and Economics，46，569－598.

[6] Baysinger，B. D.，Butler，H. N.，1985. Corporate governance and the board of directors：Performance effects of changes in board composition. Journal of Law，Economics and Organization，1，101－124.

[7] Berle，A. A.，Means，G. C.，1932. The Modern Corporation and Private Property. Macmillan，New York.

[8] Bhagat，S.，Black，B.，1999. The uncertain relationship between board composition and firm value. The Business Lawyer，54，921－963.

[9] Bhagat，S.，Black，B.，2002. The non-correlation between board independence and long-term firm performance. Journal of Corporation Law，27，231－273.

[10] Bharath，S. T.，Jayaraman S.，Nagar，V.，2013. Exit as governance：An empirical analysis. Journal of Finance，68，2515－2547.

[11] Black，B.，Kim，W.，2012. The effect of board structure on firm value：A multiple indentification strategies approach using Korean data. Journal of Financial Economics，104，203－226.

[12] Black，B.，Khanna，V. S.，2007. Can corporate governance reforms increase firm from India? Journal of Empirical Legal Studies，4，749－796.

[13] Bruno，V.，Claessens，S.，2010. Corporate governance and regulation：Can there be too much of a good thing? Journal of Financial Intermediation，19，461－482.

[14] Burkart，M.，1995. Initial shareholdings and overbidding in takeover contests. Journal of Finance，50，1491－1515.

[15] Campell，C.，Wasley，C.，1999. Stock-based incentive contracts and managerial performance：The case of Ralston Purina company. Journal of Financial Economics，51，195－217.

[16] Carter，D. A.，Simkins，B. J.，Simpson，W. G.，2003. Corporate governance，board diversity，and firm value. Financial Review，38，33－53.

[17] Chae，J.，Kim，S.，Lee，E. J.，2009. How corporate governance affects payout policy under agency problems and external financing constraints. Journal of Banking and Finance，33，2093－2101.

[18] Chang，K.，Kang，E.，Li，Y.，2016. Effect of institutional ownership on dividends：An agency-theory-based analysis. Journal of Business Research，69，2551－2559.

［19］ Chen，H.，Jeter，D.，Yang，Y.，2015. Pay-performance sensitivity before and after Sox. Journal of Accounting and Public Policy，34，52－73.

［20］ Cheng，S.，2008. Board size and the variability of corporate performance. Journal of Financial Economics，87，157－176.

［21］ Cho，M.，1998. Ownership structure，investment，and the corporate value: An empirical analysis. Journal of Financial Economics，47，103－121.

［22］ Claessens，S.，Djankov，S.，Fan，J.，Lang，H. P.，2002. Disentangling the incentive and entrenchment effects of large shareholdings. Journal of Finance，57，2741－2771.

［23］ Claessens，S.，Djankov，S.，Fan，J. P.，and Lang，H. P.，1999. On expropriation of minority shareholders: Evidence from East Asia. Working Paper，SSRN.

［24］ Claessens，S.，Djankov，S.，Lang，H. P.，2000. The separation of ownership and control in East Asian corporations. Journal of Financial Economics，58，81－112.

［25］ Coles，J. L.，Daniel，N. D.，Naveen，L.，2008. Boards: Does one size fit all? Journal of Financial Economics，87，329－356.

［26］ Conger，J. A.，Finegold，D.，Lawler Ⅲ，E.，1998. Appraising boardroom performance. Harvard Business Review，76，136－148.

［27］ Conner，K. R.，Prahalad，C. K.，1996. Are source-based theory of the firm: Knowledge versus opportunism. Organization Science，7，477－501.

［28］ Core，J. E.，Holthausen，R. W.，Larcker，D. F.，1999. Corporate governance，chief executive officer compensation，and firm performance. Journal of Financial Economics，51，371－406.

［29］ Crutchley，C.，Hansen，R.，1989. A test of the agency theory of managerial ownership，corporate leverage and corporate dividends. Financial Management，18，36－76.

［30］ Cumming，D. J.，Leung，T. Y.，Rui，O. M.，2015. Gender diversity and securities fraud. Academy of Management Journal，58，1572－1593.

［31］ Dahya，J.，Garcia，L. G.，Bommel，J. V.，2009. One man two hats: What's all the commotion! Financial Review，44，179－212.

［32］ Dahya，J.，McConnell，J. J.，2007. Board composition，corporate performance，and the Cadbury Committee recommendation. Journal of Financial and Quantitative Analysis，42，535－564.

［33］ Daily，C. M.，Dalton，D. R.，1992. The relationship between governance structure and corporate performance in entrepreneurial firms. Journal of Business Venturing，7，375－386.

［34］ Dalton，D. R.，Daily，C. M.，1998. What's wrong with having friends on the board? Across the Board，36，28－32.

［35］ Dalton，D. R.，Dalton，C. M.，2011. Integration of micro and macro studies in governance research: CEO duality，board coposition，and financial performance. Journal of Management，37，404－411.

［36］ De Andres，P.，Valleado，E.，2008. Corporate governance in banking: The role of the board of directors. Journal of Banking and Finance, 32, 2570 - 2580.

[37] DeAngelo, H., DeAngelo, L., Stulz, R. M., 2006. Dividend policy and the earned/contributed capital mix: A test of the life-cycle theory. Journal of Financial Economics, 81, 227 -254.

[38] Del Guercio, D., Hawkins J., 1999. Do boards pay attention when institutional investor activists "just vote no"? Journal of Financial Economics, 90, 84 - 103.

[39] Deli, D. N., Gillan, S. L., 2000. On the demand for independent and active audit committees. Journal of Corporate Finance, 6, 427 - 445.

[40] Demsetz, H., 1983, The structure of ownership and the theory of the firm. Journal of Law and Economics, 26, 301 - 325.

[41] Demsetz, H., Lehn, K., 1985. The structure of corporate ownership: Causes and consequences. Journal of Political Economy, 93, 1155 - 1177.

[42] Demsetz, H., Villalonga, B., 2001. Ownership structure and corporate performance. Working Paper, UCLA.

[43] Easterbrook, F., 1984. Two agency-cost explanations of dividends. The American Economic Review, 74, 650 - 659.

[44] Edmans, A., Fang, V. W., Zur, E., 2013. The effect of liquidity on governance. Review of Financial Studies, 26, 1443 - 1482.

[45] Edwards, J., Weichenrieder, A., 1999. Ownership concentration and share valuation: Evidence from Germany. Working Paper, SSRN.

[46] Eisenberg, T., Sundgren, S., Wells, M. T., 1998. Larger board size and decreasing firm value in small firms. Journal of Financial Economics, 48, 35 - 54.

[47] Faccio, M., Lang, L. H., Young, L., 2010. Pyramiding vs leverage in corporate groups: International evidence. Journal of International Business Studies, 41, 88 - 104.

[48] Fama, E., 1980. Agency problems and the theory of the firm. Journal of Political Economy, 88, 288 - 307.

[49] Fama, E., Jensen, M., 1983. Agency problems and residual claims. Journal of Law and Economics, 26, 327 - 349.

[50] Fan, J. P., Wong, T. J., 2002. Corporate ownership structure and the informativeness of accounting earnings in East Asia. Journal of Accounting and Economics, 33, 401 - 425.

[51] Farinha, J., 2003, Dividend policy, corporate governance and the managerial entrenchment hypothesis: An empirical analysis. Journal of Business Finance and Accounting, 30, 1173 - 1209.

[52] Faulkender, M., Yang, J., 2010. Inside the black box: The role and composition of compensation peer groups. Journal of Financial Economics, 96, 257 - 270.

[53] Ferris, S. P., Jagannathan, M., C., 2003. Too busy to mind the business? Monitoring by directors with multiple board appointments. Journal of Finance, 58, 1087 - 1111.

［54］ Fields，M. A.，Keys，P. Y.，2003. The emergence of corporate governance from Wall St. to Main St.：Outside directors，board diversity，earnings management，and managerial incentives to bear risk. Financial Review，38，1 – 24.

［55］ Frydman，C.，Saks，R. E.，2010. Executive compensation：A new view from a long-term perspective，1936—2005. Review of Financial Studies，23，2099 – 2138.

［56］ Fuerst，O.，Kang，S.，2000. Corporate governance，expected operating performance，and pricing. Working Paper，SSRN.

［57］ Gallagher，D. R.，Gardner，P. A.，Swan，P. L.，2013. Governance through trading：Institutional swing trades and subsequent firm performance. Journal of Financial and Quantitative Analysis，48，427 – 458.

［58］ Gao，H.，Li，K.，2015. A comparison of CEO pay-performance sensitivity in privately-held and public firms. Journal of Corporate Finance，35，370 – 388.

［59］ Garvey，G.，Hanka，G.，1999. Capital structure and corporate control：The effects of antitakeover laws on firm leverage. Journal of Finance，54，519 – 546.

［60］ Ghosh，A.，Moon，D.，Tandon，K.，2007. CEO ownership and discretionary investments. Journal of Business Finance and Accounting，34，819 – 839.

［61］ Ghoshen，Z.，1995. Shareholder dividend options. Yale Law Journal，104，881 – 932.

［62］ Gillan，S.，Stark，L. T.，2000. Corporate governance proposals and shareholder activism：The role of institutional investors. Journal of Financial Economics，57，275 – 305.

［63］ Grossman，S.，Hart，O.，1980. Takeover bids，the free-rider problem，and the theory of the corporation. Bell Journal of Economics，11，42 – 64.

［64］ Grullon，G.，Michaely，R.，Swaminathan，B.，2002. Are dividend changes a sign of firm maturity? Journal of Business，75，387 – 424.

［65］ Gul，F. A.，Srinidhi，B.，Ng，A. C.，2011. Does board gender diversity improve the informativeness of stock prices in the Chinese market? Journal of Corporate Finance，17，1410 – 1429.

［66］ Hall，B.，Liebman，J.，1998. Are CEOs really paid like bureaucrats? Quarterly Journal of Economics，113，653 – 691.

［67］ Hansen，R.，Torregrosa，P.，1992. Underwriter compensation and corporate monitoring. Journal of Finance，47，1537 – 1556.

［68］ Harris，M.，Raviv，A.，1990. Capital structure and the informational role of debt. Journal of Finance，45，321 – 349.

［69］ Harris，M.，Raviv，A.，2008. A theory of board control and size. Review of Financial Studies，21，1797 – 1832.

［70］ Harris，R.，Raviv，A.，1991. The theory of capital structure. Journal of Finance，46，297 – 355.

[71] Hart, O., 1983. Themarket mechanism as an incentive scheme. Bell Journal of Economics, 14, 366–382.

[72] Harvey, J. C., Lins, K. V., Roper, A. H., 2004. The effect of capital structure when expected agency costs are extreme. Journal of Financial Economics, 74, 3–30.

[73] Harvey, K. D., Shrieves, R. E., 2001. Executive compensation structure and corporate governance choices. Journal of Financial Research, 24, 495–512.

[74] Helwege, J., Intintoli, V. J., Zhang, A., 2012. Voting with their feet or activism? Institutional investors' impact on CEO turnover. Journal of Corporate Finance, 18, 22–37.

[75] Hermalin, B. E., Weisbach, M. S., 1988. The determinants of board composition. Rand Journal of Economics, 19, 589–606.

[76] Hermalin, B. E., Weisbach, M. S., 2001. Boards of directors as an endogenously determined institution: A survey of the economic literature. w8161, National Bureau of Economic Research, Cambridge.

[77] Himmelberg, C., Hubbard, R. G., Palia, D., 1999. Understanding the determinants of managerial ownership and the link between ownership and performance. Journal of Financial Economics, 53, 353–384.

[78] Holderness, C., Kroszner, R. S., Sheehan, D., 1999. Were the good old days that good? Changes in managerial stock ownership since the great depression. Journal of Finance, 54, 435–469.

[79] Holderness, C., Sheehan, D., 1985. Raiders or saviors? The evidence on six controversial investors. Journal of Financial Economics, 14, 555–579.

[80] Holderness, C., Sheehan, D., 1988. The role of majority shareholders in publicly held corporations. Journal of Financial Economics, 20, 317–346.

[81] Hwang, B., Kim, S., 2009. It pays to have friends. Journal of Financial Economics, 93, 138–158.

[82] Jain, B., Kini, O., 1999. On investment banker monitoring in the new issues market. Journal of Banking and Finance, 23, 49–84.

[83] Jensen, M. C., 1986. Agency costs of free cash-flow, corporate finance and takeovers. The American Economic Review, 76, 323–329.

[84] Jensen, M. C., 1993. The modern industrial revolution, exit and the failure of internal control systems. Journal of Finance, 48, 831–880.

[85] Jensen, M. C., Meckling, W. H., 1976. Theory of the firm: Managerial behavior, agency costs and ownership structure. Journal of Financial Economics, 3, 305–360.

[86] Jensen, M. C., Ruback, R. S., 1983. The market for corporate control: The scientific evidence. Journal of Financial Economics, 11, 5–50.

[87] Jiraporan, P., Kim, J. C., Kim, Y. S., 2011. Dividend payouts and corporate governance

quality：An empirical investigation. Financial Review，46，251-279.

［88］Johnson，J. L.，Daily，C. M.，Ellstrand，A. E.，1996. Boards of directors：A review and research agenda. Journal of Management，22，409-438.

［89］Johnson，S.，La Porta，R.，Lopez-de-Silanes，F.，Shleifer，A.，2000. Tunneling. American Economic Review Papers and Proceedings，90，22-27.

［90］Keys，P. Y.，Ellis，K. M.，Newsome，P. T.，Friday，S. S.，2003. Shareholder benefits of diversity. Working Paper，University of Delaware.

［91］Klein，A.，1998. Firm performance and board committee structure. Journal of Law and Economics，41，275-304.

［92］Klein，A.，Zur，E.，2009. Entrepreneurial shareholder activism：Hedge funds and other private investors. Journal of Finance，64，187-229.

［93］Krause，R.，Semadeni，M.，Cannella，A. A.，2014. CEO duality：A review and research agenda. Journal of Management，40，256-286.

［94］La Porta，R.，Lopez-de-Silanes，F.，Shleifer，A.，Vishny，R.，1999. Corporate ownership around the world. Journal of Finance，54，471-517.

［95］Lehn，K. M.，Patro，S.，Zhao，M.，2009. Determinants of the size and composition of US corporate boards：1935—2000. Financial Management，38，747-780.

［96］Lemmon，M. L.，Lins，K. V.，2003. Ownership structure，corporate governance，and firm value：Evidence from the East Asian Financial Crisis. Journal of Finance，58，1445-1467.

［97］Linck，J. S.，Netter，J. M.，Yang，T.，2008. The determinants of board structure. Journal of Financial Economics，87，308-328.

［98］Lipton，M.，Lorsch，J. W.，1992. A modest proposal for improved corporate governance. The Business Lawyer，48，59-77.

［99］Loderer，C.，Martin，K.，1997. Executive stock ownership and performance：Tracking faint traces. Journal of Financial Economics，45，223-255.

［100］Lorsch，J. W.，1995. Empowering the board. Harvard Business Review，73，107-117.

［101］Lynall，M. D.，Golden，B. R.，Hillman，A. J.，2003. Board composition from adolescence to maturity：A multitheoretic view. Academy of Management Review，28，416-431.

［102］Mak，Y. T.，Yuanto，K.，2003. Boardsize really matters：Further evidence on the negative relationship between board size and firm value. Pulses by Singapore Stock Exchange，No. June 2003 Issue.

［103］Martino，J. M.，1999. Diversity：An imperative for business success. The Conference Board，New York.

［104］McCahery，J. A.，Sautner，Z.，Starks，L. T.，2016. Behind thescenes：The corporate governance preferences of institutional investors. Journal of Finance，71，2905-2932.

［105］McConnell，J.，Servaes，H.，1990. Additional evidence on equity ownership and corporate value. Journal of Financial Economics，27，595 – 612.

[106] McConnell，J.，Servaes，H.，1995. Equity ownership and the two faces of debt. Journal of Financial Economics，39，131 – 157.

[107] Megginson，W.，1997. Corporate Finance Theory. Addison-Wesley.

[108] Mehran，H.，1995. Executive compensation structure，ownership，and firm performance. Journal of Financial Economics，38，163 – 184.

[109] Mikelson，W. H.，Partch M. M.，1989. Managers' voting rights and corporate control. Journal of Financial Economics，25，263 – 290.

[110] Mikelson，W. H.，Ruback，R.，1985. An empirical analysis of the interfirm equity investment process. Journal of Financial Economics，14，523 – 553.

[111] Morck，R.，Shleifer A.，Vishny，R.，1988. Management ownership and market valuation：An empirical analysis. Journal of Financial Economics，20，293 – 315.

[112] Morgan，A. G.，Poulsen，A. B.，2001. Linking pay to performance—Compensation proposals in the S&P 500. Journal of Financial Economics，62，489 – 523.

[113] Morse，A.，Nanda，V.，Seru，A.，2011. Are incentive contracts rigged by powerful CEOs? Journal of Finance，66，1779 – 1821.

[114] Myers，S.，2000. Outside equity. Journal of Finance，55，1005 – 1037.

[115] Officer，M. S.，2007. The price of corporate liquidity：Acquisition discounts for unlisted targets. Journal of Financial Economics，83，571 – 598.

[116] Pfeffer，J.，1972. Size and composition of corporate boards of directors：The organization and its environment. Administrative Science Quarterly，17，218 – 228.

[117] Pfeffer，J.，Salancik，G. R.，1978. The External Control of Organizations：A Resource Dependence Perspective. Harper & Row New York.

[118] Phan，P. H.，Lee，S. H.，Lau，S. C.，2003. The performance impact of interlocking directorates：The case of Singapore. Journal of Managerial Issues，15，338 – 352.

[119] Pound，J.，1988. Proxy contests and the efficiency of shareholder oversight. Journal of Financial Economics，20，237 – 265.

[120] Qi，D.，Wu，W.，Zhang，H.，2000. Shareholding structure and corporate performance of partially privatized firms：Evidence from listed Chinese companies. Pacific-Basin Finance Journal，8，587 – 610.

[121] Raheja，C. G.，2005. Determinants of board size and composition：A theory of corporate boards. Journal of Financial and Quantitative Analysis，40，283 – 306.

[122] Ramaswamy，K.，Li，M.，2001. Foreign investors，foreign directors and corporate diversification：An empirical examination of large manufacturing companies India. Asia Pacific Journal of Management，18，207 – 222.

[123] Rozeff，M.，1982. Growth，beta and agency costs as determinants of dividend payout rati-

os. Journal of Financial Research, 5, 249 - 259.

[124] Shleifer, A., Vishny, R., 1986. Large shareholders and corporate control. Journal of Political Economy, 94, 461 - 488.

[125] Shleifer, A., Vishny, R., 1997. A survey of corporate governance. Journal of Finance, 52, 737 - 783.

[126] Smith Jr., C., 1986. Investment banking and the capital acquisition process. Journal of Financial Economics, 15, 3 - 29.

[127] Smith Jr., C., Watts, R., 1992. The investment opportunity set and corporate financing, dividend and compensation policies. Journal of Financial Economics, 32, 263 - 292.

[128] Stulz, R. M., 1988. Managerial control of voting rights: Financing policies and the market for corporate control. Journal of Financial Economics, 20, 25 - 54.

[129] Sudarsanam, S., Holl, P., Salami, A., 1996. Shareholder wealth gains in mergers: Effect of synergy and ownership structure. Journal of Business Finance and Accounting, 23, 673 - 698.

[130] Titman, S., Wessels, R., 1988. The determinants of capital structure choice. Journal of Finance, 43, 1 - 20.

[131] Tuggle, C. S., Sirmon, D. G., Reutzel, C. R., 2010. Commanding board of director attention: Investigating how organizational performance and CEO duality affect board member's attention to monitoring. Strategic Management Journal, 31, 946 - 968.

[132] Vafeas, N., 1999. Board meeting frequency and firm performance. Journal of Financial Economics, 53, 113 - 142.

[133] Wellalage, N. H., Locke, S., 2013. Women on board, firm financial performance and agency costs. Asian Journal of Business Ethics, 2, 113 - 127.

[134] Westphal, J. D., 1999. Collaboration in the boardroom: Behavioral and performance consequences of CEO-board social ties. Academy of Management Journal, 42, 7 - 24.

[135] Yeo, G. H. H., Chen, S. S., Ho, K. W., Lee, C. F., 1999. Effects of executive share option plans on shareholder wealth and firm performance: The Singapore evidence. The Financial Review, 34, 1 - 20.

[136] Yermack, D., 1996. Higher market valuation of companies with a small board of directors. Journal of Financial Economics, 40, 185 - 211.

[137] Young, M. N., Ahlstrom, D., Bruton, G. D., Chan, E. S., 2001. The resource dependence, service and control functions of boards of directors in Hong Kong and Taiwanese firms. Asia Pacific Journal of Management, 18, 223 - 244.

[138] Zahra, S. A., Pearce, J. A., 1989. Boards of directors and corporate financial performance: A review and integrated model. Journal of Management, 15, 291 - 334.

[139] Zingales, L., 1997. Corporate governance. The New Palgrave Dictionary of Economics and Law.

［140］曹延求，杨秀丽，孙宇光．股权结构和公司绩效：度量方法和内生性．经济研究，2007（10）.

［141］陈晓，江东．股权多元化、公司业绩与行业竞争性．经济研究，2000（8）.

［142］何卫东，张嘉颖．所有权结构、资本结构、董事会治理与公司价值．南开管理评论，2002（2）.

［143］李常青，赖建清．董事会特征影响公司绩效吗？金融研究，2004（5）.

［144］李春涛，宋敏．中国制造业企业的创新活动：所有制和 CEO 激励的作用．经济研究，2010（5）.

［145］李骥，孙健敏，刘向阳，巴曙松．关于国有企业股份制改革的实证研究．管理世界，2005（1）.

［146］李寿喜．产权、代理成本和代理效率．经济研究，2007（1）.

［147］刘慧龙，吴联生，王亚平．国有企业改制、董事会独立性与投资效率．金融研究，2012（9）.

［148］李新春，杨学儒，姜岳新，胡晓红．内部人所有权与企业价值——对中国民营上市公司的研究．经济研究，2008（11）.

［149］苏东蔚，林大庞．股权激励、盈余管理与公司治理．经济研究，2010（11）.

［150］孙永祥，黄祖辉．上市公司股权结构与绩效．经济研究，1999（9）.

［151］王跃堂，赵子夜，魏晓雁．董事会的独立性是否影响公司绩效？经济研究，2006（5）.

［152］武常岐，钱婷．集团控制与国有企业治理．经济研究，2011（6）.

［153］徐莉萍，辛宇，陈工孟．股权集中度和股权制衡及其对公司经营绩效的影响．经济研究，2006（1）.

［154］许小年，王燕．中国上市公司的所有制结构与公司治理．经济研究，1998（7）.

［155］杨青，高铭，Yurtoglu, B. B.．董事薪酬、CEO 薪酬与公司业绩——合谋还是共同激励？金融研究，2009（6）.

［156］叶康涛，祝继高，陆正飞，张然．独立董事的独立性：基于董事会投票的证据．经济研究，2011（1）.

［157］于东智，池国华．董事会规模、稳定性与公司绩效：理论与经验分析．经济研究，2004（4）.

［158］张红军．中国上市公司股权结构与公司绩效的理论及实证分析．经济科学，2000（4）.

［159］祝继高，叶康涛，陆正飞．谁是更积极的监督者：非控股股东董事还是独立董事？经济研究，2015（9）.

［160］朱武祥，宋勇．股权结构与企业价值——对家电行业上市公司实证分析．经济研究，2001（12）.

外部治理机制

内容摘要：本文旨在为公司外部治理机制的理论与实证研究提供综述。公司治理外部机制包括经理人市场、控制权市场、产品市场竞争、法律、分析师和媒体等方面。本章节将逐一对这六类外部控制机制的治理效应进行梳理，并结合实证证据对其有效性进行分析。

一、引言

公司治理机制通常被区分为内部和外部机制。外部机制与内部机制不同，往往不依赖于管理层、股东或其他利益相关者的决策，但同样会激励经理人追求企业价值最大化。这些外部机制包括法律机制和市场机制，市场机制通过竞争发挥作用，包括产品市场竞争（Hart，1983）、经理人市场（Fama，1980）和公司控制权市场（Manne，1965）。近年来，分析师和媒体在公司治理中的作用也受到更多重视。

本文旨在为公司治理外部机制的理论与实证研究提供综述。以下六个部分分别介绍了经理人市场、控制权市场、产品市场竞争、法律、分析师和媒体的治理效应，并结合实证证据对其有效性进行了分析。最后一部分进行了总结。

二、经理人市场

（一）经理人市场的治理机制

经理人市场机制的研究始于 Fama（1980），他提出了经理人市场机制发挥治理效应的两个渠道，一是管理层之间的相互监督，二是经理人有动机在经理人市场上建立声誉，自觉减少偏离价值最大化的行为。法玛的思想与 Manne（1965）关于控制权市场对解决委托-代理问题的论述构成了公司外部治理机制的雏形。

Fama（1980）认为，每个经理人的表现均与比其职位高或比其职位低的经理人的表现相关，每个经理人的边际产品是其上级经理人和下级经理人的管理效率的正函数。同时每个经理人的价值都会受到他的上下级经理人绩效的影响，这是因为经理人市场把整个公司的绩效作为评价该公司每一个经理人价值的标准，因此经理人与上级经理人和下级经理人之间均存在着监督关系。经理人之间的相互监督离不开经理人市场，经理人市场迫使企业将管理者分类并且根据其表现给予相应的薪酬福利，只有这样，才能避免最优秀的经理人离开，维持公司对最优秀的经理人的吸引力。因此，Fama（1980）认为，经理人市场的存在是影响经理人之间相互监督的关键因素。

此外，Fama（1980）提出了这样的观点：即使管理者的薪酬合约与股东财富无关，管理者为了保护自己在劳动力市场上的声誉，仍然会为股东财富最大化而努力。在有效的经理人市场上，公司绩效能够反映经理人的能力，市场参与者通过经理人过去的表现来推断其能力，进而决定其当下的市场价值。公司任何由于经理人个人原因导致的效率低下的信息都会传递给经理人市场，从而降低经理人的人力资本的价值。出于对职业生涯的关注，经理人有动机通过减少偏离价值最大化的行为来建立声誉，在经理人市场上获得竞争优势，以及更有价值的职位和薪酬。

然而，对经理人市场的作用也存在质疑。经理人市场发挥作用的前提是：能使用过去和现在的业绩信息作为对未来的工资修订的依据，这需要一个有效的资本市场对公司业绩进行较好的评价，因此，资本市场是否有效会影响经理人市场发挥作用（Fama，1980）。由于缺乏内部信息，有时候资本市场也不能完全区分公司的糟糕表现是由于经理本身能力还是运气所致。此外，Holmström（1982）提出的模型认为，声誉本身并不会使代理成本趋于零。Holmström 和 Costa（1986）更是认为管理者对自身职业生涯的关注反而会使其行为与股东利益相悖。Garvey 和 Swan

（1994）发现，声誉假说的又一缺陷在于其必须假定雇佣决定是根据股东的利益做出的，而现实中并非如此。Gibbons 和 Murphy（1992）发现，当经理人快退出职场时，经理人和股东的利益冲突更严重。

（二）经理人市场的治理效果

一些学者的研究支持经理人市场与经理人之间的监督是一种有效的公司治理机制。根据 Fama（1980）提出的经理人市场根据公司过去的表现的信息来制定薪酬以及决定给予主管人员其他工作机会的论点，Coughlan 和 Schmidt（1985）的研究发现，公司糟糕的表现会增加高层经理人更换的可能性，董事会对管理层薪酬的决策与公司的表现息息相关。Gilson（1989）分析了因公司经历的严重的财务困境而辞职的主管人员随后的职业生涯。他发现，这些主管人员在其他公司董事会所占的席位减少了三分之一。此外，Kaplan 和 Reishus（1990）的研究发现，红利下降的公司的管理者获得新的管理职位的可能性与红利没有下降的公司的管理者所获得的机会相比，下降了 50%。Cannella 等（1995）对得克萨斯州银行的实证研究也得出了类似的结论。Eckbo（2016）等研究了申请破产保护的大公司的 CEO 的职业生涯和薪酬变化。一方面，CEO 的能力和动机可能是导致破产的原因；另一方面，技术变革等超出 CEO 控制范围的因素也会导致财务困境，并且申请破产也有积极的一面，例如可以防止高成本的清算进一步发生，并为 CEO 的技能组合增加宝贵的危机管理经验，因而经理人市场对 CEO 价值的净效应是一个实证问题。他们的实证结果是：公司破产会给 CEO 带来个人成本，包括离开经理人市场和股权价值的损失。具体而言，三分之一的 CEO 保持了高管职位，其薪酬变化的中位数为零，但离开经理人市场的 CEO 截至 65 岁的薪酬损失中值为 700 万美元，是离职前薪酬的五倍，随着公司盈利能力和 CEO 持股比例的提高，离职的可能性也会降低。

管理层之间相互监督的有效性受到一些学者的质疑。Hansen 和 Torregrosa（1992）发现，因错误的判断、道德风险或劣质信息导致的对管理层努力的不合理的衡量以及管理者壕堑效应限制了内部评价体制的有效性。Fama（1980）也提及，管理层的合谋行为可能会对股东的财富进行侵蚀。Warner 等（1988）的实证研究也发现，只有当公司的业绩表现极差时，内部评级体系才起作用，公司的管理层才会被更换，并且业绩糟糕与管理层更换之间总会存在时滞。Mace（1986）以及 Lorsch 和 McIver（1989）还发现，企业的首席执行官倾向于控制新的董事会的任命过程。

部分研究还关注了包括董事在内的高管劳动力市场，此时声誉机制仍然发挥作用，董事有动机监督管理层并获得额外的董事会席位，但监督不力的董事也有可能更被偏好。Levit 和 Malenko（2016）认为，董事关注两种相互冲突的声誉，哪一种声誉在劳动力市场上能够获得更多奖励取决于公司的治理环境。如果公司治理普遍强大，其他公司的董事会大多保护其股东的利益，那么建立对股东友好的声誉可以获得更多的董事职位；相反，如果公司治理普遍薄弱，其他公司的董事会大多被管理层所掌控，那么建立一个对管理层友好的声誉更有利，因而董事的声誉对公司治理具有放大作用。Fich 和 Shivdasani（2007）研究了财务欺诈对外部董事声誉的影响。结果表明，在欺诈诉讼后，外部董事在其他公司的董事会中所占席位大幅下降。当欺诈指控越严重，并且外部董事在监督欺诈方面承担更大责任时，其他董事职位的下降幅度就越大；在公司治理较强的公司，与欺诈有关联的董事更有可能失去董事职位；此外，与被诉公司共享董事的关联公司也表现出估值下降，他们的发现支持声誉假说。

有关中国经理人市场的研究相对较少，中国并没有较为活跃的职业经理人市场。李新春（2003）认为，中国的家族企业的所有者和职业经理人双方都具有家族主义取向，导致双方缺乏相互信任，家族企业所有者不愿意聘用职业经理人。陈冬华等（2005）表明，国有企业中存在薪酬管制，这种外生的薪酬安排缺乏应有的激励效率，导致工资不能基于业绩进行调整，因此不符合经理人市场发挥作用的前提条件。姜付秀等（2014）研究发现，中国资本市场的高股价同步性、高波动性以及高换手率导致股票市场效率低下，因此 CEO 的解职、CEO 薪酬与公司市场绩效并不相关，同样表明了经理人市场的前提条件即有效资本市场在中国不适用。

也有文献对 CEO 和独立董事的声誉机制进行了检验。袁春生等（2008）发现，经理人市场并没有为年轻的中国上市公司经理人提供足够的激励，因而不能起到抑制舞弊的作用。郑志刚等（2011）的研究发现，媒体的负面报道将引起普通民众的关注，形成对注重声誉的经理人行为的外部约束，从而发挥公司治理的作用。黄海杰等（2016）发现，会计专业独立董事的声誉对企业盈余质量有着显著的正向影响，表明声誉机制能激励独立董事维持其独立性，提高公司的会计信息披露质量。

三、控制权市场

（一）控制权市场的治理机制

控制权市场也被称为接管市场，在这个市场中，不同管理团队相互竞争对公司资源进行管理的权利。控制权市场的特征之一是管理团队之间相互竞争。当目标公司被收购时，对目标公司的控制权转移给收购公司的董事会，董事会一般只保留顶层控制权，将管理公司资源的权力下放给内部管理者，通过这种方式，收购方的管理团队获得了管理目标公司资源的权利，因而控制权市场也被认为是经理人市场的重要组成部分，它补充了 Fama（1980）所讨论的内部和外部经理人市场（Jenson and Ruback，1983）。

Manne（1965）首先注意到控制权市场对公司治理的作用，他将控制权市场分为三类，包括合并、收购要约或代理权之争。在合并中，收购方直接与目标公司经理进行谈判，提出以高于目标公司当前市值的价格购买目标公司的股票，并经目标公司董事会批准后，再由目标公司股东投票通过。收购要约是直接向目标股东发出的购买股票的要约，目标股东可以单独决定是否将自己的股票出售给收购公司，也包括在公开市场上直接购买一定比例的股票。代理权之争是企业内部由不同股东形成的利益集团通过争夺投票权获得对董事会的控制，进而达到更换管理团队的目的，通常是持有异议的大股东前任经理与企业现有管理团队或实际控制人之间争夺控制权的方式。

人们往往使用"掠夺者"这个充满感情色彩的词来称呼收购者，认为收购者的收益是以牺牲目标公司股东的利益为代价的。Jenson 和 Ruback（1983）对早期控制权市场文献的总结与这种常识不符，一般来说，收购导致目标公司的股权价值上升，目标公司的股东在收购完成后财富大幅增加，而收购方不会出现损失。Manne（1965）认为，控制权市场能减少破产过程的资源浪费，改善企业管理，为非控股股东提供保护，增加资本流动性，并带来更有效率的资源配置。控制权市场发挥作用的机制是管理团队在管理效率上的竞争，如果企业的管理团队没有效率、侵犯了股东的利益，其在股票市场上的价值较低，其他企业将会对其进行接管，以低价买入并通过更换管理团队进行效率更高的管理，再以高价卖出并且从中牟利。"搭便车"问题的存在导致中小股东们没有足够的激励去监督管理层，并因此受到利益侵犯，控制权市场的存在可以在一定程度上解决该问题，为中小股东的利益提供相应保护。

控制权市场发挥治理机制的前提是，企业的管理效率和股票的市场价格之间存在着高度的正相关关系，即当企业效率低下时，其在股票市场上也表现不佳。股价既反映管理效率，也能衡量股票潜在的资本收益，股价越低，效率改善的空间越大，接管越有可能为收购方带来巨大的回报，因而就越有吸引力。此外，由于高管薪酬与股价挂钩，较低的股价意味着接管后向高层管理人员支付的薪酬较低，从而减少收购方接管的成本（Manne，1965）。

接管也会遭到目标公司、竞争对手和反垄断当局等的反对。例如，目标经理人经常辩称，收购损害了目标股东的利益，其目的是为了保住自己的职位。由于目标经理在收购后被取代，失去了权力、威望和组织特有的人力资本的价值，他们有动机反对收购，从而以牺牲股东的利益为代价使自己受益。反垄断当局则可能认定接管减少了竞争、造成了垄断，但 Jenson 和 Ruback（1983）的总结发现，接管带来的收益并不一定来自产品市场上的垄断势力增加，Manne（1965）则认为，公司控制权作为一种有价值的资产，能独立于规模经济或垄断利润而存在。目标公司或反垄断当局的反对导致接管推迟或取消，增加了接管成本。即使控制权市场运作得很好，只要现任经理的低效率对公司造成的成本低于外来者接管控制权的成本，接管就不会发生。

（二）控制权市场的治理效果

Easterbrook 和 Fischel（1991）以及 Jensen（1993）认为，美国的收购机制是一种基本的控制管理层任意行为的公司治理机制。一些实证研究支持控制权市场有助于提高公司治理水平，如收购给目标公司带来了正的价格效应。另一些研究持相反的观点。[①]

支持兼并与收购是一种控制管理层的有效机制的实证研究有：Martin 和 McConnell（1991）发现，成功的收购事件之后管理层更换会增加；当被收购公司的表现在收购之前低于行业平均水平时，管理层的更换更为频繁。Shivdasani（1993）的实证研究结果表明，当内部治理机制如董事会等无法控制管理者的行为而使公司价值无法最大化时，敌意收购是一种很有效的外部治理机制。此外，Mikkelson 和 Partch（1997）的研究表明，1984—1988 年及 1989—1993 年两个阶段，美国的兼并与收购活动减少，而随后管理层所受到的纪律约束也下降。他们指出，只有当收购市场很活跃时，管理层的更换与公司的表现之间才有很强的相关关系。Lel 和 Miller（2015）利用收购法在各国启动时间不同这一自然实验检验了控制权市场对管理纪律的影响，发现随着收购法的颁布，企业替换业绩不佳 CEO 的可能性增加，在内部治理机制较弱的国家，管理纪律与收购呈正相关。

一些研究表明，反收购条款会降低公司治理水平，这从反面为控制权市场的治理效果提供了证据。Gompers 等（2003）研究发现，在公司章程中有大量反收购条款的公司的股权收益较低，表明收购防范措施可能会伤害股东。破坏收购方的股东价值的收购行为本身也是代理问题，受到控制权市场的约束。Masulis 等（2007）发现，具有较多反收购规定的收购方，其公告期异常股票收益显著较低，即受到更多反收购条款保护的公司的经理们较少受到市场对公司控制权的约束，更有可能沉迷于破坏股东价值的帝国式收购。

---

① 关于兼并与收购的一个可能的解释，可参见 Weston，Kwang，and Hoag（1990）.

反对接管会增加接管成本，降低控制权市场的治理效果。Grossman 和 Hart（1980）指出，由于收购行为使目标收购公司的股价上升，股东们可以通过拒绝出售其股票实现"搭便车"，那么收购机制对公司治理的促进效应就会被破坏。另外，兼并与收购不仅包括致使不愿意接受要约的股东同意卖出股票的成本，也包括搜寻成本、出价成本和其他交易成本（Williamson，1970），因此兼并与收购实际上是一个非常昂贵的解决办法。管理者只需保持其管理不要偏离最优行为太远而使公司股价下跌超出兼并与收购的成本，就可以免受兼并与收购的威胁。此外，最近几年在美国出现的防范收购措施、公司章程修改，甚至反收购法进一步增加了收购的成本和风险。

兼并与收购机制的另一个缺点是：它是事后改正机制，而其他机制是事前控制机制。当收购发生时，大量由管理层无效管理带来的直接和间接成本已经无法避免。因此，有人认为收购威胁是比收购本身更有效的机制，尽管收购威胁的效率需要市场上出现一些敌意收购事件来维持。

一些学者对美国以外其他地区的兼并与收购机制进行了研究。除英国以外，欧洲大陆的国家很少出现敌意收购。Franks 和 Mayer（2001）认为，这种情况是由欧洲资本市场的特殊结构所致，如上市公司较少，所有权相对集中等等。一些学者对英国的兼并与收购机制作了实证研究，得出了一些完全相反的结论。Franks 和 Harris（1989）支持收购机制对管理层的行为起到约束作用，但 Franks 和 Maye（1996）反对该假说。其他学者，如 Sudarsanam 等（1996）对英国公司的实证研究结果也与美国的结果不尽相同。

四、产品市场竞争

（一）产品市场竞争的治理机制

产品（和要素）市场竞争是公司治理的另一个外部机制，具体而言，产品市场的竞争程度可以作为对管理者不以利润最大化为目标的行为的约束。早期文献认为，产品市场竞争对管理激励和组织松懈有重要影响。如果一个企业在完全竞争的产品市场上经营，就没有懈怠的余地，因为一个没有使成本最小化的公司最终会被赶出市场（Machlup，1967）。如果产品市场的竞争不完全，则可能因为没有成本最小化的动机导致"X 效率低下"，其中 X 效率低下衡量的是实际利润偏离所有运营所能获得的最大利润的程度，并且经验证据表明，组织松懈造成的福利损失比不完全竞争市场上垄断价格造成的福利损失要大一个数量级（Leibenstein，1966）。这些结果普遍支持竞争加剧会减少组织松懈，特别是减少管理人员的懈怠这一假设，但这些早期文献并未为竞争与管理激励之间的联系提供理论解释。

Hart（1983）开发了一个信息模型来解释竞争和松懈的关系，在这个模型中存在两类企业：利润最大化的企业和管理型企业。管理型企业的经理人有自己的目标，如最小化努力程度，假设所有者不能监督经理人工作，但可以观察到努力的结果即公司业绩，并据此支付经理人工资。再假设所有者对企业的成本是不确定的，所有者不知道企业的糟糕表现是由于管理不善还是由于成本高。在这些条件下，产品市场竞争时的管理松懈低于垄断，这是由于利润最大化的企业的竞争使得产品价格降低，为了实现利润目标，经理人会减少自由支配行为。这一结论的成立还依赖经理人的效用函数。Scharfstein（1988）指出，当经理人的收入边际效用严格为正时，Hart（1983）的结果会发生逆转，竞争可能增加管理松懈。

Schmidt（1997）认为竞争增加会减少管理上的懈怠，但这种关系不一定是单调的。一方面，竞争增加的基本影响是减少企业的利润，导致破产概率上升，这会诱使经理人更努力工作以降低企业成本，从而避免破产以使自己的工作得以保留。另一方面，竞争增加减少了成本降低的好处，经理人努力程度是由所有者采用的最优激励方案内生决定的，如果竞争降低了成本削减对所有者的价值，他可能会诱使管理者减少工作努力。因此，产品市场竞争的清算威胁效应对管理激励的总效应可能是模糊的。

Jensen和Meckling（1976）认为，竞争程度对代理成本没有任何影响，由于管理松懈带来的好处由经理人而非企业所有者获得，因此无论是垄断企业还是竞争企业，所有者在降低代理成本方面有相同的利益，应该为经理提供完全相同的激励方案。Jensen（1986）的研究表明，在新活动中或者涉及大量的经济租金或准租金的活动中，产品市场竞争的约束作用会被削弱，而此时其他的治理措施就更为重要。同样地，Shleifer和Vishny（1997）也对仅依赖产品和要素市场的竞争就可以解决公司治理问题的观点提出了质疑，即便其承认竞争是一种使经济活动有效的重要力量。

总的来说，产品市场竞争这一治理措施符合直觉，但人们对其内在机制并未达成共识，一般认为，这一措施需要与其他内外部治理机制共同发挥作用。

（二）产品市场竞争的治理效果

在实证研究方面，几乎没有证据直接表明竞争能提高企业生产率或业绩（Nickell，1996），但产品市场竞争能够在一定程度上替代或补充其他治理机制。

Giroud 和 Mueller（2010）利用反收购法律研究了公司治理和行业竞争之间的相互作用。反收购法的通过削弱了公司治理，导致了更高的投入成本、工资和管理费用，以及显著的股价下跌，但只有在非竞争性行业才会如此，这一结果与竞争缓解管理松懈的假说一致。类似地，Giroud 和 Mueller（2011）发现，治理较弱的企业的股权收益较低、经营业绩较差、市场价值较低，但仅出现在非竞争性行业，反映了非竞争性行业的企业比竞争性行业的企业从良好治理中获益更多。伊志宏等（2010）以中国为背景发现合理的公司治理结构能够促进信息披露，而产品市场竞争对公司治理机制具有互补或替代作用。Dasgupta（2017）等发现，关税削减所引发的竞争冲击导致 CEO 被迫离职的可能性和对业绩的敏感性都有所增加，但这种影响仅存在于治理质量较差的子样本中，表明产品市场竞争可以通过效率低下的 CEO 被迫离职来改善内部治理。一些学者还探讨了产品市场竞争与创新、债务融资等财务决策之间的关系（Aghion et al.，2005；Valta，2012）。

这些实证结果的含义是重要的，它说明代理问题导致经理人偏离价值最大化行为，对竞争行业的企业而言可能影响较小，行业竞争与企业层面的治理措施能够相互作用，要使改善公司治理的政策发挥作用，应当将重点放在非竞争性行业，甚至还可以将政策扩大到提高行业竞争力方面，如放松管制和反垄断法（Giroud and Mueller，2010）。

五、法律

（一）法律的治理机制

另一个影响公司治理的外部机制是法律环境。La Porta，Lopez-de-Silanes，Shleifer，and Vishny（简称 LLSV，2000）认为，通过法律制度保护股东和债权人是理解不同国家公司融资模式的关键。当投资者的权利，如股东的表决权和债权人的重组和清算权受到法律严格的保护时，投资者就愿意为公司提供资金。相反，如果法律制度不能保护外部投资者，公司治理和外部融资就不能很好地发挥作用。

在许多国家，经理人或控股股东对少数股东和债权人利益的侵占是广泛存在的。利益侵占可以采取多种形式：内部人士直接窃取利润，或以低于市场价格的价格将其控制的企业的产品、资产或证券出售给另一家企业。这种转让定价、资产剥离和投资者稀释虽然通常是合法的，但在很大程度上与盗窃的效果相同。其他利益侵占形式包括转移企业的机会，将家庭成员安置在管理职位，或为高管支付过高的薪酬。由于控股股东或管理者侵占，当外部投资者为公司融资时，面临投资回报无法实现的风险，因此会减少外部融资，使金融体系的运转受到破坏。

公司治理的法律治理机制认为，公司治理在很大程度上是一套外部投资者保护自己不被内部人侵占的机制。通过法律体系保护外部投资者，能够降低内部人士转移企业资源的效率，增加利益侵占的成本，减少私人控制利益，这也使企业能够获得外部融资，因此投资者保护是至关重要的，法律及其执行的差异是解释某些国家的企业比其他国家筹集更多外部资金的关键。

LLSV（1997）研究表明，保护投资者的法律规则的存在和效率是当地资本市场发展的重要决定因素。在公司治理问题阻碍外部融资的框架下，投资者保护法律的质量是公司和投资者建立起有效的公司治理结构的主要决定因素。

Jensen 和 Meckling（1976）也强调了法律的重要性，他们提到，"这种企业观突出了法律制度和法律在社会组织特别是经济活动组织中所起的重要作用。成文法对个人和组织可以在不面临刑事起诉的情况下签订的合同种类作出了限制。国家的警察权力是可用的，用于强制履行合同或强制要求不履行合同的损害赔偿。法院裁决缔约双方之间的合同，并建立形成普通法主体的判例。所有这些政府活动都影响到所执行的合同的种类和依赖合同的程度。"

当投资者向企业提供资金时，通常会获得某些权利，这些权利通过法律的执行而受到保护。其中一些权利包括披露和会计规则，以向投资者提供行使其他权利所需的信息。股东权利包括按股权比例收取股息、投票选举董事、参加股东大会、以与内部人士相同的条款认购新发行的证券、起诉董事或涉嫌侵占的大股东、召开临时股东大会等。债权人的权利主要涉及破产和重组程序，包括回收抵押品、具有优先地位以及使企业难以从重组中寻求法院保护。在不同的司法管辖区，保护投资者的规则有不同的来源，包括公司法、证券法、破产法、收购法和竞争法，也有来自证券交易所规章和会计准则的规定。

法律的执行和法律的内容同样重要。传统的法经济学认为，金融合约发生在成熟的发行者和投资者之间，他们会自发地签订合同约束利益侵占行为，只要这些合同被执行，金融市场就不需要监管。这一观点源于科斯定理，关键在于法院会执行详尽的合同。大多数国家合同的可信度都是相当低的，因此法律强制合同执行的程度直接决定了公司治理的效率。

法律也可能对其他公司治理机制的效率或成本产生影响。例如，为避免敌意收购的成本或者提高收购成本，美国的很多州通过了反并购法案，这些法案严重削弱了这些州内并购威胁机制作为一种公司治理机制的效率。巴西、智利、哥伦比亚、希腊和委内瑞拉等国的强制性的股利政策也削弱了股利政策作为公司治理机制的作用。在其他国家，法律环境的作用在某种程度上更加微妙，如英国的《卡得伯里法案》（1992）。英国公司法定义，当股东年会批准特别解决方案时，股票发行的强制性增发要求可以豁免。Franks 等（1998）发现，这些要求影响了公司控制其他方式的相对成本。在美国尽管这种要求存在，但很少被实践。

（二）法律的治理效果

LLSV（2000）认为，强有力的投资者保护与有效的公司治理相关，这反映在企业估值更高的金融市场、分散的股权结构以及有效的公司间资本配置上。LLSV（2002）发现，投资者保护能够促进金融市场发展，表现为企业的估值更高，这是因为控股股东对中小股东的侵占成本增加。Leuz（2003）等发现，在股票市场发达、所有权结构分散、拥有强大的投资者权利和法律执行的国家，企业从事较少的盈余管理。Doidge（2007）等发现，投资者保护和公司治理之间存在互补性，在金融市场发展缓慢和投资者保护较弱的国家，改善治理带来的好处也较弱。John（2008）等认为，当投资者保护缺失时，内部人士为保护其私人利益，投资选择表现出风险厌恶。投资者保护降低了私人利益对内部人的重要性，使企业增加风险更高但能提高价值的投资，同时非股权利益相关者如银行降低企业风险的动机减弱。Frésard 和 Salva（2010）发现，在美国交叉上市的企业与本国国内企业相比，超额现金估值更高并在上市后持续数年，并且来源国的股东保护较弱时超额现金溢价更大，反映了在美国上市的法律和非正式监管的治理效应。Agrawal（2013）通过研究发现，美国在 20 世纪初交错通过的州投资者保护法促使企业增加股息、发行股本、提高经营业绩和市场估值，这一研究为投资者保护法对公司融资和投资政策有重要影响提供了证据。

一些研究构建了用于衡量各国投资者保护程度的指数。LLSV（1998）讨论了一套保护股东和债权人的关键法律规则，并记录了这些规则在全球 49 个国家的普遍运用情况。他们还将这些规则汇总为各国的反董事指数和债权指数，并考虑若干衡量执法质量的指标，如衡量司法体系的效率和会计标准质量的指标。Djankov（2008）等开发了包含审批、披露和私人诉讼规定的反关联交易指数，与同样的反映股东保护的反董事指数相比，其更加聚焦于关联交易并对股票市场发展的预测更好，英美法系的该指数高于大陆法系。

现有研究还考察了不同国家投资者保护程度的差异。法律规则对外部投资者的保护程度因法律来源而异。英美法系（普通法）国家对外部投资者（包括股东和债权人）的保护最强，而法国等大陆法系国家对外部投资者的保护最弱。德国大陆法系介于两者之间，但相对而言，它们对债权人特别是有担保债权人的保护更强

（LLSV，2000）。对于普通法系相比大陆法系能更好保护投资者的司法解释，由Coffee（2000）和 Johnson 等（2000）阐述。在普通法系下，法条通常是由法官依据先例或者受到忠诚原则和公平原则启发而制定的。即便特殊的处罚原则没有在现有的法典里被描述，但是根据一般原则，法官往往会对新案例进行创新的判决。相反，在大陆法体系中，法官就没有那么多的自由了。LLSV（1999）认为，形成法律的一个重要的历史因素是，与普通法国家相比，在大陆法系国家中，国家在规范商业方面具有相对更大的作用。

Black 和 Coffee（1994）对美国和英国机构投资者的法律结构作了比较研究。他们发现，每一类机构投资者的规则是机构投资者是否愿意监督管理者行为的部分决定因素。Black（1998）认为，一些法律规则，如 SEC 关于股东联合诉讼的 13D 条例可以部分解释美国机构投资者很少实践其股东行为的原因。

六、分析师

（一）分析师的治理机制

Jensen 和 Meckling（1976）认为，投资银行、证券公司及较大的机构投资者所雇用的证券分析师对于经理人从公司获得过高的金钱和非金钱利益的机会起到了监督作用。分析师的治理机制有两个主要渠道。首先，分析师定期追踪公司的财务报表，并通过与管理层沟通进行直接监督。其次，分析师通过研究报告和媒体渠道向机构和个人投资者提供公共和私人信息，从而进行间接监督（Miller，2006）。假定经理人的决定被这些证券分析师严密监控并且披露，那么这些分析师的存在能够起到约束经理人行为的作用。若缺少这种监督，在其他条件不变时，经理人更有可能从事一些不使公司价值最大化的行为。从信息不对称的角度来看，分析师能够改善企业的信息环境，减少投资者和企业的信息不对称。

然而，不是所有的公司都受到这种潜在的监督力量的影响。一般情况下，被金融分析师严密监控的公司是那些较大的以及股权较分散并且流动性较强的公司。因此，不符合这些条件的其他公司需要依赖于其他监督机制。此外，分析师自身也面临着来自各种来源的压力，这可能会扭曲他们的动机，影响他们的治理作用。这些压力包括与管理层保持良好的关系以获取私人信息，追求投资银行业务，避免对主要客户大量持有的股票降级（Yu，2008）。例如，Lin 和 McNichols（1998）的研究表明，承销关系可能会影响证券分析师的监督作用。相比而言，承销商的分析师对公司的看好程度不像这层关系的分析师那样严重偏高，尽管他们对公司的盈利预测相差不大。

除了起到监督作用外，分析师还可能给经理人造成较大的业绩压力。在股票市场上，未达到分析师预期的企业股价通常会大幅下跌，这造成了经理人的短期行为激励，例如进行更多的收益管理以满足分析师的盈利预测（Yu，2008）。因此，分析师在发挥代理机制的同时也能可能增加代理成本。

（二）分析师的治理效果

对于证券分析师机制在公司治理中的作用的实证研究相对较少，更多文献集中在分析师与客户的利益冲突导致了盈利预测的乐观偏向上。Moyer 等（1989）并不支持证券分析师起到监督作用的论点。他们认为，分析师监督活动的程度不仅与投资者的信息需求相关，也与其他代理问题相关变量有联系。Chung 和 Jo（1996）提出的论据表明，在控制了风险、公司规模、研发、广告支出和盈利率之后，分析师活动的频繁程度对于公司的市值有正向促进作用，他们将此效应归功于代理成本的减少。Marston（1997）对英国的实证研究部分支持了证券分析师所带来的监控作用的观点。Irvine（2003）的研究表明，分析师对股票进行首次报告后，股票的流动性会增加，进而使得股票的回报增加。Leuz（2003）指出，分析师和企业价值之间的联系还需要更多的研究。

早期关于分析师治理效果研究的缺乏可能部分是由潜在的内生性问题导致的，例如分析师可能倾向于调查代理问题不严重、信息环境较好的公司。近期的研究多使用外生冲击对分析师治理效果进行因果分析。Yu（2008）以盈余管理作为切入点，使用工具变量检验了分析师的外部监督者效应，发现分析师覆盖率的增加能够减小企业的盈余管理，并且预测能力更强的分析师治理效应更大，这一研究为高分析师覆盖率为企业创造了更好的信息环境、减少信息不对称提供了直接的证据。Irani 和 Oesch（2013）研究了分析师和企业信息披露的关系，发现经纪公司合并导致的分析师覆盖率外生性减少会导致财务报告质量的恶化，并且分析师对披露的影响对股东权利较弱的企业更显著。李春涛等（2014）以中国上市公司为样本检验了分析师在减少盈余管理上的监管作用，发现分析师能够对声誉较高的中国名企形成有效的监督机制。Chen（2015）等以券商退出和合并作为自然实验，检验了分析师在减轻管理层对外部股东的剥夺方面的治理效应。他们发现，当企业的分析师覆盖率外生减少时，股东对内部现金持有的价值降低，CEO获得更高的超额薪酬，其管理层更有可能进行破坏价值的收购和盈余管理。这些发现与分析师的监督假说一致，反映了证券分析师在审查管理行为中扮演着重要的治理角色，并且股票市场在分析师覆盖率降低后预期企业的代理问题增加。

除了发挥监督作用、减少代理成本外，分析师这一外部机制也可能不利于企业价值最大化。He 和 Tian（2013）发现，分析师覆盖率更高的企业获得的专利更少，专利的影响也更小，表明分析师施加太多的压力给经理造成了满足短期目标的动机，阻碍企业在长期创新项目上的投资。目前，关于分析师造成的负面影响的研究较少。

七、媒体

（一）媒体的治理机制

由于大众媒体的存在，一方面现代社会的公民和消费者的信息收集成本大为降低，另一方面信息的可信度（credibility）显著增强。媒体的上述基本功能显然是与现代电信技术被广泛应用之前的乡村社会公民借助流言蜚语来传播和收集信息相比较而言的。

现代社会的大众媒体或者借助具有专业素养的职业记者和编辑的眼光，或者通过聘请专家对相关信息的总结和评论事实上完成了对原始信息的加工和处理过程；而与流言蜚语来源的相对不固定相比，大众媒体成为人们日常获得信息的重要渠道。需要了解信息的公民或消费者不是像在乡村社会一样被动地等待与自己有关或无关、自己感兴趣或不感兴趣的消息，而是主动地打开电视或上网来了解自己感兴趣的信息。现代社会大众传媒的存在正是从以上两个方面降低了信息收集成本。

不仅如此，现代社会经过媒体加工和处理的信息与乡村社会的流言蜚语相比更加可信，从而增加了信息的可信度。这是由于媒体发布信息作为公众行为具有法律上的可证实性。在具有诽谤法等新闻立法的国家里，媒体发布信息的真实性将受到法律的约束。与此同时，一家媒体所提供信息的真实性同样受到媒体自身信誉的约束。只有提供真实信息，从而获得"发布信息真实"的声誉的媒体才能获得公众和消费者的持续关注。在实际中，发行量或受众的数量（如报刊的发行量、电视的收视率和网络的点击率等）以及出版的自由度和独立性（press freedom and independence）等成为衡量媒体功能是否有效发挥的重要指标，同时也构成关于媒体公司治理角色实证研究的重要解释变量（Dyck and Zingales，2008；Islam et al.，2002）。

那么，媒体的基本功能又是通过什么途径来发挥公司治理的作用的呢？按照 Dyck 和 Zingales（2008）的观点，媒体公司治理角色的实施途径是通过影响声誉实现的。具体而言，主要存在以下三种不同的途径。

首先，媒体关注将促使政治家（议员、行政官员等）提出公司法修改的提案和有效实施。其原因是，政治家担心无动于衷将使他在公众心目中的形象受损，并最终危及其未来的政治生涯（Besley and Prat，2006）。

其次，媒体关注将迫使公司董事（经理人）维持"好"的经理人声誉。按照Fama（1980）以及Fama和Jensen（1983）等的观点，经理人未来的工资取决于现在雇主（股东）和未来雇主对经理人是否严格履行责任的信念，为了避免长远的货币损失，经理人有激励放弃暂时的内部交易的机会，从而形成他是一个"好"经理的声誉。

最后，媒体的关注将影响公司董事（经理人）的社会声誉和公众形象。为了避免在人际交往过程中出现的尴尬，他们将努力维护公众形象。一个经典的案例来自罗伯特·蒙克斯（Robert Monks）在《华尔街日报》刊登广告来敦促西尔斯-罗巴克（Sears-Roebuck）董事会成员改进经营管理的故事（Dyck and Zingales，2008）。1992年4月的一期《华尔街日报》在《西尔斯毫无作为的资产》的标题下整版刊登了西尔斯-罗巴克董事会成员剪影的广告，并罗列了所有董事对西尔斯股票平淡业绩应承担的责任。该广告的付费人是持不同意见的积极股东，同时也是著名的公司治理专家和EMBA教程《公司治理》（Corporate Governance）作者之一的罗伯特·蒙克斯。广告刊登后不久，西尔斯的董事们表示将接受蒙克斯的建议。在公告发出当日，西尔斯股票上涨了9.5个百分点，在之后的一年中持续上涨达37个百分点。其合作者米诺（Minow）对此事的评论是："到今天，西尔斯的董事们仍十分憎恨米诺，原因是米诺所刊登的广告使这些董事们在当地的乡村俱乐部至今仍受到人们的嘲笑"。米诺后来揭示了西尔斯广告产生上述效力的原因："我们是在和他们的朋友、他们的家庭还有和他们的职业有关系的人讲话。任何看到这个广告的人都会读它，任何读到它的人都会理解它。任何理解它的人都会轻松地向他所遇到的董事询问"（Rosenberg，1999；转引自Dyck and Zingales，2008）。

需要指出的是，建立在良好的外部环境基础上，尽管媒体在塑造企业经理人和董事的公众形象方面扮演了重要的角色，但媒体的压力有时会带来股东价值的最大化，有时则会导致对股东价值最大化的偏离。例如，美国自然资源保护委员会、美国野生动物联盟等环境组织收集并定期通过媒体发布"污染最严重的前500家企业"名单。由于公众舆论将对污染企业的政策产生重要影响，1990年排名榜首的杜邦在无任何法律要求的背景下修改了公司战略，希望公司以最快的速度离开前10名。由于环保等新闻的公众吸引力，环境组织通常比积极股东（如蒙克斯）刊登广告支付更少的费用。

我们知道，股东价值最大化是公司治理通常意义上的目标。在西尔斯广告案例中，媒体监督最终迫使董事会改善经营管理，从而符合公司治理股东价值最大化的一般原则。而在美国自然资源保护委员会案例中，媒体监督依据的原则则是"社会范围内可以接受"，由于污染环境的社会损失无法从企业的生产中获得补偿，其结果是一定程度上偏离了股东价值最大化目标。美国自然资源保护委员会案例表明，媒体形成的公众舆论以及由此逐步形成的社会规范有时会迫使公司治理的目标超越股东价值最大化目标本身，以此来符合社会的兴趣。

媒体在发挥监督作用的同时，也掌握了强大的引导公众话题和舆论导向的权力。由于公众的注意力稀缺，并受到大众传媒的引导，媒体对公众意见有"议程设定"的效应（McCombs，2002），并且媒体与消费者之间存在信息不对称，大众传媒作为市场与政治之外的另外一种重要的资源和财富的配置机制使得媒体的寻租十分普遍。一个有影响力的媒体有动力与相关各方达成私下交易，而且可以因不揭露破坏性信息而获得好处。毫无疑问，媒体的寻租行为将给社会经济生活带来效率损失，损害社会福利，因而减少媒体寻租行为是发挥媒体的公司治理作用首先需要解决的问题。我们注意到，在一个竞争性市场中，一家同意不发表坏新闻的媒体有可能被另外一家媒体抢走新闻，从而失去其可信性。因此，一个更具有竞争性的环境将有利于维护媒体的可信度，相应减少媒体的寻租行为。因此，政府的适度监管所确保的媒体充分竞争和对新闻自由的法律保护等是确保媒体可信度，从而发挥公司治理作用的关键。

（二）媒体的治理效果

一些研究为媒体的治理作用提供了证据。Miller（2006）研究了媒体作为会计欺诈的监督者的作用渠道。他们发现，媒体通过转播其他信息中介的信息，或进行原始的调查分析发挥监督者的角色，只有后者为市场提供了新的信息；媒体主要报道的是大众感兴趣和调查成本较低的情况，而企业良好的信息环境使得媒体能以较低的成本获得信息。Dyck（2008）等以俄罗斯为背景研究了媒体报道对公司治理的影响，他们发现，股东（如对称基金）能通过游说媒体对经理人的渎职行为曝光来对经理人施加压力，其发挥治理作用的渠道是维护公司声誉的动机或监管机构的介入。Dyck（2010）等发现，媒体在企业财务欺诈行为的揭发中扮演着关键角色。郑志刚等（2011）选取2000—2002年进行IPO的278家中国上市公司，实证研究发现，媒体负面报道将引起普通民众的关注，进而形成对经理人行为的外部约束，实现公司治理效果。于忠泊等（2011）同样以中国A股上市公司为研究对象，发现了媒体关注给管理者带来了市场压力，迫使其为了满足市场预期而进行基于应计项目的盈余管理。Liu 和 McConnell（2013）发现，经理人在做出收购决策时，其声誉资本处于风险之中，而媒体关注提高了降低价值的收购对经理人声誉的影响。由此可以看到，媒体治理机制常与其他治理机制共同发挥作用。

在媒体发挥监督作用的过程中，需要警惕特殊利益集团对媒体的操纵。Djankov 等（2003）考察了全世界 97 个国家的媒体所有权模式。他们发现，几乎所有最大的媒体公司都被政府或私人家族拥有。广播媒体产业的国有化程度高于印刷媒体产业。他们的实证研究表明，媒体的国有化与较低的新闻自由程度、较少的政治经济权利等低劣的社会效应联系在一起，从而支持了 Sen（1984，1999）、Besley 和 Burgess（2000）所持的"私有化和独立化的媒体可以向公众提供多角度的观点，使选举人和消费者可以在政治候选人、商品和证券中做出选择——而不用担心被不道德的政治家、生产商和发起人所利用"的观点。Houston（2011）等研究了媒体所有权和集中度对银行贷款腐败的影响，发现国有媒体与更高程度的银行腐败有关，并且媒体集中度通过与国有媒介的相互作用增加了腐败。Gurun 和 Butler（2012）发现，当地媒体报道有关当地企业的新闻时，与非本地企业相比使用更少的负面词语，主要原因是当地企业在当地媒体上进行广告支出，这一研究表明，新闻内容会随着新闻来源的特点和利益冲突而发生系统性变化。

一些研究表明，媒体同样可以在缓解股东之间的利益冲突方面发挥重要作用。我们以一个案例来说明媒体是如何实现上述功能的（转引自 Dyck and Zingales，2008）。在韩国的大型企业中，控股股东通常利用所处的控制性地位牟取私人利益，从而使小股东的利益受到损害。SK 电信（SK Telecom）是韩国盈利能力最强的公司之一，但由于 SK 电信公司的总裁和他的亲戚以转移定价的方式将 SK 电信的利润转移到他们的全资公司，导致 SK 电信公司总体的财务结果并不理想。韩国大学张夏成于 1996 年发起成立 PSPD 组织（the People's Solidarity for Participatory Democracy）开始关注这一事实。在英国的《金融时报》刊发该组织撰写的报告引起巨大反响后，该组织进一步在各种媒体刊登广告，发起吸引委托投票权的运动。1998 年 3 月这一运动以 SK 电信的董事们表示同意 PSPD 的建议而结束。

对于不同于传统的投资者和经营者之间的利益冲突引发的代理问题，理论界迫切需要寻找有效的公司治理机制来解决由于投资者内部（大股东和小股东之间）的利益冲突所引发的代理问题。在一定意义上，媒体比传统的法律途径在解决股东之间的利益冲突问题上更为有效。这是由于受到公司法和公司章程所规定的时限和程序的限制，公司股东提议是被严格限制的，更换董事要经过其他股东的同意，而唯一有影响力的权力——股东代表大会上的表决权则受到公共选择问题的干扰，而具有公信力的媒体不仅作用巨大而且影响广泛。因此，公司治理的理论研究和政策实践要从以往更多关注法律和合约的公司治理途径转到同时重视包括媒体在内的意识形态、社会规范等对公司治理可能产生的重要影响。

八、总结

本文为公司治理外部机制的理论与实证研究提供综述,第二部分介绍了经理人市场,第三部分介绍了控制权市场,第四部分介绍了产品市场竞争,第五部分介绍了法律与投资者保护,第六部分介绍了信息中介即分析师,第七部分介绍了媒体。

本文回顾了外部公司治理机制发挥作用的渠道,一些实证研究为这些机制的治理效果提供了证据,也有部分研究对这些外部机制的有效性提出了质疑。其中控制权市场和投资者保护法律的重要性受到广泛的认同,而分析师和媒体的治理效果还需要更多实证的检验。总的来说,单一的外部治理机制不能完全解决委托-代理问题,良好的公司治理需要各种内外部机制共同发挥作用。

参考文献

[1] Aghion, P., Bloom, N., Blundell, R., Griffith, R., Howitt, P., 2005. Competition and innovation: An inverted-U relationship. Quarterly Journal of Economics, 120, 701-728.

[2] Agrawal, A. K., 2013. The impact of investor protection law on corporate policy and performance: Evidence from the blue sky laws. Journal of Financial Economics, 107, 417-435.

[3] Besley, T., Burgess, R., 2002. The political economy of government responsiveness: Theory and evidence from India. Quarterly Journal of Economics, 117, 1415-1451.

[4] Besley, T., Prat, A., 2006. Handcuffs for the grabbing hand? Media capture and government accountability. The American Economic Review, 96, 720-736.

[5] Black, B. S., 1998. Shareholder activism and corporate governance in the United States. The New Palgrave Dictionary of Economics and the Law, 3, 459-465.

[6] Black, B., Coffee, J., 1994. Hail Britannia?: Institutional investor behavior under limited regulation. Michigan Law Review, 92, 1997-2087.

[7] Cannella, A., Fraser, D., Lee, D., 1995. Firm failure and managerial labor markets: Evidence from Texas banking. Journal of Financial Economics, 38, 185-210.

[8] Chen, T., Harford, J., Lin, C., 2015. Do analysts matter for governance? Evidence from natural experiments. Journal of Financial Economics, 115, 383-410.

［9］Chung，K. H.，Jo，H.，1996. The impact of security analysts' monitoring and marketing functions on the market value of firms. Journal of Financial and Quantitative Analysis，31，493－512.

［10］Coffee Jr.，J. C.，1998. Future as history：The prospects for global convergence in corporate governance and its implications. Northwestern University Law Review，93，641－708.

［11］Coughlan，A. T.，Schmidt，R. M.，1985. Executive compensation，management turnover，and firm performance：An empirical investigation. Journal of Accounting and Economics，7，43－66.

［12］Crutchley，C. E.，Hansen，R. S.，1989. A test of the agency theory of managerial owner-ship，corporate leverage，and corporate dividends. Financial Management，18，36－46.

［13］Dasgupta，S.，Li，X.，Wang，A. Y.，2018. Product market competition shocks，firm per-formance，and forced CEO turnover. Review of Financial Studies，31，4187－4231.

［14］Djankov，S.，La Porta，R.，Lopez-de-Silanes，F.，Shleifer，A.，2008. The law and eco-nomics of self-dealing. Journal of Financial Economics，88，430－465.

［15］Djankov，S.，McLiesh，C.，Nenova，T.，Shleifer，A.，2003. Who owns the media? Journal of Law and Economics，46，341－382.

［16］Dyck，A.，Morse，A.，Zingales，L.，2010. Who blows the whistle on corporate fraud? Journal of Finance，65，2213－2253.

［17］Dyck，A.，Volchkova，N.，Zingales，L.，2008. The corporate governance role of the media：Evidence from Russia. Journal of Finance，63，1093－1135.

［18］Islam，R.，Djankov，S.，McLeish，C.，2002. The right to tell：The role of mass media in economic development. The World Bank Working Paper.

［19］Easterbrook，F. H.，Fischel，D. R.，1996. The Economic Structure of Corporate Law. Har-vard University Press，Cambridge，Mass.

［20］Eckbo，B. E.，Thorburn，K. S.，Wang，W.，2016. How costly is corporate bankruptcy for the CEO? Journal of Financial Economics，121，210－229.

［21］Fama，E. F.，1980. Agency problems and the theory of the firm. Journal of Political Econo-my，88，288－307.

［22］Fich，E. M.，Shivdasani，A.，2007. Financial fraud，director reputation，and shareholder wealth. Journal of Financial Economics，86，306－336.

［23］Franks，J. R.，Harris，R. S.，1989. Shareholder wealth effects of corporate takeovers：the UK experience 1955—1985. Journal of Financial Economics，23，225－249.

［24］Franks，J.，Mayer，C.，1996. Hostile takeovers and the correction of managerial fail-ure. Journal of Financial Economics，40，163－181.

［25］Franks，J.，Mayer，C.，2001. Ownership and control of German corporations. Review of Financial Studies，14，943－977.

[26] Franks, J., Mayer, C., Renneboog, L., 1998. Who disciplines bad management? Working Paper, Catholic University of Leuven.

[27] Frésard, L., Salva, C., 2010. The value of excess cash and corporate governance: Evidence from US cross-listings. Journal of Financial Economics, 98, 359 - 384.

[28] Garvey, G. T., Swan, P. L., 1994. The economics of corporate governance: Beyond the Marshallian firm. Journal of Corporate Finance, 1, 139 - 174.

[29] Gibbons, R., Murphy, K. J., 1992. Optimal incentive contracts in the presence of career concerns: Theory and evidence. Journal of Political Economy, 100, 468 - 505.

[30] Gilson, S. C., 1989. Management turnover and financial distress. Journal of Financial Economics, 25, 241 - 262.

[31] Giroud, X., Mueller, H. M., 2010. Does corporate governance matter in competitive industries? Journal of Financial Economics, 95, 312 - 331.

[32] Giroud, X., Mueller, H. M., 2011. Corporate governance, product market competition, and equity prices. Journal of Finance, 66, 563 - 600.

[33] Gompers, P., Ishii, J., Metrick, A., 2003. Corporate governance and equity prices. Quarterly Journal of Economics, 118, 107 - 156.

[34] Grossman, S. J., Hart, O. D., 1980. Takeover bids, the free-rider problem, and the theory of the corporation. Bell Journal of Economics, 11, 42 - 64.

[35] Gurun, U. G., Butler, A. W., 2012. Don't believe the hype: Local media slant, local advertising, and firm value. Journal of Finance, 67, 561 - 598.

[36] Hart, O. D., 1983. The market mechanism as an incentive scheme. Bell Journal of Economics, 366 - 382.

[37] He, J. J., Tian, X., 2013. The dark side of analyst coverage: The case of innovation. Journal of Financial Economics, 109, 856 - 878.

[38] Healy, P. M., Hutton, A. P., Palepu, K. G., 1999. Stock performance and intermediation changes surrounding sustained increases in disclosure. Contemporary Accounting Research, 16, 485 - 520.

[39] Holmström, B., 1999. Managerial incentive problems: A dynamic perspective. Review of Economic Studies, 66, 169 - 182.

[40] Holmström, B., Costa, J. R. I., 1986. Managerial incentives and capital management. Quarterly Journal of Economics, 101, 835 - 860.

[41] Houston, J. F., Lin, C., Ma, Y., 2011. Media ownership, concentration and corruption in bank lending. Journal of Financial Economics, 100, 326 - 350.

[42] Irani, R. M., Oesch, D., 2013. Monitoring and corporate disclosure: Evidence from a natural experiment. Journal of Financial Economics, 109, 398 - 418.

[43] Jensen, M. C., 1986. Agency costs of free cash flow, corporate finance, and takeovers. The

American Economic Review，76，323 - 329.

[44] Jensen，M. C.，1993. The modern industrial revolution，exit，and the failure of internal control systems. Journal of Finance，48，831 - 880.

[45] Jensen，M. C.，Meckling，W. H.，1976. Theory of the firm：Managerial behavior，agency costs and ownership structure. Journal of Financial Economics，3，305 - 360.

[46] Jensen，M. C.，Ruback，R. S.，1983. The market for corporate control：The scientific evidence. Journal of Financial Economics，11，5 - 50.

[47] John，K.，Litov，L.，Yeung，B.，2008. Corporate governance and risk-taking. Journal of Finance，63，1679 - 1728.

[48] Johnson，S.，La Porta，R.，Lopez-de-Silanes，F.，Shleifer，A.，2000. Tunneling. The American Economic Review，90，22 - 27.

[49] Kaplan，S.，Reishus，D.，1990. Outside directors and corporate performance. Journal of Financial Economics，27，389 - 410.

[50] La Porta，R.，Lopez-de-Silanes，F.，Shleifer，A.，Vishny，R. W.，1997. Legal determinants of external finance. Journal of Finance，52，1131 - 1150.

[51] La Porta，R.，Lopez-de-Silanes，F.，Shleifer，A.，Vishny，R. W.，1998. Law and finance. Journal of Political Economy，106，1113 - 1155.

[52] La Porta，R.，Lopez-de-Silanes，F.，Shleifer，A.，1999. Corporate ownership around the world. Journal of Finance，54，471 - 517.

[53] La Porta，R.，Lopez-de-Silanes，F.，Shleifer，A.，Vishny，R.，2000. Investor protection and corporate governance. Journal of Financial Economics，58，3 - 27.

[54] La Porta，R.，Lopez-de-Silanes，F.，Shleifer，A.，Vishny，R.，2002. Investor protection and corporate valuation. Journal of Finance，57，1147 - 1170.

[55] Lel，U.，Miller，D. P.，2015. Does takeover activity cause managerial discipline? Evidence from international M&A laws. Review of Financial Studies，28，1588 - 1622.

[56] Leuz，C.，Nanda，D.，Wysocki，P. D.，2003. Earnings management and investor protection：An international comparison. Journal of Financial Economics，69，505 - 527.

[57] Levit，D.，Malenko，N.，2016. The labor market for directors and externalities in corporate governance. Journal of Finance，71，775 - 808.

[58] Lin，H. W.，McNichols，M. F.，1998. Underwriting relationships，analysts' earnings forecasts and investment recommendations. Journal of Accounting and Economics，25，101 - 127.

[59] Liu，B.，McConnell，J. J.，2013. The role of the media in corporate governance：Do the media influence managers' capital allocation decisions? Journal of Financial Economics，110，1 - 17.

[60] Lorsch，J. W.，1995. Empowering the board. Harvard Business Review，73，107 - 117.

[61] Mace，R.，1986. Directors：Myth and Reality. Harvard University Press，Boston，MA.

［62］Manne，H. G.，1965. Mergers and the market for corporate control. Journal of Political E-conomy，73，110 – 120.

［63］Marston，C.，1997. Firm characteristics and analyst following in the UK. The British Accounting Review，29，335 – 347.

［64］Masulis，R. W.，Wang，C.，Xie，F.，2007. Corporate governance and acquirer returns. Journal of Finance，62，1851 – 1889.

［65］McConnell，J. J.，Martin，K. J.，1991. Corporate performance，corporate takeovers，and managerial turnover. Journal of Finance，46，671 – 687.

［66］Mikkelson，W. H.，Partch，M. M.，1997. The decline of takeovers and disciplinary managerial turnover. Journal of Financial Economics，44，205 – 228.

［67］Moyer，R. C.，Chatfield，R. E.，Sisneros，P. M.，1989. Security analyst monitoring activity：Agency costs and information demands. Journal of Financial and Quantitative Analysis，24，503 – 512.

［68］Scharfstein，D.，1988. Product-market competition and managerial slack. The Rand Journal of Economics，147 – 155.

［69］Schmidt，K. M.，1997. Managerial incentives and product market competition. Review of Economic Studies，64，191 – 213.

［70］Sen，A.，1984. Poverty and Famines. Oxford University Press，Oxford.

［71］Sen，A.，1999. Development as Freedom. Alfred A. Knopf Inc.，New York.

［72］Shivdasani，A.，1993. Board composition，ownership structure and corporate control. Journal of Accounting and Economics，16，167 – 198.

［73］Shleifer，A.，Vishny，R. W.，1997. A survey of corporate governance. Journal of Finance，52，737 – 783.

［74］Sudarsanam，S.，Holl，P.，Salami，A.，1996. Shareholder wealth gains in mergers：Effect of synergy and ownership structure. Journal of Business Finance & Accounting，23，673 – 698.

［75］Valta，P.，2012. Competition and the cost of debt. Journal of Financial Economics，105，661 – 682.

［76］Warner，J. B.，Watts，R. L.，Wruck，K. H.，1988. Stock prices and top management changes. Journal of Financial Economics，20，461 – 492.

［77］Williamson. O.，1970. Corporate control and business behavior：An enquiry into the effects of organization form on enterprise behavior. Prentice-Hall International Series in Management.

［78］Yu，F. F.，2008. Analyst coverage and earnings management. Journal of Financial Economics，88，245 – 271.

［79］陈冬华，陈信元，万华林. 国有企业中的薪酬管制与在职消费. 经济研究，2005（2）.

［80］黄海杰，吕长江，丁慧. 独立董事声誉与盈余质量——会计专业独董的视角. 管理世界，2016（3）.

［81］姜付秀，朱冰，王运通．国有企业的经理激励契约更不看重绩效吗?．管理世界，2014（9）．

［82］李春涛，宋敏，张璇．分析师跟踪与企业盈余管理——来自中国上市公司的证据．金融研究，2014（7）．

［83］李新春．经理人市场失灵与家族企业治理．管理世界，2003（4）．

［84］伊志宏，姜付秀，秦义虎．产品市场竞争、公司治理与信息披露质量．管理世界，2010（1）．

［85］于忠泊，田高良，齐保垒，张皓．媒体关注的公司治理机制——基于盈余管理视角的考察．管理世界，2011（9）．

［86］袁春生，吴永明，韩洪灵．职业经理人会关注他们的市场声誉吗——来自中国资本市场舞弊行为的经验透视．中国工业经济，2008（7）．

［87］郑志刚，丁冬，汪昌云．媒体的负面报道、经理人声誉与企业业绩改善——来自我国上市公司的证据．金融研究，2011（12）．

公司破产与违约风险

内容摘要： 财务困境一般指企业偿债困难或者公司盈利能力持续下降甚至出现亏损的情况。财务困境可能演变为公司违约甚至破产，对企业和整个经济体带来损失，因此企业违约和破产风险是学界和业界关心的重要问题。本文结构安排如下：第二部分基于违约风险与破产的经典理论，对企业破产与违约风险的预测方法进行梳理；第三部分总结了企业财务困境的宏微观影响因素；第四部分对与公司违约风险相关的信用评级进行了讨论；第五部分对财务困境的经济后果进行了综述，包括财务困境成本、违约风险的定价以及违约风险传染。本文有助于拓展公司财务困境和违约风险的研究思路，也可对风险识别和管理提供一定的启示。

一、引言

在法律上，破产是指债务人因不能偿债或者资不抵债时，由债权人或债务人诉请法院宣告破产并依破产程序偿还债务的法律制度。部分研究对财务困境与破产进行了区分，破产的公司表现为失去偿债能力，财务困境则被定义为现金流量低的状态，在这种状态下，企业遭受亏损，但仍有一定的偿债能力（Titman，1984；Purnanandam，2008）。企业陷入财务困境通常是一个从财务正常到逐步恶化再到危机的渐进过程，通常从财务正常渐渐发展到财务危机。因此，企业的财务困境不但具有先兆，而且是可预测的。破产意味着生存危机甚至企业生命的结束，带来了一系列经济损失，因此，准确预测企业财务困境，对于防范企业财务危机、强化风险管理、保护投资者和债权人利益都具有重要的现实意义，还有助于识别、防范和化解金融市场风险。

本文对公司违约和破产风险的文献进行了综述，梳理了该领域的研究发展脉络。首先，本文介绍了公司违约风险与破产的理论模型。学者对企业财务困境或破产风险的预测主要基于会计信息和市场信息，我们分别对信用风险评分模型和信用风险定价模型进行了评述，还对其他相关理论进行了介绍。其次，我们对企业破产风险的影响因素方面的实证研究进行了梳理。再次，针对信用风险，对信用评级有效性的讨论涉及市场能否通过第三方信息产品对企业违约风险产生有效估计的问题。最后，公司财务困境直至破产清算带来了直接或间接成本，这也是资本市场对违约风险溢价的内在逻辑，公司破产风险传染及负外部性更说明了公司违约破产风险可能带来巨大损失。

二、公司违约风险与破产的理论与预测模型

目前学术界关于公司破产的规范性理论较少，大致可以分为三类。第一类是从公司财务状况的角度进行研究，根据现金流量动态变化表现企业资金流断裂的破产风险，以及基于资本结构理论构建的破产模型。第二类是从公司治理的角度进行研究，主要包括近年来在合约和代理问题框架内进行的分析，以及基于管理理论和商业战略理论的研究。第三类是非均衡理论，着眼于外部冲击对公司破产的影响，如混沌理论和灾害理论。

在破产与违约风险的预测方面，时至今日，学界和业界已经发展出数量可观的评估公司信用风险的模型。从原理上讲，这些模型与第一类理论密切相关，遵循两条路线发展：第一条路线沿袭传统的财务比率分析思想，基本方法是使用财务比率构建多变量判别模型，这一方向的代表性模型是 Altman（1968）提出的 Z 评分模型，本文将 Z 评分模型家族称为"信用风险评分模型"，由于这些模型主要运用会计信息进行财务困境风险预警，有的文献中也将这类模型称为基于会计信息的模型。第二条路线从公司做出违约决定的隐含条件的角度进行研究，代表性模型由 Merton（1974）提出，因为这一类模型与债券定价紧密关联，本文将这类模型统称

为"信用风险定价模型",这类模型也可以称为基于市场信息的模型。

接下来,我们首先介绍信用风险评分模型和信用风险定价模型,然后简单介绍其他破产相关理论和风险预测模型。

(一)信用风险评分模型

1. 现金流量理论

在介绍信用评分模型之前,有必要先简单介绍现金流量理论。尽管严格来说,现金流量理论不是信用评分模型的理论基础,但二者在分析方法上不乏相似之处。首先,二者都对公司的经营状况进行分析;其次,二者所关注的都是公司的会计信息,致力于通过财务比率判断公司是否会破产。

Beaver(1966)认为,公司可以视为由流动性资产组成的蓄水池,水位高低受资产流入和流出两股力量的支配,蓄水池自身是水流变化的缓冲。公司破产表现为无法在到期日偿还债务,而公司的偿付能力可以由蓄水池干涸的可能性衡量。在现金流量模型的框架下,他还提出了四个刻画公司破产和财务比率之间关系的重要因素:第一个是公司本身的规模;第二个是来自业务的净流动资产流量;第三个是公司持有的债务,它是衡量潜在资产流失的一个尺度;第四个是公司的营运支出,它衡量营运支出所导致的资产流出蓄水池的程度。在此基础上,Blum(1974)提出,收入和债务的不确定性和公司所处的产业也会影响破产概率,且将财务比率分析的指标进一步概括为流动性(liquidity)、获利性(profitability)和变异性(variability)三大类。现金流量理论认为,如下情形会导致企业破产概率上升:公司规模变小;资产净流入量减少或净流出量增加;资产流入量与流出量的变异性增大;该企业所属的产业有逐渐趋于破产的倾向。这一理论为研究者构建模型时的变量选择提供了准绳,避免了对各种财务比率有效性进行盲目的测试。

最初学者们使用财务比率分析的方法来识别公司运营的问题和潜在的财务困境,构建了一系列代理变量来评估特定公司的信誉状况。破产的公司和持续经营的公司相比,某些财务比率表现出显著的差异,而对于破产预测模型来说,破产日往前追溯五年之内的财务数据都表现出一定的效力(Beaver,1966)。一般情况下,衡量公司获利性、流动性和偿付能力的财务比率是预测公司破产最重要的指标,然而,研究者们未就各个财务比率在破产风险衡量中的重要性达成共识,如 Fitz Patric(1932)发现,净利润/股东权益和股东权益/负债两个比率的判别能力最强,Beaver(1966)则发现,营运现金流/负债和净利润/总资产的判别成功率最高。

单一财务比率分析天然存在的片面性可能是导致这些结论不同的原因。以上研究均使用单变量方法进行分析,而公司是一个复杂的系统,公司破产是一个复杂的过程，单个财务比率无法全面地衡量公司破产中所有因素的表现，根据单一财务比率来预测破产很容易得到错误的结论。例如，一家公司与盈利能力和偿付能力相关的财务比率可能表现不佳，但其远高于可比公司的流动性将大大降低其破产的概率，使用不同指标进行预测将得到矛盾的结论。

2. Z 评分模型

一方面，使用财务比率分析进行破产预测是有理可依且可行的；另一方面，单一财务比率无法给出令人满意的预测结果。对此，Altman（1968）给出的解决方案是：将财务比率组合成一个合理的预测模型，他使用多类判别分析技术（multiple discriminant analysis，MDA）构建了基于财务比率的破产预测模型。这一模型构建的重点在于，选择在预测破产中最重要的比率，并对其客观地赋予权重。

奥尔特曼（Altman）构建模型的基本思路是：首先根据相关理论和以往的实证研究确定一系列备选财务比率，然后观察由这些财务比率作为变量组成的各种可能的方程的统计显著性并确定方程中每个变量对破产预测的贡献，最后对相关变量之间的相互关系进行评估。奥尔特曼使用 66 家制造业上市公司 1946—1965 年的财务数据，对反映公司流动性、获利能力、杠杆水平、偿付能力和运用资源效率的 22 个财务比率进行了筛选，最终给出了如下判别函数，该模型也被称为 Z 评分模型。

$$Z = 1.2X_1 + 1.4X_2 + 3.3X_3 + 0.6X_4 + 1.0X_5 \tag{1}$$

式中，X_1 是营运资金/总资产，X_2 是留存收益/总资产，X_3 是息税前利润/总资产，X_4 是股权市场价值/负债账面价值，X_5 是销售收入/总资产，Z 是总指数。Z 得分越小，公司破产的可能性越大。对于所选择的比率分析如下：

（1）营运资金/总资产。营运资金是流动资产和流动负债的差，营运资金/总资产这一比率同时考虑了公司的资产流动性和规模特征。通常而言，一家持续亏损的公司将使流动资产在总资产中的比例下降，因此这一比率越小，公司的净资产流入越小，破产的可能性越大。奥尔特曼还对流动比率（＝流动资产/流动负债）和速动比率（＝速动资产/流动负债）这两个流动性比率在模型中的效用进行了评估，结果表明，营运资金/总资产是最有价值的。

（2）留存收益/总资产。这一比率衡量公司随着时间推移所积累的盈利能力。通过纳入这一比率，Z 评分模型考虑了公司年龄这一因素。较年轻的公司的盈利能力还未能积累起来，其留存收益/总资产的比率较低，这些公司在这一项的得分较低，模型所给出的破产可能性较高，这与实际情况相符。但是，留存收益可以通过公司重组和股利政策进行操纵，因此对经历了重组和经常调整股利政策的公司的估计会存在较大的偏差。

（3）息税前利润/总资产。这一比率剔除了税收和杠杆的影响，衡量了公司资产的真实盈利能力。由于一家公司存续的基础是它的资产的盈利能力，这一比率在关于公司破产的研究中非常常见。此外，对于一家公司，如果它的资产的公允价值由资产的盈利能力确定，而它的债务总额超过了公司资产的公允价值，它就会发生破产。

（4）股权市场价值/负债账面价值。这一比率衡量了公司破产之前公司资产的最大贬值程度。Z 评分模型的市场价值维度在这一比率中得以体现。

（5）销售收入/总资产。即资产周转率，这是表明公司资产产生销售能力的标准财务比率，衡量了管理层应对竞争的能力。需要说明的是，在奥尔特曼关于 Z 评分模型中五个比率所作的进一步分析中，这一比率对模型的贡献率最低，但它对模型的整体区分能力的贡献位居第二，仅次于息税前利润/总资产，这表明资产周转率和模型中其他比率存在独特的联系。

对于样本内的公司，该模型对公司在一年以内发生破产的判别成功率达到了95%，成功预测了 94% 的破产公司和 97% 的未破产公司。判别错误的公司的 Z 得分均落在 1.81＜Z＜2.99 这一区间，因而奥尔特曼将这一区间定义为灰色区（gray zone），Z 得分处于这一区间的公司有更大的可能性被错误预测，Z＜1.81 和 Z＞2.99 则分别定义为破产区和安全区。奥尔特曼还提出，可以将 Z=2.65 作为判别破产公司和非破产公司的临界值。

3. Z 评分模型的后续发展

可以说，Z 评分模型至今仍是学术界和业界应用最广泛的信用评估模型之一，由 Z 评分模型衍生而来的众多评分模型则形成了一个庞大的家族。

在指标的选择上，Z 评分模型表现出一定的包容性。最初的 Z 评分模型使用上市公司的数据，但对于非上市公司来说，股权市场价值这一数据难以获得，Altman（1983）将 Z 评分模型中第四个比率的股权市场价值替换为账面价值，提出了一个适用于非上市公司的 Z′ 评分模型，如式（2）所示。

$$Z' = 0.717X_1 + 0.847X_2 + 3.107X_3 + 0.420X_4 + 0.998X_5 \tag{2}$$

模型中的 X_4 是股权账面价值/总负债。近年来开发的 Z 指标方法（Z-metrices method）还将股票市场价格和收益率及其波动模式以及宏观因素纳入了考量（Altman et al.，2010）。

Z″ 评分模型在将股权市场价值替换为账面价值的基础上，剔除了资产周转率这一财务比率，使其对不同的行业具有更强的普适性，而不再只限于制造业公司（Altman，Hartzell，and Peck，1995）。Z″ 评分模型的表达式如式（3）所示。

$$Z'' = 3.25 + 6.56X_1 + 3.26X_2 + 6.72X_3 + 1.05X_4 \tag{3}$$

从建模技术层面，尽管多类判别分析技术可以通盘考虑相关公司的共同特性，且具有降维的功能（Altman，1968），但它对预测变量的分布有较严格的要求，如要求对于破产公司和非破产公司，所选择的比率都遵循正态分布，并且两组对应比率之间的方差-协方差矩阵相同，通过多类判别分析技术给出的"分数"缺乏经济含义（Ohlson，1980），因此仍有必要对建模技术进行更多的尝试。作为对 Z 评分模型的改进，Altman 等（1977）提出的 ZETA 模型使用了二次判别分析技术，模型考虑了关于公司资产回报、收益稳定性、债务、累计盈利能力、流动性、资本化水平和规模的七个变量，大幅提高了模型在 2～5 年预测期的表现。Ohlson（1980）使用 logit 模型给出了一个包含四个财务比率的 O 评分模型，这些比率分别衡量了公司的规模、资本结构、经营表现和流动性水平。Frydman 等（1985）则尝试将递归分割分析方法应用到破产预测模型的构建中。在运用财务比率分析方法评估公司破产风险的过程中，对单个公司的财务绩效指标进行纵向和横向比较的能力越来越重要（Altman et al.，2019），近来神经网络、遗传算法等技术也被运用到相关的研究中（Altman et al.，1994；Trippi and Turban，1996；McKee and Lensbergn，2002）。

国内文献也有采取类似会计信息预测破产风险这一思路的，例如吴世农和卢贤义（2001）以我国 70 家处于财务困境的上市公司和 70 家财务正常的上市公司为样本，选定净资产报酬率等六个预测指标，分别建立了三种预测财务困境的模型。吕长江等（2004）重新界定了财务困境和财务破产这两种不同的财务状况，指出对于国内上市公司来说，盈利能力、资产负债率、公司规模同时对陷入财务困境和财务破产的公司有显著影响，但与国外类似研究不同的是，现金流量信息对于我国上市公司的财务困境和财务破产皆没有解释力。

（二）信用风险定价模型

信用风险定价模型主要分为结构模型和简约模型。

1. 结构模型

结构模型假设当一个随机变量低于某个阈值时，就会发生违约，这个随机变量通常是指公司资产价值，阈值则一般用负债来表示。

Merton（1974）提出，公司的违约过程由公司资产的价值所主导，因而公司的违约风险和公司资产价值变化相关联。默顿假设公司的资产价值 dV_A 满足几何布朗运动，只发行股票和到期日相同的零息债券，即

$$dV_A = \mu V_A dt + \sigma_A V_A dW \tag{4}$$

式中，μ 和 σ_A 分别是公司资产价值的收益率和波动率，二者分别刻画了公司资产的成长性和波动性，W 是一个标准的维纳过程（Wiener process）。

在到期日，如果公司不偿还所有债务，公司将被债权人接管，所有者权益为零。因此，当公司账面价值高于负债价值时，偿清债务之后公司价值仍有剩余，代表股东利益的管理层将选择偿还债务，所有者权益为公司价值和债务价值之差；当公司账面价值低于负债价值时，偿还债务将要求股东投入更多的资本，管理层将选择违约，所有者权益为零。根据上述分析，所有者权益可以视为一个关于该公司资产的欧式看涨期权，期权的执行价格是债券的票面价值，期权的到期日和公司所发行债券的到期日相同。公司债券在到期日的价值则等于债务的账面价值减去该公司资产的欧式看跌期权价值，看跌期权的执行价格也是债券的票面价值。因此，可以利用期权定价公式对公司权益和债券进行定价。

然而，Merton（1974）模型由于其严格的假设在定价实践中表现得并不理想（Jones et al.，1984），在结构模型的框架下，后来的研究主要围绕三个假设对默顿模型进行拓展：第一个是关于违约发生时间的假设。以 Black 和 Cox（1976）为代表的"首达时间"（first-passage time）模型将违约只会在债券到期日发生的假设拓宽到公司在其资产价值首次到达违约触发点时发生违约的假设。第二个是关于债券种类和合约规定的假设。Longstaff 和 Schwartz（1995）进一步放松了关于求索权优先级的假设，并允许模型中的无风险利率浮动。Geske（1977）也对不同种类的债券进行了研究，并给出了付息债券定价公式。第三个是关于资产价值变化过程的假设。对于投资者来说，公司资产价值通常不是连续时间情况下的随机过程。Duffie 和 Lendo（2001）研究了债权人对企业价值变化过程的信息不完备情形下的违约概率和债券定价，他们的模型假设，债券投资者无法直接观测公司资产的价值，而只能通过定期报告对公司的相关信息进行解读。另外，不同公司可能由于产业和所属的一般经济状况联系在一起，关联公司的违约通常也互相关联，Zhou（2001）对分析关联公司的联合违约概率的模型进行了探索。

2. 结构模型与违约距离

Merton（1974）模型提出之后，违约距离（distance to default）这一概念逐渐产生并被推广开来，在默顿模型基础上开发了一个常用的违约风险预测模型——默顿 DD 模型。

令 X_t 表示公司债务在时间 t 的账面价值，当前距离到期日的时间为 T。如果将股权看成一个关于该公司资产价值的欧式看涨期权，X_t 即是该期权的执行价格。那么，根据布莱克-斯科尔斯期权定价公式，股权的市场价值 V_E 满足

$$V_E = V_A N(d_1) - Xe^{-rT} N(d_2) \tag{5}$$

式中

$$d_1 = \frac{\ln\left(\frac{V_A}{X}\right) + \left(r + \frac{1}{2}\sigma_A^2\right)T}{\sigma_A\sqrt{T}} \tag{6}$$

$$d_2 = d_1 - \sigma_A\sqrt{T} \tag{7}$$

r 表示无风险利率，N 是标准正态分布的分布函数。由于 $V=E+X$，可以求得公司债务的价值和该公司债券的风险溢价。

违约概率是公司资产价值小于债务账面价值的概率，也就是

$$P_t = \mathrm{Prob}(V_{A,t+T} \leqslant X_t | V_{A,t}) = \mathrm{Prob}(\ln(V_{A,t+T}) \leqslant \ln(X_t | V_{A,t}) \tag{8}$$

由于公司资产价值满足式（1）所表示的随机过程，在 $t+T$ 的公司资产价值可以通过下式计算得到：

$$\ln(V_{A,t+T}) = \ln(V_{A,t}) + \left(\mu - \frac{1}{2}\sigma_A^2\right)T + \sigma_A\sqrt{T}\varepsilon_{t+T} \tag{9}$$

式中

$$\varepsilon_{t+T} = \frac{W(t+T) - W(t)}{\sqrt{T}} \tag{10}$$

且 $\varepsilon_{t+T} \sim N(0,1)$。

所以，违约概率可以写成

$$P_t = \mathrm{Prob}(\ln(V_{A,t}) - \ln(X_t) + \left(\mu - \frac{1}{2}\sigma_A^2\right)T + \sigma_A\sqrt{T}\varepsilon_{t+T} \leqslant 0) \tag{11}$$

即

$$P_t = \mathrm{Prob}\left[-\frac{\ln\left(\frac{V_{A,t}}{X_t}\right) + \left(\mu - \frac{1}{2}\sigma_A^2\right)T}{\sigma_A\sqrt{T}} \geqslant \varepsilon_{t+T}\right] \tag{12}$$

由默顿模型推导出的违约距离 $DD_{默顿}$ 则可以定义为

$$DD_{默顿} = \frac{\ln\left(\frac{V_{A,t}}{X_t}\right) + \left(\mu - \frac{1}{2}\sigma_A^2\right)T}{\sigma_A\sqrt{T}} \tag{13}$$

根据默顿模型的假设，这一模型下的违约概率符合正态分布，因此可以写出其表达式：

$$P_{默顿} = N(-DD_{默顿}) = N\left[-\frac{\ln\left(\frac{V_{A,t}}{X_t}\right) + \left(\mu - \frac{1}{2}\sigma_A^2\right)T}{\sigma_A\sqrt{T}}\right] \tag{14}$$

默顿 DD 模型可以给出任一时间点样本中公司的违约概率。违约距离这一指标表明违约实际发生时，资产价值/债务价值这一比率的自然对数需要偏离其均值多少个标准差。默顿 DD 模型中最重要的参数是公司资产价值、债券票面价值和资产

价值的波动性。

在形式上，$DD_{默顿}$与 KMV 公司（后被穆迪公司收购）使用的预期违约率（expected default frequency，EDF）模型中的违约距离 DD_{KMV} 相似，但这两个模型至少有以下几点不同。首先，EDF 模型允许企业具有更复杂的资本结构，而默顿 DD 模型仍然假设公司只发行零息债券。其次，二者的经济含义有所不同，$DD_{默顿}$ 由默顿模型推导而来，DD_{KMV} 用下式计算而来（Vassalou and Xing，2004），其中违约点设定为短期债务加上长期债务的一半。

$$DD_{KMV} = \frac{资产价值 - 违约点}{资产市值 \times 资产波动率} \tag{15}$$

最后，两个模型在计算上存在差异。在计算公司资产波动率时，EDF 模型的方法更为复杂，且使用贝叶斯方法对国家、行业、公司规模等因素进行了调整，而文献中通常使用迭代的方法估计资产波动率。在计算违约概率时，EDF 模型使用大量的历史数据来估计 DD_{KMV} 的概率分布，并根据该分布计算违约概率，文献中则通常将 $DD_{默顿}$ 的分布假设为正态分布。

学者们对默顿 DD 模型的预测效果进行了研究。Duffie 等（2007）提出了一个模型，在每一个微小的时间段内，将违约的发生与否视为随机变量，其分布由违约概率、公司特征、宏观经济变量等解释变量决定，结果显示 $DD_{默顿}$ 具有良好的预测能力。但 Campbell 等（2008）使用 $\pi_{默顿}$ 对简约模型进行估计的结果表明，在考虑了其他变量的影响之后，$\pi_{默顿}$ 的预测能力相对较小且与选择的预测区间有关。

$DD_{默顿}$ 和 DD_{KMV} 在实践中都取得了良好的效果，但它们并不完全一致，有学者使用 $DD_{默顿}$ 的形式构建违约风险预测模型，将其与默顿 DD 模型和简约模型的预测能力进行比较，发现默顿 DD 模型的预测效力来源于其表达形式，而不是在该模型下对数据的处理（Bharath and Shumway，2008）。违约距离这一风险度量在关于公司违约风险和资产定价的研究中得到广泛应用（如 Brogaard et al.，2017）。

然而，作为风险定价模型，默顿模型是高度结构化的，完全建立在默顿模型基础上的违约风险预测模型存在较大的改进空间。例如 Duffie 和 Lando（2001）指出，默顿模型和其他一些结构模型所要求的几何布朗运动的连续性，加上计算违约距离过程存在的精度问题，会产生高度不切实际的违约概率的期限结构，特别是，对于两年以及更短的期限，即使是经营欠佳的公司，模型给出的违约概率也非常小。其他学者也提出可以将默顿 DD 模型和其他预测变量结合起来进行违约风险预测，引入计量方法可能改进默顿 DD 模型（Duffie et al.，2007；Bharath and Shumway，2008）。

3. 简约模型

默顿模型是一个标准的结构化模型，经济含义明确，但在现实中模型假设往往不能得到满足，此时，除了放松模型的假设之外，也有学者使用不考察经济含义而更加量化的简约模型进行研究。由于简约模型不仅包含结构模型中的关键变量——资产波动性和杠杆水平，还可以输入其他相关变量，并允许它们的系数自由变动，可能更适于进行破产和违约风险预测（Shumway，2001；Bharath and Shumway，2008；Campbell et al.，2008）。

对于一项金融资产而言，影响其信用风险的关键变量是违约概率（probability of default，PD）、违约损失（loss given default，LGD）和违约暴露（exposure at default，EAD）（Altman et al.，2019），其中违约损失有时也用 1 减去违约后可回收率（recovery rate，RR）来度量。

在经典的结构模型中，所有者权益被假定为公司付清债务之后剩余的部分，因此违约损失在模型中是一个内生变量，部分后续拓展的结构模型则将违约后可回收率假定为外生于模型或独立于公司资产价值的变量，如将其价值定义为或有债权的某个比例（Jankowitsch et al.，2014）。对违约损失的假设是简约模型和结构模型最大的差异所在，简约模型假设在每个瞬间，企业都有可能违约，违约概率和违约损失可能会随时间随机变化，换言之，简约模型通常对违约概率和违约损失做出独立的假设，认为以上两个变量的随机过程决定了信用风险的定价，而不需要对公司价值和其相关参数进行建模。但简约模型未将违约概率和违约损失的相关关系作为研究中的重要考量，并不意味着二者相互独立。

典型的简约模型假设违约是突发事件，外生随机变量驱动违约过程，并且在任意时间间隔内违约概率都不为零（Altman et al.，2019）。一个最简单的简约模型将违约定义为具有恒定到达率的泊松过程的首次到达时间（Duffie and Singleton，1999），这个到达率则通常被称为违约强度（default intensity）或危险率（hazard rate）。

至于对违约概率的估计，常见的方法是假设下一期破产或违约发生的边缘分布符合 logistic 分布，并使用如式（17）所示的 logit 模型对其进行估计（如 Shumway，2001；Chava and Jarrow，2004；Campbell et al.，2008）。

$$P_{t-1}(Y_{it} = 1) = \frac{1}{1 + \exp(-\alpha - \beta x_{i,t-1})} \qquad (16)$$

式中，Y_{it} 表示公司在时间 t 破产，$x_{i,t-1}$ 是由破产上一期期末的解释变量组成的向量，$\alpha + \beta x_{i,t-1}$ 越大，破产或违约的概率越大。

（三）基于赌徒破产模型的公司破产预测

和结构模型相似，赌徒破产（gambler's ruin）模型也是一类用或有权益法

(contingent claims methodology) 对公司破产行为进行预测的模型。根据公司外部资本市场是否可得及其性质，还对完美外部资本市场、不完美外部资本市场的情形进行了拓展。

Wilcox（1971，1973，1976）研究了没有外部资本市场的赌徒破产模型，这一模型关注公司资本的变化，认为资本的增加来自留存收益 Z，资本的不断减少则会最终导致破产。假设公司不能出售股票和债券，而只能通过变卖资产来避免破产，清算时股东持有的公司股票价值和资产账面价值 K 相等，当 $Z+K<0$ 时，公司就会破产。

Scott（1976，1977）提出了具有完美外部资本市场的赌徒破产模型，假设现有股东可以无成本地在有效的证券市场上出售股票和债券，并以此来平衡亏损。尽管公司也可以选择变卖资产，但由于实物资产的二手市场非有效以及资产结构改变带来的损失，公司可能不会作出这样的选择。当下一期股票的最大价值大于亏损时，公司就可以通过出售股票来弥补损失，而下一期股票的最大价值和当期股票市值相等。如果用 S 表示当期股票市值，用 X 表示下一期公司的期望收益（或亏损），给定公司具有完美的外部资本市场，破产的条件是 $S+X<0$。

更一般地，Scott（1981）分析了一个外部资本市场不完美的赌徒破产模型，进一步考虑了发行成本、存在所得税、市场定价无效率等情况，对公司破产概率的预测效果更好。

（四）基于文本分析的财务困境预测

以会计信息和市场信息为基础的传统财务困境预测方法都是基于定量数据，而忽略了能区分信用风险的定性文本信息。管理层语调随着经营和财务状况的变化而不同，相应的文本内容就可能为判断公司财务困境和违约风险提供线索。Tennyson 等（1990）通过对比 23 家破产企业和正常企业的年报发现，两类企业存在管理层语调差异。陈艺云（2019）将文本分析技术应用于对企业财务困境的预测中，发现管理层讨论与分析的语调为财务困境预测提供了新的信息，能提高财务困境模型的拟合程度和预测能力。

（五）概要性小结

在这一部分，我们对评估公司破产和违约风险的模型进行了考察。在学术研究中，早期的风险预警模型主要采用分类的方法，以主要基于会计信息的 Z 评分模型为代表。随着对资产价格的深入研究和数据分析技术的进展，分析度量方法也逐渐被应用，特别是基于期权定价理论的结构模型，以及对违约概率和违约损失分别进行估计的简约模型。我们重点介绍了上述模型，同时也简要介绍了基于赌徒破产模型和文本分析的财务困境预测模型。

最后，我们对信用风险评分模型和信用风险定价模型进行了简单的比较。对于在这两类模型中进行选择的研究者来说，至少应关注以下两点差异。首先，从所包含信息的性质来看，信用风险评分模型主要依赖源自财务报表的信息进行预测，所包含的信息是后顾性的；信用风险定价模型使用公司股票和债务的市场价值来计算其违约风险，因为市场价格反映了投资者对公司未来业绩的预期，信用风险定价模型包含了更多的前瞻性信息。其次，尽管现金流量理论和期权定价理论都认为资产波动性提供了关于公司破产和违约概率的重要信息，但信用风险定价模型考虑了资产波动性对公司违约风险的影响，而大部分信用风险评分模型在估计公司的破产概率时则并未直接考虑资产的波动性，而是假设具有相似财务比率的公司将有相似的违约可能性。

三、破产风险的影响因素

（一）微观影响因素

现金流量理论表明，当企业的平均现金流量水平下降或现金流量波动性增加或两者同时发生时，违约风险就会增加。因此，一般而言，影响公司现金流量的经营性因素都会影响公司的破产和违约风险，如公司的短期付现能力、资金运营能力、杠杆水平、获利能力、企业规模等。Andrade 和 Kaplan（1998）对 31 个高杠杆交易样本的研究表明，高杠杆、公司经营不善和行业业绩不佳都会导致财务困境，其中高杠杆是主要原因。在现金流充裕的情况下，过度自信等管理层行为偏差导致的企业过度扩张也可能导致财务困境（姜付秀等，2009）。

公司的信用违约互换（credit default swap，CDS）可能增加公司的破产风险，因为被 CDS 保护而仍然对公司拥有管理权的虚债权人（empty creditors）更不愿意和公司谈判，从而迫使公司陷入低效率的破产，而且股东势力较强的公司会衍生出更多的 CDS（Bolton and Oehmke，2011；Colonnello et al.，2019）。

股票流动性则是金融资产影响违约风险的另一个方面。公司部分学者认为，如果流动性增加加剧了噪声交易，则会增加违约风险，从而导致公司市值更大的错误定价和更大的波动性（Baker et al.，2003；Goldstein and Guembel，2008；Ozdenoren and Yuan，2008；Polk and Sapienza，2009）。Fang 等（2009）则给出了股票流动性和公司市值正向关系的证据。Brogaard 等（2017）发现，即使在控制了股票流动性对公司市值的影响之后，提高股票流动性仍然可以降低公司的违约风险，这可能是通过增强股价信息的有效性和改善大股东的公司治理实现的。

（二）宏观影响因素

公司破产和违约风险与许多宏观变量相关。例如 Giesecke 等（2011）使用美国1866—2008 年的数据对市场的违约率进行了研究，发现股市收益及其波动率对违约率具有显著的预测能力，GDP 的变化和随后的违约率也表现出明显的关系；而消费和工业生产中的通货膨胀率和增长率不能预测违约率。Denis 和 Denis（1995）则将 1985—1988 年间完成杠杆且资本充足的公司有 31％陷入财务困境这一现象解释为宏观环境和制度意外变化的结果。

在特定环境下，政府可能出于维稳等目的对处于财务困境的企业进行救助，对企业破产概率及其经济损失的估算可能还需考虑政治因素。政府直接的财政救助在企业出现财务危机，特别是濒临破产的关键时刻往往发挥着决定性的作用，避免企业破产。政治关联企业更容易在处于财务困境时获取政府补助（Faccio et al.，2006；潘越等，2009）。章铁生等（2012）以我国 2005—2009 年处于财务困境的上市公司为研究样本，发现我国地方政府为保障未来公司证券发行申请通过发审委审核的比例，会根据自身执行能力努力减少辖内上市公司处于财务困境。然而，尽管政府救助为公司提供了流动性，但经验证据表明，它也可能是更大规模的违约和破产的推动者，政府干预信贷市场可能造成战略性违约，对未来信贷市场干预的预期则会增强还贷的道德风险（Giné and Kanz，2018）。

四、信用评级与公司违约风险

信用评级的有效性在于它为投资者提供了特有的和资产价格相关的信息。从根本上说，对评级系统的担忧与评级机构的付费模式有关：它们的主要收入来源是对其证券进行评级的公司，而这些公司受益于评级公司对其证券的高评级，因此，公司可能对评级机构进行"选购"，评级公司倾向于给出更高等级的信用评级（如Jiang et al.，2012；Strobl and Xia，2012；Cornaggia and Cornaggia，2013）。Bolton 等（2012）将评级报告的评级通常高于真实信息的现象称为"债券信用评级膨胀"。最近的研究则发现，投资者在进行决策时会考虑评级产生者和使用者之间存在的这种利益冲突（Badoer et al.，2019）。另外，监管部门往往对特定情境中公司债券的信用等级有要求，Bongaerts 等（2012）认为，信用评级机构的作用主要体现在提供满足监管需要的评级服务，而较少提供其他有效信息。

如果信用评级有效，它应能揭示发债主体和债券的风险，并在该公司债券或股票的收益率中得到体现。Kliger 和 Sarig（2000）发现，评级信息不会影响公司价值，评级的升高会引起债权价值的相对上升和股权价值的相对下降。此外，其他研究发现，信用评级下调会导致股票收益下降甚至为负（West，1973；Ederington et al.，1987；Hand et al.，1992；Ederington and Goh，1998）。Dichev 和 Piotroski（2001）将降级导致股票收益下降归因于它有力地预测了公司未来收益的恶化。

有学者也对信用评级有效性的市场影响因素进行了研究，如 Becker 和 Milbourn（2011）发现，新的评级机构进入市场会导致平均评级等级上升，评级预测债券违约的能力下降。市场透明度增加也会降低信用评级的有效性（Badoer and Demiroglu，2019）。声誉机制被普遍认为是约束评级机构行为的有效手段，较高的声誉成本可以阻止评级机构迎合发债企业（Bolton et al.，2012；Kraft，2015；黄小琳等，2017；王雄元和张春强，2013），但声誉机制的有效性受到监管模式和经济周期的影响（Cheng and Neamtiu，2009；Bar-Isaac and Shapiro，2013）。

五、破产风险的经济后果

（一）财务困境成本

公司违约和破产所引致的成本是资本结构的重要决定因素。在研究公司违约和破产的成本时，破产成本和财务困境成本两种表述都有出现，其中早期研究多用破产成本，财务困境成本则是破产成本概念的延伸。财务困境成本可以分为直接成本和间接成本，然而，行政和法律因素导致的破产的直接成本很小（Altman，1984；Weiss，1990），因此，目前学者们已将注意力转向关于间接成本的研究。通常认为财务困境的间接成本有三个重要来源。

首先，一家陷入财务困境的公司会损失无形资产，错过增长机会。它们可能会失去客户、有价值的供应商和关键员工。实证表明，债务会削弱企业的竞争力，陷入财务困境的公司市场份额下降（Opler and Titman，1994；Chevalier，1995a，1995b）。在集中度更高的行业，高杠杆公司更有可能因财务困境而竞争地位下降，面临更高的财务困境成本（Purnanandam，2007）。另外，陷入财务困境的公司可能由于高昂的外部融资成本而不得不放弃净现值为正的投资项目（Froot et al.，

1993)。

其次，财务陷入困境的公司议价能力下降，带来讨价还价的低效率。它们和债权人之间的谈判会消耗管理者的时间和公司资源，也更可能在没有破产的情况下违约，而这些违约行为会产生无谓损失，如罚款、提前偿还债务、经营损失灵活性。

最后，当整个行业陷入困境时，清算也会增加破产的间接成本。整个行业的困境会从两个方面影响违约公司的恢复，这两种影响都会降低公司债权人追回的金额，从而影响公司的事前偿债能力。第一个方面，行业困境总是与低迷的经济前景有关，而后者会降低违约公司资产的经济价值。第二个方面，Shleifer 和 Vishny (1992) 提出的甩卖或行业均衡效应（industry-equilibrium notion）表明，违约公司可以出售资产的价格取决于同行业公司的财务状况，且后续研究发现，行业均衡效应的影响是巨大的（Acharya et al.，2007）。

面临破产的公司需要决定如何对财务困境作出反应，是在现行法律的框架下进行破产重组或破产清算，抑或是股东和债权人在庭外重新协商？破产重组允许股东和债权人的利益冲突和代理问题继续存在，因此，破产重组无法提供最有效率的结果（Gertner and Scharfstein，1991；Hotchkiss，1995；Gilson，1997；Ivashina et al.，2016）。在不完美的市场中，破产清算往往会产生较高的成本，其对产业链和所在地区其他公司较强的负外部性近来也为学者们所关注（Pulvino，1998；Pulvino，1999；Williamson，1988；Gavazza，2011；Campbell et al.，2011；Bernstein et al.，2019a，2019b）。至于庭外协商，尽管其成本低于破产重组和破产清算，但只有股东和债权人就如何分配节省的成本达成一致，庭外协商才可能发生（Gilson et al.，1990）。而且通过银行还是债权进行融资也会影响破产公司的选择（Diamond，1991；Rajan，1992；Brown et al.，1993；Berglöf and von Thadden，1994；Asquith et al.，1994；Bolton and Scharfstein，1996；Demiroglu and James，2015）。

在给定的债务水平下，对冲可以降低公司的破产成本和陷入财务困境的概率（Nance et al.，1993；Geczy et al.，1997）。Smith 和 Stulz（1985）建立了一个模型，表明对冲可以降低破产成本的现值，且增加税收收益的现值。此外，Nance，Smith 和 Smithson（1993）发现，对冲减少了预期破产成本的能力，和公司不对冲破产的概率以及破产后损失的大小正相关。Smith 和 Stulz（1985）指出，股东可以从对冲中获益，市场从两个方面激励股东采取对冲策略：对冲可以帮助公司建立良好的声誉，从而降低债务成本；同时，公司可以通过对冲避免由于某些限制性条款而被迫修改投资策略。在面临陷入财务困境的可能性时，一方面，股东承担有限责任，这产生了风险转移的激励；另一方面，一旦公司破产，股东需要承担更多的破产成本，这产生了风险对冲的激励。公司的风险管理行为在很大程度上受风险转移激励和对冲激励之间的权衡影响（Mozumdar，2001）。

（二）违约风险与资产定价

显然，违约风险是债券和以债券为基础资产的衍生品（如 CDS）定价中的重要影响因素，同时，违约风险也可能对股票收益产生影响，这是因为股票代表对企业现金流量的剩余求索权，而且这种求索权没有承诺的名义收益。

利差的决定因素是债券定价的重要问题。一些研究认为，信用风险在投资级债券的利差中仅占一小部分（Elton et al.，2001；Huang and Huang，2012），但 Elton 等（2001）也指出，利差除了补偿预期违约损失外，还包括重要的风险溢价。Longstaff 等（2005）使用同时包含预期违约损失和信用风险溢价的 CDS 溢价作为违约风险的代理变量，则发现违约成分在所有信用等级的企业债券中占据主要地位，占 AAA/AA 级债券利差的 51%、A 级债券的 56%、BBB 级债券的 71% 和 BB—级债券的 83%。

关于违约风险与股票定价的联系，使用不同的风险测度作为公司违约风险代理变量的研究给出了不同的结论。使用 Z 评分或 O 评分的研究认为，高违约风险公司的股票无法带来更高的回报，违约风险也不能解释账面市值比效应（Dichev，1998；Griffin and Lemmon，2002）。使用评级机构数据的研究也发现，高违约风险的股票表现不如市场（Garlappi et al.，2008；Avramov et al.，2006；Campbell et al.，2008）。使用简约模型的结论与其一致。使用违约距离的研究则发现，公司的违约风险与规模效应和账面市值比效应密切相关，但这两种效应都只在高违约风险公司的股票上出现，而且只有小规模和高账面市值比的高违约风险公司才能获得更多的回报（Vassalou and Xing，2004）。除此之外，也有学者用违约利差解释或预测收益的能力来研究违约风险对股票价格的影响（如 Fama and Schwert，1977；Keim and Stambaugh，1986；Campbell，1987；Fama and French，1989）。

理论上高风险的资产应该带来高收益，然而，经验证据似乎表明，高违约风险公司的股票预示着低收益（如 Dichev，1998），这一现象被称为"违约风险异象"（distress risk anomaly）。对于这一现象，目前主流的解释有以下三种。

第一种观点认为，Dichev 等（1998）所观察到的高违约风险股票在 1980 年之后的表现不佳并不能视为资产定价的异常，这只是 20 世纪 80 年代美国的公司掀起意外破产浪潮的自然结果。Chava 和 Purnanandam（2010）使用隐含资本成本（implied cost of capital，ICC）计算预期股票收益的研究发现，违约风险和预期股票收益之间有强烈的正相关关系，也没有发现证据表明 1980 年以前信用风险更高的公司股票表现不如风险基准。

第二种观点认为，债券违约风险和股权风险的负相关关系可以解释高违约风险公司的股票带来相对较低的收益。Garlappi 等（2008）将股东的议价能力和效率定义为股东优势，并分析发现股东优势越大，也即股东在债务的重新协商中能获得的价值越大，随着违约风险增大，股权的风险（不确定性）减小，收益也就降低。其他学者也提出了债权和股权风险存在负相关关系的模型（如 George and Hwang，2010；Friewald et al.，2014）。

第三种观点认为，财务困境公司的股票收益太低，以至于无法在合理的框架内进行分析，也即市场对这些公司错误定价。陷入财务困境的公司的股票具有较高的市场 β、标准差和其他风险度量，但产生的回报却非常低；而且，违约风险异象集中在规模和流动性较小的股票中，控制公司规模之后，违约风险异象在分析师覆盖率较低、机构所有权较少、每股价格和营业额较低的股票中更普遍，这些现象都符合错误定价的解释（Shleifer and Vishny，1997；Campbell et al.，2008）。Gao 等（2018）则将对于高违约风险股票的错误定价归因于过度自信、反应不足等投资者行为。

（三）破产与违约的风险传染效应

传统的信用风险模型极少考虑信用风险传染效应，近年来，学者们已经开始将信用风险传染融合到信用风险模型中（Davis and Lo，2001；Jarrow and Yu，2001；Giesecke and Weber，2006）。风险传染是指公司间财务困境的传递（Allen and Gale，2001）。公司破产与违约的风险传染可以分为两个层面：一是在企业集团内部对其他公司的风险传染，二是在集聚经济、融资网络等因素的作用下对产业链中其他公司和地理位置相近公司产生的外部性。

企业集团是现代经济组织的一种常见形式，成员企业之间存在着广泛的并购交易、担保业务、资金往来、利润共享（张金林和李健，2020）。集团内公司的财务风险和市场风险均存在传染效应，关联交易、关联担保、债务融资是集团内风险传染的重要渠道（Jacobson and von Schedvin，2015；纳鹏杰等，2017）。此外，股权关系和业务交易也会传播信用风险（Barro and Basso，2010；Jia，Shi，and Wang，2013；陈林等，2011）。母子公司关联审计或有助于阻止风险通过集团内部关联活动传染（王世权等，2016）。

公司的破产和违约风险在资产价格、融资网络、客户流量等方面存在外部性。破产引发的甩卖（如 Shleifer and Vishny，1992；Kiyotaki and Moore，1997；Lorenzoni，2008）会通过降低相似公司的资产价值扩散破产风险。吴宝等（2011）对浙江两家公司的破产事件进行案例研究，提出公司破产会通过社会资本尤其是企业家个体社会资本对融资风险网络结构产生负面效应，加剧风险传染效应。Ben-melech 等（2019）对零售业公司进行的研究则表明，店铺关闭会导致该公司区域对消费者的吸引力下降，降低相邻公司的经营绩效，使得财务危机蔓延，而且破产公司相对于其他公司的规模越大，影响越严重。Bernstein 等（2019b）发现，非贸易公司（如餐厅和商店）破产对相邻非贸易公司会产生负面影响，贸易公司（如工厂）或服务公司（如律师事务所和广告公司）破产则不会有此效应，进一步佐证了公司破产会通过客户流量渠道进行风险传染。但对于破产公司的竞争对手来说，行业竞争的激烈程度会下降，对上下游公司的议价能力也可能得到增强（Lang and Stulz，1992；韩立岩和陈文丽，2006）。

六、总结

　　企业违约风险的识别和管理与所有者和债权人的利益息息相关，伴随着企业与其他各方的资源交换，还影响到识别、防范和化解金融风险，进而影响到市场有序运行和经济健康发展。在企业财务困境预测方面，目前最为成熟且最为广泛使用的方法是基于财务指标等会计信息的预测，但数理方法和文本分析技术已开始被应用于财务困境或违约风险预测之中。大量研究结果表明，财务困境的影响因素包括企业经营、资产持有等微观因素和经济冲击等宏观因素。企业财务困境往往导致企业生产经营决策次优化和资源配置扭曲，还可能存在负外部性，扩大整个经济体的损失，现实中的违约事件反映了高度重视企业违约破产风险的现实需要。

　　目前已有研究主要以发达国家的企业为研究对象，研究结论可能并不适合转型经济国家的企业，但我国同类研究尚处于起步阶段。我国存在产权保护薄弱、政府干预严重、产权性质差异较大等现状，对中国企业财务困境和违约问题的研究既要深刻理解西方财务困境企业的共性，更要考虑转型经济国家企业的特性。未来我国对企业财务困境和违约风险的研究，需要更加适应我国的制度背景和市场发展进程，预期可以在违约风险的识别上进行改善，同时进一步对企业的违约风险管理以及政府部门的风险监管有效性进行探究。

参考文献

[1] Allen, F., Gale, D., 2000. Financial contagion. Journal of Political Economy, 108, 1-33.

[2] Acharya, V., Bharath, S., Srinivasan, A., 2007. Does industry-wide distress affect defaulted firms? Evidence from creditor recoveries. Journal of Financial Economics, 85, 787 – 821.

[3] Altman, E., 1968. Financial ratios, discriminant analysis and the prediction of corporate bankruptcy. Journal of Finance, 23, 589 – 609.

[4] Altman, E., 1984. A further empirical investigation of the bankruptcy cost question. Journal of Finance, 39, 1067 – 1089.

[5] Altman, E., Hartzell, J., Peck, M., 1995. A scoring system for emerging market corporate bonds. Salomon Brothers High Yield Research.

[6] Altman, E., Hotchkiss, E., Wang, W., 2019. Corporate Financial Distress, Restructuring, and Bankruptcy: Analyze Leveraged Finance, Distressed Debt, and Bankruptcy. John Wiley & Sons, Inc., Hoboken, NJ.

[7] Altman, E., Haldeman, R. Narayanan, P., 1977. ZETA analysis: A new model to identify bankruptcy risk of corporations. Journal of Banking and Finance, 1, 29 – 54.

[8] Altman, E., Marco, G. Varetto, F., 1994. Corporate distress diagnosis: Comparisons using linear discriminant analysis and neural networks (the Italian experience). Journal of Banking and Finance, 18, 505 – 529.

[9] Altman, E., Rijken, H., Watt, M., Balan, D., Forero, J., Mina, J., 2010. The Z-Metrics™ methodology for estimating company credit ratings and default risk probabilities. RiskMetrics Group, New York.

[10] Andrade, G., Kaplan, S., 1998. How costly is financial (not economic) distress? Evidence from highly leveraged transactions that became distressed. Journal of Finance, 53, 1443 – 1493.

[11] Asquith, P., Gertner, R., Scharfstein, D., 1994. Anatomy of financial distress: An examination of junk-bond issuers. Quarterly Journal of Economics, 109, 625 – 658.

[12] Badoer, D., Demiroglu, C., James, C., 2019. Ratings quality and borrowing choice. Journal of Finance, 74, 2619 – 2665.

[13] Badoer, D., Demiroglu, C., 2019. The relevance of credit ratings in transparent bond markets. Review of Financial Studies, 32, 42 – 74.

[14] Baker, M., Stein, J., Wurgler, J., 2003. When does the market matter? Stock prices and the investment of equity-dependent firms. Quarterly Journal of Economics, 118, 969 – 1005.

[15] Bar-Isaac, H., Shapiro, J., 2013. Ratings quality over the business cycle. Journal of Financial Economics, 108, 62 – 78.

[16] Barro, D., Basso, A., 2010. Credit contagion in a network of firms with spatial interaction. European Journal of Operational Research, 205, 459 – 468.

[17] Beaver, W., 1966. Financial Ratios as Predictors of Failure. Journal of Accounting Research,

4，71 - 111.

[18] Becker，B.，Milbourn，T.，2011. How did increased competition affect credit ratings? Journal of Financial Economics，101，493 - 514.

[19] Benmelech，E.，Bergman，N.，Milanez，A.，Mukharlyamov，V.，2019. The agglomeration of bankruptcy. Review of Financial Studies，32，2541 - 2586.

[20] Bernstein，S.，Colonnelli，E.，Iverson，B.，2019a. Asset allocation in bankruptcy. Journal of Finance，74，5 - 53.

[21] Bernstein，S.，Colonnelli，E.，Giroud，X.，Iverson，B.，2019b. Bankruptcy spillovers. Journal of Financial Economics，133，608 - 633.

[22] Berglöf，E.，Von Thadden，E.，1994. Short-term versus long-term interests：Capital structure with multiple investors. Quarterly Journal of Economics，109，1055 - 1084.

[23] Bharath，S.，Shumway，T.，2008. Forecasting default with the Merton distance to default model. Review of Financial Studies，21，1339 - 1369.

[24] Black，F.，Cox，J.，1976. Valuing corporate securities：Some effects of bond indenture provisions. Journal of Finance，31，351 - 367.

[25] Blum，M.，1974. Failing company discriminant analysis. Journal of Accounting Research，12，1 - 25.

[26] Brogaard，J.，Li，D.，Xia，Y.，2017. Stock liquidity and default risk. Journal of Financial Economics，124，486 - 502.

[27] Bolton，P.，Oehmke，M.，2011. Credit default swaps and the empty creditor problem. Review of Financial Studies，24，2617 - 2655.

[28] Bolton，P.，Scharfstein，D.，1996. Optimal debt structure and the number of creditors. Journal of Political Economy，104，1 - 25.

[29] Bolton，P.，Freixas，X.，Shapiro，J.，2012. The credit ratings game. Journal of Finance，67，85 - 111.

[30] Bongaerts，D.，Cremers，K.，Goetzmann，W.，2012. Tiebreaker：Certification and multiple credit ratings. Journal of Finance，67，113 - 152.

[31] Brown，D.，James，C.，Mooradian，R.，1993. The information content of distressed restructurings involving public and private debt claims. Journal of Financial Economics，33，93 - 118.

[32] Campbell，J.，1987. Stock returns and the term structure. Journal of Financial Economics，18，373 - 399.

[33] Campbell，J.，Giglio，S.，Pathak，P.，2011. Forced sales and house prices. The American Economic Review，101，2108 - 2131.

[34] Campbell，J.，Hilscher，J.，Szilagyi，J.，2008. In search of distress risk. Journal of Finance，63，2899 - 2939.

[35] Chava, S., R. A. Jarrow., 2004. Bankruptcy prediction with industry effects. Review of Finance, 8, 537 - 569.

[36] Chava, S., Purnanandam, A., 2010. Is default risk negatively related to stock returns? Review of Financial Studies, 23, 2523 - 2559.

[37] Cheng, M., Neamtiu, M., 2009. An empirical analysis of changes in credit rating properties: Timeliness, accuracy and volatility. Journal of Accounting and Economics, 47, 108 - 130.

[38] Chevalier, J., 1995a. Capital structure and product-market competition: Empirical evidence from the supermarket industry. The American Economic Review, 85, 415 - 435.

[39] Chevalier, J., 1995b. Do LBO supermarkets charge more? An empirical analysis of the effects of LBOs on supermarket pricing. Journal of Finance, 50, 1095 - 1112.

[40] Colonnello, S., Efing, M., Zucchi, F., 2019. Shareholder bargaining power and the emergence of empty creditors. Journal of Financial Economics, 134, 297 - 317.

[41] Cornaggia, J., Cornaggia, K., 2013. Estimating the costs of issuer-paid credit ratings. Review of Financial Studies, 26, 2229 - 2269.

[42] Davis, M., Lo, V., 2001. Infectious defaults. Quantitative Finance, 1, 382 - 387.

[43] Denis, D. J., Denis, D. K., 1995. Causes of financial distress following leveraged recapitalizations. Journal of Financial Economics, 37, 129 - 157.

[44] Demiroglu, C., James, C., 2015. Bank loans and troubled debt restructurings. Journal of Financial Economics, 118, 192 - 210.

[45] Dichev, I., 1998. Is the risk of bankruptcy a systematic risk? Journal of Finance, 53, 1131 - 1147.

[46] Dichev, I., Piotroski, J., 2001. The long-run stock returns following bond ratings changes. Journal of Finance, 56, 173 - 203.

[47] Diamond, D., 1991. Debt maturity structure and liquidity risk. Quarterly Journal of Economics, 106, 709 - 737.

[48] Duffie, D., Lando, D., 2001. Term structures of credit spreads with incomplete accounting information. Econometrica, 69, 633 - 664.

[49] Duffie, D., Singleton, K., 1999. Modeling term structures of defaultable bonds. Review of Financial Studies, 12, 687 - 720.

[50] Duffie, D., Saita, L., Wang, K., 2007. Multi-period corporate default prediction with stochastic covariates. Journal of Financial Economics, 83, 635 - 665.

[51] Ederington, L., Goh, J., 1998. Bond rating agencies and stock analysts: Who knows what when? Journal of Financial and Quantitative Analysis, 33, 569 - 585.

[52] Ederington, L., Yawitz, J., Roberts, B., 1987. The informational content of bond ratings. Journal of Financial Research, 10, 211 - 226.

［53］ Elton, E., Gruber, M., Agrawal, D., Mann, C., 2001. Explaining the rate spread on corporate bonds. Journal of Finance, 56, 247 - 277.

［54］ Faccio, M., Masulis, R., McConnell, J., 2006. Political connections and corporate bail-outs. Journal of Finance, 61, 2597 - 2635.

［55］ Fama, E., French, K., 1989. Business conditions and expected returns on stocks and bonds. Journal of Financial Economics, 25, 23 - 49.

［56］ Fama, E., Schwert, G., 1977. Asset returns and inflation. Journal of Financial Economics, 5, 115 - 146.

［57］ Fang, V., Noe, T., Tice, S., 2009. Stock market liquidity and firm value. Journal of Financial Economics, 94, 150 - 169.

［58］ FitzPatrick, P., 1932. A Comparison of the Ratios of Successful Industrial Enterprises with Those of Failed Companies. The Accountants' Publishing Company, Washington.

［59］ Friewald, N., Wagner, C., Zechner, J., 2014. The cross-section of credit risk premia and equity returns. Journal of Finance, 69, 2419 - 2469.

［60］ Froot, K., Scharfstein, D., Stein, J., 1993. Risk management: Coordinating corporate investment and financing policies. Journal of Finance, 48, 1629 - 1658.

［61］ Frydman, H., Altman, E., Kao, D., 1985. Introducing recursive partitioning for financial classification: The case of financial distress. Journal of Finance, 40, 269 - 291.

［62］ Gao, P., Parsons, C., Shen, J., 2018. Global relation between financial distress and equity returns. Review of Financial Studies, 31, 239 - 277.

［63］ Garlappi, L., Shu, T., Yan, H., 2008. Default risk, shareholder advantage, and stock returns. Review of Financial Studies, 21, 2743 - 2778.

［64］ Gavazza, A., 2011. The role of trading frictions in real asset markets. The American Economic Review, 101, 1106 - 1143.

［65］ Geczy, C., Minton, B., Schrand, C., 1997. Why firms use currency derivatives. Journal of Finance, 52, 1323 - 1354.

［66］ George, J., Hwang, C., 2010. A resolution of the distress risk and leverage puzzles in the cross section of stock returns. Journal of Financial Economics, 96, 56 - 79.

［67］ Gertner, R., Scharfstein, D., 1991. A theory of workouts and the effects of reorganization law. Journal of Finance, 46, 1189 - 1222.

［68］ Geske, R., 1977. The valuation of corporate liabilities as compound options. Journal of Financial and Quantitative Analysis, 12, 541 - 552.

［69］ Giesecke, K., Longstaff, F., Schaefer, S., Strebulaev, I., 2011. Corporate bond default risk: A 150-year perspective. Journal of Financial Economics, 102, 233 - 250.

［70］ Giesecke, K., Weber, S., 2006. Credit contagion and aggregate losses. Journal of Economic Dynamics and Control, 30, 741 - 767.

[71] Gilson, S., 1997. Transactions costs and capital structure choice: Evidence from financially distressed firms. Journal of Finance, 52, 161 – 196.

[72] Gilson, S., John, K., Lang, L., 1990. Troubled debt restructurings: An empirical study of private reorganization of firms in default. Journal of Financial Economics, 27, 315 – 353.

[73] Giné, X., Kanz, M., 2018. The Economic effects of a borrower bailout: Evidence from an emerging market. Review of Financial Studies, 31, 1752 – 1783.

[74] Goldstein, I., Guembel, A., 2008. Manipulation and the allocational role of prices. Review of Economic Studies, 75, 133 – 164.

[75] Graham, J., Harvey, C., 2001. The theory and practice of corporate finance: Evidence from the field. Journal of Financial Economics, 60, 187 – 243.

[76] Hand, J., Holthausen, R., Leftwich, R., 1992. The effect of bond rating agency announcements on bond and stock prices. Journal of Finance, 47, 733 – 752.

[77] Hotchkiss, E., 1995. Postbankruptcy performance and management turnover. Journal of Finance, 50, 3 – 21.

[78] Huang, J., Huang, M., 2012. How much of the corporate-treasury yield spread is due to credit risk? Review of Asset Pricing Studies, 2, 153 – 202.

[79] Ivashina, V., Iverson, B., Smith, D., 2016. The ownership and trading of debt claims in Chapter 11 restructuring. Journal of Financial Economics, 119, 316 – 335.

[80] Jacobson, T., von Schedvin, E., 2015. Trade credit and the propagation of corporate failure: An empirical analysis. Econometrica, 83, 1315 – 1371.

[81] Jankowitsch, R., Nagler, F., Subrahmanyam, M., 2014. The determinants of recovery rates in the US corporate bond market. Journal of Financial Economics, 114, 155 – 177.

[82] Jarrow, R., Yu, F., 2001. Counterparty risk and the pricing of defaultable securities. Journal of Finance, 56, 1765 – 1799.

[83] Jia, N., Shi, J., Wang, Y., 2013. Coinsurance within business groups: Evidence from related party transactions in an emerging market. Management Science, 59, 2295 – 2313.

[84] Jiang, J., Stanford, M., Xie, Y., 2012. Does it matter who pays for bond ratings? Historical evidence. Journal of Financial Economics, 105, 607 – 621.

[85] Jones, E., Mason, S., Rosenfeld, E., 1984. Contingent claims analysis of corporate capital structures: An empirical investigation. Journal of Finance, 39, 611 – 625.

[86] Keim, D., Stambaugh, R., 1986. Predicting returns in the stock and bond markets. Journal of Financial Economics, 17, 357 – 390.

[87] Kliger, D., Sarig, O., 2000. The information value of bond ratings. Journal of Finance, 55, 2879 – 2902.

[88] Kiyotaki, N., Moore, J., 1997. Credit cycles. Journal of Political Economy, 105, 211 – 248.

[89] Kraft, P., 2015. Do rating agencies cater? Evidence from rating-based contracts. Journal of

Accounting and Economics，59，264 – 283.

[90] Lang，L.，Stulz，R.，1992. Contagion and competitive intra-industry effects of bankruptcy announcements：An empirical analysis. Journal of Financial Economics，32，45 – 60.

[91] Leary，M.，Roberts，M.，2014. Do peer firms affect corporate financial policy? Journal of Finance，69，139 – 178.

[92] Leitner，Y.，2005. Financial networks：Contagion，commitment，and private sector bailouts. Journal of Finance，60，2925 – 2953.

[93] Longstaff，F.，Schwartz，E.，1995. A simple approach to valuing risky fixed and floating rate debt. Journal of Finance，50，789 – 819.

[94] Longstaff，F.，Mithal，S.，Neis，E.，2005. Corporate yield spreads：Default risk or liquidity? New evidence from the credit default swap market. Journal of Finance，60，2213 – 2253.

[95] Lorenzoni，G.，2008. Inefficient credit booms. Review of Economic Studies，75，809 – 833.

[96] McKee，T.，Lensbergn，T.，2002. Genetic programming and rough sets：A hybrid approach to bankruptcy classification. European Journal of Operations Research，128，436 – 451.

[97] Merton，R.，1974. On the pricing of corporate debt：The risk structure of interest rates. Journal of Finance，29，449 – 470.

[98] Mozumdar，A.，2001. Corporate hedging and speculative incentives：Implications for swap market default risk. Journal of Financial and Quantitative Analysis，36，221 – 250.

[99] Nance，D.，Smith，C.，Smithson，C.，1993. On the determinants of corporate hedging. Journal of Finance，48，267 – 284.

[100] Ohlson，J.，1980. Financial ratios and the probabilistic prediction of bankruptcy. Journal of Accounting Research，18，109 – 131.

[101] Opler，T.，Titman，S.，1994. Financial distress and corporate performance. Journal of Finance，49，1015 – 1040.

[102] Ozdenoren，E.，Yuan，K.，2008. Feedback effects and asset prices. Journal of Finance，63，1939 – 1975.

[103] Polk，C.，Sapienza，P.，2009. The stock market and corporate investment：A test of catering theory. Review of Financial Studies，22，187 – 217.

[104] Pulvino，T.，1998. Do asset fire sales exist? An empirical investigation of commercial aircraft transactions. Journal of Finance，53，939 – 978.

[105] Pulvino T.，1999. Effects of bankruptcy court protection on asset sales. Journal of Financial Economics，52，151 – 186.

[106] Purnanandam，A.，2008. Financial distress and corporate risk management：Theory and evidence. Journal of Financial Economics，87，706 – 739.

[107] Rajan，R.，1992. Insiders and outsiders：The choice between informed and arm's-length debt. Journal of Finance，47，1367 – 1400.

[108] Scott, J., 1976. A theory of optimal capital structure. Bell Journal of Economics, 7, 33 - 54.

[109] Scott, J., 1977. Bankruptcy, secured debt, and optimal capital structure. Journal of Finance, 32, 1 - 19.

[110] Scott, J., 1981. The probability of bankruptcy: A comparison of empirical predictions and theoretical models. Journal of Banking and Finance, 5, 317 - 344.

[111] Shleifer, A., Vishny, R., 1992. Liquidation values and debt capacity: A market equilibrium approach. Journal of Finance, 47, 1343 - 1366.

[112] Shumway, T., 2001. Forecasting bankruptcy more accurately: A simple hazard model. Journal of Business, 74, 101 - 124.

[113] Smith, C., Stulz, R., 1985. The determinants of firms' hedging policies. Journal of Financial and Quantitative Analysis, 20, 391 - 405.

[114] Xia, H., Strobl, G., 2012. The issuer-pays rating model and ratings inflation: Evidence from corporate credit rating. Frankfurt School of Finance and Management. Working Paper.

[115] Tennyson, B., Ingram, R., Dugan, M., 1990. Assessing the information content of narrative disclosures in explaining bankruptcy. Journal of Business Finance and Accounting, 17, 391 - 410.

[116] Titman, S., 1984. The effect of capital structure on a firm's liquidation decision. Journal of Financial Economics, 13, 137 - 151.

[117] Trippi, R., Turban, E., 1996. Neural Networks in Finance and Investing: Using Artificial Intelligence to Improve Real World Performance. Chicago: Probus.

[118] Vassalou, M., Xing, Y., 2004. Default risk in equity returns. Journal of Finance, 59, 831 - 868.

[119] Weiss, L., 1990. Bankruptcy resolution: Direct costs and violation of priority of claims. Journal of Financial Economics, 27, 285 - 314.

[120] West, R., 1973. Bond ratings, bond yields and financial regulation: Some findings. Journal of Law and Economics, 16, 159 - 168.

[121] Wilcox, J., 1971. A gambler's ruin prediction of business failure using accounting data. Sloan Management Review, 13, 1 - 10.

[122] Wilcox, J., 1973. A prediction of business failure using accounting data. Journal of Accounting Research, 11, 163 - 179.

[123] Wilcox, J., 1976. The gambler's ruin approach to business risk. Sloan Management Review, 18, 33 - 46.

[124] Williamson, O., 1988. Corporate finance and corporate governance. Journal of Finance, 43, 567 - 591.

[125] Zhou, C., 2001. An analysis of default correlations and multiple defaults. Review of Financial Studies, 14, 555 - 576.

［126］陈林，周宗放，顾婧．基于复合期权、篮子期权及股权关系的企业集团母公司信用风险度量研究．中国管理科学，2011，19（5）.

［127］陈艺云．基于信息披露文本的上市公司财务困境预测：以中文年报管理层讨论与分析为样本的研究．中国管理科学，2019，27（7）.

［128］韩立岩，陈文丽．贷款组合中违约传染的机理研究．金融研究，2006（7）.

［129］黄小琳，朱松，陈关亭．债券违约对涉事信用评级机构的影响——基于中国信用债市场违约事件的分析．金融研究，2017（3）.

［130］姜付秀，张敏，陆正飞，陈才东．管理者过度自信、企业扩张与财务困境．经济研究，2009，44（1）.

［131］吕长江，徐丽莉，周琳．上市公司财务困境与财务破产的比较分析．经济研究，2004（8）.

［132］纳鹏杰，雨田木子，纳超洪．企业集团风险传染效应研究——来自集团控股上市公司的经验证据．会计研究，2017（3）.

［133］潘越，戴亦一，李财喜．政治关联与财务困境公司的政府补助——来自中国ST公司的经验证据．南开管理评论，2009，12（5）.

［134］王雄元，张春强．声誉机制、信用评级与中期票据融资成本．金融研究，2013（8）.

［135］王世权，张爽，刘雅琦．母子公司关系网络影响管理审计的内在机理——基于宝钢集团的案例研究．会计研究，2016（2）.

［136］吴宝，李正卫，池仁勇．社会资本、融资结网与企业间风险传染——浙江案例研究．社会学研究，2011，26（3）.

［137］吴世农，卢贤义．我国上市公司财务困境的预测模型研究．经济研究，2001（6）.

［138］张金林，李健．企业集团信用风险传染及治理：基于复杂网络理论的分析．中国软科学，2020（10）.

［139］章铁生，徐德信，余浩．证券发行管制下的地方"护租"与上市公司财务困境风险化解．会计研究，2012（8）.

家庭金融

内容摘要： 近年来，家庭金融逐渐成为金融学研究的新兴领域之一。自 2006 年美国金融学会主席约翰·坎贝尔（John Campbell）发表家庭金融的主题演讲后，该领域受到学术界的广泛关注，主要研究家庭作为主体如何通过股票、基金、债券等工具实现家庭资源的优化配置。本文从家庭金融研究的背景与特征、国内外家庭资产和负债的现状、家庭资产与投资、家庭负债与贷款、金融科技五个方面对该领域进行介绍。首先阐述了家庭金融诞生的背景、兴起的原因、面临的困难与挑战，其次介绍了中国、美国及世界其他国家资产与负债分布的特点，最后从家庭的资产、家庭的负债、家庭金融和金融科技的结合三个方面梳理了相关文献，呈现出家庭金融研究的最新动态。

一、引言

家庭金融（household finance）是金融学研究的一个新兴领域。2006 年 1 月约翰·坎贝尔在就任美国金融学会主席时发表了以家庭金融为主题的演讲，创造了"家庭金融"这一名称，并指出家庭金融类似于公司金融，是分析家庭如何运用金融工具和市场来实现其目标的学科，研究家庭如何通过利用股票、债券、基金等证券投资工具参与金融市场，以实现资源的跨期优化配置，达到效用最大化。2009年美国国家经济研究局（NBER）专门成立了家庭金融研究小组。这些事件标志着家庭金融开始作为一个独立的研究领域而存在。

家庭金融作为一个新兴研究领域诞生有其独特的原因。首先，家庭金融的行业规模不容小觑。其次，家庭具有特殊性，家庭的决策不同于机构投资者和公司金融领域的决策，家庭也不同于主流经济研究中的典型代理人，决策的结果常常具有偏差。制度环境的相关性和金融的复杂性也会影响家庭的决策。在研究家庭的金融决策时，家庭金融重点考虑家庭特征的异质性和家庭面对的各种制度环境（Guiso and Sodin，2013）。

家庭金融的研究在实证和规范方面都具有很大的挑战性，其中最主要的两个挑战是数据的计量和模型的建立。

家庭金融的实证研究需要知道现实中家庭是如何投资的。数据对于家庭金融的实证研究十分关键但难以获得。理想的家庭金融数据应该是能够包含所有个人特征，具有代表性，并能衡量总财富、详尽反映资产类别多样化的精确的面板数据集。大多数家庭金融的研究需依赖调查，美国最重要的相关数据是消费者金融调查（Survey of Consumer Finances）。中国相关数据有中国家庭金融调查（China Household Finance Survey）、中国家庭收入调查（China Household Income Project）等等。另一种方法是利用登记册的记录，如股票所有权登记册、政府的税收记录。

家庭金融的规范研究回答家庭应该如何投资的问题，适当的模型构建是理论研究的关键。但是家庭的金融决策涉及了主流研究忽略的复杂问题。第一，家庭金融决策是全生命周期的规划，而非基于短期考虑。第二，大多数家庭中，财富的最大组成部分是不可交易的人力资本，其风险难以对冲。第三，住房是家庭重要的非流动性资产，可以用作借款的抵押，因而影响家庭信贷。第四，借贷约束条件、税法的复杂性与非中性也可能影响家庭的金融决策。此外，家庭间的异质性和风险偏好等也是重要影响因素。这些问题使得建立理论模型研究家庭的金融决策更加困难（Campbell，2016）。

近些年来，在金融市场创新程度提高以及金融自由化、民主化的趋势下，家庭更广泛、直接地参与到金融决策之中，家庭金融研究的重要性提高。由政府、高校和监管部门等公共机构，公司、银行等金融机构收集的微观数据越来越多，金融科技的发展对家庭金融提供了机遇和挑战。在此背景下，本文尝试对该领域重要文献进行整理综述。本文第二部分介绍了国内外家庭的金融状况，如资产配置、负债情况等相关的事实；第三部分从家庭未来消费的角度，对家庭的资产和投资研究进行整理回顾；第四部分从家庭当期消费的角度，对家庭的负债、贷款等融资研究进行整理回顾；第五部分结合现阶段金融科技的发展趋势，对与家庭金融研究相关的金融科技研究进行回顾。

二、关于家庭财富的现状

随着家庭金融研究的发展，关于家庭投资、储蓄等情况的家庭金融调查也逐渐完善，有越来越多的调查数据和统计资料为研究提供支持。第二部分主要通过国内外家庭金融的相关调查和研究，简要描述和介绍国内外家庭金融的家庭资产配置、投资、储蓄等基本情况，从中我们可以发现各国家庭的财务状况呈现出了不同的特征，并且与金融理论的假设存在一定差异。

（一）中国家庭资产配置的情况

国内许多研究机构都对家庭的金融状况进行了连续的调查，反映了家庭的人口特征、收入、消费、资产类别、社会保障和保险等情况。主要的数据调查有西南财经大学与中国人民银行总行金融研究所合作开展的中国家庭金融调查（CHFS）、国家统计局和中国社会科学院经济研究所开展的中国家庭收入项目调查（CHIP）、北京大学中国社会科学调查中心负责的中国家庭动态跟踪调查（CFPS）、北京大学中国经济研究中心负责的中国健康退休跟踪调查（CHARLS）、清华大学中国金融研究中心开展的消费金融调研、奥尔多投资咨询中心开展的投资者行为调查，以及国家统计局城调总队负责的中国城镇住户调查（UHS）和农调总队负责的中国农村住户调查数据（RHS）等等。本部分借助部分微观调查对我国家庭金融状况进行简单的梳理与描述。

根据 CHFS（2017）的调查结果，在我国家庭的资产中，长期占据主要地位的是房产，其他相对重要的资产为金融资产和工商业资产。2017 年房产占总资产的比重已经达到了 73.6%，金融资产排第二，占据总资产的 11.3%，工商业资产占据 6.6%，和 2011 年的调查相比，住房资产和金融资产的比重在上升，其他资产和工商业资产都在下降，住房资产才是中国家庭的主要资产（见表 1）。央行发布的《2019 年中国城镇居民家庭资产负债情况调查》也反映了这一情况，住房资产占实物资产的 74.2%，占据家庭总资产的约六成。金融资产中风险资产占比小，现金、存款等低风险理财占比较大。

表1 中国家庭资产分布结构

年份	金融资产/总资产	房产/总资产	工商业/总资产	其他资产/总资产
2011	10.9	68.6	8.7	11.8
2013	12.9	62.3	12.4	12.4
2015	12.4	65.3	13.7	8.6
2017	11.3	73.6	6.6	8.5

资料来源：路晓蒙，甘犁．中国家庭财富管理现状及对银行理财业务发展的建议．中国银行业，2019 (3)：94-96.

储蓄率方面，中国家庭的储蓄率整体较高，分布不均衡。根据 CHFS（2017）的调查，有 41.2% 的家庭没有储蓄，而家庭的储蓄率随着收入的增加，呈现出上升态势。表 2 呈现了中国家庭储蓄率分布的不均匀。高收入家庭的储蓄率明显高于低收入家庭的储蓄率，CHFS、CFPS 和 CHIP 等调查研究都呈现出了相似的趋势。表 2 来自甘犁等（2018）的研究，其中将储蓄率定义为（家庭可支配收入－家庭总支出）/家庭可支配收入，或家庭可支配收入/家庭总支出的自然对数。收入最高 1% 家庭的储蓄占家庭收入的 80.5%，家庭储蓄占总储蓄的约 70%，收入最高 10% 的家庭的储蓄占家庭收入的 65.1%，占据了总储蓄的 116%，然而收入后 50% 的家庭储蓄率为－99.1%，储蓄份额为－45.8%。这是因为部分低收入家庭的总支出超过了可支配收入，存在负债消费等情况。这些家庭的平均消费倾向都比较高。

表2 中国家庭储蓄率分布不均衡

	CHFS（2017）		CFPS（2014）		CHIP（2013）		NBS
	储蓄率	储蓄份额	储蓄率	储蓄份额	储蓄率	储蓄份额	储蓄率
收入前 1%	0.805	69.1	0.581	44	0.536	12.2	—
收入前 5%	0.684	99.7	0.515	76.7	0.426	29.3	—
收入前 10%	0.651	116	0.471	96.6	0.403	44.4	—
收入前 25%	0.558	138.2	0.412	133.6	0.373	73.5	—
收入后 50%	－0.991	－45.8	－0.634	－52.8	0.017	1.35	—
储蓄家庭（%）	58.8		45.3		74.6		—
储蓄率（2016 年）	0.291		—		—		0.282
储蓄率（2014 年）	—		0.189		—		0.281
储蓄率（2013 年）	—		—		0.273		0.278

资料来源：甘犁，赵乃宝，孙永智．收入不平等、流动性约束与中国家庭储蓄率．经济研究，2018，53 (12)：34-50.

新冠肺炎疫情之后，中国家庭财富、资产配置等发生了一定的变化。根据西南财经大学中国家庭金融调查和研究中心联合蚂蚁集团研究院推出的 2020 年度中国家庭财富指数调研报告可知，影响家庭财富的关键因素是住房资产和金融资产。对于家庭财富增加的家庭，住房资产贡献了约 70%，金融投资贡献了 21.2%，可支配现金和工商业经营的贡献不到 10％。对于财富减少的家庭，金融投资价值减少的影响是 46％，住房资产的影响是 33.4％，可支配现金的影响是 19.2％。金融资产相比此前产生了更大的影响。除此以外，报告还指出，家庭资产配置更加均衡，其中低风险资产配置更加均衡，权益类资产配置提升。疫情期间，商业保险和存款类配置意愿高涨，在疫情得到控制后，股票、基金、贵金属、海外资产等权益类资产配置提升。高学历、高收入家庭资产配置更均衡，而均衡类的资产配置促进了家庭财富的增长。同时，疫情促进了线上投资的发展，家庭线上投资意愿不断提高。线上投资带动了家庭资产配置的均衡发展，促进了财富增长。

（二）美国家庭资产配置的情况

美国家庭的资产配置结构和中国的情况差异较大。根据美联储 2019 年的消费金融调查可知，美国家庭主要资产平均三成为养老金，三成多为不动产，剩下的是股票、基金、私企股权、耐用消费品等其他资产。在前 1％ 的高收入和高净值家庭中，住房资产占比仅为一成左右，40％ 的资产在股票和基金上，20％ 的资产在私企股权上。而低收入和低净资产的家庭中，不动产占比近一半，其他较为重要的是耐用消费品和养老金，家庭在股票和基金上的投资则非常小。越富有的家庭在资本市场上的投资越多，住房资产的投资相对越少。美国不同收入水平群体和不同净资产水平群体的资产配置结构呈现出分布的不均衡。

（三）国际经验：新兴经济体和发达国家的对比

除了中国和美国的家庭资产配置情况，其他国家的资产配置状况同样值得关注，新兴经济体和发达国家往往呈现出不同的特征。新兴经济体的家庭住房资产、耐用消费品的配置比重往往高于发达国家，而金融资产的占比则非常小。新兴经济体家庭资本市场的参与率远低于发达国家，而房地产市场的参与程度则普遍较高。新兴经济体中，印度资本市场的参与率略高于其他国家，中国与泰国、孟加拉国、南非的参与程度相近。关于房地产市场的参与程度，中国和印度相近，大约有90％，而发达国家则不到 70％（Badarinza et al.，2019）。

除了家庭资产配置上的差异，新兴经济体和发达国家在家庭债务结构上也存在明显的差异。相比于发达国家，新兴经济体抵押贷款市场的参与程度相对较低，各类债务的使用和参与程度都不高。在所有债务中，新兴经济体的家庭拥有的不安全债务占比相对更大，抵押贷款的占比相对较小。南非和中国是例外，中国的抵押贷款占比甚至略高于发达国家平均水平，南非的家庭负债中主要是安全的债务，风险较大的不安全债务占比很少。

三、家庭资产——为未来消费做准备

家庭的财务情况主要可以分为资产和负债两端。结合跨期消费模型的思路，我们可以将家庭的资产理解成为未来消费所做的准备，而家庭的负债则是为当期消费筹措资金所做的准备。第三部分将从家庭未来消费的角度，对家庭的资产和投资研究进行整理回顾；第四部分从家庭当期消费的角度，对家庭的负债、贷款等融资研究进行整理回顾。

（一）股市参与

在家庭资产配置方面，很多家庭根本没有参与股市，不拥有任何股票，或者股市参与非常有限。这个问题在家庭金融的研究中引起了学者们广泛的关注，研究表明，这种现象在很多国家中普遍存在。许多学者记录并分析了美国存在的股市有限参与现象（Haliassos and Bertaut，1995；Badarinza et al.，2016；Guiso et al.，2008）。Guiso 等（2002）提供了其他国家的实证研究证据，如英国、德国、意大利和荷兰等。这种现象在低收入家庭和发展中国家表现得更为明显（Badarinza et al.，2019）。包括美国在内，许多发达国家的股市参与率不到 50%（Campbell and Ramadorai，2016），发展中国家则更低。

针对这种"有限参与之谜"，学者们试图给出合理的解释。比较早的文献有 Haliassos 和 Bertaut（1995）的研究，他们认为，股市有限参与的原因主要是惯性和偏离预期效用最大化，即转换参与股市的固定成本很高，除此以外还可能有不可分散的收入风险。总体来说，对股市有限参与的解释大致可以分为四类：家庭偏好、参与成本（包括金钱成本和信息成本）、家庭面临的风险以及同伴效应。

1. 家庭偏好

第一种可能的解释是家庭的偏好和常规偏好有所不同。一般在没有其他风险或约束的情况下，投资者愿意将自己的财富投资于风险溢价为正的资产。然而家庭对于收益和损失的偏好可能是不对称的。具有损失厌恶的投资者在衡量价值时基于一个对损失比收益更敏感的参照点，在收益主导时是风险厌恶的，在损失主导时是风险喜好的（Gomes，2005）。具有失望厌恶的投资者面对低于预期的经济行为结果，产生了不愿承受的失望情绪。除此以外，狭义框架（Barberis et al.，2006）、等级依赖性效用（Chapman and Polkovnichenko，2009）、模糊性厌恶（Cao et al.，2005）也可能导致不对称偏好，进而导致有限的股市和投资参与。

以上解释得到了实证证据的支持。Dimmock 等（2016）利用自己发起的网络调查数据检验模糊性偏好和资产选择问题间的关系，发现模糊性偏好和股市参与率负相关，证实了不对称的家庭偏好对股市参与的影响。Barberis 等（2006）证明了"狭义的框架"能够有力地解释股市参与问题，即被提供一个新的赌博的一个代理人会孤立地评估这个赌博，人们通常会对一个小的、独立的赌博产生厌恶，即使这个赌博是有利的。Calvet 等（2019）使用瑞典的数据证明了一阶风险厌恶偏好的影响。

2. 参与成本

第二种解释是参与成本，主要包括金钱成本和信息成本，这些成本可能阻碍了家庭投资股票，可投资财富较少的家庭对这些成本更加敏感。Haliassos 和 Michaelides（2003）发现，相对较小的股市进入成本就足以阻止家庭投资股票，这种成本可能与信息、注册费和投资者的惯性等相关。家庭少量或者不持有股票也可以实现预期的消费平滑，边际股民内生地更厌恶风险，因此他们不会将投资组合完全投资于股票（Gomes and Michaelides，2005）。这些研究通过注册费等显性支出以及各种间接成本对股市的有限参与进行解释。

关于参与成本的影响，Calvet 等（2007）使用了瑞典全面分类数据证明，不参与股市的人大多是低效率的投资者，很小的参与成本就会阻止他们参与资本市场。对金融市场信息了解更多的人更愿意投资于股票（Guiso et al.，2002）。许多学者探究了参与率和家庭财富的关系，强有力地支持了拥有较少财产的家庭克服参与固定成本的困难更大、参与股市的可能性更小，家庭拥有的财富和股市参与率正相关（Campbell，2006；Guiso et al.，2002；Guiso and Sodini，2013）。

3. 家庭面临的风险

第三种解释是家庭面临的风险，在投资股票时，家庭主要面临着劳动收入不稳定的风险和被欺骗的风险，这些风险是影响股市参与的重要因素。Benzoni 等（2007）基于生命周期理论，认为年轻家庭的人力资本具有股票性质，劳动收入的特殊性使得其风险难以对冲，年轻人不参与股票市场是理性的选择。Guiso 等（2008）利用荷兰和意大利等国的微观数据研究了缺乏信任对股市参与的影响，投资者在购买股票时面临被欺诈的风险，缺乏信任的投资者更不可能去买股票，或者买得更少，从而影响了股市参与。

4. 同伴效应

家庭还可能受到同伴的影响，如果同伴都投资了股市，由于社会效用或模仿渠道的影响，家庭可能更愿意参与股票市场。Hong 等（2004）利用健康和退休调查研究的数据验证了社会交往对股市参与的影响，发现与缺乏社交的家庭相比，那些更积极参加社交活动（如邻居往来、参与教堂活动）的家庭，更可能投资股市。在股市参与率高的国家，这种同伴效应更加明显。

5. 其他因素

除了以上四种因素，还有许多其他因素可能与股市参与情况有关。第一是股票的收益情况。Hurd 等（2011）利用所收集的两年的股票及股市参与和预期数据，发现随着股票市场价格上涨，对未来股票市场价格变化的预期也在增加，认为股票收益与股市的参与率呈现正相关，因为家庭对股票价格的预期受近期股票涨跌影响。第二是收入风险。Bonaparte 等（2014）认为，如果收入增长与股市收益并不相关，收入风险较低，家庭更有可能参与股票市场。第三是关于信念和过去的经历。信念和过去的经历可能会影响家庭对未来的期望收益，消极的经历甚至可能会对参与率造成永久的影响（Malmendier and Nagel，2011）。第四是关于家庭的债务。对于负担大量债务的家庭，由于抵押贷款可能减少可投资的家庭资产，最优的选择是不要投资于股票（Cocco，2005）。第五是年龄效应。年龄效应对股市参与的影响模式并不明确，Ameriks 等（2004）证明，到退休前，参与率都是随着年龄增加的，退休后趋于平缓。Fagereng 等（2017）则认为，随着年龄的增加，参与率呈驼峰状，在 40～60 岁左右达到顶峰。

（二）投资组合的选择

家庭投资组合的选择受到多重因素的影响，而家庭经常由于金融知识的缺乏等原因选择委托投资组合的管理，寻找专业机构获得理财建议。

1. 投资组合选择的重要影响因素

家庭投资组合的选择通常受到许多因素的影响，包括生命周期、收入风险和借贷约束、住房资产、人力资本和财富等等，这一部分对影响投资组合选择的因素进行探究，总结相关的研究文献。

（1）生命周期。

对于家庭而言，生命周期的考虑对资产配置来说必不可少。在简单的生命周期资产配置模型中，退休前，风险资产的份额通常随着年龄下降，退休后的模式并不明晰（见图1）。但随着模型的拓展，对于风险资产的投资可能是一直上升的，也可能是呈现驼峰状的（Ameriks et al.，2004；Cocco et al.，2005；Benzoni et al.，2007；Catherine，2019）。Cocco 等（2005）求解了一个真实校准的消费和投资组合选择的生命周期模型，该模型具有不可交易的劳动收入和借款约束。由于劳动收入替代了无风险资产的持有，因此投资于股票的最优份额在生命期内大致是递减的。

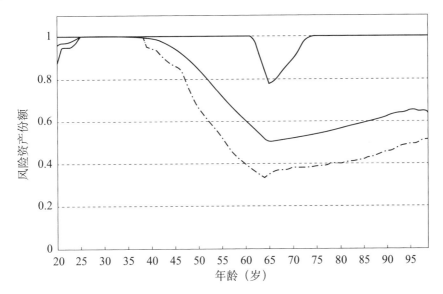

图1 生命周期的风险资产份额

资料来源：Cocco，J.，Gomes，F.，Maenhout，P.，2005. Consumption and Portfolio Choice over the Life Cycle. Review of Financial Studies 18（2），491-533.

Ameriks 和 Zeldes（2004）研究劳动收入和股票红利共存时的投资组合选择。年轻人的人力资本实际上如同股票，而对于退休时间较短的老年人来说，人力资本更像债券。这些效应共同创造了驼峰状的生命周期投资组合持有量，与经验观察保持一致。

许多实证研究探索了生命周期对投资者组合选择的影响。Poterba 和 Samwick（1997）使用了美国 1983 年、1989 年和 1992 年的 SCF 调查数据发现，资产的积累随着年龄的增加呈现出驼峰状。Fagereng 等（2017）使用了计量误差可能较小的挪威行政数据，主要采用了两种方法来解决识别问题，估算投资选择的生命周期特征面临着经典的识别问题。第一种方法是根据个人一生的回报经验建立了队列效应模型，第二种方法是施加限制，即一旦变量被去掉，时间效应的总和为零，最终发现股票市场参与者的风险资产份额是年龄的递减函数。

（2）收入风险和借贷约束。

收入风险和借贷约束对家庭投资组合的选择也产生了深远的影响。Bonaparte 等（2014）发现，收入增长与股票收益相关的家庭，收入的风险越大，拥有的风险资产就越少。Massa 和 Simonov（2006）则持有相反的看法，他们发现许多家庭倾向于持有和劳动收入正相关的股票，而这种模式并不是富裕家庭所青睐的。Fagereng 等（2018）将工人和企业的面板数据进行匹配，探讨背景风险对投资组合选择的影响，利用转嫁到工人身上的企业盈利能力的变异性来获得无保险工资风险的度量，最终发现，风险的数量和投资者对风险的敏感性影响投资组合的选择。

（3）住房资产。

住房资产是家庭资产的重要组成部分，对于中国家庭资产，住房资产贡献了约70%。首先，房价会作用于家庭的财富（Glaeser and Gyourko，2018）。其次，房产会对宏观经济产生影响，Piazzesi 和 Schneider（2016）就在《宏观经济学手册》中探讨了房产和宏观经济的关系。关于住房资产对于投资选择的影响，Cocco（2005）、Yao 和 Zhang（2005）发现，住房资产占总资产的比重越大，家庭对于风险资产的投资越小。对住房资产的投资限制了投资者用于投资股票的金融财富，降低了参与股票市场的收益。房价的风险会挤占股票持有量，而且这种挤占效应对于低金融资产持有者来说更大。

（4）人力资本和财富。

人力资本和财富通常呈现出相关关系，二者的影响很容易混淆。Calvet 和 Sodini（2014）发现，人力资本会对风险承担产生积极影响，人力资本的现值越高，风险越大，而财富越多，越可能投资于高风险资产，提高风险资产的投资份额，高风险资产的投资组合份额是金融财富的递增和凹函数。然而 Brunnermeier 和 Nagel（2007）利用美国 PSID 数据发现，流动资产中风险资产的投资份额是平坦的，Chiappori 等（2011）利用意大利银行收入和财富调查的面板数据也发现，风险资产份额对财富的弹性很小，且在统计上不显著。

（5）其他因素。

除了以上四种因素，其他因素也可能影响家庭投资组合的选择，比如前文提到的信任水平（Guiso et al.，2008）、内在习惯（Calvet and Sodini，2014）和模糊性厌恶（Dimmock et al.，2016）可能会影响股票投资。除此以外，家庭的人口特征、教育水平、家庭规模和婚姻状况等也可能影响家庭的投资决策。Black 等（2018）认为，受教育程度越高的家庭投资股票越多，风险资产份额越大，Calvet 和 Sodini（2006）的研究也得出了同样的结论。家庭规模和婚姻状况的变化对投资组合配置可能产生影响（Hubener et al.，2016），死亡率的预期对储蓄行为和投资组合选择也会产生重要影响（Heimer，2019）。

2. 投资组合委托管理和理财建议

相比于直接做出投资组合的选择，许多家庭都将自己的投资组合交由专业的经理人管理，包括投入共同基金，或者是聘请投资顾问，遵循投资顾问的理财建议。

职业的理财顾问和经理人在专业知识、信息收集和交易成本方面都具有优势，许多投资者认为，他们能够利用专业知识改善家庭财务情况，提高收益。

（1）投资组合委托管理。

共同基金是投资组合委托管理的主要选择之一。大量的文献集中于共同基金业绩、流动的决定因素等，比如 Carhart（1997）、Fama 和 French（2010）等研究认为，股票回报和投资费用为主要因素，与经理对基金的积极管理和高超的选股技巧无关。Ivković 和 Weisbenner（2009）将目光聚焦于个人投资者，使用微观数据研究了个人投资共同基金与基金特征之间的关系，发现了三个特点。第一，个人投资者不愿意卖出已经升值的共同基金，愿意卖出亏损的基金；第二，个人关注投资成本，因为赎回决策对费用率等非常敏感；第三，个人在基金层面的资金流入和流出对业绩敏感，流入只与相对绩效相关，说明新资金追逐的是目标中表现最好的人，而流出只与绝对业绩有关。Choi 等（2010）借助标准普尔 500 指数基金进行实验，评估个人投资费用较高指数基金的原因，发现大多数被试高度重视年化收益，但可能由于缺乏金融知识，没有将费用降到最低。因此，金融知识的普及有助于降低个人投资的成本。Bailey 等（2011）还发现，在费用、交易频率、时机和业绩等多个维度上表现不够成熟和有行为偏差的投资者更有可能选择共同基金。

（2）理财建议。

咨询财务顾问进行投资决策也是家庭的主要选择之一。为了探究财务顾问的主要匹配对象、财务顾问指导的建议账户和自我管理账户的实际收益和表现，Hackethal 等（2011）使用了一组来自大型券商的数据和一组来自一家大型银行的数据，发现建议账户提供的净收益平均较低，风险-收益权衡（夏普比率）较差，其中交易成本对结果有影响，因为建议账户的交易额较高。这与佣金是顾问收入的主要来源一致。Kramer（2012）使用了荷兰的数据比较了投资顾问建议的投资组合和自我管理的个人投资组合，没有证据表明业绩存在明显差异，但是接受咨询的投资者的投资组合具有更好的分散性，承担的特异性风险降低。Bluethgen 等（2008）则发现，理财顾问的质量其实存在很大的异质性，不仅因为技术，也要看报酬的形式。总之，理财顾问的建议不一定会提高平均收益，但是有助于分散风险，顾问收费的方式会影响其建议的质量。

（三）投资组合分散化不足

众多的调查数据都反映出家庭的投资选择呈现出一种集中的趋势，分散化明显不足，这与标准理性的投资组合模型相冲突，比如 Blume 和 Friend（1975）就利用美国的所得税数据，发现家庭的投资组合高度集中。Calvet 等（2007）认为，家庭投资的两个主要低效率来源是分散化不足和不参与风险资产市场。

很多学者认为，家庭似乎倾向于投资熟悉的事物。French 和 Poterba（1991）用美国、英国、日本、法国等不同国家股市投资的数据分析发现，人们倾向于购买本国股票。Grinblatt 和 Keloharju（2001）也得出了相近的结论。Huberman（2001）和 Ivković等（2005）的研究发现，投资者还会过度投资本国本地公司的股票。Keloharju 等（2012）利用券商和汽车行业的微观数据发现，投资者更有可能购买他们作为客户经常光顾的公司的股票，对于客户关系较长的个人来说，这些效应更强，而投资者似乎把股票当成了某种消费品。Benartzi 和 Thaler（2001）发现，投资者愿意购买其雇主公司的股票。

关于投资组合分散化不足现象产生的原因，许多学者对此进行了探讨，目前主要有三种观点：一是偏好，二是信息优势，三是基于个人禀赋风险的对冲。

1. 偏好

家庭的投资组合选择偏离了标准理性的投资组合理论，很可能的一个原因是，家庭有不同的偏好，这种偏好使得其宁愿选择投资某种喜好的资产而不遵循资产的收益来做决定。Polkovnichenko（2005）发现，许多家庭同时投资于分散程度较高的基金和分散程度较低的股票投资组合，而一些有大量储蓄的家庭不投资任何股票，支持了家庭具有等级依赖性的偏好的观点。Mitton 和 Vorkink（2007）认为，投资者对偏度有异质性偏好。Dimmock 等（2016）则认为，模糊性偏好是解释投资选择之谜的关键原因，并利用自己发起的网络调查数据予以验证。Huberman（2001）认为，投资者偏好熟悉的资产而不是可能获利的资产，正如前文所述，家庭可能会偏爱本土、本国或雇主公司的股票。Fama 和 French（2007）强调一些投资者把金融资产作为消费品来看待，仅仅因为他们喜欢这些资产而选择投资它们。

2. 信息优势

针对特定资产的信息优势，也可能使得家庭的投资组合向某种资产集中。Nieuwerburgh 和 Veldkamp（2010）的研究发现，能够首先收集信息的投资者系统性地偏离了持有多元化的投资组合。信息获取可以使投资于多元化基金和一组集中的资产变得合理。当投资者想形成一个风险资产的投资组合且有能力收集这些资产未来价值的信息时，最好就是获取预期持有资产的信息，而他预期持有的资产又会受到他所获取信息的影响，因此最终的投资组合便偏离了多元化。Knüpfer 等（2017）认为，信息优势会在代际传递，投资者倾向于持有与父母相同的证券，子女也会影响父母的选择，当家庭成员更容易沟通、更容易受到社会影响时，这种情况更加突出。

3. 基于个人禀赋风险的对冲

第三种原因是对自身风险的对冲。投资者具有不同的个人禀赋，在工作、房产、居住地、受教育程度等方面有差异，面临着基于个人禀赋的风险。为减少风险敞口，投资者会避免或降低对与其个人禀赋相关的金融资产的投资。因此，和市场投资组合的分散化程度相比，他们的投资便倾向于集中。Cochrane（2014）发现，当投资者有非市场化的收入时，会设法对冲这部分收入产生的外部现金流。Davis和Willen（2000）、Calvet等（2004）的研究也支持了这一观点。然而，即使投资者应该回避和自己专业相近的股票，但很可能因为认为自己掌握优势信息或者很熟悉这些股票而投资。

（四）中国的研究

1. 家庭的投资决策

中国家庭金融的相关研究也在蓬勃发展，关于家庭的股市参与、资产配置、投资组合选择方面的研究硕果累累。

股市参与方面，投资者的交易行为常常偏离了理性选择的范畴。李心丹等（2002）利用某证券营业部7 894位个体投资者在1998年7月—2001年11月的交易数据研究发现，我国个体投资者的确存在政策依赖性心理和过度自信心理的认知偏差，而且存在过度交易的行为，导致了收益低于平均水平，个人财富受损。

根据中国的数据，风险态度并不如西方文献研究所述，对股票投资有显著影响。李涛和郭杰（2009）基于2007年中国15个城市居民投资行为调查数据发现，居民的风险态度对其是否投资股票没有显著影响。他们认为，原因可能是社会互动可以不同程度地降低居民对股票投资风险的主观感知程度。关于社会互动对股市的影响，李涛（2006，2007）发现，社会互动和信任对居民参与股市发挥了积极作用。在人口学结构特征上，高收入、高学历、高年龄的居民更愿意参与股票投资。社会互动通过个体遵循参考群体成员的投资选择所体现的社会规范，推动了投资者当前和未来期望对银行存款、外汇、股票、债券、期货、基金等各类理财和投资项目的参与。参与惯性也可能会影响股票投资。

投资组合选择方面，许多文献探讨了中国家庭投资结构的特征和影响因素。吴卫星等（2010）认为，从风险角度，中国家庭的投资结构呈现钟形特征，而年轻人针对极度风险的金融衍生产品期货乐于冒险尝试。住房资产对流动性资产投资有挤出效应，财富增加对风险资产投资有促进作用。吴卫星和齐天翔（2007）使用Probit和Tobit模型对中国居民的股票市场参与和投资组合的影响因素进行了分析，发现非流动性资产，尤其是房地产投资显著替代和挤出了投资者的股票市场参与和投资组合，同时中国居民投资的财富效应显著，财富的增加和居民参与股票市场的概率和深度正相关。这和国外相关研究的结论一致（Campbell，2006）。但他们也发现，中国居民投资的生命周期效应不明显，投资者很少利用股票投资对冲未来的风险。何兴强等（2009）探究了背景风险对风险金融资产投资的影响，通过2006年中国9个城市"投资者行为调查"数据发现，劳动收入风险高或者拥有商业或房产投资的居民更不愿意投资风险金融资产，而享有医疗社会保险或购买了商业健康保险的居民投资风险金融资产的概率更高。

张号栋和尹志超（2016）研究了金融知识对家庭投资决策的影响。他们借助2013年中国家庭金融调查（CHFS）数据和工具变量法，证明了金融知识可以显著降低家庭金融排斥，金融知识对于投资类和融资类产品的排斥都有降低作用，对投资类产品的排斥降低作用更明显，强调了金融知识教育和普及的重要性。尹志超等（2015）强调金融可得性的提高也能促进家庭更多地参与正规金融市场并改善资产配置，特别是对农村和中西部地区家庭的金融市场参与影响更大。

2. 家庭的储蓄与消费决策

如第二部分所述，中国家庭储蓄率远高于世界平均水平，甚至高于其他储蓄率相对较高的东亚国家。这一特殊现象引起了学者的关注。

有一个看法是，预防性储蓄动机在中国家庭的储蓄决策中发挥着重要作用，而其中主要原因是收入的不确定性。李勇辉和温娇秀（2005）认为，支出的不确定性也是导致预防性储蓄行为的重要原因。收入的不确定性和支出的不确定性对家庭的消费也有影响。罗楚亮（2004）发现，收入的不确定性、失业风险、医疗支出的不确定性及教育支出等支出的不确定性因素对城镇居民消费水平也具有显著的负效应。

有学者认为，宏观经济的波动，如利率、股市收益率的变化等能够解释家庭的部分储蓄行为。汪红驹和张慧莲（2006）认为，利率、通货膨胀、股市收益率波动能够解释储蓄存款增加的30%，其中股市收益率的下降发挥了重要的影响作用。

家庭的收入和财富水平对家庭的储蓄和消费也存在显著的影响。张金宝（2012）根据2011年清华大学中国金融中心开展的第三次消费金融调研研究发现，家庭储蓄的动机主要为应对突发事件和医疗支出、子女教育和养老。家庭的收入水平影响储蓄水平，低收入家庭的储蓄较少。甘犁等（2018）则结合CHFS、CFPS和CHIP证实了高收入家庭的储蓄率远高于低收入家庭，低收入家庭受流动性约束的概率更大。消费方面，家庭的收入越低，边际消费倾向越高。

有的学者从生命周期的角度研究储蓄问题。陈学彬等（2006）发现，由于收入的阶段性和支出需求的不确定性，重视未来效用的居民在生命周期中的消费呈现出持续稳定增长的态势。为了保证消费的资金，必须在中年期增加储蓄。关注生命周期后期消费效用和生活保障的居民个体，消费水平将随社会经济和通货膨胀的上升而呈现持续稳定增长。个人的储蓄资产必然呈现非对称的驼峰状。养老保险制度和为了退休的储蓄也对中国家庭的储蓄行为有着重要影响。何立新等（2008）利用1995 年和 1999 年 CHIPS 发现，生命周期模型可以解释中国部分家庭的储蓄行为，养老金财富对于家庭储蓄存在显著的替代效应。但也有学者对生命周期的影响持怀疑态度。万广华等（2003）借助大样本农户家庭调查资料，探索了中国农户家庭储蓄行为的影响因素，发现流动性约束、预防性储蓄动机以及工业化等对储蓄率的上升贡献相当大，区域间储蓄率的差异可能受到了文化的影响，研究反驳了持久收入和生命周期假说。

部分学者从家庭的人口结构和工作人数等方面研究储蓄。汪伟（2010）重点关注了计划生育政策对储蓄和经济增长的影响，发现计划生育政策导致的出生率（人口增长率）下降会提高国民储蓄率，人口老龄化的影响并不明显。尹志超和张诚（2019）研究了女性劳动参与对家庭储蓄率的影响，他发现已婚女性劳动参与显著提高了家庭储蓄率，原因是女性劳动参与使得家庭的收入水平显著增加，而家庭消费水平没有显著变化。

四、家庭债务——为现期消费做准备

家庭的债务通常是为了现期的消费做准备债务的决策，如家庭债务中最常见的住房抵押贷款和汽车贷款，都是家庭为了提高自身福利所做出的金融决策。债务的平衡和偿还都是研究者们关注的问题。第四部分重点回顾了家庭金融中关于抵押贷款、无担保信贷市场行为等研究。

（一）抵押贷款

住房抵押贷款对家庭、金融机构和宏观经济稳定都具有最重要的意义。对于一个典型家庭来说，最重要的资产是住房资产，最主要的负债是抵押贷款。

Campbell（2013）强调各国的抵押贷款结构呈现出不同的特征。图 2 对 2009 年主要发达国家间房贷利率和抵押贷款与 GDP 的比率进行了对比，可以发现分布分散，各国之间差异明显。图 3 对政府对房地产金融的参与程度和房贷利率进行了对比，发现国家间差异更为突出。这本质上与国家的抵押贷款相关制度等因素有关。比如，美国和德国主要依靠固定利率抵押贷款（FRMs），而澳大利亚、英国和许多南欧国家主要依靠可调整利率抵押贷款（ARMs），丹麦、瑞典、荷兰等国则取决于 ARMs 与 FRMs 在一段时间内的相对流行程度，合同形式和安排也会发生很多变化。国家间的经验可以相互借鉴。

　　尽管发达国家的抵押贷款制度存在许多差异，但相比于其他发展中国家（不包

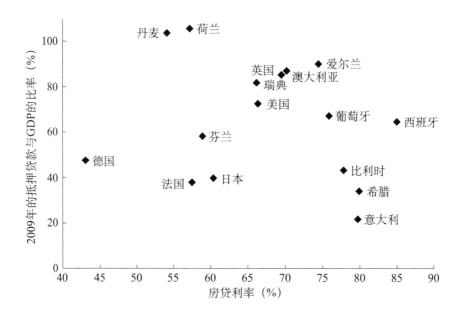

图 2　房贷利率和抵押贷款占 GDP 的比率

资料来源：Campbell，J. Y.，2013. Mortgage Market Design. Review of Finance，17，1－3.

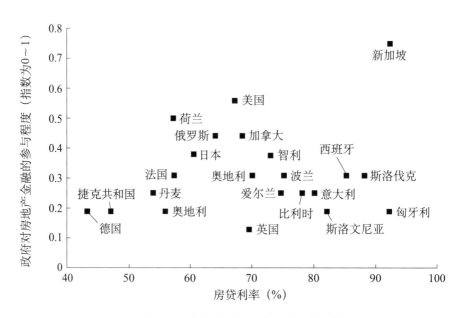

图 3　房贷利率和政府对房地产金融的参与程度

＊图中有两个奥地利，经反复多遍核实原文，发现确实如此。

括中国），整体抵押贷款的渗透率较高。根据本文第二部分的介绍，中国的抵押贷款规模和渗透率也不低。从生命周期的角度来看，在大多数经济体中，抵押贷款市场的参与度呈现出驼峰状的特点，中年（35～55 岁）参与率最高，而 65 岁以上的家庭则迅速下降到零。从财富积累的角度上看，在大多数国家，财富中位数以下的家庭几乎不参与抵押贷款市场。[①]

1. 最佳的抵押贷款选择

关于抵押贷款的选择问题，相关研究繁多。贷款合同变化多样，但核心特征在于，第一是利息和本金的偿还方式，第二是抵押贷款收取的初始费用的大小及其与未来的抵押贷款利息偿还的权衡。

在利息和本金的偿还方式方面，Piskorsk 和 Tchistyi（2010）探讨了最优抵押贷款的设计，认为其特征与期权可调整利率抵押贷款（期权 ARM）一致。在最优合约下，借款人只需付利息，可以自由决定偿还多少钱，直到他的余额达到一定的限额。抵押贷款的违约率和利率支付与市场利率正相关。这种最优合约设计适合简单的抵押贷款和收入不稳定但购买了昂贵房产的人。

在抵押贷款的初始费用与利息偿还方面，Dunn 和 Spatt（1985）分析了一个信息不对称的双边博弈模型，最终发现房屋到期即售条款在某些环境下是最优的。到期即售条款意味着预付罚款相当于贷款面值和市场价值之间的差额。Stanton 和 Wallace（1998）认为，以预付款项换取未来利率的降低，可以被抵押贷款的提供者用来筛选借款人。然而，许多学者发现，抵押贷款的提供者倾向于引导受教育程度较低、财务状况不成熟的客户（Agarwal et al.，2017），并在面临资金短缺时发行更多的高收费产品。Gambacorta 等（2019）使用意大利的数据证实了银行存在引导客户使用他们特定的抵押贷款类型的行为。

抵押贷款的经纪人在家庭的借款中扮演了重要角色。Woodward 和 Hall（2012）研究发现，抵押贷款市场的经纪人利用消费者缺乏知识和经验进行交易，收取过高的费用。Robles-Garcia（2020）研究了英国抵押贷款发放的数据，发现抵押贷款经纪人担任顾问，从贷款人处收取佣金，其中产生了委托-代理问题。经纪人会通过增加成本较低的贷款人来提高销售，而佣金的费率会扭曲经纪人的建议。

贷款人通常使用固定利率（FRM）或可调整利率抵押贷款（ARM），每一种抵押贷款都能提供特定类型的风险保护。在抵押贷款的选择问题中，关于 FRM 和 ARM 的选择，有许多研究进行了探讨。在比较早期的研究中，Alm 和 Follain（1984）认识到了 FRM 在一定阶段的局限性，探讨使用替代贷款工具的可能。

---

① Report of the Household Finance Committee，Technical Report，2017，Reserve Bank of India.

Campbell 和 Cocco（2003）重点关注了一个家庭应该如何在 FRM 和 ARM 抵押贷款之间进行选择。在通货膨胀不确定的环境下，名义上的 FRM 具有风险的实际资本价值，而 ARM 具有稳定的实际资本价值，但所需的实际付款却存在短期的变化。他们通过建立一个有借款约束和收入风险的生命周期模型并求解，认为 ARM 通常具有吸引力，但对于具有大额抵押贷款、高风险收入、高违约成本或低移动概率的风险规避型家庭来说，FRM 吸引力更大。与通货膨胀指数挂钩的 FRM 可以大幅改善标准名义抵押贷款。Hemert（2009）在 Campbell 和 Cocco（2003）的基础上拓展了模型，允许内生的房屋规模和投资组合管理，发现借款人应该更倾向于使用 ARM，以节约 FRM 风险溢价，但同时应该持仓于短期债券，以对冲较高的实际利率。

Koijen 等（2009）通过研究证实，总抵押贷款和贷款水平的选择大部分时间的变化都可以通过债券风险溢价的变化来解释。家庭决策与抵押贷款选择同步进行。Badarinza 等（2018）发现，家庭在决定使用 ARM 还是 FRM 时，似乎会看一年内关于抵押贷款利率和使用 ARM 份额的国际面板数据。结论支持了家庭在抵押贷款类型中进行选择的理论。

2. 抵押贷款再融资

对于家庭而言，在利率下降时，抵押贷款再融资是一种有利的选择。家庭也可以通过再融资改变抵押贷款的规模提取资产。但是很多家庭没有做出这样的选择，再融资呈现出低迷现象。

一些家庭可能因为房屋价值的下降影响了他们的房屋资产，或者因为收入降低导致信用度下降，无法进行再融资。但是 Campbell（2006）通过对美国住房调查（AHS）数据的回归，否认了收入和信用度问题的影响，他还发现，年轻、贷款规模较小、教育程度较高、经济条件较好、拥有较贵房屋的白人家庭更有可能对其抵押贷款进行再融资。Keys 等（2016）通过对 2010 年 12 月美国未偿还抵押贷款的随机抽样调查，估计约有 20% 的无约束家庭没有进行再融资，也证明了房屋价值和信用度的约束并不能解释全部的再融资低迷现象。Andersen 等（2019）使用丹麦的行政面板数据建立了一个经验模型。丹麦非套现的抵押贷款再融资是无限制的，再融资的延迟可以归因于心理成本和信息收集成本，心理成本在激励不够时就会抑制再融资行为，信息收集成本会降低单位时间内再融资的概率。中年和富裕家庭的行为可能是因为有很高的心理再融资成本；但年龄较大、较贫穷和受教育程度较低的家庭，无论激励措施如何，其再融资的概率都较低。Agarwal 等（2019）利用中国一家商业银行信用卡持卡人的数据，发现与没有房贷义务的房主相比，在 2008 年 9 月宣布 230 个基点的房贷利率下调后，房贷者每月的信用卡支出增加了 7.2%，有显著的消费反应。在利率上调后，按揭人对称性地减少了信用卡消费，住房抵押贷款人在传导货币政策时发挥着积极的作用。

不少学者对最优的抵押贷款再融资策略进行估计，计算了当家庭不以提取资产为动机时的最佳再融资差额，比如 Follain 等（1992）、Stanton（1995）、Deng 和 Quigley（2006）等。Chen 和 Ling（1989）在或有债权框架下建立了一个抵押贷款再融资的动态模型，求解借款人的最优抵押贷款再融资策略等内容，并计算了触发最优抵押贷款再融资所需的现有抵押贷款合同利率与当前利率之间的最小差额。Agarwal 等（2013）推导出了一个闭式最优再融资规则，在其他研究者的基础上推导出了一个闭式解。他们推导出的最优再融资差额通常在 100～200 个基点之间，与 Chen 和 Ling（1989）用数字计算的利率差相差不到 10 个基点。

3. 抵押贷款违约

抵押贷款的违约是研究者们关注抵押贷款的另一重要主题。抵押贷款的违约和次贷危机的爆发相关，有观点认为，金融业内部人士欺骗不知情的抵押贷款借款人和投资者是造成危机的原因。Foote 等（2012）反驳了这一观点，认为他们的决定是理性的，是他们对房价事后过度乐观的信念引发了问题。Glaeser 和 Nathanson（2015）讨论了有可能解释 21 世纪头十年繁荣-萧条周期等事件的理论，比如廉价的信贷等，强调房地产泡沫存在许多非理性的解释。人们对于资产泡沫的认识有限。

大量文献讨论了违约的影响因素。有研究认为，是借款人的异质性和对抵押贷款的战略选择包含了违约的可能。Campbell 和 Cocco（2015）建立了一个包含劳动收入、房价、通货膨胀和利率风险的家庭抵押贷款决策的动态模型，量化了可调整抵押贷款利率与固定抵押贷款利率、贷款价值比和抵押贷款负担能力衡量标准对抵押贷款溢价和违约的影响，发现异质借款人对抵押贷款的选择有助于解释最近美国住房衰退期间 ARM 的较高违约率。Mian 和 Sufi（2011）发现，信用评分相对较低和信用卡使用率较高的人是贷款需求增加的主要原因，也是抵押贷款危机爆发时违约率上升的主要原因。然而，Adelino 等（2016）强调危机前的抵押贷款发放主要由中高收入借款人主导，而危机期间的抵押贷款违约也主要来自这些借款人。不论家庭收入高低，一旦房价下跌，就会导致违约。Guiso 等（2013）也发现，当抵押贷款的价值超过房屋价值时，家庭即使有能力支付抵押贷款（战略性违约）也会违约，违约意愿随着房屋价值缺口的绝对值和相对值的增加而增加，并且受到金钱和非金钱因素（如对公平和道德的看法）影响。接触其他战略性违约的人会增加战略性违约的倾向，因为可能传递了关于被起诉的可能性的信息。还有一种看法是，家庭不理解自己贷款合约的特点，导致了违约率的上升（Amromin et al.，2018）。

（二）无担保信贷市场的行为

除了抵押贷款，家庭有时也会持有一些无担保的信贷，比如信用卡贷款、发薪日贷款，还有网络平台的信贷等等。其中信用卡贷款引起了研究者广泛的关注，信用卡贷款的实际利率不低，但是很多家庭都持有相当数量的信用卡债务，甚至循环使用。家庭在信用卡贷款等无担保信贷方面呈现出的独特行为被研究者称为"债务周转难题"和"债务难题"。

1. 债务周转难题（共持之谜）

债务周转难题，也叫共持之谜（co-holding puzzle），是指相当一部分信用卡持卡人有循环使用成本很高的信用卡债务余额的倾向，并同时拥有低收益的流动储蓄。这些流动资产足够偿还债务并满足正常交易需求。Gross 和 Souleles（2002）利用美国信用卡账户数据来分析人们应对信贷供应的模式，最早记录和研究了这种永久收入假说、预防性储蓄等传统模型无法解释的现象。

Bertaut 等（2001）为了解释这个难题提出了一个"会计师-购物者"模型，家庭中的"会计师自我"（或配偶）可以通过限制购物者在达到信用额度前的购物行为来控制"购物者自我"（或配偶）的支出。由于卡内余额是用于控制自己，所以会计师自我也可能会发现，在收益率较低的无风险资产中进行储蓄是最佳选择，并使用 1995 年和 1998 年消费者财务调查的数据进行验证。之后，Bertaut 等（2009）在一个理性的动态博弈中模拟了"会计师自我"与"购物者自我"的分离，发现当"购物者"比"会计师"更重视短期效用时，出售资产来偿还债务不一定是最优的，因为"购物者"可以通过购物恢复债务。这时可能就会发生债务周转的情况。Gathergood 和 Weber（2014）使用了英国的调查数据来分析共持之谜，在他们的样本中发现，约有 12% 的家庭平均共同持有 3 800 英镑的循环消费信贷，尽管他们可以用流动资产立即偿还所有这些债务，但他们还是要承担利息费用。结论认为，这与冲动性消费行为有关。

2. 债务难题

债务难题（debt puzzle）是指债务人持有大量的当期信用卡债务，同时积累很多的（非流动）资产额度，以备退休之用。信用卡债务的利息较高，但美国拥有信用卡的家庭中，超过 60% 的家庭目前正在为这些信用卡支付利息。Laibson 等（2003）试图将信用卡的高借贷率与观察到的生命周期财富积累水平相协调，并模拟了一个具有五个属性的生命周期模型，预测发现，20% 的人口会在任何时间点使用信用卡借款，远低于观察到的 60% 以上的比率。他们认为，解决问题的关键是双曲时间偏好。模拟的双曲面消费者在循环信用卡市场上积极借贷，并积累了相对大量的非流动性财富存量。Meier 和 Sprenger（2010）也认为，个人的时间偏好是影响信用卡借贷的重要原因，发现偏重于现在的个体更有可能拥有信用卡债务，而且信用卡债务的数额也显著增加。

3. 家庭的信用卡贷款选择

现有家庭的信用卡贷款选择研究主要关注家庭不合理的选择、房贷公司的行为、监管的作用等。Ausubel（1991）对信用卡贷款市场上失败的竞争进行研究。信用卡贷款市场公司数目多、监管少，接近完全竞争市场的设定，但竞争情况却并不理想，信用卡贷款的利率在 1983—1988 年间比正常贷款利率高 3~5 倍。他认为这是因为消费者在选择信用卡时并不考虑自己可能会为未偿还的余额支付利息。Gabaix 和 Laibson（2006）的研究强调了即使是在高度竞争的市场上，信息不透明也是很常见的，信用卡贷款的市场也具有类似的特征。

信用卡贷款选择的两个关键要素是信用卡的年费和利率。Agarwal 等（2015）通过美国一家大型银行的实验展开分析。银行为消费者提供了两种信用卡合同的选择：一种是有年费但利率较低的合同，另一种是没有年费但利率较高的合同，结果发现，平均而言，消费者选择了成本最小的信贷合同，但仍有相当于约 40% 的消费者选择了次优合同。Stango 和 Zinman（2009）发现，信用卡利息是主要成本，而大部分利息是可以通过一定的还款和平衡不同利息的信用卡债务来降低的，滞纳金和罚金是可以避免的。监管在一定程度上能改善现状。Agarwal 等（2015）估计美国 2009 年《信用卡问责、责任和信息披露法》（Credit Card Accountability Responsibility and Disclosure Act）每年为消费者节省了 119 亿美元，

Ponce 等（2017）提供了墨西哥的经验证据，发现消费者将很大一部分债务分配给高息卡，产生的成本比最低成本高出 31%。Gathergood 等（2019）利用多张信用卡的关联数据研究发现，还款并没有分配到利率较高的卡上，而是和每张卡的余额份额相匹配。

（三）家庭金融的国内研究

中国家庭间债务规模和结构的差异较大。这种差异和家庭的特征有关，比如家庭收入、户主年龄、受教育程度、健康状况、人口规模、资产配置情况等。陈斌开和李涛（2011）利用 2009 年"中国城镇居民经济状况与心态调查"数据，发现家庭负债随着户主年龄、受教育程度和收入水平提高而下降。其中，户主年龄、受教育程度和健康状况以及家庭收入和人口规模是最重要的影响因素。吴卫星等（2018）根据清华大学中国金融研究中心 2010 年和 2011 年"中国消费金融现状及

投资者教育调查"数据研究发现，中国绝大多数家庭不了解贷款产品，金融知识欠缺，金融素养较低。而金融素养高的家庭更可能持有负债，并偏好使用正规的借贷途径，同时更不容易过度负债。

家庭的债务主要是为了现期的消费和投资所做的准备，当所需资金不足时，就需借贷融资。消费信贷是家庭平衡资金和消费需求的重要选择。黄祖辉等（2007）通过对农户的改进调查发现，人们高估了农户对正规信贷的生产性需求，实际上大部分农户对正规和非正规信贷的需求均以消费性为主。臧旭恒和李燕桥（2012）研究证明，消费信贷的发展仍然有很大空间，当前的消费信贷主要缓解了居民的当期流动性约束，促进了耐用品消费的增长，但对非耐用品与服务消费的影响较弱。中等收入组和较高收入组居民的信贷敏感性系数最高，高收入组居民次之，而低收入组和较低收入组居民最低，仍然需要打破其限制，以促进消费发展。

家庭消费信贷的发展会影响宏观经济稳定。蔡浩仪和徐忠（2005）从信用资源分配的角度来分析消费信贷与经济发展之间的关系，强调政府不应该孤立地消费信贷，而是应该发展好配套措施，避免投资过热、需求过冷、扩大区域间差距。

住房抵押贷款是消费贷款中最重要的部分。针对影响贷款偿还的重要因素的国内研究比较丰富，涉及贷款偿还、房贷对房地产市场的影响等方面。蔡明超和费一文（2007）基于比例风险模型和调查所得的中国 800 例 10 年期以上住房抵押贷款数据并对抵押贷款的提前偿还进行了研究，发现影响提前偿还的显著因素是主贷款人的收入、婚姻状况和工龄。抵押贷款的变动也可能导致房价的变动，对宏观经济产生影响。崔新明（2003）发现，住房抵押贷款的融资效应会显著影响房地产价格的提升。张涛等（2006）通过实证研究发现，中国房地产价格与银行房地产贷款有较强的正相关关系，因此可以通过住房按揭贷款利率的提高来抑制房地产价格的上涨。

五、金融科技

第五部分从家庭资产和负债两个角度介绍了有关金融科技与家庭金融结合应用的研究。

（一）金融科技与家庭资产

近年来，智能投顾（robo advisors）——一种替代人力财务顾问的数字资讯平台发展迅速。智能投顾可以提供个性化服务，随着家庭投资者的不断参与，由人工智能提供支持的算法将越来越精准地推荐满足投资者特定需求的投资组合。用户简单注册后，便可随时登录访问。而且，智能投顾可以快速提供财务建议，缩短等待时间，降低费用。Foerster 等（2017）使用加拿大家庭的数据进行研究发现，实际的财务顾问会以较高的价格提供有限的定制建议，而智能投顾推荐的投资组合每年成本占比约为 2.5%。此外，它们对客户的资产分配影响不大。

采用智能投顾的家庭投资者可以从投资组合的多元化中受益。D'Acunto 和 Rossi（2019）使用来自印度一家大型经纪公司的数据研究发现，智能投顾的使用者和非使用者具有相似的人口统计特征，但采用智能投顾的人更加活跃，并且拥有更多可供操作的资产。作者发现，由于经纪公司利用了自动咨询技术来寻求最大化家庭投资者的夏普比率，至今仍坚持未分散投资组合的投资者的表现更好，因为他们的投资组合现在表现出更高的收益率和更低的波动性。对于拥有多元化投资组合的投资者而言，他们的波动性也较低，并且倾向于进行更多的交易。总体而言，采用智能顾问的人不太容易出现诸如处置效应、趋势追逐和等级效应之类的行为偏见。

众筹是股权投资的一种形式。企业家们通过在线平台直接从众多投资者手中筹集资金来促进他们的早期项目，而投资者将获得公司的股份。这为渴望抓住下一个具有重大潜力的投资机会的家庭投资者开辟了新的资产类别。虽然它有可能产生更高的回报，但相比股票市场也具备更大的风险。

众筹可以使家庭投资者保护自己的隐私。由于众筹的在线设置提高了交易的可见性和可追溯性，许多众筹平台为参与者提供了向其他人隐藏其身份或贡献额的选项。Burtch 等（2015）使用一项来自全球最大的众筹平台之一举行的随机对照试验进行研究，发现信息控制权的下降实际上导致了筹款活动总体增加。这是由出资的可能性增大和每笔出资的平均金额下降两个因素驱动的。出资额的下降可以归因于宣传效应，因为投资者为避免不必要的关注而选择减少极端的出资额。

（二）金融科技与家庭负债

近年来，金融科技的发展改变了整个借贷流程，挑战了传统金融中介机构（如银行）的作用。银行专门从事借款人的筛选和监控，并能够在减少信贷市场中不对称信息方面享有可观的规模经济效益，但随着金融科技的发展，这种优势可能会消失。

金融科技贷款人是指允许整个申请过程在线完成的贷款人。由于整个过程是自动化的，无须申请人与贷款人进行交谈或实地访问，相应的成本（例如人工和房租）会减少，并为申请人提供了更多的便利。近些年金融科技贷方的市场份额有了巨大的增长。在美国，金融科技贷款规模从 2010 年的 340 亿美元增加到 2016 年的 1 610 亿美元，市场份额从 2% 增长至 8%（Buchak et al.，2018；Fuster et al.，2019）。研究表明，金融科技贷款的增长是由技术创新驱动的。

金融科技贷款可以提高家庭的融资和再融资决策效率。Fuster 等（2019）使用美国抵押贷款申请的贷款级别数据进行研究，发现技术能够减少抵押贷款发起过程中的摩擦，缩短贷款处理时间，金融科技贷方可以在不改变风险状况的同时，将处理速度提高 20％来提高其效率。违约率没有增加，且没有证据表明金融科技贷款人向融资能力低的借款人提供了更多贷款。此外，金融科技贷方更加灵活，能够对外部抵押贷款需求冲击的变化做出更灵活的反应，这缓解了与传统抵押贷款相关的限制条件。当金融科技贷方的市场份额增加 8％时，再融资的可能性增加了 10％。这表明金融科技贷款可以改善货币政策的利率传递渠道，为家庭节省成本。

此外，借款人也很重视金融科技贷款的便利性。利率并不是借款人进行决策时考虑的唯一因素。在研究美国的非银行抵押贷款时，Buchak 等（2018）发现，影子银行为风险较高的借款人提供服务，并在监管负担较高的地区增长较快。尽管如此，与其他影子银行相比，金融科技贷款人向信誉良好的借款人提供了更多贷款，并收取了 14～16 个基点的溢价。此外，与其他类型的贷款人相比，金融科技贷方设定的利率也有所不同。这些公司使用的不同算法可能使那些无法满足传统银行要求的借款人受益。

Berg 等（2019）使用由德国一家电子商务公司提供的包含大约 25 万笔购物记录的数字足迹数据进行研究，发现数字足迹是对信用评分的补充，可以允许贷方做出更明智的贷款决策。随着数字足迹的采用，违约率显著下降。良好的数字足迹提高了信贷的可获得性，为那些无法获得正规金融部门服务的人们提供了借贷机会，促进了金融普惠，减少了不平等现象。但是，正如卢卡斯批判所说的那样，如果广泛使用数字足迹，客户则可能会改变其在线行为。

金融科技贷款人的另一个优势是，它可以减少面对面的歧视。随着金融科技贷款的出现，就贷款定价而言，使用算法的贷方比传统贷方减少了约三分之一。这可以归因于通过不同的平台在线申请和购物的便利性。Bartlett 等（2019）将《房屋抵押贷款披露法》（Home Mortgage Disclosure Act，HMDA）与 ATTOM 和美国的 McDash/Equifax 数据集合并起来，研究发现，少数群体除了得益于信用评分的算法创新之外，还获得了更多贷款机会，如非裔和拉丁裔申请人会从这种金融科技贷款中受益。

六、总结

家庭金融这一研究领域虽然诞生相对较晚，但在各个方面已经取得了丰硕的研究成果，随着政府、学校、机构等家庭调查和数据记录的进步，研究的数量和质量也在不断提高。本文从家庭金融诞生的背景和原因、国内外家庭金融现状、家庭资产和投资、家庭的负债与金融科技五个方面梳理介绍了家庭金融领域最新的研究成果。受笔者学识能力以及本文篇幅限制，文章仅从有限的角度对部分相关研究进行了简单的介绍，难免挂一漏万。未来，随着中国家庭经济状况的改善、金融素养的提高、家庭资产的积累，家庭金融这一领域或许会越来越多地受到人们的关注。

参考文献

［1］Adelino，M.，Schoar，A.，Severino，F.，2016. Loan originations and defaults in the mortgage crisis：The role of the middle class. Review of Financial Studies，29，1635 - 1670.

［2］Agarwal，S.，Amromin，G.，Ben-David，I.，Chomsisengphet，S.，Piskorski，T.，Seru，A.，2017. Policy intervention in debt renegotiation：Evidence from the home affordable modification program. Journal of Political Economy，125，654 - 712.

［3］Agarwal，S.，Chomsisengphet，S.，Liu，C.，Souleles，N. S.，2015. Do consumers choose the right credit contracts? Review of Corporate Finance Studies，4，239 - 257.

［4］Agarwal，S.，Chomsisengphet，S.，Mahoney，N.，Stroebel，J.，2015. Regulating consumer financial products：Evidence from credit cards. Quarterly Journal of Economics，130，111 - 164.

［5］Agarwal，S.，Deng，Y.，Gu，Q.，He，J.，Qian，W.，Ren，Y.，2019. Mortgage debt，hand-to-mouth households，and monetary policy transmission. Working Paper.

［6］Agarwal，S.，Driscoll，J. C.，Laibson，D. I.，2013. Optimal mortgage refinancing：A closed-form solution. Journal of Money，Credit and Banking，45，591 - 622.

［7］Agarwal，S.，Rosen，R. J.，Yao，V.，2016. Why do borrowers make mortgage refinancing mistakes? Management Science，62，3494 - 3509.

［8］Agarwal，S.，Ben-David，I.，Yao，V.，2015. Collateral valuation and borrower financial constraints：Evidence from the residential real estate market. Management Science，DOI：10. 2139/ssrn. 2193903.

［9］Alm，J.，Follain，J. R.，1984. Alternative mortgage instruments，the tilt problem，and consumer welfare. Journal of Financial and Quantitative Analysis，19，113 - 126.

［10］Ameriks，J.，Zeldes，S.，2004. How do household portfolio shares vary with age? Working Paper，Columbia University.

［11］Amromin，G.，De Nardi，M.，Schulze，K.，2018. Household inequality and the consumption response to aggregate real shocks. Economic Perspectives，Federal Reserve Bank of Chicago，42，1 - 20.

[12] Andersen，S.，Campbell，J. Y.，Nielsen，K. M.，Ramadorai，T.，2019. Sources of inaction in household finance：Evidence from the Danish mortgage market. Working Paper.

[13] Ausubel，L. M.，1991. The failure of competition in the credit card market. The American Economic Review，50 - 81.

[14] Badarinza，C.，Balasubramaniam，V.，Ramadorai，T.，2019. The household finance landscape in emerging economies. Annual Review of Financial Economics，11，109 - 129.

[15] Badarinza，C.，Campbell，J. Y.，Ramadorai，T.，2016. International comparative household finance. Annual Review of Economics，8，111 - 144.

[16] Bagliano，F. C.，Fugazza，C.，Nicodano，G.，2017. A life-cycle model with unemployment traps. Working Papers No. 014，University of Torino.

[17] Bailey，W.，Kumar，A.，Ng，D. T.，2011. Behavioral biases of mutual fund investors. Journal of Financial Economics，102，1 - 27.

[18] Barberis，N.，Huang，M.，2008. Stocks as lotteries：The implications of probability weighting for security prices. The American Economic Review，98，2066 - 2100.

[19] Barberis，N.，Huang，M.，Thaler，R.，2006. Individual preferences，monetary gambles，and stock market participation：A case for narrow framing. The American Economic Review，96，1069 - 1090.

[20] Bartlett，R.，Morse，A.，Stanton，R.，and Wallace，N.，2019. Consumer-lending discrimination in the FinTech era，NBER Working Paper，25943，National Bureau of Economic Research.

[21] Benartzi，S.，Thaler，R. H.，2001. Naive diversification strategies in defined contribution saving plans. The American Economic Review，91，79 - 98.

[22] Benzoni，L.，Collin-Dufresne，P.，Goldstein，R. S.，2007. Portfolio choice over the life-cycle when the stock and labor markets are cointegrated. Journal of Finance，62，2123 - 2167.

[23] Berg，T.，Burg，V.，Gombovic，A.，and Puri，M.，2019. On the rise of the FinTechs-credit scoring using digital footprints. Review of Financial Studies，33，2845 - 2897.

[24] Bertaut，C.，Haliassos，M.，Reiter，M.，2009. Credit card debt puzzles and debt revolvers for self-control. Review of Finance，13，657 - 692.

[25] Bertaut，Carol C.，Haliassos，Michael，2001. Debt revolvers for self control. Hermes Center Working Paper 01 - 11.

[26] Black，S.，Devereux，P.，Lundborg，P.，Majlesi，K.，2018. Learning to take risks? The effect of education on risk-taking in financial markets. Review of Finance，22，951 - 975.

[27] Bluethgen，R.，Hackethal，A.，Meyer，S.，2008. High quality financial advice wanted. Working Paper.

[28] Blume，M. E.，Friend，I.，1975. The asset structure of individual portfolios and some im-

plications for utility functions. Journal of Finance，30，585 – 603.

[29] Bonaparte，Y.，Korniotis，G. M.，Kumar，A.，2014. Income hedging and portfolio decisions. Journal of Financial Economics，113，224 – 300.

[30] Bonaparte，Y.，Korniotis，G. M.，Kumar，A.，2018. Portfolio choice and asset pricing with investor entry and exit，Working Paper.

[31] Brunnermeier，M.，Gollier，C.，Parker，J. A.，2007. Optimal beliefs，asset prices，and the preference for skewed returns. The American Economic Review，97，159 – 165.

[32] Buchak，G.，Matvos，G.，Piskorski，T.，and Seru，A.，2018. Fintech，regulatory arbitrage，and the rise of shadow banks. Journal of Financial Economics，130，453 – 483.

[33] Burtch，G.，Ghose，A.，and Wattal，S.，2015. The hidden cost of accommodating crowd under privacy preferences: A randomized field experiment. Management Science，61，949 – 962.

[34] Calvet，L. E.，Sodini，P.，2014. Twinpicks: Disentangling the determinants of risk taking in household portfolios. Journal of Finance，69，867 – 906.

[35] Calvet，L. E.，Campbell，J. Y.，Sodini，P.，2007. Down or out: Assessing the welfare costs of household investment mistakes. Journal of Political Economy，115，707 – 747.

[36] Calvet，L. E.，Celerier，C.，Sodini，P.，Vallee，B.，2019. Can security design solve household reluctance to take risk? Working Paper.

[37] Calvet，L. E.，Gonzalez-Eiras，M.，Sodini，P.，2004. Financial innovation，market participation and asset prices. Journal of Financial and Quantitative Analysis，39，431 – 459.

[38] Campanale，C.，2011. Learning，ambiguity and life-cycle portfolio allocation. Review of Economic Dynamics，14，339 – 367.

[39] Campanale，C.，Fugazza，C.，Gomes，F.，2015. Life-cycle portfolio choice with liquid and illiquid financial assets. Journal of Monetary Economics，71，67 – 83.

[40] Campbell，J. Y.，2006. Household finance. Journal of Finance，61，1553 – 1604.

[41] Campbell，J. Y.，Cocco，J. F.，2003. Household risk management and optimal mortgage choice. Quarterly Journal of Economics，118，1449 – 1494.

[42] Campbell，J.，Cocco，J.，2015. A model of mortgage default. Journal of Finance，70，1495 – 1554.

[43] Campbell，J. Y.，2013. Mortgage market design. Review of Finance，17，1 – 33.

[44] Campbell，J. Y.，Ramadorai，T.，Ranish，B.，2015. The impact of regulation on mortgage risk: Evidence from India. The American Economic Journal: Economic Policy，7，71 – 102.

[45] Cao，H.，Wang，T.，Zhang，H.，2005. Model uncertainty，limited market participation，and asset prices. Review of Financial Studies，18，1219 – 1251.

[46] Carhart，M. M.，1997. On persistence in mutual fund performance. Journal of Finance，5，57 – 82.

［47］Catherine，S.，2019. Countercyclical labor income risk and portfolio choices over the life-cycle. HEC Paris Research Paper No. FIN-2016-1147. Revise Resubmit at Review of Financial Studies.

［48］Chapman，D.，Polkovnichenko，V.，2009. First-order risk aversion，heterogeneity，and asset market outcomes. Journal of Finance，64，1863－1887.

［49］Chen，A.，Ling，D.，1989. Optimal mortgage refinancing with stochastic interest rates. Real Estate Economics，17，278－299.

［50］Chetty，R.，Szeidl，A.，2007. Consumption commitments and risk preferences. Quarterly Journal of Economics，122，831－877.

［51］Chiappori，P.-A.，Paiella，M.，2011. Relative risk aversion is constant：Evidence from panel data. Journal of the European Economic Association，9，1021－1052.

［52］Choi，J. J.，Laibson，D.，Madrian，B. C.，2010. Why does the law of one price fail? An experiment on index mutual funds. Review of Financial Studies，23，1405－1432.

［53］Christelis，D.，Georgarakos，D.，Haliassos，M.，2013. Differences in portfolios across countries：Economic environment versus household characteristics. Review of Economics and Statistics，95，220－236.

［54］Cocco，J.，2005. Portfolio choice in the presence of housing. Review of Financial Studies，18，535－567.

［55］Cocco，J.，Lopes，P.，2015. Reverse mortgage design. Meeting Papers，632，Society for Economic Dynamics.

［56］Cocco，J.，Gomes，F.，Maenhout，P.，2005. Consumption and portfolio choice over the life cycle. Review of Financial Studies，1802，491－533.

［57］Cochrane，J. H.，2014. A mean-variance benchmark for intertemporal portfolio choice. Journal of Finance，69，1－49.

［58］Constantinides，M.，Harris，R. M. Stulz，Eds.，2003. Handbook of the Economics of Finance 2B，1397－1532. Amsterdam：Elsevier.

［59］D'Acunto，F.，Prabhala，N.，and Rossi，A. G.，2019. The promises and pitfalls of robo-advising. Review of Financial Studies，32，1983－2020.

［60］Davis，S. J.，Willen，P.，2000. Occupation-level income shocks and asset returns：Covariance and implications for portfolio choice. Working Paper，7905，NBER.

［61］Dimmock，S. G.，Kouwenberg，R.，Mitchell，O. S.，Peijnenburg，K.，2016. Ambiguity aversion and household portfolio choice puzzles：Empirical evidence. Journal of Financial Economics，119，559－577.

［62］Dunn，K.，Spatt，C.，1985. An analysis of mortgage contracting：Prepayment penalties and the due-on-sale clause. Journal of Finance，40，293－308.

［63］Fagereng，A.，Gottlieb，C.，Guiso，L.，2017. Asset market participation and portfolio choice over the life-cycle. Journal of Finance, 72, 705-750.

[64] Fagereng, A., Guiso, L., Pistaferri, L., 2018. Portfolio choices, firm shocks, and uninsurable wage risk. Review of Economic Studies, 85, 437-474.

[65] Fama, E., French, K.R., 2010. Luck versus skill in the cross-section of mutual fund returns. Journal of Finance, 65, 1915-1947.

[66] Foerster, S., Linnainmaa, J.T., Melzer, B.T., Previtero, A., 2017. Retail financial advice: Does one size fit all? Journal of Finance, 72, 1441-1482.

[67] Foote, C.L., Gerardi, K.S., Willen, P.S., 2012. Why did so many people make so many ex post bad decisions? The causes of the foreclosure crisis. NBER Working Papers, 18082, National Bureau of Economic Research.

[68] French, K., Poterba, J.M., 1991. Investor diversification and international equity markets. The American Economic Review, 81, 222-226.

[69] Fuster, A., Plosser, M., Schnabl, P., Vickery, J., 2019. The role of technology in mortgage lending. Review of Financial Studies, 32, 1854-1899.

[70] Gabaix, X., Laibson, D., 2006. Shrouded attributes, consumer myopia, and information suppression in competitive markets. Quarterly Journal of Economics, 121, 505-540.

[71] Gambacorta, L., Guiso, L., Mistrulli, P.E., Pozzi, A., Tsoy, A., 2019. The cost of steering in financial markets: Evidence from the mortgage market. Revise Resubmit at Journal of Financial Economics.

[72] Gathergood, J., Weber, J., 2014. Self-control, financial literacy the co-holding puzzle. Journal of Economic Behavior Organization 107PB, 455-469.

[73] Gathergood, J., Mahoney, N., Stewart, N., Weber, J., 2019. How do individuals repay their debt? The balance-matching heuristic. The American Economic Review, 109, 844-875.

[74] Glaeser, E.L., Nathanson, C.G., 2015. Housing Bubbles. In G. Duranton, J.V. Henderson, W.C. Strange, Handbook of Regional and Urban Economics, 5, 701-751, Amsterdam: Elsevier.

[75] Gomes, F., 2005. Portfolio choice and trading volume with loss-averse investors. Journal of Business, 78, 675-706.

[76] Gomes, F., Michaelides, A., 2005. Optimal life-cycle asset allocation: Understanding the empirical evidence. Journal of Finance, 60, 869-904.

[77] Gomes, F., Haliassos, M., Ramadorai, Tarun, 2020. Household finance, IMFS Working Paper Series, No.138, Goethe University Frankfurt, Institute for Monetary and Financial Stability, Frankfurt A.M.

[78] Goodman, L.S., and Mayer, C., 2018, Home ownership and the American Dream. Journal of Economic Perspectives, 32, 31-58.

［79］ Grinblatt，M.，Keloharju，M.，2001. How distance，language，and culture influence stockholdings and trades. Journal of Finance，56，1053 – 1073.

［80］ Gross，D. B.，Souleles，N. S.，2002. Do liquidity constraints and interest rates matter for consumer behavior? Evidence from credit card data. Quarterly Journal of Economics，117，149 – 185.

［81］ Grossman，S. J.，Laroque，G.，1990. Asset pricing and optimal portfolio choice in the presence of illiquid durable consumption goods. Econometrica，58，25 – 51.

［82］ Guiso，L.，Sodini，P.，2013. Household finance：An emerging field. In G. M. Constantinides，M. Harris，R. M. Stulz，Eds.，Handbook of the Economics of Finance 2B，1397 – 1532. Amsterdam：Elsevier.

［83］ Guiso，L.，Haliassos，M.，Jappelli，T.，2002. Household Portfolios. Cambridge，MA：MIT Press.

［84］ Guiso，L.，Jappelli，T.，Terlizzese，D.，1996. Income risk，borrowing constraints，and portfolio choice. The American Economic Review，158 – 172.

［85］ Guiso，L.，Sapienza，P.，Zingales，L.，2008. Trusting the stock market. Journal of Finance，63，2557 – 2600.

［86］ Guiso，L.，Sapienza，P.，Zingales，L.，2013. The determinants of attitudes towards strategic default on mortgages. Journal of Finance，68，1473 – 1515.

［87］ Hackethal，A.，Haliassos，M.，Jappelli，T.，2011. Financial advisors：A case of babysitters? Journal of Banking and Finance，36，509 – 524.

［88］ Haliassos，M.，Bertaut，C. C.，1995. Why do so few hold stocks? Economic Journal，105，1110 – 1129.

［89］ Haliassos，M.，Michaelides，A.，2003. Portfolio choice and liquidity constraints. International Economic Review，44，143 – 177.

［90］ Heimer，R.，Myrseth，K.，Schoenle，R.，2019. YOLO：Mortality beliefs and household finance puzzles. Journal of Finance，74，2957 – 2996.

［91］ Hong，H.，Kubik，J. D.，Stein，J. C.，2004. Social interaction and stock market participation. Journal of Finance，59，137 – 163.

［92］ Hubener，A.，Maurer，R.，Mitchell，O. S.，2016. How family status and social security claiming options shape optimal life cycle portfolios. Review of Financial Studies，29，937 – 978.

［93］ Huberman，G.，2001. Familiarity breeds investment. Review of Financial Studies，14，659 – 680.

［94］ Hurd，M. D.，Van Rooij，M.，Winter，J.，2011. Stock market expectations of Dutch households. Journal of Applied Econometrics，26，416 – 436.

［95］ Ivković，Z.，Weisbenner，S.，2009. Individual investors and mutual fund flows. Journal of Financial Economics，92，223 – 237.

［96］ Keloharju，M.，Knüpfer，S.，Linnainmaa，J.，2012. Do Investors buy what they know?

Product market choices and investment decisions. Review of Financial Studies，25，2921 - 2958.

[97] Keys，B.，Pope，D.，Pope，J.，2016. Failure to refinance. Journal of Financial Economics，122，482 - 499.

[98] Knüpfer，S.，Rantapuska，E.，Sarvimäki，M.，2017. Why does portfolio choice correlate across generations? Research Discussion Papers 25/2017，Bank of Finland.

[99] Koijen，R.，Van Hemert，O.，Van Nieuwerburgh，S.，2009. Mortgage timing. Journal of Financial Economics，93，292 - 324.

[100] Kramer，M.，2012. Financial advice and individual investor portfolio performance. Financial Management，4，395 - 428.

[101] Laibson，D.，Repetto，A.，Tobacman，J.，2003. A debt puzzle. In P. Aghion，R. Frydman，J. Stiglitz，M. Woodford，Knowledge，Information，and Expectations in Modern Economics：In Honor of Edmund S. Phelps. Princeton，NY：Princeton University Press. 228 - 266.

[102] Malmendier，U.，Nagel，S.，2011. Depression babies：Do macroeconomic experiences affect risk taking? Quarterly Journal of Economics，126，373 - 416.

[103] Massa，M.，Simonov，A.，2006. Hedging，familiarity and portfolio choice. Review of Financial Studies，19，633 - 685.

[104] Mayer，C.，Pence，K.，Sherlund，S.，2009. The rise in mortgage defaults. Journal of Economic Perspectives，23，27 - 50.

[105] Meier，S.，Sprenger，C.，2010. Present-biased preferences and credit card borrowing. The American Economic Review，2，193 - 210.

[106] Mitton，T.，Vorkink，K.，2007. Equilibrium under diversification and the preference for skewness. Review of Financial Studies，20，1255 - 1288.

[107] Piazzesi，M.，Schneider，M.，2016. Housing and Macroeconomics. Handbook of Macroeconomics，1547 - 1640，Elsevier.

[108] Piskorski，T.，Tchistyi，A.，2010. Optimal mortgage design. Review of Financial Studies，23，3098 - 3140.

[109] Polkovnichenko，V.，2005. Household portfolio diversification：A case for rank-dependent preferences. Review of Financial Studies，18，1467 - 1502.

[110] Ponce，A.，Seira，E.，Zamarripa，G.，2017. Borrowing on the wrong credit card：Evidence from Mexico. The American Economic Review，107，1335 - 1361.

[111] Poterba，J.，Samwick，A.，1996. Household portfolio structure：Taxation and other factors. Proceedings of the Annual Conference on Taxation Held under the Auspices of the National Tax Association-Tax Institute of America，89，391 - 401.

[112] Robles-Garcia，C.，2020. Competition and incentives in mortgage markets：The role of brokers. Working Paper.

[113] Stanton，R.，Wallace，N.，1998. Mortgage choice：What's the point? Real Estate Eco-

nomics，26，173 - 205.

[114] Van Nieuwerburgh，S.，Veldkamp，L.，2010. Information acquisition and under diversification. Review of Economic Studies，77，779 - 805.

[115] Woodward，S.，Hall，R.，2010. Consumer confusion in the mortgage market：The Evidence of less than a perfectly transparent and competitive market. The American Economic Review，100，511 - 515.

[116] Woodward，S.，Hall，R.，2012. Diagnosing consumer confusion and sub-optimal shopping effort：Theory and mortgage-market evidence. The American Economic Review，102，3249 - 3276.

[117] Yao，R.，Zhang，H. H.，2005. Optimal consumption and portfolio choices with risky housing and borrowing constraints. Review of Financial Studies，18，197 - 239.

[118] 蔡浩仪，徐忠. 消费信贷、信用分配与中国经济发展. 金融研究，2005 (9).

[119] 蔡明超，费一文. 商业银行消费信贷中的提前偿还风险影响因素与风险管理. 金融研究，2007 (7).

[120] 陈斌开，李涛. 中国城镇居民家庭资产——负债现状与成因研究. 经济研究，2011 (S1).

[121] 陈学彬，傅东升，葛成杰. 我国居民生命周期消费投资行为动态优化模拟研究. 金融研究，2006 (2).

[122] 崔新明. 住房抵押贷款的融资效应对住宅需求价格的影响. 金融研究，2003 (6).

[123] 甘犁，赵乃宝，孙永智. 收入不平等、流动性约束与中国家庭储蓄率. 经济研究，2018，53 (12).

[124] 何兴强，史卫，周开国. 背景风险与居民风险金融资产投资. 经济研究，2009 (12).

[125] 黄祖辉，刘西川，程恩江. 中国农户的信贷需求：生产性抑或消费性——方法比较与实证分析. 管理世界，2007 (3).

[126] 李凤，罗建东，路晓蒙，邓博夫，甘犁. 中国家庭资产状况、变动趋势及其影响因素. 管理世界，2016 (2).

[127] 李涛，郭杰. 风险态度与股票投资. 经济研究，2009 (2).

[128] 李涛. 参与惯性和投资选择. 经济研究，2007 (8).

[129] 李涛. 社会互动、信任与股市参与. 经济研究，2006 (1).

[130] 李涛. 社会互动与投资选择. 经济研究，2006 (8).

[131] 李心丹，王冀宁，傅浩. 中国个体证券投资者交易行为的实证研究. 经济研究，2002 (11).

[132] 李心丹，肖斌卿，俞红海，宋建华. 家庭金融研究综述. 管理科学学报，2011 (4).

[133] 李勇辉，温娇秀. 我国城镇居民预防性储蓄行为与支出的不确定性关系. 管理世界，2005 (5).

[134] 路晓蒙，甘犁. 中国家庭财富管理现状及对银行理财业务发展的建议. 中国银行业，2019 (3).

[135] 马双，谭继军，尹志超. 中国家庭金融研究的最新进展——"中国家庭金融研究论坛"会议综述. 经济研究，2014，49 (9).

[136] 万广华，史清华，汤树梅. 转型经济中农户储蓄行为：中国农村的实证研究. 经济研究，

2003（5）.

[137] 何立新，封进，佐藤宏. 养老保险改革对家庭储蓄率的影响：中国的经验证据. 经济研究，2008（10）.

[138] 汪红驹，张慧莲. 资产选择、风险偏好与储蓄存款需求. 经济研究，2006（6）.

[139] 汪伟. 计划生育政策的储蓄与增长效应：理论与中国经验分析. 经济研究，2010（10）.

[140] 王江，廖理，张金宝. 消费金融研究综述. 经济研究，2010（S1）.

[141] 吴卫星，齐天翔. 流动性、生命周期与投资组合相异性——中国投资者行为调查实证分析. 经济研究，2007（2）.

[142] 吴卫星，王治政，吴锟. 家庭金融研究综述——基于资产配置视角. 科学决策，2015（4）.

[143] 吴卫星，吴锟，王琎. 金融素养与家庭负债——基于中国居民家庭微观调查数据的分析. 经济研究，2018，53（1）.

[144] 吴卫星，易尽然，郑建明. 中国居民家庭投资结构：基于生命周期、财富和住房的实证分析. 经济研究，2010，45（S1）.

[145] 尹志超，宋全云，吴雨. 金融知识、投资经验与家庭资产选择. 经济研究，2014，49（4）.

[146] 尹志超，吴雨，甘犁. 金融可得性、金融市场参与和家庭资产选择. 经济研究，2015，50（3）.

[147] 尹志超，张诚. 女性劳动参与对家庭储蓄率的影响. 经济研究，2019，54（4）.

[148] 臧旭恒，李燕桥. 消费信贷、流动性约束与中国城镇居民消费行为——基于2004～2009年省际面板数据的经验分析. 经济学动态，2012（2）.

[149] 张号栋，尹志超. 金融知识和中国家庭的金融排斥——基于CHFS数据的实证研究. 金融研究，2016（7）.

[150] 张金宝. 城市家庭的经济条件与储蓄行为——来自全国24个城市的消费金融调查. 经济研究，2012，47（S1）.

[151] 张涛，龚六堂，卜永祥. 资产回报、住房按揭贷款与房地产均衡价格. 金融研究，2006（2）.

图书在版编目（CIP）数据

金融学文献通论. 微观金融卷 / 陈雨露，汪昌云主
编. -- 2 版. -- 北京：中国人民大学出版社，2021.6
　ISBN 978-7-300-29379-0

　Ⅰ.①金… Ⅱ.①陈… ②汪… Ⅲ.①金融学-文集
Ⅳ.①F830-53

中国版本图书馆 CIP 数据核字（2021）第 086423 号

金融学文献通论·微观金融卷（第二版）

陈雨露　汪昌云　主编

Jinrongxue Wenxian Tonglun · Weiguan Jinrongjuan

出版发行	中国人民大学出版社				
社　　址	北京中关村大街 31 号		**邮政编码**	100080	
电　　话	010-62511242（总编室）		010-62511770（质管部）		
	010-82501766（邮购部）		010-62514148（门市部）		
	010-62515195（发行公司）		010-62515275（盗版举报）		
网　　址	http://www.crup.com.cn				
经　　销	新华书店				
印　　刷	涿州市星河印刷有限公司		**版　　次**	2006 年 11 月第 1 版	
规　　格	185 mm×260 mm　16 开本			2021 年 6 月第 2 版	
印　　张	44.25 插页 4		**印　　次**	2021 年 6 月第 1 次印刷	
字　　数	835 000		**定　　价**	168.00 元	